Konstanze Marx
Diskursphänomen Cybermobbing

Diskursmuster
Discourse Patterns

―――

Herausgegeben von
Beatrix Busse und Ingo H. Warnke

Band 17

Konstanze Marx
Diskursphänomen Cybermobbing

Ein internetlinguistischer Zugang zu [digitaler] Gewalt

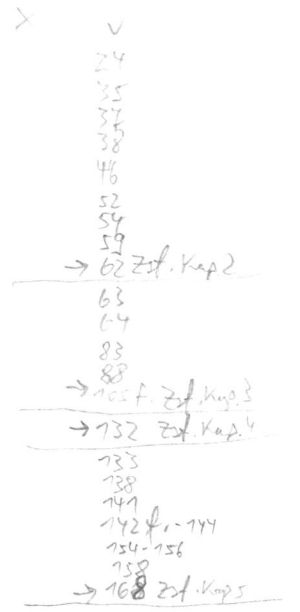

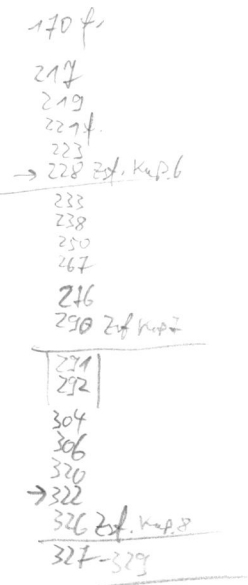

DE GRUYTER

ISBN 978-3-11-055906-4
e-ISBN (PDF) 978-3-11-056160-9
e-ISBN (EPUB) 978-3-11-055915-6

Library of Congress Cataloging-in-Publication Data
A CIP catalog record for this book has been applied for at the Library of Congress.

Bibliografische Information der Deutschen Nationalbibliothek
Die Deutsche Nationalbibliothek verzeichnet diese Publikation in der Deutschen Nationalbibliografie; detaillierte bibliografische Daten sind im Internet über http://dnb.dnb.de abrufbar.

© 2017 Walter de Gruyter GmbH, Berlin/Boston
Druck und Bindung: CPI books GmbH, Leck
♾ Gedruckt auf säurefreiem Papier
Printed in Germany

www.degruyter.com

Vorwort

Seit etwa vier Jahren nehme ich den Webmonitoring-Dienst Google-Alert zum Thema Cybermobbing in Anspruch. Seitdem ist nicht ein Tag vergangen, an dem mein elektronisches Postfach keine thematisch einschlägige Nachricht enthielt. Es handelt sich hierbei nicht ausschließlich um Meldungen über drastische Vorfälle mit teilweise hochdramatischem Ausgang. Oft sind es auch Überlegungen und Forderungen zu Gesetzesanpassungen, Veranstaltungsankündigungen oder Informationen zu Präventionsformaten. Deutlich ist in jedem Fall, dass es sich hier um ein gesellschaftlich relevantes diskursives Phänomen handelt.

Obgleich es vor allem auf Sprache basiert, war eine umfassende linguistische Untersuchung bislang ein Desiderat. Mit diesem Buch lege ich nun erstmals einen dezidiert gegenstandszentrierten, anwendungsorientierten sprachwissenschaftlichen Zugang zu dieser Form digitaler Gewalt vor. Das Datenmaterial, das dafür rezipiert und analysiert werden musste, wiegt ebenso wie die Geschichten hinter diesen Daten schwer. Schwarz auf weiß zu sehen, welchen seelischen Schmerz Menschen einander zufügen, hat mich persönlich tief bewegt. Das Schreiben war ein zehrender Prozess und ich muss an dieser Stelle alle potenziellen Leser_innen darauf hinweisen, dass sie die Lektüre stellenweise emotional sehr beanspruchen wird. Deutlich belastender aber ist Cybermobbing, ist jede Form von Gewalt für die Betroffenen.

Das wichtigste Anliegen sollte es also sein, Menschen vor dieser Erfahrung zu schützen. Das kann nur gelingen, wenn man die Bedingungen, Formen und Ursachen von [digitaler] Gewalt erforscht und ermittelt. Ich habe das in diesem Buch einem internetlinguistischen Ansatz folgend getan und füge der bislang sozial-psychologisch dominierten Cybermobbingforschung damit einen elementaren Beitrag hinzu.

Ohne die Zuarbeit etlicher Schüler_innen und Lehrer_innen und ohne das Einverständnis vieler Eltern wäre das nicht möglich gewesen, ihnen sei sehr herzlich für ihr Vertrauen und den inspirierenden Austausch gedankt. Auch der Hilfsbereitschaft der Fachanwält_innen habe ich viel zu verdanken.

Mein besonderer Dank gilt Monika Schwarz-Friesel. Wenn sie mich nicht auf den Pfad der Wissenschaft zurückgeholt hätte, wäre das Buch wahrscheinlich nicht entstanden. Danke dafür und auch für die hilfreichen Hinweise zu einer früheren Manuskriptversion, die ich als Habilitationsschrift an der Technischen Universität Berlin eingereicht habe. Auch Martin Luginbühl und Peter Schlobinski haben mir sehr wertvolle Rückmeldungen zum Manuskript gegeben, wofür ich mich herzlich bedanke. Beatrix Busse und Ingo Warnke haben das Buch in ihre Reihe „Diskursmuster – Discourse Patterns" aufgenommen. Das freut mich sehr. Für die konstruktiven Hinweise und Ratschläge gebührt Ingo Warnke mein tiefer Dank. Simon Meier hat Teile des Buches kritisch kommentiert. Wichtige Anregungen zum Sozialitätskapitel erhielt ich von Axel Schmidt. Als bereichernd habe ich auch die interdisziplinäre Kooperation mit den Kollegen Jan Pfetsch, Michael Häfner und Philippe Pereira aus der Psychologie und mit Thomas-Gabriel Rüdiger aus der Kriminologie empfunden.

Viele meiner Kolleginnen und Kollegen haben die Daten auf Konferenzen erduldet und erste Analyseergebnisse mit mir diskutiert, was mich jeweils sehr motivierte. Mein aufrichtiger Dank geht hier stellvertretend an die Mitglieder der Arbeitsgemeinschaft Linguistische Pragmatik (ALP e.V.), die Mitglieder des Netzwerks „Kulturbezogene und kulturanalytische Linguistik" (KULI) und die Mitglieder des DFG-Netzwerks „Diskurse – digital: Theorien, Methoden, Fallstudien." Kraft habe ich auch aus dem ProFiL-Programm geschöpft, ich bin Dorothea Jansen und den Teilnehmerinnen des 11. Durchgangs sehr dankbar.

Helena Buhl danke ich für die akribische Arbeit am Literaturverzeichnis. Bedanken möchte ich mich auch bei Daniel Gietz, der als Lektor das Entstehen des Buches begleitet hat. Antonia Schrader stand mir bei der Formatierung hilfreich zur Seite. Ein großes Dankeschön auch an Hiltrud Lauer, sie hat den Text redigiert.

Von ganzem Herzen danke ich meiner Familie: Meinem Sohn für seine Geduld und die vielen interessierten Fragen, die mir immer wieder neue Perspektiven auf das Thema eröffneten, meinem Mann für seinen Rückhalt und seine unerschütterliche Ruhe und meiner Mutter für die große Unterstützung.

Konstanze Marx im Juli 2017

Inhalt

Vorwort —— V
Abbildungsverzeichnis —— IX

1 Bushido-Norbert oder die Historie eines Datums —— 1

2 Stand und Desiderata der Cybermobbingforschung —— 21
2.1 Zur Definition des Forschungsgegenstandes —— 24
2.2 Folgen von Cybermobbing —— 39
2.3 In Cybermobbingprozesse involvierte Personen —— 43
2.4 Copingstrategien —— 49
2.5 Cybermobbingformen —— 51
2.6 Methoden der bisherigen Cybermobbingforschung —— 59

3 Korpusgenerierung mit Cybermobbingdaten —— 63
3.1 Social-Media-Korpusinitiativen —— 64
3.2 Bisherige Fragen bei der Onlinedaten-Korpusgenerierung —— 70
3.3 Cybermobbingdaten: Herausforderungen bei der Erhebung —— 72
3.4 Konkretes Prozedere bei der Datenerhebung —— 84
3.5 Korpusarchitektur —— 92

4 Zeitlichkeit als Bestimmungsstück für digitale Gewalt: Das Internet vergisst nicht —— 107
4.1 Zeit(lichkeit) als Variable bei der Entstehung von Social-Media-Daten —— 107
4.2 Zeit(lichkeit) als Variable bei der Administration von Social-Media-Daten —— 110
4.3 Zeitlichkeit als interaktionsorganisierende Variable —— 121
4.4 Zur besonderen Rolle von Initialsequenzen —— 126

5 Leiblichkeit als Bestimmungsstück für digitale Gewalt: Alterierende Identität und Multimodalität —— 133
5.1 Chiasmus von Technik und Natur: Zur Artifizialität von Kommunikationsroutinen —— 135
5.2 Das Modell konvergierender Rahmen —— 136
5.3 Multimodalität oder: Die Eigenschaften des Kommunikats —— 144

6	**Cybermobbing konkret: Sprachlich-kommunikative Verfahren** —— 169
6.1	Instanziierung durch Identifizierung —— 172
6.2	Anklage —— 184
6.3	Konfiguration der Diskursfigur durch Degradierung —— 190
6.4	Simulation einer Urteilsverkündung —— 207
6.5	Vermeintliche Handlungs- und Rollen-Reflexion —— 218
6.6	Gibt es eine Tätersprache? —— 223

7	**Sozialität als Bestimmungsstück für digitale Gewalt: „macht ihr euch denn keine Sorgen um die Gruppe [...]"** —— 229
7.1	Zur Bestimmung gruppenkonstitutiver Parameter —— 232
7.2	Diskursrollen —— 256

8	**Epistemizität: Muster digitaler Gewalt und Deutungsversuche: „und dann stellen wir das ins Netz"** —— 291
8.1	Gewaltforschung: Ein Feld voller Herausforderungen —— 293
8.2	Tradierte Gewaltmuster als Orientierungsschemata —— 300
8.3	Umkehrung von Wettbewerbs- und Bewertungsschemata —— 304
8.4	Neid als Ursache für Cybermobbing? —— 311
8.5	Missachtung von Bedürfnissen als potenzieller Wut-Auslöser —— 316
8.6	Implikationen für die Prävention —— 320

9	**Schlusswort** —— 327

Literaturverzeichnis —— 331
Anhang —— 383

Abbildungsverzeichnis

Abb. 2.1 Google-NGram-Ergebnis für das Lemma „Cyberbullying" —— 22
Abb. 2.2 Motive der Täter im Vergleich der beiden Cyberlife-Studien —— 33
Abb. 2.3 Cybermobbing und mit Cybermobbing assoziierte Formen —— 59
Abb. 3.1 Startseiten der Twitter-Korpora „Edinburgh Twitter Corpus" und „HERMES"
http://demeter.inf.ed.ac.uk/cross/publications.html
http://socialmedialinguist.blogspot.de/p/corpora.html —— 66
Abb. 3.2 Die ersten Ergebnisse einer Google.de-Suchanfrage zu den Stichwörtern *Cybermobbing* und *Cyberbullying*, Abfragedatum: 2016-04-15 —— 76
Abb. 3.3 Nutzungs- und Erhebungsbedingungen von Nachrichten der MoCoDa —— 80
Abb. 3.4 Primärdatenquellen für das Korpus —— 96
Abb. 3.5 Aufbau der Seite iShareGossip —— 98
Abb. 4.1 Beispieltweet —— 109
Abb. 4.2 Bearbeiten-Option in einem privaten Facebook-Profil (anonymisiert) —— 111
Abb. 4.3 Berichterstattung über einen gelöschten Tweet (gmx.de, 2016-04-28, 6:48) —— 113
Abb. 4.4 Konservierung von Facebook-Posts am Beispiel des Facebook-Accounts von Renate Künast (https://www.facebook.com/renate.kuenast/?fref=ts) —— 114
Abb. 4.5 Verbreitung eines Tweets mit perspektivierender Kommentierung —— 114
Abb. 4.6 Reaktionen auf eine Facebook-Statusmeldung, privates Facebookprofil —— 115
Abb. 4.7 Kollaborativ bearbeiteter Text in Wikipedia zum Thema Internetlinguistik, Versionsgeschichte —— 116
Abb. 4.8 Beispiel für die Facebook-Erinnerungsfunktion, privates Facebookprofil —— 118
Abb. 4.9 Facebook-Aktivitäten-Anzeige —— 119
Abb. 4.10 Twitter-Angebot zur zeitversetzten Rezeption von Tweets —— 120
Abb. 4.11 Graphisch gekennzeichnete Turntaking-Sequenzen im privaten Nachrichtenaustausch auf Facebook, Twitter und im Messengerdienst iMessage —— 123
Abb. 4.12 Whatsapp-Gruppenchat, privat —— 123
Abb. 4.13 Intradialogische Sequenzen unter einer Facebook-Statusmeldung, privates Facebookprofil —— 124
Abb. 4.14 Sequenzen auf Twitter und Facebook, eigene Timeline und privates Facebookprofil —— 124
Abb. 4.15 Einzelbeiträge eines/einer Nutzer_in auf Twitter —— 125
Abb. 4.16 Rekontextualisierung eines Löwenkinder-Challenge-Tweets —— 129
Abb. 5.1 Modell konvergierender Rahmen —— 139
Abb. 5.2 Ansicht einer Homepage auf verschiedenen Endgeräten —— 148
Abb. 5.3 Kommunikationsverlauf via iMessenger auf einem Computerbildschirm 21,5" und auf einem Smartphonebildschirm 3,5" —— 149
Abb. 5.4 Beispiel einer Tweetanzeige auf dem Display eines Smartphones 3,5", als Einzeltweet und als Teilelement der Twitter-Timeline auf einem Computerbildschirm 21,5" —— 150
Abb. 5.5 Momentaufnahme der „Vernetzungsplattformen" Facebook (https://www.facebook.com/trinkwalder?fref=ts) und Twitter (https://twitter.com/froschdomse?lang=de) —— 152

Abb. 5.6　Momentaufnahme der „Mediaplattformen" YouTube (https://www.youtube.com/user/DieLochis) und Instagram (https://www.instagram/leitmedium/?hl"de) —— **153**
Abb. 5.7　Mit Emojis durchsetzte Textbotschaften (i-Messages), private Kommunikation —— **159**
Abb. 5.8　Facebook-Symbole für Liebe, Lachen, Überraschung, Traurigkeit, Wut und Dankbarkeit —— **160**
Abb. 6.1　Online-Kommentare von Mitschüler_inn/en, die Amanda Todd in ihrem Abschiedsvideo zitiert. (https://www.youtube.com/watch?v=v2QRbl3H0ug) —— **217**

Quellen für Beispielillustrationen

1-1	Facebookpinwandeintrag, privates Profil —— **2**
1-4	Facebookpinnwandeintrag, https://www.facebook.com/taff/?fref=ts —— **5**
1-5	Tweet, https://twitter.com/marspet —— **5**
1-6	Tweet, https://twitter.com/marspet —— **6**
1-7	http://debeste.de/2027/Machst-du-deine-Auto-weg-von-Parkblats —— **7**
1-8	http://www.lachschon.de/gallery/search_item/?page=4&q=Vermisst —— **7**
1-9	https://www.flickr.com/photos/sameersg/9220453207, http://www.witze-blogger.de/witze7104/alle-witze/bushido-cd-verloren —— **9**
4-12	https://www.lehrerfreund.de/medien/_assets_bilder/der_lehrerfreund/sites/schuelervz-pausenhof/schuelervz-pausenhof-top-flop.jpg —— **130**
6	Kapiteleinleitendes Meme: https://me.me/i/pleaseitake-your-seats-facebook-court-is-now-in-session-3683401 —— **170**
6-6	Privater Facebook-Account —— **176**
6-56	Fotocollage, Datenspende —— **195**
6-73	Meme, Datenspende (auch googlebar) —— **199**
6-99	Datenspende —— **209**
6-110	Interaktionssequenzen #1165 und #1094 MoCoDa (http://mocoda.spracheinteraktion.de) —— **213**

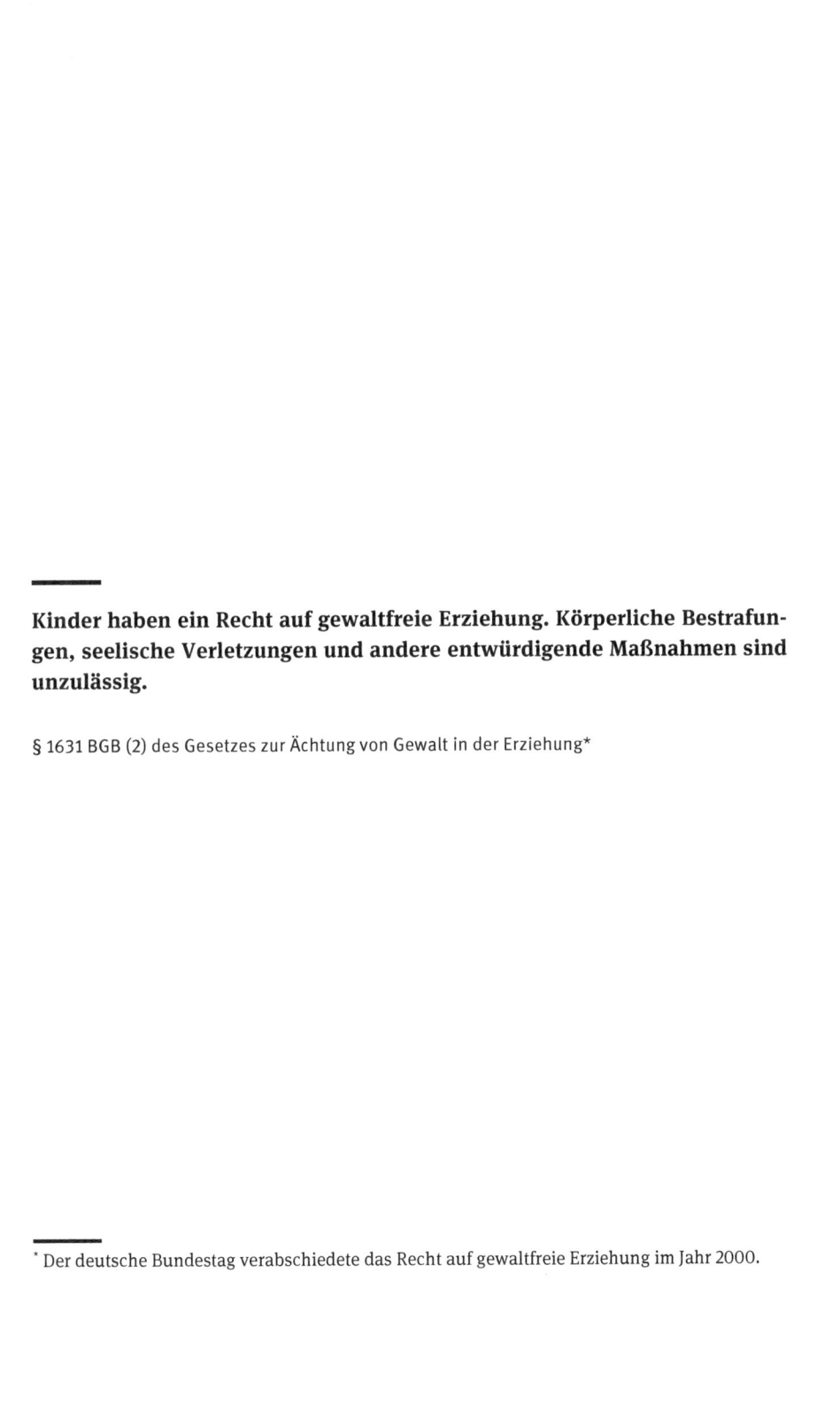

Kinder haben ein Recht auf gewaltfreie Erziehung. Körperliche Bestrafungen, seelische Verletzungen und andere entwürdigende Maßnahmen sind unzulässig.

§ 1631 BGB (2) des Gesetzes zur Ächtung von Gewalt in der Erziehung*

* Der deutsche Bundestag verabschiedete das Recht auf gewaltfreie Erziehung im Jahr 2000.

1 Bushido-Norbert oder die Historie eines Datums

> Ungeschriebene Sprache des Alltags!
> Schriebe sie doch einmal einer!
> Genau so, wie sie gesprochen wird:
> ohne Verkürzung, ohne Beschönigung,
> ohne Schminke und Puder, nicht zurechtgemacht!
> Man sollte mitstenographieren.
> Und das so Erraffte dann am besten in ein
> Grammophon sprechen, es aufziehen und denen,
> die gesprochen haben, vorlaufen lassen.
> Sie wendeten sich mit Grausen [...].
>
> Tucholsky (1927: 144)

Lassen Sie mich dieses Buch über Cybermobbing mit einem Facebook-Pinnwand-Eintrag beginnen, der so tagtäglich auf den Pinnwänden von Facebook-Profilen erscheinen kann, wenn er beispielsweise von (Profil)-Identitäten,[1] die Mitglied der jeweiligen Freundesliste sind, mit „gefällt mir" markiert wird. An diesem Beispiel lassen sich die wesentlichen Mechanismen eines Cybermobbingdiskurses veranschaulichen, obgleich hier eine fiktive Gestalt zum Thema avanciert.

Bei dem Facebook-Pinnwand-Eintrag handelt es sich um eine Statusmeldung des Kabarettisten Oliver Kalkofe, die er über das Facebookprofil des Mediendienstes kress.de geteilt hat (1-1). Diese zitiert einen Tweet von Marspet, einem Twitter-Nutzer mit am Protokollierungstag etwa 30.000 Followern. Zum Zeitpunkt der ersten Rezeption des/der Facebook-Profilinhaber/s_in sind also bereits sechs Kommunikationsteilnehmer_innen involviert: der/die Produzent_in des Gesuchs „Norbert" (eventuell Norbert selbst?), der Twitterer Marspet, der Mediendienst kress.de, der Kabarettist Oliver Kalkofe und die Person in der Freundesliste des/der Facebook-Profilinhaber/s_in, der/die Statusmel-

---

[1] Prozesse der Online-Identitätskonstruktion und das Spannungsverhältnis zwischen Offline-Persönlichkeit und Online-Identität motivieren eine Unterscheidung zwischen aktiv konstruierter Online-Identität (Profilidentitäten oder Profilurheber_innen) und bürgerlicher Identität, über die zumeist wenig bekannt ist, vgl. Roßnagel (2009), Eifert (2009) und Lück (2012). Ich verwende in dieser Arbeit zusätzlich die Termini *Autor_in* und *Verfasser_in*, um auf Urheber_innen von online nachvollziehbaren sprachlichen Handlungen Bezug nehmen zu können.

dung geliket hat (hier wurde der Name am linken oberen Bildrand unkenntlich gemacht, siehe zur Anonymisierung die technischen Hinweise und Kap. 3).

1-1

Kalkofe kommentiert diesen Tweet mit drei Hashtags, die den Bildtext quasi-quotativ parodieren (die orthographischen Fehler kommen im Originalschreiben nicht vor, sind aber ähnlich übertrieben wie im Duktus des abgelichteten Schreibens von „Norbert"). Hashtags indizieren von Nutzer_inne/n vorgenommene Klassifizierungen, vgl. die sogenannten folksonomies[2] bei O'Reilly (2007: 23).

Im vorliegenden Fall wird mit den Hashtags eine von den Teilpropositionen des im Bild zitierten Textes losgelöste thematische Makrostruktur etabliert. Dabei verweist lediglich der erste Hashtag (#Buschiedo) auf den Originaltext, mit dem Lexem Buschiedo wird der Inhalt des Schreibens jedoch nur peripher

---

2 „Folksonomies" sind Kategorisierungen, die User_innen selbst vornehmen. Sie unterliegen im Gegensatz zu Taxonomien keiner systematischen und hierarchisch aufgebauten Klassifizierung, siehe auch Marx/Weidacher (2014: 67).

1 Bushido-Norbert oder die Historie eines Datums — 3

berührt. Das zusätzlich in den Namen des Rappers eingeflochtene *e* könnte allenfalls einen spielerischen Umgang mit der Thematik signalisieren. Ein für Rezipient_inn/en möglicher Rückschluss, dass es sich also nicht um eine Referenz auf eine offizielle Präsentation des Rappers im Netz handelt, ist zumindest denkbar. Die beiden weiteren Hashtags erweitern das Thema um eine evaluative Komponente.

Mit dem Hashtag #Trahgödiie kategorisiert Kalkofe das im zugrundeliegenden Text geschilderte Ereignis [VERLOREN: Norbert, Bushido-CD] als großes Unglück. Ebenso wie in den Hashtag #Buschiedo werden auch hier orthographische Fehler integriert. Dadurch wird einerseits auf die Rechtschreibfehler im Text angespielt, andererseits die Semantik des Lexems Tragödie ironisch gebrochen.

Im freien Kommentartext wird Tragödie erneut verwendet, allerdings orthographisch korrekt. Der Verfasser markiert hiermit eine zusätzliche Referenz auf einen neuen Sachverhalt: seine metasprachliche Kritik an der Rechtschreibung. Die Funktionen ‚distanzierter Hohn' und ‚metasprachliche Kritik' werden also durch die beiden orthographischen Realisierungen des Lexems Tragödie bereits indiziert. Auch mit dem dritten Hashtag #Wischtisch wird noch einmal ironisch Bezug auf den Sachverhalt der verlorenen Bushido-CD genommen, die Art der orthographischen Modifizierung vermittelt den Eindruck einer umgangssprachlich-dialektalen Variation. Zum Zeitpunkt der Kommentierung durch Oliver Kalkofe hat der Hashtag #Wischtisch auf Twitter bereits eine eigene Historie zur Markierung nur vermeintlich wichtiger Tatsachen und Beobachtungen, wie in den Beispielen 1-2 und 1-3.

1-2 zum Rühren und Seufzen das Glas zu heben nicht vergessen. #wischtisch (tw, Mme. Miez@Murphys_Cat, 2013-11-15, 11:47, 0 RT, 2 Fav)

1-3 Auf den Weihnachtsmärkten auf Roncalliplatz, Altermarkt und Heumarkt können Besucher kostenlos surfen." #wischtisch #moderne #weihnachtsfun (tw, Stephan Herczeg@malomalo, 2014-12-1, 9:08, 0 RT, 1 Fav)

Der Hashtag dient also auch der Anschlussfähigkeit an einen – wenn auch mit 22 Tweets insgesamt recht überschaubaren – Mikro-Twitterdiskurs, dessen inhaltlich recht heterogenes Spektrum mit der Bushido-Norbert-Thematik um einen neuen Aspekt erweitert und fortgeschrieben wird. Aus rein funktioneller Sicht dienen das Hashtagging und insbesondere der bereits instanziierte Hashtag #Wischtisch hier dazu, auf die Quelle (Twitter) der geteilten Statusmeldung zurück zu verweisen.

Mit seinen Bemerkungen zur mangelhaften Rechtschreibung trägt Kalkofe zu einem „[im Web 2.0] systematisch [...] nachweisbar[en]" (Arendt/Kiesendahl 2014: 101) Phänomen der metasprachlichen Laienkritik bei (vgl. auch Arendt/Kiesendahl (2015) und bereits Antos (1996) zur Laien-Linguistik). Die Autorinnen skizzieren eine Reihe funktionaler Aspekte sprachkritischer Kommentare, die von aufklärenden, belehrenden, abwertenden und beleidigenden Sprechhandlungen bis hin zu „elementare[n] Identitätsbausteine[n] [zur] Statusinszenierung" reicht (Arendt/Kiesendahl 2014: 175, siehe auch Gerlach 2014). In Marx (2013b) habe ich darüber hinaus gezeigt, wie metasprachliche Referenzen sogar zur Deeskalation in bereits etablierten Beleidigungskontexten eingesetzt werden können (vgl. auch Kap. 7).

Am hier vorliegenden Beispiel kann jedoch das konfliktgenerierende Potenzial des laienkritischen Rechtschreibdiskurses nachvollzogen werden. Über die Identifizierungskompetenz sprachlicher (vorrangig orthographischer und grammatischer) Fehler legitimieren die Produzent_inn/en sprachkritischer Äußerungen ihr Ausscheren aus einer symmetrischen Kommunikationssituation zugunsten eines erhöhten Status, den sie sich in diesem Zuge selbst zuweisen (vgl. auch Arendt/Kiesendahl 2014: 175 f., die von einer „aktive[n] Herstellung von Statusunterschieden" sprechen).

In der nun asymmetrischen Beziehung, in der die eigene Erhöhung über die gleichzeitige Herabwürdigung einer anderen Person gelingt, ist Beleidigungspotenzial angelegt (dazu auch Kap. 6 und 7).

Kalkofes Statusmeldung wurde von den Nutzer_innen mit 2.998 Likes honoriert, sie wurde 311 mal kommentiert und 707 mal geteilt. Mit 2074 Likes erhielt die Statusmeldung, die auf dem Facebookprofil des Pro7-Boulevardmagazins taff geteilt wurde (1-4), eine ähnliche Resonanz. Die Aufmerksamkeit potenzieller Rezipient_inn/en wird hier – durch den Kommentar *Es gibt Dinge, die sprechen für sich* – ebenfalls auf den Bushido-Text gelenkt (1-4).

Der Twitterer Marspet, der in beiden Fällen zitiert wird, greift dies wiederum auf, lenkt den Fokus aber auf eine selbstreferentielle Ebene um, indem er seinen persönlichen Status (*fame* zu sein) in der Netz-Community als bestätigt reflektiert (1-5).

Offen bleibt, worauf sich das Lexem *sowas* in seinem ursprünglichen Tweet (1-6) (681 geliket und 206 mal retweetet) bezieht, es lässt sich in zweierlei Hinsicht deuten. So kann mit dem Indefinitpronomen *sowas* (*so* + *etwas*) einerseits direkt auf das im Tweet geteilte Bild, das dann ein gegenständliches „etwas" wäre, Bezug genommen werden.

1-4

taff
23. Juni um 21:46

Es gibt Dinge, die sprechen für sich:

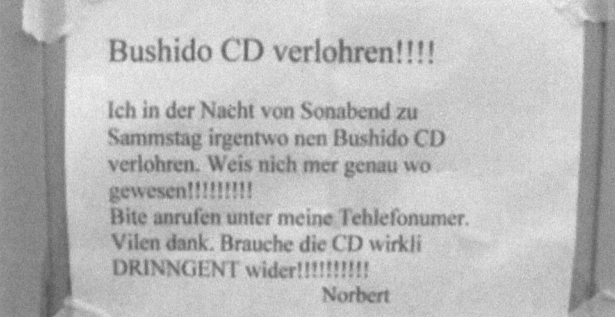

Marspet on Twitter
"Ich liebe das Internet für sowas."
TWITTER.COM | VON MARSPET

Gefällt mir · Kommentieren · Teilen

👍 2.074 Personen gefällt das.   Am relevantesten ▾

↪ 196 mal geteilt

1-5

Marspet · marspet · 23. Juni
Nun hat auch endlich @taffnet erkannt, dass ich fame bin.

1-6

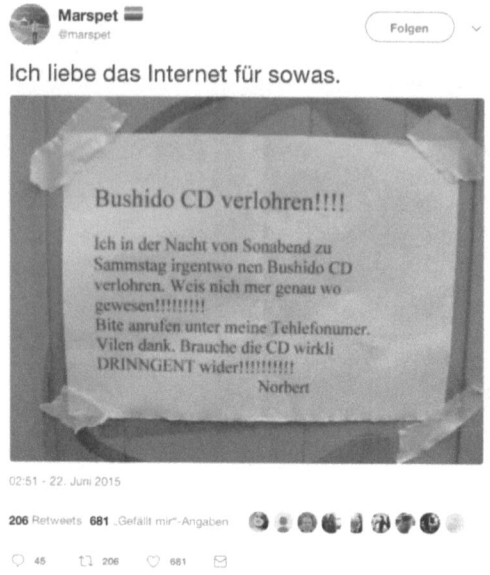

Im Textweltmodell des Rezipienten erfolgte in diesem Fall schlicht ein Identitätsabgleich mit einem nicht sprachlich, sondern als Fotografie und damit als deiktischer Anker (siehe dazu Consten 2004: 122 f.) in die Textwelt eingeführten Referenten und dem Ausdruck *sowas*. Unter Berücksichtigung der Bedeutung ‚vergleichbares' wären in diesem Fall ähnliche Phänomene, wie in 1-7 und 1-8, als konkrete, potenzielle Referenten mitzudenken.

Andererseits kann *sowas* als indirekt komplex-anaphorischer Ausdruck gelesen werden, der sich auf einen nicht näher spezifizierten komplexen Referenten oder referenziellen Sachverhalt bezieht und vom Rezipienten über einen Komplexbildungsprozess rekonstruiert werden muss (siehe zu indirekten Komplex-Anaphern Marx 2011: 106 f.).

Das integrierte Indefinitpronomen (*so +*) *etwas* eröffnet dank seiner semantischen Vagheit hier lediglich einen breiteren Verweisraum ohne thematische Indikation. Eine Eingrenzung erfolgt durch den im selben Satz explizit auf den spezifischen Verweisraum Bezug nehmenden Ankerausdruck *Internet*, der Fokus wird also weg vom Bild hin zu einer Reflexionsebene ‚Virtuelle Interaktion' dirigiert. Die unterspezifizierte Referenz auf „etwas", das offenbar jedem/jeder Nutzer_in bekannt sein sollte, fungiert hier als Ingroup-Marker.

1-7

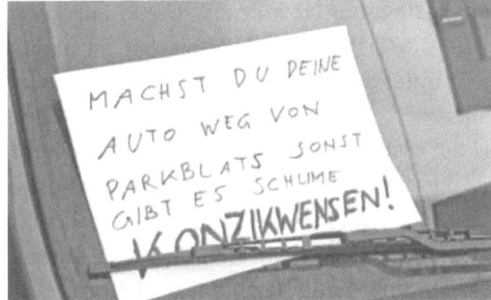

1-8

Die Spezifizierung kann von denjenigen vorgenommen werden, die Exklusivwissen elaborieren können. Dazu können Annahmen über die Netzaffinität und Erfahrungen mit den Userpraxen des Twitterers Marspet zählen. Wie aktiv ist er? Wie und wie lange ist er schon in die Community eingebunden? Veröffentlicht er vorwiegend humorvolle Tweets oder provoziert er gern?

Marspets Twitter-Account weist ihn als vielfach rezipierten Produzenten aus, der seit 2011 ca. 39.200 Tweets[3] veröffentlicht hat, er ist aktiver Youtuber mit 52.457 Abonnenten, verfügt über ein Instagram-Account mit 47.200 Followern und bezeichnet sich auf seinem von 3.671 Personen abonnierten Facebook-Profil als „UnterhalterIn". Derartiges Hintergrundwissen kann bei der Interpretation des Kommentars hilfreich sein.

Ebenso kann dazu die Kenntnis der bisherigen Karriere des im Tweet veröffentlichten Bildes gehören. Das Bild kursiert seit 2007 im Netz. Es finden sich zudem auf 2008, 2009, 2010, 2011, 2012, 2013 und 2014 datierte Veröffentlichungen.[4] Die Beispiele 1-7 und 1-8 veranschaulichen einen Trend, skurrile Offline-Dokumente zu erstellen, zu fotografieren und in die Netzöffentlichkeit zu transferieren.

Wie im Beispiel 1-9 deutlich wird, geschieht das im Fall von Norbert sogar mit nachweisbarem Aufwand: Das Gesuch wurde abgetippt (vgl. das unterschiedliche Layout, die voneinander abweichende Schreibweise[5] und die differierende Anzahl der Ausrufungszeichen) und in einer neuen Offline-Umgebung, einem Laternenmast, platziert. Das wiederum lässt den Rückschluss zu, dass es sich bei Norbert um eine Kunstfigur handelt, die nicht mit dem Verfasser des Schreibens, sondern allenfalls mit dessen literarischem Alter Ego gleichzusetzen ist.

---

3 Protokollierungsdatum: 2017-06-09
4 18.11.2007: http://www.lachschon.de/item/37606-ArmerNorbert/;
09.06.2008: http://com munity.eintracht.de/forum/diskussionen/30735;
11.11.2008:http://www.lowbird.com/all/view/2008/11/narf-1014000b292162608c958ac2ae3ada50537b6e21;
28.12.2009: http://www.sms.at/community/talkbox/index.php?showtopic=67809; 14.11.2010: http://www.witze-blogger.de/?s=Norbert&submit.x=0&submit.y=0;
24.02.2011: http://www.tagesspiegel.de/ mediacenter/fotostrecken/berlin/best-of-best-of-gezettelt/6501196.html?p6501196=11;
01.03.2012: http://www.uiuiuiuiuiuiui.de/bushido-cd-verlohren;
06.07.2013: https://www.flickr.com/photos/ sameersg /9220453207;
11.04.2012: http://www.spassfieber.de/bilder/bushido-cd-verlohren.html;
2014: http://sameers.tumblr.com/post/54747512862/norbert-braucht-eure-hilfen-bushido-cd-verloren
5 *Cd* vs. *CD, Verlohren* vs. *verlohren, irgenwo* vs. *irgentwo, mehr* vs. *mer, Anrufen* vs. *anrufen, Meine* vs. *meine, Tellefonumer* vs. *Tehlefonumer, Dank* vs. *dank, wirklich* vs. *wirkli, DRINGENT* vs. *DRINNGENT*

1-9

Angesichts des hohen Aktivitäts- und Vernetzungsgrades des Twitterers Marspet darf zumindest angenommen werden, dass er die Entwicklung und Merkmale des Bushido-Norbert-Gesuches kennt. Mit seinem Kommentar kann ein Verweis auf die bisherige Karriere des Bildes vorliegen, die in einer Art Ritualisierung fortgeschrieben werden soll. Der Kommentar kann auch Ausdruck der Wertschätzung für die Innovativität, Kreativität, Flexibiliät und Schnelligkeit sein, die die Netzgemeinde geradezu zelebriert. Auch eine Anspielung auf den laienkritischen Rechtschreibdiskurs kommt als Lesart von *sowas* in Frage. Recht unwahrscheinlich ist jedoch, dass Marspet hier auf die orthographischen Auffälligkeiten verweisen will.

Im vorliegenden Fall sind die orthographischen Fehler in Modalität und Anzahl so augenscheinlich, dass sich – auch ohne explizite Kenntnis der bisherigen Bildkarriere – der Verdacht aufdrängt, jemand habe Norberts Gesuch entworfen (siehe dazu die Kommentare 1-10 und 1-11 von Nutzer_innen), um in der Provokation eines Hierarchisierungsprozesses diesen gleichsam zu karikieren.

1-10 Nicht glaubhaft und nicht witzig.....Das kann ich auch für Sie produzieren, wenn Ihnen sowas gefällt.....lahm.... (fb, bol, 2015-06-24, 9:34, 1 Like)

1-11 So viele Fehler kann man doch gar nicht in so wenigen Zeilen unterbringen! Das ist ein Fake von einem Witzbold. [...] (fb, hic, 2015-06-23, 21:43, 7 Likes)

Ungeachtet dessen generiert sich dieser Prozess, selbst der Kabarettist Kalkofe stimmt in den laienkritischen Kanon ein. Dabei werden die Norbert zugeschriebenen orthographischen Fehler als Symptom niedriger Intelligenz gewertet. Dem gegenüber wird die Fähigkeit zur Identifikation dieser Fehler als sicheres Zeichen für hohe Intelligenz für die eigene Evaluierungslegitimierung genutzt. Mit der eigenen Erhöhung geht die gleichzeitige Herabwürdigung der/des anderen (in diesem Fall von Norbert) unmittelbar einher (siehe oben). Über das gemeinschaftliche Feststellen, Beurteilen und Abwerten kann sich jede/r Einzelne als Expert/e_in stilisieren und eine temporäre Koalition mit den anderen Expert_inn/en eingehen (vgl. Kap. 7). Das führt einerseits zu Befriedigung hinsichtlich der Rückkopplung der eigenen Kompetenz und andererseits hinsichtlich eines Wohlgefühls, dass durch die Vergemeinschaftung mit einer „wissenden" Mehrheit erzeugt wird. Mit jedem weiteren Kommentar vergrößert sich diese Mehrheit, was eine sukzessive Manifestation der Abgrenzung zur Minderheit mit sich bringt.

Diese Minderheit besteht im vorliegenden Beispiel aus genau einer Person: Norbert. Dass es sich hier offensichtlich um eine fiktive Gestalt handelt, scheint dabei kaum relevant. Entweder ist es den Diskursteilnehmer_inne/n nicht bekannt (oder nicht aufgefallen) oder es ist deshalb marginal, weil der soziale Ertrag des identitätsstabilisierenden und gleichzeitig Kollektiv-etablierenden Abgrenzungsprozesses weitaus höher wiegt. Die Spezifika, die sich bei der Generierung und Konservierung dieses Prozesses beobachten lassen, sind dabei typisch für Cybermobbing:

Der Auslöser des Bushido-Norbert-Diskurses entstand offline, möglicherweise exklusiv für den Zweck, eine solche Debatte auszulösen. Das Foto hat sich über eine Vielzahl von Plattformen verbreitet, auch in modifizierter Form. Es hat eine vergleichsweise lange Historie von mittlerweile mindestens neun Jahren und wird durch die phasenweise Hervorhebung und Neuakzentuierung am digitalen Leben erhalten (dazu Kap. 4). Die Netzgemeinde reagiert erwartungsgemäß mit Hohn und Spott (1-12, 1-13), Diskriminierungen (1-14), Gewaltandrohungen (1-15), mit inhaltlicher Fokusverschiebung zur Aufrechterhaltung der Debatte (1-16, 1-17, 1-18), intra-aktiver Konfliktgenerierung und Re-Identifikation von Täter- und Opferrollen (1-19 und als Deine-Mudda-Technik in 1-20, vgl. Kap. 6 und 7), Ablenkung (1-21) und metadiskursiver Deeskalation (1-22, Z.1-4) sowie erneuter Eskalation (1-22, Z.5 f.).

1-12 Wenigstens hat er bushido richtig geschrieben ^^ in dem Text ist das für einen, der ihn nich kennt, das schwirigste Wort [Emoji mit zusammengekniffenen Augen] (fb, tcr, 2015-06-23, 22:30, 0 Likes)

1-13 Norbert tuht miar fol lait!!!!! (fb, dil, 2015-06-25, 3:36, 0 Likes)

1-14 Hätte jetzt gedacht, dass es evtl. Von einem Ali kommt...aber Norbert??Schande über ihn!°.° (fb, der, 2015-06-24, 10:05, 0 Likes)

1-15 Wenn ich schon wieder so ein „nen" lese, breitet sich in mir der Druck aus, Norbert's Kopf mit aller Gewalt auf die Tischkante zu pressen. (fb, lif, 2015-06-23, 22:09, 2 Likes)

1-16 2 Optionen 1. Bushido MACHT DUMM 2. Bushido FANS SIND DUMM (fb, rda, 2015-06-23, 22:21, 10 Likes)

1-17 Heulen hier alle rum wegen dem schlechten Deutsch, vielleicht ist er Legastheniker.. Mich regt eher auf, dass man wegen ner (Bushido) CD einen Aushang macht xD (fb, jel, 2015-06-23, 22:21, 2 Likes)

1-18 In der nacht von Sonnabend zu Samstag??[drei Heul-Emojis] hab i was verpasst oder hat die Woche jetz 8 Tage? [drei weinende Emojis] (fb, jzp, 2015-06-23, 23:16, 1 Like)

1-19 fb, 2015-06-23, 22:50 bis 2015-06-24, 2:05
01	22:50	mör	Ich höre seit meiner Jugend Bushido und prinzipiell aus-	1 L
02			schließlich ‚Gangsterrap'. Ich hab ganz normal Abi gemacht	
03			und studiere jetzt.	
04	22:58	jhm	Gott hat dich deswegen mit roten Haaren gestraft [Grimas-	0 L
05			sen-Emoji + Emoji mit zusammengekniffenen Augen und	
06			herausgestreckter Zunge]	
07	2:05	mör	Mongo junge	0 L

1-20 Willst du mir dann deine mutter vorbeischicken oder was du hurensohn? (fb, aac, 2015-06-23, 22:38, 0 Likes)

1-21 [Name eines Users], hast du deine CD wiedergefunden? Und wieso nennst du dich Norbert?! (fb, fin, 2015-06-23, 22.43, 0 Likes)

1-22 fb, 2015-06-23, 22:10 bis 22:26
01	22:10	iez	könnt ihr eigentlich auch nur einmal irgendwas Kommen-	39 L
02			tieren ohne gleich beleidigend zu werden? Der eine mag	

03			Bushido seine Musik der andere eben nicht das heißt aber		
04			nicht das direkt beleidigt werden muss...		
05	22:26	eok	„Bushido seine Musik" sagt schon alles [drei Lach-Heul-	8 L	
06			Emojis, 1 Nichts-Böses-Sehen-Affe-Emoji]		

Die wesentlichen Merkmale eines Cybermobbing-Diskurses sind also nachweisbar, es gibt jedoch einen signifikanten Unterschied: Die Beschimpfungen und Diskreditierungen treffen keine real-existierende Person, sondern eine Kunstfigur, deren inszenierte Destruktion ihre Popularität belebt, ganz im Gegensatz zur virtuellen Destruktion, der Schüler_innen aber auch Lehrer_innen, Wissenschaftler_innen, Politiker_innen, Journalist_inn/en u. a. ausgesetzt sind und die zu seelischen Verletzungen und psychischen Erkrankungen führen (können). Eine umfassende internetlinguistische Auseinandersetzung mit dem Thema digitale Gewalt in Gestalt von Cybermobbing liegt bislang nicht vor – ein Desiderat, dem ich mit der vorliegenden Arbeit Rechnung tragen möchte.

Cybermobbing: gesellschaftlich hochrelevant, linguistisch unerforscht
Tucholskys zu Beginn dieses Kapitels zitierte Kritik an einer vermeintlich defizitären Alltagssprache in der mündlichen Interaktion schließe ich mich nicht an, darf aber darauf hinweisen, dass heute – fast 100 Jahre später – seinem so innig formulierten Wunsch wie selbstverständlich entsprochen wird.

Es sind die Interaktionsteilnehmer_innen selbst, die ihre Kommunikation in den Sozialen Medien konservieren und dem analytischen Blick zugänglich machen. Eine Zensur gibt es dabei nicht. Somit ist es kaum erstaunlich, dass auch Zeugnisse zwischenmenschlicher Kommunikation protokolliert werden, bei deren Lektüre der/die Leser_in dem Impuls „sich mit Grausen [abzuwenden]", nur schwer widerstehen kann.

Ich spreche von Zeugnissen digitaler Gewalt, von Cybermobbing. Es handelt sich hierbei um eine Form psychischer Gewalt, die von Initiator_inn/en vornehmlich verbal realisiert und über technologische Applikationen einem in der Größe variierenden Kreis von Zeug_inn/en zugänglich gemacht wird. Mit dem Phänomen Cybermobbing sieht sich die Gewalt-und Aggressionsforschung in einer aus methodischer Sicht inkomparablen Ausnahmesituation, der Auto-Dokumentation von Gewaltprozessen.

> Gewalt ist nicht stumm. Sie wird meistens durch Sprache begleitet: Sie wird geplant und beschlossen, erzählt und kommentiert, gerechtfertigt oder legitimiert. Und darüber hinaus wird sie durch die Sprache und in der Sprache vollzogen: in den direkten Formen der Beleidigung, der Drohung, der Erpressung und anderen gewaltsamen Sprechhandlungen, in der nicht angreifenden, aber nicht weniger verletzenden Form des Ausschlusses aus der Gemeinschaft der Sprechenden, und auch indirekt, zum Beispiel durch die Rechtferti-

gung von Gewalt, die selber eine Form der sprachlichen Gewalt gegen diejenigen ist, von denen behauptet wird, dass sie *zu Recht* Gewalt erleiden. (Delhom 2007: 229, Kursivierung im Original)

Die Beobachtbarkeit digitaler Gewalt ist gleichsam Wegbereiter für die Ausdifferenzierung ihrer inneren Struktur, wie Posselts (2011: 89) Prämisse nahelegt: „[...] sprachliche Gewalt [ist] nicht nur eine Gewalt unter anderen [...], sondern eine Form von Gewalt, die uns ‚wesentliches' über das Phänomen der Gewalt selbst zu lehren vermag".

Dazu ist es notwendig, sich dem Inhalt der geöffneten Büchse der Pandora, der beim Cybermobbing in großer phänomenologischer Breite transparent wird, unerschrocken – ja wertneutral (siehe auch Schmids (2005: 25) Appell an die Aggressionsforschung) – zuzuwenden. Eine Aufgabe, die angesichts der drastischen Ausprägungsformen digitaler Gewalt zwar nicht durchgängig mühelos zu bewältigen (siehe die ethischen Vorbehalte in Kap. 3), aber ausgesprochen lohnenswert ist.

Ich sehe im Cybermobbing die Chance, ein tieferes Verständnis von und für Wut und Aggression, aber auch von zwischenmenschlicher Aversion bei Kindern und Heranwachsenden entwickeln zu können, weil sie sprachliche Spuren dieser Emotionen auf Sozialen-Netzwerk-Seiten und in Online-Spielen für die Forschung nachvollziehbar artikulieren (vgl. zur Sprache-und-Emotionsthematik Schwarz-Friesel ²2013).

In der Debatte um Amokläufe (und Terroranschläge) klingt in Interviews mit Politiker_inne/n immer wieder auch die Notwendigkeit an, die Beobachtung von Online-Plattformen in die Abwehrmaßnahmen solch schrecklicher Taten einzubinden. Dabei scheint jedoch immer auch ein mit Hilflosigkeit verbundenes Hin-und-Her-Delegieren der Zuständigkeiten und Ungewissheit hinsichtlich der Verantwortungsträger_innen auf, wie sich in der Stellungnahme von Bundesinnenminister, Thomas de Maizière, im Tagesschaubericht vom 23.7.2016 zum Amoklauf in München zeigt:

die [Einträge in Sozialen Netzwerken] werden jetzt ausgewertet. Dann, aber erst dann, kann man sich auch die Frage stellen, ob es die Möglichkeit gegeben hätte, hier früher einzugreifen, aber das ist dann ne Frage, die sich an die Freunde und Bekannten wahrscheinlich und weniger an die Sicherheitsbehörden richtet.

Ähnlich ungelenk wirkt es, wenn Bundesjustizminister Heiko Maas Drohungen gegen Facebook, Google oder Twitter ausspricht, weil diese einer Selbstverpflichtung zur Vermeidung von volksverhetzenden Kommentaren nur unzureichend nachkommen (Reinbold 2016, vgl. auch das am 30. Juni 2017 beschlossene Netzwerkdurchsetzungsgesetz).

Die Sicherheit unserer Kinder im Netz ist weder allein Sache der Kinder und Jugendlichen, der Eltern, der Internet-Anbieter oder Netzwerkbetreiber, der Bildungseinrichtungen oder der Behörden. Sicherheit herzustellen und zu wahren bedingt tatsächlich eine komplexe und interaktive Kooperation aller Beteiligten, die dafür notwendigen Kompetenzen müssen identifiziert und weitervermittelt werden.

Awareness-Kampagnen (vgl. http://www.schau-hin.info, https://www.i-kiz.de, http://www.surfen-ohne-risiko.net) sind ein Anfang, Bildungsprogramme, die auf Erkenntnissen der Grundlagen- und anwendungsorientierten Forschung basieren und in Kindergärten und Grundschulen implementiert werden, sind längst überfällig.

Neben dem sogenannten Generation Gap klafft jedoch auch eine von Antriebslosigkeit und Desinteresse verursachte Lücke, die nur schließen kann, wer bereit ist, sich in die Online-Welt der Spiele und Sozialen-Netzwerke zu begeben. So beklagen Wissenschaftler_innen seit geraumer Zeit die anachronistischen Parameter, die im IARC-System[6] zu unsachgemäßen Altersempfehlungen von Online-Spielen führen,[7] weil sie sich einzig auf das Gewaltpotenzial der Spielinhalte stützen und die durch Kommunikationsdelikte bedingten Interaktionsrisiken nicht berücksichtigen (vgl. Rüdiger 2016). Diese entstehen spielbegleitend in integrierten Social-Media-Anwendungen.[8]

Das Web 2.0 (auch: Social Web)[9] offenbart sich bei einer „revolutionäre[n] Beteiligung an Produktion und Distribution von Inhalten in Online-Medien" (Bedijs/Heyer 2012: 9) als exorbitantes Experimentierfeld für emotionales Verhalten und dessen Rückkopplung. Es wirkt wie ein Brennglas,[10] indem es

---

[6] Die International Age Rating Coalition (IARC) vergibt weltweit Altersempfehlungen für Online-Spiele und Apps. Gründungsmitglied ist die in Deutschland insbesondere für Eltern maßgebliche Unterhaltungssoftware Selbstkontrolle (USK). Im Wesentlichen werden die Spiele und Apps danach beurteilt, ob die Spielszenarien gewalthaltig sind.

[7] Vgl. etwa das ab 6 Jahren freigegebene Online-Spiel „Clash of Clans", in dem Gilden volksverhetzende Namen wie WaffenSS tragen und Online-Gamer mit Namen wie *AdolfH* oder *Himmler* interagieren (Rüdiger 2016).

[8] Die jüngste Entwicklung ist deshalb sehr zu begrüßen: Die Bundesprüfstelle für jugendgefährdende Medien soll einen neuen Fachbereich erhalten, der sich mit Gefahren für Kinder und Jugendliche befassen soll und Interaktionsrisiken berücksichtigt (Leithäuser 2017).

[9] Im Web 2.0 schlüpfen Rezipient_inn/en auch in die Rolle von Produzent_inn/en und können selbst Netzinhalte generieren. Möglich ist das durch die erleichterte Zugänglichkeit zum Internet, aber auch dank intuitiver Bedienelemente (Runkehl 2012: 3 ff.; Ebersbach/Glaser/Heigl 2011: 28 ff.), die nur rudimentäre EDV-Kenntnisse erfordern.

[10] Der Terminus *Brennglas* geht auf ein Gespräch mit Susanne Tienken (Stockholms Universitet) zurück, die diese – wie ich meine – äußerst treffende Bezeichnung gefunden hat.

(Kommunikations)-Prozesse nicht nur sichtbar macht, sondern diese auch erweitert, hinsichtlich der Teilnehmer_innen-Zahl, des thematischen Spektrums und der Ausdrucksmöglichkeiten. Gerade die Ausweitung der Ausdrucksformen scheint dabei nicht nur „den Bedürfnissen der Teilnehmer einer Sprachgemeinschaft unter spezifischen technisch-medialen Bedingungen gerecht zu werden" (Runkehl 2012: 18), sondern auch gekoppelt an individuell-psychologische Prozesse und die Ausdehnung des Sagbarkeitsfeldes hin zu einer General-Enttabuisierung zu führen.

Auch aus method(olog)ischer Sicht erscheint mir diese Entwicklung besonders bemerkenswert, weil damit eine neue Facette privater Kommunikation einsehbar und Segmente zwischenmenschlicher Beziehungsgeflechte erschließbar werden. So findet sich enthüllt, was vorher im Verborgenen blieb, weil Menschen das Web2.0 nutzen, um – z. T. im Schutze der Anonymität – ihr Innerstes nach außen zu kehren und damit (unbeabsichtigt) für Analysen zur Verfügung zu stellen.

Während uns das Mithören (intimer) Gespräche weitestgehend verwehrt blieb und bleibt, respektive das als unsagbar Empfundene weiterhin vielleicht nicht ausgesprochen wird, können wir nun nach- und mitlesen und versuchen zu verstehen, was Gewalt ausübende Personen antreibt, wo die Auslöser und darüber möglicherweise sogar – wo die Ursachen liegen. Uns diese zu vergegenwärtigen, ist ein unerlässlicher Schritt für die Entwicklung von präventiven Maßnahmen.

Die Internetlinguistik kann hierzu anhand von qualitativen Analysen wesentlich beitragen. Diese noch junge pragmalinguistische Subdisziplin (Marx/Weidacher 2014) sieht sich der Explikation internetmedialer Interaktionsbedingungen als Elizitationskomponenten für Kommunikationsphänomene und -konstellationen eher verpflichtet als der Einpassung in traditionell-trassierte intradisziplinäre Theorien und Methoden, siehe auch Albert (2013: 11 f.), der für die linguistische Beschäftigung mit Online-Schreibkonventionen interdisziplinäre Bezüge zu den Sozial- und Kulturwissenschaften als notwendig herausstreicht, oder Bucher et al. (2008), die zur Beschreibung des Social Web für eine diskursanalytische Netzwerkforschung und damit die Zusammenführung bisher relativ getrennter Forschungslinien plädieren.

Es ist Anliegen der Internetlinguistik, in einem integrativen Ansatz Methoden der Sprachanalyse aus Medien-, Sozio-, Diskurs- und kognitiv-pragmatischer Linguistik mit kommunikations- und medienwissenschaftlichen, sozio- und psychologischen Methoden zusammenzuführen, um komplexe Online-

Kommunikate[11] als Zeugnisse „multimodale[r] Koordination von Interaktionsbeteiligten (Goodwin/Goodwin 2004) in raumzeitlichen Prozessen [hier auf die Internetkommunikation erweitert] zum Gegenstand [...] machen" zu können (vgl. Deppermann 2015: 330), denn die Frage ist „nicht nur, welche kommunikativen Möglichkeiten und Grenzen die Technologien des ‚Mitmachnetzes' anbieten, sondern auch, wie vor der Folie dieser Bedingungen mit und in neuen Medien tatsächlich gehandelt wird" (Androutsopoulos 2010: 426).

In die ohnehin erforderliche Erweiterung des Sprecher-Hörer-Informationsübertragungsmodells zur Abbildung von Prozessen sprachlichen Handelns (Deppermann 2015: 330) fließen bildschirmbasierte und ethnographische Daten ein (vgl. Androutsopoulos 2008, 2010).

Obgleich Cybermobbing ein sprachliches Phänomen ist, kann es nämlich nicht losgelöst von der Funktionsweise und den Strukturen der zugrundeliegenden Plattform und den Aggregationsebenen des jeweiligen Netzwerks erklärt werden. So darf beispielsweise nicht außer Acht gelassen werden, dass Nutzer_innen – und hier sind bereits Kinder und Jugendliche mitgemeint – Inhalte in dem Bewusstsein veröffentlichen, dass diese einsehbar sind.

Folglich wähle ich in dieser Arbeit einen konzentriert gegenstandsorientierten und damit interdisziplinären Zugang, der sich nicht auf eine pragmalinguistische Schule festlegt und digital ethnographische, konversations- und interaktionsanalytische sowie sprechakt- und implikaturentheoretische, kritisch-kognitionslinguistische und Ansätze der Persuasionsforschung integriert.

Zu diesem Buch

Dieses Buch stellt einen elementaren Beitrag zur Cybermobbingforschung dar, die Ursachen digitaler Gewalt ergründen will, um diese Erkenntnisse nutzbringend in die Prävention einfließen zu lassen.
Die Leitfragen lauten:
1. Wie gestaltet sich die Kommunikationssituation?
2. Welche Themen werden beim Cybermobbing verhandelt?
3. Wie werden diese Themen verhandelt?
4. Wer sind die verhandelnden Personen?
5. In welcher Beziehung stehen die verhandelnden Personen zueinander?
6. Warum kommt es zu [digitaler] Gewalt?
7. Welche Implikationen können wir für die Prävention ziehen?

---

11 Der Terminus *Kommunikat* wird hier im Sinne von *Kommunikationselement, Kommunikationsbeitrag* verwendet, vgl. darüber hinaus die in Fußnote 116 kurz erläuterten Verwendungsweisen in der Forschungsliteratur.

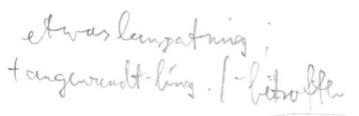

Diese Fragen nehmen Bezug auf die situative Rahmung (Frage 1), die Inhalte (Frage 2), die Umsetzungsmodalität(en) bei der Diskursfigur-Konstruktion und die Diskursdynamik (Frage 3), die Gruppenkonstellation (Fragen 4 und 5), das kommunikative Ziel (Frage 6) und mögliche vorbeugende Maßnahmen (Frage 7), sie dienen als gedankliche Wegmarkierungen.

Die bisherige Cybermobbingforschung besteht geradezu ausschließlich aus psychologischen und soziologischen Studien. Ausnahmen bilden die kommunikationswissenschaftlichen Arbeiten von Fawzi (2009a) und Festl (2015), ein kurzer Abschnitt in einem Artikel über verbale Ablehnung von Kleinke (2007)[12] und meine in Vorbereitung auf dieses Buch veröffentlichten Überlegungen (Marx 2012a, 2013a,b, 2014a,b, 2015b, Marx/Weidacher 2014: 169 ff.). Ich stelle meinen Ausführungen entsprechend einen umfänglichen Überblick über den bisherigen wissenschaftlichen Cybermobbing-Diskurs voran (Kapitel 2) und arbeite die Integration der Phänomenologie als ostentatives und überfälliges Desiderat heraus.

Dass die konkrete sprachliche Umsetzung von Cybermobbingprozessen bislang nicht im Mittelpunkt des Forschungsinteresses stand, ist einerseits kaum zu glauben, andererseits aber angesichts des notwendigen methodischen Aufwands durchaus nachzuvollziehen. Anhand des Eingangsbeispiels „Bushido-Norbert" konnte ich bereits einen Eindruck von der dezentralen Veröffentlichungspraxis digitaler Gewalt vermitteln, derer man weder mit gezielten Google-Suchbegriffen noch durch die Arbeit mit vorhandenen Korpora Herr werden kann. In Kapitel 3 beschreibe ich die Schritte bei der Generierung meiner Datenbasis, die eine produktive Verknüpfung von Feldforschung 1.0 und Feldforschung 2.0 bedeuteten.

Für die systematische Beschreibung des Forschungsgegenstands Cybermobbing erachte ich die Bestimmungsstücke Zeitlichkeit, Leiblichkeit, Sozialität und Epistemizität, die Deppermann (2015a) für die Linguistische Pragmatik zusammenfasst, als fruchtbar. Sie werden hier als theoretische Ordnungsprinzipien für die Interaktion in Sozialen Medien adaptiert. Diese sind in Abhängigkeit des Parameters Technizität zu denken, der bei der Produktion und Rezeption von Webdaten relevant gesetzt wird.

Am Bushido-Norbert-Beispiel wurde deutlich, dass Zeitlichkeit eine zu berücksichtigende Variable bei der Entstehung, Administration und Interaktionsorganisation von Social-Media-Daten darstellt. In Kapitel 4 setze ich mich eingehend mit diesen Aspekten auseinander und lege ein besonderes Augenmerk

---

[12] Diese Zuordnung zum wissenschaftlichen Cybermobbing-Diskurs wird von Kleinke (2007) selbst nicht vorgenommen.

auf Initialmuster, die eine exklusive Rolle in Auftaktsequenzen digitaler Gewalt spielen.

Leiblichkeit (Kapitel 5) wird in zweierlei Hinsicht diskutiert: Zum einen als den Chiasmus von Technik und Natur versinnbildlichender Parameter, der sich insbesondere bei der Verquickung von On- und Offline-Räumen als substanziell für Cybermobbing herauskristallisiert; zum anderen als in der vieldiskutierten aber bislang nicht erschöpfend präzisierten Multimodalität zusammenführbare Eigenschaft typischer Social-Media-Kommunikate.

In dieser Arbeit wird der Sprache und der Diskursdynamik im Rahmen digitaler Gewalt eine besondere Bedeutung eingeräumt. Ein eigenes Kapitel (6) beschäftigt sich mit der Deskription und Analyse sprachlicher Verfahren bei der Konstruktion einer hier so bezeichneten Diskursfigur.

Im Mittelpunkt des siebten Kapitels stehen die unter dem Stichwort Sozialität subsumierten online-spezifischen sozialen Konstellationen der Interagierenden, die vier Teilnehmer_innenkategorien (auch: Diskursrollen) offenlegen. Ausdrücklich Abstand nehme ich hierbei von den Bezeichnungen *Täter* und *Opfer*, die in dieser Arbeit nur quotativ (in Kap. 2 und in Kap. 7) verwendet werden. Sie implizieren meines Erachtens irreführende Vorverurteilungen, ich gehe darauf in Kap. 7. näher ein. Wenn ich in der vorliegenden Arbeit auf die Personen referiere, die in eine Opferrolle geraten oder transferiert worden sind, spreche ich von *vom Cybermobbing betroffenen Personen* (kurz: *vCMbPen*). Täter_innen werden hier als *Initiator_inn/en* bezeichnet, weiterhin werden *Verteidiger_innen* und *Kommentator_inn/en* unterschieden, auf die bislang in der Forschungsliteratur mit dem Terminus *Bystander* referiert wird.

In Kapitel 8 werden die erarbeiteten Cybermobbing-Charakteristika gedeutet und in der Aggressions- und Gewaltforschung verortet, um Implikationen für die Prävention auszuloten. Ich kann vorwegnehmen, dass Cybermobbing hier nicht als isoliertes Phänomen betrachtet wird, das einzig auf die Etablierung der Internetkommunikation zurückzuführen wäre.

Technische Hinweise

Studien von Heise (2000), Stahlberg/Sczensny (2001) oder Braun et al. (2007) zufolge ruft die ausschließliche Verwendung des generischen Maskulinums die geistige Repräsentation eines männlichen Agens hervor, andere Geschlechter fühlen sich nicht mitgemeint und werden auch von der Leserschaft nicht notwendigerweise als mitgemeint konzeptualisiert, selbst wenn die Autor_inn/en in einem Vermerk am Beginn einer wissenschaftlichen Publikation dazu auffordern.

Diese Befunde kann ich in einer Arbeit, die Ausgrenzung, Diskriminierung und Herabwürdigung von Menschen thematisiert, nicht ignorieren. Ich zahle daher den Preis eines durch konsequentes Gendern möglicherweise gestörten Leseflusses. Die Anstrengung, die hierbei entsteht, ist symbolisch für die Anstrengung, die gegenseitige Wahrnehmung und Wertschätzung bedeuten können, und darf als Einladung verstanden werden, sich auf diesen Prozess der Bewusstwerdung einzulassen.

Die Namen von Interagierenden werden in Beispielbelegen und im fortlaufenden Text grundsätzlich anonymisiert. Eine Ausnahme bilden Referenzialisierungen von in der Öffentlichkeit stehenden Personen, die ihre Cybermobbing-Erfahrungen publik gemacht haben. Um Autor_inn/enrechte nicht zu verletzen (siehe dazu ausführlich Kap. 3) nenne ich auch die Namen von Twitterern in Beispielen, die hier zur Veranschaulichung von Social-Media-Charakteristika herangezogen werden.

Die Quellenangaben sind Chiffren, die keine Rückschlüsse auf die Urheber_inn/en erlauben, andere Informationen sind jedoch ablesbar. Anhand der verwendeten Kürzel kann die jeweilige Veröffentlichungsplattform rekonstruiert werden (IShareGossip: *isg*, Facebook: *fb*, schülerVZ: *svz*, Schueler.cc: *scc*, Twitter: *tw*, meinprof.de: *pf*, WhatsApp: *WA*, mobbing.net: *fmo*, Yahoo Cleve: *fyc*, gofeminin.de: *fgf* und rail-sim.de: *frs*, dazu auch Kap. 3). Bei Belegen, die der Seite IShareGossip entstammen, ist die Schulform jeweils an den Kürzeln *g* für *Gymnasium*, *ses* für *Sekundarschule*, *isg* für *Integrierte Sekundarschule*, *ggs* für *Gesamtschule mit gymnasialer Oberstufe* und *rs* für *Realschule* abzulesen; das Kürzel *arc* steht für *Archivmaterial* (siehe dazu Kap. 3).

Die Diskursbeteiligung der jeweiligen Interagierenden ist bei Belegen aus vollständig dokumentierten Cybermobbingprozessen an einer der Chiffre angefügten Zahl zu erkennen. Dieses Vorgehen sei an Beispiel 6-33 expliziert. Die Chiffre „svz, nnsvmre03" legt offen, dass es sich um einen Eintrag auf SchülerVZ handelt, der von einer Person vorgenommen wurde, die ingesamt drei Beiträge im Diskursverlauf gepostet hat. Quantitative Angaben zu Social-Media-Funktionen (teilen, faven, liken, retweeten etc.) gelten jeweils für den Zeitpunkt der Protokollierung. Datum und Uhrzeit werden genannt, wenn diese Angaben verfügbar waren. Alle Bilder werden hier als Zitate nach §51 UrhG verwendet. Bildschirmfotos werden als Bildzitate in die Arbeit integriert. Die folgenden Termini werden in der Arbeit synonym verwendet:

- *Soziale-Netzwerke*, *Web 2.0*, *Social Media* und *Soziale Medien*;

- *Netz*, *Internet* und *Web* sowie – und mit aller gebotenen Zurückhaltung und Respekt gegenüber der in der psychologischen Forschung getroffenen Unterscheidung
- *Gewalt* und *Aggression* sowie
- *Ärger* und *Wut*

2 Stand und Desiderata der Cybermobbing-Forschung

> Drei neue SMS erhalten, stand auf dem Handydisplay.
> Und alle drei waren weiterer sinnloser Müll,
> den Michael augenblicklich löschte. Was fanden
> die so lustig daran? Er machte sich auf den Weg in die Schule.
> Warum hatten sie es ausgerechnet auf ihn abgesehen?
> War er so ein leichtes Opfer? Na ja, er wehrte ich nicht gegen
> ihre Sticheleien. Er ließ es einfach über sich ergehen.
> Als er Maja geschrieben hatte, dass er nur glaube zu wissen,
> wer es ist, hatte er nur die halbe Wahrheit gesagt.
> Er wusste eigentlich ziemlich genau, wer es war.
> Doch was brachte es ihm, ihre Namen zu kennen?
> Es störte ihn nicht wirklich, dass sie ihren Spott mit ihm trieben.
> Er war der Meinung, dass es ihnen nichts brachte,
> solange er nicht darauf reagierte. Sie würden es schon irgendwann
> wieder aufgeben und sich ein effektiveres Opfer suchen.
> Das dachte Michael zu diesem Zeitpunkt noch.
>
> Auszug aus: „Weder Täter noch Opfer" von Bernicia[13]

Vorbemerkungen

Die Cybermobbing-Forschung setzte etwa zum Milleniumswechsel mit einer Studie zur „Online-Victimization" im englischen Sprachraum (Finkelhor/Mitchell/Wolak 2000) ein, es dauerte weitere fünf Jahre bis Cybermobbing auch im deutschen Sprachraum wissenschaftlich untersucht wurde (vgl. Katzer 2014: 68), siehe auch Abb. 2.1.

---

[13] Die 14-jährige Bernicia ist eine von 17 Gewinnerinnen eines Schreibwettbewerbs zum Thema Cybermobbing. Die Geschichten der Nachwuchsautor_inn/en wurden 2014 vom Bündnis gegen Cybermobbing e.V. als Buch mit dem Titel „Wir erheben unsere Stimme gegen Cybermobbing" herausgegeben.

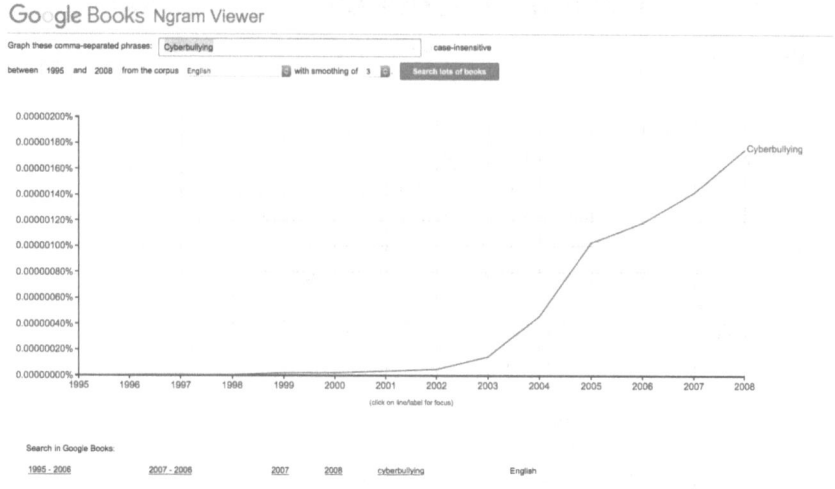

Abb. 2.1: Google-NGram[14]-Ergebnis für das Lemma „Cyberbulling"[15] im Zeitraum 1995 bis 2008

Ein rüder Umgang in der Online-Kommunikation wurde jedoch schon deutlich früher registriert. So beschreibt ein Blogger auf picolor.com das kommunikative Nutzerverhalten im USENET (Unix User Network), das Ende der 1970er Jahre von zwei Studierenden der Duke University entwickelt wurde (Hauben/Hauben 1996) und eine Art Online-Schwarzes-Brett mit verschiedenen Diskussionsforen darstellte, folgendermaßen:

> Jeden September sank das Niveau im Usenet. Der Grund? Die Erstsemester bekamen Zugang zum Usenet! :-) Relativ schnell war alles wieder im Lot, passten sie sich doch der Netiquette an. Ab dem September 1993 begann der ‚Ewige September'. AOL – der große amerikanische Netzprovider – erteilte seinen Kunden den Zugriff auf das USENET. Die große Flut an Neu-Usern kannten die gepflogenheiten (sic!) im USENET nicht. Die alten

---

14 Der Google NGram Viewer greift auf Daten aus dem Google Books Projekt zu, um die Häufigkeit bestimmter Wortfolgen (n-grams) in Printpublikationen zu ermitteln. Das Projekt umfasst 5,2 Millionen Bücher aus den Jahren 1500 bis 2008, vgl. http://litre.uni-goettingen.de/index.php/Google_Ngram_Viewer.

15 Die Termini *Mobbing* und *Bullying* werden in der Forschungsliteratur synonym verwendet, wobei *Mobbing* eher im deutschsprachigen und *Bullying* im englischsprachigen Wissenschaftsdiskurs üblich ist. Fawzi (2009a: 33) schränkt ein, dass sich der Ausdruck *Bullying* im Englischen nur auf Kinder und Jugendliche bezieht, im deutschsprachigen Raum wird sowohl bei Kindern und Jugendlichen als auch bei Erwachsenen von *Mobbing* gesprochen.

Hasen waren überfordert mit den andauernden Diskussionen über das Verhalten in Newsgroups. (jörg 2011, picolor-Blogeintrag)

Online-Benimmregeln (Netiquette) sind heute – etwa ein Vierteljahrhundert nachdem das ARPAnet[16] abgeschaltet (1989) und der britische Physiker und Informatiker, Timothy Berners-Lee, die erste Webseite online gestellt[17] und mit dem Hypertext- respektive Hypermedia-System „World Wide Web" eine sogenannte „Killerapplikation des Internet"[18] geliefert hat (Weller 2014, Döring ²2003) – zwar gängige Praxis (vgl. auch Androutsopoulos 2003b, Storrer/Waldenberger 1998 und Kap. 5).

Wie in dem oben zitierten Blogeintrag beschrieben, sind sie jedoch keine Garantie dafür, dass sich die Nutzer_innen auch daran halten. In rasantem Tempo erhielten immer mehr Menschen Zugang zum Internet. Zur Veranschaulichung sei hier der Zeitraum 1992 bis 1998 herausgegriffen, in dem die Zahl der Rechner am Netz von einer Million auf 36 Millionen anstieg.[19]

Seit einem Urteil des Bundesgerichtshofs (III ZR 98/12) vom 24. Januar 2013 gehört der Internetzugang gar zur Lebensgrundlage von Privatpersonen. Insbesondere seit sich das Web 2.0[20] etabliert hat, partizipieren 30 Prozent der Welt-

---

16 Bei ARPANet (Advanced Research Project Agency Network) handelte es sich um ein Netzwerk, das 1969 mit vier Netzknoten in den USA (Stanford Research Institute, SRI; University of California Santa Barbara, UCSB; University of California Los Angeles, UCLA; University of Utah, UTAH) startete. Die Rechner kommunizierten mit Hilfe des Telnet-Protokolls, mit dem sich Rechner von anderen Rechnern aus fernsteuern ließen. Bis zum Ende der 1980er Jahre waren gut 100.000 Universitäts-Rechner vernetzt. Vorrangiger Zweck der Gründung für ARPA im Jahre 1958 war die militärische Grundlagenforschung, vor allem die Entwicklung von Computern (Döring ²2003: 2 f., https://www.lmz-bw.de/geschichte-internet.html).
17 http://info.cern.ch/hypertext/WWW/TheProject.html
18 Diese Applikation beinhaltete den ersten Webserver, den ersten Webbrowser, eine HTML-Software (Hypertext Markup Language), das http-Protokoll zum Transport der Inhalte vom Webserver zum Browser und eine url-Adressierung, damit jede Internetseite von einem beliebigen Ort aufgerufen werden kann (Weller 2014, Döring ²2003).
19 vgl. https://www.lmz-bw.de/geschichte-internet.html
20 Obgleich Eric Knorr den Terminus Web 2.0 erstmals im Oktober 2003 in einem Artikel für das IT-Magazin „CIO" benutzte, um auf die Entwicklung des Internets hin zu einer standardisierten Arbeitsplatform zu verweisen, gilt als eigentlicher Ursprung der am 30. September 2005 von Tim O'Reilly veröffentlichte Artikel „What is Web 2.0: Design Patterns and Business Models for the Next Generation of Software". Er führt hier aus, was unter Web 2.0 zu verstehen sei (O'Reilly 2007, Randow 2007, Anastasiadis/Thimm 2011b: 11; vgl. auch Marx/Weidacher 2014: 66). Das Web 2.0, auch: Social Web (Siever/Schlobinski 2012), ist der Teil des WWW, der die Partizipation und Vernetzung aller Nutzer_innen und eine „Architektur des Mitwirkens" (Hinchliffe 2006) ermöglicht.

bevölkerung an der Kommunikation im WWW.²¹ Dabei kommt es zu Grenzüberschreitungen, die sich u. a. unter dem Terminus *Cybermobbing* (engl. *Cyberbullying*) bündeln lassen und in den letzten zehn bis fünfzehn Jahren zahlreiche sozial- und medienpsychologische, pädagogische, bildungspolitisch orientierte und kriminologische Studien motivierten. In diesem Kapitel stelle ich ausschließlich die Schwerpunktthemen dieser Forschung vor.

2.1 Zur Definition des Forschungsgegenstandes

Als allgemein akzeptierte Definitionskriterien für das Phänomen gelten absichtliche, wiederholte, aggressive Handlungen unter Zuhilfenahme von neuen Technologien, wie z. B. PC oder Smartphone.²² Damit sind Merkmale, die erstmals bei Olweus (1997, ⁴2006, siehe auch Bosworth/Espelage/Simon 1999, Solberg/Olweus 2003) für traditionelles Bullying (auch: Schul-Bullying, Schulmobbing, traditionelles Mobbing, Offline-Mobbing) formuliert worden sind, wie das wiederholte Vorkommen einer aggressiven Handlung bei einem Machtungleichgewicht zwischen den Interagierenden, auf das Online-Phänomen übertragen und über die elektronischen Vermittlungsmodalitäten erweitert worden, siehe auch Tab. 2.1.

> Ein Schüler/eine Schülerin wird gemobbt, wenn er/ sie wiederholt und über eine längere Zeit den negativen Handlungen eines oder mehrerer anderer Schüler/Schülerinnen ausgesetzt ist. Eine negative Handlung liegt dann vor, wenn jemand absichtlich einem anderen Schmerz, Verletzung oder Unannehmlichkeiten zufügt oder es versucht [...]. (Olweus 1997/ ⁵2008: 282)

Dass mit der Registrierung des Phänomens vor etwa fünfzehn Jahren zunächst nach analogen, schon erforschten Mustern gesucht wurde, ist methodisch naheliegend. Die Cybermobbing-Forschung scheint sich jedoch bis heute nicht von der Mobbing-Forschung emanzipiert zu haben. Eine Reihe von Studien ist entsprechend dem direkten Vergleich beider Phänomene gewidmet (siehe u. a.

---

21 vgl. http://royal.pingdom.com/2012/01/17/internet-2011-in-numbers/
22 Vgl. Pfetsch/Mohr/Ittel (2014: 277), Tokunaga (2010), Fawzi (2009), Dooley/Pyzalski/Cross (2009), Bhat (2008), Besley (2009, 2006), Smith et al. (2008), Li (2008), Raskauskas/Stoltz (2007), Patchin/Hinduja (2006), Hinduja/Patchin (2009), Grimm et al. (2008), Slonje/Smith (2007), Slonje/Smith/Frisén 2012, Jäger/Riebel/Fluck (2009), Jäger et al. (2007), Erdur-Baker/Kavsut (2007), Fanti/Demetriou/Hawa (2012), Perren/Dooley/Cross (2010), Perren/Gutzwiller-Helfenfinger (2012), Vaszonyi et al. 2012, Ybarra/Mitchell (2004a) u. a.

Dooley/Pyzalski/Cross 2009 für einen Überblick). Eine starke Verknüpfung zwischen Cybermobbing und Offline-Bullying sehen Forscher_innen vor allen Dingen in Fragen der Täterschaft und Viktimisierung. „Schulmobber sind also oft auch Cybermobber!" und „Mobber bleiben Mobber" fasst Katzer (2014: 76 f.) zusammen.

Eine Studie von Katzer/Fetchenhauer (2007) ergab, dass 80% sowohl in der Schule als auch im Netz mobben. Ähnliche Zahlen sind auch von Schultze-Krumbholtz/Scheithauer (2009a,b), von Gradinger et al. (2009) und Gradinger (2010) für Österreich, von Smith (2011) für Großbritannien, von O'Moore (2012) für Irland, von Raskauskas/Salmivalli (2007), Raskauskas/Stoltz (2007) für Neuseeland und Finnland und von Ybarra/Mitchell (2004a, 2007) für die USA ermittelt worden, vgl. auch Katzer/Fetchenhauer/Belschak (2009), Didden et al. (2009) Smith et al. (2008), Juvoven/Gross (2008) oder Slonje/Smith (2007) zur Frequenz von Cyber- und Offline-Mobbing.

Ybarra/Diener-West/Leaf (2007) fanden heraus, dass 36% der befragten Studienteilnehmer/innen sowohl Online- als auch Offline-Mobbing erfahren haben, in der Erhebung von O'Moore (2012) waren es 71%, Juvoven/Gross (2008) dokumentieren sogar 85%. Dabei müssen die Täter/inne/n im Netz nicht mit den Täter/inne/n, die offline agieren, übereinstimmen (Ybarra et al. 2007). Zur Verschränkung der Täter- und Opferrollen hat O'Moore (2012) Zahlen in Irland erhoben: 28,9% der Online-Opfer waren Offline-Mobber/innen und 32% der Online-Mobber/innen waren Offline-Opfer.

Tab. 2.1: Überblick über die wichtigsten in der Literatur genannten Merkmale von Cybermobbing. {[a] Finkelhor/Mitchell/Wolak (2000), [b] Ybarra/Mitchell (2004a), [c] Patchin/Hinduja (2006: 152), [d] Slonje/Smith (2007:147), [e] Willard (2007a: 1), [f] Jäger et al. (2007: 8), [g] Li (2008: 224), [h] Juvoven/Gross (2008: 497), [i] Fawzi (2009a: 1), [j] Besley (2009), [k] Aktion Kinder- und Jugendschutz Schleswig-Holstein e.V. (2009: 16), [l] Tokunaga (2010: 278), [m] Katzer (2014: 61), [n] Pfetsch/Schäfer (2014: 160), [o] Gradinger (2010: 14), [p] Specht (2010), [q] O'Moore (2012)}

Para- phrase für das Phäno- men	Inhalt	Verbreitungs- modalität	Beteiligte	Wiederho- lung	Hand- lungs- absicht	Internet– spezifische Merkmale
online harass- ment [a]	threats or other offensive behavior	sent online [a], [b], youth [a] [e]		repeated [c], [j], [l]	intentio- nal act [b]	for others to see [a]

Paraphrase für das Phänomen	Inhalt	Verbreitungsmodalität	Beteiligte	Wiederholung	Handlungsabsicht	Internet-spezifische Merkmale
	(not sexual solicitation) [a]					
internet harassment [b]	overt act of aggression [b], [q]	inflicted through the medium of electronic text [c]	[towards] another person [b]	immer wieder [f]	willful [c], [q]	Identity of the bully may or may not be known [l]
aggression [d]	harm [c]	occurs through modern technological devices and specifically mobile phones or the internet [d], [e], [f], [g], [h], [i]	someone [h]		mit voller Absicht [f]	hoher Anonymitätsgrad [m]
bullying [g]	harmful or cruel texts or images [e]	neue Techniken, wie z. B. E-Mail, Chats, Instant Messaging [f], [g]	behaviour by an individual or group [j], [q]		deliberate [j]	hoher Öffentlichkeitsgrad [m], [o]
	andere verletzen, bedrohen, beleidigen, Gerüchte über sie zu verbreiten o. ihnen Angst machen [f]	PDA, WWW [g]	Schüler/innen [k]		vorsätzlich [k]	Endlosviktimisierung [m]
	to insult or threaten someone [h]	internet [i]	others [l]		intended [l]	Schutzlosigkeit der Opfer [m]
Mobbing [i]	hostile behavior intended to harm	Text-, Bild- o. Videoveröffentlichungen im Internet [k]				Pseudonymität [n]

Paraphrase für das Phänomen	Inhalt	Verbreitungsmodalität	Beteiligte	Wiederholung	Handlungsabsicht	Internet–spezifische Merkmale
	others [j]					
	verleumdet, bedroht oder belästigt [k]	SMS [k]				Machtlosigkeit und Schmerz des Opfers [o]
	any behavior that communicates hostile or aggressive messages to inflict harm or discomfort [on others] [l]	electronic or digital media [l], [q]				

Das Definitionskriterium „Wiederholtes Vorkommen"

In der Forschungsliteratur wird jedoch auch thematisiert, wie problematisch es ist, die Merkmale des Offline-Phänomens auf das Online-Phänomen zu projizieren (vgl. Kowalski/Limber/Agatston ²2012, Gradinger 2010, Wachs 2009: 44 f., Slonje/Smith 2007, Willard 2007a,b, Campbell 2005, Smith 2012, Menesini 2012, Pieschl et al. 2013). Langos (2012) plädierte dafür, die Gültigkeit des Kriteriums „Wiederholtes Vorkommen" dahingehend einzuschränken, dass es nur für sogenanntes direktes Cybermobbing zuträfe. Im Gegensatz zu indirektem Cybermobbing, das das ungerichtete Verbreiten von kompromittierenden Äußerungen im WWW bedeutet, addressiere der/die Täter_in das Opfer hier direkt (Langos 2012: 288, vgl. auch Willard 2007a: 5 ff., Staude-Müller 2010). Dabei ist jedoch relevant, ob die direkte Adressierung über eine private Nachricht oder eine E-Mail realisiert wird (und damit im für eine Öffentlichkeit nicht einsehbaren Raum bleibt) oder über @-Adressierungen, Antworten-Funktionen und vergleichbare technische Optionen (dazu Kap. 4 und 5) vor einem Publikum. Dieser wesentliche und für Cybermobbing konstitutive Unterschied (siehe Kap.

7) wird in der psychologischen Kategorisierung ‚direkt vs. indirekt' gar nicht berücksichtigt.

In Marx (2013a: 247 ff.) habe ich ausgewählte Aspekte diskutiert, die ich hier noch einmal aufgreifen möchte. So stellt sich die Frage, wie im Kontext der internetbasierten Kommunikation ein „wiederholtes Vorkommen" definiert werden kann? In einem Kommunikationsraum, in dem ein Kommunikat auf einer Plattform im WWW gespeichert und für die weitere Verwendung freigegeben wird, erscheint ein Parameter, der auf der Zählbarkeit sequentieller Ereignisse beruht, nicht adäquat (vgl. auch Fawzi 2009a oder Gradinger 2010). Ein Kommunikationsbeitrag kann beliebig oft und von mehreren Rezipient_inn/en aufgerufen und betrachtet werden. Es entzieht sich zudem der Kontrolle der Kommunikationsteilnehmer_innen, wie oft ein Beitrag von Dritten geteilt oder kopiert und auf anderen Seiten neu eingestellt wird (siehe Kap. 4), gerade im Kontext von Sexting (dazu auch 2.5 und Kap. 5) kommt es zu viralen Verbreitungsmechanismen.[23] Selbst eine E-Mail kann an einen größeren Personenkreis versendet werden, was für betroffene Personen nur rekonstruierbar ist, wenn weitere Adressaten in Kopie (cc), nicht aber bcc (blind carbon copy) stehen.

„Wiederholtes Vorkommen" kann also weder ein notwendiges noch ein hinreichendes Merkmal für Cybermobbing sein. Bedeutsam ist vielmehr, dass derartige Beiträge überhaupt auf einer virtuellen Kommunikationsplattform erscheinen. Damit stehen sie einer unkalkulierbaren Menge von Rezipient/inn/en zur Einsicht und Weiterverarbeitung zur Verfügung. Analysiert werden sollten m. E. die Substanz, Struktur und Wirkung der Beiträge in diesem spezifischen Kommunikationsraum.

Das Definitionskriterium „Machtungleichgewicht"
Ein weiteres Merkmal, das für den virtuellen Kommunikationsraum neu parametrisiert werden muss, ist das Machtungleichgewicht zwischen Täter_in und Opfer. So beobachtet Willard (2007a: 28): „It appears that sometimes less powerful people or a group of people are using the internet to attack more powerful people or a group of people." Damit ist aber nicht klar, wie sich das Konzept

---

23 Zur Illustration sei der Fall der 16-jährigen Natalie genannt (Pfähler 2015), die im intimen Chat mit einem Schulkameraden für Sekunden ihren Oberkörper entblößte. Er fotografierte die Situation und verbreitete sie über WhatsApp. Im Zusammenhang mit Sexting sind es gerade die einmaligen „Ausrutscher", die sich viral verbreiten und eine Lawine an Hasskommentaren auslösen.

MACHT überhaupt fassen lässt.[24] Während es im Offline-Bereich mit der körperlichen Unter- respektive Überlegenheit assoziiert wird, gibt es für Online-Plattformen kaum messbare Größen. Hinduja/Patchin (2007: 91) diskutieren in diesem Zusammenhang die technische Kompetenz des/der Täter/s_in. Hier stellt sich jedoch die Frage, welche herausragenden technischen Kompetenzen ein/e Täter_in eigentlich haben muss? Es geht hier um alltägliche Routinen, wie E-Mails verfassen und an mehrere Adressat_inn/en versenden, Einträge auf Sozialen-Netzwerk-Seiten, Foren oder Blogs oder chatten. Diese Kompetenzen sind nicht außergewöhnlich und gehen auch nicht über die Kompetenzen hinaus, die eine vom Cybermobbing betroffene Person haben muss, um Cybermobbing (in E-Mails, Sozialen Netzwerken, Foren, Blogs oder Chats) zu bemerken.

Die neuen Technologien sind allen intuitiv zugänglich und können hier für unterschiedliche Zwecke (also auch Angriff und Verteidigung) genutzt werden. Gradinger (2010: 13) erachtet den sozialen Rang, den Täter_innen und Opfer in Online-Communities einnehmen als mögliche Variable für die Bestimmung des Machtungleichgewichts (siehe auch Campbell et al. 2012). Das setzt allerdings voraus, dass die Kommunikation ausschließlich in geschlossenen Online-Communities stattfindet, in denen hierarchische Strukturen nicht nur vorliegen, sondern auch für alle Teilnehmenden transparent sind. Dass sich selbst in solchen Umgebungen die Rollen ad hoc verkehren können, zeigt Beispiel 2-1.

2-1 Ich bin ja schon vor über einem Jahr aus dem Forum von denen raus und hab ja mein eiges aufgemacht, aber selbst da haben sie sich angemeldet um es kaputt zu machen und seit gestern abend ist es nun auch offline. Sie haben es also geschafft. [...] (Gina B., http://forum.mobbing.net, 2010-10-17)

Selbst über das eigene Forum kann man also die Kontrolle verlieren. Hinzu kommt, dass die Foren-Kommunikation nur einen Teil der möglichen Kommunikationsräume abbildet, lediglich 9% der Onlinenutzer_innen machen hiervon Gebrauch (siehe ARD/ZDF-Onlinestudie 2016). Fast alle der 14- bis 29-jährigen Onlinenutzer/innen chatten oder kommunizieren über Messenger (WhatsApp: 92%) oder auf Sozialen-Netzwerk-Seiten, wie z. B. Facebook (70% der 14- bis 29-Jährigen).

Hierbei handelt es sich um Kommunikationsangebote, die nicht auf strukturellen hierarchischen Ordnungen basieren und eine hohe Dynamizität hinsichtlich der Teilnehmenden aufweisen (siehe dazu Kap. 7). Als weitere Variab-

---

[24] Referenzen auf Konzepte und Konzeptualisierungen werden in der vorliegenden Arbeit mit Kapitälchen notiert.

le, das Machtungleichgewicht näher zu bestimmen, schlägt Gradinger (2010: 13) die Anonymität des/der Täter/in/s vor. Dass die Anonymität für die Reduktion von Hemmschwellen sorgt und damit für einen Anstieg negativer Äußerungen, ist in der Literatur vielfach dokumentiert worden (Ybarra/Mitchell 2004b, Kowalski/Limber 2007, Mishna et al. 2009, Wright 2013, vgl. auch Schwarz-Friesel 2013, die Anonymität im Zusammenhang mit der hohen Frequenz und Drastik antisemitischer Online-Kommentare diskutiert). Die Cyberbullies wiegen sich einerseits in Sicherheit, weil sie kaum Sanktionen zu befürchten haben, und andererseits durch die fehlende physische Präsenz nicht mit der Wirkung ihrer Äußerungen konfrontiert werden. Das verführe sogar Schüler/innen dazu Täter/in zu werden, die offline niemals in Mobbinghandlungen involviert waren.

Englander/Muldowney (2007) bezeichnen Cybermobbing auch als „opportunistic offense", weil dem Opfer ohne physische Interaktion oder große Planungsprozesse Schaden zugefügt werden kann und gleichzeitig die Wahrscheinlichkeit entdeckt zu werden, gering bleibt. Für die Betroffenen intensiviert sich das Bedrohungsszenario, denn sie wissen nicht, vom wem die Attacken ausgehen und können sich demzufolge auch nicht wehren (Koqlaski/Limber 2007, Vandebosch/Van Cleemput 2008, Mishna et al. 2009, Sticca/Perren 2011, Naruskov et al. 2012, Katzer 2014: 61). Das führt zu Hilflosigkeit, Resignation und zur Beeinträchtigung der psychischen Gesundheit der Opfer (Vandebosch/Van Cleemput 2008, Mishna et al. 2009), siehe dazu auch Kap. 2.2. Es gibt aber auch Forschungsergebnisse, die den Stellenwert der Anonymität in Cybermobbingszenarien relativieren (vgl. Mishna et al. 2009, Nocentini et al. 2010). So wurde ermittelt, dass bis zu 50% der Betroffenen die Identität der Täter/innen kennen (Kowalski/Limber 2007, Wolak/Mitchell/Finkelhor 2007, Veenstra 2011, Fenaughty/Harré 2013; vgl. die Prävalenzsynopsis in Pfetsch/Schäfer 2014: 163).

Cybermobbing findet also nicht ausschließlich anonym statt.[25] Eine Studie von Staude-Müller/Hasen/Voss (2012) ergab gar, dass es für Betroffene belastender ist, die Urheber/innen der (Verbal)-Attacken zu kennen. Ein Grund hierfür kann die Furcht davor sein, dass das Exklusivwissen, über das Täter/innen verfügen, gegen die Betroffenen eingesetzt wird. Pfetsch/Schäfer (2014: 168) resümieren entsprechend, dass nicht die Anonymität, sondern die Cybermobbing-Erfahrung insgesamt als Belastungsfaktor einzustufen ist. Mit einem Fokus auf den Täter/innen untersucht Festl (2015, 2016) die sozial-strukturelle Per-

---

25 Auch in Facebook-Shitstorms lässt sich eine Tendenz zur Authentifizierung beobachten. Diese konstituieren sich z. T. aus Beiträgen von Personen, die ein Profil unter ihrem bürgerlichen Namen angelegt haben (siehe auch Kap. 7).

spektive für die Erklärung von Cybermobbing und betont die Relevanz des sozialen Peerkontexts auch für das Onlineverhalten (siehe auch Kap. 7).

Das Definitionskriterium „Intentionalität"
In der überwiegenden Anzahl der Forschungsarbeiten zum Cybermobbing wird das Intentionalitätskriterium (kurz: Absicht) als für das Phänomen konstitutiv vorausgesetzt (dazu auch Kap. 5.3). Es gibt eine Vielzahl von Motiven für Kommunikationsteilnehmer/innen Beiträge zu produzieren, die als Cybermobbing kategorisiert werden (können). Aftba (2008) unterscheidet auf der Grundlage von Erfahrungswissen (vgl. Pfetsch/Mohr/Ittel 2014: 283) vier Täterkategorien:

- vengeful angel
- power-hungry (Subtyp: revenge of the Nerds)
- mean girls
- the inadvertent cyberbully.

Wie ich in Marx (2013: 239) ausgeführt habe, werden die Tätertypen durch diese Kategorien nicht adäquat erfasst. ‚Vengeful angels' sind laut Aftab (2008) sowohl Personen, die selbst von Cybermobbing betroffen sind, als auch deren Freunde, die sich rächen wollen. Freunde/Freundinnen werden typischerweise den sogenannten Bystander_innen (vgl. Pfetsch et al. 2011, Bastiaensens et al. 2014, Obermaier/Fawzi/Koch 2014) zugeordnet. Eine Unterscheidung ist hier zwar wichtig, weil Freunde/Freundinnen sowohl deeskalierend als auch eskalierend in den Konflikt eingreifen können oder sich gänzlich enthalten. Das FREUNDE-Konzept restrukturiert sich gerade im Rahmen von Social Media und konvergierenden Effekten jedoch neu (Dürscheid/Brommer 2013). Die Rollenbezeichnungen müssen also generell reflektiert werden (siehe dazu Kap. 7).

In der Kategorie ‚power-hungry' werden mit dem Subtyp ‚revenge of the Nerds' zwei Täter/innen-Typen zusammengefasst, die aus jeweils anderen Motiven handeln: Die einen, weil sie ein Gefühl der Macht erleben wollen, die anderen, weil sie selbst Opfer von Cybermobbing geworden sind, wobei letztere dann auch als ‚vengeful angels' gelten.

Auch *mean girls* ist eine irreführende Kategorienbezeichnung. Unter ‚mean girls' fallen nämlich nicht nur die aus Langeweile boshaft agierenden Mädchen, sondern auch Jungen und gemischte Gruppen. Mit der Kategorie ‚inadvertent cyberbully' wird auf Personen Bezug genommen, die unbewusst in Cybermobbing involviert sind. Ihre Äußerungen sind zumeist unbedachte Reaktionen auf etwas, das sie witzig und unterhaltsam finden oder auch auf Provokationen. Dabei ist ihnen nicht bewusst, welche Wirkung ihre Online-Handlung haben kann. Sie handeln also laut Aftab (2008) ohne schädigende Absicht und produzieren dennoch Äußerungen, die als Cybermobbing gelten.

In der Cyberlife-Studie von Schneider/Katzer/Leest (2013) gaben die Schüler_innen als häufigste Motive Langeweile (von 53%) und Spaß (von 52%) an. Wählen konnten die Studienteilnehmer_innen zwischen den Täter_innen-Motiven ‚Aus Langeweile', ‚Nur zum Spaß', ‚Weil andere das auch machen', ‚Weil es diese Person verdient hat', ‚Weil es Ärger mit der betreffenden Person gab', ‚Aus schlechter Laune', ‚Um andere, die gemobbt worden sind, zu rächen', ‚Weil mich diese Person auch gemobbt hat' und ‚Weil es cool ist' (siehe Abb. 2.2).

Eine Kategorie ‚Ich bin da hineingeraten' gab es zwar nicht, aber die Motive ‚Langeweile' und ‚Spaß' suggerieren weniger ein aggressives Handeln als verantwortungslose Spielerei, aber auch Identitätsarbeit. In diesem Kontext sind auch die von Katzer (2014: 84) als „Wettbewerb" oder „Trophäenjagd" bezeichneten kompetitiven Cybermobbing-Aktivitäten zu sehen. Den Täter/inne/n geht es hierbei darum, sich durch drastische Handlungen (das Versenden von intimen Fotos der Freundin/des Freundes, peinliche Schnappschüsse vom Lehrer/der Lehrerin, grenzüberschreitende Kommentare in Onlinediskussionen) von anderen abzuheben, sich zu profilieren und Anerkennung zu erhalten. Dabei rückt die thematisierte Person oftmals in den Hintergrund, sie wird zur Projektionsfläche degradiert. Ihre Schädigung wird entweder als Kollateralschaden billigend in Kauf genommen oder gänzlich ignoriert, während sich der Diskurs durch immer derbere Beiträge verselbstständigt (siehe dazu auch Kap. 6 und 7). Die besondere Härte der Mutproben 2.0 dient den Schüler/innen dazu, ihre eigenen Grenzen, ihre Gewaltfähigkeit auszutesten (Hilgers 2010a,b, Katzer 2012, 2014), vgl. auch die von Hilgers (2010a,b, 2011) beschriebene Lust, etwas „Böses auszuprobieren". Gleichzeitig versuchen sie sich selbst mit Angst einflößenden Inszenierungen zu schützen (vgl. auch Katzer 2014: 85, Katzer/Fetchenhauer 2007, Patchin/Hinduja 2009). Auch Mitläufer handeln mit dem Ziel, sich selbst zu schützen, wenn der Druck der Peergroup zu groß wird (Fawzi 2009b, Cross et al. 2009 und Kap. 7).

Etwa ein Drittel aller Cybermobber_innen (Schneider/Katzer/Leest 2013) mobbt nicht pro-aktiv, sondern reagiert auf Offline-Mobbing, Online-Angriffe (oder gar Cybergrooming, siehe dazu Kap. 2.5 und vgl. Rüdiger 2012), die ihnen selbst oder Freund_inn/en widerfahren sind (siehe zum Rachemotiv auch Cross et al. 2009, Fawzi 2009b). Diese Zahl wird angeführt, um das Definitionskriterium „Intentionalität" (Absicht) kritisch zu hinterfragen. Selbst in Studien zur Intervention und Prävention von Cybermobbing, die zwar die allgemeine Definition zu Grunde legen, die absichtsvolles Handeln integriert, werden vorbeugende Maßnahmen auch für die Situationen formuliert, in denen (vermeintliche) Täter/innen nicht absichtsvoll gehandelt haben (u. a. Aftab 2008, Katzer 2014, Pfetsch/Mohr/Ittel 2014, Vannucci et al. 2012).

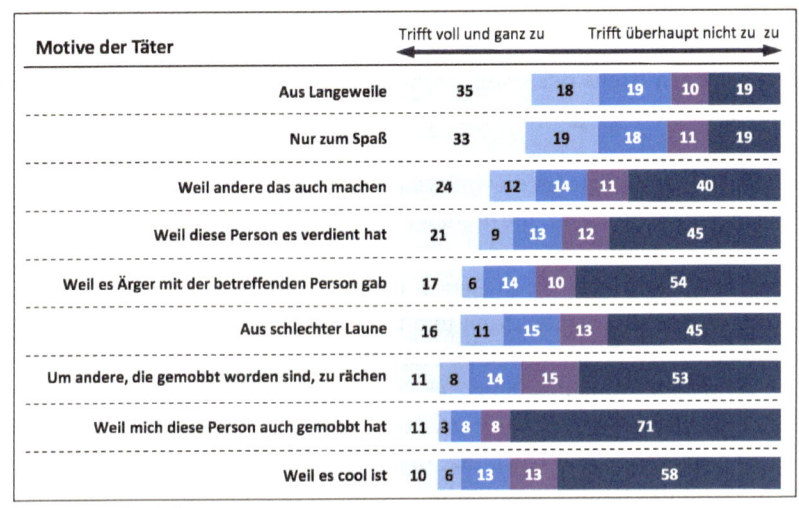

Motive der Täter	Trifft voll und ganz zu				Trifft überhaupt nicht zu
Aus Langeweile	35	18	19	10	19
Nur zum Spaß	33	19	18	11	19
Weil andere das auch machen	24	12	14	11	40
Weil diese Person es verdient hat	21	9	13	12	45
Weil es Ärger mit der betreffenden Person gab	17	6	14	10	54
Aus schlechter Laune	16	11	15	13	45
Um andere, die gemobbt worden sind, zu rächen	11	8	14	15	53
Weil mich diese Person auch gemobbt hat	11	3	8	8	71
Weil es cool ist	10	6	13	13	58

n=1.285; Angaben in %

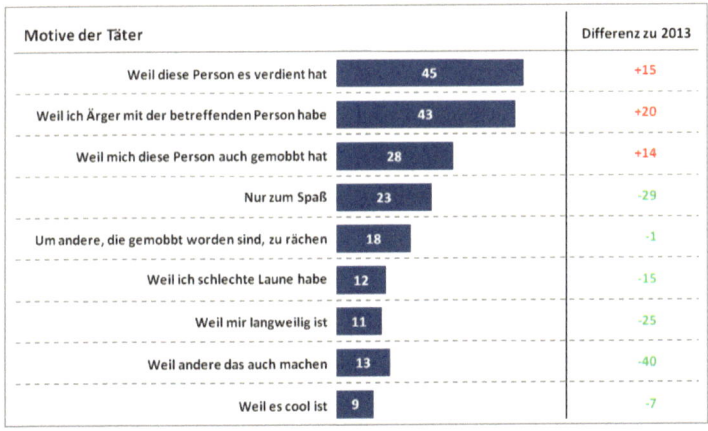

Motive der Täter		Differenz zu 2013
Weil diese Person es verdient hat	45	+15
Weil ich Ärger mit der betreffenden Person habe	43	+20
Weil mich diese Person auch gemobbt hat	28	+14
Nur zum Spaß	23	-29
Um andere, die gemobbt worden sind, zu rächen	18	-1
Weil ich schlechte Laune habe	12	-15
Weil mir langweilig ist	11	-25
Weil andere das auch machen	13	-40
Weil es cool ist	9	-7

n=212; Angaben in %

Abb. 2.2: Motive der Täter im Vergleich der beiden Cyberlife-Studien, oben: Abb. 88 aus Schneider/Katzer/Leest (2013: 100) und unten: Abb. 74 aus Leest/Schneider (2017: 86)

Der Systematisierung nach affektiven reaktiven Aggressionsformen und effektbezogenen instrumentellen Aggressionsformen von Nolting (2005) zufolge wären Cybermobbing-Handlungen, die nicht auf Rache-, Verteidigungs- oder Abwehrgründen basieren, aktive, effektbezogene Aggressionsformen, da diese primär auf das Erzielen eines Nutzeffekts ausgelegt sind (vgl. Zumkley 2009: 240).

Ein solcher Nutzeffekt kann nun darin bestehen, seine Position im Rahmen einer Kommunikationssituation zu definieren und Anerkennung und/oder Macht zu erlangen (siehe dazu Kap. 7). Auch Zeitvertreib und Belustigung (mit Bezug auf die Motive Langeweile und Spaß) können Nutzeffekte aktiver Aggression sein.

Entsprechend implizieren die vielgestaltigen Motive für Cybermobbing keinerlei Zweifel an der Absicht, die digitaler Gewalt zugrundeliegt, wenn diese als solche eindeutig identifiziert worden ist (siehe dazu u. a. Kap. 5). Diese Identifikation gelingt jedoch nur, wenn Belege für Cybermobbing einer genauen semantischen Betrachtung unterzogen und unter Berücksichtigung kontextueller Parameter analysiert werden. Gerade auch im Hinblick auf die Entscheidung, ob Akte verbaler Gewalt mit dem Ziel, Cybermobbing-Prozesse zu evozieren, geschehen, ist es notwendig, die Motive der Initiator_inn/en zu eruieren – ein Beitrag zur Cybermobbing-Forschung, den die Internetlinguistik leisten kann. Das gilt auch für das Definitionskriterium „Aggressive Handlung".

Das Definitionskriterium „Aggressive Handlung"
In den bisherigen Cybermobbing-Studien fällt hinsichtlich der Komponente ‚Aggressive Handlung' eines auf: Das Spektrum, was darunter zu verstehen ist, ist weit und die Auffassungen heterogen. Es umfasst
- die Ablehnung von Kontaktanfragen (Schneider/Katzer/Leest 2013: 94),
- jemanden aus einer Gruppe ausschließen (Specht 2010: 53),
- mean things[26] (Juvoven/Gross 2008)
- „mean text messages" (Gradinger/Strohmeier/Spiel 2009: 207) oder „unangenehme Nachrichten" schicken (Specht 2010: 53),
- hänseln (Schneider/Katzer/Leest 2013: 94),
- ärgern (Bubintschek/Wegel 2013, Wegel/Körner/Stroezel 2011, Wegel 2012)
- ein anderes Profil für jemanden anlegen (Specht 2010: 53),
- sich als jemand anderes ausgeben und im Namen der Person Dinge herumschicken (Specht 2010: 53),
- private Nachrichten weitergeben (Specht 2010: 53),

---

[26] ‚Mean things' wurden definiert als „anything that someone does that upsets or offends someone else" (Juvoven/Gross 2008: 499).

- E-Mails, Fotos oder Videos an Dritte weitergeben, um die Betreffenden bloßzustellen oder lächerlich zu machen (Specht 2010: 53),
- Gerüchte verbreiten (u. a. Schneider/Katzer/Leest 2013: 94, Specht 2010: 53),
- schlecht über andere reden (Specht 2010: 53),
- andere im Chat beschimpfen (Katzer/Fetchenhauer/Belschak 2009: 37),
- Streit im Chat beginnen (Katzer/Fetchenhauer/Belschak 2009: 37),
- Beleidigungen (Specht 2010: 53, Katzer/Fetchenhauer/Belschak 2009: 37),
- Bedrohungen (Specht 2010: 53, Katzer/Fetchenhauer/Belschak 2009: 37).

In medien- und sozialpsychologischen, pädagogischen oder juristischen Studien kursiert ein diffuses Konglomerat an sprachlichen und nicht-sprachlichen Handlungen unter der Überschrift „aggressive Handlung".

In Marx (2013: 250) habe ich darüber hinaus darauf verwiesen, dass es gerade hinsichtlich der sprachlichen Realisierungsformen von Cybermobbing ein Forschungsdesiderat gibt. So muss berücksichtigt werden, dass die in den Studien alltagssprachlich und intuitiv gebrauchten Sprechaktverben *bedrohen*, *beschimpfen* oder *beleidigen* sowohl Sprecherintentionen als auch tatsächliche Wirkungen beschreiben. Schwierig erweist es sich auch, dass Proband/inn/en, die Fragebögen ausfüllen, hier mit der Aufgabe konfrontiert werden, Unterscheidungen zu treffen, die selbst in der Linguistik nicht einfach sind, etwa im Hinblick auf Beschimpfungen und Beleidigungen (siehe dazu u. a. Schwarz-Friesel/Reinharz 2013: 311). Auch für das Lexem *Streit* gibt es nicht eine obligatorische negative Lesart. Ein Streit kann auch ein ‚konstruktiver argumentativer Austausch' sein (vgl. Spiegel 2011: 18 f.).[27] Auch dem Lexem *unangenehm* (in *unangenehme Nachrichten*) ist nicht notwendigerweise ein hohes Aggressionspotenzial inhärent. Zu ‚unangenehmen Nachrichten' können auch Nachrichten

---

[27] So finden sich folgende Fragestellungen in den Erhebungen: (1) „Wie oft bedrohst Du andere im Chat?" (Katzer/Fetchenhauer/Belschak 2009: 37); (2) „Wie oft beschimpfst Du andere im Chat?" (Katzer/Fetchenhauer/Belschak 2009: 37); (3) „Wie oft fängst Du im Chat Streit an?" (Katzer/Fetchenhauer/Belschak 2009: 37); (4) „Wie oft ist es in den letzten Sommerferien vorgekommen, dass Du selbst nur in Onlinecommunities (z.B. SchülerVz, MySpace, Facebook, Lokalisten) a. anderen Drohungen geschickt hast?; b. anderen Beleidigungen oder andere unangenehme Nachrichten geschickt hast?; c. beleidigende Kommentare unter Fotos von anderen oder auf Pinnwänden hinterlassen hast?; d. Gerüchte über andere verbreitet oder schlecht über andere geredet hast?) [...]" (Specht 2010: 53, Formatänderungen K.M.). Bei Jäger/Riebel/Fluck (2009) wird gar nicht zwischen verletzenden und beleidigenden Sprechakten, zwischen Drohungen oder dem Verbreiten von Gerüchten unterschieden.

gehören, die beinhalten, dass am kommenden Schultag statt der Sportstunde Mathematikunterricht stattfindet.

Wie soll nun bestimmt werden, welcher der Ausdrücke ein höheres ‚Cybermobbing-Potenzial' birgt? Wie lässt sich festlegen, ob eine Handlung aggressiv ist?

Ein erster Orientierungspunkt kann die Motivation zur Handlung sein, denn in vielen Definitionen menschlicher „Aggression [ist Absicht die] am häufigsten verwandte vorausgehende Bedingung" (Zumkley 2009: 239, Merz 1965). Diese ist allerdings oft schwer zu rekonstruieren.

Als zweiter Orientierungspunkt gilt die Form der Handlung, sodass offensichtliche mittels derber Schimpfwörter realisierte Beleidigungen durchaus als aggressiv einzustufen sind (vgl. Buss 1961). Zu berücksichtigen ist aber, dass selbst klar erkennbare Beleidigungsakte gänzlich ohne aggressive sprachliche Markierungen vollzogen werden können, wie die folgende fiktive Szene (Bsp. 2-2) aus dem Film „Coming in" zeigt.

2-2 Ein Star-Friseur, eine einfache Friseuse aus dem Kreuzberger Kiez und die beiden Herausgeber eines erfolgreichen Kultur-Magazins für Homosexuelle haben sich – mit Ausnahme der Friseuse – in einer tölpelhaften Romeo- und-Julia-Inszenierung (Romeo und Julia als Schalentiere) gelangweilt.
Beim Verlassen des Theaters wendet sich einer der Magazinherausgeber an die Friseuse: „Ihnen hat's bestimmt gefallen."

Auch wenn es sich hier nicht um einen Beleg natürlicher Interaktion handelt, scheint es mir doch ein Musterbeispiel für eine subtile (weil nicht an der sprachlichen Oberfläche markierte) Beleidigung zu sein. Indem der Magazinherausgeber in einem repräsentativen Sprechakt seine Überzeugung unterstellt, der Friseuse habe das Stück gefallen, entsteht eine über eine nicht-streichbare E-Implikatur (vgl. dazu Schwarz-Friesel 2010) zu rekonstruierende Analogie zwischen dem als miserabel evaluierten Theaterstück und dem Kulturverständnis der Friseuse.

Zu berücksichtigen ist auch, dass Außenstehende vermeintlich aggressive sprachliche Handlungen als Beleidigungen kategorisieren, die innerhalb der Gruppenkommunikation nicht als Beleidigungen wahrgenommen werden (vgl. z. B. das Dissen, Deppermann/Schmidt 2000, 2001, dazu Kap. 6.6 und 7.1).

Schwierig gestaltet es sich auch, das Aggressionspotenzial von Liken und Teilen zu beurteilen. Handelt jemand, der ein kompromittierendes Foto mit „gefällt mir" markiert, zugleich aggressiv? Man würde das intuitiv verneinen. Dennoch ist er/sie damit aber aktiv in einen Cybermobbing-Prozess involviert.

Wie verhält es sich mit dem ‚Ausschließen aus einer Gruppe', das sowohl über einen deklarativen Sprechakt als auch über eine technische Funktion geschehen kann? Unter Umständen bekommt der/die Betroffene den Ausschluss gar nicht mit, wenn es ihm/ihr nicht explizit (ggf. durch einen deklarativen Sprechakt) mitgeteilt wird. Ein solches Szenario ist vor allem bei Gruppenneugründungen vorstellbar, in die die betreffende Person von Beginn an nicht einbezogen wird (siehe Kap. 7). Die Wirkung auf den/die Betroffene/n kann abhängig von der Modalität (deklarativer Sprechakt oder stillschweigender Ausschluss) eine andere sein. Damit ergibt sich als dritter Orientierungspunkt für die Bestimmung des Aggressionspotenzials die verletzende oder schädliche Folge für ein anderes Individuum (vgl. Buss 1961), wobei zu bedenken ist, dass „danach auch unabsichtliche oder aus pro-sozialen Motiven heraus ausgeführte Handlungen mit schädigenden Konsequenzen (z. B. medizinische Eingriffe) Aggressionen [wären]" (Zumkley 2009: 240).

Die Betrachtung der Folgen einer Handlung reicht also als alleiniges Merkmal zur Bestimmung des Aggressionspotenzials nicht aus. Bei verbaler Gewalt können die Folgen oftmals gar nicht eindeutig eruiert werden, ein möglicher Ansatzpunkt ist die Ratifizierung des Gewaltakts durch den/die Betroffene/n als erster Schritt (siehe dazu Kap. 5.3). Die Erkenntnisse zu den Folgen von Cybermobbing (dazu Kap. 2.2) lassen indessen keinen Zweifel daran, dass hier größtenteils Reaktionen auf – in diesem (dritten) Sinne – aggressive Handlungen vorliegen.

In einem Überblicksartikel über die Aggressionsforschung hebt Schmid (2005:11) vor allem ein Desiderat hervor: die theoretische Fundierung (siehe dazu Kap. 8.1). Ohne die eingehende Analyse der Kommunikationsbeiträge in der spezifischen Situation wird die Entscheidung darüber, inwieweit Cybermobbing eine aggressive Handlung darstellt, anhand von Indizien getroffen. Das Aggressions- und Gewaltpotenzial von Äußerungen sollte also auch am konkreten Sprachmaterial nachvollzogen werden, um an der Konstruktion des theoretischen Gerüsts zu Gewalt und Aggression mitzuwirken – ein Anliegen der vorliegenden Arbeit.

Das Definitionskriterium „Elektronische Übertragung"
Um Cybermobbing von traditionellem Mobbing abzugrenzen, wird in den meisten Definitionen nur ein einziges Merkmal genannt, das des elektronischen Übertragungsweges via Smartphone oder Rechner (siehe Tab. 2.1). Damit scheint für viele das *Cyber* im Terminus schon erklärt zu sein. Darauf, dass es sich nicht ganz so einfach verhält, verweist Gradinger (2010: 14, auch Gradinger/Strohmeier/Spiel 2009), die – neben der obligatorischen elektronischen

Übermittlung – die Öffentlichkeit der Tat zumindest als fakultativen Faktor nennt. Katzer (2014: 61) spricht von einem „weltweiten Publikum [, das] beim Cybermobbing zusehen kann." Fawzi (2009b: 36) fand heraus, dass die Intensität des Cybermobbings vom Öffentlichkeitsgrad der benutzten Kanäle abhängig ist. Demnach habe Cybermobbing über private Kommunikationskanäle weniger starke Auswirkungen als Mobbing über Webseiten (vgl. u. a. Smith et al. 2006, 2008) und soziale Netzwerke (Specht 2010, vgl. auch Aftab 2008).

Es drängt sich in diesem Zusammenhang jedoch die Frage auf, ob die Netz-Öffentlichkeit nicht sogar konstitutiv für Cybermobbing ist (vgl. auch Pfetsch 2016). Ohne Publikum bleibt eine Beleidigung eine Beleidigung und kann nicht zu einer Bloßstellung werden (siehe Kap. 7). Das WWW bietet neue und unkomplizierte Wege, dieses Publikum (im Sinne einer Öffentlichkeit) ggf. zu konstruieren, zu adressieren, zu erreichen und zu binden. So entstanden neue Mobbingformen, die außerhalb einer Netzumgebung gar nicht oder nur mit großem Aufwand umzusetzen wären (siehe Kap. 2.5).

Für die Betroffenen ergibt sich eine doppelte Belastung: Sie sind nicht nur den Anfeindungen ausgesetzt, sondern auch der Wirkung, die von der Plattform abhängig ist, auf der diese Anfeindungen veröffentlicht werden. Betroffene geraten in eine gefühlte öffentliche Rolle und spüren sogenannte ‚reziproke Effekte', die für Politiker belegt und dokumentiert worden sind. Ungeachtet, ob diese Personen des öffentlichen Lebens medienerfahren waren oder nicht, sie reagierten mit Hilflosigkeit, Wut und Verlustängsten, wenn die Medien negativ über sie berichteten (vgl. Kepplinger/Glaab 2007, Kepplinger 2007, Daschmann 2007, Fawzi 2009a: 14, Marx 2013: 253, 2014b). Wenn diese öffentliche Rolle jedoch selbst gewählt ist, besteht zumindest die – wenn auch nicht mühelos umzusetzende – Option, diese Rolle wieder ‚abzulegen'.

In Cybermobbingprozessen entsteht Öffentlichkeit jedoch unvermittelt und unkontrolliert aus einem eigentlich geschützten Raum der Privatheit heraus (vgl. auch Belsey 2006, Kowalski/Limber 2007, Hinduja/Patchin 2009). Damit verschmelzen zwei Räume, die vorher als Umgebung für zwei Rollen, die private und die öffentliche, dienten (siehe auch Kap. 5.2, in dem ich diesen Gedanken in das Modell konvergierender Rahmen überführe). Beide Rollen sind im Netz stark miteinander verwoben. Wie ich in Marx (2013: 253) ausgeführt habe, beeinträchtigt Cybermobbing damit nicht einfach eine virtuelle Identität, die private Identität wird vielmehr in die Netzöffentlichkeit projiziert und hier der Dekonstruktion preisgegeben. Betroffene werden dabei zu passiven Zeugen des Geschehens degradiert. Der Wunsch, sich durch Überwachung der Vorgänge ein Minimum an Kontrolle zu bewahren, führt jedoch dazu, dass über die andauernde Präsenz des Zugangsmediums reale Rückzugsorte infiltriert und deren Existenz bedroht werden. Opfer fühlen sich schutzlos. Verkürzt und etwas überspitzt warnt Katzer (2014: 61): „Die Täter kommen bis ins Kinderzimmer!" Vor diesem Hintergrund spricht sie auch von einer „Endlosviktimisierung" (Katzer 2014: 61) und nimmt damit auf ein weiteres netzspezifisches Merkmal Bezug: Die Daten bleiben im Netz verfügbar.

In Kontrast dazu steht, wie Kinder ihr Handeln im virtuellen Raum wahrnehmen. Oftmals ist ihnen gar nicht bewusst, was sie durch das Betätigen einer Taste auslösen können (Hinduja/Patchin 2009). Tatsächlich steht der Aufwand, den eine Cybermobbinghandlung bedeutet, oftmals in einem umgekehrt proportionalen Verhältnis zu dessen Wirkung, es mag u. a. daran liegen, dass die Folgen kaum abgeschätzt werden können.

Eine detaillierte Beschreibung und Diskussion der Spezifika der Online-Interaktion und der Kommunikationsbedingungen auf Sozialen-Netzwerk-Seiten steht für die Cybermobbing-Forschung jedoch noch aus. Diesem so ostentativen und obligaten Forschungsdesiderat soll in den folgenden Kapiteln Rechnung getragen werden.

2.2 Folgen von Cybermobbing

Die Studien zu den Folgen von Cybermobbing konzentrieren sich auf zwei wesentliche Fragen:
1. Welchen affektiven Belastungen sind Betroffene ausgesetzt und
2. Wie wirkt sich die Belastung auf ihre schulischen Leistungen und ihr Sozialverhalten aus?

Katzer (2014: 101 ff.) unterscheidet zwischen kurzfristigen Reaktionen, wie Wut und Frustration (siehe auch Katzer 2007 a,b und Ortega 2009), und einem dauerhaften Leidensweg, der einsetzt, wenn der erste Schock vorbei ist. Bislang gibt es jedoch keine Untersuchungen zu langfristigen Folgen von Cybermobbing, laut Katzer (2014) gibt es aber Parallelen zu Langzeitfolgen von traditionellem Mobbing, die sich z. B. in Depressionen oder einem verringerten Selbstwertgefühl zeigen (vgl. auch Glew et al. 2005, Holt/Finkelhor/Kantor 2007, Arseneault et al. 2006, Wang/Nansel/Iannotti 2011, Dooley/Shaw/Cross 2012).

Ein geringes Selbstwertgefühl wird jedoch auch für die Personen dokumentiert, die typischerweise Opfer von traditionellem Mobbing werden, einhergehend mit Ängstlichkeit, Unsicherheit und Introvertiertheit (Olweus 1996, vgl. auch Fawzi 2009b: 10 f.). Es ist somit Voraussetzung und Folge zugleich. Derartige Aussagen können auf Personen, die Opfer von Cybermobbing geworden sind, nicht uneingeschränkt transferiert werden. So gibt es neben den Betroffenen, bei denen das Cybermobbing in der Schule angebahnt wird (Smith 2009, Ybarra et al. 2008, Gradinger 2001, Gradinger et al. 2009, Katzer/Fetchenhauer 2007), auch eine Opfergruppe (etwa ein Drittel aller Cyberopfer), die nie traditionellem Mobbing ausgesetzt war, vgl. Katzer (2007a,b).

Gibt es das typische Cybermobbing-Opfer?
In der Cybermobbing-Forschung wird dennoch das Bild eines von den Eltern überbehüteten Opfers mit einem negativen Selbstbild, geringer Selbstakzeptanz und Misstrauen in die eigenen Fähigkeiten (Katzer 2005, Katzer/Fetchenhauer/Belschak 2009a) skizziert. Gleichzeitig wird ihm Cyberfixiertheit attestiert, die mit einer ausgedehnten – von den Eltern unbegleiteten – Aufenthaltsdauer im Internet einhergeht (Schneider/Katzer/Leest 2013: 94, vgl. auch Beran/Li 2007, Scheithauer et al. 2005, Meerkerk/Van den Eijn-den/Garretsen 2006). Olenik-Shemesh/Heiman/Eden (2012) beschreiben einen Teufelskreis, in den sich Kinder und Jugendliche begeben, wenn sie sich ins Internet zurückziehen, um dort Freunde zu finden, weil es ihnen offline schwerfällt, Kontakt zu anderen aufzubauen: Im Internet bestehe die Gefahr, dass sie zur Angriffsfläche werden, was dazu führe, dass sie sich noch mehr zurückziehen, was weitere Viktimisierung nach sich ziehe und zu noch größerer Einsamkeit führe. Die Kombination zwischen Einsamkeit und Internetnutzung erhöhe entsprechend deutlich die Wahrscheinlichkeit, Cybermobbing-Opfer zu werden (Olenik-Shemesh/Heiman/Eden 2012).

Wenn einsame Menschen das Netz als Brücke zu anderen Menschen nutzen, bedeutet das nicht zwangsläufig, dass sie darin scheitern. Gerade durch soziale Online-Interaktionen können sie ihre Einsamkeit überwinden, z. B. durch den Austausch mit Gleichgesinnten in thematischen Foren (siehe auch Kap. 7 und 8). Es ist auch bei der Identifikation eines Opfer-Typs fraglich, ob der Versuch, Attribute aus der traditionellen Mobbing-Forschung konsequent auf das Cyberphänomen zu übertragen, Erkenntnisgewinn verspricht.

Wichtiger als die persönliche Disposition ist die elektronische Erreichbarkeit. Dabei ist einzuräumen, dass auch Personen, die keine elektronische Adresse haben, nicht wirksam vor Online-Diffamierungen geschützt sind. Insgesamt – das legen letztendlich auch die heterogenen Befunde der Forschung nahe – muss wohl davon ausgegangen werden, dass prinzipiell jeder/jede zur/zum Betroffenen von Cyber-Attacken werden kann, vgl. Shitstorms, denen in der Öffentlichkeit stehende Personen[28] ausgesetzt sind. Ein charakteristisches Opferprofil gibt es nicht.

Die Auswirkung(en)von Cybermobbing scheinen von vielen Faktoren abzuhängen, von der Schwere der Tat (Didden et al. 2009, Ybarra 2004), von der Verquickung mit traditionellem Bullying, von (wechselnden) Rollenmustern, wie etwa „bullies, victims, and bully-victims" (Wang/Nansel/Iannotti 2011), von der Dauer der Belastung (Tokunaga 2010), von individuellen Erlebnissen, von der Persönlichkeit.

Selbst für die Personen, die keinen anderen Ausweg als den Selbstmord sahen, lässt sich kein Merkmalsrepertoire zur Charakterisierung eines spezifischen Opfertypus generieren. Weitere Reaktionen auf und Effekte von Cybermobbing sind

- Wut und Traurigkeit gegenüber den Personen, die gemobbt haben (Patchin/Hinduja 2006, Topcu et al. 2008; Ybarra 2004, Pfetsch et al. 2014),
- affektive Störungen (Ybarra/Mitchell 2004b, 2007, Mitchell et al. 2012),
- Schuldgefühle, Traumatisierungsindikatoren (Spears et al. 2009),
- Verzweiflung (Katzer/Fetchenhauer 2007, Ortega et al. 2009),
- psychosomatische Beschwerden (Magenschmerzen, Kopfschmerzen, Schwindel, Schlafschwierigkeiten; Katzer 2005),
- Angstzustände, Sozialphobien (Juvoven/Gross 2008),
- Distanziertheit und Bindungsunwilligkeit (Katzer 2014),
- Konzentrationsstörungen, Schulunlust (Smith et al. 2006, 2008),
- Schulangst (Katzer 2009),
- Depressionen (Cross et al. 2009, Fawzi 2009a, Wang/Nansel/Iannotti 2011, Olenik-Shemesh/Heiman/Eden 2012),
- (Auto)-Aggression (Brunner 2012) und/oder
- Selbstmordversuche (Brunner 2012, Schenk/Fremouw 2012, McGivney 2011, Hinduja/Patchin 2010.).

In einigen Studien wurde der Zusammenhang zwischen der Opferschaft und einem eventuellen Leistungsabfall in der Schule untersucht. Beran/Li (2007) dokumentieren einen plötzlichen Leistungsabfall, der sich in deutlich schlech-

---

[28] So geriet Katja Riemann nach einem Auftritt im NDR-Magazin „Das!" im März 2013 in einen Shitstorm, Anna Loos, nachdem sie mit ihrer Band „Silly" im NDR aufgetreten war (ebenfalls im März 2013), Dieter Nuhr, nachdem er sich im Juli 2015 mit einem Tweet zur Griechenland-Krise positioniert hatte, Til Schweiger, der seine Facebook-Fans aufgefordert hatte, Flüchtlingen in Hamburg zu helfen, aber auch Wissenschaftler_innen, Politiker_innen, Journalist_inn/en oder Unternehmer_innen gerieten in den Fokus von Verbalattacken.

teren Schulnoten bemerkbar macht und führen das darauf zurück, dass die Schüler/innen von Gedanken an das Cybermobbing abgelenkt sind (vgl. auch Patchin/Hinduja 2006). Laut Varjas/Henrich/Meyers (2009) erleben Betroffene die Schule nicht mehr als sicheren Raum, ein Viertel der Betroffenen gibt an, sich auch zu Hause nicht mehr wohlzufühlen (Patchin/Hinduja 2006). Cybermobbing-Opfer reagieren auf diese Belastungen mit dem Fernbleiben vom Unterricht, aber auch mit Aggressionen und dem Tragen von Waffen auf dem Schulgelände (Ybarra et al., 2007, Aseltine et al. 2000, Mazerolle et al. 2000).

Die Studie von Li (2007b) ergab keinen Zusammenhang zwischen der Viktimisierung und den schulischen Leistungen. Die Daten der normalerweise (im Original: „usually") erreichten Noten wurden hier über eine dreistufige Skala (über Durchschnitt, Durchschnitt, unter Durchschnitt) erhoben (Li 2007b: 1789). Dabei erweist es sich zum Beispiel als problematisch, dass im Fragebogen tatsächlich auch mit dem Ausdruck *normalerweise* operiert wurde, wie auch Tokunaga (2010: 281) kritisiert: So gibt es keinen Anhaltspunkt, ob *normalerweise* auf einen Zeitraum, der erst kürzlich zurückliegt, zu beziehen ist, auf das gerade laufende Schuljahr oder die gesamte Schulzeit. Je nach Lesart fallen auch die Antworten der Schüler_innen unterschiedlich aus. Tokunaga (2010) stellt zudem als problematisch heraus, dass es keine objektive Skala zur Angabe der Noten gab. Für leistungsorientierte Schüler_innen könne bereits die Note 2 als unterdurchschnittlich eingeordnet werden, während Schüler/innen, die normalerweise im Dreierbereich sind, eine Note 2 als überdurchschnittlich bewerten. Die Kritik an diesem Punkt kann ich nicht nachvollziehen. Es ist anzunehmen, dass es Li (2007b) nicht darum ging, den absoluten Leistungsstand der Schüler/innen festzustellen. Vielmehr ging es darum zu erfahren, wie die Schüler/innen ihre Leistungen nach der Cybermobbingerfahrung relativ zu ihren durchschnittlichen Leistungen einschätzten. Dabei ist es zunächst irrelevant, ob es sich um eher leistungsstarke oder leistungsschwache Schüler_innen handelt. Wer in der Regel Einsen bekommt und nach der Cybermobbing-Erfahrung eher Zweien, wird seine Leistungen ebenso als unterdurchschnittlich kategorisieren, wie jemand, der in der Regel Dreien schreibt und nach der Cybermobbing-Erfahrung überwiegend Vieren. Eine größere Schwierigkeit stellt es m. E. dar, die eigenen Leistungen einzuschätzen und ehrlich anzugeben. Ein anderer Grund, weshalb die Ergebnisse dieser Studie möglicherweise so stark von den Ergebnissen anderer Erhebungen abweichen, könnte Tokunaga (2010) zufolge sein, dass unter Cybermobbing – anders als in den üblicherweise zugrunde gelegten Definitionen – auch einmalige (unabsichtliche) „hurtful events" gefasst werden. Dieser Einwand lässt sich jedoch auf die meisten bisherigen Cybermobbingstudien übertragen, in denen es generell keine einheitlichen Items zur Erfassung des Phänomens gibt (vgl. Kap. 2.1). Es muss also nicht nur für eine Studie problematisiert werden, deren Ergebnis von allgemeinen Befunden abweicht. Vor dem Hintergrund, dass es keine einheitlichen Items zur Erfassung des Phänomens Cybermobbing gibt, sind übrigens auch die Angaben zu in den Cybermobbing-Prozess involvierten Personen nicht notwendigerweise verlässlich.

2.3 In Cybermobbingprozesse involvierte Personen

Anzahl der Betroffenen

Die Anzahl der von Cybermobbing betroffenen Personen im Alter von 6 bis 20 variiert von 8,6%[29] bis 83,5%.[30] Olweus (2012) zieht aus einer Schülerbefragung, die über fünf Jahre in den USA und Norwegen durchgeführt wurde, den Schluss:

> [...] it turns out that cyberbullying, when studied in proper context, is a low-prevalence phenomenon, which has not increased over time and has not created many 'new' victims and bullies, that is, children and youth who are not also involved in some form of traditional bullying. (Olweus 2012: 520)

Den meisten Studien[31] zufolge bewegen sich die durchschnittlichen Betroffenenzahlen zwischen 20 und 40%. Wie sind diese uneinheitlichen Ergebnisse nun zu erklären?

Es liegt zum einen daran, dass den Befragungen keine einheitliche Definition für das Phänomen Cybermobbing zugrundeliegt und auch nicht zugrundegelegt werden kann, weil selbst von der Definition, die allgemein als akzeptiert gilt, in den Erhebungen abgewichen wird. Die hohe Betroffenenzahl, die von Bubintschek/Wegel 2013 (dazu auch Wegel/Körner/Stroezel 2011, Wegel 2012) ermittelt worden ist, basiert beispielsweise auf der Frage: „Wurdest Du schon mal im Internet geärgert?" Juvoven/Gross (2008) fragen nach „mean things",

---

[29] Schenk/Mefrouw (2012)
[30] Bubintschek/Wegel (2013), Wegel/Körner/Stroezel (2011), Wegel (2012) jeweils basierend auf der Tübinger Schülerstudie 2011, vgl. auch Juvoven/Gross (2008), deren Erhebung eine Prävalenzrate von 72% ergab.
[31] vgl. u. a. Katzer et al. (2009 a,b), Aricak et al. (2008), Dehue/Bolman/Vollink (2008), Hinduja/Patchin (2008), Katzer/Fetchenhauer (2007), Kowalski/Limber (2007), Ybarra/Diener-West/Leaf (2007), Beran/Li (2007), Li, (2006, 2007a, 2007b, 2008, 2010), Patchin/Hinduja (2006), Smith et al. (2006, 2008), Topcu et al. (2008), Ybarra/Mitchell (2004, 2008), Schmidt/Paus-Hasebrink/Hasebrink (2009), Mishna et al. (2012), JIM-Studien (2009-2016).

die 12- bis 17-Jährige im Internet erfahren haben, und spezifizieren diese als „anything that someone does that upsets or offends someone else" (2008: 499). Daran kritisiert Tokunaga (2010), dass unberücksichtigt blieb, ob sich diese „mean things" wiederholt haben – ein streitbares, aber allgemein akzeptiertes konstitutives Kriterium für Cybermobbing (vgl. zur Diskussion dieses Kriteriums Kap. 2.1). Viel bemerkenswerter erachte ich in diesem Zusammenhang die variierenden Auslegungen des Kriteriums „aggressive Handlung", die hier mit *ärgern* und *mean things* sehr unterspezifiziert bleiben.

Zum anderen liegt es daran, dass die Befragungen unterschiedlich designt sind. So wurde beispielsweise in den Studien von Dehue et al. (2008), Williams/Guerra (2007), Wolak/Mitchell/Finkelhor (2007), Ybarra (2004), Ybarra/Mitchell (2004a, 2008) ein begrenzter Zeitraum („im vergangenen Jahr") festgelegt, für den die Schüler/innen Aussagen treffen sollten. Andere Studien bezogen das Cybermobbing über Soziale Netzwerke (wobei hier Messengerdienste gemeint sind) und Mobiltelefone explizit mit ein (Katzer 2009, Porsch 2012, Schultze-Krumbholz/Scheithauer 2009a, Staude-Müller et al. 2009) während andere diese Übertragungswege nicht explizit in die Fragestellungen integrierten. Zudem wurden verschiedene Altersgruppen adressiert: 6- bis 17-Jährige (in der Tübinger Schülerstudie), 11- bis 14-Jährige (Kolwaksi/Limber 2007), 10- bis 15-Jährige (Ybarra et al. 2006), 12- bis 20-Jährige (Slonje/Smith 2007) oder 10- bis 22-Jährige (Schneider/Katzer/Leest 2013). Das wiederum führt dazu, dass auch die Angaben über einen möglichen Zusammenhang zwischen der Prävalenz von Cybermobbing und dem Alter der involvierten Personen divergieren: Während Ybarra (2004), Patchin/Hinduja (2006), Beran/Li (2007), Wolak/Mitchell/Finkelhor (2007), Juvoven/Gross (2008), Smith et al. (2008), Didden et al. (2009), Katzer et al. (2009a,b) oder Varja/Henrich/Meyers (2009) keinen Zusammenhang sahen, legten Kowalski/Limber (2007), Slonje/Smith (2007), Ybarra et al. (2007), Dehue/Bolman/Vollink (2008), Hinduja/Patchin (2008), Ybarra/Mitchell (2008) einen Zusammenhang zwischen Alter und Vorkommenshäufigkeit von Cybermobbing offen (vgl. zu dieser Gegenüberstellung Tokunaga 2010).

Zusammenhang zwischen Prävalenz und Alter

Wir hatten da jetzt einen Fall
in einer dritten Klasse,
das war für mich auch neu.

Antje Kaiser, Schulsozial-Arbeiterin[32]

Williams/Guerra (2007) untersuchten Fünftklässler, Achtklässler und Elftklässler. Sie fanden heraus, dass Fünftklässler am wenigsten Cybermobbing erfahren (4,5%), die Prävalenzrate bei Achtklässlern auf 12,9% steigt und bei High-School-Schülern (Elftklässlern) wieder auf 9,9% sinkt. Diese Zahlen sind vor etwa zehn Jahren erhoben worden, zu einer Zeit, in der nicht jeder Dritte 8-und 9-Jährige, knapp zwei Drittel der 10- und 11-Jährigen und 83% der 12- und 13-Jährigen ein Handy oder Smartphone besaßen (KIM-STUDIE 2014). Der Cyberlife-Studie von Schneider/Katzer/Leest (2013) zufolge kommt Cybermobbing besonders häufig unter 14-Jährigen vor, die zu diesem Zeitpunkt nicht nur am meisten Zeit im Internet verbringen, sondern sich auch in der schwierigen Lebensphase der Pubertät befinden. Auch hier mache ich auf den Erhebungszeitraum 14. November 2012 bis 26. Februar 2013 aufmerksam, in dem die Ausstattung der jüngeren Kinder mit Smartphones noch keine so wichtige Rolle gespielt hat. Die Zahlen unterliegen in dem Maße einer hohen Dynamik, in dem neue Technologien zu immer günstigeren Preisen auf den Markt gelangen. Während im Jahr 2012 nur sieben Prozent der Kinder und Jugendlichen zwischen sechs und 13 Jahren ein Smartphone besaßen (KIM-Studie 2012), waren es im Jahr 2014 bereits 25 Prozent (KIM-STUDIE 2014, vgl. Knop et al. 2015: 11) und im Jahr 2016 51 Prozent (KIM-Studie 2016).

Eine wichtige Beobachtung scheint zu sein, dass die Prävalenz von Cybermobbing genau dann steigt, wenn die Kinder und Jugendlichen mit Technologien ausgestattet werden, die ihnen Cybermobbing erst ermöglichen, etwa das Smartphone. Es ist dementsprechend nicht außergewöhnlich, dass Cybermobbing inzwischen auch schon in der dritten Klasse auftritt, etwa „fünf Prozent der Eltern von Grundschüler_innen und 30% der Grundschullehrer_innen [wissen] von derartigen Vorkommnissen" (Schneider/Katzer/Leest 2013: 105, vgl. auch Katzer/Heinrichs 2012, zitiert bei Katzer 2014). Die Zahlen sind mit Vorkommenshäufigkeiten des traditionellen Mobbings in diesem Alter kompatibel

---

[32] Die Schulsozialarbeiterin der Pater-Alois-Grimm-Schule (PAGS) in Kühlsheim (Baden-Württemberg) wird im Main-Echo vom 21.2.2015 entsprechend zitiert (http://www.main-echo.de/regional/kreis-main-tauber/art 4021, 3847079).

(Slee 1995). Das bedeutet auch, dass Präventionsprogramme bereits in Grundschulen implementiert werden müssen (vgl. auch die Forderung von Schneider/Katzer/Leest 2013).

Insgesamt konzentriert sich die Cybermobbing-Forschung auf die Untersuchung des Phänomens im schulischen Bereich und hier noch einmal verstärkt auf Cybermobbing zwischen Schüler_innen. Aber auch Lehrer_innen und Erwachsene, die nicht im schulischen Umfeld arbeiten, können von Cybermobbing betroffen sein, siehe Olenik-Shemesh/Heiman (2013)[33] und Olenik-Shemesh/Heiman/Eden (2012) für tentative Angaben zur Betroffenheit unter Lehrer_innen; Finn (2004) für Zahlen zu Betroffenen unter den Studierenden der University of New Hampshire; Farley (2013) zur Prävalenz bei Universitätsangestellten; Xiao/Wong (2013) zu hochfrequenten Formen von Cybermobbing unter Erwachsenen, wie etwa der Verbreitung höchstpersönlicher Informationen; Baruch (2005) zum Zusammenhang zwischen Cybermobbing via E-Mail und einer erhöhten Arbeitsunzufriedenheit oder Förster (2013) zu Ursachen von und Maßnahmen bei Cybermobbing am Arbeitsplatz.

Schneider et al. (2014) erhoben erstmals eine Cybermobbing-Prävalenzrate in Deutschland für die Altersgruppe 18 bis 60+, sie liegt bei 8%. Das höchste Cybermobbingrisiko haben mit jeweils 12% Personen, die erwerbslos sind, Personen, die in Serviceberufen, für Securityfirmen oder bei der Bundeswehr arbeiten sowie Schüler_innen, Studierende und Auszubildende (Schneider et al. 2014: 20). Anders als traditionelles Mobbing tritt Cybermobbing in der Mehrzahl der Fälle (59%) im privaten Umfeld und zu einem Drittel am Arbeitsplatz auf und dauert im Durchschnitt ein bis drei Monate (Schneider et al. 2014: 22).

Geschlecht als Parameter
Diesem Gliederungspunkt ist vorwegzuschicken, dass ein Zusammenhang zwischen dem Geschlecht und der Art, wie Personen in Cybermobbing-Prozesse involviert sind, in den nachfolgend referierten Studien auf Basis einer binären Geschlechtskodierung erhoben wurde, also gänzlich ohne Befunde der Queer Studies (u. a. Hark 2005) zu berücksichtigen. Diese Vorgehensweise ist insbesondere im Kontext von Diskriminierungsforschung als fragwürdig zu bewerten. Die folgenden Ergebnisse sind also auch vor diesem Hintergrund kritisch zu rezipieren.

---

[33] In der Studie steht Cybermobbing unter Schüler_innen im Fokus, die Situation der Lehrer_innen wird insofern einbezogen, als danach gefragt wird, ob sie selbst schon einmal von Cybermobbing betroffen waren.

Ein eindeutiger Zusammenhang zwischen der Vorkommenshäufigkeit von Cybermobbing und dem Geschlecht der Täter/Opfer wurde bislang nicht festgestellt.[34] Es gibt Studien, die belegen, dass mehr Mädchen von Cybermobbing betroffen sind[35], und solche, die belegen, dass Jungen häufiger Opfer von Cybermobbing werden (Katzer/Fetchenhauer/Belschak 2009a), aber auch häufiger Täter sind (Katzer/Fetchenhauer/Belschak 2009b, Li 2006, Calvete et al. 2010).[36] Mädchen sind jedoch häufiger als Täterinnen in Cybermobbing als in traditionelles Mobbing verwickelt (Görzig/Olafsson 2013, vgl. Connor et al. 2003, vgl. Ittel et al. 2014). Jungen gehen beim Cybermobbing anders als Mädchen vor: Sie veröffentlichen eher Fotos oder Videos von Prügelszenen, während Mädchen Katzer (2014: 79) zufolge eher verbal mobben, Lügen verbreiten oder andere in peinlichen Situationen filmen, um das Material zu verbreiten (vgl. auch Hoff/Mitchell 2010). Mishna et al. (2012) fanden heraus, dass Mädchen eher in die Rolle eines „Bully-Victims" geraten als Jungen, das verhält sich im traditionellen Mobbing genau umgekehrt. Schneider/Katzer/Leest (2013) zufolge sind 36,2% der Täter selbst schon einmal Opfer von Cybermobbing gewesen. Wenngleich sich aus dieser Zahl bereits erahnen lässt, dass es sich auch bei der Täter/innen-Rolle um ein dynamisches Phänomen handelt, gibt es Versuche, einen Täter/innen-Typus näher zu bestimmen.

Charakteristika von Täter_inne/n und Bystander_inne/n
Katzer (2014: 80) zufolge wachsen sogenannte Cybermobber_innen (auch: Bullys) in problematischen familiären Verhältnissen auf, d.h. dass die Kinder oft sich selbst überlassen werden, gerade auch in Bezug auf den Umgang mit dem Internet. Cybermobber_innen kommen ihrer Schulpflicht seltener nach als Personen, die nicht in Mobbingprozesse involviert sind, haben eher unterdurchschnittliche schulische Leistungen, gelten aber in ihrem unmittelbaren Peer-

---

34 vgl. Ybarra (2004), Patchin/Hinduja (2006), Li (2006, 2007a), Beran/Li (2007), Williams/Guerra (2007), Wolak/Mitchell/Finkelhor (2007), Ybarra et al. (2007), Hinduja/Patchin (2008), Juvoven/Gross (2008), Topcu et al. (2008), Riebel/Jäger/Fischer (2009), Schultze-Krumbholz/Scheithauer (2009), Didden et al. (2009), Varja et al. (2009).
35 Kowalski (2005), Patchin/Hinduja (2006), Ybarra et al. (2007), Kowalski/Limber (2007), Dehue et al. (2008), Ybarra /Mitchell (2008), Walrave/Heirmann (2010), Schneider/Katzer/Leest (2013).
36 Eine vergleichbare Situation ist auch für das traditionelle Mobbing belegt, vgl. Boulton/Underwood (1992), Lagerspetz et al. (1982), O'Moore/Hillery (1989). Die Vermutung ist, dass Mobbing offline viel mit physischer Gewalt einhergeht, was online nicht möglich ist. Weibliche Personen sind einer Studie von Stephenson/Smith (1989) zufolge eher in Mobbing in Form emotional belastender Übergriffe involviert.

Kontext nicht als unbeliebt. Sie neigen eher dazu Gesetze zu missachten, sind gewaltbereit(er) (Calvete et al. 2010), kaum empathisch, sind in Bezug auf Online-Aktivitäten risikofreudiger (Görzig 2013) und suchen im WWW die Seiten auf, die pornographische, gewaltverherrlichende oder rechtsradikale Inhalte aufweisen, vgl. Katzer (2014: 80 f.), Steffgen (et al. 2010, 2011), Schultze-Krumbholz/Scheithauer (2009), Ang/Goh (2010), Schultze-Krumbholz et al. (2012a) und Müller/Pfetsch/Ittel (2014b), die dokumentieren, dass der Grad der ethischen Medienkompetenz den Kausalitätseffekt von exzessivem Medienkonsum auf Cybermobbingaktivität reduzieren kann. In einer Studie unter 979 Schüler_innen der Klassen 4 bis 8 ermittelten Pfetsch/Müller/Ittel (2014), dass Cyberbullies weniger empathisch sind als Personen, die nicht am Cybermobbingprozess beteiligt sind.

Eine besondere Rolle in Cybermobbingszenarien nehmen die sogenannten Bystander_innen ein. Pfetsch (2016: 122) beschreibt diese Rolle als

> more complex than in traditional bullying, because [they may be] present offline with the perpetrator when a harmful act is performed, offline with the victim when the message is received, or witnessing the incident directly while being online.

Die Zahlen der Personen, die in den Cybermobbingprozess eingreifen, um das Opfer zu verteidigen, schwanken zwischen 25 und 45%. Zwischen 5 und 20% der Befragten gaben an, den Cyberbully unterstützt zu haben, die Mehrheit scheint Cybermobbing zwar zu registrieren, aber passiv zu bleiben (vgl. Wachs 2012, Quirk/Campell 2014, Van Cleemput/Vandebosch/Pabian 2014, Macháčková/Dedkoka/Mezulanikova 2015, Desmet et al. 2014). Dabei richtet sich das Verhalten der Bystander/innen danach, ob sie mit dem Opfer bekannt sind, ob der Cyberbully (Täter/in) in der Schule als populär gilt, ob sie genau wissen, worum es sich handelt, wie sie das Verhalten der beiden involvierten Parteien moralisch beurteilen (Desmet et al. 2014) oder ob sie Muster wiedererkennen, die sie in einem früheren Cybermobbingakt vielleicht sogar selbst erfahren haben (Pfetsch et al. 2014). Dieses letzte Kriterium suggeriert bereits, dass auch die Rolle des/der Cyberbystander_in/s keine exklusive ist: Von 428 Befragten hatten 34%, schon zwei der Rollen, 18% drei der möglichen Rollen und 8% sogar vier der möglichen Rollen (Verteidiger, Outsider, Bully oder Victim) eingenommen (Pfetsch et al. 2014), wobei die Rollen sogar innerhalb ein- und desselben Cybermobbingereignisses wechseln können (Shultz/Heilman/Hart 2014).

Als zentrale die Wahrnehmung und das Verhalten von Cyberbystander_inne/n beeinflussende Faktoren arbeitet Pfetsch (2016: 127 ff.) Virtualität, Nähe und soziale Beziehungen heraus. Es spielt also eine Rolle, ob Cyberbystander_innen online oder offline Zeuge des Geschehens werden, und auch, ob sie den Cybermobbingakt unmittelbar (mit-)registrieren, während er vollzogen wird (temporale Nähe), wo und wie er realisiert wird (etwa als Text, Bild oder Video) (technische Nähe) und ob sich die Bystander_innen den Opfern verbunden fühlen (psychologische Nähe). Bezüglich des Geschlechts von Bystander_inne/n gibt es keine einheitlichen Angaben in der Forschungsliteratur (vgl. Van Cleemput/Vandebosch/Pabian 2014, Baestiaensens et al. 2014, Fawzi/ Goodwin 2011, zit. bei Pfetsch 2016: 131, Goodwin/Fawzi 2012, Barlínska/Szuster/Winiewski 2013, 2015). Hinsichtlich des Alters zeichnet sich die Tendenz ab, dass Kinder eher bereit sind zu helfen als Jugendliche (vgl. Van Cleemput/Vandebosch/ Pabian 2014, Bellmore et al. 2012).

2.4 Copingstrategien

Eine Reihe von Studien wurde der Frage gewidmet, wie sich Opfer von Cybermobbing vor zukünftigen Angriffen schützen. In einer Studie von Patchin/Hinduja (2006) gaben 25% an, passiv geblieben zu sein. Tokunaga (2010) gibt jedoch zu bedenken, dass in dieser Studie auch Einzelereignisse Berücksichtigung fanden. Die Proband_inn/en bezogen also die Ignorieren-Strategie auch auf einmalige Vorkommnisse. Diese fallen laut der allgemein akzeptierten Definition nicht unter Cybermobbing (vgl. aber die Diskussion in Kap. 2.1).

Wenn sich Cybermobbing verstetigt, versuchen Opfer andere Strategien zu finden, um weiteres Cybermobbing zu verhindern: Etwa 15-35% der Opfer bitten die Cybermobber_innen das Mobbing zu beenden (Aricak et al. 2008, Juvoven/Gross 2008, Patchin/Hinduja 2006). Sie koppeln diese Aufforderung an die Drohung, sich an Erwachsene zu wenden, was aber nur in 1 bis 9% der Fälle in die Tat umgesetzt wird (Aricak et al. 2008, Dehue/Bolman/Vollink 2008, Slonje/Smith 2007, Katzer 2007, Schneider/Katzer/Leest 2013). Das kann daran liegen, dass sie es einerseits als unangenehm erachten, die Hilfe von Erwachsenen einzuholen. Andererseits gilt es als weniger folgenschwere Alternative, mit Problemen selbst umzugehen, die aus dem Umgang mit technologischen Kommunikationsmedien entstehen (Juvoven/Gross 2008) als zu riskieren, dass die Eltern den Netzzugang einschränken, wenn sie erfahren, was passiert (ist) (Agatston/Kowalski/Limber 2007, Schneider/Katzer/Leest 2013). Zudem scheint die Auffassung verbreitet zu sein, dass sich das Mobbing verstärkt, wenn Erwachsene um Rat gebeten werden. Die Hoffnung, dass Lehrer_innen und Eltern wirkliche Hilfe leisten können, ist gleichzeitig sehr gering (Elliott 2002, Katzer 2014: 108).

In den Problemlösungsprozess werden jedoch Freunde einbezogen (Aricak et al. 2008, Dehue/Bolman/Vollink 2008, Slonje/Smith 2007, Topcu/Erdur-

Baker/Capa-Aydin 2008), auch unter den Online-Kontakten wird um Rat und Unterstützung gebeten (Katzer 2007a,b). Dadurch gelingt es durchaus den Stress zu reduzieren, der durch die Cybermobbingvorfälle evoziert wurde (Pfetsch 2012, Segrin 2003, vgl. auch Cohen/Wills 1985). Dabei gehen Mädchen (Katzer 2005 zufolge) eher aktiv mit den Erlebnissen um und berichten über ihre Gefühle. Insgesamt können ältere Jugendliche besser mit Cybermobbing umgehen (Katzer 2005).

Online-Angebote, bei denen Cybermobbingopfer anonyme Beratung erhalten (wie z. B. Juuuport), wurden im Jahr 2013 von 12% der Jungen und 6% der Mädchen in Anspruch genommen (Katzer 2014: 109, Schneider/Katzer/Leest 2013, vgl. auch die Empfehlungen von Pfetsch et al. 2014). Des Weiteren wurden technische Mittel identifiziert, die eingesetzt werden, um Viktimisierung zu verhindern, wie die Änderung von Nutzernamen und E-Mail-Adressen (Juvoven/ Gross 2008, Smith et al. 2008) oder auch regide(re) Privatsphäre-Einstellungen (Aricak et al. 2008, Juvoven/Gross 2008, Smith et al. 2008).

Entgegen den Vermutungen von Nansel et al. 2001 (siehe auch Nansel et al. 2004 und Katzer 2014) durchbrechen Kinder und Jugendliche, die Opfer von Cybermobbing werden, ihre Persönlichkeitsmuster nicht, obgleich sie online dazu Gelegenheit hätten. Ich halte das nicht für überraschend, denn gerade die Identitäten auf Sozialen-Netzwerk-Seiten sind eng mit den Offline-Identitäten verwoben (siehe auch Kap. 5 und 7). In der Entwicklungsphase der Pubertät wird das Web 2.0 als Plattform zur Erweiterung der Offline-Identität betrachtet, die Generierung einer neuen Identität scheint vor diesem Hintergrund keine erfolgversprechende Coping-Strategie zu sein.

Anzumerken ist an dieser Stelle jedoch auch, dass Erhebungen, die in den Anfängen der Cybermobbing-Forschung durchgeführt worden sind, nach wie vor zitiert werden, ohne deren Gültigkeit vor dem Hintergrund inzwischen erfolgter Sensibilisierung und Aufklärung erneut überprüft zu haben. Aussagen wie „Wenn man online gemobbt wird, muss man das nicht gleich jemandem erzählen, sonst glauben die Täter noch, sie haben ihr Ziel erreicht" oder „Wenn Eltern mitbekommen, dass man gemobbt wird, nehmen sie einem das Handy weg oder sperren den Internetzugang" wurden von einer deutlichen Mehrheit (72% und 74%) der von mir im Vor- und Nachfeld von Sensibilisierungsworkshops (siehe dazu Kap. 3.4 und die Überblicksdarstellung der Ergebnisse im Anhang) befragten Schüler_innen deutlich mit Ablehnung quittiert.

2.5 Cybermobbingformen

Ich habe bereits einen Versuch, das Phänomen Cybermobbing in Kategorien zu unterteilen, vorgestellt: Willard (2007a: 5 ff.; siehe auch Langos 2012: 288 und Staude-Müller 2010, vgl. Kap. 2.1) unterscheidet direktes Cybermobbing, in dessen Zuge das Opfer vom Täter direkt adressiert und kontaktiert wird (wie beim „Flaming", „Harassment" oder dem „Cyberstalking"), von indirektem Cybermobbing, das die Verbreitung von kompromittierenden Äußerungen im WWW beinhaltet (etwa bei „Denigration", „Impersonation", „Outing and Trickery" oder „Exclusion", siehe Tabelle 2.2). Morgenstern (2013) spricht von „geschlossenem" vs. „öffentlichem Mobbing", wobei er aus juristischer Perspektive eine klare Verknüpfung zwischen fortlaufenden Beleidigungen per E-Mail oder SMS (geschlossenes oder auch direktes Mobbing im Sinne von Willard 2007a, Staude-Müller 2010, Langos 2012) und dem in § 238 StGB definierten Stalking sieht. Eine weitere vermutlich juristisch motivierte Kategorisierung in provoziertes, primitives und planmäßiges Cybermobbing wurde von Heckmann (2013) vorgeschlagen. „Planmäßiges Cybermobbing" würde entsprechend absichtlich und pro-aktiv geschehen, während „provoziertes Cybermobbing" eher als affektive Reaktion auftritt, was strafrechtlich unterschiedlich gewichtet werden könnte. Wie aber die Kategorie „primitives Cybermobbing" in diese Überlegungen passt, will sich mir nicht erschließen.

Ebenfalls recht vage scheint mir, was Katzer (2014) unter „leichtem Cybermobbing" versteht: Es umfasse „Beleidigungen, dumme Anmache [und] Stören bei Gesprächen" (2014: 94). Diese drei Komponenten sind hinsichtlich ihrer Intensität jedoch sehr dynamisch (vgl. Kap. 6). Wessen Evaluation wäre also hier maßgeblich? Wer entscheidet, ob es sich um „leichtes Cybermobbing" handelt? Werden hier als Verifikationskriterien die Intention der mobbenden Person(en), die Reaktion der gemobbten Person(en) oder gar die Situationsbeurteilungen der Bystander_innen herangezogen?

Schülerinnen und Schüler benennen gerade Beleidigungen und Beschimpfungen als häufigste Form von Cybermobbing (74%, Schneider et al. 2014: 29). Im strengen Sinne müsste man aus Katzers Kategorisierung schlussfolgern, dass in der Mehrzahl der Fälle lediglich „leichtes Cybermobbing" vorliegt. Angesichts der schwerwiegenden Folgen (vgl. Kap. 2.2) stellt sich jedoch auch die Frage, warum diese Verharmlosung indizierende Abstufung überhaupt relevant sein könnte. Ebenso wenig zielführend scheint mir Katzers (2014: 64) Unterscheidung von verbalem und psychischem Cybermobbing. Verbales Cybermobbing, das am häufigsten auftrete (Katzer 2014: 71), bestehe demnach darin jemanden zu hänseln, zu beleidigen, zu beschimpfen, zu erpressen oder zu

bedrohen und fiele zumindest partiell unter „leichtes Cybermobbing"? Psychisches Cybermobbing hingegen habe die schlimmsten Folgen und beinhalte die folgenden Vorgänge:
- „Über einen Mitschüler Gerüchte und Lügen verbreiten
- Eine Person isolieren und ausschließen
- Freundschaftsanfragen z. B. auf Facebook immer wieder ablehnen
- Peinliche oder intime Fotos oder Videos von Mitschülern und Lehrern ins Internet hochladen oder von Handy zu Handy verschicken
- Veränderte („gefakte") Fotos eines Mitschülers in ein bestehendes Profil einfügen
- Profile oder persönliche Websites mit anderen Webinhalten verlinken z. B. mit Homosexuellen-Websites oder Pornodarstellungen
- Falsche („gefakte") Profile unter dem echten Namen eines Mitschülers erstellen und darin unrichtige und gemeine Dinge verbreiten
- Hassgruppen gegen jemanden im Internet bilden" (Katzer 2014: 64).

Wichtig ist doch aber, dass auch sogenanntes „psychisches Mobbing" über sprachliche Handlungen erfolgt (mit Ausnahme der unkommentierten Verbreitung von Fotos und Videos, der Ablehnung von Freundschaftsanfragen und der technischen Manipulation von Profilen). Nur ein mit (sprachlichen) Inhalten gefälschtes Profil entfaltet eine identitätsdekonstruierende Wirkung, eine Hassgruppe definiert sich als Hassgruppe gerade über kompromittierende Äußerungen und Bildbeiträge über die Zielperson. Die inadäquaten Kategorienbezeichnungen spiegeln ihren lückenhaften Generierungsprozess: Die wichtige Komponente der inhaltlichen, internetlinguistischen Analyse des konkreten Untersuchungsgegenstandes über die Meta-Evaluation hinaus ist schlichtweg noch nicht berücksichtigt.

Die hier getroffene Unterscheidung ist offenbar geprägt durch die Vorstellung, man könne Cybermobbing analog zu traditionellem Mobbing beschreiben. Tatsächlich erweist sich bei traditionellem Mobbing eine Zweiteilung zwischen verbalem und physischem (nicht psychischem!) Mobbing als gerechtfertigt. Verbale Gewalt kann zwar physischer Gewalt vorausgehen, sie sogar vorbereiten und begleiten (dazu Kap. 5.3), beide Formen von Gewalt rufen aber insofern unterschiedliche Verletzungen hervor, als dass die körperliche Schädigung im Defaultfall sicht- und damit nachweisbar ist. Beim Cybermobbing kommt es nicht zu direkten physischen Angriffen. Das bedeutet jedoch nicht, dass stattdessen psychische Gewalt kongruent gesetzt und von verbaler Gewalt abgegrenzt werden kann.

Verbale Gewalt ist psychische Gewalt (vgl. dazu u.a. Schwarz-Friesel/Reinharz 2013, Posselt 2011, Herrmann/Kuch 2007 u. a.). Möglicherweise steht hinter Katzers (2014) Einteilung aber auch die Überlegung, direkte Konfrontation mit verbaler Gewalt von Handlungen abzugrenzen, die auch ohne das Wissen des Opfers stattfinden können. Damit würde diese Kategorisierung an Willards Unterscheidung zwischen indirektem und direktem Cybermobbing anschließen (Willard 2007a,b, vgl. oben).

Ein weiterer Ansatz zur Unterscheidung von Cybermobbing-Formen orientiert sich an Kommunikationsformen und Plattformen im WWW. Dabei werden E-Mails, soziale Netzwerke, Webseiten, Blogs, Diskussionsforen, SMS oder Online-Spiele als „digitale Medien" zusammengefasst (Trolley 2010, Siewior 2012: 28). Der Terminus *digitale Medien* suggeriert hier die Referenz auf eine technische Kategorie in Abgrenzung zu den „analogen Medien". Gemeint sind jedoch Internetdienste und auch hier erscheint eine Differenzierung nur zielführend, wenn die spezifischen Charakteristika – wozu eben nicht nur Unterschiede, sondern auch Gemeinsamkeiten zählen – in Bezug zum Phänomen Cybermobbing gestellt werden.

In diesem Zusammenhang erweist sich der Grad der Öffentlichkeit als besonders relevant. Während beim Versenden einer E-Mail oder Nutzung eines Instant-Messaging-Dienstes das Publikum aktiv konstruiert werden kann, indem der/die Sender_in die Adressat_inn/en bestimmt und direkt kontaktiert, besteht diese Form der Kontrolle auf Blogs und anderen Webseiten nicht. Auf Sozialen-Netzwerk-Seiten wird die Zusammensetzung des Publikums nur scheinbar über die Privatsphäre-Einstellungen des/der Profilinhaber/s_in geregelt, weil die Anzahl der Freunde/Freundinnen und die Anzahl der Freundesfreunde und -freundinnen die Verbreitung von Informationen mit beeinflusst. Selbst in Foren oder Online-Spielen, die Zugangsvoraussetzungen (etwa ein Passwort) erfordern, ist nicht gesichert, dass Inhalte in diesem quasi-geschützten Raum verbleiben. Die Verbreitung der Inhalte kann bei keinem der Dienste vom Sender/von der Senderin gesteuert werden, das Versenden ist immer auch ein potenzieller Auslöser für eine Kettenreaktion (siehe dazu Kap. 4). Insofern könnte man eigentlich nur erwägen, private Nachrichten (IM oder E-Mail), die einzig und allein den/die Empfänger_in adressieren (und nicht weitergeleitet werden), auszuklammern, weil in solchen Fällen Cyberstalking vorliegt und nicht Cybermobbing.

Diese Abgrenzung findet sich in der Literatur nicht. So referieren viele Cybermobbing-Forscher_innen die von Willard (2007a) vorgeschlagene Einteilung von Cybermobbing-Formen, die Cyber-Stalking als eine Form von Cybermobbing aufgreift. Willards (2007a) Referenzkategorien (siehe Tab. 2.2 die Kategorien Flaming bis Cyberstalking) sind jedoch nicht empirisch fundiert.

> The primary source of insight into aspects of cyberbullying and cyberthreats has been an informal qualitative analysis of news reports and privately reported incidents, visits to online communities, and consultation with other professionals who focus on Internet use concerns. Greater insight was sought through other resources: academic research addressing traditional bullying, input from school counselors and psychologists, and limited research on cyberbullying and Internet use. Of course, this approach does not meet the standards of academic research. Given the state of understanding of these issues, all information [...] should be considered tentative, subject to further study and clarification. (Williard 2007a: 27)

Obgleich alle von Willard unterschiedenen Kategorien sprachliche Handlungen inkludieren, erschließen sich aus linguistischer Sicht die Kriterien nicht, die zu der Kategorisierung geführt haben. Warum wird beispielsweise zwischen „Flaming" und „Denigration" unterschieden? Dass eine Beleidigung in Form einer Verleumdung umgesetzt wird, ist nicht außergewöhnlich (siehe Kap. 6). Auch „Exclusion" kann – sprachlich explizit realisiert – unter „Flaming" fallen (vgl. 2.1). Wie würde ohne (ethnographisch und ggf. über linguistisch-forensische Methoden erhobenes) Exklusivwissen über die involvierten Personen „Outing" von „Denigration" abgegrenzt werden? Warum fallen Profilfälschungen (Impersonation) nicht unter „Denigration" (vgl. Kap. 6), wie erklärt sich die Kategorie „Harassment", die doch Cybermobbing par excellence erfasst (vgl. Tab. 2.2)?

Trotz dieser offenen Fragen sind die Willardschen Kategorien von der Cybermobbing-Forschung übernommen worden und werden weiter tradiert. Auf diese Weise werden die Ausprägungen, die Cybermobbing haben kann, jeweils bereits in einen präskriptiven Rahmen gezwungen, zu dem die Proband_inn/en von Fragebogenstudien beispielsweise das Erlebte in Beziehung setzen (sollen). Weitere Formen, die in der Forschungsliteratur unter Cybermobbing subsumiert werden aber nicht Teil der Willardschen Kategorien sind, lauten: Happy-Slapping, Griefing, Cybergrooming und Sexting. Ich habe sie hier für einen Überblick ebenfalls in die Tabelle 2.2 aufgenommen.

Tab. 2.2: Cybermobbing-Formen und mit Cybermobbing assoziierte Formen von digitaler Gewalt

Cybermobbing-Form	Erläuterung
Flaming (Anmache) (Willard 2007a, u. a. Lea et al. 1992, Witmer	Beim Flaming handelt es sich um den Austausch rüder, vulgärer Nachrichten in der

Cybermobbing-Form	Erläuterung
1997, Fawzi 2009a, Siewior 2012)	sprichwörtlichen Hitze eines Wortgefechts, das bis zum sogenannten „Flame war" eskalieren kann. Aus Beschimpfungen und Beleidigungen können dann auch Drohungen hervorgehen. Da es sich hierbei um kurzlebige Ereignisse handelt, stellt Willard (2007a: 6) selbst die Zuordnung zum Cybermobbing in Frage.
Harassment (Belästigung) (Willard 2007a, Fawzi 2009a, Siewior 2012)	Es werden wiederholt und andauernd beleidigende Nachrichten an eine spezifische Person versendet; sowohl per E-Mail oder Messenger als auch über öffentliche Kanäle.
Denigration (Verleumdung) (Willard 2007a, Fawzi 2009a, Siewior 2012)	Es werden falsche Informationen über eine Zielperson verbreitet, die für diese Person schädlich sind. Der Grund für dieses Vorgehen ist die Absicht, den Ruf der Zielperson und (damit) deren soziale Beziehungen zu zerstören.
Impersonation (Willard 2007a, Fawzi 2009a, Siewior 2012)	Die Zielperson wird imitiert, indem der/die Täter/in Zugang zum Online-Profil erlangt und von dort aus kompromittierende Informationen über die Zielperson verbreitet.
Outing and Trickery (Willard 2007a, u. a. Lea et al. 1992, Witmer 1997)	Intime Informationen (Text- oder Bildnachrichten), die die Zielperson in persönlichen Online-Kommunikationssituationen preisgegeben hat, werden öffentlich gemacht, indem die Nachrichten an Adressat/inn/en weitergeleitet werden, für die die Informationen nicht bestimmt sind. Wenn Täter/innen die vertrauliche Online-Kommunikationssituation nur vortäuschen, liegt „Trickery" vor.
Exclusion (Willard 2007a, u. a. Lea et al. 1992, Witmer 1997)	Der Ausschluss aus Online-Gruppen, Spielgemeinschaften oder Freundeslisten wird mit einer extremen Form der Zurückweisung assoziiert.

Cybermobbing-Form	Erläuterung
Cybermobbing by proxy (Willard 2007a, Aftab 2008)	Hierbei handelt es sich um Beteiligung an Belästigungen, obwohl keine Verbindung zur Zielperson (dem Opfer) besteht oder unwissentliches Ausüben von als Cybermobbing intendierten Handlungen (etwa Verbreiten von Text- und Bildnachrichten) im Auftrag des Täters/der Täterin.
Cyberstalking (Willard 2007a, Fawzi 2009a, Siewior 2012)	Es werden wiederholt extrem einschüchternde und beleidigende Nachrichten gesendet, die auch Drohungen enthalten können. Cyberstalker versuchen, den Ruf der Zielperson und (damit) deren soziale Beziehungen zu zerstören. Das Motiv für Cyberstalking ist oft Rache. Willard (2007a: 10) verweist darauf, dass es oftmals schwierig ist, zwischen Harassment und Cyberstalking zu unterscheiden und markiert den Übergang beider Formen an dem Punkt, an dem die Zielperson um ihre Sicherheit fürchten muss.
Happy Slapping (Siewior 2012, Fawzi 2009a, Braunegger 2010, Robertz 2010, Hilgers 2010 a,b, 2011, Herbst 2012, Kowalski et al. 2008)	Eine Zielperson wird tätlich angegriffen, der Vorfall wird gefilmt und online gestellt oder per Messenger für ein größeres Publikum verfügbar gemacht. Der Terminus „Happy Slapping" verharmlost das oftmals äußerst brutale Vorgehen der Täter/innen.
Griefing (Lin/Sun 2007, Dibbel 2009)	Sog. Griefer_innen stören absichtlich das Spielgeschehen in Online-Games. Sie ignorieren die Regeln, belästigen ihre Mitspieler/innen und zweckentfremden Spielfiguren und -gegenstände.
Cybergrooming (Rüdiger 2012, 2015)	Über elektronische Medien realisierte Planungs- und Anbahnungsphase, die einem sexuellen Übergriff durch eine Person auf eine/n Minderjährige/n – üblicherweise ein Kind – vorausgeht und diesen einleitet.
Sexting (Chalfen 2009, Lippmann/Campbell 2014, Draper 2012, Dake et al. 2012, Albury/Crawford 2012, Saferinternet.at 2015, Döring 2015)	Der elektronisch gestützte Austausch von Aufnahmen, die Heranwachsende leicht bekleidet oder nackt zeigen, stellt eine Komponente in Paarbeziehungen dar und geschieht auf freiwilliger Basis. Der Grat zum Cybergrooming oder zum Harassment wird jedoch dann überschritten, wenn Heran-

Cybermobbing-Form	Erläuterung
	wachsende zur Aufnahme und Weitergabe der Fotos gezwungen werden (beispielsweise durch Nötigung) oder die Fotos gegen ihren Willen verbreitet werden. Sexting ist häufig ein Auslöser für Cybermobbing, wenn die vertrauliche Situation, in der die Aufnahmen ausgetauscht wurden, nicht mehr besteht (z. B. nach Abbruch einer Paarbeziehung).

Sexting[37] ist keine Form von Cybermobbing, es ist nicht einmal per se eine Form von Gewalt (vgl. Tab. 2.2).[38] Sexting kann jedoch Cybermobbing auslösen, wenn das Foto- und Videomaterial nicht einvernehmlich für Dritte freigegeben wird (vgl. Döring 2015: 30 f.) oder Dritte auf andere Weise an die Daten gelangen und diese weiter verbreiten (siehe dazu auch Kap. 5.2).

Cybergrooming (dazu Rüdiger 2012, 2015) ist ein eng mit Cybermobbing assoziiertes Phänomen, bei dem die Täter/innen-Rolle auf eine Person festgelegt ist, die ein rein sexuelles Interesse an der Zielperson hat und in den meisten Fällen älter ist als die Zielperson, sich aber als jünger ausgibt (Rüdiger 2015a: 111 f., vgl. auch die Ergebnisse der Speak-Studie[39]). Sogenannte Cybergroomer_innen suchen insbesondere in virtuellen Spielwelten Kontakt zu potenziellen Opfern (Rüdiger 2013, Rüdiger 2015b und Kap. 3.3), gleichzeitig kann Cybergrooming ebenso wie Cyberstalking eine Gefahr für Leib und Leben bedeuten, wenn Täter_in und Opfer in der realen Welt (beim Cybergrooming oft durch die Täter_innen vorbereitet) aufeinandertreffen, es kann zu realem Stalking und sogar zu Vergewaltigungen kommen.[40]

---

37 Siehe Lippmann/Campbell (2014), Draper (2012), Dake et al. (2012), Albury/Crawford (2012), Saferinternet.at (2015), Döring (2015)
38 In Medienberichten, wie auch in Publikationen (z. B. „Gewalt im Netz. Cybermobbing, Sexting & Co.", herausgegeben von der Bundesarbeitsgemeinschaft Kinder- und Jugendschutz) wird allerdings ein inhärenter Zusammenhang zwischen Gewalt und Sexting (im genannten Buch sogar im Titel) suggeriert.
39 http://www.speak-studie.de
40 Im Jahr 2014 waren 6% der Mädchen und 2% der Jungen belastender Onlinebelästigung ausgesetzt. 5,3% aller Erwachsenen hatten online mindestens einen sexuellen Kontakt mit Kindern. Trifft ein/e Groomer_in im realen Leben auf ein Kind, kommt es zu 100% zum Missbrauch (vgl. die Mikado-Studie: http://www.mikado-studie.de/index.php/mik2.htm und daraus Bergen et al. 2014, vgl. auch Osterheider et al. 2012).

Beim Happy-Slapping[41] handelt es sich um ein Schnittstellenphänomen, das seinen Ausgangspunkt in der Offline-Sphäre hat. Der Zielperson wird dabei nicht nur reale körperliche Gewalt angetan, sie wird zudem gedemütigt, indem der Gewaltakt gefilmt und online gestellt wird.[42]

Griefing (Lin/Sun 2007, Dibbel 2009) wiederum spielt sich ausschließlich in Online-Spielumgebungen ab und spiegelt dabei das komplette Spektrum möglicher Cybermobbing-Formen wider. Der Unterschied ist einzig, dass sich die verbale Gewalt zwischen Spielfiguren ereignet, die zwar von realen Personen gesteuert werden, aber ein definiertes Identitätskonstrukt sind, sodass – und diese Hypothese äußere ich mit aller gebotenen Zurückhaltung – Angriffe auf diese Rolle möglicherweise leichter als fiktional eingeordnet und damit weniger wirksam (im Sinne von verletzend) betrachtet werden können, siehe aber die Diskussion in Kap. 5.2.

In Abb. 2.3 habe ich Cybermobbing und mit Cybermobbing assoziierte Formen ihren typischen Auftretens"orten" zugewiesen. Dabei soll hier zunächst vernachlässigt werden, ob eine analytische Trennung dieser drei Welten und die Größe der Überlappungsbereiche – so reicht das Social Web sowohl in den Bereich der Virtuellen Welt als auch in Bereich der Offline-Welt – ein reales Korrelat aufweisen (vgl. Kap. 5.2). Der Fokus liegt hier darauf, dass Cybermobbing hauptsächlich als Online-Phänomen betrachtet wird, weil es sich hier quasi-materialisiert. Es kann zwar aus traditionellem Mobbing hervorgehen oder in traditionelles Mobbing überführt werden, eine notwendige Eigenschaft ist das jedoch nicht.

---

41 Siewior (2012), Fawzi (2009), Braunegger (2010), Robertz (2010), Hilgers (2010 a,b), Herbst (2012), Kowalski et al. (2008)
42 Robertz (2010: 76) vertritt die These, dass ein bei Kindern höchst beliebter britischer Werbespot für Limonade Auslöser und Legitimierung für Happy Slapping gewesen ist. In dem Werbespot werden Konsumenten der Limonade „Orange Tango" unvermittelt von orangefarbenen Personen geohrfeigt oder ihnen wird ins Ohr gebrüllt.
(https://www.youtube.com/watch?v=NhOeG-uTJxw).

Virtuelle Welt	Social Web	Offline-Welt
	Cybermobbing	Traditionelles Mobbing
Griefing		
	Happy Slapping	
Cybergrooming		Vergewaltigung
	Cyberstalking	Stalking

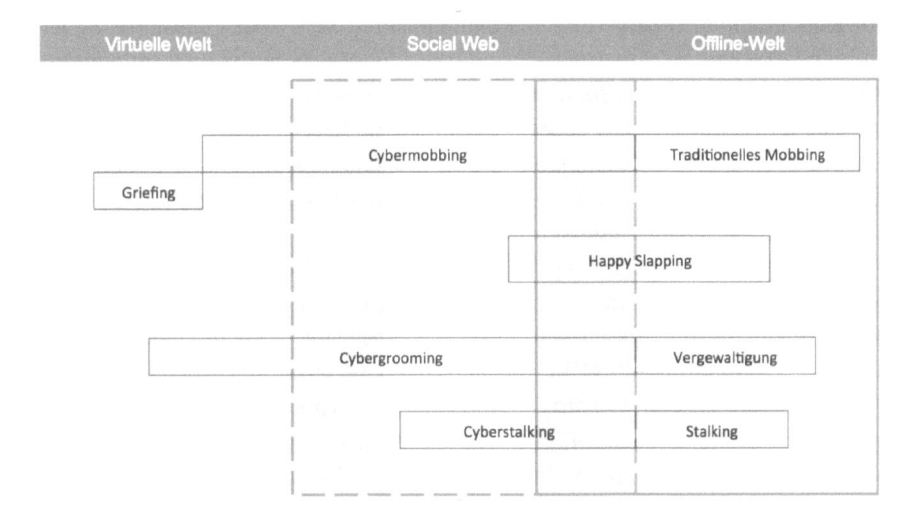

Abb. 2.3: Cybermobbing und mit Cybermobbing assoziierte Formen

2.6 Methoden der bisherigen Cybermobbingforschung

Die Ergebnisse der bisherigen Cybermobbing-Forschung basieren im Wesentlichen[43] auf in Fragebögen erhobenen Selbsteinschätzungen. Fragebogenstudien gehen – immer auch abhängig davon, wer befragt wird (Kinder, Eltern, Erzieher/innen, Peers) – jeweils mit dem Störfaktor der sozialen Erwünschtheit (siehe dazu Döring/Bortz [5]2016) einher, die zu Stichproben-Ausfällen führt (Schmid 2005: 21). Hinzu kommt das von Schmid (2005) mit Bezug auf Gewalt in der Familie so bezeichnete „doppelte Dunkelfeld": Gewalt wird nicht nur nicht zur Anzeige gebracht, sondern auch „ausgeübt, aber vom Opfer nicht als solche erlebt, sondern z. B. als verdiente Bestrafung" (Schmid 2005: 21). Wenn Gewalt nicht als Gewalt identifiziert wird, kann sie in Befragungen auch nicht reflektiert werden. Diese Problematik ist auch bei Cybermobbing-Studien relevant. Hier spielt weniger Gewalt in der Konzeptualisierung einer als GERECHT EMPFUNDENEN STRAFE eine Rolle, als vielmehr die Einstellung vieler Beteiligter, dass es sich um Spaß handele (vgl. Kap. 6.1). Hinzu kommt, dass es abhängig vom jeweiligen Rollenverständnis der Studienteilnehmer/innen zu von der Realität

---

[43] Fawzi (2009a) führte Experteninterviews und Interviews mit Opfern von Cybermobbing durch. Zur Erhebung von Empathie wählten Pfetsch/Müller/Ittel (2014) Selbst- und Peerberichte.

abweichendem Antwortverhalten kommen kann, weil selbst initiierte Cybermobbingattacken als Ausdruck von Stärke und Macht individuell aufwertend verstanden oder als Form der Gewalt abgelehnt werden.

Das Eingeständnis, ein „Opfer" geworden zu sein, verlangt darüber hinaus ein hohes Maß an Selbstreflexion, die in Fragebogenstudien bei Kindern und Jugendlichen als selbstverständlich vorausgesetzt wird, obgleich sie schon für Erwachsene eine große Herausforderung darstellt.

Ein zweiter Kritikpunkt liegt darin, dass die Entscheidung darüber, wie Cybermobbing zu definieren ist, in Fragebogenstudien – pauschal formuliert – den Proband_inn/en überlassen wird. Das Spektrum der mit Cybermobbing assoziierten Handlungen reicht von *ärgern*[44] über *mean messages, sich als jemand andere/r ausgeben, Fotos weitergeben, Gerüchte verbreiten* bis zu *Streit beginnen, beschimpfen, beleidigen* und *bedrohen* (siehe Kap. 2.1). Gleichzeitig wird den Proband_inn/en so ein Entscheidungsrahmen vorgegeben, der u. U. nicht empirisch fundiert ist (vgl. Willard 2007), Ausprägungen des Phänomens könnten verborgen bleiben, weil sie nicht direkt erfragt werden. So wird in keiner der Studien erwogen und entsprechend auch nicht erhoben, dass (Cyber)-Mobbing auch sprachlich unmarkiert (Marx 2014b: 156)[45] oder schleichend und unterschwellig stattfinden kann (siehe Kap. 6.1). Als methodische Anregung kann beispielsweise der Wuppertaler Fragebogen zur Jugendsprache dienen, der offene Antwortkategorien enthält, um derartige Effekte zu verhindern (siehe Schubert 2009: 80).[46]

Schneider et al. (2014: 16) nehmen bei der Erhebung der zweiten Cyberlife-Studie sogar gänzlich von einer definitorischen Eingrenzung Abstand: „Cybermobbing ist gegenüber Mobbing weniger eng definiert. Zur Zuordnung bedarf es lediglich eines wie immer (sic!) gearteten Angriffes über das Internet mittels elektronischer Kommunikationsmedien" – ein m. E. wiederum sehr gewagter Schritt. Zur Orientierung kann z. B. ein Blick in die Cybermobbing-Daten nützlich sein. Schüler_innen bieten selbst Ethnokategorien, wie *lästern* (2-3), *mob-*

---

44 Fragen wie „Wurdest Du schon mal im Internet geärgert?" (83% Ja-Antworten) und „Wurdest Du schon mal per SMS geärgert?" (78,1% Ja-Antworten) (vgl. Bubintschek/Wegel 2013, Wegel/Körner/Stroezel 2011, Wegel 2012) treiben zwar die Prävalenzraten in die Höhe, geben aber kein Abbild von Cybermobbing.
45 In diesem Artikel diskutiere ich den kritischen und persönlichen Brief an eine/n Kolleg_in/en, der über die cc-Funktion an das Kollegium der Abteilung gesendet worden ist und deshalb als Diskreditierung kategorisiert wird, siehe auch Marx (2014a).
46 Im DFG-Projekt „Jugendsprache und Standardsprache" unter der Leitung von Eva Neuland wurden keine Cybermobbingdaten erhoben. Es geht mir hier lediglich darum, ein Beispiel dafür zu geben, wie der methodischen Problematik inspirierend begegnet werden kann.

bing (2-4) oder *haten* (2-5) für ihre sprachlichen Handlungen an.[47] Zur Desambiguierung von *ärgern* würde die Verwendung des Lexems *dissen* (2-6, siehe auch Kap. 7.1) beitragen.[48]

2-3 eeeh geil wie sie hier grad alle lästern ladet mal noch par leute ein (isg, g_1_b_wr, 2011-01-13, 22:54:39)

2-4 echt jetzt? oder nur so mobbing (isg, g_1_p_bbf, 2011-03-31, 18:40:08)

2-5 [...] Lasst doch eure Mitmenschen einfach leben kinder und hört auf zu haten. (isg, g_1_b_sco, 2011-01-21, 21:27:00)

2-6 warum disst ihr euch eigentlich gegenseitig wenn es um [Initialen dbP][49] geht (svz, nnsvmpi07, 2007-06-19, 13:14)

Eine systematische Überprüfung des Zusammenhangs zwischen Messinstrument und Studienergebnis wurde von Menesini/Nocentini/Calussi (2011) und Gradinger/Strohmeier/Spiel (2010) vorgenommen. Sie konnten den Einfluss der Messmethode auf die Identifikation der Gruppen „Onlinetäter_innen" vs. „Offlinetäter_innen" nachweisen. So konnten Gradinger/Strohmeier/Spiel (2010) zeigen, dass Cyberbullying im Vergleich zu Bullying seltener auftritt, wenn spezifische Items vorgegeben werden, wie z. B. „Wie oft hast du in den letzten zwei Monaten jemand anderen durch gemeine SMS beleidigt oder verletzt?" (Gradinger 2010:34). Wurden jedoch globale Items vorgegeben, wie z. B. „Wie oft hast du in den letzten Monaten jemand anderen mit gemeinen SMS, E-Mails, Videos oder Fotos beleidigt oder verletzt?" (Gradinger 2010: 34), wurden mehr Jugendliche als Cybertäter_innen identifiziert. Tokunaga fasst die Problematik bei der Datererhebung von Cybermobbing-Prävalenzraten folgendermaßen zusammen:

---

[47] Ethnokategorien sind Kategorien, die die Handelnden selbst in einer Diskurswelt installieren (vgl. Kotthoff 1988 und die „durch spezifische, von den Untersuchten regelmäßig benutzte Ausdrücke lexikalisiert sind" (Deppermann/Schmidt 2011: 82). Es handelt sich somit nicht (vordergründig) um wissenschaftliche Kategorien (Knoblauch 1999). Die Bezeichnung steht „in der Tradition der Ethnographie der Kommunikation" (Duranti 1997).
[48] Eine Diskussion der Beispiele 2-3 und 2-4 erfolgt in Kap. 6 (6-126 und 6-133), der Beispiele 2-5 und 2-6 in Kap. 7 (7-79 und 7-4).
[49] „dbP" steht für „die betroffene Person" oder „der betroffenen Person"

First, conceptual and operational definitions affect, to a large extent, how participants respond to measurement items. Inconsistencies among definitions lead scholars to study vastly different phenomena under the same title. The absence of the word "repeatedly" in some cyberbullying definitions, for instance, limits the conclusions that are able to be drawn from those studies and restricts the ability to make cross-study comparisons with other research that only considers repeat offenses. Second, reliable and valid measures of cyberbullying are unable to be developed without conceptualizations that share some level of agreement among scholars. The lack of valid measures has plagued much of the research on cyberbullying conducted to date. In addition, given that proposed measurement tools are infrequently used by more than one researcher, threats to the validity of the findings are apparent. (Tokunaga 2010: 278)

Das Kapitel in fünf Sätzen

1. Obwohl Cybermobbinghandlungen größtenteils sprachlich sind, wurde die Phänomenologie des Untersuchungsgegenstandes in der bisherigen Cybermobbing-Forschung vernachlässigt.
2. Eine eingehende internetlinguistische Analyse, die eine detaillierte Beschreibung der kommunikativen Netzumgebung integriert, steht noch aus.
3. Die Befunde zu Prävalenzraten, Formen und Folgen von Cybermobbing und zum Rollenverhalten basieren überwiegend auf Selbsteinschätzungen von Schüler_innen, Lehrer_innen und Eltern.
4. Die für diese Einschätzungen genutzten Fragebögen weisen ein breites, undifferenziertes Spektrum an möglichen Cybermobbinghandlungen auf und geben gleichzeitig einen Rahmen vor, der Erkenntnisse außerhalb dieser Kategorien verhindert.
5. Der Zusammenhang zwischen Offline-Mobbing und Cybermobbing wird als so eng angesehen, dass die Besonderheiten des Online-Phänomens im wissenschaftlichen Diskurs bislang nur Stichworte geblieben sind.

3 Korpusgenerierung mit Cybermobbingdaten

Ach, da brauchen sie doch nur in die
nächste Schule in Ihrer Umgebung gehen, und
da werden sie ganz schnell Betroffene finden.

aus einem Telefonat mit einem Mitarbeiter
eines Cybermobbingpräventionsangebots

Vorbemerkungen
Belege für digitale Gewalt finden sich im gesamten Social Web. Am Beispiel von Bushido-Norbert (Kap. 1) haben wir gesehen, dass digitale Gewalt auch in Kontexten entsteht, in denen man sie nicht unmittelbar erwarten würde. So löste die scherzhafte Inszenierung der Kunstfigur, die als solche aufgrund der offensichtlichen Übertreibung leicht zu enttarnen war, diskriminierende (1-14), beleidigende Kommentare und Diskussionen (1-19, 1-20) und sogar Androhung von körperlicher Gewalt (1-15) aus.

Eine Meldung von foodwatch über eine Grenzwertüberschreitung für Fusarientoxin Deoxynivalenol (DON) in Hahne Cornflakes (20. Februar 2015) führte zu einer hitzigen Diskussion, in der sich die Nutzer_innen u. a. als *Kohlenhydrat Nazis* beschimpfen und Mutmaßungen über die Penisgröße eines Mitdiskutanten äußern.

In Tatort-begleitenden Kommentaren (z. B. vom 7. April 2015) betiteln sich die Teilnehmenden als *krankes Pack*, unterstellen sich *Dummheit* und fordern, den Drehbuchautor zu erschießen.

Brodnig (2016: 76 f.) führt das Beispiel eines harmlosen Geburtstagsposts für den sachsen-anhaltinischen Ministerpräsidenten (am 19. Februar 2016) an, auf den ein AfD-Wähler mit einem Propaganda-Vorwurf reagiert und den Widerspruch einer Nutzerin mit *Dummbratze* quittiert.

Verbale Online-Gewalt ist im Web ubiquitär, sie entsteht spontan und losgelöst von Triggerkontexten. Oder anders: Scheinbar erweist sich jeder Kontext, sobald er sich in den Sozialen Medien konstituiert, als gleich guter oder gleich schlechter Trigger für digitale Gewalt.

Somit ergibt sich eine ambivalente und methodisch herausfordernde Situation: Einerseits steht fest, dass die Sozialen Medien durchsetzt sind von verbaler Gewalt, andererseits gestaltet sich die systematische Suche danach als äußerst schwierig, weil sich diese digitale Gewalt heterogen gestaltet und an keine spezifischen Variablen gebunden zu sein scheint. Das Web ist also zugleich Korpus und kein Korpus. Nun gibt es laut Bernadini/Baronie/Evert (2006: 10) die Option, das Web als sogenanntes „mega-corpus" oder auch „mini-Web" zu nutzen. Das bedeutet, dass ein besonders großes Korpus kreiert und annotiert wird, um differenzierte Fragestellungen untersuchen zu können. Dabei soll das Korpus sowohl den Interessen der Forscher/innen genügen, die die Systematik der Sprache untersuchen, als auch denen, die die soziale Funktion des Webs selbst untersuchen. Es gibt eine Reihe von Korpora, die mit diesem Anspruch erstellt wurden oder noch werden.

Ich stelle nachfolgend die wichtigsten Initiativen zur Erstellung von Social-Media-Korpora vor, um diese als mögliche Quelle für Cybermobbingdaten zu prüfen (Kap. 3.1).[50] Im Anschluss gehe ich auf die zentralen Fragen der bisherigen Onlinedaten-Korpusgenerierung (Kap. 3.2) ein und diskutiere Probleme, die sich für die Cybermobbingforschung aus der Arbeit mit vorhandenen Korpora aus rechtlichen Grundlagen und ethischen Bedenken ergeben (Kap. 3.3). Eine detaillierte Beschreibung zur Vorgehensweise bei der Erhebung meiner Datengrundlage erfolgt in Kap. 3.4., die Korpusarchitektur wird unter Punkt 3.5 präzisiert.

3.1 Social-Media-Korpusinitiativen

In diesem Kapitel werden die folgenden Social Media-Datensammlungen vorgestellt: die Twitter-Korpora „Edinburgh Twitter Corpus" und „HERMES corpus" (und in diesem Zusammenhang auch Schwierigkeiten bei der Korpusgenerierung unter den Auflagen der Twitter-Entwicklerrichtlinie), das Dortmunder Chatkorpus, die „Mobile Communication Base", die „What's up Switzerland"-

---

[50] Inzwischen gibt es viele Initiativen, Mega-Korpora über die Web-Archivierung (dazu u. a. Neijdl/Risse 2015, Risse/Neijdl 2015) hinaus mit dem Anspruch zu erstellen, sowohl den Interessen des Forschers/der Forscherin zu genügen, der/die die Systematik der Sprache untersucht, als auch dem/der, der/die die soziale Funktion des Webs selbst untersucht. Dazu gehört z. B. WaCky (Web-as-Korpus Kool Yinitiative), eine Gemeinschaft von Linguist_inn/en und Spezialist_inn/en für Informationstechnologie, die Werkzeuge und Schnittstellen zu bereits vorhandenen Werkzeugen entwickelt, die es Linguist_inn/en ermöglicht, ganze Bereiche des Webs systematisch zu durchsuchen, die Daten weiterzuverarbeiten und zu indexieren, um danach auch suchen zu können (vgl. http://wacky.sslmit.unibo.it/doku.php). Es gibt Korpora in mehreren Sprachen, das deutschsprachige umfasst etwa 1.7 Milliarden Wörter. Dafür wurden Webseiten der .de-Domäne mit Wörtern mittlerer Häufigkeit aus der Süddeutschen Zeitung und aus dem deutschen Grundwortschatz durchsucht. Das Material wurde nach Wortarten erfasst und gekennzeichnet (POS-tagged), ver-stichwort-et und kann nach Anmeldung per E-Mail auf den eigenen Rechner geladen werden, vgl. auch das Corpora from the Web-Projekt (COW) (Schäfer/Bildhauer 2012).

und „Whats'up Deutschland"-Projekte und ein SMS-Korpus der Inititiative „mediensprache.net". Mein Fokus liegt dabei auf deutschsprachigen Korpora. Angaben zu englischsprachigen Twitter-Korpora werden hier integriert, um die Probleme, die sich bei der Erhebung von Twitterdaten ergeben, anschaulich demonstrieren zu können.

Twitterdaten

Die beiden großen (englischsprachigen) Twitter-Korpora heißen „Edinburgh Twitter Corpus" (Petrovic/Osborne/Lavrenko 2010) und „HERMES corpus" (Zappavigna 2012). Das „Edinburgh Twitter Corpus" enthält 97 Millionen Tweets, die mit der Zeitmarke, einem anonymisierten Nutzer/innen-Namen und einer Angabe zum Veröffentlichungsprogramm (Web, Twitter Client) versehen sind. Solche Metadaten sind auch in das „HERMES corpus" aufgenommen worden, das 100281967 Wörter in knapp 7 Millionen Tweets enthält. Es wurde unter Zuhilfenahme der twittereigenen API (application programming interface)[51] erstellt, die Belegauswahl erfolgte durch den twittereigenen Sampling-Algorithmus. Als Folge dieser Randomisierung gingen sequenzielle Passagen innerhalb der Daten verloren (Zappavigna 2010: 23), siehe die nachfolgenden Ausführungen zu den Nachteilen dieses Automatismus. Obgleich Links dafür vorgesehen sind, sind bislang beide Korpora online nicht abrufbar (siehe Abb. 3.1).

Auf ihrem Blog erklärt Michele Zappavigna diesen Umstand mit den strengen Auflagen im Rahmen der Twitter-Nutzungsbedingungen und fordert: „Feel free to complain to Twitter that researchers are getting caught in a net presumably meant for commercial developers!"[52] In der sogenannten „Entwicklerrichtlinie" heißt es unter Punkt 6b zwar:

> Wenn Sie Dritten Inhalte bereitstellen, einschließlich herunterladbarer Inhalts-Datasets oder einer API, die Inhalte zurückgibt, dürfen Sie nur Tweet-IDs und/oder Nutzer-IDs verteilen oder deren Download gestatten.
> i. Sie können jedoch auf nicht automatisierte Weise (z. B. als Download von Arbeitsblättern oder PDF-Dateien oder über den Button „Speichern unter") bis zu 50.000 öffentliche Tweets und/oder Nutzerobjekte pro Nutzer Ihres Dienstes und pro Tag als Export zur Verfügung stellen.

---

51 Eine API wird von Entwickler_inne/n spezifischer Programme (z. B. Twitter) zur Verfügung gestellt. Das Vermittlerprogramm erlaubt es Programmierer_inne/n, Anwendungen (z. B. eine automatisierte Datenabfrage) für das Programm zu generieren, obgleich sie zu dessen Architektur keinen Zugang haben.
52 http://socialmedialinguist.blogspot.de/p/corpora.html

ii. Inhalte, die Dritten über nicht automatisierte Datei-Downloads bereitgestellt werden, unterliegen nach wie vor dieser Richtlinie.[53]

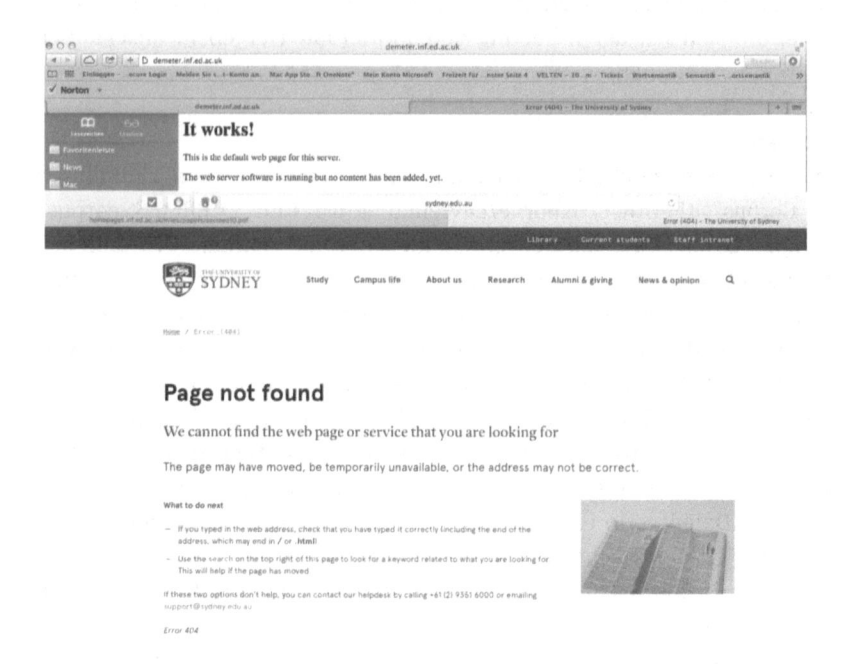

Abb. 3.1: Die beiden großen Twitter-Korpora „Edinburgh Twitter Corpus" und „HERMES" sind online nicht abrufbar.

Diese Richtlinie beinhaltet unter dem Datenschutz-Punkt 3 jedoch die klare Vorgabe, dass die „ausdrückliche Einwilligung des Nutzers" einzuholen ist, bevor Inhalte wiederveröffentlicht werden, „auf die auf andere Weise als über die Twitter API oder andere Twitter Tools zugegriffen wird" (3a ii), oder wenn „nicht öffentliche Inhalte wie Direktnachrichten oder andere private oder vertrauliche Informationen" gespeichert (3a iv) oder „geschützte Inhalte oder private oder vertrauliche Informationen" geteilt oder veröffentlicht werden sollen (3a v). Die quantitative Beschränkung und die Wahrung der Persönlichkeitsrechte (dazu weiter im Kap. 3.3) erweisen sich in Bezug auf die Veröffentlichung von Twitter-Korpora derzeit noch problematisch, sie sind ein Grund dafür, dass

---

[53] https://dev.twitter.com/de/overview/terms/agreement-and-policy#6._Be_a_Good_Partner_to_Twitter

auch deutschsprachige Twitter-Korpora nicht zugänglich gemacht werden können (vgl. u. a. das Twitter-Korpus von Tatjana Scheffler an der Universität Potsdam, Scheffler 2014). Das ist auch deshalb bedauerlich, weil es inzwischen Werkzeuge gibt, wie Tweepy (vgl. Scheffler/Kyba 2016, Rocha-Dietz 2016), den hashtagbasierten TweetXplorer (Morstatter et al. 2013) und Tweetdict (Dreer et al. 2014) oder das 2015 optimierte Tworpus-Tool[54] (Burghardt 2015), dem allerdings noch die Analyse-Komponente fehlt, die Twista hingegen integriert (Spanner/Burghardt/Wolff 2015).

Diese Werkzeuge erlauben es, einen Twitterstream auch unter spezifischen Filterkriterien mitzuschneiden und die verschiedenen Restriktionen, denen web-basierte Tools zur Generierung von Twitter-Korpora unterliegen, zu umgehen (Bazo/Burghardt/Wolff 2013). Zu diesen Restriktionen zählt z. B., dass mit twittereigenen APIs nur 2000 Tweets, die etwa eine Woche zurückliegen, wieder aufgerufen werden können.[55]

Facebookdaten
Unter dem Link https://commul.eurac.edu/annis/didi ist das sogenannte DiDi-Korpus zugänglich. Dabei steht DiDi für „Digital Natives – Digital Immigrants. Schreiben auf Social Network Sites"; es handelt sich hier um ein Projekt der eurac-research-Gruppe des Instituts für Angewandte Sprachforschung Bozen. Das insgesamt etwa 650.000 Tokens umfassende Korpus setzt sich aus 11.102 Statusmeldungen, 6.507 Pinnwand-Kommentaren und 22.218 Chat-Nachrichten zusammen, die von 136 Nutzer_innen gespendet wurden. Frei zugänglich sind die Statusmeldungen und Pinnwand-Einträge, wer damit arbeiten möchte, muss lediglich eine Vertraulichkeitsvereinbarung unterzeichnen.

---

[54] Tworpus kann unter http://tworpus.mi.ur.de einfach für jede Plattform (WIN/MAC/LINUX) heruntergeladen und dann lokal ausgeführt werden, um Korpora nach bestimmten Kriterien, wie etwa Sprache, Tweetlänge, etc., zu erstellen. Der Vorteil der Werkzeuge aus der Regensburger Forschergruppe um Christian Wolff besteht darin, dass es den Medieninformatiker_inne/n darum geht, Personen, die selbst nicht programmieren können (oder wollen), einfache Möglichkeiten zur Verfügung zu stellen, Twitter-Daten für die linguistische Forschung zu nutzen.

[55] Nachdem Topsy im Dezember 2015 abgeschaltet wurde, ist derzeit die Alternative „Talkwalker Social Media Search" auf talkwalker.com frei zugänglich, zeigt aber nur die Ergebnisse der letzten sieben Tage an, siehe Evertz (2015) auf http://www.monitoringmatcher.de/2015/12/topsy-tot/.

Chatdaten
Mit 478 Chat-Mitschnitten (140.240 Nutzerbeiträge, 1,06 Millionen Token) aus den Handlungsbereichen Freizeit, Medien, Beratung und Bildung gilt das Dortmunder Chat-Korpus als Pionierkorpus für Social-Media-Daten. Es wurde in den Jahren 2002-2008 aufgebaut. Ein Releasekorpus, das 385 Dokumente mit insgesamt 59.876 Chat-Beiträgen bzw. 551.762 lfd. Wortformen umfasst, ist unter www.chatkorpus.tu-dortmund.de frei verfügbar.

Bei der Zusammenstellung des Korpus wurde Wert darauf gelegt, dass die sprachliche Variabilität innerhalb der computerbasierten Kommunikation abgebildet werden konnte, die sogenannten Plauderchats nehmen also nur einen Teil des Gesamtkorpus ein, siehe zu einer detaillierten Korpusbeschreibung Beißwenger (2013a). Das Korpus ist nach Äußerungsbeiträgen, Zuschreibungsbeiträgen und Systemmeldungen[56] annotiert, die Suche nach Emoticons, Ausdrücken in Asterisken oder @-Adressierungen ist möglich. Es ist sowohl für linguistische als auch für sprachdidaktische Zwecke geeignet.

SMS- und WhatsApp-Daten
Die MoCoDa (Mobile Communication Database) ist eine Plattform, auf der Alltagskommunikation mittels elektronischer Kurznachrichten archiviert wird. Sie ist ein Folgeprojekt des Duisburg-Essener SMS-Korpus, um neben traditionellen SMS auch Nachrichten bereitzustellen, die über Messaging-Dienste ausgetauscht werden.

Derzeit stehen 2198 deutschsprachige Dialoge (das entspricht 1060526 Zeichen in 19.161 Nachrichten)[57] zur Einsicht, die Datenbank wird jedoch kontinuierlich erweitert und steht kurz vor einer Neukonzeption. In diese fließen auch momentan noch nicht einheitlich umgesetzte Kodierungen für Emoticons und neue Annotationen ein.[58] Bislang zeichnet das Korpus schon aus, dass Metadaten wie Alter, Geschlecht, Bildungsgrad, Standort, Tarif, Eingabemodus, Beziehung der Schreiber_innen zueinander, ergänzende Informationen zum Dialog, Eingabeart/-medium und der Modus, wie die Daten eingestellt worden sind, erfasst werden. Sie werden jeweils zum aufgerufenen Dialog angezeigt. Die

---

[56] Äußerungsbeiträge sind die Informationen, die Chatter in das Texteingabefeld eingeben, in Zuschreibungsbeiträgen beschreiben Teilnehmer_innen das Chatgeschehen aus einer fiktiven Außenperspektive. Systemmeldungen werden vom Server erzeugt und geben Auskunft über technische Handlungen der Chatter (einloggen, ausloggen etc.) (Beißwenger 2013a: 7).
[57] Protokollierungstag: 19. Juni 2017. Es gibt ein vergleichbar großes russischsprachiges Teilkorpus.
[58] persönliche E-Mail-Mitteilung von Wolfgang Imo (Hamburg)

Mehrzahl der Dialoge ist inhaltlich verstichwortet und kategorisiert. Als besonders nutzerfreundlich erweist sich die Darstellung der Dialoge im vertrauten verschiedenfarbigen SMS- respektive Messengerdienst-Layout. Unter dem Menüpunkt „Recherchieren" kann eine Stichwortsuche durchgeführt werden. Das Korpus steht für die universitäre Forschung und Lehre zur Verfügung. Eine Weitergabe an Dritte ist unzulässig. Das Passwort kann via E-Mail bei Wolfgang Imo erfragt werden.

Derzeit im Aufbau, genauer in der Anonymisierungsphase, befindet sich das What's up Deutschland-Korpus, das Teil eines Sinergia-Projektverbundes „Languages, Individuals and Ideologies in Mobile Messaging – What's up, Switzerland?" ist und in absehbarer Zukunft auch für die Forschung zur Verfügung stehen wird.[59]

Ein etwa 1500 SMS umfassendes Korpus von Schüler_inne/n und Studierenden der Universitäten Osnabrück und Hannover steht zum Herunterladen als pdf-Datei auf der Seite mediensprache.net[60] zur Verfügung. Die Daten sind nach dem Geschlecht und dem Alter der Autor_inn/en sortiert, bilden aber keine dialogischen Sequenzen ab.

Wikipedia und Blogs
Über das Portal und Recherchesystem COSMASII des Instituts für Deutsche Sprache Mannheim ist ein insgesamt 1377977096 Textwörter umfassendes Wikipedia-Korpus unter den Bedingungen der CC-BY-SA-Lizenz nutzbar. Es besteht aus drei Teilkorpora, den Artikelseiten (WiKo-A) mit einer Größe von 796638747 Textwörtern, den Diskussionsseiten (WiKo-D) mit einer Größe von 309897027 Textwörtern und den Nutzerdiskussionen (WiKo-N, die für Fragen der Interaktion besonders relevant sind) mit einer Größe von 271441322 Textwörtern.[61] An der Berlin-Brandenburgischen Akademie der Wissenschaften wird ein Blogkorpus aufgebaut, das am 21.1.2016 aus 103414306 Textwörtern und 232669 Dokumenten bestand, und Teil des künftigen Referenzkorpus zur internetbasierten Kommunikation innerhalb des Projekts „Digitales Wörterbuch der deutschen Sprache" ist (dazu Barbaresi/Würzner 2014).

---

[59] mündliche Mitteilung von Beat Siebenhaar (Leipzig)
[60] http://www.mediensprache.net/de/medienanalyse/corpora/
[61] Mein herzlicher Dank geht an Angelika Storrer für diese genauen Angaben.

[handwritten: vorbildliche Disk. auch für ähnliche Korpus-Untersuchungen]

3.2 Bisherige Fragen bei der Onlinedaten-Korpusgenerierung

Daten onlinebasierter Kommunikation zeichnet formal aus, dass sich deren Urheber/innen nicht an verlässliche orthographische oder grammatikalische Standards halten.[62] So werden Satzglieder, Buchstaben oder Zeichen ausgelassen, Grapheme die mündliche Realisierung adaptierend iteriert, die Zeichensetzung wird ignoriert oder nicht regelkonform angewendet, es werden keine Standardabkürzungen benutzt oder die Groß- und Kleinschreibung missachtet (Bartz/Beißwenger/Storrer 2014, Bick 2010, King 2009).

Ob solche Unregelmäßigkeiten beabsichtigt, tatsächliche Fehler oder der schnellen Eingabemodalität geschuldet sind, ist im Nachhinein kaum festzustellen. Für die automatische Analyse herausfordernd ist auch die Verwendung von Einheiten, „die keine direkten Pendants in Genres redigierter Schriftlichkeit haben" (Bartz/Beißwenger/Storrer 2014: 158), etwa Emoticons, Adressierungen, Verschmelzungen oder Aktionswörter (auch: Inflektive, Schlobinski 2001, Teuber 1998). Ein weiteres Problem stellt automatisiert generiertes Sprachmaterial dar, das wiederholt gepostet werden kann (Zappavigna 2012: 22).

Ergo sind in der aktuellen Forschungsdiskussion zur Erstellung großer CMC-Korpora Fragen wie die folgenden besonders relevant:

– Wie sind Kontexte zu modellieren? (Wie sind multimodale Umgebungen zu implementieren?)
– Wie sind CMC-Makrostrukturen zu modellieren? (Handelt es sich beim aktuellen Kommunikat um ein Chatprotokoll, einen Tweet, eine Facebook-Statusmeldung, einen Forumthread und wie ist das im Korpus zu indexieren?)
– Wie lassen sich neue Diskurseinheiten beschreiben? (Was unterscheidet einen Post von einem Beitrag oder einer Nachricht?, siehe Androutsopoulos 2013: 237)
– Wie sind CMC-Mikrostrukturen zu modellieren? (Wie lassen sich Standards für die Kodierung von Emoticons, Hashtags, Adressierungen oder Verlinkungen formulieren?)

---

62 Siehe u. a. Runkehl/Schlobinski/Siever (1998), Storrer (2000b, 2013), Crystal (2001, 2011), Schlobinski (2001), Siever (2005, 2011, 2012), Androutsopoulos et al. (2006), Androutsopoulos/Ziegler (2003), Dürscheid (2005b), Dürscheid/Frick (2016), Marx/Weidacher (2014: 92 ff.) und die demnächst erscheinenden Ergebnisse des Hamburger Symposiums „Register des digitalen Schreibens" (https://www.slm.uni-hamburg.de/forschung/tagungen/digitalesschreiben-2017/programm-abstracts.html)

- Welche Metadaten zur Beschreibung von CMC-Quellen und CMC-Produzent/inn/en lassen sich überhaupt erfassen? (Wer hat den Text wie verfasst? Wie ist die Sprachkompetenz des/der Verfasser/s/in einzuschätzen? In welcher Situation wurde der Text geschrieben? Ist der Text das Produkt eines/einer einzelnen Schreiber/s/in oder einer ganzen Gruppe?)
- Welche rechtlichen Grundlagen und welche forschungsethischen Fragen sind zu beachten?

Aktuelle Forschungstätigkeit in der Online-Daten-Korpusgenerierung
Im Herbst 2015 präsentierte das vom Bundesministerium für Bildung und Forschung geförderte Projekt KobRA (Korpus-basierte linguistische Recherche und Analyse mit Hilfe von Data-Mining) auf seiner Abschlusstagung „Neue Wege in der Nutzung von Korpora - Data-Mining für die textorientierten Geisteswissenschaften" (Geyken/Jurish/Würzner 2016, Bartz et al. 2015, 2014).

Ein Jahr zuvor fand die letzte Arbeitstagung des von der DFG geförderten Netzwerks „empirikom" (Empirische Erforschung internetbasierter Kommunikation)[63] zum Thema „Social Media Corpora for the eHumanities: Standards, Challenges, and Perspectives" statt, die in Kooperation mit dem zum Ausrichtungszeitpunkt neu gegründeten GSCL-Arbeitskreis „Social Media/ Internetbasierte Kommunikation"[64] organisiert wurde (Beißwenger 2012). In diesem Umfeld entstand auch die Special Interest Group (SIG) „Computer-Mediated Communication"[65] der Text Encoding Initiative (kurz: TEI) (Beißwenger et al. 2012a, Geyken et al. 2012).

Ein weiterer Koorperationspartner beim Aufbau eines „Referenzkorpus zur deutschsprachigen internetbasierten Kommunikation IBK (DeRiK)" (Beißwenger et al. 2013, Beißwenger et al. 2012b) und zur Entwicklung von Annotationsrichtlinien ist die DWDS-Gruppe der Berlin-Brandenburgischen Akademie der Wissenschaften (BBAW).

---

[63] Empirikom war ein Zusammenschluss aus den folgenden fünfzehn Forscher_innen: Michael Beißwenger (Duisburg-Essen), Jannis Androutsopoulos (Hamburg); Stefanie Dipper (Bochum); Stephan Elspaß (Salzburg), Stefan Evert (Erlangen), Eugenie Giesbrecht (Karlsruhe), Torsten Holmer (Dresden), Wolfgang Imo (Hamburg), Eva-Maria Jakobs (Aachen), Andrea Kienle (Dortmund), Anke Lüdeling (Berlin), Marc Reznicek (Berlin), Angelika Storrer (Mannheim), Martin Wessner (Kaiserslautern), Torsten Zesch (Duisburg-Essen) und weiteren assoziierten Mitgliedern (http://www.empirikom.net). Die wegweisende Arbeit des Netzwerks ist in Beißwenger (ersch.) zusammengefasst.
[64] GSCL: Gesellschaft für Sprachtechnologie und Computerlinguistik
[65] http://wiki.tei-c.org/index.php/SIG:Computer-Mediated_Communication

Das am Institut für Deutsche Sprache Mannheim beheimatete Projekt KorAP (Korpusanalyseplattform der nächsten Generation)[66] (Bański et al. 2013, Kupietz 2014, Kupietz/Frick 2013, Kupietz/Schmidt 2015) hat es sich zum Ziel gesetzt, der durch die eHumanities bedingten Empirisierung Rechnung zu tragen und widmet sich der Implementation aufwändiger multidimensionaler Analyseverfahren, um mit Sprachdaten unterschiedlicher Modalitäten umgehen zu können.

Die genannten interdisziplinären Netzwerk-Initiativen verbindet die Expertise von Forscher/inne/n in der Linguistik, Informatik und Sprachtechnologie und der gemeinsame Anspruch, die Probleme bei der CMC-Korpus-Generierung zu lösen. Obgleich die Forschungsdiskussion nach wie vor sehr lebendig ist, liegen z. B. hinsichtlich der Spezifikation von CMC-Genres sowie von Makro- und Mikrostrukturelementen bereits Ergebnisse vor (Beißwenger et al. 2012).

3.3 Cybermobbingdaten: Herausforderungen bei der Erhebung

Als herausfordernd für die Erhebung von Daten digitaler Gewalt erweisen sich vier große Problemfelder: 1. können die vorhandenen Korpora nicht adäquat durchsucht werden, weil sie nicht inhaltlich-funktional annotiert sind, aus vergleichbaren Gründen ist 2. die suchmaschinengestützte Datendetektion als Erhebungsmethode höchst problematisch. Die derzeitigen rechtlichen Grundlagen stellen 3. eine Hürde dar, wenn Korpusdaten für die weitere Forschung zugänglich gemacht werden sollen und 4. dürfen auch die ethischen Bedenken nicht unerwähnt bleiben, die das Speichern und die Weiterverbreitung digitaler Gewalt evozieren.

Problem 1: Schwierigkeiten bei der Arbeit mit vorhandenen Korpora
Für die Archivierung, Ordnung und Annotation der Online-Daten sind die oben beschriebenen Themen nachvollziehbarer Weise zentral. In all den Ansätzen gehen die Expert_inn/en davon aus, dass die Daten zur Verfügung stehen, sie müssen nur „gecrawlt" werden, um implementiert werden zu können (vgl. Data-Mining). Tatsächlich sind die WWW-Daten auch relativ frei verfügbar (vgl. aber das Stichwort „deep web" und die Problematik geschützter Bereiche, siehe Kap. 3.4), sie generieren sich ständig selbst, sind kopierbar und sehr heterogen, was breite Forschungsinteressen bedient und von Vorteil ist. Ein Korpus, das

---

[66] http://www1.ids-mannheim.de/kl/projekte/korap/

moderne Soziale-Netzwerk-Kommunikation repräsentiert und darüber hinaus auch zugänglich und funktional annotiert ist, gibt es jedoch noch nicht.

Die oben erwähnten Twitter-Korpora dürfen nicht veröffentlicht werden und konnten schon deshalb nicht verwendet werden. Als nachteilig hätte sich aber auch hier die fehlende inhaltlich-funktionale Annotation und die durch die automatische Randomisierung hervorgerufene Eliminierung dialogischer Passagen erwiesen.

Im Dortmunder Chatkorpus gibt es schlicht noch keine Daten aus Sozialen Netzwerken, denn als das Korpus im Jahre 2005 online ging, gab es in Deutschland weder Facebook, noch Twitter oder SchülerVZ, StudiVZ war gerade gegründet worden.

Die MoCoDa ist zwar grob inhaltlich getaggt, bislang gibt es jedoch keine Auflistung der thematischen Kategorisierungen, die man in einem ersten Schritt nach Konfliktpotenzial durchsuchen könnte. Ein zweites Problem ergibt sich allerdings auch daraus, dass sich das Konflikt- und Gewaltpotenzial der einzelnen Dialoge momentan nicht sicher aus den Inhaltstags herauslesen lässt, diese müssten also elaboriert werden. Zu erwarten ist natürlich, dass Dialoge, in denen die Schreiber_inn/en sich selbst als lästernde oder gar mobbende Personen enttarnen müssten, gar nicht eingestellt werden – obgleich alle Daten anonymisiert werden. Über den Suchbegriff *sauer* gelangte ich beispielsweise zu einem WhatsApp-Chat, in dem zwar der Gefühlszustand an das Verhalten einer spezifischen dritten Person sprachlich angebunden wurde, sich die beiden Beteiligten jedoch schnell darauf einigten, zu telefonieren. Bislang sind in der MoCoDa keine Gruppenchats gelistet, die eine für Cybermobbing typische Umgebung darstellen (Kap. 7). Die SMS-Datensammlung auf mediensprache.net enthält nur kontextfreie monologische Sequenzen, sodass über diskursive Dynamiken keine Aussagen getroffen werden können.

Die generellen Schwierigkeiten, die bei der Arbeit mit bestehenden annotierten Korpora entstehen, wenn man die Linguistik als Wissenschaft auffasst, die „regelmäßige Beziehungen zwischen sprachlichen Formen und kommunikativen Funktionen beschreiben will" (Consten 2014), haben wir in Marx/Weidacher (2014: 28) zusammengefasst, vgl. zudem Bubenhofer/Scharloth (2015: 13 ff.), die den integrierten Textbegriff, valide Modelle, neue Visualisierungsmethoden und eine Forschungsethik als Desiderate der maschinellen Textanalyse benennen.[67]

---

67 Eine Fehlerquelle stellen z. B. formale Zuordnungen dar, eine zweite die Interpretationsleistung der annotierenden Person, vgl. auch Perkuhn/Belica (2006: 3), die darauf verweisen, dass „interpretierte' Annotationen [...] lediglich ein Abbild der Qualität der Annotationen, nicht der

Darüber hinaus ist zu diesem Zeitpunkt und für meine Datenerhebung festzuhalten, dass sich entweder keine einschlägigen Daten in den vorhandenen Korpora befinden oder diese nicht gezielt aufsuchbar sind, weil die Korpora nicht inhaltlich-funktional annotiert sind.

Gerade für qualitative Analysen, für die Social-Media-Korpora ebenfalls eine Datenbasis sein sollten, müssten Interaktionssituationen nicht nur inhaltlich kurz zusammengefasst sein, auch die Genrekategorien müssten über Chat, Forum, Wikipedia-Artikel etc. hinaus spezifiziert (Streit-Interaktion, Liebeskommunikation etc.)[68] und hinsichtlich pragmatischer Aspekte kategorisiert sein, etwa im Hinblick auf den sozialen Kontext (siehe auch Jones 2004, Androutsopoulos 2013: 240), auf situative Angaben (den jeweiligen Ort, Anlass und die Zeit für die Interaktion) oder beziehungsgestalterische Faktoren, wie Höflichkeit/Unhöflichkeit etc.).

Problem 2: (Suchmaschinen)gestützte Datenerhebung – (k)ein Weg
Neben der Möglichkeit, das Web als „mega corpus/mini web" zu benutzen, schlagen Bernadini/Baroni/Evert (2006: 10) drei weitere Möglichkeiten vor: „1. [...] *as a corpus surrogate*, 2. [...] *as a corpus shop* [und] 3. [...] *as corpus proper* (Bernadini/Baroni/Evert 2006, 10, Kursivierungen im Original). Diese drei Wege basieren auf einer suchmaschinengestützten Generierung einer Datenbasis, vgl. auch Kilgariff/Grefenstette (2003). Eignet sich diese Methode auch für die Erhebung von Cybermobbingdaten?

Als Hilfsmittel für z. B. Übersetzungsanfragen, für die Suche nach orthographischen Regeln, Kommaregeln oder Varietäten[69] können Suchmaschinen

---

empirischen Daten [liefern]". Consten (2014: 31) nennt als mögliche Problemfelder „die Funktion syntaktischer Satzmodi als Marker für Sprechakttypen, die informationsstrukturierende Wirkung von Wortstellungsvariationen, die semantisch-logisch kaum beschreibbare Bedeutung mancher Modalpartikeln, der referenzsemantische Effekt von Definitheit oder der gesprächssteuernde Einfluss von Tonmustern". Als schwierig erweist es sich auch, Fehler von intentionalen Normabweichungen abzugrenzen. Schlobinski (2011: 133 f.) warnt zudem vor dem möglichen Trugschluss, ein Nicht-Vorkommen im Korpus würde ein Nicht-Vorkommen im Sprachgebrauch bedeuten, siehe auch Perkuhn/Belica (2006: 4), die Mythen über Korpora zusammenfassen und als Mythos 4 „Man kann / darf / soll negative Aussagen aufgrund von Korpusbefunden formulieren" nennen.
68 In den Hinweisen für MoCoDa ist das allerdings schon angelegt, möglicherweise liegt es also an der Disziplin der Datenspender_innen, dass die Angaben nicht eingetragen werden. Die Datenspender_innen könnten Einträge aber auch aus Unsicherheit vermeiden, weil sie ihrer eigenen Textsortenkompetenz möglicherweise misstrauen.
69 vgl. z. B. die lexikographische Alta-Vista-Erhebung zu deutschen, schweizerdeutschen und österreichischen Varianten über einen Zeitraum von sieben Jahren von Bickel (2006).

durchaus eingesetzt werden. Damit erschöpft sich jedoch auch das Spektrum der sprachlichen Daten, die problemlos über Standardsuchmaschinen erhoben werden können. Standardsuchmaschinen weisen schlicht nicht die Funktionalitäten auf, die für sprachwissenschaftliche Zwecke vonnöten sind (Bubenhofer 2011: Probleme, siehe auch den von Perkuhn/Belica (2006) formulierten Mythos 5).[70]

Will man in Bernadini/Baroni/Everts Sinne das Web als eine Art Ladentheke (2) (oder auch als Gesamtkorpus (3)) benutzen, stellt sich sofort die Frage, wonach man als Kunde eigentlich verlangen oder besser: fragen muss und wie genau (um hier im Bild zu bleiben). Bubenhofer (2011) fasst die Schwierigkeiten, vor die ein/e Sprachwissenschaftler/in gestellt ist, wenn er/sie ein konkretes Phänomen untersuchen und das WWW als Korpusquelle benutzen möchte, folgendermaßen zusammen:

– „beschränkte Abfragesprache: Es ist [...] nicht möglich, mit Auslassungszeichen zu arbeiten, also ‚reguläre Ausdrücke' zu verwenden. Normalerweise beherrscht eine Abfragesprache (z. B. in Datenbanken) spezielle Zeichen wie *, + oder ?, um einen oder mehrere Buchstaben offen zu lassen. Möchte man z. B. alle Flexionsformen und Komposita des Wortes ‚Hund' finden, kann man nicht einfach ‚Hund*' eingeben und findet dann auch ‚Hundegebell' oder ‚Hunde' [...];
– die indizierten Webseiten [sind] nicht linguistisch annotiert. Man kann also nicht einfach so nach Präpositionalphrasen oder nach Adjektiv-Nomen-Konstruktionen suchen. [...];
– eine Suchmaschine [kann] mit ihrem Webcrawler nicht alle verfügbaren Webseiten erfassen. Es bleibt ein sog. ‚deep web' [...], das aus Webseiten besteht, die von Suchmaschinen aus technischen Gründen nicht gefunden werden können. Dazu gehören z. B. viele Datenbanken [...], geschützte oder schlicht nicht verlinkte Seiten. Das [...] ‚deep web' soll 500 Mal grösser sein [als das für Suchmaschinen sichtbare Web]. Zudem ist es möglich, dass ein Suchmaschinenbetreiber gewisse Seiten absichtlich sperrt, oder dass er aus politischen Gründen gezwungen wird. [Die] Menge der indizierten Seiten [verändert sich] ständig. Möchte man z. B. Trefferzahlen vergleichen, muss das möglichst zum gleichen Zeitpunkt geschehen, da sich ansonsten die Grundgesamtheit der indizierten Dokumente bereits wieder verändert hat. [...] [vgl. zur Repräsentativität auch Leech 2007];

---

70 Der Mythos 5 lautet kurzgefasst: „Internetsuchanfragen liefern bessere Ergebnisse als Korpusanalysen. Wenn die Suchmaschine „Google" viele Treffer für Suchobjekte vermeldet, müssten diese Suchobjekte auch bei Korpusanalysen hervortreten" (Perkuhn/Belica 2006: 4).

– Suchmaschinen [legen nicht offen], nach welchen Kriterien die Webseiten genau indiziert werden und wie das Ranking funktioniert." (Bubenhofer 2011: Probleme)

Die „Ware" im Web ist also nicht sorgfältig ausgezeichnet und steht nicht vollständig „zum Verkauf". Es gibt Lagerbestände, zu denen der Kunde offenbar keinen Zugang hat, die Kriterien, nach denen die Waren verteilt worden sind, bleiben undurchsichtig.

Bei der Erhebung von Daten, die als sprachliche Gewalt oder Cybermobbing kategorisiert werden, werden die hier dargestellten Probleme besonders deutlich. So führt beispielsweise eine elektronische Anfrage mit den Suchbegriffen *Cybermobbing* oder *Cyberbullying* zu (wissenschaftlichen) Artikeln über das Thema, zu den jeweiligen Wikipedia-Artikeln oder zu Ratgeberseiten (vgl. Abb. 3.2), nicht aber zur Phänomenologie.

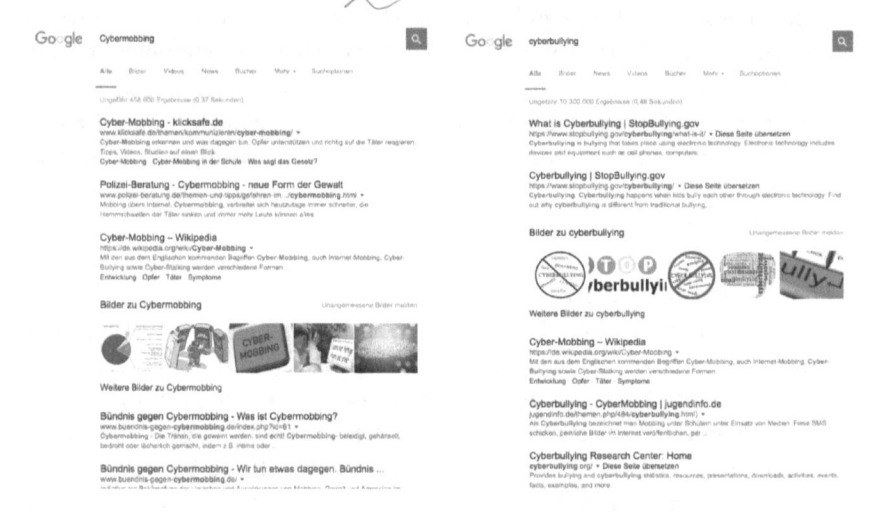

Abb. 3.2: Die ersten Ergebnisse einer Google-Suchanfrage zu den Stichwörtern *Cybermobbing* und *Cyberbullying*, Abfragedatum: 2016-04-15.

Selbst mit einer Google-Suche nach Schimpfwörtern gelangt man nicht an sprachliche Belege zum Cybermobbing,[71] zumal eine solch zirkuläre Vorge-

---

[71] Stattdessen finden sich Wörterbucheinträge, Wikipedia-Artikel, Zeitungsartikel, die darüber berichten, wenn jemand mit genau dem gesuchten Lexem beschimpft worden ist, Übersetzungsangebote etc.

hensweise voraussetzte, dass das Ergebnis der geplanten Analyse bereits bekannt wäre. Auch getaggte Daten (etwa bei Twitter), die das sogenannte Social-Media-Mining eigentlich erleichtern (Ellwein/Noller 2015: 3), sind nur bedingt hilfreich. Wie wahrscheinlich ist es etwa, dass Personen ihre Beiträge mit dem Hashtag #cybermobbing indexieren, wenn sie sich an einem Cybermobbing-Akt beteiligen? Auf der anderen Seite liegt es nicht unbedingt nahe, unter einem Hashtag wie #fragnestlé einen Shitstorm zu vermuten (siehe Kap. 3.5). Dass eine Frage wie *Wie alt bist Du?* in Online-Spielen typischerweise als Auftaktsequenz für Cybergrooming gilt, kann nur herausfinden, wer sich in die jeweilige Spiel-Umgebung begibt.[72] Eine Google-Anfrage mit dieser zunächst harmlos anmutenden Frage wirft so viele falsche Positive auf, dass sich diese nicht mit vertretbarem Aufwand disambiguieren ließen.

Die neue Facebook-Funktion „Facebook-Suche", scheint ein zweckdienliches Tool für die Suche auf der Sozialen-Netzwerk-Seite zu sein. Es steht bislang offiziell nur Nutzer/innen aus den USA zur Verfügung, kann aber eingesetzt werden, wenn die eigenen Profileinstellungen entsprechend angepasst werden.[73] Für die hier vorliegende Studie kam diese Neuerung allerdings zu spät, abgesehen davon kann die Problematik des adäquaten Suchbegriffs durch dieses Tool ebenfalls nicht gelöst werden.

Neben Suchmaschinen lassen sich auch sogenannte Kuratierungsplattformen (wie z. B. storify) für linguistische Fragestellungen zweckentfremden. Kuratierungsplattformen ermöglichen die technisch-gestützte thematische Bündelung von Web-Inhalten, wie z. B. Tweets zu einem spezifischen Thema, die dann an einer zentralen Stelle im Netz präsentiert werden können.[74]

Gibt man nun aber die (Grooming-Trigger)-Phrase *Wie alt bist du?* bei storify.com ein, erhält man einen Artikel aus der Zeitung „Die Welt" über den brasilianischen Fußballer Neymar und eine große Menge Tweets zum Thema „Egal, wie alt du bist".[75] Chatverläufe aus Online-Spielen (oder anderen Plattformen,

---

[72] Vor diesem Hintergrund ist es umso bemerkenswerter, dass die Drogenbeauftragte der Bundesregierung, Marlene Mortler (CSU), die in der Bundespressekonferenz am 9.6.2016 als Ergebnis des Drogen- und Suchtberichts die Internet- und Spielsucht als größte Gefahr heraushob, kein einziges Onlinespiel benennen konnte.
[73] Vgl. http://www.bento.de/gadgets/facebook-suchfunktion-so-sieht-sie-aus-78135/
[74] So z. B. Reaktionen auf ein Foto, das Bundeskanzlerin, Angela Merkel, und den amerikanischen Präsidenten, Barack Obama, beim G7-Gipfel im Juni 2015 im Bergpanorama zeigt: https://storify.com/bmonline/ein-foto
[75] Darunter fallen Tweets wie „**#egalwiealtdubist**, wenn du allein bist und laut geile Musik hörst, dann spielst du in der Band! ALLES! #guitar #vocals #drums #bass" (tw, Freund Hein@Freund_Hein, 2013-10-8, 23:49, 1 Fav, 0 RT, Fettdruck im Original).

auf denen vornehmlich Kinder und Jugendliche interagieren) werden gar nicht angezeigt.

Sind Blogs, wie www.eaudestrache.at, oder https://perlen-aus-freital.tumblr.com, die digitale Hetze dokumentieren,[76] eine mögliche Datenquelle? Auf den genannten Seiten werden Einzelbelege sprachlicher Gewalt zitiert und innerhalb der sich so generierenden Aufzählung neu kontextualisiert. Wer sich diese Daten mit sprachwissenschaftlichem Interesse anschaut, erhält einen Eindruck von der jeweiligen lexikalischen Ausgestaltung, vermisst aber Angaben über Auslöser, vorausgehende und sich anschließende Sequenzen und vollständige Metadaten. Somit können diese Blogs lediglich weiteres exploratives Vorgehen inspirieren. Die singuläre bildschirm-basierte Suche (vgl. „screen-based" bei Androutsopoulos 2013: 240) ist kein adäquater Weg, um Cybermobbingdaten zu erheben.

Problem 3: Die rechtliche Situation
Daten im WWW – und dazu sind natürlich auch Daten aus dem Social Web zu zählen – gelten als veröffentlicht. Damit fallen sie unter das Urheberrecht, das dem/der Schöpfer_in geistigen Eigentums ein Ausschließlichkeitsrecht an seinen eigenen kreativen Leistungen einräumt (Schwartmann/Hentsch 2012: 759). Somit gehören die Daten dem/der Urheber_in und bleiben gesetzlich bis 70 Jahre nach dessen/deren Tod geschützt. Fotos sind entweder nach § 72 UrhG oder als Lichtbildwerk nach § 2 UrhG geschützt, das gilt auch für sogenannte Thumbnails[77] (Solmecke 2012: 12). Texte müssen eine sogenannte Schöpfungshöhe aufweisen. Damit wird ein ungeschriebenes Tatbestandsmerkmal der ‚persönlich geistigen Schöpfung' i.S.d. § 2 Abs. 1 UrhG gefasst. So gelten u. a. Sprachwerke, wie etwa Schriftwerke, Reden und Computerprogramme als schützenswert, wenn sie einen individuellen Inhalt haben und/oder Autor_inn/en wertend Stellung nehmen (vgl. Reinemann/Remmertz 2012: 216). Die Länge eines Textes ist dabei nicht ausschlaggebend, ein 140 Zeichen umfassender Tweet kann also genauso schützenswert sein wie ein ganzer Roman. Mit zunehmender Länge der Texte erweitert sich der „Gestaltungsspielraum des Urhebers, der zur Annahme der erforderlichen Schöpfungshöhe führen kann"

---

76 Vgl. auch https://tapferimnirgendwo.com/2016/06/12/bitte-einfach-keine-frauen-mehr/, Erstmals in der Geschichte der Fernsehfußballdokumentation kommentierte am 11. Juni 2016 eine Frau (Claudia Neumann) ein EM-Spiel (Wales gegen die Slowakei in der Vorrunde). Im hier genannten Blog sind diskriminierende Kommentare von Facebook-Nutzer_inne/n aufgelistet, die sich gegen die Fußball-Kommentatorin richteten.
77 Das sind Miniaturbilder, die in der Seiten-Vorschau eingesetzt werden.

(Solmecke 2012: 12). Damit steht jedoch außer Frage, dass die Speicherung und ggfs. Veröffentlichung dieser Daten ausgeschlossen ist, eine methodische Hürde, die die nationale und internationale Internetforschung seit etwa zehn Jahren bewegt.

> [..] copyright issues remain a grey area and a thorny issue for web-as/for-corpus resources, since free access to the web by no means implies a right ‚to download, retain, reprocess and redistribute web content'. (Gatto 2014: 64)

Zum Umgang mit dieser Problematik haben sich über die Zeit vier Wege herausgebildet. Der erste – auch als ‚traditioneller Weg' bezeichnete (Gatto 2014: 64) – sieht das direkte Kontaktieren der Urheber_innen vor, um deren Einwilligung zur Veröffentlichung einzuholen (siehe auch Baroni et al. 2009: 18). Es handelt sich hier um ein besonders aufwändiges Verfahren: Die Urheber/innen müssen zunächst ermittelt werden, was sich insbesondere in Social-Media-Umgebungen, in denen mit Nicknames operiert wird, als nahezu unmöglich erweist (Döring ²2003). Es muss des Weiteren eine Kontaktmöglichkeit zu der/dem entsprechenden Nutzer_in gefunden werden. Bei Facebook und Twitter kann das z. B. die direkte Nachricht sein.

Will man jedoch große Datenmengen erheben, gestaltet sich der Arbeitsaufwand als geradezu unüberschaubar. In solchen Fällen bieten sich automatisierte Zustimmungserklärungen an, die als technische Funktion in Datenspendenaktionen integriert werden können, wie das z. B. in der MoCoDa praktiziert worden ist, siehe Abb. 3.3.

Bei der Erstellung des What's up Deutschland-Korpus wurde auf eine vergleichbare Lösung gesetzt. Wenn Nutzer_innen Gruppenchat-Daten hochladen wollten, war entsprechend die Zustimmung zur Veröffentlichung von allen Interaktant_inn/en notwendig. Die Aufforderung dazu erhielten alle Beteiligten direkt, sie war denkbar unkompliziert gestaltet. Dennoch mussten etliche Daten aus dem Korpus extrahiert werden, weil Personen der Verwendung ihrer Daten nicht zugestimmt hatten (Siebenhaar 2015a,b).

Abb. 3.3: Wer den Nutzungs- und Erhebungsbedingungen von Nachrichten nicht zustimmt, erhält keinen Zugang zur MoCoDa (http://mocoda.spracheinteraktion.de). In den Hinweisen wird die Haftung für die Zustimmung aller Beteiligten auf die „Einreichenden" übertragen.

Somit zeigte sich auch in einer Datenspendenaktion, die sogar an die Aussicht auf attraktive Preise geknüpft war, ein Problem, das sich generell beim Versuch, direkten Kontakt zu Nutzer/innen aufzunehmen, zeigt: Eine extrem niedrige Rückkopplungsrate steht einem sehr hohen Aufwand auf der Seite der Forscher/innen gegenüber. Ungewiss bleibt auch, ob eine persönliche Nachricht, wie in 3-1 in Reaktion auf meine informelle Anfrage, ob ich einen bestimmten Kommentar in eine wissenschaftliche Präsentation übernehmen dürfe, als Einwilligungserklärung rechtsgültig ist? Genügt dieser informelle Weg oder ist eine (eingescannte) Unterschrift notwendig, weil theoretisch die Möglichkeit besteht, dass das Konto der/des angefragten Profilurheber/s_in gehackt worden ist? Dann allerdings wäre auch keine durch ein Häkchen indizierte Zustimmung zu Online-Erklärungen rechtsgültig.

3-1 Hallo guten Morgen, ja natürlich darfst Du das. Lieb, dass Du fragst. [Smile-Emoji] (Fb, dm, ee, 2015-04-25, 6:42)

Im Zweifelsfall sollten allerdings nur Daten von Seiten gesammelt und veröffentlicht werden, die explizit als „öffentlich" gekennzeichnet sind („second approach" bei Gatto 2014: 64) Woran erkennt man jedoch eine solche Kennzeichnung? Reicht die passwortungeschützte Zugänglichkeit schon aus, um ein Webangebot als öffentlich zu kennzeichnen und wird dadurch das Zusammentragen von relevanten Daten im Bereich Social Media ausgeschlossen, insbesondere seitdem selbst einige Kommentarbereiche von öffentlichen Facebook-Seiten nicht mehr ohne Anmeldung zugänglich sind?[78] Andererseits steht es jedem frei, sich als Nutzer/in eines Sozialen Netzwerks zu registrieren (dazu auch Siever 2015: 22, die in der notwendigen Registrierung keine Zugänglichkeitsbeschränkung sieht).

Gleichzeitig sind Soziale Netzwerke auf die Veröffentlichung und Weiterverbreitung von Beiträgen angelegt. Ein/e Nutzer_in muss in einem ohnehin auf 140 Zeichen beschränkten Tweet nicht explizit zum Retweeten (eine öffentliche Zugänglichmachung laut §19a UrhG) einladen, weil Soziale Netzwerke auf die virale Verbreitung von Inhalten angelegt sind und ein Retweet bei Twitter oder ein Teilen bei Facebook im Interesse des/der Urheber/s_in ist (Krieg 2010: 73, Solmecke 2012: 13). Das Einstellen von Inhalten und das Hochladen von Bild- und Videoformaten sind entsprechend als konkludente oder zumindest als schlichte Einwilligungen zur Verbreitung durch die auf den jeweiligen Sozialen-Netzwerk-Seiten dafür vorgesehenen technischen Funktionen zu verstehen (Solmecke 2012: 13, Reinemann/Remmertz 2012: 224, Ungern-Sternberg 2009: 369). Wie verhält es sich aber, wenn die Veröffentlichung nicht innerhalb der Sozialen Netzwerke und damit nicht im Sinne der kommunikativen Vernetzung geschieht, wie es etwa bei der Generierung von Datenkorpora für wissenschaftliche Analysen der Fall wäre? Solmecke (2012: 13) warnt davor, „zu niedrige Anforderungen [an konkludente Einwilligungen] zu stellen", weil „das Urheberrecht im Zweifel die Tendenz hat beim Urheber zu verbleiben". Insofern sehe ich davon ab, eine konkludente Einwilligung zur Weiterverbreitung innerhalb des Social Web mit einer konkludenten Einwilligung zur Teilnahme an einer wissenschaftlichen Studie gleichzusetzen. Weniger rechtliche Unsicherheiten gibt es, wenn Inhalte CC-lizenziert[79] sind, für einzelne Beiträge innerhalb der Sozialen Netzwerke wäre jedoch die jeweilige Ausarbeitung eines Creative-Common-Vertrags unverhältnismäßig.

---

78 So können die Kommentare auf der Seite der CSU-Politikerin, Dorothee Bär, ohne Anmeldung eingesehen werden, auf der FB-Seite von Renate Künast funktioniert das beispielsweise nicht mehr.
79 Die Non-Profit-Organisation Creative Commons stellt sechs Vorlagen für Lizenzverträge für Urheber_innen zur Verfügung, die ihre Inhalte freigeben, den rechtlichen Schutz der Inhalte aber bewahren wollen. (http://de.creativecommons.org/was-ist-cc/)

McEnery/Hardie (2012) weisen auf eine dritte Möglichkeit hin, Korpusdaten für andere zur Verfügung zu stellen, indem lediglich die sogenannten Ressourcenanzeiger (URLs oder auch Web-Adressen) distribuiert werden. Dieser m. E. sehr intransparente Weg hat den großen Nachteil, dass nicht sichergestellt werden kann, dass die Daten gelesen werden können, weil Web-Adressen nicht kontinuierlich zugänglich bleiben.

Der vierte – praktische – und tatsächlich auch am meisten praktizierte Weg („third approach" bei Gatto 2014: 64) wird beschritten, indem Daten gesammelt werden ungeachtet dessen, ob Urheberrechte verletzt werden oder nicht. Diese Daten werden jedoch nicht verbreitet. Sie werden für linguistische Analysen aufbereitet und nur partiell über Online-Plattformen zugänglich gemacht, sodass Nutzer/innen die Texte nicht in ihrer Gesamtheit rekonstruieren oder kopieren können. Gatto (2014: 65) zufolge kam es bislang nur sehr selten dazu, dass Urheber_innen die Entfernung/Löschung spezifischer Daten forderten. Inwieweit bei dieser vierten Möglichkeit die Nachprüfbarkeit gegeben ist, kann sicher nur im jeweiligen Einzelfall ermittelt werden.

Bis heute gibt es keinen 3. Korb des Urheberrechtsgesetzes. Ziel dieser für 2013 geplanten Reform war es, den Ansprüchen von Forschung, Wissenschaft und Bildung im technischen Zeitalter Rechnung zu tragen (siehe Schwartmann/Hentsch 2012, Schwartmann/Ohr 2015). Am 12. April 2017 aber hat die Reform des Urheberrechts mit nur geringfügigen Änderungen des zwei Monate zuvor eingereichten Referentenentwurfs das Bundeskabinett passiert (siehe Lobin 2017) und wurde am 30. Juni 2017 beschlossen. Auf dem Blog „Die Engelbart-Galaxis" von Henning Lobin heißt es dazu, dass die Linguistik profitieren wird:

> Paragraf 60d des novellierten Urheberrechtgesetzes erlaubt unter dieser Überschrift [Regelungen zum „Text und Data Mining"] künftig (die Novelle soll am 1.3.2018 in Kraft treten) den Aufbau von Korpora, also großen Sammlungen urheberrechtlich geschützter Werke für wissenschaftliche Zwecke, und zwar ohne dass die Urheber dieser Nutzung zuvor zustimmen müssen. Diese ganz neue Regelung bildet nun faktisch eine eigene „Korpusschranke" im Urheberrecht, die ähnlich wie die Nutzung von Werken in Semesterapparaten pauschal zu vergüten ist. (Lobin 2017: Digitale Sprachpolitik).[80]

---

[80] https://scilogs.spektrum.de/engelbart-galaxis/die-offene-wissenschaft-und-ihre-feinde/

Für nachfolgende Studien besteht also die berechtigte Hoffnung auf einen unkomplizierteren Umgang mit den erhobenen Daten.[81] Das dieser Untersuchung zugrunde liegende Datenkorpus kann jedoch nicht veröffentlicht werden. Größtmögliche Transparenz soll dadurch erreicht werden, dass die Vorgehensweise bei der Datenerhebung nachvollziehbar dargestellt wird (Kap. 3.4). Nach wie vor bleibt natürlich die Möglichkeit ungenommen, auf Inhalte zu verweisen oder daraus zu zitieren[82] (vgl. die Schranke §51 des UrhG, Bankhardt 2011, Marx/Weidacher 2014: 18), wovon ich in dieser Arbeit Gebrauch mache.

Problem 4: Ethische Vorbehalte
Die offizielle Erlaubnis, aus der Datenbasis zu zitieren, kann jedoch ethische Bedenken nicht ausräumen. Die Texte, die dieser Cybermobbing-Studie zugrunde liegen, übertreffen mehrheitlich jede Negativerwartung, sie sind schockierend und menschenverachtend. Eine persönliche Fassungslosigkeit kann auch nach Jahren eingehender Beschäftigung mit dem sprachlichen Material nicht von einem Gewöhnungseffekt überlagert werden (dazu auch Marx 2013b). Eine Analyse macht die Repräsentation sprachlicher Belege notwendig, bedeutet aber zugleich die Weiterverbreitung von Daten, die im besten Falle nie entstanden wären. So stehen der Anspruch, durch Aufklärung auch präventiv wirksam zu sein, dem Widerstreben gegenüber, Hass, Diskriminierung und Missachtung einen weiteren Raum geben zu müssen – ein forschungsethisches Dilemma, für das ich derzeit keinen Ausweg sehe, für das ich hiermit jedoch sensibilisieren möchte.

Um die Beteiligten zu schützen, werden hier alle Belege anonymisiert.[83] Die Plattformen, auf denen es zu Cybermobbing gekommen ist, können jedoch als wichtige Kontextvariable nicht aus dem Analyseprozess extrahiert werden und

---

[81] Für die Zwischenzeit lohnt sich ein Blick in den in diesem Jahr erscheinenden Sammelband des Empirikom-Netzwerks (Beißwenger ersch.). Erstmals werden hier die Ergebnisse eines Rechtsgutachtens für die Bereitstellung eines Chat-Korpus in CLARIN-D zusammengefasst.
[82] „Zulässig ist die Vervielfältigung, Verbreitung und öffentliche Wiedergabe eines veröffentlichten Werkes zum Zweck des Zitats, sofern die Nutzung in ihrem Umfang durch den besonderen Zweck gerechtfertigt ist. Zulässig ist dies insbesondere, wenn 1. einzelne Werke nach der Veröffentlichung in ein selbständiges wissenschaftliches Werk zur Erläuterung des Inhalts aufgenommen werden, 2. Stellen eines Werkes nach der Veröffentlichung in einem selbständigen Sprachwerk angeführt werden, [...]" (§51 UrhG).
[83] Darunter fallen nicht die Belege, die zur Veranschaulichung der Datenarchitektur in Kap. 4 und 5 herangezogen werden und von Twitter oder Youtube stammen. Sie sind nicht Bestandteil des Korpus, googlebar und ich möchte hier nicht Gefahr laufen, die Autorenrechte der Nutzer_innen zu verletzen (dazu Herring 1996a, Döring ²2003: 241).

werden deshalb klar benannt. Da viele der Daten gelöscht werden mussten und einige der Plattformen nicht mehr existieren, können die Daten dennoch im Web nicht re-recherchiert werden. Aus den oben genannten rechtlichen, aber auch aus Gründen des Opferschutzes werde ich das Korpus nicht veröffentlichen und möchte hier um das Vertrauen der Leserinnen und Leser bitten.

Eine Ausnahme bilden Daten, die belegen, dass prominente Persönlichkeiten betroffen sind. Ich übernehme diese mit Nennung des Klarnamens einerseits in Anlehnung an die von den Herausgeber_inne/n des Journal of Computer-Mediated Communication (JCMC) vorgegebenen Anonymisierungsregeln (Döring 2002b, Döring²2003: 241), andererseits, weil diese Prominenten selbst sehr offensiv mit den Anfeindungen gegen sie umgehen und sie beispielsweise in der (Netz)-Öffentlichkeit zitieren, um Aufklärungsarbeit zu leisten, aber auch um mit diese Erfahrungen besser verarbeiten zu können:

> So skurril das klingt, es tut einem gut, zu sehen, dass auch andere Journalistinnen absurde Beleidigungen erhalten – einfach weil sie eine Frau sind oder Migrationshintergrund haben. [....] Das Teilen solcher Videos [in denen Menschen an sie gerichtete Beleidigungen vorlesen] ist aber auch ein Akt der Solidarität. Menschen zeigen damit, dass sie derartige Umgangsformen ebenfalls ziemlich abwegig finden. Es ist eben wichtig aufzuzeigen, dass solche aggressiven Kommentatoren nicht die Mehrheit sind und auch keine mehrheitstaugliche Meinung vertreten. (Brodnig 2016: 113)

Wenn ich Sievers (2015: 20) Frage, in welchem Verhältnis mein „Forschungsinteresse zu möglichen Auswirkungen auf die Erforschten sowie auf die Gesellschaft steht", aufgreife, kann ich nur inständig hoffen, dass Personen, die schon einmal von Cybermobbing betroffen waren, ihren Leidensweg bei der Lektüre nicht noch einmal durchlaufen, sondern in Brodnigs Sinne (2016: 113) von der Analyse profitieren.

3.4 Konkretes Prozedere bei der Datenerhebung

Als elementares Problemfeld bei der Generierung eines thematischen Datenkorpus für Cybermobbing – einer „Belegmenge" (Perkuhn/Belica 206: 4) im strengen Sinne – kristallisiert sich die dezentralisierte Veröffentlichungspraxis heraus, die zudem an Zugänglichkeitsbeschränkungen gekoppelt sein kann. So ist es nicht ungewöhnlich, dass Cybermobbing in Online-Gruppen stattfindet, die nur für diejenigen einsehbar sind, die eine Einladung von der/dem Gruppengründer/in erhalten und diese angenommen haben (Kap. 7). Somit stellt die Aufgabe, die Daten zu lokalisieren, die größte Herausforderung dar.

Ich habe gezeigt, dass eine genuin bildschirmbasierte Erhebungsmethodik nicht als erfolgversprechend anzusehen ist (Kap. 3.3). Das liegt zum einen daran, dass sich die Daten ohnehin nicht systematisch ergoogeln lassen, weil die Suchbegriffe fehlen und vorhandene Korpora sowie das Web selbst nicht inhaltlich-funktional annotiert respektive indexiert sind. Das liegt aber auch daran, dass für die Analyse notwendiges Kontextwissen („social and situational context", siehe Androutsopoulos 2008, 2013b: 240, vgl. auch Jones 2004) rein bildschirmbasiert nicht zu eruieren ist. Um ein „Sampling by phenomenon"[84] vornehmen zu können, habe ich ein mehrpfadiges Erhebungsmodell[85] angewendet. Die Pfade, die im Einzelnen für die Generierung eines aus Cybermobbing- und Referenzdaten bestehenden Korpus beschritten wurden, sind: ‚Datenerhebung aus dem Web 2.0', und ‚Akquirieren von Datenspenden', sie setzten jeweils die Kombination von Methoden der Feldforschung 1.0 mit Methoden der Feldforschung 2.0 voraus.

Zu Feldforschung 1.0 gehört die klassische, konservative Erhebung von Daten und Metadaten zu Interaktionsereignis, Interaktionspartner_inne/n und Sprachverwendung in direktem Kontakt mit Proband_inn/en. Das heißt auch, dass Vertrauen zu potenziellen Datenspender_in-ne/n etabliert werden muss. Der Vorteil der Feldforschung 2.0 – darunter verstehe ich vornehmlich die unbemerkte teilnehmende Beobachtung[86] und digitale Ethnographie – der Forscher quasi als Lurker (vgl. Vannini 2008) – ist, dass das Beobachter-Paradoxon (Labov 1972a, 1980) nicht greift und auch der/die Forscher_in selbst durch die

---

84 Wobei das Phänomen hier ein kommunikatives und nicht ein rein sprachliches ist, wie Herring (2004b: 351) es für dieses Kriterium vorgibt.

85 Inspiriert wurde diese flexible Form der Datenerhebung durch die Erhebungsmethodik im von der DFG geförderten Projekt „Methodeninstrumentarium der Datenerhebung und -analyse zur Bestimmung von Online-Diskursen als gesellschaftliche Praktiken". Die Daten wurden in den drei Stufen des offenen, axialen und diskriminierenden Samplings erhoben. Im offenen Sampling werden so viele relevante Daten wie möglich erhoben, die analysiert werden und die Suche nach Beziehungen und Variationen (axiale Stufe) sowie die Überprüfung von Kategorien und die Ausfüllung von Leerstellen (diskriminierende Stufe) vorbereiten (Fraas/Meier/Pentzold 2012, 2013a,b, Pentzold/Fraas/Meier 2013, Fraas et al. 2013). Das Verfahren wurde für Online-Phänomene aus der Offline-Sozialforschung adaptiert, wo es sich für die Erschließung schwer zu strukturierender sozialer Phänomene etabliert hat, siehe Strauss/Corbin (²1996) und die Erläuterung im online veröffentlichten DFG-Antrag der Chemnitzer-Forschergruppe: https://www.tu-chemnitz.de/phil/imf/mk/ online-diskurse/projekt.php.

86 Dazu zählt natürlich auch das Data-Mining, das in den vorliegenden Untersuchungen jedoch nicht zur Anwendung kam (dazu Bubenhofer/Scharloth 2015, Bartz et al. 2014, 2015 u. a.).

bekannten Distanzierungsmechanismen in der Rezeptionssituation nicht so stark gefährdet ist, selbst (emotional) involviert zu werden.[87]
Nur wenn diese beiden Erhebungsmethoden ineinandergreifen, können die Zeitlichkeits- (Kap. 4), Leiblichkeits- (Kap 5 und 6) und Sozialitätsparameter (Kap. 7) der Daten adäquat erfasst werden.

Feldforschung 2.0: Online-Beobachtungen
Vom uneingeschränkten Crawlen von Social-Media-Daten wurde abgesehen, weil die auf diese Weise generierte Datenmenge nicht ohne eine automatisierte Suche analysierbar wäre. Wie ich oben bereits ausgeführt habe, kann eine automatisierte Suche nicht ohne adäquate Abfragen durchgeführt werden.

Die Datenerhebung aus dem Web 2.0 erfolgte ereignisgeleitet und sowohl im Rahmen von ausgiebigen regelmäßigen „revisit"- und „roam around"-Online-Beobachtungen (dazu Androutsopoulos 2013b: 241, vgl. Vannini 2008)[88] der Primärdatenquellen IShareGossip (Erhebungszeitraum 22. März 2011 bis 14. Juni 2011), Facebook, Schueler.cc (bis zum 2. Dezember 2013), Twitter, dem Bewertungsportal meinprof.de, SchülerVZ (bis 30. April 2013) und den Foren mobbing.net, Yahoo Clever, gofeminin.de und rail-sim.de (für eine Auflistung und detaillierte Beschreibung aller Datenquellen siehe Kap. 3.5).

Das heißt, dass konfliktbehaftete und aggressive Interaktionen kopiert und archiviert wurden, wenn sie in Folge einer Berichterstattung zu digitaler Gewalt dezidiert aufgesucht worden waren oder sobald sie während der Online-Beobachtung in der Kommunikation auf Sozialen-Netzwerken detektiert wurden. Als Hilfsmittel für die ereignisgeleitete Erhebung wurde die Google-Alert-Funktion genutzt. In zwei auf diese Weise entdeckten Cybermobbing-Fällen wurden mit den betroffenen Personen halbstrukturierte Interviews per Telefon und per „direct message" auf Twitter geführt, um den Kontext ausdifferenzieren zu können.

---

[87] Man mag hier kritisch hinterfragen, warum Online-Daten unbemerkt protokolliert werden dürfen, während heimliche Tonaufnahmen aus ethischen Gründen abgelehnt werden. (Diese Frage stellte ein Studierender des von Ingo Warnke geleiteten Internetlinguistik-Seminars am 7.7.2016.) Eine Antwort wäre, dass mündliche Gesprächsdaten zwar im Bewusstsein geführt werden, dass andere eventuell mithören könnten, aber nicht zu diesem Zweck. Daten im Social Web werden jedoch für ein spezifisches aber auch ein unspezifisches Publikum veröffentlicht.
[88] „'Revisit' stands for paying regular, iterative visits to the selected site, tracing both routine activities and changes. 'Roam around' suggests exploring the virtual ground, browsing around sites, sections, threads, or profiles." (Androutsopoulos 2013b: 241)

Insgesamt weist das sprachliche Material aus dem Web 2.0, insbesondere von der Mobbing-Plattform ISharegossip, einen Mangel[89] an Metadaten auf, was problematisch ist. Jones (2004) verweist darauf, dass computervermittelte Kommunikation nicht in einem „virtuellen Vakuum" stattfindet (dazu auch Androutsopoulos 2013b und zur generellen Notwendigkeit, die kontextuelle Einbettung von Interaktionen vollständig zu berücksichtigen, auch Kallmeyer/Schwitalla 2014).

Um Kontexte und Metadaten rekonstruieren zu können, muss sich der/die Forscher_in auf den Sozialen-Netzwerk-Seiten registrieren. Nur so kann er/sie digital-ethnographische Angaben, die Nutzer_innen in ihren Profilen hinterlegen, einsehen und erheben und Vernetzungen nachvollziehen. Ich erachte es darüber hinaus als sinnvoll, in legalen Online-Umgebungen temporär am Kommunikationsgeschehen zu partizipieren, um sich die spezifischen Charakteristika des jeweiligen kommunikativen Online-Raums zu vergegenwärtigen. Daten, die im Umfeld dieser Kommunikation entstehen, dürfen jedoch keinesfalls in die Datenbasis inkludiert werden, weil die Gefahr besteht, dass sie forschungsinteressengeleitet evoziert und daher nicht authentisch sind.

Für eine umfassende Untersuchung des Phänomens Cybermobbing, das hier an Milner (2011: 14) orientiert, auch aber nicht ausschließlich[90] als „online interaction as 'place'" und damit als „social process [in] discursively created spaces of human interaction" (Androutsopoulos 2013b: 239) konzeptualisiert wird, war es jedoch notwendig, zusätzlich Daten zu akquirieren, die eine vollständige Rekonstruktion der kommunikativen Prozesse erlaubten. Meines Erachtens war bei diesem sensiblen Thema ein „Offline-Umweg" (vgl. Marx/Wei-

---

89 Bei IShareGossip beschränken sich die ethnographischen Angaben auf die Zuordnung zu spezifischen Schulen und damit Schulformen und deren geographische Lage (siehe Kap. 3.5). Nur in wenigen Fällen ist die Schulzugehörigkeit nicht zu ermitteln. Tentative Überlegungen zum (angestrebten) Bildungsgrad der Schreibenden sind zumindest möglich. Die Seite verzichtete komplett auf den Einsatz von Nicknames, es können also kaum Aussagen über die Anzahl der Diskursteilnehmer gemacht werden. Es lässt sich nicht eindeutig feststellen, wie viele Beiträge von ein- und demselben/derselben Urheber_in stammen. Angaben im Text (*wer ist blond in der 7.?*; *XYZ (10) ist die grösste hure die ihr je begegnen werdet [...]*; *XYZ aus der 12 ist mal voll die hässliche fette Schlampe*) und die Situierung im schulischen Kontext lassen die Vermutung zu, dass Jugendliche im Alter von etwa 12 bis etwa 18 Jahren interagierten (siehe auch Marx 2013b), die Zahlenangaben beziehen sich jeweils auf die Klassenstufen.
90 Observing online phenomena in isolation discounts social processes offline which contribute to an understanding of use of the internet as a meaningful thing to do (Hine 2000: 27). Dazu auch Androutsopoulos (2013b: 240): „The text/place dyad does not determine the type of analysis to be carried out; rather, it defines an epistemological perspective, which likely entails a preference for particular research questions and techniques of data collection."

dacher 2014: 37) unumgänglich, um mit potenziellen Datengeber_inn/en persönlich in Kontakt zu treten.

Feldforschung 1.0: Akquise von Datenspenden
Es ist wenig überraschend, dass es besonders herausfordernd war, Datenspender_innen für die Studie zu gewinnen. Imo (2015b: 12) beschreibt bereits für die Erstellung der MoCoDa, wie aufwändig sich die Organisation von Datenspenden gestalte, wenn typischerweise private, nicht-öffentliche Kommunikation[91] (wozu auch mobile Kurznachrichten zu zählen sind) im Forschungsfokus stehen. Daten, die in Cybermobbing-Prozessen entstehen, sind hochsensibel, weil sie die Persönlichkeit der betroffenen Personen berühren und für seelische Verletzungen sorgen. Eine vom Cybermobbing betroffene Person, die über den Zeitraum des Cybermobbing-Prozesses ungewollt in der (Netz)-Öffentlichkeit stand, hat nachvollziehbarer Weise kaum Interesse, diese Erfahrung durch eine Teilnahme an einer Studie zu revitalisieren. Ein gleichsam schwerer Schritt ist es auch, selbst zu erkennen, Opfer einer Straftat geworden zu sein. Diese Erkenntnis mit nicht-involvierten und fremden Wissenschaftler_inne/n zu teilen (obgleich das im Umfeld des Cybermobbings allen bekannt sein mag), kostet Überwindung, für die vom Cybermobbing Betroffene nicht notwendigerweise Kraft aufbringen können.

Eine Rolle spielt auch, wie lange das Geschehen zurückliegt und in welcher Phase der Verarbeitung sich die betroffenen Personen befinden. So entschließen sich einige auch, darüber zu reden (oder sogar zu schreiben, siehe z. B. Gehres 2015), um damit zur Aufklärung beizutragen und anderen Betroffenen Mut zu machen. Eine Voraussetzung für die Datenspende ist natürlich, dass der Cybermobbing-Prozess protokolliert wurde, eine Maßnahme, an die nicht alle Betroffenen in der akuten Situation denken. Eine methodisch sehr anspruchsvolle Aufgabe war es nun, mit Betroffenen in Kontakt zu kommen. Ich habe die folgenden Schritte unternommen:
- Erstellung eines Flyers zur Weitergabe an potenzielle Studienteilnehmer/innen;
- Erstellung eines kurzen, informativen Webartikels zum Projekt;
- Online-Spenden-Aufruf: Über das Adressermittlungsverfahren nach § 2 Absatz 2 Adressweitergabeordnung (AWO) an der Technischen Universität Berlin wurden alle Studierenden per E-Mail über die Studie informiert und um Unterstützung bei der Datenerhebung gebeten.

---

91 Dürscheid (2007) stellt die Konzepte privater, nicht-öffentlicher und öffentlicher Kommunikation im Rahmen internetbasierter Kommunikation sogar gänzlich zur Diskussion.

- Vorstellen der Studie in akademischen Lehrveranstaltungen: Studierende wurden persönlich über die Studie informiert und zur Teilnahme aufgefordert.
- Vorstellen der Studie im Rahmen von Vorträgen: 17 Vorträge auf Fachtagungen, auf der Langen Nacht der Wissenschaft, auf Präventions- und Informationsveranstaltungen (2011-2015);
- Vorstellen der Studie auf drei Cybermobbing-Informationsveranstaltungen für Eltern;
- Vorstellen der Studie in zwei Schulgesamtkonferenzen;
- Durchführung von an die jeweilige Altersstufe angepassten zwei respektive drei Schulstunden umfassende Sensibilisierungsworkshops zum Thema „Cybermobbing" in 36 Klassen der Jahrgangsstufen 4 bis 9 an sieben Schulen in Berlin und Brandenburg in den Schuljahren 2014/15 und 2015/16 (dazu Kap. 3.4);
- Durchführung eines für die Klassenstufe 8 konzipierten Deutschprojekts zum Thema an einer Berliner Schule im Rahmen einer Lehrveranstaltung im Wintersemester 2014/15 (dazu Marx i.Vorb.);
- Erstellung eines Referenzkorpus an einer Berliner und einer Brandenburger Schule;
- Kontaktaufnahme zu Fachanwält/inn/en;
- Kooperation mit dem Kriminologen und Spezialisten für Internetkriminalität, Prävention und soziales Miteinander in der digitalen Welt an der Fachhochschule der Polizei des Landes Brandenburg, Thomas Gabriel Rüdiger.

Sensibilisierungsworkshops und Erhebung von Referenzdaten

Sensibilisierungsworkshops wurden an sieben Schulen durchgeführt. Eine Implementation der Studie als koordiniertes Projekt aus den Komponenten Aufklärung, Prävention und Datensammlung war an zwei Schulen möglich. Die Motivation zu einer intensiven Kooperation war zu diesem Zeitpunkt in der Schulleitung hoch, da in beiden Schulen jeweils ein Cybermobbing-Fall aufgetreten war.

Aufklärung und Prävention wurde in beiden Schulen dreizügig umgesetzt, d. h. dass neben den Workshops für Schüler_innen auch Vorträge für die Lehrer_innen und Eltern stattfanden.[92] Jeweils im Vorfeld der Workshops erhielten

---

[92] In einer der Schulen wurde die Präventionsarbeit auch nach der Datenerhebung fortgesetzt, die Sensibilisierungsworkshops werden einmal jährlich zu Beginn des Schuljahres für die neuen siebten Klassen durchgeführt.

die 293 Schüler_innen Fragebögen,[93] in denen ihr Vorwissen, ihre Erfahrung und ihre Einstellung zum Thema Cybermobbing sowie ihr Mediennutzungsverhalten erfragt wurden.[94]

Die Datensammlung stellte sich aus dreierlei Gründen als schwierig dar: Die Schüler_innen erhielten 1. durch die Aufklärung eine Deskription von möglichen Formen von Cybermobbing, waren dadurch aber auch auf diese spezifischen Formen geprimet, wodurch 2. die Gefahr bestand, dass sie potenzielle Cybermobbingdaten dieser Art für die Studie generieren würden, und 3. hätte die unspezifizierte Aufforderung, Cybermobbingdaten zu übermitteln, auch bedeutet, dass den Schüler_innen insgesamt die Entscheidung darüber übertragen worden wäre, wie Cybermobbing zu definieren und zu identifizieren ist. Eine Vorgehensweise, die ich gerade für die Fragebogenstudien als nachteilig kritisiert habe (Kap. 2.6). Die beiden von Cybermobbing betroffenen Schüler_innen direkt um Daten zu bitten, schloss ich aus ethisch-moralischen Gründen aus. Ob es weitere Cybermobbing-Fälle an den Schulen gegeben hatte, wusste ich nicht.

Ich entschied mich also für einen risikobehafteten Umweg und initiierte die Generierung eines Referenzkorpus mit der Begründung, jugendsprachliche Vergleichsdaten aus der WhatsApp-Alltagskommunikation zu erheben. Über zwei „Trigger" sollten die Schüler_innen dennoch dazu motiviert werden, Cybermobbingdaten weiterzuleiten.

Zum einen wurde bereits in den Instruktionen zur Teilnahme mit einem Satz darauf verwiesen, dass während der gesamten Erhebung Konversationen übermittelt werden könnten, die die Schüler_innen als hilfreich für die Studie erachteten.

Zum anderen wurden die Teilnehmer_innen in den letzten beiden Erhebungsmonaten gebeten, explizit konfliktbehaftete Konversationen zu senden. Die Datensammlung zur Erstellung des Referenzkorpus war insgesamt so konzipiert, dass die teilnehmenden Schüler_innen über neun Monate (April bis Dezember 2014) einmal im Monat eine Aufforderung per E-Mail erhielten, zwei WhatsApp-Alltagskommunikationen an mich zu überstellen. Die jeweiligen Tage, an denen die Kommunikation stattgefunden haben sollte, wurden von mir vorgegeben, für die konfliktbehafteten Konversationen gab ich jedoch kein Datum vor.

---

93 Für die Beratung bei der Erstellung der Fragebögen danke ich Manfred Consten (Jena).
94 Die Worksshops wurden jeweils von der Schüler_innen der Projektschulen (Gymnasien) evaluiert. Die Schüler_innen der Klassenstufe 4 gehörten jeweils nicht zu den Projektschulen, sie nahmen an der Evaluation nicht teil.

Probleme bei der Implementation der Datengenerierung
In der ersten der beiden Schulen, in denen Referenzdaten erhoben wurden, gab es in der Elternschaft offensiven Widerstand. Das zeigte sich darin, dass Einverständniserklärungen, die nur im Falle einer Studienteilnahme zu retournieren waren, mit teilweise aggressiven Kommentaren versehen wurden und die Nichtbereitschaft zur Teilnahme auch graphisch deutlich hervorgehoben wurde, etwa mit iterierten Ausrufezeichen oder Marginalien. Interessanterweise kreuzten aber auch einige dieser Eltern an, dass sie über die Ergebnisse der Studie informiert werden wollten.

Über die Gründe für diese Abwehrhaltung konnte ich nur spekulieren,[95] vermutete sie jedoch auch darin, dass die Schüler_innen zu dem Zeitpunkt, als die Elterninformationen verteilt wurden, noch nicht mit dem Projekt vertraut gemacht worden waren.

In der zweiten Schule änderte ich die Vorgehensweise bei der Implementation des Projekts dahingehend, dass ich nach den Gesprächen mit der Schulleitung, einem Lehrer_innengremium und der Vorstellung des Projekts in der Lehrer_innen-Konferenz zunächst jeweils kurze Projektpräsentationen in jeder der potenziell teilnehmenden Klassen durchführte. Erst danach stellte ich das Projekt in der Elternkonferenz vor, im Anschluss wurden die Elternbriefe ausgegeben. Mit Ausnahme von zwei Schüler_innen erhielten hier alle Schüler_innen von ihren Eltern das Einverständnis, an der Studie mitzuwirken. Alle Schüler_innen erhielten einen persönlich an sie gerichteten Instruktionsbrief, in dem das Datenerhebungsverfahren genau erklärt wurde.

Am Aufbau des Referenzkorpus wirkten 24 Schüler_innen mit. Das ist eine – gemessen an der Gesamtzahl der Schüler_innen, für die eine Einwilligung

---

95 Simon Meier (Berlin) gab in einem persönlichen Gespräch über mögliche Gründe zu bedenken, dass der Zeitpunkt der Datenerhebung wenige Monate, nachdem Edward Snowdens Enthüllungen die NSA-Affaire ausgelöst hatten, schlicht unglücklich gewesen sein könnte. Es offenbarte sich hier ein interessantes Phänomen: Möglicherweise sensibilisiert durch die NSA-Affaire zeigen Nutzer_innen eine große Zurückhaltung, wenn sie offline um die Zustimmung zur Weitergabe ihrer Daten gebeten werden. Gleichzeitig verfügen sie über ein Facebook-Account und benutzen Messengerdienste, wie WhatsApp, ohne den Umgang mit persönlichen Daten bei diesen Anbietern zu hinterfragen. Vgl. hierzu: https://www.whatsapp.com/legal/: „Please note that any Status Submissions or other content posted at the direction or discretion of users of the WhatsApp Service becomes published content and is not considered personally identifiable information subject to this Privacy Policy."

vorlag (234)[96] – geringe Zahl. Auf Nachfrage erfuhr ich die folgenden Gründe für die geringe Beteiligungsrate:
1. Die schulische Belastung war zu hoch, weil Arbeiten geschrieben und Projekte eingereicht werden mussten.
2. Die Schüler_innen stuften ihre Chats als zu alltäglich und uninteressant für die Weiterleitung ein.
3. Viele der Schüler_innen nutzten die Voicefunktion, es lagen ihnen entsprechend keine schriftlichen Protokolle vor.
4. Einige der Schüler_innen hatten Probleme mit der Einrichtung einer gesonderten E-Mail-Adresse.
5. Einige der Schüler/innen hatten die Vorgehensweise generell nicht ganz verstanden.

Um die in 2) – 5) zum Ausdruck kommenden Unsicherheiten auszuräumen, entwarf ich ein FAQ-Informationsblatt, in dem ich auf die offenen Fragen gesondert einging, und verteilte es unter den potenziellen Studienteilnehmer_innen.

3.5 Korpusarchitektur

Nachfolgend erläutere ich die Vorgehensweise bei der Archivierung der erhobenen Daten und mache Angaben zur Korpusgröße und zur Verteilung der jeweiligen Primärdatenquellen. Die Primärdatenquellen werden im Anschluss kurz vorgestellt.

Archivierung
Das der Untersuchung zugrunde liegende sprachliche Material lag in den folgenden Formaten vor:
- Bildschirmfotos;
- Soziale-Netzwerk-, WhatsApp-, SMS-, E-Mail- und Forenkommunikationsdaten-Kopien im doc oder docx-Format;
- Soziale-Netzwerk-, WhatsApp-, SMS-, E-Mail- und Forenkommunikationsdaten-Kopien im txt-Format;
- Soziale-Netzwerk-, WhatsApp-, SMS-, E-Mail- und Forenkommunikationsdaten-Kopien als Ausdruck

---

[96] In den beiden an der Studie teilnehmenden Schulen durchliefen 18 Klassen die Sensibilisierungsworkshops.

3.5 Korpusarchitektur — 93

Die Daten, die nur als Screenshot oder Ausdruck vorlagen, wurden abgetippt und wie die anderen in Excel übertragen. Alle personen- oder ortsbezogenen Daten[97] wurden anonymisiert respektive pseudonymisiert (mit Ausnahme der Namen von Prominenten, siehe Kap. 3.3). Alle Emoticons wurden kodiert und in eckigen Klammern notiert.[98] Wörter, die technische Funktionen, wie z. B. „gefällt mir", „antworten" oder „melden", als Link explizit und sichtbar machen (vgl. Wagner 2002 zur Schalthebel-Funktion von Sprache, auch Kap. 5.3) spielen für die Bestimmung der Korpusgröße zwar keine Rolle, relevant ist jedoch, wie oft und in welcher Kombination die darunter liegenden Funktionen angewendet wurden. Die Anzahl der Likes/Favs und Teilen-Funktionen/Retweets wurde entsprechend protokolliert. Indexiert wurde, ob es sich bei dem jeweiligen Beitrag um eine Eröffnungs-, Kommentar- oder Antwortsequenz handelte. Datum- und Zeitmarken sowie Hashtags wurden ebenfalls in separaten Spalten erfasst. Anhand der Zeitmarken (der reaktiven Beiträge) lassen sich zumindest Vermutungen darüber anstellen, ob es sich bei den protokollierten Daten um spontan produzierte Daten handelt – insbesondere wenn sie im Zusammenhang mit Orthographie und Grammatikalität betrachtet werden (vgl. Marx 2013b). Eingefügte Bilder wurden mit einer kurzen inhaltlichen Angabe in die Excel-Datei aufgenommen. Alle Bildschirmfotos wurden mit einem Zahlencode und einem Inhaltsstichwort gespeichert, um sie den jeweiligen Belegen in der Tabelle leicht zuordnen zu können.[99] Alle Textpassagen wurden für die Analyse in die MAXQDA-Oberfläche übertragen.

In zwei Fällen war das Material inhaltlich lückenhaft. So war in beiden Fällen der Auslöser für das Cybermobbing nicht im Material ersichtlich. Es war auch nicht eindeutig nachzuvollziehen, ob das Ende des Protokolls mit dem Ende des Cybermobbings gleichgesetzt werden konnte. Im Datenmaterial gab es größere zeitliche Abstände, die daraufhin geprüft werden mussten, ob die Kommunikation in dieser Zeit ausgesetzt hatte oder schlicht nicht protokolliert worden war. Auch die typischen Facebook-Funktionen, wie z. B. ‚gefällt mir', und die Emoticons, die aufgrund der Umformatierungen .txt zu .doc/.docx verloren gegangen waren, mussten rekonstruiert und nachgetragen werden. In

---

97 Dazu zählten Vornamen und Nachnamen, Straßennamen, Postleitzahlen, E-Mail-Adressen, WWW-Adressen und Nummernblöcke, die 3 oder mehr Ziffern enthielten.
98 Eine Emoji-Kodierungsliste befindet sich im Anhang (A1).
99 Die Erhebung von Bildschirmfotos erachte ich als unerlässlich, um relevante Kontexte aber vor allem auch die Darstellung auf dem Bildschirm verlässlich rekonstruieren zu können. Ich plädiere daher für eine generelle Integration von exemplarischen Screenshots in Korpora (vgl. als Anregung hierzu die Darbietungsweise der Daten im Deutschen Textarchiv, wo den Sprachressourcen jeweils ein Abbild der Quelle hinzugefügt wurde).

Rücksprache mit den Datengeber_inn/en wurden die Protokolle also kleinteilig nachvollzogen, vervollständigt und vor allen Dingen kontextualisiert. Um den zeitlichen Aufwand für die Datengeber_inn/en überschaubar zu halten, erhielten sie in Vorbereitung auf die Datensitzungen einen Fragenkatalog. Bei Fragen zu den Daten für das Referenzkorpus wurden die Schüler/innen jeweils direkt kontaktiert, dafür wurden ihre Protokolle kopiert und Stellen, die unklar waren, farblich markiert und kommentiert.

Daten, die nicht vollständig rekonstruiert werden konnten, wurden aus dem Korpus extrahiert.

Primärdatenquellen
Die im Rahmen dieser Forschungsarbeit durchgeführten Analysen basieren auf einem 61.261 Beiträge (980.178 Token) umfassenden Datenkorpus, das aus den Primärdatenquellen IShareGossip (isg), Facebook (fb), schülerVZ (svz), Schueler.cc (scc), der Mikroblogging-Plattform Twitter (tw), dem Bewertungsportal meinprof.de (pf), dem mobilen Nachrichtendienst WhatsApp (WA), den Foren mobbing.net (fmo), Yahoo Clever (fyc), gofeminin.de (fgf) und rail-sim.de (frs) und E-Mail erhoben wurde. Inkludiert sind auch fünf komplexe Cybermobbing-Fälle (3644 Beiträge, 42.466 Token), die von Betroffenen, deren Freund_inn/en oder Anwält_inn/en für die wissenschaftliche Analyse zur Verfügung gestellt worden sind (siehe die detaillierte Beschreibung der Vorgehensweise bei der Korpusgenerierung in Kap. 3.4).

Unter „Beiträge" wird hier eine abgeschlossene, mit einem Gesprächsturn vergleichbare schriftliche Äußerungseinheit einer Online-Identität verstanden (auch: Nachricht, Post, vgl. Androutsopoulos 2013b: 237). Diese zeichnen sich dadurch aus, dass sie auch graphisch als abgeschlossene Einheit dargestellt werden, etwa unterlegt mit einer spezifischen Farbe (bei WhatsApp), durch Trennlinien von anderen Beiträge separiert (in der Forenkommunikation), jeweils einzeln versehen mit Profilbild und Nutzernamen (bei Facebook und Twitter) etc.

Die Beispiele in Tabelle 3.1 zeigen, dass die Beitragslängen erheblich voneinander abweichen und nur bei Twitter auf eine Maximallänge von 140 Zeichen festgelegt sind. Daher gebe ich jeweils zudem die Anzahl der Wörter (Tokens)[100] an. Es wurden nur die Wörter in die Token-Kalkulation einbezogen, die Be-

---

[100] Tokens sind in Abgrenzung zu den üblicherweise in der Korpuslinguistik zusätzlich ermittelten Wort-Types (oder Wortformen) zu verstehen, siehe u. a. für eine Einführung in die korpuslinguistische Terminologie Perkuhn/Keibel/Kupietz (2012) und Lemnitzer/Zinsmeister (2006).

standteil einer Äußerung waren. Schalthebel-Lexeme wurden für die Ermittlung der Tokenanzahl extrahiert.

Abb. 3.4 gibt einen Überblick über die Zusammensetzung der Datenquellen. Aus dieser Verteilung können keinerlei Rückschlüsse über die relative oder absolute Mobbinghäufigkeit in den hier aufgeführten Online-Kommunikationsräumen gezogen werden. Diese Verteilung sagt nur etwas darüber aus, wo ich nach Daten gesucht habe und entsprechend Daten erheben konnte.

Tab. 1-1: Beispiele für die mit Gesprächsturns vergleichbare Korpuseinheit „Beitrag" in den relevanten Online-Kommunikationsbereichen

Kommunikationsbereich	Beispiel für einen Beitrag
IShareGossip	ekelhafte :D hahahahahahahahahaahahahahahahahahahah tpfuuuuu (isg, g_1_ggk_sta; 2011-01-19, 20:26:29)
Facebook	Alter Falter. Da laufen heute mindestens zwei Windräder, um den Strom zu erzeugen für die Mails besorgter Bürger an mich. Das Best of (Das beste aus mehreren Mails sprachlich niveauvoll zusammengestückelt) kriegt ihr doch mal: Die Asylantenfotze, die mit ihren Millionen die Merkel schmiert, gleichzeitig natürlich sich die Linientreue zur Flüchtlingskanzlerin auf einem Schweizer Konto honorieren lässt, und alle Flüchtlinge als 1-Eurojobber ausbeutet, die festgehalten wird und in jedes Loch einen Negerschwanz bekommt, bis sie erstickt, wird an ihrem noch Sozialgeschwafel krepieren. Und wenn nicht, ist sich einer besonders sicher: Gutmenschen überleben in Deutschland nicht. Dafür wird man Sorgen. Was ich mir dabei denke? Für solch einen unterirdischen Schwachsinn haben manche Menschen in unserer Gesellschaft Zeit. Keine Zeit aber haben sie fürs Ärmel hochkrempeln und mit anpacken, um Herausforderungen zu meistern. Warum eigentlich? Ich würde das wirklich gerne verstehen. (fb, Sina Trinkwalder, 2016-02-19, 11:37)
Twitter	**#FragNestle** Ghana: Das bittere Geschäft mit dem Kakao meint ihr immer noch ihr handelt fair? (tw, oc, 2015-10-25, Fettdruck im Original)
meinprof.de	Prof. kann selbst einfachste Zusammenhänge so erklären, dass sie niemend mehr versteht. Didaktisch schlecht, menschlich fragwürdig. Kein guter Einstieg in die Mechanik und ein großer Kontrast zu den anderen Lehrenden für Mechanik 1-3. Es ist ein Rätsel, aus welchem Grund eine Karriere mit Lehrauftrag

Kommunikationsbereich	Beispiel für einen Beitrag
	gewählt wurde... (pf_any_00_kom)
WhatsApp	und wir sehen uns in 20 min (WA, ee, 2013-10-23, 7:31)
Foren	Also ich glaube nicht, dass sie uns verarscht! Eher glaube ich, dass eine GEWISSE andere Person spaß daran hat, sie fertig zu machen... Schau dir doch einfach mal die Profile an. Lg (fgf, jup, 2005-09-27, 17:38)

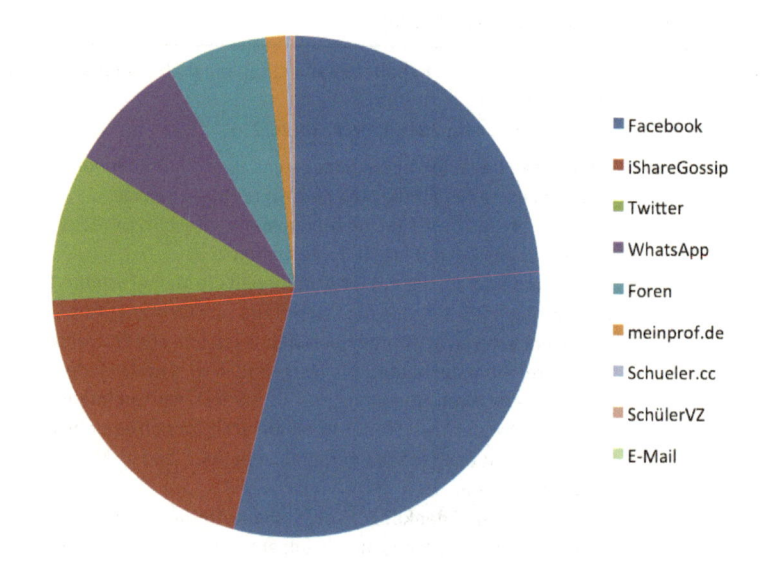

Abb. 3.4: Primärdatenquellen für das Korpus

Die Daten verteilen sich wie folgt auf die Primärdatenquellen:
- 14.363 IShareGossipBeiträge (Anzahl der Tokens: 195.653) im Erhebungszeitraum 22. März bis 14. Juni 2011 und Beiträge aus den Gruppen Gos-

sipGirlBerlin und GossipGirlHessen in der Zeit vom 17. Januar 2011 bis zum 29. Januar 2011;[101]
- 34.901 Facebook-Kommentare (528.332 Tokens), in denen Cybermobbing-Fälle unter Schüler_innen dokumentiert, inhaltliche Diskrepanzen thematisiert und Konflikte generiert wurden sowie als solche von Nutzer_innen und Medien deklarierte Shitstorms und Mobbingattacken [Katja Riemann (14. bis 15. März 2013), Gina L. (6. Juni 2013), DHL (27. bis 30. September 2014), Carolin Kebekus (27. Oktober 2014), Gewerkschaft Deutscher Lokführer (5. November 2014), Sebastian Edathy (3. bis 4. März 2015), Matthias Schweighöfer und ein Fan namens Alex (31. März bis 2. April 2015), Dieter Nuhr (5. Juli bis 7. August 2015), Renate Künast (26. bis 27. Oktober 2015), Kamerafrau, die einem Flüchtling ein Bein gestellt hatte (11. September 2015), Katrin Göring (8. Januar 2016), Dunja Hayali (5. Januar bis 14. Februar 2016) und Sina Trinkwalder (18. bis 19. Februar 2016)];
- 84 Schüler-VZ-Beiträge (2624 Tokens), die einen Cybermobbing-Prozess von Beginn bis zum Ende dokumentieren;
- 165 (2860 Tokens) Beiträge auf Schueler.cc zum Thema „Welcher Lehrer nervt am meisten?" (7. März 2009 bis 1. Februar 2012);
- 2985 (94.864 Tokens) Tweets zum Hashtag „fragNestlé" (8. September 2015 bis 27. Januar 2016) und im sogenannten „Mommi's War" (26. bis 29. April 2016);
- 200 (12.963 Tokens) Beiträge auf meinprof.de, in denen Veranstaltungen ausdrücklich nicht empfohlen wurden (Sommersemester 2006 bis Wintersemester 2013/14);
- 8049 WhatsApp-Nachrichten (77.628 Tokens) von Schüler_innen, die im Zeitraum April bis Dezember 2014 erhoben wurden und sowohl Alltags- als auch Konfliktkommunikation beinhalten (Referenzkorpus);
- 513 (65.001 Tokens) Forenbeiträge zu den Themen „Ich werde von ein paar Leuten aus einem Internetforum gemobbt" (18. November 2010), „Reden und Hilfe suchen oder aufgeben?" (30. November 2011), „Ist das Mobbing?" (21. Dezember 2011), „Ich werde gefaked! Was kann ich tun !?" (21. Mai 2011), „Selbstmord begehen" (26. und 27. September 2005), „Cybermobbing

---

101 Im Erhebungszeitraum (22. März 2011 bis 14. Juni 2011) stand die Seite unter Beobachtung und in der öffentlichen Kritik. Reaktionen darauf spiegeln sich auch in den 8.917 (Anzahl der Tokens: 114.886) protokollierten Beiträgen wider (siehe dazu Kap. 7). Deshalb wurden über archive.org Belege erhoben, die vor dem 22. März 2011 eingestellt worden waren. Es handelt sich hierbei um 5.446 Einträge (Anzahl der Tokens: 80.767) in den Gruppen GossipGirlBerlin und GossipGirlHessen in der Zeit vom 17. Januar 2011 bis zum 29. Januar 2011.

auf ask.fm" (18. bis 21. Juni 2013), „Kann ein Nick einen anderen beleidigen? Oder diffamieren?" (29. Mai 2015), „endlich reagiert facebook Mobber, Spammer, Trolle, können gefunden werden" (31. Juli 2015) und „PC-Spiele" (30. Juli 2011 bis 18. September 2011);
- 1 E-Mail (253 Tokens) aus dem Mai 2010, die von einer angestellten Person verfasst und in Beschwerdeabsicht an das Kollegium gesendet wurde.

Online-Mobbing-Arena im Netzwerk-Gewand: IShareGossip
Bei der Seite IShareGossip[102] handelte es sich um eine Mobbing-Plattform, die mit einem Kommentarbereich und den Funktionen „gefällt mir", „gefällt mir nicht" und „Melden" an das Format ‚Soziale-Netzwerk-Seite' angelehnt war. Anders als jedoch auf Sozialen-Netzwerk-Seiten üblich, konnte jeder kommunikative Akt innerhalb dieses Netzwerks anonym vollzogen werden, es gab keine persönlichen Profilseiten.

Abb. 3.5: Aufbau der Seite iShareGossip. Der Screenshot ist veröffentlicht unter: http://www.chip.de/ii/1/1/5/3/7/1/3/6/isharegossip2-86c7a53da47607c9.jpg (Anonymisierung: K.M.).

---

102 Die Mobbing-Plattform erhielt ihren Namen in Anspielung auf die bei Jugendlichen zu diesem Zeitpunkt sehr beliebte amerikanische Fernsehserie „GossipGirl". Für einen Eindruck von der Teenie-Serie: https://www.youtube.com/watch?v=ofm4Ag-HprM

Die Betreiber[103] der Seite warben zudem damit, dass IP-Adressen nicht gespeichert würden. Eine Kontaktetablierungsfunktion, in deren Zuge ein Netzwerk von Online-Freunden hätte entstehen können, war ebenfalls nicht vorgesehen. Stattdessen bot die Plattform den Nutzer_innen die Möglichkeit, für jede beliebige Schule in Deutschland eine eigene Kommentar-Seite zu kreieren (siehe Abb. 3.5).

Die Entscheidung darüber, welche der Schulseiten Startseitenstatus auf der Plattform erlangt, war kompetitiv angelegt. Je häufiger authentische und drastische Auseinandersetzungen (die weit über Klatsch und Tratsch hinausgingen) abgebildet wurden, desto höher war die Chance für die entsprechende Schulseite zur Startseite zu avancieren. Moderator_inn/en hatten die Aufgabe, die Nutzer/innen mit kompromittierenden Fragen oder Feststellungen zu konfrontieren und wurden dafür entlohnt. Konfliktgenerierung war also konzeptionell angelegt, vgl. Marx (2013: 104) und diese Projektbeschreibung:[104]

UPDATE: Wettbewerb für Geld, Beiträge werden belohnt!
Hallo Community ;-)
um der Sache ein bisschen Feuer unterm Hintern zu bringen haben wir uns Folgendes ausgedacht:
Wettbewerb an deiner Schule/Uni/Stadt/KATEGORIE !!!
Die Gewinner werden mit Geld per Paypal belohnt
1. Platz 100 EUR
2. Platz 50 EUR
3. Platz 25 EUR
4. Platz 15 EUR
5. Platz 10 EUR
Und so funktionierts: In der Kategorie (Schule, Uni, Stadt, Straße, Thema hier gibts keine Grenzen) wo am meisten authentischer Inhalt los ist wird der Moderator belohnt! Einfach bei Bewerbungen die Paypal Adresse im Begründungsfeld mit angeben und das Geld wird per Paypal versendet.
Ende des Wettbewerbs: 1. November
Hier noch ein paar Regeln und Tipps:
- keine Fake Content der nur von 1-2 Personen geschrieben wird um viel zu generieren
- Es ist ratsam die Seite an Mädchen zu verschicken, da diese meist die größten Tratsch-Tanten sind.
- Es ist euch überlassen eure Kategorie zu promoten am besten natürlich viral im Internet oder an eurer Schule (einfach Rechtsklick auf die Kategorie machen, dann könnt ihr sie direkt verschicken)

---

103 Betreiber der in Neuseeland gegründeten Seite war angeblich eine Firma, die ihren Sitz im lettischen Riga hatte. Gehostet wurde die Seite in Stockholm.
104 Die vollständige Projektbeschreibung kann auf http://archiv.raid-rush.ws/t-743276.html eingesehen werden.

> - Falls eure Schule fehlt könnt ihr einfach eine neue Kategorie hinzufügen, dort bitte auch im Begründungsfeld die Paypal Adresse einfügen
> - WICHTIG: Je kontroverser ein Post ist, desto eher kommt ihr auf die Startseite und desto mehr Leute werden eurer Kategorie folgen: mit vielen Kommentaren, Likes & Dislikes erhöht ihr die Kontroversität :-)
>
> Have Fun :thumbsup:
> [...] Natürlich ist die Seite ebenfalls eine Anlehnung an die TV Serie "Gossip Girl" - erstmal ist es also möglich an allen Schulen Deutschlands Newsblasts einzutragen ;-) [...] Alles in allem ist das Projekt ziemlich groß gedacht und kann sich in alle Richtungen entwickeln. Momentan ist es noch sehr offen gehalten und es wird sogut wie alles freigeschaltet, mit der Zeit muss natürlich auch auf Qualität geachtet werden und dann wird die Schraube enger gedreht :rolleyes:
> Also viel spaß mit Seite :lol: :lol: :].

Die Existenz der Seite IShareGossip war der außerschulischen Öffentlichkeit weitgehend unbekannt, bis am 22. März 2011 in den Medien von einer brutalen Prügelei in Berlin berichtet wurde: Ein 17-Jähriger, der seine Freundin vor Online-Angriffen auf IShareGossip hatte schützen wollen, war von 20 Schüler_inne/n bewusstlos geschlagen worden. Am 25.3.2011 wurde die Seite von der Bundesprüfstelle für jugendgefährdende Medien auf die Liste für indexierte Medien gesetzt und am 14. Juni von der Hackergruppe 23timesPi gehackt. Seitdem besteht kein Zugriff mehr.

Obgleich die Seite nicht mehr existiert, ist es relevant, die Kommunikation auf dieser Plattform zu untersuchen. Die Seite erlangte so schnell Popularität, dass die Vermutung, die Kommunikation habe sich nur verlagert, nicht abwegig erscheint, z. B. auf die virtuellen Beichtstühle[105] auf Instagram, die nach Abschluss der vorliegenden Studie populär wurden, vgl. auch den folgenden Foren-Kommentar zur Seite IShareGossip:

> im grunde hatte der typ ja eine gute idee, ich gönn ihm den erfolg, auch wenn ich die seite moralisch zu tiefst verwerflich finde
> aber er hat eine marktlücke entdeckt, denn viele menschen haben den großen drang sich das maul über andere zu zereißen und er bietet dennen eine ideale plattform im internet
> ...glückwunsch zu dem erfolg manuel!
> läuft jetzt! [...] (2011-05-24, Forum IShareGossip http://archiv.raid-rush.ws/t-743276.html)

---

[105] Beichtthemen sind etwa Alkoholkonsum, ungeschützter Geschlechtsverkehr oder die Unattraktivität eines/einer Mitschüler_in. Entsprechende Kurznachrichten werden an eine/n Administrator_in gesendet, der/die Produzent_inn/en der Beiträge anonymisiert und auf Instagram veröffentlicht. Auf diese Weise können also hemmungslos Gerüchte verbreitet werden.

Soziale Netzwerke

Facebook

Mit 1,93 Milliarden Nutzer_innen pro Monat weltweit (vgl. statista.com)[106] ist Facebook die inzwischen meistgenutzte Soziale-Netzwerk-Seite. Sie kann als eine Art virtueller Treffpunkt/erweitertes Telefonbuch angesehen werden und wurde im Jahre 2004 gegründet.

Die Nutzer_innen melden sich mit einer eigenen Profilseite an, die mit Profilbildern und persönlichen Angaben (Geburtstag, Wohnort, Familienstand, Interessen) gestaltet werden kann. Vernetzt werden die Profilseiten über Freundschaftsannahmen. Die Kommunikation erfolgt über Statusmeldungen, Kommentare zu Statusmeldungen, die Bewertungsfunktionen und die Teilenfunktion (siehe Kap. 5.3). Zudem können Gruppen gebildet werden. Auch Unternehmen beteiligen sich mit eigenen Profilseiten am Netzwerk. Facebook steht vor allem in datenschutzrechtlicher Hinsicht in der Kritik. So werden Nutzer_innen beispielsweise aufgefordert, Personen auf eingestellten Fotos namentlich zu kennzeichnen. Dazu bedarf es jedoch der schriftlichen Zustimmung der auf dem Bild dargestellten Personen, vgl. § 22 KuG.[107] Die vergleichsweise aufwändige Handhabe der Privatsphäre-Einstellungen wurde ebenso bemängelt wie die notwendigen komplizierten Schritte zur Löschung des Profils. Facebook inszeniert sich selbst als dynamisches Netzwerk, das auf nutzerunfreundliche Defizite reagiert. Das heißt, dass der Anschein erweckt wird, Nutzer_innen könnten aktiv am Erscheinungsbild und der Funktionalität des Sozialen Netzwerks mitwirken. Im Herbst 2015 wurde vor dem Hintergrund von Hassreden und dokumentierten Flüchtlingskatastrophen zunehmend die Angemessenheit des Like-Buttons thematisiert (vgl. zur Semantik der gefällt-mir-Funktion Marx i.Dr.) und die Einführung eines Dislike-Buttons diskutiert (siehe dazu Kap. 5.3.).

SchülerVZ

Die von der Verlagsgruppe Georg von Holtzbrinck gegründete Soziale-Netzwerk-Seite SchülerVZ war von Februar 2007 bis April 2013 online und zähl-

---

[106] https://de.statista.com/statistik/daten/studie/37545/umfrage/anzahl-der-aktiven-nutzer-von-facebook/

[107] Ich nehme hier Bezug auf das Gesetz zum Urheberrecht an Werken der bildenden Künste und der Photographie, §22: „Bildnisse dürfen nur mit Einwilligung des Abgebildeten verbreitet oder öffentlich zur Schau gestellt werden. Die Einwilligung gilt im Zweifel als erteilt, wenn der Abgebildete dafür, daß er sich abbilden ließ, eine Entlohnung erhielt. Nach dem Tode des Abgebildeten bedarf es bis zum Ablaufe von 10 Jahren der Einwilligung der Angehörigen des Abgebildeten. [...]" (http://www.gesetze-im-internet.de/kunsturhg/__22.html)

te in seiner Hochphase 5 Millionen Nutzer_innen.[108] Die Seite war speziell auf die Bedürfnisse von zehn bis maximal 21 Jahre alten Schüler/innen zugeschnitten, die auch als ausschließliche Nutzer_innen in Frage kamen. Profile von Erwachsenen wurden rigoros gelöscht (wenn sie als solche erkennbar waren).

Registrieren konnte sich nur, wer von einem SchülerVZ-Mitglied eingeladen worden war. Die Seite war so aufgebaut, dass in erster Linie Schüler_innen einer Schule miteinander vernetzt wurden, was von den Nutzer_innen als Vorteil empfunden wurde. Gysin (2014: 44 ff.) beschreibt den Buschfunk und den Funkspruch als wichtigste Funktionen der Seite. So stellte der Buschfunk den zentralen Informationsbereich der Seite dar, hier wurden alle Änderungen im Netzwerk (neue Funksprüche, Freundschaftsanfragen, Fotos usw.) sofort angezeigt. Funksprüche sind mit den Statusmeldungen bei Facebook vergleichbare potenziell multimodale Botschaften für alle Netzwerkmitglieder, die auf den SchülerVZ-Startseiten aller Freunde angezeigt wurden (vgl. Gysin 2014: 45).

Eine weitere Funktion, die Nutzer_innen der Seite zur Verfügung stand, war die Gruppenbildung. Gruppen boten einen geschlossenen Rahmen für themenspezifische Diskussionen und wurden auch dazu genutzt, Mitschüler_innen in einem unbeobachteten Forum zu diskreditieren (vgl. Kap. 6). Ihre Funktion ging also weit über die „Selbstdarstellung" hinaus, die Gysin (2014: 51) als Nutzungsmotiv nennt.

Schueler.CC
Die Seite Schueler.CC war eine Online-Community, die sich konzeptionell an Schueler.VZ und Studi.VZ orientierte. Besonderheit war ein Forum für jede Klasse, eine mit einer Vielzahl von Emojis ausgestattete Shoutbox und die große virtuelle Tafel, auf der dringliche Themen für alle Schüler_innen des Jahrgangs sichtbar gemacht werden konnten.

Die Mitglieder hatten die Möglichkeit, sich unter einem Pseudonym zu registrieren, davon wurde jedoch nicht ausgiebig Gebrauch gemacht. Nach etwa sieben Jahren Laufzeit wurde die Seite am 2. Dezember 2013 abgeschaltet.

Die Mikroblogging-Plattform Twitter
Die Mikrobloggingplattform Twitter wurde 2006 ins digitale Leben gerufen, sie basiert darauf, dass mit einem Nutzernamen registrierte Nutzer_innen Kurzmitteilungen (Tweets) veröffentlichen und anderen Nutzer_innen folgen. Im Ge-

---

108 Die letzte Nutzer_innen-Zahl, die die Seitenbetreiber veröffentlichten, lag bei 200.000.

gensatz zu Facebook[109] muss der Nutzername bei Twitter nicht dem bürgerlichen Namen entsprechen. Tweets sind auf 140 Unicode-Zeichen begrenzt, sie können Bilder, Links zu anderen Seiten, Hashtags und Adressierungen (die gleichzeitig auf andere Nutzerprofile verweisen) enthalten und sind für jede/n Follower_in einsehbar. Angezeigt werden die Tweets in einer sogenannten Timeline, hier können sie auch kommentiert und evaluiert werden, z. B. mit der Favorisieren (Herzsymbol) – oder der Retweet-Funktion.

Bewertungs- und potenzielles Abwertungsportal

meinprof.de
Das Bewertungsportal meinprof.de wurde am 13. November 2005 von Studierenden der Technischen Universität Berlin als Ergänzungsangebot zu internen Hochschulevaluationen gegründet. Studierende haben hier die Möglichkeit, Hochschullehrer_innen und deren Lehrangebote anhand der Kriterien Fairness, Unterstützung, Verständlichkeit, Material, Spaß, Interesse und Verhältnis zwischen Note und Aufwand anonym auf einer fünfstufigen Skala (wobei die 1 ‚sehr schlecht' und die 5 ‚sehr gut' bedeutet) zu beurteilen, allgemeine Empfehlungen und Kommentare abzugeben und diese Informationen für die nachfolgenden Studierendengenerationen bereitzustellen. Auf Grundlage dieser Angaben werden Durchschnittswerte für Dozierende und Lehrveranstaltungen gebildet, die in sogenannte „Top-Listen" einfließen.

Die Seite geriet in die Kritik, weil Studierende unsachlich agier(t)en und Lehrkräfte denunzier(t)en. Bedenken gibt es auch hinsichtlich des Datenschutzes. Auf dem Portal sind 657 Hochschulen, 52.393 Dozierende und 114.720 Lehrveranstaltungen eingetragen. Bislang wurden 459.269 Bewertungen abgegeben (vgl. https://www.meinprof.de/ press, Stand: 19. Februar 2017). Seit nunmehr

---

109 Vgl. dazu die Angaben zu Namen im Hilfebereich von Facebook (https://de-de.facebook.com/help/112146705538576): „Facebook ist eine Gemeinschaft, in der Menschen ihre authentischen Identitäten verwenden. Es ist erforderlich, dass alle Menschen ihren echten Namen angeben, damit immer klar ist, mit wem du dich verbindest. Das trägt zur Sicherheit unserer Gemeinschaft bei. [...] Bei dem Namen [...] muss es sich um den Namen handeln, mit dem dich deine Freunde im echten Leben rufen und der in unseren zugelassenen Ausweisformen nachzulesen ist. Spitznamen können als Vorname oder zweiter Vorname verwendet werden, wenn es sich dabei um eine Variante deines wirklichen Namens handelt [...]. Du kannst für dein Konto auch einen weiteren Namen angeben (z. B. Geburtsname, Spitzname oder beruflicher Name)." Ungeachtet dessen ist es auch bei Facebook möglich, eine Seite unter einem Pseudonym zu kreieren. Jedoch erschwert das die Online-Auffindbarkeit für potenzielle Facebook-Freunde.

acht Jahren geben die Gründer der Seite ein Hochschulranking heraus, das auf der Lehrangebotsqualität basiert.

Mobiler Nachrichtendienst

WhatsApp
Bei WhatsApp handelt es sich um den meistgenutzten kostenlosen Instant-Messenger-Dienst,[110] er ist eine Alternative zur SMS (Short-Message-Service über Mobilfunkanbieter) und wurde im Jahr 2014 von Facebook aufgekauft. Bis August 2016 war die WhatsApp-Nutzung Personen untersagt, die das 16. Lebensjahr noch nicht erreicht hatten,[111] dennoch ist eine allgemein übliche Praxis, dass selbst Heranwachsende den Dienst nutzen, sobald sie in Besitz eines Smartphones sind (durchschnittlich im Alter von 10 Jahren, vgl. dazu Kap. 2.1).

Der Messengerdienst ist aufgrund seiner Nutzungsbedingungen umstritten und wird von Kindern und Jugendlichen nicht nur zum Austausch neutraler Informationen genutzt, sondern auch als Mobbing-Plattform. In letzter Zeit sind vermehrt Fälle dokumentiert worden, in denen sogenannte Cybergroomer über WhatsApp Kontakt zu ihren Opfern geknüpft haben.[112] Seit 2016 bietet WhatsApp eine Ende-zu-Ende-Verschlüsselung an, inwieweit diese in Anspruch

---

110 http://de.statista.com/statistik/daten/studie/285230/umfrage/aktive-nutzer-von-whatsapp-weltweit/
111 Laut den Nutzungsbedingungen von WhatsApp war es Personen unter 16 Jahren nicht gestattet, den Dienst zu nutzen: „In any case, you affirm that you are at least 16 years old as the WhatsApp Service is not intended for children under 16. If you are under 16 years of age, you are not permitted to use the WhatsApp Service." (https://www.whatsapp.com/legal/) im Gegensatz dazu heißt es 2017 auf der Seite „Du musst mindestens 13 Jahre alt sein, um unsere Dienste zu nutzen (bzw. so alt, wie es in deinem Land erforderlich ist, damit du berechtigt bist, unsere Dienste ohne elterliche Zustimmung zu nutzen). Zusätzlich zu der Anforderung, dass du nach geltendem Recht das zur Nutzung unserer Dienste erforderliche Mindestalter haben musst, gilt Folgendes: Wenn du nicht alt genug bist, um in deinem Land berechtigt zu sein, unseren Bedingungen zuzustimmen, muss dein Elternteil oder Erziehungsberechtigter in deinem Namen unseren Bedingungen zustimmen."
112 So berichtet beispielsweise die Märkische Allgemeine am 28.1.2016 von einem Unbekannten, der ein 12-jähriges Mädchen über WhatsApp dazu genötigt hatte, Nacktaufnahmen von sich zu senden (http://www.maz-online.de/Home/Polizei/Wittstock-Nacktbilder-von-Maedchen-verlangt). Am 14.1.2016 befand das OLG Hamm (Aktenzeichen RVs 144/15) einen 55 Jahre alten Angeklagten des sexuellen Missbrauchs von Kindern gemäß § 176 Abs. 4 Nr. 3 StGB für schuldig, weil er über WhatsApp versucht hatte, ein neunjähriges Mädchen zu sexuellen Handlungen zu überreden (http://www.juris.de/jportal/portal/t/lum/page/homerl.psml?nid=jnachr-JUNA160200382&cmsuri=/juris/de/nachrichten/zeigenachricht.jsp).

genommen wird, ist noch nicht abzusehen. Daher ist auch die Wirkung dieses Sicherheitsfeatures schwer einzuschätzen.

Themenbezogene Threads in Forenkommunikation

mobbing.net: Auf der Seite mobbing.net haben Personen, die Erfahrungen mit Mobbing und Cybermobbing gemacht haben, ein Forum für den Austausch. Ob das Forum unmittelbar mit der gleichnamigen Internetpräsenz des Vereins für Arbeitsschutz und Gesundheit durch systemische Mobbingberatung und Mediation e.V. in Zusammenhang zu bringen ist, bleibt fraglich. Im Impressum des Forums fehlen jegliche Angaben zu den Betreiber_inne/n der Seite.

Yahoo Clever: Yahoo Clever ist ein Frage-Antwort-Forum zu einem breiten Themenspektrum. Neben Fakten können die Nutzer auch persönliche Meinungen und Erfahrungen mitteilen
(vgl. https://de.answers.yahoo.com/info/product_tour).

Gofeminin: Das Online-Frauenmagazin gofeminin verfügt über ein Forum, in dem der Austausch über eine Vielzahl an Themen möglich ist.

railsim.de: Die Seite rail-sim.de bietet eine Plattform für Liebhaber von Eisenbahnsimulatoren und verfügt über ein sehr aktives zumeist themenkonzentriertes Forum.

Das Kapitel in fünf Sätzen

1. Daten, die digitale Gewalt repräsentieren, sind wie Social-Media-Daten generell dezentral in den Sozialen Medien veröffentlicht, sie lassen sich weder ergoogeln, noch sind sie aus bereits vorhandenen Social-Media-Daten extrahierbar.
2. Rechtliche Grundlagen und ethische Bedenken erschweren die Generierung von Social-Media-Korpora insbesondere im Feld digitaler Gewalt.
3. Als unerlässlich erachte ich die funktionale Annotierung und die Integration von exemplarischen Screenshots in neu entstehende Datensammlungen.
4. Die dieser Arbeit zugrundeliegende Belegmenge entstand durch die Kombination von Methoden der Feldforschung 2.0 (Online-Beobachtung, digitale Ethnographie) mit Methoden der Feldforschung 1.0 (konservative Akquise

von Datenspenden, Durchführung von Sensibilisierungsworkshops, Fragebogenerhebungen).
5. Das Datenkorpus umfasst 61.261 Beiträge, das entspricht 980.178 Tokens.

4 Zeitlichkeit als Bestimmungsstück für digitale Gewalt: Das Internet vergisst nicht

Und immer gilt –
das ausgesprochene Wort ist
wie der abgeschossene Pfeil:
man kann ihn nicht zurückholen.

Boris Pfeiffer[113]

Vorbemerkungen
Zeitlichkeit wird in diesem Kapitel aus zwei Blickwinkeln betrachtet: Zum einen als Variable in der technisch vermittelten sozialen Interaktion (4.1), zum anderen im Hinblick auf deren Relevanz für Akte digitaler Gewalt (4.2). Die zweite Perspektive wird mit einer Diskussion von Zeitlichkeit als interaktionsorganisierender Parameter vertieft (4.3). In diesem Abschnitt wird Sequenzialität deskriptiv an die für Social Media typische Oberflächensegmentierung gebunden. Dabei gehe ich auf resultierende Probleme bei der Bedeutungskonstruktion ein, insbesondere bei der Identifikation von Projektions- und Retraktionsmechanismen. Die Beobachtung, dass Initialsequenzen aufgrund ihrer Musterhaftigkeit eine spezifische Bedeutung in Cybermobbing-Prozessen zukommt, wird in Kap. 4.4 elaboriert und mit dem Terminus der kalkulierbaren Skalierbarkeit assoziiert.

4.1 Zeit(lichkeit) als Variable bei der Entstehung von Social-Media-Daten

Anders als beim Sprechen generiert sich bei der schriftlichen computervermittelten Kommunikation ein Protokoll der intendierten kommunikativen Handlung auf einem Bildschirm (Mobiltelefon-, Smartphone-, Tablet- oder Computerbildschirm), das während des Produktionsprozesses und auch an dessen Ende (inhaltlich) überprüft und korrigiert werden kann, bevor es versendet wird (vgl. Beißwenger 2010b zu Revisionsprozessen beim Chatten, auch Rau 1994).

---

[113] Der Kinderbuchautor veröffentlichte diese Statusmeldung auf seinem Facebook-Profil, 2016-05-29.

Wenn sich beide Kommunikationspartner_innen aktuell im selben Dialog befinden, wird dem/der jeweiligen Rezipient_in bei manchen Messengerdiensten anhand von graphischen Elementen (z. B. drei Pünktchen) und bei privaten Nachrichten auf Facebook anhand der Einblendung „X schreibt etwas" angezeigt, dass sich der/die Produzent_in momentan im Produktionsprozess befindet. Im Idealfall wartet der/die Interaktionspartner_in dann mit der Antwort. Davon unabhängig kann jeder Beitrag erst abgeschlossen und dann für die Rezeption freigegeben werden.

Inwieweit die (dann) ausbleibende unmittelbare Reaktion Konfliktpotenzial birgt oder nicht, hängt von Faktoren wie Vertrautheitsgrad, Anzahl der Interagierenden (siehe dazu Kap. 7) und Interaktionsintensität der jeweiligen Sozialen-Netzwerk-Seite (Kap. 4.2) ab. So scheint der Toleranzbereich im Hinblick auf inaktive Phasen kleiner zu sein, wenn eine private Interaktion zwischen zwei Personen über einen Messengerdienst stattfindet als auf potenziell öffentlichen Sozialen-Netzwerk-Seiten, wie z. B. Facebook, Twitter, Instagram oder YouTube. In den Belegen 4-1 und 4-2 aus WhatsApp-Kommunikationen unter Schüler_inne/n wird die Online-Abwesenheit beispielsweise in der Interaktion jeweils thematisiert: In 4-1 als Frage, die impliziert, dass das Online-Kommunikationsverhalten von U von der Norm abweicht; in 4-2 als ebenfalls von einer impliziten Norm motivierte Ankündigung temporärer Abwesenheit und prospektive Entschuldigung.

4-1 Wie kann man fast 10 stunden nich on gehn?! (WA,eed, 2014-10-13, 17:25)
01   14:04   A   Heii
02   17:25   A   Wie kann man fast 10 stunden nich on gehn?!
03   19:23   A   Is dein auge wieder okeiii ?
04   19:28   U   Nö

4-2 B: Ich muss nur essen gehen bevor du denkst das ich dir jetzt nicht mehr antworte (WA, bda7, 2014-06-20, 17:45)

Interessanterweise bricht der Dialog erst zwei Minuten nach der Äußerung 4-2 wirklich ab und wird bereits 18:24 von A wieder aufgenommen. Eine Rückmeldung von B erfolgt allerdings erst neun Minuten später um 18:33, was dann nicht weiter thematisiert wird.

Auf Plattformen, die Interaktion ermöglichen, auf denen aber Selbstdarstellung im Vordergrund steht (was m. E. für Vernetzungs- und Mediaplattformen, aber nicht unbedingt für Messengerdienste gilt, vgl. Androutsopoulos 2010: 422), werden weder die Zeit, in der ein/e Profilinhaber_in auf einen potenziellen Kommentar wartet, noch die generelle Reaktionserwartung explizit thematisiert. Unmittelbarkeit scheint hierbei weniger relevant, wie auch in dem ironischen Tweet von Mrs.Bulli (Abb. 4.1) angedeutet wird. Die Bedeutung des Lexems *Kommentar*[114] als ‚etwas mit gewissem Abstand erklärend, erläuternd [und bewertend] Nachgestelltes' scheint trotz Facebook stabil zu sein und so werden auch Facebook-Kommentare offenbar nicht als intensiv interaktiv konzeptualisiert. Eine Funktion, die anzeigt, dass ein/e Nutzer_in gerade einen Kommentar verfasst, mag zumindest zum jetzigen Zeitpunkt überflüssig sein.

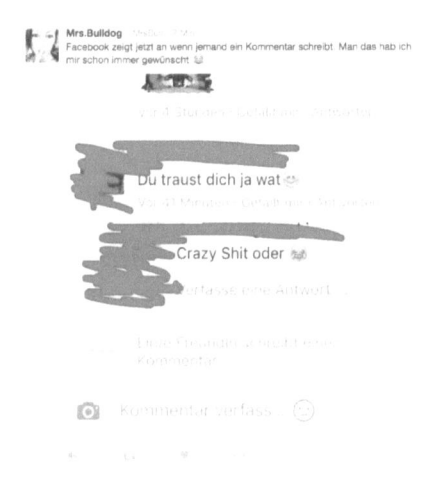

Abb. 4.1: Tweet von Mrs. Bulldog zur neuen Beobachtungsfunktion „Ein/e FreundIn schreibt einen Kommentar" (tw, Mrs.Bulldog @MrsBulli, 2016-04-30, 7:41, 12 Fav, Anonymisierung im Original)

Richten wir nun aber wieder den Blick auf die Verfertigung eines Social-Media-Kommunikats. Der inkrementelle Sprachproduktionsprozess involviert die Ebenen Konzeptualisierung, Formulierung und Artikulation (in diesem Fall: schriftliche Realisierung) und Monitoring (dazu u. a. Levelt 1983, 1989, 1993, Pechmann 1994, Pechmann/Zerbst 1994) und unterscheidet sich soweit nur marginal von einem mündlichen Sprachprodukt. In der Social-Media-Kommunikation

---

114 Laut DWDS ist ein Kommentar eine „Erklärung, Erläuterung" mit drei Bedeutungen: a) „ausführliche und schriftliche wissenschaftliche Erklärung, Auslegung", b) „kürzere journalistische Betrachtung in Presse, Funk oder Fernsehen, die der Erklärung aktueller (politischer) Ereignisse dient" oder c) „erklärende Bemerkungen" (www.dwds.de/?qu=Kommentar).

schließt sich jedoch ein zusätzlicher, technischer Schritt an, der im Default-Fall der eigenen Kontrolle unterliegt: die Freigabe des Kommunikats durch die Betätigung der Enter - oder Sendentaste.

Jedem/r, der/die Gewalt versprachlicht, wird dies (wie jedes andere Kommunikat auch) während des Produktionsprozesses zum simultanen Mitlesen/Betrachten angezeigt. Der/die Produzent_in hat vor dem Absenden also ein Zeugnis des Gedankenprodukts vor Augen und Gelegenheit, diesen Entwurf zu revidieren, zu entschärfen, zu korrigieren oder gar nicht abzusenden. Ein kommunikativer Akt verbaler Online-Gewalt durchläuft entsprechend einen durch die technischen Bedingungen begünstigten doppelten Monitoringprozess, bevor die Entscheidung gefällt wird, ihn tatsächlich online zu stellen. Macht man sich das bewusst, gewinnen ohnehin grenzüberschreitende Äußerungen zusätzlich an Drastik.

Die Phase, in der eine Kontrolle über den Kommunikationsbeitrag möglich ist, endet an dem Punkt, an dem die Entertaste betätigt wird, um ihn zu versenden. Man könnte nun einwenden, dass sich dies in der schriftbasierten Offline-Kommunikation (etwa bei Zettelchen im Klassenzimmer, Postkarten oder Briefen) nicht anders verhält. Dennoch besteht die prinzipielle Möglichkeit, einen solchen ‚analogen' Kommunikationsbeitrag zumindest in einem gewissen Zeitraum und mit ein wenig Aufwand zurückzunehmen, indem Zettel abgefangen werden und wieder in der Hosentasche verschwinden oder in wie auch immer gearteter Weise vernichtet oder Briefe bei der Postkastenleerung zurückgezogen werden.

In der Online-Kommunikation werden die Kommunikationsprodukte in ein Räderwerk eingespeist und dessen Eigendynamik preisgegeben.

4.2 Zeit(lichkeit) als Variable bei der Administration der Social-Media-Daten

Wenn wir nun von Eigendynamik sprechen, sind damit Veränderungen gemeint, die am Kommunikat selbst, aber auch an dessen Repräsentationsort vorgenommen werden können. Mit dem Abschluss des Sendevorgangs wird ein Online-Kommunikationsprodukt zum Objekt kollektiver Verwendung und Weiterverarbeitung, zu einem aus der Hand gegebenen Spielball im positivsten wie im negativsten Sinne.[115] Das heißt, dass der/die Urheber/in nur noch bedingt

---

[115] Die hier angesprochenen Mechanismen werden derzeit unter dem Stichwort *Rekontextualisierung* diskutiert, das als „Forschungsparadigma des Digitalen" zu tragen scheint, wie in

oder gar nicht mehr regulierend in den sich potenziell verselbstständigenden Kommunikationsverlauf eingreifen kann.

Dennoch ist an die Preisgabe in das oben genannte Räderwerk nicht notwendigerweise gebunden, dass der/die Urheber/in nicht mehr auf das Kommunikat (vgl. zum Terminus Jakobs 2011a,b, 2013, Adamzik 2004)[116] zugreifen kann. Facebook bietet beispielsweise die Möglichkeit, Kommentare nachträglich zu bearbeiten. Wenn ein/e Nutzer/in von dieser Option Gebrauch gemacht hat, wird das allerdings unter dem Kommentar notiert. Der Bearbeitungsverlauf ist für jede/n einsehbar (siehe Abb. 4.2). Die ursprüngliche Nachricht bleibt also trotzdem zugänglich. Mit Blick auf die in Kapitel 3 skizzierten methodischen Herausforderungen erweist sich diese Funktion für linguistische Fragestellungen zu Revisionsprozessen in der computervermittelten Kommunikation als hilfreich.

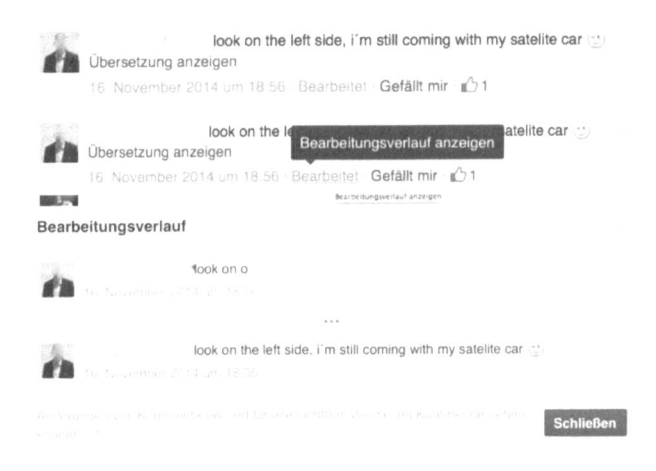

Abb. 4.2: Die Genese von Statusmeldungen ist dann partiell nachvollziehbar, wenn von der Bearbeiten-Option Gebrauch gemacht worden ist. In diesem Fall wurde eine Nachricht versehentlich gesendet, bevor sie a) fertiggestellt und b) der Tippfehler (*o* statt *t*) korrigiert worden war.

---

einem von Simon Meier (Berlin) und Gabriel Viehhauser (Stuttgart) im April 2017 ausgerichteten gleichnamigen Kolloquium deutlich wurde, vgl. auch Androutsopoulos (2014), der von einem „key concept" der Medienforschung spricht.
116 Bei Jakobs (2011b: 89 f.) sind Kommunikate gerade entstehende Muster neuerer Kommunikationsformen, die nicht komplett als Gesprächs-, Text- oder Hypertextsorten bezeichnet werden können. Für Adamzik fallen unter „Kommunikat" alle „in einer kommunikativen Interaktion auftretenden Signale" (Adamzik 2004: 43).

Eine Veränderung an den Daten kann auch als gänzliche Tilgung umgesetzt werden. In der Regel lassen sich Beiträge von Sozialen-Netzwerk-Seiten problemlos löschen, bei Messengerdiensten funktioniert das aber nur, wenn die Nachricht noch nicht an den Übertragungsdienst übermittelt worden ist (beim Messengerdienst WhatsApp wird ein solcher unvollendeter Sendestatus beispielsweise durch das Uhrensymbol angezeigt). Da digitale Schriften laut Storrer (2010) bar jedes Spur- oder Gravurmerkmals sind, gelten Online-Kommunikate aufgrund ihrer prinzipiellen Löschbarkeit als instabil. In Marx/Weidacher (2014: 191) bestätigen wir, dass das Löschen zwar recht einfach ist, jedoch nur am ursprünglichen Ort der Veröffentlichung. Die Optionen Nachrichten zu löschen oder zu bearbeiten sind nur scheinbare Kontrollinstrumente, denn sobald die Nachricht online ist, kann sie von anderen Nutzer_inne/n geteilt (Facebook), repostet (Instagram), retweetet (Twitter) oder kopiert werden, indem die Bildschirmpräsentation konservativ abfotografiert oder ein Screenshot erstellt wird, um die Nachricht zu konservieren oder gar zu editieren. Dieses Spezifikum wird auch als „Skalierbarkeit der Daten" bezeichnet (vgl. Androutsopoulos 2016, Abbott/Fisher 2009). Ein in diesem Sinne transitorisches Online-Kommunikat wird paradoxerweise durch die dem jeweiligen Netzwerk inhärente hohe Verarbeitungs- und Verwertungsgeschwindigkeit in der Rekontextualisierung gleichsam autoarchiviert.

Ein Beispiel dafür ist ein Tweet des Fußballers Marco Reus (Borussia Dortmund) nach dem Champions League-Halbfinalspiel FC Bayern München gegen Atlético Madrid am 27. April 2016 (Abb. 4.3). Er äußerte sich hier geringschätzig über die Niederlage des FC Bayern, löschte den Tweet aber, nachdem Fans ihren Unmut geäußert hatten, noch in derselben Nacht.[117] Zwei Minuten nach Veröffentlichung des Tweets hatte der Twitterer bvbstuff einen Screenshot dieses Tweets angefertigt und postete diesen um 23:44 Uhr desselben Abends. Am 28. April 2016 berichteten Online-Zeitungen von dem gelöschten Tweet, z. B. sueddeutsche.de, focus.de, StN.de.[118]

---

[117] Ebenfalls am 27. April 2016 um 23:44 twittert bvbstuff@bvbstuff Folgendes: „note: marco reus tweet was deleted shortly after being sent." Etwa eine Stunde nach Spielende war der Tweet von Marco Reus also schon gelöscht. Auf dem Twitterprofil von bvbstuff sind als Sendedaten für den Screencap-Tweet und die Lösch-Notiz jeweils 27. April 2016, 14:44 angegeben. Es ist anzunehmen, dass er aus der Umgebung von oder direkt aus Kalifornien (GMT-7) twittert.
[118] http://www.sueddeutsche.de/sport/champions-league-marco-reus-lacht-ueber-den-fc-bayern-1.2971346, http:// www.focus.de/sport/videos/nach-niederlage-bei-atletico-twitter-haeme-von-marco-reus-aergert-die-fc-bayern-fans_id_5479809.html, http://www.stuttgarter-nachrichten.de/inhalt.netzreaktionen-zur-niederlage-bei-atl-tico-marco-reus-verspottet-den-fc-bayern-muenchen.e24ea901-2414-42bc-9a52-a4167ba6a936.html

4.2 Zeit(lichkeit) als Variable bei der Administration der Social-Media-Daten — 113

Marco Reus löscht hämischen Tweet wieder

Abb. 4.3: Berichterstattung über einen gelöschten Tweet (gmx.de, 2016-04-28, 6:48, 22 Kommentare)

Am Beispiel eines Shitstorms gegen Renate Künast lassen sich diese Mechanismen ebenfalls zeigen. Er entstand in Folge einer Statusmeldung der Grünen-Politikerin auf Facebook. Diese beinhaltete ein Bild, das Renate Künast vor dem Lincoln-Memorial in Washington D.C. zeigte mit dem erläuternden Kommentar: „Washington in Washington. Und ich." Die Statusmeldung wurde 1280 mal geteilt. Etwa fünf Stunden nach der Veröffentlichung wurde der Fehler korrigiert (Abb. 4.4 links), währenddessen hatten Nutzer_innen aber bereits Screenshots (Abb. 4.4 Mitte) erstellt und/oder mit Bildbearbeitungsprogrammen modifiziert (Abb. 4.4 rechts), die dann in den Kommentarbereich eingepflegt wurden und auch an anderer Stelle im WWW abrufbar bleiben (siehe z. B. den Link in Abb. 4.4 Mitte).

Das Beispiel eines Tweets der AfD-Politikerin Beatrix von Storch, dessen Pfad am Protokolliertag bereits deutlich über die in Abb. 4.5 festgehaltenen Stationen hinausging, veranschaulicht, wie die verschiedenen Kommentare den Ursprungstweet neu perspektivieren. Kommentarstränge können kontinuierlich und über flexible Zeiträume hinweg erweitert werden, wobei die Reaktionszeiträume von sehr kleinen Zeiteinheiten (Sekunden, Minuten) bis zu großen Zeiteinheiten (Tage, ggf. Wochen oder Monate) variieren. Es ist, z. B. bei Facebook, nicht ungewöhnlich, dass sich eine vergleichsweise geringe Anzahl von Beiträgen (Kommentaren) über eine mehrstündige oder sogar mehrtägige Interaktion verteilt (vgl. auch Storrers (2000) Bezeichnung der „zeitversetzten Distanzkommunikation"). Abb. (4.6) zeigt einen typischen Verlauf solcher Kommentarsequenzen auf Facebook, der zweifelsohne auch noch nach dem Aufnahmezeitpunkt des Bildschirmfotos fortgeschrieben worden sein kann.

Abb. 4.4: Die nachträgliche Veränderung einer Nachricht (in diesem Fall eine Korrektur) obliegt nicht nur dem/der Urheber/in und kann die ursprüngliche Nachricht nicht substituieren.

Abb. 4.5: Verbreitung eines Tweets mit perspektivierender Kommentierung auf Twitter (tw, 2016-07-08, 1:04, 13RT, 16 Fav) (links) und auf Facebook (Mitte und rechts, fb, 2016-07-08)

Eine technisch oder kommunikativ zu begründende Begrenzung gibt es für die Interaktion auf Sozialen-Netzwerk-Seiten nicht, allenfalls eine handlungspraktische, wenn das entsprechende Kommunikat aus dem unmittelbaren Sichtfeld der Timeline (Twitter) oder der Startseite (Facebook) und damit schlicht aus dem Fokus und in Vergessenheit gerät, vgl. aber die Erinnerungsfunktion von Facebook, die ich weiter unten beschreibe.

Abb. 4.6: Reaktionen auf eine Facebook-Statusmeldung, Protokollierungsdatum: 2017-06-16, 8:44

Storrer (2010) charakterisiert sogenannte offene Hypertexte anschaulich als „Text-in-Bewegung." Themen können also über „unbestimmte Zeitspanne[n] hinweg im Gespräch" (Storrer 2010: 237) bleiben. „Bewegung" spielt darüber hinaus auf die Online-Kommunikaten inhärente Fluidität an (Barton/Lee 2013: 26, Marx/Weidacher 2014: 191 f., Holly 2011, „Textverflüssigung" bei Storrer 2010: 237), diese zeigt sich insbesondere an Texten, die kollaborativ entstehen, wie z. B. in den oben gezeigten Kommentarkonglomeraten oder auch in Wikis. Die Autor_inn/en müssen sich nicht zwangsläufig kennen, um interaktiv an dem Text zu arbeiten (vgl. Beißwenger/Storrer 2010). Die Veränderungen, die sie in Wikis vornehmen, werden in der jeweiligen Versionsgeschichte protokolliert (siehe Abb. 4.7). Der Bearbeitung von Online-Kommunikaten sind keine zeitlichen Grenzen gesetzt, sodass Texte prinzipiell unabgeschlossen und dadurch instabil bleiben.

Abb. 4.7: Kollaborativ bearbeiteter Text in Wikipedia zum Thema Internetlinguistik, Versionsgeschichte (https://de.wikipedia.org/w/index.php?title=Internetlinguistik&action =history)

ZEITLICHKEIT umfasst also auch das rastlose Wesen der Zeit und der damit verbundenen Veränderlichkeit und Vergänglichkeit (vgl. Kolmer 2012). Unmittelbar mit diesen Charakteristika verbunden ist die Dynamizität oder auch Instabilität von Online-Kommunikaten, die unweigerlich mit einer Prozesshaftigkeit einhergehen.

Der Instabilität (also der potenziellen Modifizierbarkeit) eines Kommunikats wirkt jedoch die Aktivität der im Netz Agierenden entgegen. Oben habe ich von einem „Räderwerk" gesprochen, in das Kommunikat eingespeist wird. Aufmerksamkeitsheischende Kommunikate (z. B. gewalttätige und/oder sexuelle Inhalte) rotieren innerhalb dieses Räderwerks besonders intensiv, indem sie von Nutzer_in zu Nutzer_in weitergereicht werden (können). Interaktivität, die laut Storrer (2000) als wichtiges Merkmal von Hypertexten gilt, wird hier über die Interaktionsmöglichkeiten zwischen Mensch und Maschine (wie Suchen, Links anklicken, Perspektivenwahl etc., siehe Storrer 2000: 234) hinaus mit Neuberger (2007: 43 f.) als wechselseitiger Austausch aufeinander bezogener Mitteilungen zwischen Kommunikationspartner_inne/n verstanden.[119] Damit

---

[119] Vgl. auch Rafaeli (1988), McMillan (2002), Quiring/Schweiger 2006, Biber/Leggewie (2004), Fraas/Meier/Pentzold (2013b)

werden also kommunikatorientierte Archivierungs- und Verbreitungsaktivitäten (Screenshots, Teilen etc.) ebenso berücksichtigt wie interpersonale Kommunikationsweisen (Fraas/Meier/Pentzold 2013b: 15, Thurlow/Mroczek 2011). Geschwindigkeit ist demzufolge nicht an die Reaktion des/der einzelnen Produzent_inn/en oder des/der Adressat_inn/en gebunden, sondern ergibt sich aus dem Grad der Zugänglichkeit eines Kommunikats sowie der Vernetzungsintensität und dadurch bedingten Agilität einer Plattform.

Twitter wirkt als öffentlich konzipierte Plattform deutlich aktiver und schneller als z. B. Facebook, wobei dieser Eindruck jeweils unterschiedlich und abhängig vom individuellen Vernetzungsgrad ausfallen kann, denn beide Sozialen-Netzwerk-Seiten ermöglichen Kommunikation in Quasi-Echtzeit[120] (Qiu et al. 2012: 710 u. a., vgl. auch Kap. 4.1 hinsichtlich der Pünktchen-Markierung von Echtzeit-Eingaben).

Auf Sozialen-Netzwerk-Seiten, die in ihrer tendenziellen Schwerfälligkeit eher als Archivierungsplattform fungieren, erhalten die Nutzer_innen über technische Funktionen (etwa die Facebook-Funktion „Erinnerungen", siehe Abb. 4.8) Angebote, Interaktionen über zurückliegende Ereignisse zu revitalisieren. Damit werden schnelllebigkeitsverträgliche Fragmente einer Offline-Situation simuliert, die für Nutzer_innen mit zeitlichem und organisatorischem Aufwand verbunden wäre, etwa das gemeinsame Anschauen eines Fotoalbums oder die Dia-Show im heimischen Wohnzimmer. U. a. somit halten Soziale-Netzwerk-Seiten die technischen Möglichkeiten zur Vergegenwärtigung zurückliegender Zeitphasen bereit, sodass auch digitale Kommunikationsereignisse aus der Vergangenheit auf die Bildschirmoberfläche projiziert und in Nachbarschaft mit der Abbildung tagesaktuellen Geschehens (emotional) präsent werden.

---

120 Von Quasi-Echtzeit spreche ich, weil der Eingabeprozess des Gegenübers derzeit noch nicht mitgelesen werden kann.

Abb. 4.8: Beispiel für die Facebook-Erinnerungsfunktion (Protokollierungsdatum: 2016-04-29, 5:45)

Soziale-Netzwerk-Seiten dienen also dazu, in Echtzeit zu kommunizieren, aber auch über längere Zeiträume hinweg verzerrte/verzögerte Kommunikation zu gestalten. Hier werden die Eigenschaften verschriftlichter (oder verbildlichter) digitaler Kommunikate zweckdienlich umgesetzt. Sie bleiben verfügbar, sind individuell abrufbar und ermöglichen prinzipiell die Anschlusskommunikation zu einem selbst bestimmten Zeitpunkt (insbesondere bei Messengerdiensten). Bei Facebook werden neue Aktivitäten in Kommunikationssträngen, in die sich eine Person anhand von Kommentaren eingebunden hat, angezeigt (Abb. 4.9, [1]). Ein/e Nutzer_in hat dann die Möglichkeit, durch einen Klick auf die entsprechende Meldung zu dem jeweiligen Kommunikationsstrang zu gelangen (Abb. 4.9, [2]), um Reaktionen einzusehen und die Kommunikation ggf. wieder aufzunehmen, einen vergleichbaren Service gibt es auch bei Twitter.

Abb. 4.9: Facebook-Aktivitäten-Anzeige für die Phase, in der ein/e Nutzer/in nicht angemeldet/online ist [1]. Aufgeklappt [2] sind die neuesten Aktivitäten grau unterlegt, Aktivitäten, die bereits zur Kenntnis genommen worden sind, sind weiß unterlegt.

Als intransparente Variable für die Anschlussfähigkeit von Interaktionen oder Interaktionsangeboten (in Form von beispielsweise Statusmeldungen) gelten jedoch die jeweiligen Algorithmen der Sozialen-Netzwerk-Seiten generell. Welche Meldung wird auf die Startseite projiziert, welche nicht und wann geschieht das? Zwar wird Nutzer_innen bei Facebook beispielsweise die Möglichkeit eingeräumt, Bewertungen für (Werbe)-Beiträge abzugeben, die dann bei der Berechnung der Newsfeed-Algorithmen berücksichtigt werden. Einflussgrößen dafür, was auf der eigenen Startseite sichtbar wird, sind aber auch die Anzahl und der Zeitpunkt der Feedback-Signale (gefällt mir, teilen) zur jeweiligen Statusmeldung sowie die Verweildauer und die Interaktionsintensität zwischen den betreffenden Profilinhaber_inne/n (Zhang/Chen 2016). Selbsterklärend kann folglich nur auf die Statusmeldungen, Tweets oder vergleichbare Veröffentlichungen auf anderen Sozialen-Netzwerk-Seiten reagiert werden, die auf der jeweiligen Startseite (Facebook)/Timeline (Twitter)/Stream (Google+) etc. erscheinen und auch gelesen werden.

Wer nicht permanent online ist, dem entgehen gerade auf besonders belebten Sozialen-Netzwerk-Seiten, wie z. B. dem Mikrobloggingdienst Twitter, Beiträge von Twitter-Profilinhaber_inne/n, denen er/sie folgt. Von der Möglichkeit einer zeitversetzten Rezeption (Fraas/Meier/Pentzold 2013b: 15) kann also für Sozial-Media-Daten nicht per se ausgegangen werden. Um die Interaktion zwischen den Nutzer_inne/n auf einem hohen Aktivitätsniveau zu halten, bietet Twitter Optionen wie „Während-Du-weg-warst" oder „Falls Du es verpasst hast" (Abb. 4.10) an, in der die populärsten Tweets, die während der Abwesenheit eines/einer Nutzers/Nutzerin gepostet wurden, zusammengefasst zur Kenntnis genommen werden können. Die Auswahl der populärsten Tweets obliegt wiederum einem Twitter-Algorithmus, der allenfalls auf quantitativen Faktoren basiert, und nicht den Nutzer_inne/n selbst, die qualitative Urteile fällen könnten. Daraus ergeben sich die forschungspraktischen Probleme, die ich in Kapitel 3 erläutert habe, denn der/die Forscher_in ist letztendlich nichts anderes als ein/e Anwender_in und kann nur aus dieser Situation heraus retrospektiv agieren.

Abb. 4.10: Twitter-Angebot zur zeitversetzten Rezeption von Tweets.

Für Cybermobbing-Prozesse ist hierbei nun relevant, dass Betroffene selbst über öffentlich zugängliche Soziale-Netzwerk-Seiten nichts registrieren oder nur Teile der Kommunikation über sie rekonstruieren könn(t)en. Gleichzeitig kann man sowohl an unserem Eingangsbeispiel Bushido-Norbert als auch an den oben geschilderten Vernetzungsaktivitäten nachvollziehen, dass Themen über Jahre im WWW auf einem niedrigen Aktivierungslevel verbleiben können, um temporär-sporadisch hochdynamisch verhandelt zu werden und dann wieder auf ein niedriges Aktivierungslevel abzufallen. Die unterschwellig-dauerhafte Reaktivierungsmöglichkeit macht auch Cybermobbing-Prozesse so unberechenbar. Selbst wenn sich das augenblickliche Interesse der Beteiligten legt, besteht immer die latente Gefahr, dass Cybermobbing-Auslöser (versprachlicht oder in Form statischer oder dynamischer Bilder) virtuell wiederbelebt werden und Cybermobbing entsprechend erneut aufkeimt. Cybermobbing ist also kein Ereignis, das es zu überstehen gilt, es ist ein potenziell andauernder Prozess, mit dem Betroffene in drastischster Ausprägung zu leben lernen müssen. Vergleichbar verhält es sich auch mit Initialakten von digitaler Gewalt, anders als beim Offline-Bullying kündigen sie sich nicht notwendigerweise an: Sie lassen sich nicht prognostizieren, weil sie sich aus der Kommunikationsumgebung nicht ableiten lassen, sondern plötzlich auftreten und nicht steuerbar sind.

4.3 Zeitlichkeit als interaktionsorganisierende Variable

Zeitlichkeit gliedert sich – wie ich zur Einführung des Kapitels schrieb – in die beiden Teilaspekte ihres Verlaufs (a) und der Wahrnehmung von Ereignissen darin (b). Nachdem ich oben geschildert habe, welche Rolle Zeitempfinden, Synchronität und Asynchronität in der Social-Media-Kommunikation spielen, möchte ich nun auf den ersten Teilaspekt zurückkommen. Übergeordnet und vereinfacht lässt sich dies mit der Frage nach dem bereits Geschehenen, dem gerade Geschehenden und dem erwarteten Geschehen überschreiben: Was war, was ist, was kommt und welche Bedeutung generiert sich (jeweils) daraus? Diese Fragen beziehen sich hier selbstredend auf den Verlauf von Kommunikation auf Sozialen-Netzwerk-Seiten, es geht also um Kontextsensitivität einerseits und Sequenzialität andererseits. Damit knüpfe ich unmittelbar an Deppermanns (2015a: 331 f.) Ausdifferenzierung des Bestimmungsstücks Zeitlichkeit an, er formuliert zwei theoretische Ausgangspunkte:
1. Produktion und Rezeption von Interaktionshandlungen verlaufen online, wobei „online" hier so zu verstehen ist, dass das Handeln im „Vollzug stets an den sich permanent ändernden (u. a. von ihm selbst hervorgebrachten) Kontext angepasst" wird, was an Projektions- und Retraktionsmechanismen in der Turnkonstruktion ablesbar ist (dazu Auer 2000, 2005, 2015).
2. Interaktionshandlungen sind sequenziell organisiert, sie gewinnen ihre Identität „erst in der zeitlichen Abfolge in einer Sequenz" (Deppermann 2015: 332 mit Bezug auf Schegloff 2007).

In der Forschung wurde nun lange die Ansicht vertreten, dass digitale Daten gerade nicht kontextsensitiv und gerade nicht sequenziell sind. So resümieren Fraas/Barczok (2006: 133): „[...] in bisherigen Internet-Forschungen wird online-Kommunikation vor allem mit Aspekten wie Dynamik, Flexibilität, Kontextlosigkeit und Ahistorizität verbunden, [...]." Berk/Devin (1991) konstatieren, dass Hypertexte (unter die Social-Media-Texte zu fassen sind, siehe Eisenlauer 2013, Hansen/Shneiderman/Smith 2011) als nicht-sequenziell und non-linear gelten, weil sie Texte, Bilder und Geräusche als Knoten eines Netzwerks abbilden, die über elektronische Links miteinander verbunden werden. Schließlich handelt es sich um computerverwaltete Texte, die eine partielle, selektive Rezeption ermöglichen (Nelson 1972: 253, Storrer 2000: 227, Huber 2002; Burger/Luginbühl ⁴2014: 457 sprechen von „Cluster-Texten" u. a.). Bereits bei Storrer (2000: 242) findet sich jedoch eine Relativierung. Sie macht deutlich, dass die „sog. ‚Nicht-Linearität' [...] nicht zwangsläufig einen Verzicht auf Sequenzierung [bedeutet], sondern [...] als Erweiterung und Flexibilisierung der Strukturierungsmöglichkeiten" verstanden werden sollte.

Abstrahieren wir nun einmal von der Struktur der vor sechzehn Jahren noch üblichen Hypertexte, von digitalen Texten also, die vor der Etablierung des sogenannten Web 2.0 entstanden und mehr der Informationsvermittlung als dem aktiven kommunikativen Informationsaustausch dienten, und wenden uns Social-Media-Daten zu.

Hier fällt vor allen Dingen eines auf: die Oberflächensegmentierung. Wenn man so will, gibt es also bereits auf der Oberfläche eine Strukturierung, die Sequenzen suggeriert. Ebenso wie die Gesamtarchitektur von Sozialen-Netzwerk-Seiten auf Bausteinen (Seitenkopf, Werbung, Angebotsleiste etc.) basiert, lassen sich auch in den von Nutzer_inne/n gestalteten Kommunikationsfeldern klar abgegrenzte Bauteile identifizieren, die den Eindruck eines organisierten, geordneten Interaktionsverlaufs vermitteln. So stellt jeder Turn (um vereinfachend auf gesprächslinguistische Termini zurückzugreifen, siehe Sacks/Schegloff/Jefferson 1974) eine abgeschlossene, graphisch markierte Einheit (vgl. „Häppchen" bei Imo 2015b) auf dem Bildschirm dar. Das verhält sich sowohl in den direkt ausgetauschten Nachrichten so (Abb. 4.11), in Gruppenchats (Abb. 4.12), innerhalb von Statusmeldungen (Abb. 4.13), die sogar intra-dialoge Antwortsequenzen optisch durch Einrückung absetzen als auch auf den Sozialen-Netzwerk-Seiten insgesamt (Abb. 4.14), indem die Beiträge wie in einem Baukastensystem untereinander angeordnet sind.

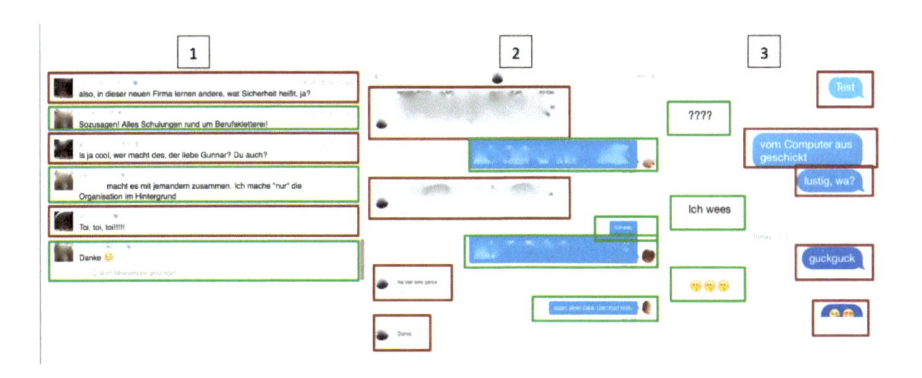

4.3 Zeitlichkeit als interaktionsorganisierende Variable — 123

Abb. 4.11: Graphisch gekennzeichnete Turntaking-Sequenzen im privaten Nachrichtenaustausch auf Facebook [1], auf Twitter [2] und im Messengerdienst iMessage [3]. Der Inhalt der Textbotschaften ist hier unerheblich. Antworten sind jeweils grün umrahmt.

Hinsichtlich der intra-dialogen Antwortsequenzen[121] auf Facebook ist aber einzuschränken, dass die Nutzer_innen sich an die Konvention halten müssen, den „Antworten"-Button zu klicken, bevor sie ihren Kommentar eingeben.

Abb. 4.12: Im Whatsapp-Gruppenchat sind die jeweiligen Teilnehmer/innen unterschiedlich farblich gekennzeichnet. Rot-grüne Umrahmungen signalisieren hier, dass die Nachricht sowohl rückbezüglich als auch prospektiv sein kann, vgl. auch Abb. 4.13.

---

121 Mit *intra-dialogisch* beziehe ich mich hier auf lokale Sequenzen innerhalb von Kommentarsträngen, die durch Betätigen der Antworten-Funktion entstehen und einen Mikro-Dialog innerhalb des Kommentardialogs abbilden.

Anderenfalls erscheint selbst ein als intra-dialoge Antwort intendierter Beitrag bündig mit dem ersten Kommentar ebenfalls als Kommentar.

Abb. 4.13: Intradialogische Sequenzen unter einer Facebook-Statusmeldung. Die Antworten auf spezifische Kommentare werden eingerückt (hier mit einer unterbrochenen grünen Linie gekennzeichnet), wenn der/die Nutzer/in von der Antworten-Funktion Gebrauch macht.

Abb. 4.14: Graphisch klar abgegrenzte Sequenzen auf Twitter (links) und Facebook (rechts). Dialogische Sequenzen werden bei Twitter mit einer vertikalen grünen Verbindungslinie (hier mit einer unterbrochenen grünen Linie umrahmt) angezeigt.

4.3 Zeitlichkeit als interaktionsorganisierende Variable — 125

Weitere Möglichkeiten, die Nutzer_innen verwenden, um retrospektive Bezüge zu markieren, sind @-Adressierungen und Namenzitationen. Diese sind an eine technische Funktion gekoppelt, die dem/der jeweiligen Adressat/en_in gemeldet wird (siehe z. B. Abb. 4.9).

An Abb. 4.15 wird jedoch deutlich, dass die segmentale Oberflächenrepräsentation auch irreführend sein kann. So verknüpft hier eine üblicherweise dialog-indizierende Markierung, wie die grüne Verbindungslinie zwischen zwei Tweets auf Twitter (in Abb. 4.15 [1] grün gestrichelt umrandet), zwei Beiträge ein- und derselben Urheberin. Zusätzlich werden beide Einzelbeiträge als „Gespräch" deklariert (in Abb. 4.15 [1] angezeigt durch einen von mir eingefügten grünen Pfeil).

Abb. 4.15: Als Gespräch kategorisierte Einzelbeiträge eines/einer Nutzer_in auf Twitter.

Insgesamt lässt sich aber festhalten, dass sich Zeitlichkeit im Sinne einer Sequenzialität in Materialitätsrepräsentationen manifestiert, wobei die Zusammensetzung der Beitragsbausteine auf Sozialen-Netzwerk-Seiten (nicht innerhalb intra-aktiver Sequenzen)[122] variieren kann, wie in Abb. 5.4 ebenfalls gezeigt wird. Ich habe auch darauf verwiesen, dass der Algorithmus, der diesen Konfigurationsprozessen zugrundeliegt, für Rezipient_inn/en nicht transparent ist (vgl. Kap. 4.2).

Was heißt das? Tweets und Statusmeldungen, die auf der Bildschirmoberfläche hintereinander angezeigt werden, stehen in keinem inhaltlichen Zusammenhang und können selektiv rezipiert werden, vgl. oben.

---

122 Intra-aktive Sequenzen sind Kommentarbereiche unter Statusmeldungen, direkte Antworten auf Kommentare und Tweets oder der direkte „private" Nachrichtenaustausch.

Es ist nicht nachvollziehbar, in welcher Reihenfolge sie auf anderen Bildschirmoberflächen angezeigt werden. Streng genommen dürfen sie nicht als Kotext in eine genuin linguistische Analyse einfließen, weil ihr Beitrag zur Rekonstruktion von Sprecherintention oder kollaborativer Bedeutungsherstellung (je nach Erkenntnisinteresse) höchst spekulativ und von Momentaufnahmen abhängig wäre. Eine internetlinguistische Perspektive berücksichtigt diese Variablen jedoch in der Analyse, weil sie die ganzheitlich zu betrachtende Produktions- und Rezeptionssituation maßgeblich mitbestimmen (vgl. das in 5.2 skizzierte Rahmenmodell).

Elementar ist, dass die Anzeigenabfolge intra-aktiver Segmente nicht willkürlich geändert wird, sodass unmittelbare Interaktionen in Kommentarbereichen und im geschützten Bereich (private Nachrichten bei Facebook, direkte Nachrichten bei Twitter) als verifiziert gelten, somit als ko- und kontextkonstruierende Elemente in die Analyse einbezogen werden können. Bei Facebook ist aber zu beachten, dass sich Nutzer_innen die Kommentare in zwei Varianten anzeigen lassen können: chronologisch oder nach Relevanz geordnet. Für die sprachwissenschaftliche Analyse ist die chronologische Reihenfolge verbindlich, da die Operationalisierung von Relevanz bislang intransparent ist.

4.4 Zur besonderen Rolle von Initialsequenzen

Die Verteilung von Interaktionssequenzen scheint oberflächlich klar strukturiert, deutlich durch graphische Begrenzungen markiert und geregelt, gleichzeitig erwecken die Inhalte von solchen aufeinander folgenden Sequenzen durchaus auch den Anschein von Willkür, vgl. Abb. 5.4, 5.5 und 5.6, in denen dies für Twitter und Facebook differenziert dargestellt wird. Mit Bezug auf Online-Zeitungen beschreiben Burger/Luginbühl (^{4}2014: 482) die sogenannte „lost in cyberspace"- Situation beim nicht gelösten Sequenzierungsproblem. Es ergeben sich also Schwierigkeiten bei der Herstellung von Kohärenz, Überforderung und uneffektive Navigationsstrategien seien laut Bucher (2000: 170) die Folge.

Ähnliche Effekte können auch bei der Rezeption von Social-Media-Daten eintreten, sodass der Eindruck entsteht, Interaktion in Sozialen Medien wäre nur eine Schein-Interaktion, bestehend aus einer unüberschaubaren Akkumulation von teilweise unverständlichen Initial-Sequenzen, in denen ein im Prinzip gleichgültiges Thema nur als Mittel zum Zweck der Selbst-Profilierung fungiert. Beliebige Statusmeldungen bei Facebook, Tweets (aber auch Posts bei Instagram und YouTube-Videos) lassen sich hier gleichermaßen als Beispiele heranziehen (siehe Kap. 5).

4.4 Zur besonderen Rolle von Initialsequenzen — 127

In diesem Sinne ist eigentlich jeder Beitrag in Sozialen Medien als prospektiv einzustufen – mit der Einschränkung, dass sich diese Beiträge nicht oder nicht nur auf „the basis what has been said so far" (Auer 2015: 27) rekonstruieren lassen, weil es das Vorher-Gesagte a) in manchen Fällen streng genommen gar nicht gibt oder es sich b) nicht eruieren lässt, weil es weder auf der sprachlichen Oberfläche (durch Kohäsionsmarker), noch über Adressierungen, noch über graphisch-technische Elemente (z. B. grüne Linien in den Abb. 4.13 und 4.15) sichtbar wird. Gerade die letzte Option deutet eine große methodische Herausforderung bei der Datenkollektion an (siehe Kap. 3).

Wenn man nun Imo (2015b: 13) zustimmt, der darauf verweist, dass „Sprache [...] sich nur sequenziell beschreiben [lässt], d.h. Äußerungen bauen auf Vorgängeräußerungen auf, machen bestimmte Nachfolgeäußerungen erwartbar und haben bestimmte Positionen in einem Gespräch," ergeben sich neben der Frage, wie Interaktion in Sozialen Medien als Gespräch konzeptualisiert werden kann (Storrer 2001a,b, Beißwenger 2002b, vgl. auch Naumann 1997), auch Überlegungen dazu, was als Vorgänger- und was als Nachfolgeäußerung wo identifiziert werden kann und wie das aus Nutzer_innen-Perspektive genau geschieht. Sprachliche (kotextuelle) Äußerungen sind hier nur eine fakultative Variable (dazu auch Levinson ³2000: IX).

Weitere kontextkonstituierende Parameter sind die Kenntnis des Mediums (Kanal, siehe auch Lyons 1977, 1982 und Bußmann ³2002), die Äußerungssituation, die Beziehung zwischen Produzent_in und Rezipient_inn/en und kognitionsinhärente Aspekte.[123]

Alle diese Faktoren definieren das Entstehungsumfeld einer Äußerung und sind für deren Verarbeitung relevant. Möchte man Cybermobbing-Prozesse verstehen, ist es wichtig, diese Informationen zu ermitteln und in Bezug zu den diskreditierenden Äußerungen zu setzen. Ein besonderes Augenmerk ist m. E. auf als solche zu identifizierende Initialsequenzen zu legen. Sie zeichnen sich dadurch aus, dass sich Produzent/innen über die interaktionsinitiierende Gestaltung ihrer Beiträge in die Position versetzen „to [...] answer the question 'what next?'" (Auer 2015: 28).[124] Das heißt, sie werden mit der Absicht veröffent-

---

[123] Siehe Schwarz (2000), Schwarz-Friesel/Consten (2014: 58 ff.) und zu dieser Auflistung auch Marx/Weidacher (2014: 153) sowie die Kapitel zu den pragmatischen Bestimmungsstücken Leiblichkeit, Sozialität und Epistemizität in diesem Buch.
[124] Ich adaptiere hier Auers (2015) Projection (Projektion) and Latency (Retraktion)-Terminologie, siehe auch Deppermann (2015a: 331), der konstatiert, dass Auers Ausführungen „für Syntax-in-Interaktion" auch „für Handeln-in-Interaktion allgemein gilt."

licht, spezifische Reaktionen zu evozieren. Die Statusmeldung von Spiegel.TV (4-3) beispielsweise ist keinesfalls ein Versuch, einen Shitstorm zu verhindern.

4-3   Vor unserer Schwerpunktsendung über die „essgestörte Republik" sichern wir unsere Facebookseite schon mal gegen den veganen und probiotischen Shitstorm, der ab 22:10 Uhr über uns hinwegfegen wird. (fb, Spiegel.TV, 2015-02-08, 781 Fav, 399 Kom., 69 T).

Eine Fernsehsendung wird hier über eine Facebook-Statusmeldung angekündigt. Allein am Titel der Sendung lässt sich nicht ablesen, dass die Ess-Störung (*essgestörte Republik*) nur einer ausgewählten Personengruppe zugeschrieben wird. Um welche Personengruppe es sich handelt, kann nur erschlossen werden, wenn die potenziellen Initiator_inn/en eines Shitstorms benannt werden: Menschen, die sich vegan ernähren. Diese Evaluierung kombiniert mit der paradoxen Ankündigung ein Ereignis verhindern zu wollen (*sichern*), um es dadurch erst zu elizitieren, erwies sich als erfolgreiche Strategie, eine Flut von Kommentaren zu provozieren. Ähnlich funktionieren sogenannte Challenges, wie in 4-4.

4-4   Initialtweet [1]: tw, LNT's Alina@liont_alina, 2016-04-26, 4:36, 2 RT, 1 Fav

Eines der sogenannten Löwenkinder[125] bittet hier mit Verweis auf eine Abmachung mit ihrem Vater um eine bestimmte Anzahl von Retweets, um ein anderes Löwenkind besuchen zu können. In Challenges werden also die Reaktionen der anderen Nutzer/innen (vgl. Abb. 4.16) als Währung gehandhabt, die zu Handlungen in der Realität führen oder Ereignisse in der Realität ermöglichen.

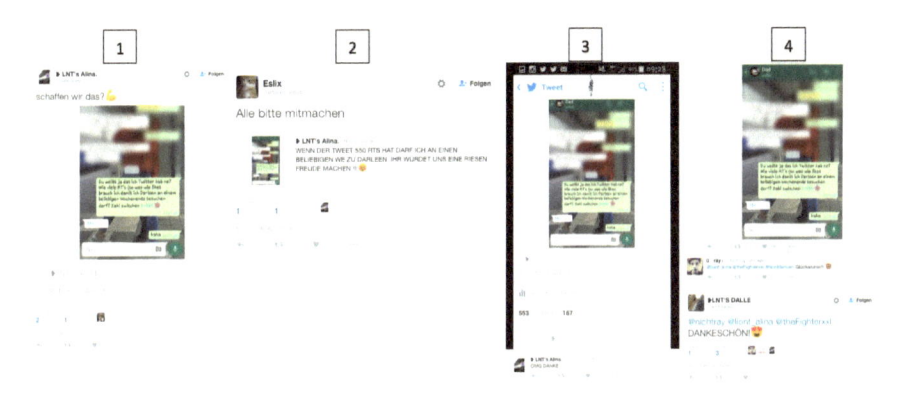

Abb. 4.16: Der Urspungstweet wird unter den Löwenkindern retweetet und mit zur Kooperation animierenden Kommentaren versehen [1], [2]. Als das Ziel von 550 Retweets erreicht ist, bedankt sich die Urheber/in der Challenge [3] und wird beglückwünscht [4].

In Beispiel 4-5 wählt der Verfasser eine formal identische wenn-dann-Konstruktion (wobei *dann* hier nicht realisiert wird), um Challenges zu parodieren: Die Gelingensbedingungen für einen Sprechakt der Herausforderung sind ganz offensichtlich nicht erfüllt, weil der hier skizzierte Mehrwert den geforderten Einsatz nicht rechtfertigt.

4-5   Wenn dieser Tweet eine Milliarde Favs hat esse ich 1 Rosine. (tw, bohm voyage!@HerrVanBohm, 2015-10-16, 7:18, 177 RT, 1068 Fav, 21(2) RP)[126]

Dennoch konnte der Twitterer seine Popularität erhöhen, wie über 1000 Favorisierungen zeigen. Es gab jedoch auch User_innen, die das „Aufwandspotenzial" im Investitionsvorschlag im Rahmen des vorgegebenen Formats zu identifizieren suchten, indem sie z. B. vermuteten, er sei allergisch gegen Rosinen. Unge-

---

125 Löwenkinder bilden die Fangemeinde des YouTubers Liont.
126 RP steht für Reply und die Zahl in Klammern für die Bot-Antworten.

achtet dessen, ob es sich hier um einen ironischen Dialog handelt oder nicht, werden die Normen für diese Tweet-Gattung[127] ausbuchstabiert und aktiv reflektiert.

Auch Initialelemente von Cybermobbing sind konzeptionell wie Challenges angelegt, wie die typischerweise thematisch fokussierten Fragen (4-6 bis 4-12), darunter evaluative Behauptungen über Schüler_innen (4-9) oder Lehrer_innen (4-10) und hot-or-not-Entscheidungsfragen (4-11), zeigen. In diese Kategorie fiel auch das im Dezember 2011 von SchülerVZ neu implementierte Spiel „VZ Pausenhof" (4-12), bei dem die Schüler_innen ihre Freunde mit einem ‚Daumen hoch' vs. ‚Daumen runter' als „top" oder „flop" kategorisieren konnten.

4-6 hässlichstes mädchen ???? (isg, g_1_wi_ls, 2011-01-21, 15:25:51)

4-7 Heissester Junge der WRO? (isg, g_1_b_wr, 2011-01-13, 21:26:27)

4-8 Welches Mädchen aus der 7. ist die Schönste? (isg, ses_1_b_gh, 2011-03-31, 15:57:58)

4-9 L.S. ist eine Schlampe! (isg, g_1_b_sco, 2011-01-19, 19:54:31)

4-10 Frau [Name einer Lehrerin] sie sind einfach eine Schlampe. Sie sind eine Crack Hure die immer in Discos durch gevoegelt wird . ALTER SIE SIND SO EINE SCHLAMPE! Ich bin soooo froh sie nicht zu haben. PS: Ficken SIE sich ! (isg, g_1_fr_dh, 2011-03-27, 20:04:48)

4-11 [VnidbP1] & [VnidbP2] hot or not? (isg, g_1_ffm_gg, 2011-01-17, 18:11:55)

4-12

---

127 Den Gattungsbegriff verwende ich hier sehr weit, vgl. Meier (2016) zu einer aktuellen Problematisierung des Begriffs.

Der harschen Kritik von Bloggern setzten die Betreiber entgegen, dass die Flop-Bewertung den betroffenen Personen nicht angezeigt werde. Die neue Funktion war also als kompaktes „virtuelles Hinter-dem-Rücken-Reden" konzeptioniert. Sie wurde aufgrund der massiven Kritik von Internetnutzer_innen und Netzaktivist_inn/en (siehe Kuhn 2011) eingestellt.

Die oben genannten Elemente (4-6 bis 4-11) stellten insbesondere auf der Seite IShareGossip Auftakt-Sequenzen für Cybermobbing-Handlungen dar. Sie illustrieren, wie Challenges auch, ein Phänomen, das ich in Anlehnung an den Terminus der social-media-inhärenten Skalierbarkeit (vgl. Abbott/Fisher 2009) als „kalkulierte Skalierbarkeit" bezeichnen möchte. Damit soll die Vorhersagbarkeit der Nutzer_innen-Reaktionen erfasst werden, die an das spezifische Muster einer Initialsequenz geknüpft sind. Als wichtig erachte ich vor diesem Hintergrund die Frage, wie sich Initialsequenzen von Cybermobbing sicher eruieren lassen.

So ist es interessant, dass der semantische Gehalt dieser Initialsequenzen offenbar innerhalb einer spezifischen Online-Umgebung sekundär ist. Fragen, wie 4-6 und 4-8, evozieren beispielsweise gleichermaßen eine unüberschaubare Flut an beleidigenden Kommentaren auf IShareGossip, siehe dazu auch Kap. 7. Die Nutzer_innen verhalten sich im Rahmen der Diskursform erwartungskonform. Zur Veranschaulichung verweise ich auf das Beispiel 4-13, in dem ein/e Nutzer_in dieses normkonforme (mustergebundene) Verhalten dokumentiert (*eigentlich war die frage wer die hübscheste ist und nicht wer flachland hat wer hässlig ist wer dumm aussieht wer eine ,,andere\'\' nase hat wer sich zu doll schminkt*) und kritisch bewertet (siehe zu kritischen Kommentaren im Rahmen von Cybermobbing auch Kap. 7).

4-13 wie gesagt das hier sind schüler aus der [Name der Schule] die in der schule behaupten die wäre beste freunde aber lästern hier so ab. eigentlich war die frage wer die hübscheste ist und nicht wer flachland hat wer hässlig ist wer dumm aussieht wer eine ,,andere\'\' nase hat wer sich zu doll schminkt ihr habt ALLE keine hobbys hier (isg, ses_1_b_ksf, 2011-01-19, 21:55:42)

Damit einher geht die Frage, welche Eigenschaften eine Diskursform aufweisen muss, um als Nährboden für digitale Gewalt zu fungieren. Weisen Soziale-Netzwerk-Seiten diese Eigenschaften per se auf? In den nachfolgenden Ausführungen zur Leiblichkeit als Bestimmungsstück wird u. a. dieser Frage nachgegangen.

Das Kapitel in fünf Sätzen

1. Die Relevanz des Parameters Zeitlichkeit zeigt sich sowohl beim Verfassen von Social-Media-Beiträgen, wenn die Kontrolle über die Daten durch einen bewussten (und im Gegensatz zur mündlichen Sprachproduktion erweiterten) Schritt der Veröffentlichung gesichert ist, als auch bei der nahezu unbewältigbaren Verwaltung, weil die Daten Teil eines diskursiven Systems werden, das eigenen Regeln folgt.
2. Die Fluidität von Social-Media-Beiträgen wird deutlich an modifizierenden, rekontextualisierenden und expandierenden Prozessen, gleichfalls sorgt die kollektiv bedingte Autoarchivierung für permanente Revitalisierungseffekte.
3. Eine zweite Perspektive auf Zeitlichkeit eröffnet die Frage nach der Sequentialität der Beiträge, die sich quasi materialisiert, dabei aber in die Irre führen kann.
4. Als besonderes Merkmal habe ich die kalkulierbare Skalierbarkeit der Daten hervorgehoben, die sich insbesondere an Initialsequenzen reflektieren lässt, da diese ein erwartetes Muster elizitieren.
5. Cybermobbing bedient also inzwischen diskurstraditionelle Schemata.

5 Leiblichkeit als Bestimmungsstück für digitale Gewalt: Alterierende Identität & Multimodalität

Seit August 2007 weiß die Lehrerin, dass sie ihr digitales
Abbild im Internet nicht immer unter Kontrolle hat.
Damals war ihr Freund auf Sexbilder von ihr auf
einer Blog-Seite gestoßen. Fassungslos betrachtete
die heute 30-Jährige die Bilder, darunter standen ihr
voller Name – und obszöne Kommentare von
Internet-Nutzern. Sie war damals als Langstreckenläuferin
sehr erfolgreich, eine Lokalzeitung stellte Fotos
ins Netz, die sie auf dem Siegerpodest zeigten.
Offensichtlich hatte jemand die Fotos heruntergeladen,
ihr Gesicht ausgeschnitten und auf Pornobilder montiert.

kreiszeitung.de, 16.12.2011, 10:40

Vorbemerkungen

Die Dimensionen der Leiblichkeit beschränken sich nicht nur auf die von Deppermann (2015a) hervorgehobene Multimodalität (mündlicher Kommunikation), die hier unter Punkt 5.3 gesondert betrachtet wird. Gerade die Mensch-Maschine-Schnittstelle, die durch die Internetkommunikation zu einem akzeptierten Element alltäglicher Interaktion geworden ist, elizitiert neue Aspekte der Leiblichkeit, die hier zumindest skizziert werden sollen. Als inspirierend erachtete ich hierfür die auf Merleau-Ponty (1966a,b) zurückgehende Auffassung, dass der Mensch über den Leib in der Welt verankert ist, dieser sei sein Medium zur Welt (vgl. auch Schultheis 1998: 54 ff. oder Kruse 1974: 47).

Wo ist im Zeitalter der digitalen Kommunikation der Leib zu verorten? Ist er das Instrument, das Nutzer_innen gebrauchen, um die Begrenzung ihres eigenen Körpers Erkenntnis erweiternd aufzulösen, wenn er in einer Online-Welt installiert wird?[128] Diese Überlegung führt dazu, den Online-Raum als identi-

---

[128] Abgesehen von automatisch generierten Inhalten handelt es sich bei Interaktionsdaten in Sozialen Medien um sogenannten „User-generated-Content". Das Web 2.0 konstituiert sich also aus Beiträgen, die von den Nutzer/inne/n generiert, eingestellt und rezipiert werden (u. a. Wehner 2008). Huber (^{2}2010: 16) spricht auch vom „Mitmach-Web". Die Produzent/inn/en und Rezipient/inn/en sind reale Personen. Diese agieren zwar keinesfalls immer unter ihrem Klarnamen oder projizieren ein Abbild ihrer Realität in die Online-Welt, vgl. u. a. Ernst (2012), Lück (2012) oder Zillmann/Schmitz/Blossfeld (2011). Allein die Tatsache aber, dass die Aktanten im Netz auch Aktanten einer real-existierenden Welt sind, markiert eine wichtige Schnittstelle zwischen On- und Offline-Bereich.

DOI 10.1515/9783110561609-005

tätserweiternd im Sinne einer gesteuerten Alteritätskonfiguration zu betrachten (vgl. Meyer-Drawe ²1987). Somit würde der leibliche Ausdruck, der schon in Begleitung der gesprochenen Sprache dazu dient, die eigene Privatheit zu überschreiten (Meyer-Drawe ²1987: 204), um einen Wirkungsraum bereichert, der durch seine technische Rahmung bewusst von der Sprecher_innen-Identität abgekoppelt werden kann (vgl. Döring 2000, Beißwenger 2001, Lück 2012, Ankenbrand 2013).[129] Plessner (1975: 291) spricht von einer „ex-zentrischen Positionalität", die dem Menschen die Fähigkeit zugesteht, eine Distanz zu sich selbst herzustellen und

> zwischen sich und seine Erlebnisse eine Kluft zu setzen. Dann ist es diesseits und jenseits der Kluft, gebunden im Körper, gebunden in der Seele und zugleich nirgends, ortlos außer aller Bindung in Raum und Zeit, und so ist es Mensch.

Das wiederum verleiht der Frage nach dem Schweigen, Verstummen, ja Verschwinden des Körpers, die Bräuer (1988) aufwirft, eine aktuelle Relevanz, denn der Körper kann in der Kommunikation im Social Web eliminiert oder substituiert werden.

Ich möchte hier zunächst auf die Körpererfahrung bei der Produktion digitaler Daten eingehen (Kap. 5.1) und die Verquickung der hier angesprochenen Räume in dem sogenannten Modell konvergierender Rahmen präzisieren (Kap. 5.2), um diese auf Cybermobbingprozesse projizieren zu können.

Im dritten Teil dieses Kapitels greife ich, wie oben angekündigt, die Mehrfachkodierung von Online-Kommunikaten auf (Kap. 5.3) und werde deren Darstellung und Architektur unter dem Aspekt der sicherheitsbasierten Orientierungsfähigkeit problematisieren. Neben der formenverquickenden Präsentation werde ich die Modi Bild und Sprache reflektieren. Ich kann vorwegnehmen, dass dem Modus Sprache im Rahmen von Cybermobbing eine besondere Bedeutung beigemessen werden, auf die ich in Kapitel 6 eingehen werde.

Es gibt auch sogenannte „Chatbots – artifizielle Dialogagenten" (vgl. Lotze 2012: 25 ff.), mit denen Nutzer/innen interagieren können, oder Bots, die Netzinhalte abscannen. Sie werden hier aus der Betrachtung ausgeklammert, obgleich sie ebenfalls natürlich Ergebnis eines (menschlichen) Programmierungsprozesses sind.
129 Ankenbrand (2013: 509) spricht von der „geheimnisvollen Selbstpräsentation mittels Sprache [...]. Die körperliche Attraktivität der face-to-face-Interaktion wird im Netz wie in der E-Mailkommunikation allgemein kodiert über sprachliche Mittel wie Humor, Wortwahl und Originalität des Schreibstils. Der Schreiber entwirft mittels kreativer Formulierungen, Sprachwitz und pointierter situativer Darstellungen ein filigranes Ich-Design."

5.1 Chiasmus von Technik und Natur: Zur Artifizialität von Kommunikationsroutinen

Online-Kommunikation wird im Gegensatz zu Face-to-Face-Kommunikation technisch[130] produziert, vermittelt und rezipiert.[131] In den Kommunikationsprozess sind technische Geräte (und Anwendungen) eingebunden, die über intuitive Bedienelemente (vgl. Runkehl 2012: 3 ff.; Ebersbach/Glaser/Heigl 2011: 28 ff.) verfügen und hohe Geschwindigkeiten und Flexibilität bei der Produktion und Distribution von komplexen Daten ermöglichen.

Einer Online-Kontaktaufnahme mit einem/einer Kommunikationspartner_in geht der Blick auf einen Bildschirm und die Berührung eines technischen Geräts voraus. Der/die Produzent_in gibt eine Botschaft über eine externe Tastatur (Standrechner, Laptop), einen Touchscreen (Tablet, Smartphone) oder ein Mikrofon[132] ein. Dieser Vorgang kann durch mehrfachen Tastendruck oder durch Wischbewegung(en) initiiert (bei der Nutzung des Mikrofons) oder vollständig (bei der manuellen Texteingabe) realisiert werden.

Anders als bei einem zwischenmenschlichen Händedruck, der in unserer Kultur oftmals (in Verbindung mit dem Blickkontakt) den Auftakt einer Kommunikation begleitet, sind hierbei lediglich die Fingerspitzen involviert, die auf eine Plastik- oder Glasoberfläche treffen. Deren Temperatur entspricht in etwa der Umgebungstemperatur, wenn sich das Gerät im Normalbetrieb befindet, und liegt damit ungefähr zehn Grad unter der menschlichen Körpertemperatur.

Es handelt sich also um eine recht artifizielle Kommunikationssituation, in der das Gegenüber üblicherweise nicht anwesend und auch aufgrund seiner sprichwörtlichen „Abgeschirmtheit" nicht spürbar ist. Eine psychologische Distanz ist allein schon aufgrund fehlender haptischer Wahrnehmungen gegeben, sie kann natürlich-empathische Empfindungen beeinträchtigen.

---

130 Unter ‚technisch' fallen in der Literatur sowohl die „digitale" (Siever 2015, Burger/Luginbühl ⁴2014, Dang-Anh/Einspänner/Thimm 2013, Holly/Jäger 2011, Storrer 2010 u. a., auch das Portal mediensprache.net), „elektronische" (Sager 2001, Burkhardt 2003, Faulstich 2002 u. a.) als auch die „computervermittelte" (Beißwenger 2001, Beißwenger/Storrer 2008, Kilian 2001, Döring 2013) und „internetbasierte" (Schlobinski 2005, Beißwenger 2012) Kommunikation.
131 Vgl. Döring (2013: 424), Burkart (2003), Burkart/ Hörnberg (⁸2015), Habscheid (2000) u. a.
132 Auch in der computervermittelten Kommunikation ist die gesprochene Sprache im Hinblick auf die technologischen Entwicklungen keine Utopie mehr (vgl. Siever 2012, Jucker/ Dürscheid 2012, aber auch die aktuelle Studie zu WhatsApp-Sprachnachrichten von König/Hector 2017).

Auch der visuelle Eindruck bleibt eingeschränkt, denn der/die Kommunikationspartner_in ist auf dem Display nicht oder nur reduziert auf ein Profilbild und/oder Avatar[133] sichtbar. Das ist besonders dann relevant, wenn sich Online-Kommunikationsbeiträge an nur eine Person richten, via Messenger etwa (wenn es sich nicht um einen Gruppenchat handelt), via Twitter über die direkte Nachricht, wenn sich die potenziellen Kommunikationspartner_inn/en gegenseitig folgen oder z. B. auf Facebook über „Nachricht senden". Richten sich Online-Kommunikationsbeiträge auf öffentlich zugänglichen oder für einen größeren Kreis einsehbaren Plattformen an eine unüberschaubare Menge von Personen, ist der/die Rezipient_in nicht einmal klar definiert.

Dennoch ist es ratsam, auch die technologisch simulierte Nähe in Betracht zu ziehen, die z. B. entstehen kann, wenn sich Profilidentitäten zur gleichen Zeit im gleichen Online-Raum befinden, etwa simultan auf Facebook online sind, was den Nutzer_inne/n jeweils durch einen grünen Punkt (oder eine vergleichbare Markierung, wie z. B. ein Zeitstempel/blauer Haken bei WhatsApp) hinter dem Namen der betreffenden Profilidentität angezeigt wird. Diese Nähe kann – ungeachtet dessen, ob sie zufällig entsteht oder aktiv initiiert wird, etwa durch eine Verabredung – die aktuelle Aufmerksamkeit so bündeln und das aktuelle Emotionsmanagement so beanspruchen, dass es mit einer Face-to-Face-Situation vergleichbar ist. Dabei ist es unerheblich, ob die vernetzten Personen einander auch realiter bekannt sind oder die soziale Nähe und Vertrautheit zwischen einander fremden Personen entsteht, respektive bereits besteht (Döring 2002a, 2003). Die Nähe-Distanz-Konzeption sollte im Kontext internetbasierter Kommunikation nicht auf eine real-lokale Komponente reduziert bleiben, sondern bedarf einer Modifikation, die die Interaktion in virtuellen Räumen integriert. Wie lässt sich eine solche Verschränkung nun beschreiben?

5.2 Das Modell konvergierender Rahmen

Die Oberfläche des Bildschirms wird zwar als „Fenster zur Welt" empfunden, weil sie Inhalte des World Wide Webs in Zeichensystemen repräsentiert, die den Nutzer/inne/n aus ihrer natürlichen Umgebung vertraut sind[134] und deshalb als

---

133 Ein Avatar ist z. B. ein Abbild einer Kunstfigur. Auch das eigene Profilbild kann zu einem Avatar umgestaltet werden, etwa als sogenanntes Mii, das die dreidimensionale virtuelle Ausgabe einer Person symbolisiert.
134 Auch wenn HTML die basale Auszeichnungssprache des Webs ist, arbeitet der/die Default-Nutzer/in mit einer nutzer/innen-freundlich designten Oberflächenausgabe des jeweiligen Webangebots (siehe auch Pentzold/Fraas/Meier 2013: 87 f.).

Abbilder der realen Welt oder deren Erweiterung in Einklang mit eigenen Erfahrungsmustern gebracht werden können. Betrachtet man allein die Kodierungen, ist der Blick nach außen immer auch ein Spiegelblick, weil natürliche Sprache und (un)bewegte Bilder reflektiert werden. Das ermöglicht es den Nutzer_inne/n, sich auch im World Wide Web intuitiv zu verhalten.

Gleichzeitig bildet der Bildschirm aber auch eine Grenzfläche, die einen bewussten Übertritt notwendig macht, weil sich bisherige Erfahrungen nur zu einem Bruchteil mit den Angeboten des WWW decken. Das betrifft insbesondere Kinder (aber nicht ausschließlich), die z. T. unvorbereitet auf gewalttätige oder pornographische Inhalte stoßen, weil sie ihrer natürlichen Neugier folgend YouTube-Videos aufrufen (vgl. Lofgren-Martenson/Mansson 2010, Mitchell/Wolak/Finkelhor 2007, Sabina/Wolak/Finkelhor 2008, Döring 2011).

Der Zugang zu dieser erweiterten Erfahrungswelt kann dabei experimentellen Charakter haben: die Nutzer_innen können dem Geschehen (das natürlich auch unbedenkliche Interaktionen involviert) als passive Beobachter, sogenannte „Lurker" (Nonnecke/Preece 2000, Kluba 2000, Stegbauer/Rausch 2001) beiwohnen, wenn das Endgerät angeschaltet und nachdem die aktive Einwahl auf eine spezifische Seite erfolgt ist, oder es dann sogar mitgestalten, wobei sie ihre Identität verbergen, offenbaren und/oder modifizieren können, die vordergründig „körperlose Welt" vermittelt dabei sogar ein Gefühl von Sicherheit und Kontrolle (vgl. Haeusler/Haeusler ³2012: 113).

Gerade im Hinblick auf den Schutz Heranwachsender muss jedoch deutlich herausgestellt werden, dass diese Sicherheit trügerisch ist, wenn sich die reale Offline-Identität geradezu hermetisch mit der Online-Identität verschränkt. Das wird besonders an der Schnittstelle zwischen Social Web und Virtueller Welt relevant. Zu virtuellen Welten zähle ich digitale Spielumgebungen. Spielumgebungen weisen – wie Soziale-Netzwerk-Seiten, die deutlich als solche erkennbar an reale Lebenswirklichkeiten anknüpfen, auch – Kommunikationsfunktionen auf, die einen Austausch der Spieler_innen untereinander ermöglichen.[135] Dabei verschwimmen die Grenzen zwischen realer und konstruierter Spielidentität auch deshalb, weil sich oftmals Kinder und Jugendliche zum Spielen vernetzen, die sich auch offline kennen. Ein Ansatzpunkt für die Erklärung von Cybermobbing liegt in diesen Kommunikationsbedingungen. Die kompetitive Spielsituation kann dabei die Kommunikation auf Sozialen-Netzwerk-Seiten negativ beeinflussen (siehe auch Kap. 7).

---

[135] vgl. die bei Kindern und Jugendlichen äußerst beliebten Spiele Clash of Clans, Movie Planet, Minecraft oder Grand Theft Auto (GTA).

> Dabei kommt es auch in #Onlinegames tagtäglich zu #Hatespeech - was im Kern häufig auch eine strafrechtlich relevante Volksverhetzung darstellen kann. [...] Dabei spielen bereits 56 Prozent der 6-7jährigen Onlinegames und sind nicht etwa bei Facebook oder Instagram zu finden. [...] die Kinder und Jugendlichen wachsen in den Onlinegames auch mit der Konfrontation mit Hatespeech und Co. auf - lange bevor sie klassische Soziale Medien nutzen. Wie soll aber ein 10jähriger auf eine Gilde reagieren die ‚WaffenSS' oder ‚AlQaeda' heißt oder wenn er mit einem Gamer konfrontiert wird der ‚AdolfH', ‚Himmler' oder ‚Bin Laden' heißt? Oder wie soll er als Kind auf Hasskommentare generell im Spielechat reagieren - reicht hier z.B. der Hinweis auf eine Meldemöglichkeit ohne pädagogische Aufarbeitung? Teilweise haben Kinder in diesen Alterskategorien noch gar nicht in den Schulen einen historischen oder politischen Kontext vermittelt bekommen, um diese Verhaltensweisen einordnen zu können. (Rüdiger 2016: Punkt 2)

Die Hürde, verbale Aggressionen aus der virtuellen Welt in das Social Web zu übertragen, ist äußerst niedrig.

Eine zweite Gefahr besteht darin, dass der Einstieg in diese Online-Spiele auch fremden (erwachsenen) Personen offensteht. Während also Spieler_innen miteinander kommunizieren, die sich auch offline kennen, können sich virtuelle Charaktere in die Interaktion einbinden, Kontakte etablieren und gleichzeitig Zeugen von Gesprächen werden, die auf real-sozialen Inhalten beruhen. Sie erhalten auf diese Weise Informationen, mit denen sie die natürliche Distanz, die zwischen Fremden normalerweise besteht, schnell dezimieren können (Stichwort: Social Engineering).[136]

Drittens ist auch zu bedenken, dass die Preisgabe der Identität nicht vollständig dem/der Nutzer_in obliegt, sobald sie am kommunikativen Geschehen im Netz partizipiert, wird sie auch Teil dieser Welt und damit Reflexionsobjekt für andere Nutzer_innen (siehe auch Kap. 7). Die Welt hinter dem Bildschirm entwickelt sich dabei zusehends zu einem Teil der Welt, die den Bildschirm umgibt. Ich spreche hier von einem Modell konvergierender Rahmen. In diesem Modell wird das Online-Kommunikat im Rahmen 1 abgebildet. Der aktuelle und psychologische Rezeptionsraum als höchstpersönlicher Lebensbereich (z. B. das Kinderzimmer, aber auch der sich aktuell konstituierende gefühlte Isolationsraum bei der Rezeption digitaler Gewalt) bildet als Mikro-Umfeld den Rahmen 2. Dieser ist in ein Makro-Umfeld außerhalb des aktuellen Rezeptionsraums im privaten Umfeld eingebettet (Rahmen 3). Der soziale Interaktionsraum im öffentlichen Bereich (z. B. Schule oder Sportverein) wird hier als Rahmen 4 gefasst.

---

[136] Es handelt sich hierbei um eine Form der Manipulation, die auf komplexen beziehungsetablierenden Strategien beruht und zu den größten Gefahren für technologische Sicherheitssysteme zählt.

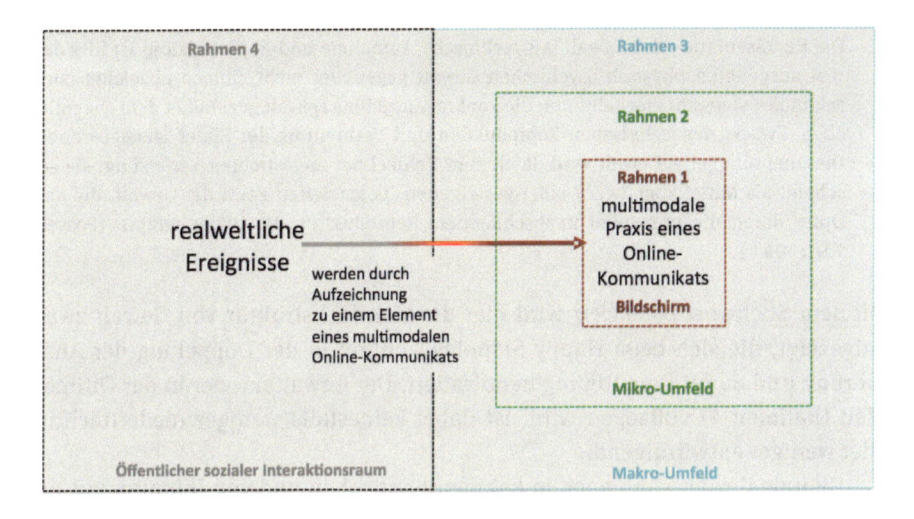

Abb. 5.1: Modell konvergierender Rahmen: Verkörperte Praxis eines realweltlichen Kommunikats wird durch die Online-Kommunikation neu gerahmt und damit wieder Einflussgröße für die Gestaltung realweltlicher Rahmen

Die Unterscheidung zwischen Rahmen 2 und 3 wird deshalb getroffen, weil Kinder und Jugendliche Online-Inhalte in der Regel allein (oder allenfalls mit Freunden) konsumieren. Die Auswirkungen sind für Eltern – im Rahmen 3 – im Regelfall zwar spürbar, werden hier aber nicht zwangsläufig thematisiert. Ich nehme hier also explizit keine bilaterale Trennung zwischen Online- und Offline-Sphäre an, da ich davon ausgehe, dass diese dem real-psychologischen Kommunikationsempfinden nicht gerecht würde. Stattdessen betrachte ich alle Rahmen als ineinander verwobene äquivalente Räume, in denen Kommunikation stattfinden kann.

In einer Cybermobbing-Situation ist es nun häufig so, dass Inhalte, die im Rahmen 4 zu verorten sind, in Rahmen 1 übertragen werden. Dazu kann gehören, dass eine aus Rahmen 4 bekannte Person zur Diskursfigur in Rahmen 1 stilisiert wird (z. B. wird ein/e Schüler_in von ihren Mitschüler_inne/n oder Trainingspartner_inne/n offline gemobbt und zum Thema eines Online-Diskurses gemacht, siehe dazu Kap. 6). Dazu kann inszenierte Gewalt gehören, die im Rahmen 4 dokumentiert und in Rahmen 1 verbreitet wird, etwa beim sogenannten Happy Slapping (Siewior 2012, Robertz 2010, Herbst 2012 u. a., siehe auch Kap. 2.5). Posselts (2011: 104 f.) Erklärung für die mediale Repräsentation und Produktion von Handygewalt (Happy Slapping), die seines Erachtens die eigentliche Gewalttat darstelle, reduziert das komplexe Gewaltphänomen zu stark auf eine Dimension:

> Die Repräsentation der Gewalt (als technische Aufnahme und Reproduktion) ist hier der real ausgeübten physisch-psychischen Gewalt gegenüber nicht einfach abgeleitet oder sekundär; vielmehr erscheint nun die konkret ausgeübte Gewalt gegenüber dem ‚eigentlichen' Zweck, der technischen Reproduktion und Verbreitung der Bilder, nachgeordnet. Die ‚ursprüngliche' Gewalt wird damit zum Vehikel der angestrebten Verletzung; sie erscheint als Mittel zum Zweck einer gesteigerten, potenzierten Form der Gewalt, die das Opfer durch die prinzipiell unabschließbare Reproduktion der Bilder erfährt. (Posselt 2011: 104 f.)

Mit dem Stichwort *potenziert* wird hier die Mehrfachstruktur von Gewalt zwar aufgezeigt, die sich beim Happy Slapping konkret in der Doppelung der Ausführung und damit Demütigung manifestiert. Der Gewaltakt, der in der Offline-Welt (Rahmen 4) vollzogen wird, ist dabei keinesfalls weniger niederträchtig oder weniger entwürdigend.

Digitale Gewalt kann auch in Rahmen 1 entstehen und von Initiator_inn/en (siehe zu der Rollenbezeichnung Kap. 7) ausgehen, die auch im Rahmen 4 mit einer vCMbP interagieren, sich die Aversion in der Rahmen-4-Interaktion aber entweder nicht anmerken lassen oder diese gar nicht empfinden, sondern lediglich unüberlegt und spontan handeln, etwa beim Weiterleiten von Sexting-Fotos. Initiator_inn/en müssen aber nicht zwangsläufig Teil eines unmittelbaren vierten Rahmens sein (etwa bei Shitstorms, Erpressung/sexueller Nötigung), sondern können sich auch außerhalb der aktuellen Lebenswirklichkeit befinden. Ein Kontakt entsteht dann exklusiv über die Interaktion in Rahmen 1. Aber auch in Rahmen 2 entstandene Kommunikate (intime Aufnahmen etwa) können sich über die unfreiwillige Verbreitung in Rahmen 1 in die Rahmen 3 und 4 erstrecken.

Als ein Beispiel von vielen sei für Kommunikate, die im Rahmen 2 entstehen, der Fall von Laura (der Name wurde von der ZEIT-Redaktion geändert) geschildert, der Überlegungen zu einer onlinebasierten Konzeptualisierung von Leiblichkeit motiviert. Laura hatte einem ihr persönlich nicht bekannten Jungen ein Video zugesendet, das sie beim Masturbieren zeigt. Dieser Junge schickte es an Lauras Freund, der es wiederum in der Schule verbreitete. Zu ihren Mitschüler_inne/n hatte sie bereits vorher keinen guten Kontakt, diese wandten sich nun gänzlich ab und gaben ihr die Schuld für den Vorfall. In den Sommerferien erhielt Laura Nachrichten von Fremden: Drohungen, Anerkennung, Flirtversuche. Darunter war auch ein Junge, der sie während eines Skype-Gespräches dazu drängte, ihren Oberkörper zu entblößen. Er filmte sie dabei und verbreitete das Video, als Reaktion erhielt Laura erneut Beschimpfungen ihrer Mitschüler_innen – on- und offline (Simon 2014).

Sogenanntes Sexting ist unter Heranwachsenden keine Seltenheit und oftmals Auslöser für Cybermobbing (Döring 2015: 30 f.). Im hier vorliegenden Fall hat sich die sexuelle Handlung vor der Kamera nicht aus einer Liebesbeziehung heraus entwickelt und wurde dennoch – zwar nach Aufforderung – freiwillig vollzogen. Besonders beim zweiten Mal konnte „Laura" die mit einer Veröffentlichung verbundene emotionale Belastung und die Reaktionen der Mitschüler/innen antizipieren, dennoch entblößte sie sich.

Welche Schlussfolgerungen zur Auffassung von Leiblichkeit, von Körperlichkeit und Sexualität erlaubt dieses Verhalten? Wird der Körper und damit auch die eigene Sexualität vor einem Bildschirm quasi abgelöst und in ein Alter Ego transferiert? Erscheint auf dem Bildschirm ein Anschauungsobjekt, das nicht mehr der eigene Körper ist, sondern eine mediale Identität konstituiert, der eigene Körper als organisches Mii?

Alle oben beschriebenen Szenarien inkludieren eine „Körperwanderung" durch die verschiedenen Rahmen, selbst- oder fremdinitiiert. Was aber passiert indes mit der Psyche, oder – wenn Sie so wollen – mit der Seele? Descartes' analytische Trennung zwischen res cogito und res extensa scheint hier praktisch angewendet und seine Idee von Menschenautomaten zu beschwören. Diese würde gerade im Sextingfall aktiv initiiert und widerstrebt der inzwischen so breit vertretenen gesunden Einheit von Körper und Psyche, vgl. die Embodiment-Forschung, die sich über verschiedene Wissenschaftsdisziplinen erstreckt, wie u. a. Psychopathologie (u. a. Fuchs 2006, 2007, 2008, Michalak/Burg/Heidenreich 2012, Koch 2009), Sozialpsychologie (u. a. Strack/Stepper/Martin 1988), Kognitionswissenschaft, darunter auch Kognitive Linguistik (u. a. Müller/Bohle 2007).

Für das Spiel mit der eigenen Identität bietet die Online-Kommunikation optimale Bedingungen (vgl. Turkle 1995): So kann der eigene Körper (z. B. in Onlinespielen) durch einen anderen ersetzt werden: Aussehen, Geschlecht, Alter sind beliebig zuordenbar. Intersubjektive Erfahrungen können so simuliert werden, ein Lerneffekt ist nicht abzustreiten.

Die (Online-)Welt ist jedoch insbesondere seit der (sozialen) Implementation des Web 2.0 kein virtueller Spielplatz mehr. Der eigene Körper kann entsprechend auch nicht ohne Schaden als Spielfigur eingesetzt werden. Selbst wenn dadurch leibliche Erfahrungen (und Schmerzen) unter Umständen substituiert werden können, Auswirkungen auf die Psyche werden von Betroffenen und Initiator_inn/en offenbar unterschätzt und verharmlost (siehe Kap. 6).

Gerade am Beispiel von Laura lässt sich rekonstruieren, dass der Einsatz des eigenen Körpers aber möglicherweise als notwendige Bedingung für die Teilnahme am „Spiel" konzeptualisiert wird:[137]

> Diesmal schaut sich die Mutter [Rahmen 3] den Clip an, ein Mitschüler von Laura [Rahmen 4] schickt ihn ihr. Die Mutter sieht, wie Laura darauf [Rahmen 1] die Augen zusammenkneift und dann rasch ihr Oberteil lüftet. Als ob sie es ganz schnell hinter sich bringen wolle [Rahmen 2]. (Simon 2014)

Es ist nun zu überlegen, ob Nutzer_innen die Welt hinter dem Bildschirm als zu artifiziell (im Sinne einer nur provisorischen Nähe) empfinden und die Integration realer Leiblichkeitsabbilder (dazu gehören nicht nur Aufnahmen entblößter Körper, dazu gehören auch private Urlaubsfotos, Bilder der eigenen Kinder, dazu gehört auch die Preisgabe bürgerlicher Identität) den Versuch versinnbildlicht, die Online-Welt zu desynthetisieren. Wird also auch auf der technologischen Plattform, die Geist und Körper unvermeidlich in zwei Fremdfragmente separiert, eine Ganzheitlichkeit angestrebt?

Dieser Gedanke lässt sich dahingehend erweitern, dass auch die virtuelle Welt in Raumkonzeptionen unterteilt wird. Ebenso wie für reale Räume (vgl. Lehnert 2011, Löw 2011, Gendolla 2001) scheinen auch hier aktive Aneignungsprozesse interaktionsbegleitend abzulaufen, um den Handlungsrahmen zu definieren. Dazu gehört das sprachlich in der Frage nach dem jeweiligen Aufenthaltsort explizierte Verortungsbedürfnis[138] in der Mobilfunk-Kommunikation (Messenger-Unterhaltungen sind hier mitgemeint). Wenn die Interaktant_innen/en voneinander wissen, in welcher räumlichen (und damit auch in welcher sozialen) Situation sich das Gegenüber befindet, kann die Kommunikation entsprechend angepasst werden, siehe auch Marx/Weidacher (2014: 154). Dazu

---

137 Vgl. dazu auch die Verschränkung aller genannten Ebenen im Spiel „Blauer Wal" (#bluewhalechallenge). Es muss allerdings eingeräumt werden, dass es sich hierbei auch um ein „digitales Märchen" handeln könnte. Kolportiert wird, dass das Spiel letztlich den Einsatz des eigenen Lebens verlangt und in Russland viele Kinder und Jugendliche in den Suizid trieb (Lindenau 2017). Gesichert sind diese Erkenntnisse jedoch nicht. Gegenwärtig wird vermutet, dass allein mit der Vorstellung, das Spiel basiere auf derartig perfiden Regeln, Angst erzeugt wird (Iffert 2017).

138 Seit der Innovation und Etablierung des mobilen Internets muss nicht zwangsläufig davon ausgegangen werden, dass sich an der Interaktion in Sozialen Medien Partizipierende an verschiedenen Lokalitäten aufhalten. Ein Szenario, in dem zwei Personen in ein- und demselben öffentlichen Verkehrsmittel nebeneinander sitzen und dieselbe Facebook-Statusmeldung kommentieren, ist denkbar (siehe auch Marx i. Dr.).

gehört in der One-to-Many- oder Many-to-Many-Online-Interaktion auch die Kreation von Ersatzräumen, vgl. die Belege 5-1 bis 5-3:

5-1 *Twitter Tür auf *der @cmportland hat Geburtstag *schnell drücken, knuddeln und alles Liebe wünschen <3 *Twitter Tür wieder zu (Twitter, _kaa@einseinund60, 2016-04-07, 13:57, 0 RT, 10 Fav)

5-2 Wo sind den alle hin? Nix los bei Twitter witter itter... Aber Echos. (Twitter, Gutsherr Faustrecht@faustrecht52, 2016-04-06, 11:30, 1 RT, 13 Fav)

5-3 „Entschuldigung, wo finde ich die Familientweets?" „Im Erdgeschoss im Regal 4. Immer dem Kichern nach." „Danke." (Twitter, Familienbetrieb@Betriebsfamilie, 2016-04-29, 5:29, 83 RT, 233 Fav)

So werden ganze Soziale-Netzwerk-Seiten als Raum(-Konstruktionen) konzeptualisiert. Insofern bildet Rahmen 1 nur den Rahmen für weitere Räume, die als Erweiterung des sozialen Lebens- und Interaktionsraums (Rahmen 2 bis 4) fungieren. Die Präsenz in allen Rahmen ist wichtig, um an der Interaktion teilhaben zu können, die über die Bildschirmgrenze hinaus in beide Richtungen stattfindet.

Die Analyse von Interaktion im Social Web integriert im Idealfall das individuelle und konkrete Mikro-Umfeld (Rahmen 2) in der aktuellen Rezeptionssituation als Teil eines Makro-Umfeldes (Rahmen 3).[139] Ich habe oben bereits darauf verwiesen, dass diese Schnittmengen mit dem Makro-Umfeld einer Originalszene (Rahmen 4) aufweisen können. In jedem Fall etablieren sich

---

139 Konzeptuell eng damit verknüpft sind die Ideen der Inter- und Transmedialität, obgleich sie den Blick von der singulären Interaktionssituation auf die Diskursebene weiten. Auf das Rahmenmodell angewendet, betrifft das Überschneidungen zwischen den hier als Rahmen 1 und Rahmen 4 bezeichneten Elementen, wobei als weitere mögliche Rahmen andere Medienformate hinzugedacht werden müssen. Inter- und Transmedialität umfassen einerseits Phänomene, die Mediengrenzen überschreiten und andererseits werden medienunspezifische Phänomene bezeichnet, die „in verschiedenen Medien mit den dem jeweiligen Medium eigenen Mitteln ausgetragen werden können, ohne dass hierbei die Annahme eines kontaktgebenden Ursprungsmediums wichtig oder möglich ist" Rajewsky (2002: 13). Fraas/Barczok (2006: 138 f.) adaptierten diese Kategorien, um „das intermediale Zusammenspiel von Zeichensystemen und Texten bei der Konstitution öffentlicher Themen in den Blick zu nehmen [und] Schnittstellen zwischen Internet-Kommunikation und gesellschaftlichen Kommunikationsprozessen zu untersuchen [...]."

Wechselwirkungen zwischen den in Rahmen 1 publizierten und rezipierten Inhalten und den Interaktionen in Rahmen 2, 3 und 4.

Im besten Fall wendet sich eine vCMbP an eine Vertrauensperson im Rahmen 3 oder 4. Eltern, Lehrer_innen und die Schulleitung haben dann die Option, Hilfsmaßnahmen im Rahmen 2 und Modifikationen im Rahmen 4 zu etablieren. Im anderen Fall konzentriert sich die vCMbP auf die in Rahmen 1 repräsentierten Inhalte und nimmt diese zum Anlass, verstärkt in Rahmen 1 zu agieren und sich dabei in Rahmen 2 zurückzuziehen, bleibt aber weiterhin der Interaktion in Rahmen 3 und 4 verpflichtet. Es ist davon auszugehen, dass das Geschehen in Rahmen 1 auch ohne die Einbindung der vCMbP in Rahmen 4 reflektiert wird.

Wenn nun in populär-wissenschaftlichen Veröffentlichungen und auch in der psychologischen Forschungsliteratur davon gesprochen wird, dass Cybermobbing-Täter bis in die Kinderzimmer vordringen (Katzer 2014: 61, Patchin/Hinduja 2006, Slonje/Smith 2007, vgl. Kap. 2.1), ist der dortige Verweis auf die dauerhafte Präsenz der Daten im Netz nur ein Erläuterungsansatz.

Cybermobbing ist ein öffentliches Thema, das je nach Bekanntheitsgrad des Opfers verschiedene Räume infiltriert, die vorher Räume waren, in denen soziale Interaktion routiniert ablief. Weil eine strikte Trennung der Rahmen 1 bis 4 überhaupt nicht vorgesehen ist, breitet sich auch die durch Gewalt verursachte Kontamination auf alle Räume aus. Es ist also nicht nur das Kinderzimmer betroffen, der vCMbP wird gänzlich der Raum entzogen, in dem sie natürlich mit anderen interagieren/kommunizieren kann. Damit lässt sich auch kein Handlungsrahmen mehr definieren, eine sprichwörtlich haltlose Situation.

5.3 Multimodalität oder: Die Eigenschaften des Kommunikats

In der Leiblichkeit des Sprechens als „multimodale Praxis" sieht Deppermann (2015a: 328) ein wesentliches Merkmal mündlicher Kommunikation. Er betont dabei, dass „die Sprache [...] nur eine Stimme im Konzert der anderen leiblichen Ausdrucksmodalitäten, Gestik, Mimik, Blick, Körperpositur und Bewegung im Raum" ist, vgl. auch Streeck/Goodwin/Lebaron (2011) oder Enfield (2012).

Analog dazu kann die Mehrfachkodierung auch für Online-Kommunikate festgestellt werden (Frass/Meier/Pentzold 2013b: 20, Storrer 2000, Burger/Luginbühl ⁴2014: 453 f.). Diese geht über (schriftlich manifestierte) Sprache, über Text (vgl. auch Fix/Wellmann 2000: XIII, die von „übersprachlichen Texten" sprechen) hinaus: „People combine semiotic resources in new ways and they invent new relations between language and other modes of meaning making" (Barton/Lee 2013: 15). Zu diesen semiotischen Ressourcen (auch Modalitäten) gehören neben Sprache, Bild (statisch und dynamisch) und Ton (Geräusch, Musik) auch Grafiken, Typografie und Layout.[140] Sie sind nonlinear und hypertextuell organisiert (Siever/Schlobinski/Runkehl 2005, Storrer 2000, 2004b, Sager 2000), vgl. dazu auch Kap. 4.

Für Androutsopoulos (2013b) zeigt sich Multimodalität in der Online-Kommunikation in drei Ausprägungen. Multimodalität kann sich 1. auf die Nutzer_innen-Aktivität beziehen, die während der Produktion oder Rezeption von Onlinedaten andere Tätigkeiten am Arbeitsplatz ausführen (telefonieren, eine Mahlzeit einnehmen etc.), vgl. Androutsopoulos/Beißwenger (2008). Andere Tätigkeiten können sich auch auf andere Computer-Anwendungen beziehen, die simultan zur Produktion und Rezeption von Onlinedaten online genutzt werden (2). Als dritte Möglichkeit nennt Androutsopoulos (2013b) die oben thematisierte Koexistenz multipler semiotischer Ressourcen innerhalb der digitalen Inhalte.

> The evolution of CMC brought about increasingly complex forms of multimodal communication, and while language-heavy modes such as email predominate in early language-focused research, the contemporary integration of written language with other semiotic resources (spoken language, audio, static and moving image, video, color, pictograms, typography etc.) presents a methodological challenge. (Androutsopoulos 2013b: 244 f.)

Maiorani (2010: 206) bezeichnet das Web aufgrund der Möglichkeit, alle Modi der Kommunikation in digitale Zeichen zu transformieren (Bucher 2013: 65), als „extremely complicated and multifaceted semiotic space". Aus dieser Beobachtung leitet Bucher (2013: 66 f.) den Anspruch an Online-Diskursanalysen ab, die modale Vielfalt der Zeichen berücksichtigen zu müssen.

> [...] zu kurz greifen linguistische Analysen, die nur den Modus ‚Text' oder ‚gesprochene Sprache' zum Gegenstand haben. Die Spezifik der Online-Diskurse liegt gerade darin, dass das gesamte Repertoire der genannten Zeichentypen zu ihrer Konkretisierung erforderlich ist. Erst das gesamte Spektrum konstituiert diese spezifische Diskursgattung: Ihre Interaktivität wird durch die operationalen und partizipativen Zeichen konstituiert, ihre mediale Konvergenz durch die Multimodalität der Zeichentypen. (Bucher 2013: 66 f.)

Meier (2008) betont die Notwendigkeit einer „linguistische[n] Bild-Diskursanalyse", Fix (2011: 75) unterstreicht, dass „das Zusammenwirken der Zeichen verschiedener Kodes beachtet" werden muss. Auch Androutsopoulos

---

140 Siehe Freisler (1994), Kress/Van Leeuwen (2006), Kress (2009), Storrer (2000), Fraas/Pentzold 2008, Diekmannskenke/Klemm/Stöckl (2011), Fraas/Meier/Pentzold (2013b), Stöckl (2004, 2011), Antos/Opilowski (2014), Marx/Weidacher (2014), Siever (2015) u. a.

(2013b: 237) verweist auf den durch „media-richness of contemporary digital environments increase[d] impact of multimodality on meaning-making." Eine erschöpfende Analyse von Social-Media-Multimodalität ist bislang in noch keiner Forschungsarbeit vorgenommen worden.[141] Selbst Siever (2015), die sich in ihrer Dissertation mit dem Thema „Multimodale Kommunikation im Social Web" auseinandersetzt, konzentriert sich in ihrer Analyse auf Social-Tagging-Praktiken und Notizen in der Foto-Community Flickr, vgl. auch die exemplarischen Analysen in Klug/Stöckl (2016). Anspruch dieser Analysen bleibt es, die Text-Bild- respektive Text-Diskurs-Beziehungen in Online-Kommunikaten beschreiben und erklären zu können. Spitzmüller/Warnke (2011: 16) sehen deren Vorteil darin, weniger unterspezifiziert zu sein, da „sie [Bild-Diskursanalysen] versuchen […], der semiotischen Komplexität von Diskursen zu entsprechen, indem sie über die textuelle Dimension diskursiver Aussagen hinaus auch visuelle Kommunikate analysieren."

Tatsächlich sind gerade im Social Web textuelle und visuelle Kommunikate untrennbar voneinander, Text-Bild- und Geräusch-Elemente bilden kommunikative Gesamtkonstrukte, sogenannte „digitale mashups" (Fraas/Meier/Pentzold 2013b: 13, Ebersbach/Glaser/Heigl ²2011: 154). Insofern ist die Skepsis, die Spitzmüller/Warnke (2011: 16) hinsichtlich der begrenzten datengestützten linguistischen Verfahren zur sprachbezogenen Bildanalyse[142] formulieren, nachzuvollziehen, vgl. auch Androutsopoulos (2010: 430), der einräumt, dass das „enge funktionale Zusammenspiel mit anderen semiotischen Ressourcen [auch] bedeutet, dass die organisierende Sprache des Webs mit ausschließlich linguistischen Kategorien nur bedingt zugänglich ist." Holly (2011: 151 ff.) beschränkt sich vor dem Hintergrund, dass die Erfassung von Kommunikationsformen in einem sich ständig erweiternden Spektrum technisch-medialer Optionen immer nur grob und rudimentär bleiben kann, darauf, Online-Kommunikationsformen als „medial bedingte kulturelle Praktiken" zu definieren. Fraas/Meier/Pentzold (2013b) geben einen zusätzlichen Aspekt zu bedenken, der zwar hier auf Versuche referiert, das Social Web in Netzwerk- und Multimedia-Plattformen einerseits und Werkzeuge des Personal Publishing ander-

---

141 Vgl. Barton/Lee (2013), Herring/Stein/Virtanen (2013b), Klemm/Stöckl (2011), Meier (2008, 2014), Bucher (2011), Schmidt (2008, 2011), Storrer (2004) u. a.
142 Die Autoren beziehen sich hier auf den Diskurs, ihre Überlegungen lassen sich aber auch auf ein Kommunikat anwenden, dessen Einordnung als singuläres Sequenzelement in der Interaktion ohnehin problematisch ist, weil es sich m. E. – auch aufgrund seiner Multimodalität – nicht ohne Schwierigkeiten identifizieren respektive „herauspräparieren" lässt und in sich Mikrodiskurscharakter aufweist.

erseits zu kategorisieren (wie bei Schmidt ²2011 beispielsweise), aber aus meiner Sicht generell zu den größten Herausforderungen in der Internetlinguistik gehört: Jeder Systematisierungsversuch läuft Gefahr, „von der Dynamik des Gegenstandsfeldes abgehängt zu werden" (Fraas/Meier/Pentzold 2013b: 13).

Vor diesem Hintergrund greife ich nun meine Leitfrage zum Gewaltpotenzial im Datendickicht der Sozialen Medien wieder auf und wende mich der Betrachtung des Kommunikats in Rahmen 1 zu. Ich werde zunächst Aspekte der Darstellung auf der Oberfläche diskutieren und in einem zweiten Schritt das Layout quasi-sezieren, um auf potenzielle präsentationsinhärente „Gefahrenstellen" verweisen zu können. Es folgen Beschreibungen der konstitutiven Elemente Bild und Text.

Darstellung auf der Oberfläche als Einflussfaktor
Das Kommunikat im Rahmen 1, die sogenannte „verkörperte Praxis" (Deppermann 2015a: 328, siehe dazu Abschnitt 5.3 in diesem Kapitel) wird hier im Rahmen ihrer Entstehungsbedingungen und Darstellungsmodalität ebenfalls (und damit ausgeweitet auf semiotische Repräsentationen) als räumliche Komponente auf einer begrenzten Bildschirmfläche betrachtet, die sich wiederum in einem spezifischen räumlichen Umfeld befindet (siehe Abb. 5.1). Das Kommunikat ist also ein für die Leiblichkeitsrepräsentation und -modifikation etablierter Raum, der sich in ein Gefüge aus anderen Räumen (Soziale-Netzwerkseiten, andere Webangebote) integriert.

Für die Analyse einer Szene (multimodale Praxis in Rahmen 2 oder 4), die aufgezeichnet und online gestellt worden ist, sind zusätzlich zu Aspekten „einer multimodalen Grammatik, [...], Semantik [...] und Pragmatik im engen Sinne [...], welche nur mit Bezug auf die umfassende praxeologische Einbettung des sprachlichen Handelns erzeugt und erfasst werden können" (Deppermann 2015a: 329 f.), Verfremdungseffekte relevant, die durch die technische Reproduktion und Integration in eine spezifische Online-Kommunikationsumgebung (Rahmen 1) entstehen. Diese wiederum unterliegt medieninhärenten und rezeptionssituativen Bedingungen, etwa durch die klare äußere Begrenzung der Bildschirmfläche und weitere Elemente innerhalb des aktuellen Kommunikationsangebots (etwa Werbung oder andere Anwendungen).

So ist die Darstellung von computervermittelten Kommunikaten abhängig von der Beschaffenheit des Empfangsbildschirms. Das wiederum wirkt sich auf den Rezeptionsprozess aus. In Abb. 5.2 wird beispielsweise deutlich, dass die Art und Anzahl der Informationen, die in das Rezeptionsergebnis einfließen, von Endgerät zu Endgerät variiert. So können dem Betrachter eines Smartphone-Bildschirms einerseits Bildinformationen verborgen bleiben (in Abb. 5.2 die

Darstellung eines Roboters auf der linken und die Darstellung eines Roboterbeins auf der rechten Seite des Bildes, siehe Zichel 2016: 40 f.). Andererseits werden konstitutive Elemente der Webseite dynamisch positioniert, der Titel der Seite etwa erscheint auf dem Smartphone bildschirmfüllend und der seitlich versetzte Erläuterungstext wird zwar zentriert platziert, ist aber nur partiell zu sehen und muss durch Scrollen erschlossen werden. Damit ergibt sich eine Fokusveränderung: Der Titel der Seite und der erste Absatz des Textes werden ins Zentrum der Aufmerksamkeit gerückt.

SMARTPHONE 4"   TABLET 9,7"   LAPTOP 15,6"

Abb. 5.2: Ansicht einer Homepage auf verschiedenen Endgeräten (Zichel 2016: 40)

Ähnliche Darstellungsvariationen auf unterschiedlichen Endgeräten sind auch bei Messengerdiensten zu bemerken. Während die Wiedergabe eines Austausches via iMessenger auf dem Computerbildschirm auf einen Blick zu erfassen ist, ist auf dem Smartphone eine Scrollbewegung notwendig (Abb. 5.3).

Die Fläche zwischen den Nachrichten und am Ende des Dialogs ergibt sich auf dem Smartphonebildschirm nicht. Dadurch erweckt allein die graphische Darstellung des Kommunikationsverlaufs den Eindruck deutlich höherer Aktivität und Verbindlichkeit durch konkret versinnbildlichte Nähe. Ein vergleichbarer Effekt tritt natürlich auch bei der Rezeption digitaler Gewalt ein, die gerade auf dem Smartphone-Bildschirm besonders prominent und unmittelbar wirkt.

Das Beispiel einer Tweetanzeige (Abb. 5.4) auf verschiedenen Endgeräten (Smartphone- und Computerbildschirm) einerseits und in verschiedenen Ansichten (Einzeltweet und Teil der Twitter-Timeline) zeigt nicht nur unterschiedliche Positionierungseffekte auf der Oberfläche, sondern jeweils auch unterschiedliche Anschlusstweets, der Kotext konstituiert sich also scheinbar abhängig von der Darstellung (oder anderen Rechenverfahren, die sich mir nicht erschließen) jeweils neu – ein für die Sinnrekonstruktion bedeutsamer Leiblichkeitsfaktor.

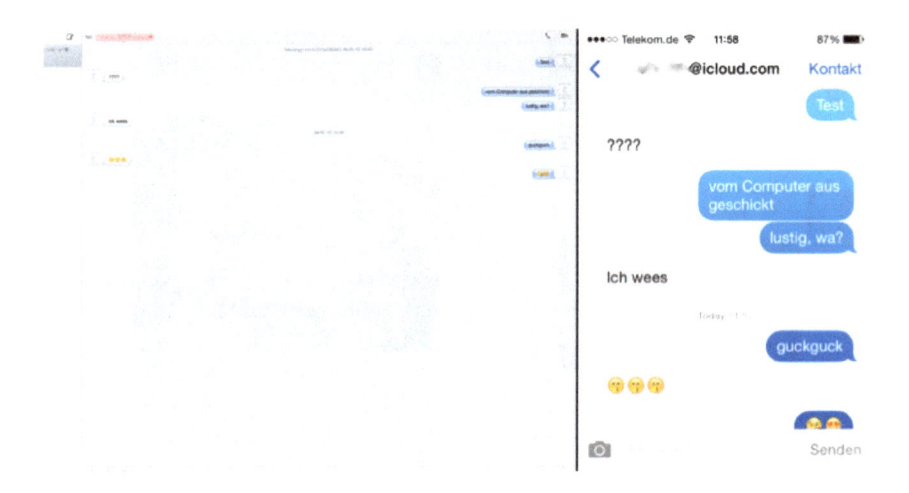

Abb. 5.3: Kommunikationsverlauf via iMessenger auf einem Computerbildschirm 21,5" (links) und auf einem Smartphonebildschirm 3,5" (rechts). (Der Inhalt der Nachrichten ist hier zweitrangig.)

Elemente außerhalb des aktuellen Kommunikationsangebots können ebenfalls auf dem Bildschirm sichtbar sein, etwa andere geöffnete Programme (in Rahmen 1) (vgl. „Kommunikationsumgebungen als spezifische Vernetzungsplattformen mit eigenen Partizipationsbedingungen und Gestaltungskonventionen" bei Androutsopoulos 2010: 421).[143] Durch andere Anwendungen werden zusätzliche Modi in Relation zu Social-Media-Kommunikaten (wie denen in den Abbildungen 5.3 bis 5.6) gesetzt.

All diese Elemente fließen in den Kontext ein, der sich also auch von Computerbildschirm zu Computerbildschirm individuell definieren kann und entsprechende Selektions- und Navigierungsprozesse (Bucher 2013: 75 und 2011: 138 f.) zur Erschließung der Bildschirmpräsentation im Sinne einer Bedeutungsrekonstruktion erfordert.

---

143 Soziale-Netzwerk-Seiten unterscheiden sich von Mediaplattformen darin, dass „individuelle Körper" (Profile) gestaltet werden, die Möglichkeit besteht, sich mit Freunden zu vernetzen und das auch sichtbar zu machen und deren Beiträge zu kommentieren (Boyd 2008). Mediaplattformen haben ebenfalls eine Kommentierungsmöglichkeit, dienen aber dazu, Medieneinheiten auf dezidierten Webseiten zu präsentieren und weisen Nutzungsstatistiken auf (Androutsopoulos 2010: 422).

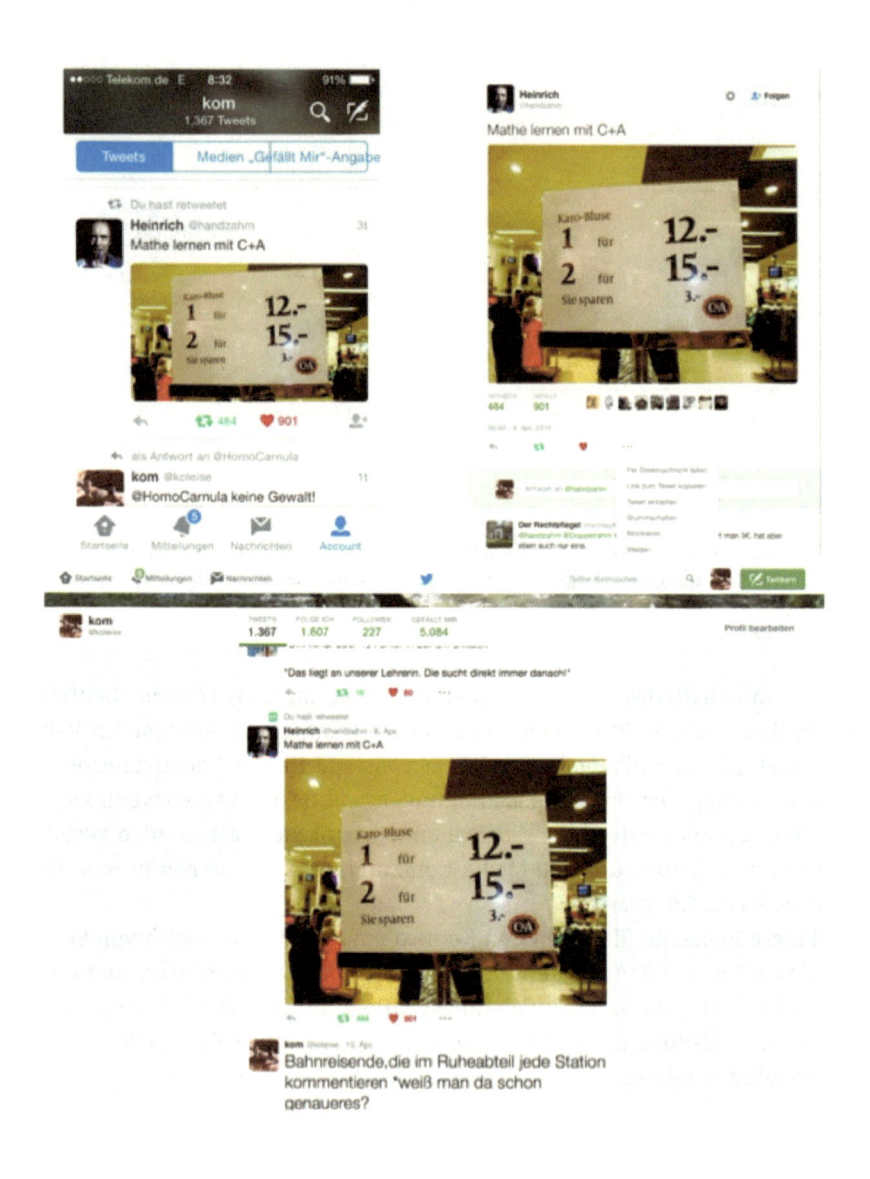

Abb. 5.4: Beispiel einer Tweetanzeige auf dem Display eines Smartphones 3,5" (oben links), als Einzeltweet (oben rechts) und als Teilelement der Twitter-Timeline auf einem Computerbildschirm 21,5" (unten).

Sobald sich unter diesen Elementen dynamische Bildformate (animierte Gifs[144] oder Videos) – bei Androutsopoulos (2010: 430) sogenannte „Spektakel"[145] – befinden, die miteinander kommunizierende Interaktant_inn/en projizieren, müssen zu den oben genannten Modi Parameter in die Analyse einbezogen werden, die Deppermann (2015a) für die Leiblichkeit des Sprechens herausgearbeitet hat.

Gefahrenstellen im Layout
Die Abbildungen 5.5 und 5.6 zeigen als analytische Einheiten (vgl. Androutsopoulos 2010: 427) Momentaufnahmen der bekanntesten Sozialen-Netzwerk-Seiten Facebook, Twitter (Abb. 5.5), YouTube und Instagram (Abb. 5.6). Die Kommunikatelemente (Modalitäten) sind jeweils links beginnend von oben nach unten mit Nummern versehen, die in der Tabelle (5.1) zusammenfassend gegenübergestellt werden. Die Zusammensetzung der Elemente in den vier Online-Kommunikaten offenbart vor allem eine jeweils sehr prominente Position für Bilder und Bewertungsfunktionen. Nicht alle Oberflächen weisen die gleiche Art und Anzahl an Elementen auf. Die jeweiligen Bild- und Textelemente erfüllen unterschiedliche Funktionen, siehe dazu auch Kap. 5 und 6.

An den markierten Modalitäten (bei Ballstaedt 2005 „Kodalitäten") wird deutlich, dass es a) nicht ausreichen kann, schlicht zu konstatieren, dass Online-Kommunikate Konglomerate der oben genannten Modalitäten sind und b) gerade auch aus den multimodalen und transmedialen Eigenschaften von Online-Kommunikaten mehrfachdimensionierte Gewaltpotenziale resultieren.

Die Bezeichnungen der hier gezeigten mehrfachkodierten Kommunikate legen die Multifunktionalität der Modalitäten offen. Diese muss im Kontext des jeweiligen Kommunikats ausdifferenziert werden. Deshalb greift m. E. der Ansatz, die Zeichen in repräsentationale Zeichen, identifikatorische Zeichen, Ordnungszeichen, operationale Zeichen, partizipatorische Zeichen und appellative Zeichen einzuteilen (siehe Bucher 2013: 65 f.), zu kurz. Im Zusammenspiel der einzelnen Elemente kann keine klare Grenze gezogen werden. So kann ein identifikatorisches Zeichen (Name oder Profilbild) beispielsweise auch ein partizipa-

---

144 Die Abkürzung *Gif* steht für *Graphics Interchange Format*. Es handelt sich hier eigentlich um ein Bildformat, das aber animiert werden kann, indem mehrere Bilder in einer Datei gespeichert und sequenziell wiedergegeben werden.
145 Spektakel sind „Medientexte, die durch Nutzer auf Mediaplattformen hochgeladen und dort verfügbar gemacht werden. Das sind in der Regel multimodale bzw. – mediale Texte, die Sprache mit einschließen aber nicht auf diese beschränkt sind, typischerweise also Videos, Songs, Fotos" (Androutsopoulos 2010: 430). Es werden prinzipiell also auch Medientexte erfasst, die keinerlei sprachliche Interaktion aufweisen.

torisches Zeichen sein, weil allein schon die anhand eines identifikatorischen Zeichens signalisierte Bereitschaft zur Mitwirkung an der Social-Media-Kommunikation als Motivation für den Zeichengebrauch gelten kann, solange es selbst initiiert ist. Fremd-initiierte identifikatorische Zeichen, wie sie im Kontext von Cybermobbing beispielsweise in Fake-Profilen vorkommen, in denen Personen denunziert werden sollen, können ebenso wie partizipatorische Zeichen (z. B. „Daumen runter" (mag ich nicht) bei YouTube [12]) appellativen Charakter haben, nämlich dann, wenn sie dazu dienen, zu weiteren Handlungen zu animieren.

Nicht alle technischen Funktionen sind sofort sichtbar, sie erfordern ggf. das Ausklappen eines Menüs. Diese Menüs sind bei YouTube [5], Twitter [11] und Instagram [13] durch drei Pünktchen gekennzeichnet, bei Facebook durch einen nach unten gerichteten Haken [10]. Handelt es sich hierbei um Text- oder Bildelemente? Und wäre diese Frage denn überhaupt zielführend? Wesentlich erscheint mir in Bezug auf das Thema der vorliegenden Arbeit, dass gerade die technischen Funktionen ‚melden', ‚blockieren' und/oder ‚stumm schalten', die zur Regulierung der Kommunikation, insbesondere verbaler Angriffe, beitragen können, hinter eher unscheinbaren Oberflächen-Elementen verborgen bleiben. Anders als die klar definierten Schaltflächen, die zum Anklicken geradezu einladen, müssen Kontrollfunktionselemente initiativ ermittelt werden.

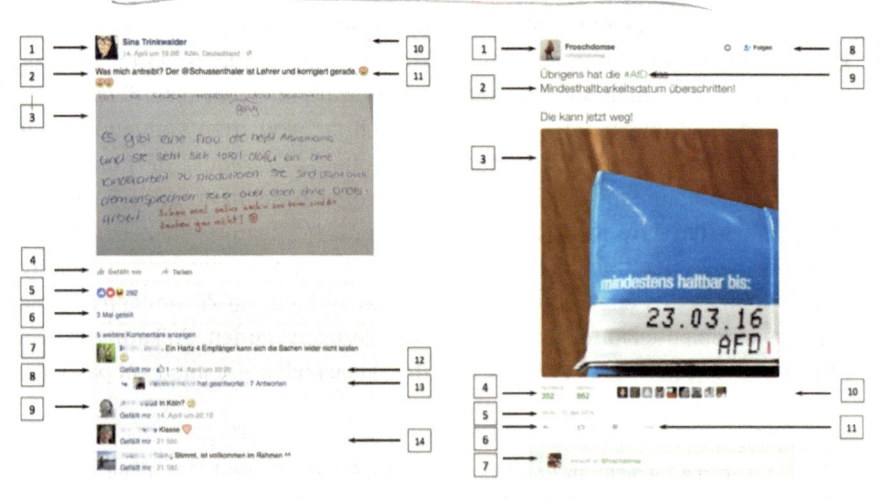

Abb. 5.5: Momentaufnahme der „Vernetzungsplattformen" (Terminus bei Androutsopoulos 2010: 422) Facebook (links) und Twitter (rechts).

Abb. 5.6: Momentaufnahme der „Mediaplattformen" (Terminus bei Androutsopoulos 2010: 422) YouTube (links) und Instagram (rechts)

Man könnte spekulieren, dass Soziale-Netzwerk-Seiten, die auf regen Vernetzungsaktivitäten basieren, das potenzielle Missglücken von Kommunikation (und hierzu zähle ich digitale Gewalt) nicht repräsentativ in den Vordergrund ihres Angebots stellen wollen. Ein weiterer Grund für versteckte Regulierungsfunktionen könnten wirtschaftliche Erwägungen sein. Schockierende Inhalte, die Sensationsgier und Voyeurismus befriedigen, binden Nutzer_innen an die augenblicklich geöffnete Seite, was sich als attraktiv für (potenzielle) Werbekunden erweist.[146]

---

[146] Dass die Kontrolle über die Netzkommunikation den Nutzer/innen überantwortet wird, ist vielfach kritisiert worden. So sei die Polizei im WWW eindeutig unterrepräsentiert (Rüdiger 2013, Akdeniz 2000, Basu/Jones 2007). Gleichzeitig bedarf die Aufrechterhaltung oder Generierung von Netzsicherheit aber auch der aktiven Mithilfe der Nutzer/innen, die nicht davon ausgehen können, dass Straftaten über die Blockieren- oder Melden-Funktion gestoppt oder verhindert werden können. Eine Anzeige bei der Polizei ist notwendig, um Konsequenzen für die Täter/innen zu erwirken. Eine durch eine Blockieren- oder Melde-Funktion erreichte Sperre kann durch eine Neuanmeldung leicht umgangen werden.

Tab. 5-1: Einblick in das visuell- und ggf. auditiv wahrnehmbare Modalitäten-Spektrum auf Sozialen-Netzwerk-Seiten (fett: vorhanden, mager: eingeschränkt, weißes Feld: nicht vorhanden)

	YouTube	Twitter	Instagram	Facebook
Profilbild	[4]	[1]	[3]	[1]
Profilname	[4]	[1]	[7]	[1]
Texbotschaft	[2] **Teil des Videos (inklusiv)**	[2] **Tweet**	[5] Bilderläuterung	[2] Statusmeldung
Bild als Teil der Textbotschaft	[1] **dynamisch obligatorisch (inklusiv)**	[3] statisch/ dynamisch optional	[1] **statisch obligatorisch**	[3] statisch/ dynamisch optional
Metadaten	[6] **Veröffentlichungsdatum**	[5] **Datum Uhrzeit**	[12] pauschale Zeitangabe über Onlinepräsenzdauer	[1] **Datum Uhrzeit** Optional: Ort
Social-Media-Fkt. Positivbewertung	[12] **[Daumen hoch]**	[6] **[Herz]**	[6] **[Herz]**	[4] gefällt mir: [Daumen hoch] Liebe: [Herz] Lachen: [Lach-Emoji] Überraschung: [Überraschungs-Emoji]
Anzahl	[12] **exakte Angabe**	[4] exakte Angabe räumlich separiert vom Funktionsfeld [6]	[4] exakte Angabe räumlich separiert vom Funktionsfeld [6]	[5] exakte Angabe beim Entlangfahren mit dem Cursor räumlich separiert vom Funktionsfeld [4]
Social-Media-Fkt. Negativbewertung	[12] **[Daumen runter]**			[4] Trauer/Mitgefühl: [Wein-Emoji] Wut: [Wut-Emoji]
Anzahl	[12]			[5] exakte Angabe

	YouTube	Twitter	Instagram	Facebook
	exakte Angabe			beim Entlangfahren mit dem Cursor räumlich separiert vom Funktionsfeld [4]
Social-Media-Fkt. Teilen	[5] nur über andere Social-Media-Plattformen	[5] **retweeten oder per Direktnachricht (innerhalb der Plattform)**		[4] **innerhalb der Plattform**
Anzahlanzeige		[4] nur Retweets		[6]
Social-Media-Fkt. Einbetten	[5] mgl. über die Teilen-Option	[11] **Menü muss aufgeklappt werden**	[13] **Menü muss aufgeklappt werden**	Einbetten ist bei öffentlichen Posts mgl., es gibt aber keine dafür vorgesehene Funktion
Social-Media-Fkt. Kommentar	[8]		[8]	[7]
Anzahlanzeige	[7]		wird beim Starten auf dem Bild eingeblendet	[7]
Metadaten	**pauschale Zeitangabe über Kommentierungszeitpunkt**			[8] **Profilbild, Profilname, Datum, Uhrzeit, Anzahl der Likes** [12] oder pauschal [14]
Social-Media-Fkt. Antworten		[6]	[13]	
Metadaten				
Social-Media-Fkt. Folgen	[4] Abonnieren	[8]	[11]	Freundschaftsanfragen auf der Chronikseite
Anzahlanzeige	[4]	auf Profilseite einsehbar	auf Profilseite einsehbar	

	YouTube	Twitter	Instagram	Facebook
Social-Media-Fkt. Melden	[5] Menü muss aufgeklappt werden	[11] Menü muss aufgeklappt werden	[13] Menü muss aufgeklappt werden	[10] Menü muss aufgeklappt werden
Social-Media-Fkt. Blockieren		[11] Menü muss aufgeklappt werden		[10] Profil nicht mehr abonnieren Blockieren involviert einige Schritte ausgehend von der Startseite
Social-Media-Fkt. Stummschalten		[11] Menü muss aufgeklappt werden		
Anzeige Klickzahlen	[12]			
Weitere Funktionen	[1] zusätzliches Abonnementfeld [5] zur Playlist hinzufügen [10] ausklappbares Informationsfeld über Profilurheber_innen [11] Untertitel Einstellungen Anzeigeoptionen	[10] Anzeige einer Auswahl ab Twitterprofilen, die in Interaktion involviert sind		[10] Beitrag verbergen Beitrag speichern Benachrichtigungen für diesen Beitrag deaktivieren
Plattformenübergreifende Textfunktionen und -erweiterungen	**Adressierung Hashtag Emojis**	[9] Adressierung Hashtag Emojis	[9] Adressierung [10] Hashtag Emojis	[11] Adressierung Hashtag [11] Emojis

Bewertungsfunktionen hingegen sind evident und leicht zugänglich. Auch das Einstellen und Veröffentlichen von Inhalten ist deutlich leichter zu realisieren als der aktive Schutz der Online-Privatsphäre, zu deren Einstellungen Nutzer_innen erst nach einer dezidierten und zielgerichteten Suche gelangen und die insbesondere bei Facebook unübersichtlich gestaltet sind. Das bedeutet einerseits, dass alle Funktionen, die zum Cybermobbing missbraucht werden, für Kinder, die sich mehr noch als Erwachsene Webangebote intuitiv erschließen, leicht zu finden und zu bedienen sind. Andererseits ist die Aufklärung über Funktionen zum Schutz der eigenen Privatsphäre und zum Schutz anderer bislang weder in der Grundschulausbildung noch im familiären (Aufklärungs)-Gespräch obligatorisch,[147] die Funktionen lassen sich jedoch intuitiv nicht leicht erschließen.

Bildelemente

Oben habe ich bereits angedeutet, dass Bilder elementare Bestandteile von Online-Kommunikaten darstellen, obgleich sie nur auf Mediaplattformen (wie z. B. YouTube und Instagram, vgl. Androutsopoulos 2010) konstitutiv sind. Bilder funktionieren jedoch kaum losgelöst von Textelementen (vgl. Stöckl 2011). Vielmehr stehen sie in einem Referenzzusammenhang mit der Textbotschaft (dynamisches Bild [2] bei YouTube, in den hier vorliegenden Belegen statisch bei Twitter [3], Instagram [1] und Facebook [3]).

Dabei ist natürlich nicht ausgeschlossen, dass Textbotschaften und Bilder aus Sicht des/der Profilurheber_in selbstreferenziell sind und damit auch Re-Identifikationsprozesse lancieren, vgl. Profilbilder oder Element [3] bei Facebook in Abb. 5.5.

Profilbilder ([1] bei Twitter und Facebook, [3] bei Instagram, [4] bei YouTube) dienen zwar der Identifikation der Autor_innen, müssen jene aber nicht abbilden. Sie sind im Normalfall von den Profilurheber_inne/n selbst ausgewählte Motive, die dazu dienen, das eigene Profil in ein Licht zu rücken, in dem es von potenziellen Rezipient_inn/en gesehen werden soll (dazu Pscheida/Trültzsch 2011: 175), sind beliebig austauschbar und werden wahlweise auch dem tagesaktuellen Geschehen angepasst, z. B. durch semiotisch verdichtete politische und/oder emotionale Stellungnahmen, wie die transparenten Regenbogenfarben als Zeichen der Solidarität mit Homosexuellen, die transparente französische Nationalflagge als Zeichen der Solidarität mit den Opfern der terroristischen Anschläge von Paris und als Protestzeichen gegen islamistischen Terror, Trauerkerzen nach dem Flugzeugabsturz der Germanwings-Maschine am 24. März 2015 oder variable Je-Suis-X-Bekenntnisse.[148]

---

147 Das zeigen u. a. die Antworten der Schüler/innen auf die diesbezügliche Frage in meiner Fragebogenerhebung, so gaben 67% der Schüler/innen an, von ihren Eltern nicht über Cybermobbing aufgeklärt worden zu sein.

148 Je-suis-Bekenntnisse nahmen ihren Anfang nach dem Mord an den Journalisten der französischen Wochenzeitung „Charlie Hebdo" und wurden als Zeichen der Solidarität mit den Opfern über Soziale Netzwerke verbreitet. Das Je-suis-Muster wurde seither als Solidaritätsbeweis auch auf andere Ereignisse übertragen (Orlando, Böhmermann), aber ebenso oft auch karikiert.

Bilder beanspruchen einen nicht unwesentlichen Raum innerhalb des Kommunikats und können die Aufmerksamkeit des/der Betrachter/s_in bündeln. Bilder im Cybermobbing dienen dem effizienten Leiblichkeitstransfer aus Rahmen 4 (oder mittelbar aus Rahmen 2) in Rahmen 1.

Digitale Gewalt schlägt sich sowohl in intimen oder gewalttätigen Aufnahmesituationen als auch in der Manipulation der Motive nieder, siehe zum letzten Punkt Kap. 6. Gerade beim Sexting oder Happy Slapping entsteht Cybermobbing bildbasiert. Eine isoliert-singuläre Bildpräsentation ist auf Sozialen-Netzwerk-Seiten jedoch nicht vorgesehen, selbst bei foto- und filmzentrierten Plattformen, wie Instagram oder flickr, sind Bewertungsfunktionen und Kommentarbereiche vorhanden. Ins Social Web geladene kompromittierende Bilder oder Videos sind als Einladung und Auftakt zur digitalen Gewalt zwangsläufig auch Initialsequenz und damit integraler Bestandteil eines Cybermobbingprozesses.

Leiblichkeitssubstitutionsindikatoren

Als Leiblichkeitssubstitutionsindikatoren werden Bildelemente wie Emojis[149] in der Facebook-Statusmeldung [2] und in Facebook-Kommentaren [9] eingestuft, weil sie neben ihrer syntaktischen Funktion als nonkonforme, informelle Interpunktionszeichen (Albert 2015: 19, Imo 2015a, vgl. auch „Interjektionen des Internets" bei Schwarz-Friesel ²2013: 161) und ihrer semantisch spezifizierenden, relativierenden oder fokussierenden Funktion (Marx/Weidacher 2014: 147 f.) para- und nonverbale Zeichen aus der mündlichen Kommunikation[150] und sogar ganze Handlungsszenarien in der schriftbasierten computervermittelten Kommunikation ersetzen.

Insofern, als dass Emoticons in ihrer ursprünglichen Form (als Smileys) verschiedene Gesichtsausdrücke nachzeichnen sollen, gelten sie als ideale Vertreter verkörperter Sprachpraxis.

Das Spektrum der insbesondere in der mobilen Online-Kommunikation verwendeten Emojis reicht aber weit über die Mimik-Simulation hinaus (siehe Abb. 5.7) und kann in der konkreten Verwendung gar den Anschein von Re-

---

149 Angeblich gibt es derzeit rund 1600 Emojis. Allerdings ist das Zeichenrepertoire begrenzt und variiert von Betriebssystem zu Betriebssystem, sowie von App zu App, vgl. http://www.maclife.de/new/33-emojis-jedem-smartphone-anders-aussehen-10071998.html?page=2#head. Die graphischen Unterschiede beeinflussen auch die Wirkung, vgl. Miller et al. 2016.
150 Vgl. Rosenbaum (1996), Runkehl/Schlobinski/Siever (1998), Bieswanger (2013), Arens/Nösler (2014), Püschel (2014) u. a.

dundanz erwecken, wie z. B. das Schnarch-Smiley oder der Mond im Kommunikat 1, die Sonnenblumen, die in keinem inhaltlichen Zusammenhang mit dem Text stehen, drei Flamenco tanzende Damen im Kommunikat 2 oder Weinglas und Besteck im Kommunikat 3 in Abb. 5.8.

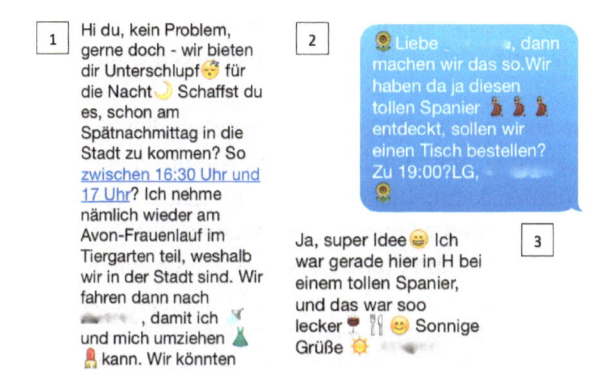

Abb. 5.7: Mit Emojis durchsetzte Textbotschaften (i-Messages).

Das Abbild der tanzenden Damen, Weinglas und Besteck (Abb. 5.7 [2 und 3]) sind typische, assoziative und im semantischen Netzwerk verankerte Komponenten zur spanischen Kultur und zur Nahrungsaufnahme in einem Restaurant, die hier unökonomischerweise zusätzlich eingefügt werden und zwar in Form von Piktogrammen, die die Tastatur des Smartphones anbietet. Brausekopf und Lippenstift in Kommunikat 1 wiederum ersetzen die Versprachlichungen von geplantem DUSCH- und SCHMINK-Handlungen.

Das Piktogramm des Kleids wird als Pars-pro-Toto-Spezifikator für die Wahl eines festlichen Kleidungsstücks eingesetzt. Die Emojis werden hier verwendet, um den aktuellen textuellen Raum, die Textoberfläche, atmosphärisch positiv auszugestalten. Für die Auswahl der Emojis nehmen sich die Produzent_inn/en entsprechend mehr Zeit, was als Signal der gegenseitigen Wertschätzung gedeutet werden kann. Durch den Zugriff auf ikonische Darstellungen real existierender Entitäten werden der reale Raum und damit auch extrasprachliche Referent_inn/en partiell in den Text- oder auch Diskursraum transferiert. Die Statik des Textes wird also durch die Integration von Objekten und simulierten Handlungs- und Bewegungsabläufen (ESSEN, TANZEN) – verkörperter Praxis (Deppermann 2015a) also – quasi aufgehoben und in eine lebendige, räumliche Szenerie überführt.

Eine nicht-repräsentative Online-Befragung von Studierenden im Rahmen eines von Ingo Warnke geleiteten Internetlinguistik-Seminars im Sommersemester 2016 ergab, dass Rezipient_inn/en es als markiert empfinden, wenn in einem informellen Online-Kommunikat (vorzugsweise WhatsApp) keine Emojis verwendet werden. Diese Beobachtung führt zu einer Hypothese, der hier nicht weiter nachgegangen werden kann: Der informelle Default-Online-Text wird nur dann als unmarkiert wahrgenommen, wenn er mindestens ein Emoticon/Emoji enthält. Demzufolge würde in einen informellen Text, der sprachlich keinerlei Aggressionspotenzial aufweist, aber keine Emojis enthält, ein Konfliktpotenzial hineingelesen.

In Kap. 6 zeige ich, dass der Umkehrschluss, der Einsatz von Emojis wäre ein Garant für eine wertschätzende, freundliche Kommunikation, nicht ohne Einschränkungen gezogen werden kann. Die nicht ausschließlich expressive Bedeutung, die über Emojis transportiert werden soll, ist nicht an einzelne Emojis gekoppelt, sondern kann nur im Ko- und Kontext erschlossen werden. Emojis können den Inhalt und den Emotionsausdruck einer Äußerung spezifizieren, fokussieren oder relativieren (siehe Marx/Weidacher 2014: 148). So ist es möglicherweise auch zu erklären, dass die Facebook-Emojis, die die gefällt-mir-Option erweitern (sollten) (Abb. 5.8), nur zögerlich verwendet werden.

Mit einer Auswahl von sechs permanenten (die lila Dankbarkeitsblume stand nur temporär zur Verfügung) Emojis wurde deren Schaltflächenfunktion so überblendet, das Nutzer_innen vorm Anklicken eine inhaltliche Entscheidung treffen müssen, vgl. im Gegensatz dazu die ikonischen Antwort- und Retweetzeichen und die Ersetzung des Favsterns durch ein Herzsymbol bei Twitter [6]. Darüberhinaus ist zu vermuten, dass a) zu wenige und nicht die relevantesten Basisemotionen umgesetzt worden sind, und dass es den Nutzer/innen b) schwerfällt, die vorgegebenen Emotionen mit den jeweiligen Piktogrammen zu verknüpfen.

Abb. 5.8: Seit dem 24. Februar 2016 gibt es bei Facebook diese neuen Symbole, um Liebe, Lachen, Überraschung, Traurigkeit und Wut auszudrücken. Die Blume für Dankbarkeit stand nur im Mai 2016 zur Verfügung.

Um Cybermobbing nicht zu begünstigen, entschied sich Facebook gegen die Einführung eines Gefällt-mir-nicht-Buttons. Diese Entscheidung basiert auf der Annahme, dass die Bedeutung eines Emojis symbolinhärent ist. Emojis werden jedoch keinesfalls ausschließlich ko- und kontextfrei eingesetzt, ihre Bedeutung ist daher auch in Abhängigkeit zum textuellen Begleittext zu rekonstruieren. In Marx (i. Dr.b) zeige ich, dass selbst die Verwendungsweise des Gefällt-mir-Buttons stark variiert und neben dem Ausdruck von Dank, Anerkennung, Zustimmung oder Solidarisierung sowohl Positiv- als auch (eine) Negativbewertung(en) eines Sachverhalts ermöglichte (siehe auch Marx/Weidacher 2014: 118 ff.), vgl. auch die Multifunktionalität von Zeichen.

Leiblichkeitssubstitutionsindikatoren sind darüber hinaus nicht nur ikonisch, sondern können auch symbolisch (sprachlich) umgesetzt werden. So elizitieren atmosphärische Kulissenausdrücke (zumeist indiziert durch Asterisken) mentale Bilder von Geräuschen, die in Rahmen 4 typischerweise gar nicht entstehen: an-Frühstück-im-letzten-Kurzurlaub-erinnert-Geräusch (BembelBookTM@BembelBook), Accountlöschgeräusch (Di Mim@kul-tur¬bolschewi), Schmerztablettenbombeneinwurfgeräusch (GehWeida@Hock_Di_Her), Fluchtversuchgeräusch (gurkeconcarne@malymou), liebhabgeräusch (Papa v37.2TM@aon-zds), Wollsockensuchgeräusch (HardcoreTM@Hard¬coresofti). Auch hierin sehe ich zumindest Hinweise auf eine onlinebasierte Überkompensation von Körperlosigkeit, vgl. Kap. 5.1 und 5.2.

Gewaltpotenzial des Modus Sprache
Textelemente treten nicht exklusiv als Autor_inn/enbeiträge auf, sondern dienen der Benennung der Autor/innen ([4] auf YouTube, [1] auf Twitter und Facebook, [7] auf Instagram etc.) und der Bezeichnung technischer Funktionen (z. B. ‚mag ich/mag ich nicht' [12] oder ‚Abonnieren' [4] auf YouTube; ‚gefällt mir' [4] auf Facebook; ‚Füge einen Kommentar hinzu' [8] auf Instagram; ‚Folgen' auf Twitter [8] und Instagram [11] etc.).[151]

Ein Gewaltpotenzial ist nicht explizierbar, denn die durch Text bezeichneten und daher für die Nutzer_innen bedienbaren Funktionen sind fast ausnahmslos unter jeder Statusmeldung auf Facebook, unter jedem Tweet usw. anklickbar. Wenn die Funktion ausgeschaltet ist, wird dies in einem Hinweistext kommentiert, in dem die potenzielle Unzulässigkeit einer Meldung

---

[151] Vgl. Wagner (2002), der in diesem Zusammenhang auf die „Schalthebel-Funktion" von Sprache verweist. Diese Funktion überschneidet sich nur mit der von hypertextuellen Links, die Sandbothe (1998: 592) als Schnittstellen beschreibt, „die den linearen Zeichenfluß des einzelnen Textes konterkarieren und sich statt dessen als gedankliche Knotenpunkte anbieten, die dem Leser die Möglichkeit geben, im Vollzug der Lektüre die individuelle Konstellation des Textes, d.h. die Abfolge von Textbausteinen und den unmittelbaren Anschluß an Inter-, Para-, Meta- und Hypotexte [...] aktiv mitzugestalten."

thematisiert wird. Die Unzulässigkeit ist hierbei jedoch nicht spezifiziert, sodass über die Gründe für die gefällt-mir-Sperre nur spekuliert werden kann.

Sprache in ihrer Schalthebel-Verwendung (Wagner 2002) soll hier aber nur am Rande erwähnt werden, als zentral erachte ich die Frage nach dem Gewaltpotenzial in Nutzer_innenbeiträgen, vor dem Hintergrund von Posselts Beobachtung, dass „das, was wir als Gewalt erfahren, immer schon diskursiv strukturiert und vermittelt [ist]", unter Verweis auf Derrida (1976: 180 f.), der Gewalt nicht „vor der Möglichkeit der Rede" sieht, vgl. auch Herrmann/Kuch (2007: 14).

Der Zusammenhang von Sprache und Gewalt, von Sprache und Macht beschäftigt die Forschung seit geraumer Zeit,[152] ist laut Schlobinski (2017: 8) jedoch

> in der Linguistik [...] stiefmütterlich behandelt worden. Obwohl das Thema in der Soziolinguistik und Politolinguistik eine Rolle spielt und ansatzweise einzelne Aspekte untersucht wurden, steht eine zusammenhängende, systematische Behandlung der mit Macht und Sprache bezeichneten Phänomene ebenso aus wie eine konzeptuelle Grundlegung.

Sprache, so fasst es Bourdieu (1977: 648), ist „not only an instrument of communication or even knowledge, but also an instrument of power."

Aus aktueller Perspektive lässt sich als wesentliche Erkenntnis dieser langen Diskussion Einigkeit darüber festschreiben, dass Sprache und Gewalt keine unvereinbaren Komplemente sind, vgl. auch den gerade erschienenen und oben bereits zitierten systematischen Überblick zu Sprache und Macht von Schlobinski (2017). Als grundlegend wird hier „herausgearbeitet, dass Macht relational ist, auf komplexen Interaktionsbeziehungen basiert und die somit zu beschreibende Welt der Machtbeziehungen sich als ein komplexes und dynamisches System darstellt" (Schlobinski 2017: 94). Dabei werden sechs Faktoren differenziert: 1. Macht ist hintergrundabhängig. 2. Macht als Potenzialität, als Vermögen, ist zu trennen von der Ausübung der Macht. 3. Macht ist relational, interaktional und asymmetrisch. 4. Macht ist skaliert. 5. Macht ist in Machtquelle, Machtmittel und Machtziel differenziert. 6. Für eine tiefe und genaue sprachwissenschaftliche Analyse ist das Performative zentral und hier ist von

---

[152] Siehe Trömel-Plötz (1982), Kiener (1983), Pusch (1984), Sager (1988), Frank (1992), Burger (1995), Schad (1996), Zimmermann (1996), Kopperschmidt (1998), Januschek/Gloy (1998), Butler (1998), Luginbühl (1999), Corbineau-Hoffmann/Nicklas (2000), Erzgräber/Hirsch (2001), Platt (2002), Kleinke (2007), Krämer (2005, 2007), Meier (2007), Krämer/Koch (2010), Kuch/Herrmann (2010), Posselt (2001), Schwarz-Friesel (2013b), Schwarz-Friesel/Reinharz (2013), Schwarz-Friesel/Kromminga (2014) u. a.

besonderer Bedeutung der sprechakttheoretische und sozialontologische Ansatz von Searle (deontische Macht) sowie Habermas' Theorie des kommunikativen Handelns (siehe dazu im Detail Schlobinski 2017).

Herrmann/Kuch (2007: 13 ff.) fassen das Verhältnis zwischen Sprache und Gewalt in die drei Ansätze: Gewalt und Sprache (1), Gewalt der Sprache (2) und Gewalt durch Sprache (3). Im ersten von Herrmann/Kuch (2007) genannten Ansatz wird das temporäre Verhältnis von Gewalt als vorgängig oder nachträglich gefasst. Sprache wird hier also als ein Mittel betrachtet, über das physische Gewalt angekündigt werden kann (etwa durch Drohungen) und als Beschreibungs- und Kategorisierungsinstrument in der Reflexion physischer Gewalt.

Im zweiten Ansatz wird Gewalt als sprachstrukturimmanent charakterisiert, weil das Wesen der Sprache darin gesehen wird, etwas ‚unter einen Begriff zu bringen'. Die Gewaltsamkeit besteht entsprechend in der unwillkürlichen verallgemeinernden Zusammenfassung, auch: Gleichmachung, siehe Adorno (1966).[153]

Konkrete verletzende Sprachhandlungen, wie etwa Beschimpfungen und Flüche, fallen unter Ansatz 3. Schumann (1990: 259) bezeichnet Beschimpfungen als ‚schwerwiegende Kränkung durch Worte', siehe auch Schwarz-Friesel/Reinharz (2013: 311), die diese intendierte Herabwürdigung des kommunikativen Gegenübers als „ausschließlich über den Ausdruck stark pejorativer Lexeme" realisiert beschreiben (vgl. Pfeiffer 21997, Havryliv 2003a). Darunter sind Schumann (1990: 264) zufolge adjektivisch, verbal und nominal umgesetzte Negativ-Charakterisierungen zu verstehen, wobei die jeweilige lexikalische Einheit durch ihre Denotation und/oder Konnotation für Beschimpfungen prädestiniert sein muss (Schumann 1990: 265). Während Schumann (1990: 260) Beschimpfungen als reaktiv kategorisiert, weil ihnen im „allgemeinen [...] eine (grobe) Verletzung einer das private oder gesellschaftliche Zusammenleben von Menschen betreffenden Erwartung(snorm) durch einen der Beteiligten [...] voraus[geht]," (vgl. auch Biffar (1994: 95), der das Beschimpfen als Erniedrigung des ‚Gegners' als Folge einer durch diesen erlittene[n] bzw. empfundene[n] eigene[n] Erniedrigung oder Benachteiligung" deutet), wird dieser Aspekt bei Schwarz-Friesel/Reinharz (2013: 311) nicht als konstitutiv begriffen. Hier wird

---

153 Vgl. aber Posselt (2011: 91): „Sprachliche Gewalt ist möglich, nicht weil Sprache selbst gewaltsam wäre, sondern weil sie gewissermaßen an der physischen Gewalt parasitär partizipiert." Und im Gegensatz dazu die bei Herrmann/Kuch (2007: 19) unter der Bezeichnung „körper- und leibphilosophisch" zusammengefassten Ansätze, in denen Sprache als physische Handlung verstanden wird, der sprichwörtliche Körperlichkeit zugesprochen wird (Lecercle 1990, Gehring 2007).

vielmehr das Ziel „die Würde und die Integrität des Adressaten anzugreifen bzw. zu beschmutzen", in den Fokus gerückt, siehe auch Apeltauer (1977: 139) und Hundsnurscher (1997: 372), vgl. aber Meier (2007: 32), der die Verletzung nicht in der Handlung selbst sieht, sondern in der „ihr zu Grunde liegende[n] Einstellung". Dabei seien Beschimpfungen „die primitivste Form der Beleidigung, es sind affektive Aggressivitäts- und Hassbekundungen ohne argumentative Inhalte" (Schwarz-Friesel/Reinharz 2013: 311, vgl. Havryliv 2003b, 2009).

Als eine weitere Form („eine Sonderform") von Beleidigungen nennen Schwarz-Friesel/Reinharz (2013: 309 f.) den Sprechakt des Verhöhnens, wobei „der Adressat mittels Ironie, Sarkasmus oder Wortspielen verspottet und ins Lächerliche gezogen wird". Schlobinski/Tewes (2007: 3) nennen darüber hinaus auch „drohen, herabsetzen, über [jmd.] spotten, [...], diffamieren, bloß stellen, sich über ihn lustig machen, ihn verunglimpfen" als verbale Gewalthandlungen, mit denen Menschen „bewusst oder unbewusst [...] aus[ge]grenz[t] [und] diskriminier[t]" werden. Ein Weg, Gewalt durch Sprache zu beschreiben, erfolgt also über die lexikalisch-semantische Analyse und die Analyse kanonischer Grundkategorien der Pragmatik (wie Sprechakte oder Implikaturen).

Beleidigungen werden, wie andere herabwürdigende Sprechakte auch, als Gesichtsbedrohungen im Brown/Levinsonschen (1987) Sinne und damit im Rahmen eines traditionellen Höflichkeitsmodells erklärt. Dieses beruht auf der an Goffmans (1955, 1971) Face-Begriff anknüpfenden Annahme, dass jede Person ein positives und ein negatives Gesicht (Face) für sich beansprucht (dazu Brown/Levinson 1987). Das positive „Face" beinhaltet den Wunsch, von anderen verstanden und bewundert zu werden, das negative „Face" beschreibt das Verlangen uneingeschränkt handeln zu können. Gesprächspartner_innen versuchen diese „Faces" aufrecht zu erhalten und face threatening acts (FTAs) zu vermeiden oder durch Wiedergutmachungsstrategien (redressive actions) zu revidieren (siehe auch Kleinke 2007: 312 f.).

Beschimpfungen wären entsprechend als beide Adressatenimages bedrohende Sprechakte zu kategorisieren, vgl. auch die „Missachtung des Partnerimages" bei Schwitalla (2001: 1374), vor allem dann, wenn sie anhand der expliziten sprachlichen Realisierung als solche identifiziert werden (siehe auch Infante/Wigley 1986).

Arbeiten über Höflichkeit im Netz[154] legen nun offen, dass der Ton informeller und rauer ist, obwohl in der sogenannten Netiquette (auch: Netikette, Chatiket-

---

[154] insbesondere Feldweg/Kibiger/Thielen (1995), vgl. Storrer/Waldenberger (1998), Handler (2002), Kleinke (2007), Androutsopoulos (2003b), Kiesendahl (2011: 91 ff.), Ankenbrand (2013: Kap.II,V)

te) verbindliche Regeln zum Umgang miteinander festgelegt sind. Auf ähnliche Weise wird die Kommunikation unter Jugendlichen attribuiert (vgl. dazu Kap. 6). Sprachliche Ausdrucksmittel können entsprechend nicht per se als unhöflich oder gewalttätig bestimmt werden, der Kontext – und damit auch die sozialen Beziehungen zwischen den Interagierenden – muss berücksichtigt werden (siehe Kleinke 2007: 313, Kienpointner 1997, Culpeper 1996, Culpeper/Bousfield/Wichmann 2003 und Kap. 7).

Ungeachtet dessen stellt sich unwillkürlich die Frage, welche Auswirkungen eine Beschimpfung, eine Beleidigung haben (kann). Vorausgesetzt, eine dehumanisierende Metapher, wie z. B. Affe, wird in demütigender und verletzender Absicht geäußert, dann – so argumentiert Posselt (2011: 106) – entsteht die verletzende Kraft der Äußerung auch daraus, „dass es ihr gelingt, ihre Beschreibung durchzusetzen und ‚Wirklichkeit' zu repräsentieren. Damit wird aber auch umgekehrt deutlich, dass jeder Repräsentation selbst noch ein gewaltsames Moment inhärent ist" (vgl. Hall 2004: 145 f.).[155] Das führt uns zu einem weiteren vielfach in der Forschung diskutierten Aspekt: dem Zusammenhang zwischen Sprache, Gewalt und Macht.

Schwarz-Friesel/Reinharz (2013: 39 f.) stellen fest, dass „Macht und Gewalt nicht gleichzusetzen [...] [je]doch untrennbar miteinander verbunden" sind. Gewalt wird hier als „Subtyp der möglichen Machtaktivitäten, dem eine Täter-Opfer-Struktur inhärent ist" beschrieben, wobei Sprache als Waffe gebraucht wird (siehe auch Schlobinski/Tewes 2007: 1, Pasiersbky 1983, Kiener 1983). Der Einsatz dieser Waffe nun muss nicht notwendigerweise so ostentativ geschehen, wie das bei Beschimpfungen der Fall ist. So hebt Posselt mit Bezug auf Gorgias' Lobpreis der Rede[156] heraus, dass sprachliche Gewalt einerseits ein „Akt[...] des Glauben-Machens und der Anerkennung" sei, dessen Wirkungsmächtigkeit andererseits „zu verdecken und zu verbergen" wäre.

> Das zentrale Kennzeichen der Rhetorik wäre dann nicht nur, dass sie ihr persuasives und gewaltsames Moment vergessen macht (wobei sie gerade aus diesem Vergessen und dieser Defiguration ihre wesentliche Kraft zu ziehen vermag), sondern dass dieses Vergessen

---

155 Vgl. Hall (2004), der Stereotypisierung beschreibt als „jemanden oder etwas auf eine bestimmte Art und Weise zu repräsentieren" (Hall 2004: 145 f.).
156 „Wenn es hingegen Rede war, die bekehrte und ihre Seele trog, dann ist es auch nicht schwer, dass sie in diesem Punkte verteidigt und von der Anschuldigung befreit werde", denn „Rede ist ein großer Bewirker; mit dem kleinsten und unscheinbarsten Körper vollbringt sie göttlichste Taten: vermag sie doch Schrecken zu stillen, Schmerz zu beheben, Freude einzugeben und Rührung zu mehren" (Gorgias von Leontinoi 1989, II [8], zitiert bei Posselt 2011: 92).

zugleich die Rhetorik im Allgemeinen und das Verhältnis von Sprache und Gewalt im Besonderen erfasst, [...]. (Posselt 2011: 93)

Wie ich in Kap. 6 zeige, nutzen die Interaktanten in Cybermobbing-Prozessen und Shitstorms die gesamte Registerklaviatur von formell-distanziert[157] (unmarkiert verdeckt bei Profilfälschungen, über informell-privat, umgangssprachlich/dialektal bis derb/vulgär, siehe auch Marx i. Dr. a). Mit derben und vulgären Äußerungen manövrieren sich Interaktant_inn/en in eine Position, in der sie aus Erwachsenensicht über jeden Verdacht erhaben sind, ausgefeilt rhetorisch zu agieren. Gleichwohl müsste gerade die Ausgangssituation die Initiator_inn/en zu einer intelligent-zurückhaltenden Vorgehensweise veranlassen. Schließlich haben sie die aus kommunikationstheoretischer Sicht schwierige Aufgabe, Adressat_inn/en, die unterschiedliche Einstellungen zur vCMbP haben, a) dazu zu bringen, den propositionalen Gehalt nicht nur zu glauben, sondern auch zu übernehmen, und sie müssen b) davon überzeugt werden, dass der/die jeweilige Initiator_in über die notwendige Evaluierungskompetenz verfügt. Es existiert also für jede Repräsentation eine bestimmte Deutung, die „immer auch der Anerkennung durch Dritte bedürfe" (Posselt 2011: 107, siehe auch Bischoff 2003: 353). Ich habe diese Problematik in früheren Veröffentlichungen als ‚perlokutive Divergenz' bezeichnet (Marx 2013a, 2014a,b).

Diese Herausforderung wird mit der verschleiernden komplexen Namenszuweisung (siehe Kap. 6) umgesetzt, lässt sich m. E. aber nicht mit einer aggressiven Sprache beantworten, vgl. auch Deppermann (2005: 315), der betont, dass ein Konflikt als „rationale Auseinandersetzung über Wahrheit" inszeniert [werden muss], da die direkte Attacke auf den Gegner (z. B. in Form von Beschimpfungen) tabuisiert ist und die eigene Interaktionsposition massiv schwächen würde."[158]

---

[157] In ihrem Buch „Die verletzende Macht der Höflichkeit" behandelt Fidancheva (2013) Fälle, in denen Höflichkeit zu Verletzung führen (soll), expliziert ihre These aber an Belegen, die eindeutig gesichtsbedrohend oder über Implikaturen leicht als Ironie, ja Sarkasmus zu rekonstruieren sind. Für Fälle formaler Höflichkeit, wie etwa die Anrede mit Sie, dokumentiert Fidancheva (2013: 183) Verletzungspotenzial als Ergebnis einer durchgeführten Umfrage, die jedoch der Studie nicht beigefügt wurde, was die Nachvollziehbarkeit erschwert.
[158] Mit Verweis auf Austin und den oszillierenden Charakter von Konstativa und Performativa stellt Posselt (2011: 110 f.) fest, dass eine „performative Äußerung [...] folglich um so mehr Kraft oder Gewalt [hätte] um so weniger sie als eine solche zu erkennen wäre, was vielleicht den Umstand erklärt, warum gerade Äußerungsformen, denen wir ohne weiteres einen verletzenden Charakter zuschreiben würden, wie Beleidigung, Verleumdung oder Drohung nicht explizit, sondern nur implizit vollzogen werden können."

Sobald also beim Cybermobbing (und bei Shitstorms) eine aggressionsgeladene Sprache verwendet wird, überlagern Aspekte wie Verletzbarkeit durch Sprache und die gewaltindizierende Verletzungsabsicht das Persuasionspotenzial respektive die mutmaßliche Persuasionsabsicht. Damit rückt das „individuelle Unglück und Leiden der Opfer", das Luginbühl (1999: 79) als ein zentrales Merkmal für verbale Gewalt herausarbeitet, in den Fokus der Betrachtung.

Der/die Adressat_in von sprachlicher Gewalt ist immer eine Person (Liebsch 2007: 23 f., Krämer 2005, Maye/Sepp 2005: 9). Das trifft selbst auf Online-Kommunikation zu, auf deren Oberfläche zunächst „nur" Online-Identitäten verhandelt werden, deren Repräsentation und reale Existenz aber über die oben beschriebenen Rahmen so verwoben sind, das eine Re-Identifikation unumgänglich ist.

Das Besondere beim Cybermobbing ist nun, dass die vCMbP nicht zwangsläufig an der Kommunikation partizipiert, möglicherweise nicht einmal etwas davon weiß (siehe Kap. 7). Gewaltakte müssen also auch die Interaktion mit der geschädigten Person nicht zwangsläufig beeinträchtigen und werden von diesen entsprechend auch nicht notwendigerweise ratifiziert, vgl. hingegen Luginbühl (1999: 80), der „geplante, aber nicht erfolgte Einwirkungen" nicht zu Gewaltakten zählt. Vor dem Hintergrund der von ihm untersuchten Gespräche vor einem (Fernseh-)Publikum erachtet er die „Ratifizierung durch das Opfer" jedoch ebenfalls weder als eindeutiges noch als hinreichendes Kriterium (Luginbühl 1999: 81). Auch für Cybermobbing-Akte kann nicht davon ausgegangen werden, dass sich die Beleidigung gänzlich aus der „Natur der Erwiderung" (Bourdieu 1976: 18) erschließt. Die Gewaltfrage indes „völlig losgelöst von der individuellen Reaktion der Betroffenen" zu beantworten, wie es Frank (1992:10) vorschlägt, ist im Rahmen von Cybermobbing keine Option, weil die Verletzung und Schädigung von den Beteiligten antizipierbar ist und sogar artikuliert wird, siehe Bsp. 5-4.

5-4 lassma rausfinden wer das war und sie fertig machn die is bestimmt krass das opfer [...] (isg, g_1_b_wr, 2011-01-17, 14:16:34)

Sie ist deshalb als diskurskonstitutive Komponente zu erachten (siehe dazu ausführlich auch Kap. 6 und 7 und den von Kleinke (2007: 318) vorgeschlagenen „Aspekt der reflektierten und mit alltagspraktischer Urteilskraft abschätzenden Wirkung" (auch Wenderoth 1998)). Damit wird die Überlegung, ob verbale Gewalt abhängig von der Intention des/der Täter/s_in ist, für Cybermobbing obsolet. Während Luginbühl (1999: 82), Galtung (1975) oder Frank (1992) den Gewaltbegriff unabhängig von der Intention behandeln, nehme ich die schädigende Absicht für Cybermobbing auch unter Verweis auf Schreier (1994, zitiert bei Luginbühl 1999: 82) als gegeben an: „If a ‚rule violation' is regarded as sufficiently severe, the question of intentionality begins to loose its importance."

Das Kapitel in fünf Sätzen

1. Leiblichkeit ist im Zusammenhang mit digitaler Gewalt in zweierlei Hinsicht substanziell.
2. Zum einen ist die doppelte Körpererfahrung aus konkret leiblicher und transzendenter Präsenz in Betracht zu ziehen, die hier im Modell konvergierender Rahmen zusammengeführt wird.
3. Dabei wird die Überlegung angestellt, dass die möglicherweise als Aufspaltung empfundene Online-Offline-Existenz durch die aktive Re-Integration von Körperbildern revidiert werden soll, gleichzeitig offenbart sich Cybermobbing-Potenzial in der Schwierigkeit, zwischen virtueller Identität und Agens in den Sozialen Medien zu unterscheiden.
4. Zum anderen weisen die strukturellen Eigenschaften multimodaler Social-Media-Kommunikate (Perspektive 2) Gefahrenstellen auf.
5. Neben Bildern als auslösende Faktoren wurde Sprache als elementarer Modus für digitale Gewalt identifiziert.

6 Cybermobbing konkret: Sprachlich-kommunikative Verfahren

Die Verleumdung, sie ist ein Lüftchen,
Kaum vernehmbar in dem Entstehen,
Still und leise ist sein Wehen:
Horch, nun fängt es an zu säuseln -
Immer näher, immer näher kommt es her. -
Sachte, sachte! - Nah zur Erde!
Kriechend, schleichend! - Dumpfes Rauschen!
Wie sie horchen, wie sie horchen!
Wie sie lauschen, wie sie lauschen!
Und das zischelnde Geflüster,
Dehnt sich feindlich, dehnt sich feindlich aus und düster.
Und die Klugen und die Tröpfe
Und die tausend hohlen Köpfe
Macht sein Sausen voll und leer!
Und von Zungen geht's zu Zungen,
Das Gerede schwellt die Lungen,
Das Gemurmel wird Geheule,
Wälzt sich hin mit Hast und Eile;
Und der Lästerzungenspitzen
Zischen drein mit Feuerblitzen,
Und es schwärzt sich Nacht und Schrecken
Schaurig immer mehr und mehr.
Endlich bricht es los das Wetter,
Unter gräßlichem Geschmetter!
Durch der Lüfte Regionen
Tobt's wie Brüllen der Kanonen.
Und der Erde Stoß und Zittern
Widerhallt in den Gewittern,
In der Blitze Höllenschlund!
Und der Arme muss verzagen,
Dem Verleumdung hat geschlagen.
Schuldlos geht er dann, verachtet
Als ein Ehrenmann zugrund.
Ja, schuldlos geht er dann zugrund,
Geht er zugrund!

Arie des Don Basilio aus der Oper ‚Der Barbier von Sevilla' von Gioachino Rossini

Vorbemerkungen

[Bild: "PLEASE TAKE YOUR SEATS — FACEBOOK COURT IS NOW IN SESSION"]

In Kap. 2.4 habe ich referiert, dass psychologische Studien zu dem Ergebnis gelangten, psychisches Cybermobbing rufe die schlimmsten Folgen hervor (Katzer 2014: 102, Sitzer et al. 2012). Ich habe auch gezeigt, dass Cybermobbing-Formen, die als „psychisch" kategorisiert[159] worden sind, sprachliche Handlungen sind. Sprache wird als elementarer Modus im Cybermobbing-Kontext betrachtet. Ziel dieses Kapitels ist es transparent zu machen, wie Diskursfiguren konkret konstruiert, etabliert und perspektiviert werden und wie damit Verleumdung und Diffamierung einhergehen.

Im Zuge der Textproduktion jedes beliebigen Textes werden sogenannte Textreferent_inn/en sprachlich eingeführt, die als Konstituenten einer geistigen Repräsentation des Textes symbolisch für außersprachliche Lebewesen oder Objekte stehen (Schwarz-Friesel/Consten 2014: 50). Mit jeder weiteren Information, die einem Text hinzugefügt wird, verdichtet sich die geistige Repräsentation über die Textreferent_inn/en und die geschilderten Sachverhalte. Das ist ein alltäglicher, stetig ablaufender Prozess bei der Textproduktion und Textrezeption, er geht mit der Bildung sogenannter Textweltmodelle einher (Schwarz ³2008, siehe auch „mentale Modelle" bei Johnson-Laird 1983 und Kelter 2003). Üblicherweise wird ein Text über die Einführung einer ganzen Reihe von Textreferent_inn/en entfaltet.

Beim Cybermobbing nun findet ein kollaborativer Instanziierungs- und Elaborationsprozess einer fokalen Diskursfigur (Textreferent_in) statt. Das sprachliche Handeln nicht nur eine/s/r, sondern einer Vielzahl von Autor_inn/en konzentriert sich entsprechend auf eine zentrale in der realen Welt

---

159 Das Spektrum aggressiver Handlungen beim Cybermobbing reicht von übler Nachrede, der Verbreitung von Gerüchten und Lügen, Hänseleien, Erpressungsversuchen, gezieltem Unter-Druck-Setzen über Ausgrenzungen und Ablehnen von Freundschaftsanfragen, dem Versenden intimer und peinlicher Fotos und Videos bis zur Bildung von Hassgruppen (Katzer/Fetchenhauer/Belschak 2009 a,b, Katzer 2014: 63 f., Schneider et al. 2014: 29).

existierende Person (Referent_in) und ist dabei von einem spezifischen Handlungsmotiv (vgl. dazu die Überlegungen in Kap. 8) geleitet. Im Folgenden werden die wesentlichen Schritte der Referenzialisierung beim Cybermobbing beschrieben. Im Fokus stehen hier also zunächst die Merkmale des „Angreifens".[160]

Wie ich in diesem Buch deutlich mache, entsteht Cybermobbing auf unterschiedliche Art. Eine Gruppengründung, die einzig zum Zweck geschieht, eine Person „fertigzumachen", hat zweifelsohne ein übergeordnetes (auch langfristiges Ziel), ein Wutausbruch in einem Sozialen Netzwerk hingegen kann eine impulsive Reaktion ohne Plan sein. Dennoch lassen sich in beiden Auftaktsequenzen und den Folge-Äußerungen vergleichbare Merkmale identifizieren, die sich im Analyseergebnis wie Dokumentationen von fiktiven Gerichtsverfahren lesen, in denen die vCMbPen angeklagt und bestraft werden und zwar von Initiator_inn/en (siehe zur Rollenbezeichnung Kap. 7.2), die sich selbst zu Richter_innen ernennen.

Dabei werden Gründe dafür konstruiert, warum die vCMbPen als Täter_in/nen[161] stilisiert werden können. Deren Handeln wird als planvoll und deshalb selbst zu verantworten deklariert (demnach sind die Folgen selbst verschuldet). Simultan zur Degradierung der Betroffenen als unmoralisch Agierende einerseits und kognitiv Derangierte andererseits erhöhen sich die Initiator_inn/en selbst und legitimieren sich als Richter_innen.

Anhand der verschiedenen Degradierungsformen offenbart sich allerdings, dass die selbst ernannten Richter_innen unlogisch handeln, wenn sie Strafen androhen und verhängen und die vCMbPen gleichzeitig als strafunmündig sowie psychisch und kognitiv unzurechnungsfähig kategorisieren. Diese Unzurechnungsfähigkeit ginge nämlich mit Schuldunfähigkeit einher. Das wird jedoch ausgeblendet, weil die Freude am Prozess im Vordergrund steht und ein gerechtes Verfahren außerhalb der angestrebten Kommunikationsziele liegt. Deutlich wird das an der Modalität der Anklage (mit der sich die selbst ernannten Richter_innen eigentlich bereits selbst disqualifizieren). Sie zeigt, dass es hier nicht um faire Verhandlungen geht. Weitere von einem fairen Prozess abweichende Faktoren sind

---

160 Vgl. Galtung (1975), der kritisiert, dass bei der Analyse von (verbaler) Gewalt hauptsächlich das Vorgehen der Angreifer/innen betrachtet wird. Diesem Einwand wird in dieser Arbeit durch einen umfassenden Blick auf die Beteiligten Rechnung getragen (Kap. 7).
161 Wie ich diesem Kapitel zeige, werden Betroffene in Cybermobbing-Diskursen zu Täter_inn/en gemacht. Ich verzichte deshalb auf die traditionellen Rollenbezeichnungen *Opfer* vs. *Täter_in*, siehe dazu die Ausführungen in Kap. 7.

- die kalkulierte Abwesenheit der Angeklagten, die so keine Gelegenheit erhalten sich zu verteidigen (siehe auch Kap. 7.2),
- Anklagepunkte, die auf vermeintlichen (also frei erfundenen oder nicht strafbaren) Handlungen beruhen, für die Personen korrekterweise nicht zur Verantwortung gezogen werden können,
- Anklagepunkte, die auf Eigenschaften basieren, die der vCMbP zugeschrieben werden (und für die man nicht zur Verantwortung gezogen werden sollte und
- das Strafmaß.

In diesen diskursiven, für eine Öffentlichkeit arrangierten „Gerichtsprozessen" – und das ist metaphorisch zu verstehen – steht von Beginn an fest, dass es eine Bestrafung geben wird, weil die Schuld der/des Täter_in/s nicht eruiert, sondern inszeniert wird. Das konkrete Ausmaß ergibt sich in interaktiver Dynamik und ist nicht vorherseh- und auch nicht kontrollierbar.

Während im Cybermobbing-Diskurs (fiktiv auf Textebene) das Ausmaß der Bestrafungen jedoch erst verhandelt wird, wird die „Bestrafung" (in der Welt) gleichermaßen schon vollzogen, weil der auf einer Vorverurteilung beruhende Cybermobbingprozess simultan stattfindet und selbst schon Bestrafung ist. Hervorzuheben ist dabei, dass unter den Diskursteilnehmer_inne/n ein großes Interesse am Prozess und dessen Kontinuität besteht, der – vermutlich im Bewusstsein des eigenen Normverstoßes – verharmlosend als Spaß gerahmt wird.

Das gesamte Prozedere erinnert an die von Garfinkel bereits (1956: 420) beschriebenen „status degradation ceremonies": „Any communicative work between persons, whereby the public identity of an actor is transformed into something looked on as lower in the local scheme of social types [...]", vgl. auch Liebert (2015), der für die Erklärung von Selbstermächtigung in Online-Petitionen an dieses Konzept anknüpft.

Das soll nachfolgend an einer Reihe von Beispielen expliziert werden. Aus methodischen Gründen blende ich diskursive Verfahren der Gegenrede (oder Verteidigung, um im Bild zu bleiben) an dieser Stelle aus, siehe dazu Kap. 7. Am Ende des Kapitels zeige ich, dass vom Vorkommen der hier diskutierten Lexeme und sprachlichen Handlungsmuster nicht auf die Existenz einer Tätersprache geschlossen werden kann.

6.1 Instanziierung durch Identifizierung

Wie wird nun eine Diskursfigur in einer Textwelt als Täter_innen-Figur etabliert? Zunächst einmal muss sie als Textreferent_in instanziiert werden. Das geschieht durch die direkte sprachliche Benennung, wobei sich die Initiator_inn/en hierbei nicht allein auf die Nennung des bürgerlichen Namens beschränken, sondern bereits über die Namenszuweisung Kategorisierungen vornehmen. Identifizierung erfolgt aber auch implizit, z. B. durch den Einsatz technischer Hilfsmittel bei der Fälschung eines Profils in Sozialen Medien und die sprachliche Imitation. Ein solches Vorgehen ist nicht ohne weiteres als Cybermobbing erkennbar, weil typische Angriffssignale ohne Spezialwissen nicht zu rekonstruieren sind. Es ist nicht auf die ostentative Diskreditierung ausgerichtet, vielmehr wird diese verschleiert. Schauen wir uns die Instanziierungsprozesse einmal genauer an.

Direkte (sprachliche) Benennung
Es ist eigentlich einer der selbstverständlichsten Vorgänge beim Verfassen von Texten, den/die Eigennamen der Person(en), die als Textreferent_inn/en zur Elaboration des Textthemas[162] beitragen, zu erwähnen. Ein Fußballreport ohne die namentliche Nennung des Torschützen/der Torschützin wäre unvollständig, ein Roman, in dem der Titelheld/die Titelheldin namenlos bleibt, gewöhnungsbedürftig (vgl. Butler 1998, die die Benennung mit Eigennamen als identitätsstiftend und subjektkonstituierend erachtet, siehe auch Bering 1987). Die Torschütz_inn/en in einem Fußballspiel unterscheidet von einer vCMbP jedoch, dass sie eine Handlung im öffentlichen Raum vollzogen haben und es für sie nicht unerwartet ist, dass diese Handlung von einer Vielzahl potenzieller Kritiker_innen bewertet wird.[163] Den/die prototypische/n Titelhelden/Titelheldin eines Romans unterscheidet von einer vCMbP, dass er/sie fiktiv ist und alles, was über ihn/sie gesagt wird, Teil einer erfundenen Geschichte. Beim Cybermobbing werden hingegen u. a. fiktive Geschichten an real existierende Personen gebunden.

---

[162] Der Terminus *Thema* wird hier allgemeingebräuchlich als ‚Textgegenstand', ‚Textinhalt' verstanden, vgl. Schwarz-Friesel/Consten (2014: 105) zur Abgrenzung der textlinguistischen Termini *Thema* (Informationswert: bekannt) und *Rhema* (Informationswert: unbekannt).
[163] Auch über in der Öffentlichkeit stehende Personen wird negativ berichtet, wie etwa am 17. Juni 2016 in einem im Fokus erschienenen offenen Brief an Mario Götze, der zu vielen kritischen Kommentaren von Leser_innen führte (http://www.focus.de/sport/fussball/em-2016/wie-ein-alternder-star-wenn-du-den-ball-hast-habe-ich-angst-ein-abschiedsbrief-an-mario-goetze_id_5643111.html). Dass eine negative Berichterstattung auch bei medienerfahrenen Personen, z. B. Politiker_inne/n zu Hilflosigkeit, Wut und Verlustängsten führt, ist von Daschmann 2007, Kepplinger 2007 und Kepplinger/Glaab 2005, 2007 als sogenannter „reziproker Effekt" beschrieben worden, siehe auch Fawzi (2009a: 14) und Marx (2013: 253), siehe auch Kap. 2.5.

In der Initialphase von Cybermobbing werden real existierende Personen unfreiwillig als Thema in eine Diskurswelt projiziert und als fokale Diskursfigur instanziiert, indem ihr vollständiger bürgerlicher Name [NdbP] (6-1), ihr Nachname [NndbP] (vornehmlich bei Lehrkräften, 6-2), ihr Vorname [VdbP] (6-3) oder ihr Vorname mit Initial des Nachnamens [ViNdbP] (6-4) genannt und mit einer Negativattribuierung verknüpft werden (siehe auch Bsp. 7-1). Im limitierten Kontext einer Hassgruppe oder der Internetpräsentation einer Schule ist die eindeutige Identifizierung damit hochwahrscheinlich, wird aber darüber hinaus bei öffentlich zugänglichen Seiten auch nach außen sichtbar.

6-1   [NdbP]. Sie ist das absolut behindertste Mädchen der ganzen Schule und der ganzen WElt. [...] (isg, g_1_j_osg, 2011-03-28, 20:08:31) (auch Belegnr. 6-106)

6-2   warum erwähnt keiner frau [NndbP, Lehrerin] (kp wie sie geschrieben wird) sie ist doch die größte hure der ganzen welt. [...] (isg, ses_1_b_th, 2011-04-23, 20:17:18) (auch Belegnr. 6-20)

6-3   [VdbP] ist eine hässliche besoffene fotze (isg, g_1_wi_gbs, 2011-01-20, 18:59:53)

6-4   [VNidbP] ist voll die schlampe [...] (isg, ses_1_b_ksf, 2011-01-19, 20:12:56)

Durch die Namensnennung werden Referent_inn/en zu Textreferent_inn/en. Zur fokalen Diskursfigur respektive zum fokalen Diskursobjekt werden sie, weil sie
- über die anstehende und laufende Thematisierung im Diskurs nicht in Kenntnis gesetzt wurden und demzufolge auch nicht zugestimmt haben;
- weil die an die Ersterwähnung des Namens gekoppelte Bewertung negativ ist und
- weil die Kommunikationsumgebung einer Mobbing-Plattform oder Hassgruppe das gesamte Bewertungsspektrum auf eine Negativskala einschränkt.

Die Brisanz dieses Vorgehens wird dadurch erhöht, dass alle anderen Diskursteilnehmer_innen anonym bleiben können (siehe auch Kap. 7). Die vCMbP wird somit aus einer Menge nicht-identifizierbarer Personen herausgehoben. Dieser Prozess kommt einem an-den-öffentlichen-Pranger-Stellen gleich.

Man benennt also niemals: man ordnet den anderen ein, wenn der Name, den man gibt, eine Funktion der Eigenschaft ist, die er hat, oder man ordnet sich selbst ein, wenn man in dem Glauben, keiner Regel folgen zu müssen, den anderen ‚frei' benennt, d.h. in Funktion der Eigenschaften, die man selbst hat. Und meistens tut man beides zugleich. (Lévi-Strauss 1973: 211 f.)

Eine Potenzierung erfährt diese Technik dann, wenn an die Namensnennung eine Verhöhnung angebunden wird, wenn also der Name selbst verballhornend modifiziert und stellvertretend für die Person, die diesen Namen trägt, zum Gegenstand der Diffamierung wird (vgl. Butlers (1998) Annahme zum Identitätsverlust bei der Anrufung mit Schimpfnamen). Beispiele hierfür kann ich auf Grundlage der Originalbelege nur rekonstruieren, weil die Anonymität der vCMbPen in dieser Arbeit gewahrt bleiben soll, so gab es mit *Bootmann* zu *Blödmann* oder *Moosdiener* zu *Mösenknecht* vergleichbare Namensumformungen. Gleichzeitig bewirkt die Namensmodifizierung aber auch eine Fokussierung auf die Diskursfigur, denn eine Person, die diesen Namen im realen Umfeld der Interagierenden tatsächlich trägt, gibt es nicht. Die neu kreierte Bezeichnung kann natürlich über die Diskurswelt hinaus für die real existierende Person verwendet werden, bleibt dann jedoch immer als Beleidigungsformel an den Cybermobbingdiskurs angeschlossen. Das kann bewirken, dass sich die emotionale Distanz zwischen den am Cybermobbing beteiligten Personen und der vCMbP vergrößert, weil erste näher an der diskursiv erschaffenen fiktiven Figur (also einer Projektion des/der eigentlichen Textreferenten_in) sind. Damit wird auch die Hemmschwelle für Beleidigungen geringer.

Die Namensnennung ist zur Instanziierung einer Diskursfigur jedoch nicht obligatorisch, wie das Beispiel 6-5 in einer nicht-anonymen Umgebung zeigt.

6-5 :D Na ganz tolle arbeit geleistet ej...der hat den sowas von nich verdient ej
(fb, nnfbmaa02, 2012-11-13)
01 ae Diese veranstaltung war ja mal sowas unnötig.. Da fragt man sich doch wozu
02   man sich wirklich den ganzen scheiß an tut.. wozu sor[164], [Name der Schule]
        times tv, frühlingskonzert usw...
03 aa gott ej....wer hat den.da bitte abgestimmt
04 ae das [Name der Schule] preis gremium :D
05 aa :D Na ganz tolle arbeit geleistet ej...der hat den sowas von nich verdient ej

---

164 Die Abkürzung *sor* steht für „Schule ohne Rassismus". Es handelt sich um ein Projekt des Vereins Aktion Courage e.V, das es seit 1995 gibt und das Schüler_/inne/n-Initiativen fördert, die sich gegen Diskriminierung einsetzen. (http://www.schule-ohne-rassismus.org)

Die vCMbP muss hier nicht namentlich eingeführt werden, sie ist allen Interagierenden bereits als Instanz eines common ground (Clark/Marshall 1981) vertraut, weil sie einerseits im dem Cybermobbing unmittelbar vorausgehenden Offline-Geschehen als Preisträger_in eines Schulpreises präsent war und weil sie als Mitschüler_in in der Erfahrungswelt der Interagierenden repräsentiert ist. Zu einem Zeitpunkt, zu dem der Diskurs sich noch auf die Erörterung des Ereignisses (die Preisverleihung, *veranstaltung* Z.1) beschränkt, wird der Fokus durch die dezidiert mit dem Demonstrativpronomen *der* realisierte Ersterwähnung auf den/die Textreferent_in/en gelenkt. Gleichzeitig distanziert sich der/die Textproduzent_in deutlich von der/dem Referent_in/en, wertet ihn/sie ab (vgl. Heidolph/Fläming/Motsch 1981, Bethke 1990 zum Abwertungspotenzial von Demonstrativpronomen) und gibt damit die Richtung vor, in die sich die Interaktion entwickeln soll.

Technisch vermittelte Namenszuweisung
Anders als bei der oben beschriebenen Namensgebung ist die technisch vermittelte Namenszuweisung nicht mit der Verballhornung des Namens oder am Namen in Diskreditierungsabsicht vorgenommenen Veränderungen verbunden. Vielmehr wird der Name der vCMbP benutzt, um Straftaten zu vollziehen. Dazu kopiert der/die Initiator_in (oder auch ein vom/von der Initiator_in erstelltes Programm) das Profilfoto aus dem bereits existierenden Social-Media-Account und legt damit ein täuschend echtes zweites Profil (vgl. Bsp. 6-6) an. Da Hintergrundfotos variabel von Profilurheber_inne/n eingesetzt werden können, wird diese Abweichung vom Original nicht als auffällig oder gar verdächtig erachtet. Das Hintergrundbild (in der Fälschung hier dunkelblau) und weitere möglicherweise vom Original abweichende Informationen (im hier vorliegenden Fall z. B. das Geburtsdatum) sind ohnehin nur für diejenigen sichtbar, die das Facebook-Profil einer Person durch einen Klick auf den Namen aufrufen.

6-6[165]

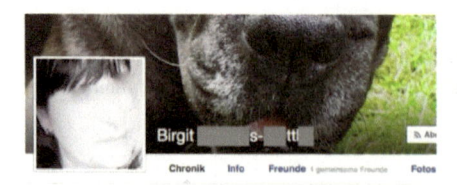

---

[165] links: Original, rechts: Fälschung

In der Freundschaftsanfrage und den Statusmeldungen erscheinen nur das Profilbild und der Name, dieser allerdings in einer vergleichsweise kleinen Schriftgröße (vgl. Abb. 5-5 zur Veranschaulichung des Default-Falls bei Facebook). Veränderungen an der Schreibweise des Namens, die hier vorgenommen wurden (so fehlen der Bindestrich im Doppelnamen und das Doppel-s im ersten Teil des Nachnamens, im zweiten Teil des Nachnamens ist ein Doppellaut (*t*) hinzugekommen), müssen den anderen Nutzer_inne/n also nicht zwangsläufig auffallen. Diese Veränderungen werden von Initiator_inn/en vorgenommen, um Schwierigkeiten zu umgehen, die beim Einrichten eines gleichlautenden Profils auf Facebook entstehen. Ein Fantasiename (oder auch der Name einer Institution), der bei Zweitprofilen auf Facebook einsetzbar sein könnte, ist im hier beschriebenen Betrugsfall natürlich keine Option. Ziel ist der Missbrauch einer bereits existenten Profil-Identität.

So werden von diesem Profil aus Freundschaftsanfragen an die Profilidentitäten gesendet, die in der Freundesliste des/der ursprünglichen Profilurheber/s_in registriert sind. Auf diese Weise wird die soziale Netzumgebung des/der ursprünglichen Profilurheber/s_in buchstäblich rekonstruiert, sein/ihr Zugang zum gefälschten Profil wird blockiert, sodass ihm/ihr der Missbrauch der Identität zunächst verborgen bleibt.

Im hier gezeigten Fall reagierten die in der Freundesliste registrierten Personen mit Komplimenten zum Profilfoto (*sieht super aus*), Fragen zum neuen Profil (*[...] hatten wir uns verloren? Oder hast du einen neuen Account hier?*), viele bestätigten die Freundschaftsanfrage. Wer die Freundschaftsanfrage bestätigte, erhielt recht schnell eine private Nachricht, in der er/sie gebeten wurde, die eigene Mobilfunknummer zu schicken – mit der Begründung, der/die Profilurheber_in habe sich ein neues Mobiltelefon zugelegt. Auch dieser Bitte haben in diesem Fall einige Personen entsprochen, im Anschluss erhielten sie eine SMS mit einer Bestätigungsbitte und tappten damit in eine Betrugsfalle. Ihre Bestätigung stellte sich als Zustimmung zu einer Geldtransferaktion in Höhe von € 100,00 bis € 200,00 heraus.

6-7   Hey Leute, dieses Profil ist eine Kopie, und NICHT von mir erstellt! Oder glaubt allen Ernstes einer von euch das ich noch mal 18 geworden bin!!!??? [Smile-Emoji] Neee, Spaß bei Seite, der Name ich eh falsch geschrieben, und wer mich ein wenig kennt, dem sollte auch die Schreibweise aufgefallen sein! Bitte meldet dieses Profil, denn leider bin ich dort geblockt, und komme an diese Person nicht ran. Mir wurde dieses Bild [Bildschirmfoto des gefälschten Facebook-Profils, vgl. 6-6] gerade zuheschickt ... Ich schicke trotz allem mal nen lieben Gruß und vielen Dank, dass es euch gibt in die Runde, machts fein ihr Lieben ... [Smile-Emoji, 3x Herz-Emoji] (fb, 2015-07-02, 8 Likes, 0T, 10kom)

Die Urheberin des Originalprofils erfuhr erst durch einen Hinweis einer ihr nahestehenden (und ebenfalls in der Freundesliste registrierten) Person davon, dass ihre Profilidentität für den Betrugszweck kopiert wurde. Diese Person hatte ein Bildschirmfoto angefertigt. Daraufhin schickte die Profilurheberin eine Warnung an alle in der Freundesliste registrierten Personen (Bsp. 6-7).

In einem Telefoninterview berichtete die betroffene Profilurheberin, dass Personen aus ihrer Freundesliste sie für den zu erwartenden Geldverlust verantwortlich machten (*Wenn jetzt die Kohle weg ist, hole ich es mir von dir* [Gedächtnisprotokoll der Profilurheberin]) und die Schädigung ihres Rufs bestätigten (*Oh, jetzt ist dein Ruf kaputt* [Gedächtnisprotokoll der Profilurheberin]). Es gab aber auch selbstkritisch-dankbare Kommentare (6-8) oder Kommentare, in denen der Profilurheberin die Unterstützung zugesichert (6-9, 6-10) und die Entwicklung des gefälschten Profils dokumentiert (6-11) wurde.

6-8   ... danke, liebe [...], wir waren auch darauf hereingefallen ... Korrektur ist natürlich erfolgt ... (fb, 2015-07-02, 1 Like)

6-9   okay!! Habe die Freundschaftsanfrage gleich für falsch gehalten und jetzt eben das Konto an facebook gemeldet!! (fb, 2015-07-02, 1 Like)

6-10   Habe es auch gleich gemeldet (fb, 2015-07-02, 1 Like)

6-11   Ist gemeldet. Hat bereits 60 Freunde (fb, 2015-07-02, 1 Antwort)

Das gefälschte Profil wurde nach 24 Stunden gelöscht, die Profilurheberin beschrieb diese Erfahrung als „etwas, wogegen man sich ganz schlecht wehren kann" (Telefoninterview, 28. Juli 2015). Durch die technisch bedingte Blockade konnte sie die Mitglieder ihrer Freundesliste nur auf Umwegen warnen, ihre

Mittel blieben begrenzt. Sie war einerseits völlig unschuldig dem Ärger der Profilidentitäten ausgesetzt, die bereits ebenfalls Opfer des Betrugs geworden waren. Andererseits erfuhr sie Zuspruch und Hilfe von anderen Profilidentitäten, wie sie in 6-12 selbst dokumentiert.

6-12 [...] Schön dass es so viele liebe Menschen um mich herum gibt, das tut richtig gut ... Vielen, vielen Dank nochmal, dass ihr alle so toll hinter mir gestanden habt, als meine ProfilDaten mißbraucht wurden [...]. (fb, 2015-07-06, 1 Like)

Es handelt sich hier ganz klar um einen Betrugsfall, in dem es den Initiator_inne/n darum ging, finanziellen Gewinn zu erzielen. Die Rufschädigung einer real-existierenden Person wurde als Kollateralschaden bewusst in Kauf genommen, war aber nicht vorrangiges Ziel. Im folgenden Beispiel beschreibt eine Nutzerin eine Profilfälschung, die einzig zur Diskreditierung ihrer Person vorgenommen wurde (6-13).[166]

6-13 (mn, costume, 2011-03-03, 2:36)
01 So, irgendwie ist grad auch in mir alles wieder „hochgekocht"
02 Ich bin an eine echte Psychopatin in dem besagten Forum geraten. Schon alleine, dass
03 sie 2 Fakeprofile in diesem Forum über mich angelegt hatte, die von mir Jahre nicht
04 entdeckt wurden, das ist krank. Diese Profile hatten sehr viele Besucher! Und man
05 kann sich kaum vorstellen, was darin stand... Das besonders Perfide ist, dass sie ziem-
06 lich viele ihrer „Fans" da gegen mich aufgehetzt hat, so dass ich Beleidigungen im
07 Gästebuch, offene Anfeindungen im Forum lesen musste, auch von Usern, mit denen
08 ich noch nie was zu tun hatte. User, die sich mir freundschaftlich gegenüber verhalten,
09 oder die ich auf der Friendsliste hab, hab ich entweder gegen sie aufgehetzt, oder sie
10 tun nur so als mögen sie mich, im Vertrauen haben sie ihr natürlich gesagt, dass es
11 nicht so ist ... (ein Glück ich weiß da besser bescheid)[167]
12 Dann ist es ihr Ding, in diesem Forum alle wissen zu lassen, dass sie mich schon seit
13 Jahren ignoriert, aber ich diejenige bin, die immer wieder anfängt. Was eine glatte Lüge

---

166 Ein ähnlicher Fall wurde in der am 16. Februar 2017 ausgestrahlten SWR-Sendung „Zur Sache Baden-Württemberg" von Bernd Engesser geschildert. Vom Facebook-Profil des Kirchzartener SPD-Politikers wurde in dessen Namen „massivst gehetzt", was ihn selbst „wie ein Schlag aus heiterem Himmel" traf.
167 Die Zeilen 9 bis 11 sind möglicherweise missverständlich. Die Nutzerin zitiert hier die Iniator_inn/en des Cybermobbings, ohne das kenntlich zu machen. Die Nutzerin beschwert sich hier darüber, dass unterstellt wird, Personen auf ihrer Freundesliste würden eine Sympathie für die Nutzerin nur vortäuschen etc. Die Interpretation wird durch die hochfrequente Verwendung (deiktischer) Pronomina erschwert.

| 14 | ist. Sie ist „offiziell" momentan „vom Forum weg", also postet nicht mit einem Haupt- |
| 15 | nick. Sie treibt ihr Unwesen aber unerkannt mit sogenannten Zweitnicks. |

Der Leidensdruck, unter dem die Nutzerin aufgrund dieser Profilfälschungen steht, ist nicht nur daran ersichtlich, dass sie sich an ein spezifisches Mobbing-Forum wendet (mobbing.net). Auch an der sprachlichen Vermittlung ihrer Erlebnisse ist abzulesen, wie stark sie emotional involviert ist. So verwendet sie die Metapher *hochkochen*, um den Anlass ihres Posts zu rechtfertigen, und verweist damit auf Eigenschaften wie brodelnde Aktivität und hohe Temperaturen, die ihren emotionalen Zustand versinnbildlichen sollen (vgl. zur Metapherninterpretation Skirl/Schwarz-Friesel ²2013, siehe insbesondere Schwarz-Friesel ²2013: 205 zur Konzeptualisierung EMOTION IST TEMPERATUR). Indem explizit erwähnt wird, dass die angelegten Fakeprofile über mehrere Jahre nicht entdeckt worden sind, wird die trügerische Situation, in der sich die Nutzerin lange Zeit befand, vergegenwärtigt. Diese wird durch das neue Wissen über die gefälschten Profile erst schmerzlich bewusst. Der Kontrast zwischen Unwissenheit und neuem Wissen evoziert tiefes Unbehagen im Nachhinein und wirkt dadurch besonders dramatisch: Die über die Jahre verbreiteten Inhalte überschreiten (fast) die Grenzen des Vorstellbaren (*man kann sich kaum vorstellen, was darin stand*). Die Profilfälscherin wird als *Psychopatin* (sic!) tituliert, die ihr Unwesen treibt und deren Verhalten krank ist. Anhand der Kategorisierung dieses für sie unbegreiflichen Verhaltens als WIDERNATÜRLICH unternimmt die Verfasserin des Beitrags hier den Versuch, sich vom Geschehen zu distanzieren. Dass ihr das nicht vollständig gelingt, zeigt sich in einer Passage (Z.3 bis Z.11), in der das Vorgehen der Profilfälscherin und die Folgen wie in einem atemlosen Redeschwall geschildert werden. Die Verfasserin endet mit einer Behauptung, für die sie keine Beweise anführt, die gleichzeitig aber auch ihre Angst vor der Omnipräsenz der Profilfälscherin indiziert. Das zeigt sehr gut, in welche Unsicherheit Geschädigte durch solche Prozesse geraten, die sie aber umgekehrt dazu treibt, Mittel zu benutzen, die sie bei den Initiator_innen verurteilen (vgl. auch Kap. 7)

Komplexe Namenszuweisung
Über die direkte Nennung und technisch vermittelte Namenszuweisung hinaus als komplex ordne ich Profilfälschungen (technisch realisiert) ein, in denen zusätzlich der Versuch unternommen wird, sprachliche Handlungen der betroffenen Person zu imitieren, um die Enttarnung der Profilfälschung nahezu unmöglich zu machen. Der kompromittierende Gehalt wird hierbei nämlich nicht in der sprachlichen Umsetzung oder auf der bildlichen Oberfläche ersichtlich. Es gibt keinerlei Fotocollagen oder anderweitig diskreditierende Bilder, groteske Übertreibungen oder grobe Abweichungen von Stilnormen, die Au-

ßenstehenden Anlass zum Zweifeln an der Echtheit des Profils bieten könnten. So ist es nicht verwunderlich, wenn sich der in Bsp. 6-14 protokollierte Cybermobbingfall nicht ohne weiteres als solcher identifizieren lässt, das macht ihn besonders brisant. Die vCMbP ist ein aktives Mitglied in einem legalen Eisenbahnforum. Der/die Initiator_in legte nun ein Profil unter dem Namen der betroffenen Person in einem Forum für illegal kopierte Computerspiele und Filme an, was äußerst kompromittierend für die betroffene Person ist, nicht nur, weil sie im öffentlichen Dienst tätig ist. Zum Zeitpunkt des veröffentlichten Beitrags (6-14b) waren 6226 Forenmitglieder online, die potenzielle Leser_innen des Beitrags hätten sein können.

6-14a Danke ich werde gleich runterladen dieses schöne Strecke (frs, 2011-07-30, 7:34)

6-14b Jetzt bei rail-sim.de meine neue Kreation für Railworks zum Download. Ich wurde in Türingen inspiriert. Wer Fragen hat kann mir gerne E-Mail schreiben. (frs, 2011-08-02, 14:41)

6-14c PR_Reihenhaus_02-garage fertig [Original-Smiley] Ich will nur noch ein bisschen an der Garage herumfummeln... Vielleicht die Wände an der Garageneinfahrt neustreichen [...] Demnächst bei Rail-SIm.de runterzuladen. (frs, 2011-09-04, 19:00)

Die unmittelbar nachfolgend zu erläuternde Instantiierung der Diskursfigur geschieht auf drei Ebenen (verschleiert und dadurch assoziierbar mit dem Problem der Enunziation aus der Filmwissenschaft):
1. technische Ebene,
2. propositionale Ebene,
3. sprachliche Ebene (siehe auch Marx 2015a: 391 f.).[168]

Zur technischen Ebene (1) gehört zum einen die Observation und Recherche. Der/die Initiator_in hat die Beitragsaktivitäten der betroffenen Profilidentität über einen längeren Zeitraum (laut Aussage der vCMbP mindestens ein Jahr) im legalen Forum beobachtet und andere Plattformen recherchiert, auf denen Informationen zur betroffenen Profilidentität veröffentlicht sind, so z. B. die Face-

---

[168] Ich verweise hier darauf, dass ich die Belege 6-14a und 6-14b auch in Marx (2015a) diskutiert habe und ich hier stellenweise wiederhole, was in dem Aufsatz bereits ausgeführt worden ist, vgl. auch Marx (2014b).

bookseite. Auf diese Weise gelangte er/sie an exklusives Wissen über die betroffene Profilidentität. Dieses fließt in die Beiträge ein, die der/die Initiator_in im Namen der betroffenen Profilidentität postet.

Zum anderen hat der/die Intiator_in das Profilfoto der Facebookseite kopiert, um es als Profilbild für das gefälschte Profil zu verwenden. Sowohl der Benutzername als auch der bürgerliche Vorname der betroffenen Profilidentität wurden aus dem legalen Forum in das illegale Forum übertragen. Anscheinend hat der/die Initiator_in zudem Simulationen, die von der betroffenen Person entwickelt worden sind, (Objekte, wie die *PR_Reihenhaus_02_garage* und Bahnstrecken) extrahiert und als die eigenen ausgegeben (6-14c).

Inhaltliche Plausibilität (Ebene 2) wird erzeugt, indem z. B. auf ein Detail aus der Erfahrungswelt der betroffenen Person zurückgegriffen wird: der Aufenthalt in Thüringen, der zum Zeitpunkt der Veröffentlichung des gefälschten Profils einige Monate zurücklag. Die vCMbP hatte sich laut eigener Aussage in der Tat aus beruflichen Gründen einige Monate in Thüringen aufgehalten und schließt nicht aus, davon im Forum auch berichtet zu haben. Diese Information wird im gefälschten Profil verarbeitet: Der/die Initiator_in gibt Thüringen als Inspirationsort für eine Eisenbahnstrecke an. Die Beiträge auf dem gefälschten Profil sind inhaltlich durchaus plausibel, der/die Initiator_in verzichtet vollständig darauf, der konstruierten Profilidentität aus dem Rahmen fallendes Verhalten zuzuschreiben. Es finden sich weder anzügliche noch kompromittierende Inhalte. Zum Exklusivwissen, über das der/die Initiator_in verfügt, gehört offenbar auch, dass die betroffene Person kein/e deutsche/r Muttersprachler_in ist. Dieses Wissen fließt in die sprachliche Gestaltung der Beiträge auf dem gefälschten Profil ein (sprachliche Ebene 3).

So versucht der/die Initiator_in den Authentizitätseindruck zu verstärken, indem er/sie grammatikalische und orthographische Fehler in den Text integriert, um damit die Sprache der betroffenen Person zu imitieren. In 6-14a wird entsprechend eine Kasus-Inkongruenz zwischen dem Demonstrativpronomen *dieses* und dem Nomen *Strecke* eingefügt, ein Fehler allerdings, der der betroffenen Person nicht unterlaufen würde, denn es handelt sich hier nicht um einen typischerweise auf negativen Transfer aus der Muttersprache (Polnisch) in die zu erlernende Sprache (Deutsch) zurückzuführenden Fehler.

Solche Fehler entstehen, wenn slawische Deutschlerner_innen Unsicherheiten in der deutschen Deklination zeigen und es infolge dessen zu Verwechslungen kommt (vgl. Böttger 2008: 102 f.). Dies ist bei der betroffenen Person auszuschließen, weil sie die deutsche Sprache überdurchschnittlich gut beherrscht. Auch die Wahrscheinlichkeit, dass ihr ein orthographischer Fehler wie in *Türingen* (6-14b) unterläuft, ist äußerst gering.

Das Auslassen eines Artikels wie in *gerne Email schicken* ist ein geläufiger Interferenzfehler, weil es in den slawischen Sprachen keinen Artikel gibt. Slawische Deutschlerner_innen lassen den Artikel also gern aus, wenn sie nicht sicher sind, welcher Artikel adäquat ist.[169] Allerdings ist diese Unsicherheit bei der hier betroffenen Person aufgrund ihrer hohen Fremdsprachkompetenz nicht anzunehmen. Das kann jedoch nur jemand einschätzen, der die betroffene Person nicht nur sehr gut kennt, sondern auch über Grammatik-Kenntnisse in beiden Sprachen verfügt, wovon nicht bei jeder/jedem beliebigen Forennutzer_in ausgegangen werden kann. Die Fehlerqualität und -anzahl ist entsprechend nur von Expert_inn/en einzuschätzen. Für einen Laien wirken sie weder in der Form noch in der Anzahl übertrieben.

Interessanterweise verzichtet der/die Initiator_in in einem dritten Post (6-14c) gänzlich auf auffällige grammatikalische oder orthographische Fehler. Bis auf das zusammengezogene Verb *neustreichen* lassen sich keine Fehler feststellen – eine Fehlerquelle allerdings, aus der auch Muttersprachler_innen schöpfen, sodass von einem absichtlich integrierten Fauxpas nicht sicher ausgegangen werden kann.

Auch stilistisch lassen sich keine Abweichungen in Richtung vulgär auf der einen oder besonders gehoben auf der anderen Seite feststellen. Es finden sich keinerlei pejorative Lexeme. Die Beiträge im gefälschten Profil wirken ohne Zweifel angemessen und daher echt (zur sprachwissenschaftlichen Kategorie der Angemessenheit siehe Arendt/Schäfer 2015).

Der Beitrag 6-14c weicht jedoch hinsichtlich seiner idiomatisch-umgangssprachlichen Gestaltung von 6-14a und 6-14b ab, siehe etwa das Verb *herumfummeln*. Der/die Initiator_in scheint sich hier nicht mehr darum zu bemühen, eine defizitäre Sprachkompetenz zu simulieren, und verwendet ein umgangsprachliches Verb. Dennoch erscheint es aus der Sicht Dritter unmöglich, die vom/von der Initiator_in eingestellten Beiträge als böswillige Diskreditierungsakte zu identifizieren. Es gibt zudem keinerlei Anhaltspunkte für ein Diffamierungsmotiv. Somit ist das Persuasionspotenzial als sehr hoch einzuschätzen.

Über den/die Initiator_in lassen sich nur drei Dinge feststellen: 1. Er/sie kann keine linguistisch fundierten Voraussagen über Fehlerart und Fehlerhäufigkeit eines/einer polnischen Muttersprachler_in/s in der deutschen Sprache machen; 2. Es scheint ihm/ihr nicht zu gelingen, eine sprachliche Imitation konsequent durchzuhalten (vgl. 6-14); 3. Er sie ist möglicherweise selbst Mitglied des legalen Eisenbahnforums, in dem auch die betroffene Profilidentität

---

169 An dieser Stelle ein herzlicher Dank an Waldemar Czachur (Universität Warschau) für die Unterstützung bei der Bewertung dieser Fehler.

angemeldet ist und aktiv postet, vgl. Fobbe (2011) für einen Überblick über die Methoden der Forensischen Linguistik,[170] die in solchen Cybermobbing-Fällen Anwendung finden.

6.2 Anklage

Mit der Instanziierung des Diskursobjekts wird ein mit einer Anklage vergleichbarer kommunikativer Akt initiiert (6-15).

6-15   Ich klage an: Männliche Schlampe:[NdbP] Weibliche Schlampen: 1. [NdbP] 2. [VndbP] Bitchnik 3. [VndbP] Fotzklotz 4. [VndbP] Fettsau [Link zu einer niederländischen Internetseite] (isg, igs_1_wi_hls, 2011-01-21, 11:02:49)

In einem nächsten Schritt tragen die am Cybermobbing Beteiligten Anklagepunkte mit dem Ziel zusammen, der vCMbP eine Täter_innen-Rolle zuzuweisen. Mittels der sogenannten Täter-Opfer-Umkehr-Strategie (vgl. Schwarz-Friesel/Reinharz 2013: 348) legitimieren die Initiator_in-n/en ihre Vorgehensweise als ‚gerechte Strafe'.

> Der Sündenbock ist selbst Schuld daran, dass man ihn hasst. Das Opfer ist für den Hassenden immer für alles verantwortlich und es ist auch verantwortlich für die Anschuldigungen, die im (sic!) zuteil werden, egal, ob sie nun den Tatsachen entsprechen oder nicht. Wer hasst, hat immer schon verstanden, egal, ob er missverstanden hat. Was zählt, ist die Legitimation durch Authentizität der Wahrnehmung des Hassenden. Der Hass erschafft erst sein Gegenüber als Feind, gibt ihm eine Identität und Konsistenz. Am besten eignet sich das Andere zum Sündenbock, wenn es ‚eine Differenz zum Normalen' [...] verkörpert, [...]. (Caysa 2007: 96, siehe auch Brenner/Zirfas 2002: 197)

Beim Cybermobbing lassen sich zwei Bereiche identifizieren, in denen die beanstandete ‚Differenz zum Normalen' sichtbar gemacht wird und die für die Legitimierung der Gerichtsbarkeit der am Cybermobbing Beteiligten herangezogen

---

[170] In einem vergleichbaren Fall konnten erst nach zwei Jahren Ermittlungstätigkeit Beweismittel (u. a. der Computer) bei einer/einem Verdächtigen sichergestellt werden. Der/die Initiator_in hatte fünf Mitarbeiter_innen des Bayrischen Roten Kreuzes gedroht und Facebook-Profile von ihnen erstellt, in denen sie als rechtsradikal oder pädophil verleumdet wurden, dazu BR24 vom 1. Juli 2016. (http://www.br.de/nachrichten/mittelfranken/inhalt/ cybermobbing-brk-psychoterror-neustadt-100.html).

werden: a) das Handeln und Verhalten und b) das Wesen der vCMbPen (vgl. auch Horvath/Anderson/Martin 1996).

Vorwurf des Normenverstoßes: Sittlichkeit und Moral
Auf der anonymen Plattform IShareGossip werden vor allem Verstöße gegen Sittlichkeit und Moral unterstellt (6-15 bis 6-30), vgl. Altmann (1993), der den illokutionären Akt der (moralisch-indizierten) Herabwürdigung als Inbegriff sprachlicher Gewalt behandelt. Es handelt sich hierbei um den Vorwurf der angeblichen Unreinheit (6-16) und mangelnden Hygiene, aus der Körpergerüche resultieren (6-17, 6-18); die Behauptung, die vCMbP konsumiere körpereigene Substanzen befremdlicherweise mit Genuss (6-19); den Vorwurf sich sexuell anbiedernd zu kleiden (6-20) sowie der Promiskuität (6-21, 6-22) und Prostitution (6-20, 6-23 bis 6-27). Abgewertet werden auch sexuelle Praktiken, wie Selbstbefriedigung in 6-28 oder S+M (6-22) und sexuelle Neigungen, insbesondere Homosexualität (6-29, 6-30).

6-16   Ich bin klein, mein Herz ist rein, mein Arsch ist schmutzig, ist das nicht putzig?gez. [VdbP] (isg, ggs_1_b_jfk, 2011-04-19, 21:54:56)

6-17   aber ernst leute, [NdbP], sie stinkt eigentlich, hat behaarung wie ein kurde. ich weiss auch ncıht warum sie denkt das sie FAME ist. naja, schlampen reden gerne viel (isg, ses_1_b_gh , 2011-03-31, 18:43:08)

6-18   er stinkt ausm maul wine kuh ausm asch (isg, g_1_b_wr, 2011-01-16, :52:00)

6-19   [VdbP] hat Pisse getrunken und dem hat's geschmeckt! (isg, rs_1_swa_gbr, 30.03.2011 21:57:47)

6-20   warum erwähnt keiner frau [NdbP, Lehrerin] (kp wie sie geschrieben wird sie ist doch die größte hure der ganzen welt. tut auf jung mit ihren engen shirts, in denen man ihre fetten bacuhrollen sieht diese hässlige hamsterbacke!! ich hasse sie. [NndbP, Lehrerin], brauchts in den arsch! (isg, ses_1_b_th, 2011-04-23, 20:17:18)

6-21   [VNidbP] ist voll die schlampe ey sie fickt die ex freunde von allen..BITCH (isg, ses_1_b_ksf, 2011-01-19, 20:12:56)

6-22 [NdbP], geworfen am [vollständiges Geburtsdatum], die Mietnormadin und kriminelle Großbetrügerin und Lack und Leder Schlampe aus [Postleizahl, Ort, Straße, Hausnummer] steht auf S+M alte Macker und fette Türken mit viel Kohle zum abzocken. Melde dich doch auch mal (Foto von der häßlichen Schlampe auf: [Link zur Facebook-Seite] (isg, t_s, 2011-04-13, 13:57:32)

6-23 [VNidbP] ist eine hure (isg, ggs_1_b_jfk, 2011-04-20, 00:43:25)

6-24 [NndbP] ist die größte hure auf der welt (isg, igs_1_ffm_nd, 2011-01-20, 14:12:59)

6-25 [VdbP] ist ne männliche hure (isg, pg_1_rüd_stu, 2011-04-14, 21:26:37)

6-26 Diese Hure fickt mit alles und jedem !!!!!! vorsicht sie ist ein Inzucht kind und hat AIDS , und sie hat 2 missgeburten kinder !!!!!!!! [Foto der betroffenen Person] (isg, pg_1_rüd_stu, 2011-04-14, 03:34:30)

6-27 ba alter die geht auf babystrich (isg, pg_1_rüd_stu, 2011-04-14, 12:50:46)

6-28 um mich ma auf gymnasialniveau zu artikulieren: [VdbP] ist ein prostituiertensohn, der kontinuierlich manuell onaniert, da der feminine homo sapiens nicht gewillt ist mit ihm zu fusionieren. (isg, g_1_b_wr, 2011-01-14, 18:55:20)

6-29 Richtiger Gay haha sone schwuchtel!! (isg, sek_1_b_gk, 2011-04-13, 18:52:46)

6-30 [VNidbP] ist lesbisch und fingert sich auf der frauen toilette...sie steht auf Frau [vermutl. Name einer Lehrerin] (isg, ses_1_b_ksf, 2011-01-19, 16:06:39)

In 6-29 und 6-30 offenbaren sich Indikatoren für Homophobie, denn die sexuelle Orientierung wird hier als TAT – als Verstoß gegen Sitten – konzeptualisiert, durch die sich die als Täter_innen inszenierten Diskursfiguren schuldig machen können. Ich greife diese Beobachtung unter dem Stichwort „Sexuelle Erniedrigung" in diesem Kapitel noch einmal auf.

Vorwurf des Normenverstoßes: Gesetzliche und gesellschaftliche Normen
Als Verstoß gegen gesetzliche und soziale Normen wird innerhalb der Cybermobbing-Daten vorrangig die Ehrverletzung[171] angeprangert und explizit als Tatbestand der Beleidigung deklariert (siehe *beleidigt* in 6-31, 6-32) oder als Quasi-Zitat zur allgemeinen Begutachtung gestellt (6-33).

6-31 jaeh.. [NndbP, Lehrer] das miese fette schwein ist tot... der hurensohn hat meine mutter beleidigt... er soll in der hölle schmoren... fette mistsau (isg, ggs_1_tf_gsd, 2011-03-31, 00:04:58)

6-32 Der hat meine sis beleidigt dS kackkind (isg, rs_1_swa_gbr, 2011-03-30, 22:28:33)

6-33 kennt ihr schon das [NndbP] meint das meine kleine freundin silv ne schlampe ist? (svz, nnsvmre03, 2007-05-09, 20:10)

6-34 Lenin? Marx? Egal kann auch Thälmann sein. Raus aus unserer Regierung. Sie beleidigen das deutsche Volk. (fb, ae, 2015-10-27, 6 Fav, 0 T, Shitstorm gegen Renate Künast)

Auch in Shitstorms finden sich Beleidigungsvorwürfe (6-34). Des Weiteren werden aber Verstöße gegen soziale Wertvorstellungen angemahnt. Dazu gehört konkret, dass man Kolleg_inn/en nicht verhöhnt (6-35), nicht mit der Bildzeitung zusammenarbeitet (6-36), sich kooperativ in Fernsehinterviews zeigt (6-37), das Leid anderer nicht nutzt, um sich selbst zu profilieren (6-38), nicht um jeden Preis nach Profit giert (6-39), keine Tiere zu Nahrungszwecken tötet (6-40) und als Journalist objektiv Bericht erstattet (6-41).

Personen mit Vorbildfunktion, die sich an diese und vergleichbare Regeln nicht halten, können als Diskursobjekte von Shitstorms referenzialisiert werden. Es wird also auf adäquates Rollenverhalten und traditionelle Tugenden, wie Respekt, Verantwortung, Ehrlichkeit, Sittlichkeit und Gesetzestreue verwiesen und die Abkehr von selbstverwirklichenden und an hedonistischem Materialismus ausgerichteten Interessen angemahnt, vgl. Dönhoff (1997: 2), die diese als vorrangige Eigenschaften unserer gegenwärtigen Gesellschaft pointiert.

---

171 Meier (i. Dr.) merkt mit Verweis auf Berger (1970) an, dass der Ehrbegriff nicht nur einen Bedeutungsverlust, sondern vor dem Hintergrund sogenannter Ehrenmorde auch einen apologetischen Gehalt erfahren hat, der die Verbannung aus dem wissenschaftlichen Diskurs über verletzendes Sprechen plausibel macht.

Somit entsteht der Eindruck, Shitstorms fungieren als digitale Spiegel einer Gesellschaftskritik. Die sprachliche Variabilität und die heterogene Architektur von Shitstorms (die auch politische Hassrede und volksverhetzende Kommentare umfassen, die die Grenzen legitimer Kritik weit überschreiten) illustrieren ein höchst dynamisches, eher am erwünschten Verhalten anderer orientiertes als das eigene Handeln hinterfragendes Wertesystem und eliminieren den Anschein fundiert gesellschaftskritischer Rede (siehe auch Marx i. Dr.a).

6-35   Niveauloser geht es nicht mehr Frau Kebekus, nicht alles was Sie von sich geben ist humorvoll. Was gibt Ihnen das Recht, Leute als dumm und geistlos hinzustellen, nur weil diese das Lied oder die Künstlerin Helene Fischer mögen? (fb, jaa, 2014-10-28, 14:00, 6 Likes, Shitstorm gegen Caroline Kebekus)

6-36   Die zusammenarbeit von liefer und prahl mit der bild enttäuscht. Da hätte ich ein anderes niveau erwartet. (fb, sen, 2015-05-09, 15 Likes, Shitstorm gegen Axel Prahl)

6-37   Natürlich, ich verweigere mich aus unangebrachten Motiven einem Interview, indem ich keine oder unproffessionell rotzige Antworten gebe und wer ist Schuld daran? Natürlich, mein Gesprächspartner! Oder am Ende noch der Pöbel vor dem Fernseher... (fb, mhl, 2013-03-20, 1 Like, Shitstorm gegen Katja Riemann)

6-38   Das ist halt das, was Deutschland als Prominenz bezeichnet. Da werden so kleine Mädchen wie Dummbatz Georgina auch mal überheblich und denken sie können sich rausnehmen sich da ans Hochwasser zu stellen und Bilder zu machen. Die Alte gehört einfach nur genommen uns als Strafarbeiterin nach Afghanistan versetzt! (fb, noy, 2013-06-06, 0 Likes, Shitstorm gegen Georgina Fleur)

6-39   Wie verschwinden Menschen einfach so im Wasser?#FragNestlé gesteht Sklavenarbeit bei Fischlieferanten http://www.derbund.ch/wirtschaft/unternehmen-und-konjunktur/Nestl-gesteht-Sklavenarbeit-bei-Fischlieferan ten/story/22690703... (tw, car@car, 2015-11-24, 1 Retweet, Shitstorm gegen Nestlé)

6-40   Es ist weder als Modeerscheinung, noch als Trend abzukanzeln - für viele Menschen ist es eine Lebenseinstellung, der hoffentlich immer mehr folgen. Das menschliche Gebiß ist außerdem sehr viel näher am Frugivoren als am Omnivoren, nur mal so zur Info. (fb, nni, 2015-02-09, 19 Likes, Shitstorm gegen Spiegel-TV)

6-41 **Niederste Journalie** Einen Menschen auf einem derart niedrigen Niveau zu beleidigen ist für mich das Allerletzte. Auch wenn Mario Götze zu den gutverdienenden Fußballern gehört der, wie jeder seine Hochs und Tiefs hat, ist dies kein Grund einen jungen Mann mit diesem Geschmiere zu diffamieren. Es ist erschreckend zu sehen wie dumme Kommentare aus München, aber auch hier, die Karriere eines jungen Menschen bewusst zerstören. Was geht im Hirn dieses Schmierfinken vor? Hat ein Enke nicht gereicht? Ich wünsche unserem Weltmeister alles Gute und das er diese Medienhetze unbeschadet übersteht!! (Fokus, ige, 2016-06-17, 19:06, -3, +9, Shitstorm gegen Fokus-Reporter Paul-Nikolas Hinz, Fettdruck im Original)

Die Diskursfiguren werden also als Charaktere konstituiert, die sich Vergehen gegen sittliche, moralische, soziale und gesetzliche Regeln zu Schulden haben kommen lassen. Als folgerichtig wird es erachtet, dass ihr Handeln im Sinne einer Anklage thematisiert werden darf. Diese Anklage wird im quasi-öffentlichen Raum vollzogen (siehe auch 6-15). Für diese Vorgehensweise ziehen die selbsternannten Richter_innen (Initiator_inn/en, siehe zur Rollenbezeichnung Kap. 7.2) als Begründung heran, welchen Umgang die fokalen Referent_inn/en selbst mit persönlichen Daten und Erlebnissen auf Sozialen-Netzwerk-Seiten pflegen (6-42), (6-43) (auch *aufmeksamkeitszwerg* in 6-66) und verlagern die Verantwortung entsprechend auf die vermeintlichen – diskursiv konstruierten – Täter_innen (die vCMbPen).

6-42 ehehe der soll sich net wundern wenner immer alles erzählt oder bei facebook postet (isg, g_1_b_wr, 2011-01-14, 17:20:23)

6-43 wer immer probiert aufmerksamkeit will und alles in fb postet, darf sich nicht wundern, dass so viel über einen geredet wird. (isg, 1_he_arc, 2011-01-18, 14:30:21)

Die Konsequenzen, mit denen die als Täter_innen konzeptualisierten Referent_inn/en (vCMbPen) konfrontiert werden, folgen jedoch keinesfalls zwingend als logische Konsequenz. Das liegt zum einen daran, dass die hier dokumentierten Ursachen keine belegten Fakten sind, sondern Unterstellungen oder

Resultate subjektiver Bewertungsprozesse. Zum anderen liegt es daran, dass keiner der hier zitierten vermeintlichen Normverstöße eine öffentliche Bloßstellung rechtfertigt, sondern – vorausgesetzt es gab einen nachweisbaren Normverstoß – allenfalls ein vertrauliches Konfliktgespräch.

Es wird plakativ ignoriert, dass ein Verhalten, dass man selbst verurteilt, a) nicht notwendigerweise eine Reaktion verlangt und b) nur von Personen, die qua Amtes dazu berufen sind, über eine etwaige Reaktion entschieden werden darf. Vielmehr berufen sich die am Cybermobbing beteiligten Personen selbst. Sie erhöhen ihre eigene Position und damit Befähigung zum Urteilen und Strafen, indem sie die vCMbPen erniedrigen (vgl. u. a. Delholm 2007 zum aktiven Entzug der Stimmberechtigung).

6.3 Konfiguration der Diskursfigur durch Degradierung

Degradierungsverfahren dienen dazu, die Identität (und das Wesen) der vCMbPen als verachtungswürdig zu kontextualisieren und zu dekonstruieren. Dadurch erreichen Initiator_inn/en unwillkürlich eine Selbsterhöhung, die dazu dient, ihre eigene Urteilfähigkeit zu legitimieren. Wie ich nachfolgend zeigen werde, wird Diskursfiguren einerseits die Menschlichkeit aberkannt und sie werden andererseits abqualifiziert und dadurch reduziert. Über das Opferstatus-Postulat versuchen die Initiator_inn/en den Anschein zu erwecken, sie konservierten lediglich einen unausweichlichen Zustand und lenken damit von der Tatsache ab, dass sie diesen Zustand erst diskursiv generieren.

Dehumanisierung

Dehumanisierung zeigt sich in den Daten auf dreierlei Weise: Die Diskursfiguren werden als Tiere bezeichnet und mit den Eigenschaften assoziiert, die diesen Tieren typischerweise zugeschrieben werden. Durch die Vergegenständlichung wird den Diskursfiguren zweitens die Fähigkeit menschlichen Denkens und Fühlens abgesprochen, drittens werden Diskursfiguren durch die Gleichsetzung mit fiktiven Charakteren einerseits der Lächerlichkeit preisgegeben oder andererseits in Verbindung mit Angst- und Horrorerfahrungen gebracht. Dehumanisierung wird sprachlich in Vergleichen und Metaphern umgesetzt.

In 6-44 wird die Diskursfigur als in jeder Situation instinktiv handelnd (*sie macht [...] alles aus instinkten*) charakterisiert, damit wird ihr das Verhalten eines Tieres zu- und das Vermögen etwas zu erlernen abgesprochen.

6-44 naja aber was dachtest du denn bekommst du jet zuhören ich meine sie macht dochalles aus instinkten das denken liegt ihr halt nit so im blut [...] (svz, nnsvmpi07, 2007-06-13, 19:50)

In den Belegen 6-45 bis 6-47 werden die Diskursfiguren (teilweise substituiert durch (potenzielle) Familienmitglieder, siehe auch Bsp. 6-90) sogar mit konkreten **Tierbezeichnungen** referenzialisiert. Diese reichen vom mit Demut, Gehorsam (Obermaier 2009: 4) und Treue (Rapp 2009: 226) assoziierten *hund* (6-45, auch *hundebengel* in 6-98) über den den Menschen ewig nachahmenden (sich aber lediglich als Spiegelfigur entpuppenden) *Affen* (6-46) (Lehmann 2009: 311 ff.) bis hin zum als unrein geltenden Herdentier *schwein* (*sau*, 6-47), das dem Menschen lange Zeit als wichtigster Fettlieferant diente (Obermaier 2009: 4). Diese hervorstechende Eigenschaft wird sprachlich jeweils als Adjektiv-Attribut manifestiert (*das miese fette schwein*, *fette mistsau* in 6-31, *fette sau* in 6-47) und trägt zur Verstärkung der Beleidigung ebenso bei, wie der nahezu pleonastische Ausdruck *mistsau*, in dem sich das Emotionspotenzial[172] (hier als Ausdruck von Wut) aufgrund der inhaltlichen Dopplung innerhalb des Lexems erhöht.[173]

6-45 sein vater ist ein hund (isg, g_1_b_wr, 2011-01-17, 16:01:12)

6-46 [...] Diese Familie ist so scheiße,ich finde man sollte eine Doku-Soap über die Affen machen. [...] (svz, nnsvmna01, 2007-05-17, 19:32)

6-47 kennt ihr [VdbP]? das voll die fette sau voll das dönerspieß hey so hässlich ei pickel am arsch^^ sie könnte die tochter von frau [vermutl. Name einer Lehrerin] sein hahaha (isg, ses_1_b_ksf, 2011-01-20, 19:23:21)

---

172 Das „Emotionspotenzial" eines Textes ist als text-inhärente Eigenschaft in der Informationsstruktur verankert. Es wird vom Referenz- und Inferenzpotenzial des Textes determiniert, das jeweils spezifisch kodiert werden kann (Schwarz-Friesel ^{2}2103: 214 f.). Emotionsindikatoren auf sprachlicher oder semiotischer Ebene werden in der vorliegenden Arbeit herangezogen, um Rückschlüsse über die emotionale Involvierung der Autor/inn/en zu ziehen. Texte mit Emotionspotenzial können (auch) bei Rezipient/inn/en zu einer Emotionalisierung führen (vgl. Voss 1999, Schwarz-Friesel ^{2}2103: 214 f.).
173 Eine inhaltliche Dopplung wird hier darin gesehen, dass mit dem Lexemabruf von *Sau* ein STALL-Schema aktiviert wird, in dem MIST als obligatorische Komponente mitaktiviert wird, vgl. zu kognitiven Frames Ziem (2008, 2014) aber auch zu Script- und Schema-basierten Theorien Schank/Abelson (1977) und Schwarz (^{3}2008).

In 6-48 wird die Diskursfigur zunächst mit einem *feldweg* (Z.2,3,5) verglichen. Um die fokale Diskursfigur herabzuwürdigen, wertet B$_m$ den *feldweg* auf, indem er diesem über die Aufforderung, dessen Status zu wahren, überhaupt erst einen Status zuweist (*mach mal den feldweg nicht runter*, Z.3), der dem Diskursobjekt im gleichen Moment abgesprochen wird. Dieses Bild wird diskursiv elaboriert und auf *intelligente käfer* (Z.5) ausgeweitet, denen bessere kognitive Fähigkeiten zugeschrieben werden, als der Diskursfigur (*im Gegensatz zu ... können die auch logische Zusammenhänge erkennen*, Z.9). Der frequente Einsatz von teilweise sogar iterierten Ausrufezeichen (Z.4, Z.10) zeigt eine erhöhte emotionale Intensität an, die hier so gedeutet wird, dass die Diskursteilnehmer/innen die jeweiligen Beiträge zur kollaborativen Konstruktion dieses Bildes honorieren und sich gegenseitig darin bestärken.

6-48 auf dem feldweg leben so viele intelligente käfer! das kann man nun wirklich net machen [Nachnamensmodifikation] und käfer gleichstellen :D! (svz, nnsvmrk12/mre03/mte14, 2007, Z.4 f.)

```
                  2007-05-22
01    21:37   A   [...]Warum seh ich so scheiße aus!?! Und bin auch noch dumm wie 3 m
02                feldweg
03    22:02   B   nenene 3 meter feldweg sind schlauer, jetzt mach mal den feldweg nicht
04                runter!! Kann ja wohl nicht wahr sein!
                  2007-05-23
05    19:03   C   auf dem feldweg leben so viele intelligente käfer! das kann man nun wirk-
06                lich net machen [Nachnamensmodifikation] und käfer gleichstellen :D!
07    22:36   D   Echt ma [Spitzname eines Trainingspartners];
08                Käfer haben auch gefühl...
09                Und im Gegensatz zu [NdbP] können die auch logische Zusammenhänge
10                erkennen!!! [...]
```

Die Herabsetzung der fokalen Diskursfigur wird auch darüber erreicht, dass sie als Gegenstand konzeptualisiert wird (**Vergegenständlichung**). Mit der Referenzialisierung als *Ding* in 6-49 wird die Diskursfigur nicht nur entmenschlicht. Indem der/die Autor_in ein Indifferenz indizierendes Lexem wählt, signalisiert er/sie offensiv, dass er die Referentin (in diesem Fall die Politikerin Renate Künast) einer spezifischeren Wortwahl nicht für würdig befindet. Auch die Technik, menschliche Referent_inn/en als Lebensmittel in der Textwelt zu verankern, erweist sich in den Korpusbelegen dann als Herabwürdigung, wenn Nahrungsmittel gewählt werden, die Assoziationen des Unappetitlichen assoziieren (*dönerspieß* 6-47, *ballen* 6-50, *leberwurscht* 6-51). Durch die Referenzialisierung mit diesen Nahrungsmittelbezeichnungen werden die Diskursobjekte zu abstoßenden, appetitverderbenden Objekten degradiert.[174] Eine zusätzliche Entwertung erfolgt durch Attribuierungen wie *drecks* (6-50), *schwule pädophile* (6-51). In 6-51 scheint die Anhäufung der Beleidigungen *Mehlknecht, schwule, pädophile, leberwurscht* einerseits und die dialektal gefärbte Realisierung des Lexems *Leberwurst* andererseits Gefallen und Lust des/der Autor/s_in an der Degradierung zu reflektieren.

6-49 Fr. [Name einer Diskursteilnehmerin], bitte spotten Sie nicht. Das arme Ding hat es schwer genug im Leben... (Fb, au, 2015-10-27, 3 Likes)

6-50 [...] drecks ballen, ey, [...] (svz, nnsvmre03, 2007-05-09, 20:10)

6-51 mehlknecht die schwule pädophile leberwurscht (isg, g_1_b_wr, 2011-01-04,17:11:55)

In 6-52 wird die Abwertung über den fäkalsprachlichen Ausdruck *scheiße* realisiert und den Superlativ *größte* verstärkt.

6-52 [...] Du bist echt das größte Stück scheiße was Deutschland je gesehen hat. (isg, g_1_j_osg, 2011-03-28, 20:08:31)

Über das Verb *einzusetzen* wird die Diskursfigur in 6-53 als MASCHINE konzeptualisiert, die das Resultat eines mechanischen Bauvorgangs ist. Damit wird ihr nicht nur *intelligenz* abgesprochen, wie das explizit ausgedrückt wird, sondern auch die Fähigkeit zum Empfinden von Emotionen. Vor diesem Hintergrund kann sich der/die Autor_in von der Schuld freisprechen, die er/sie gerade auf sich lädt. Schließlich richtet er/sie seine Beleidigungen gegen eine emotionslose Figur, die dadurch keinen Schaden nehmen kann. Dass dies bewusst reflektiert wird, ist jedoch nicht sicher.

6-53 [...] da hat auch jemand vergessen die intelligenz einzusetzen [...] (svz, nnsvmre03, 2007-05-09, 20:10)

---

174 Ganz im Gegensatz dazu können Nahrungsmetaphern und –vergleiche, wie *Zuckerstück, Honigherz, Sahne*, Textereferent_inn/en zu Objekten der Begierde aufwerten (Schwarz-Friesel [2]2013: 302).

Mit der Metapher *Clerasil testgelände* (6-54) wird die zuvor postulierte Evaluation *so hässlich* auf unreine Haut bezogen, eine Auswirkung der hormonellen Umstellung innerhalb der Pubertät, die von der/dem Adressat_in/en nicht verursacht und deshalb auch nicht zu beheben ist, siehe zur Referenzialisierung von Äußerlichkeiten in Beleidigungsabsicht auch die noch folgenden Ausführungen zur Diminuierung.

6-54 so hässlich dieses Clerasil testgelände dieses kind !!!! (isg, g_1_wi, 2011-01-21, 15:45:25)

In Beispiel 6-56 werden **fiktive Charaktere als Vergleichsbasis** herangezogen, um die vCMbP zu degradieren. Die Collage zeigt die vCMbP zwischen einem Abbild der Hauptfigur des Horrorfilms „The Ring", Samara, und einem Bild ihres Körpers, auf den der Kopf von Sméagol (Gollum aus „Lord of the rings") montiert worden ist. Sie ist als Replik auf einen vorhergehenden Beitrag zu verstehen, in dem die vCMbP mit Samara verglichen wird (6-55). Das mit diesem Beitrag veröffentlichte Foto zeigt sie jedoch unverändert bei einer Siegerehrung. Das tatsächliche Aussehen wird also mit dem Aussehen furchterregender Filmfiguren assoziiert.

6-55 hat jemand the ring gesehen? Hier: bloß mit blonden haaren [plus Foto, das betroffene Person zeigt](svz, nnsvmng03, 2007-06-12, 19:01)

Mit der Fotocollage als Antwort (6-56) auf die in 6-55 gestellte Frage demonstriert der Autor hier mit überdurchschnittlichem Einsatz (Anfertigen einer Fotocollage, Abfotografieren und ins Netz übertragen, denn 2007 involvierte das Online-Stellen noch vergleichsweise aufwändige Vorgänge) seine Zustimmung zur Auffassung in 6-55 und seine Kooperationsbereitschaft innerhalb des Diskurses. Der Beitrag bleibt durch den Kommentar *OHNE WORTE!!!* nur scheinbar unkommentiert. Das Thematisieren der eigenen Sprachlosigkeit unterstreicht die unaussprechliche Intensität der empfundenen Abneigung gegenüber der vCMbP, vgl. Schwarz-Friesel (^{2}2013: 236 f.) zur Sprachskepsis bei tief empfundenen Gefühlen. Majuskeln und iterierte Ausrufezeichen pointieren diese Aussage expressiv. Beide Initiator_inn/en übertragen somit das Grauenhafte, Aversionserregende der negativ besetzten fiktiven Figuren[175] auf die Diskursfigur.

---

175 Beide Figuren werden als GEWISSENLOSE, KALT AGIERENDE RÄCHER konzeptualisiert, die Horrorerfahrungen evozieren. Samara und Sméagol (Gollum) sind Waisen. Samara wächst als Adoptivtochter einer Frau auf, die versucht, sie erst zu ersticken und dann zu ertränken. Das

6-56   OHNE WORTE!!! (svz, nnsvmte12, 2007-06-12, 19:95)

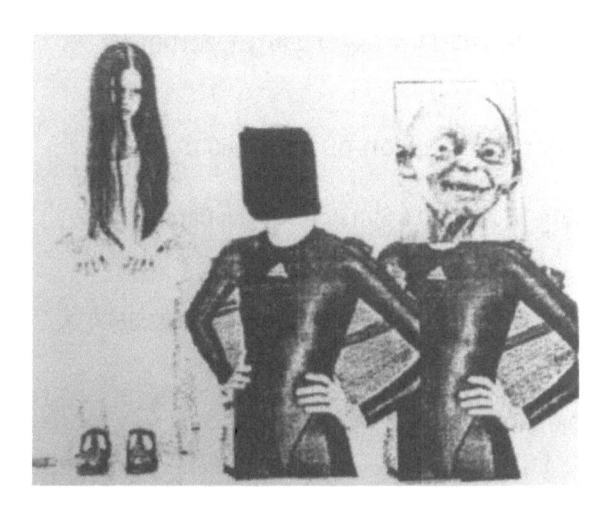

Diminuierung
Diminuierung wird erstens über die Pars-pro-toto-Reduktion umgesetzt. Zweitens werden die Diskursfiguren als unmündige Kinder konzeptualisiert, ihnen werden drittens normale kognitive Kapazitäten abgesprochen, viertens wird Diminuierung über die sexuelle Erniedrigung realisiert.

Die Belege 6-57 bis 6-62, (siehe auch 6-12) veranschaulichen die sprichwörtliche Dekonstruktion und anschließende **Reduktion** der fokalen Diskursfigur auf ein primäres Geschlechtsmerkmal, auf das vulgärsprachlich/pejorativ referiert wird. Im Korpus findet sich nur ein einziger Beleg, in dem in einer pars-pro-toto-Relation auf ein männliches Geschlechtsmerkmal (*schwanz* 6-62) Bezug genommen wird (vgl. die korrespondierenden Ergebnisse bei Herring 1998). Die Degradierung der Diskursfigur zum Objekt vollzieht sich hier in der Domäne der sexistischen Pejorisierung (vgl. Hornscheidt 2011: 50, Kleinke 2003 und die Ausführungen zur sexuellen Erniedrigung in diesem Kapitel).

Mädchen stirbt erst nach sieben Tagen in einem Brunnen. Um ihr Schicksal in der Erinnerung lebendig zu halten, entsteigt sie als Wasserleiche einem Video, das in der Gegenwart verbreitet wird. Die Betrachter des Videofilms sterben nach sieben Tagen.
Sméagol wird von seiner Großmutter erzogen, hasst das Licht und lebt deshalb in Höhlen. Sein Blick ist stets nach unten gerichtet. An den Ring gelangt er, weil er seinen Vetter Déagol tötet.

6-57 [...], sie ist ne Votze [...] (svz, nnsvmte14, 2007-05-10, 6:45)

6-58 ahaha ok lass die fertig machen die fotze (isg, g_1_b_wr, 2011-01-17, 15:56:43)

6-59 das ist ne hesslige fotze (isg, 1_he_arc, 2011-01-17, 18:49:04)

6-60 Dumme Fotze (fb, oe, 2014-10-28, 15:05, Shitstorm gegen Carolin Kebekus)

6-61 Du bist ne Nutte, du Muschie. (isg, g_1_b_hk, 2011_02_12, 20:27:36)

6-62 du bist ein schwanz gezeichnet [Vorname] und [Vorname] (isg, g_1_b_sco, 2011-01-21, 23:17:16)

Als Degradierung wird hier auch das **Konstatieren infantiler Regression**, etwa die Bezeichnung als *(-)kind* kategorisiert. Vom Cybermobbing betroffene Personen werden von Gleichaltrigen anhand dieser Referenzialisierung in eine (Diskurs-)Position gedrängt, in der sie sich gar nicht oder schlechter zur Wehr setzen können. Kinder sind Heranwachsenden naturgemäß körperlich unterlegen. Aber auch kognitive Unterschiede werden hier mitsuggeriert (*keinen ahnung* 6-63, *doof wie stulle* 6-65).

6-63 man ihr habt alle keinen ahnung ihr scheiß kinder [...] (isg, g_1_b_sco, 2011-01-21, 20:49:13)

6-64 [...] naja mama [NndbP] nimmt dan für klein ekelkind ein kredit auf. [...] (svz, nnsvmra02, 2007-05-17, 20:19)

6-65 [...] so ein dünnes reudiges Kind doof wie stulle einfach das reinste scheiß kind und wenn sie weg ist sieht die welt doch gleich viel schöner aus. [...] (svz, nnsvmrg04, 2007-06-15, 16:41)

Damit wird die Bezeichnung für eine Entwicklungsphase, die die Interagierenden gerade abschließen oder abgeschlossen haben, als Ausdruck für eine Beleidigung gebraucht, wahlweise ergänzt mit fäkalsprachlichen (*kack* 6-32, *scheiß* 6-63, 6-65) oder negativ-emotionsbezeichnenden (*ekel* 6-64) oder negativ-emotionsausdrückenden (*reudig* 6-65) Spezifizierungen. Dass in der Pubertät eine soziale und emotionale Abgrenzung von Erwachsenen angestrebt wird, ist in der Literatur unüberschaubar oft beschrieben (u. a. Coffee et al. 2006, Dawir 2012, Dawir/Moll 2011, Schmidt-Denter 1996). In den Korpus-Belegen zeichnet sich jedoch eine harsche Abgrenzung zur (eigenen) Kindheit ab. Diese wird hier als wutindizierendes Mosaikstück für ein gesamtgesellschaftliches Bild des mangelnden Respekts und der mangelnden Wertschätzung gegenüber Kindern interpretiert (dazu Kap. 8).

Eine weitere Ausprägung der Diminuierung zeigt sich in der **Abqualifikation**. In den Belegen 6-66 bis 6-73 werden den Diskursfiguren eine psychische Störung (*total shizo* 6-66), körperliche (*missgeburt* 6-67, *vagina herpes* 6-72) und kognitive Defizite (*behindertste* 6-1, siehe auch 6-106) attestiert.

6-66 [Name eines Mitschülers] schreibt gar nicht das schreibt alles aufmeksamkeitszwerg [VdbP] selbst. sie ist so gestört sie schreibt schon für 2 personen. total shizo – ey [VdbP] geh mal psychiater du hast voll klatsche gez. dr freud (isg, ggs_1_b_jfk, 2011-04-19, 16:32:42)

6-67 ich finde missgeburt passt am besten (isg, g_1_b_wr, 2011-01-14, 22:43:00)
01   22:42:02   kleiner hurensohn
02   22:42:40   mehlknecht find ich am geilsten
03   22:43:00   ich finde missgeburt passt am besten

In 6-67 wird deutlich, dass die am Cybermobbing Beteiligten eine adäquate Beschimpfung aushandeln, dabei stecken sie ein weites Feld potenzieller Denunzierungen ab, das von der Degradierung der Mutter (vgl. auch die Ausführungen zum Opferstatus-Postulat in diesem Kapitel) bis zur Referenz auf körperliche Fehlbildungen reicht. Die Initiator_inn/en sind offenbar der Auffassung, dass sich die mit der vCMbP assoziierten Eigenschaften in *Missgeburt* am besten bündeln.

Der Fokus wird hier also auf deren äußeres Erscheinungsbild gerichtet, dessen subjektive ästhetische Beurteilung keiner Qualitätsprüfung genügen muss und deshalb (vermeintlich) keiner Begründung respektive Argumentation bedarf, siehe auch *mich unterhält er allein schon mit seinem aussehen* in 6-68 oder *ihr ässlicher schmächtiger körper* in 6-69 und direkt an die vCMbP gerichtet: *deine hässliche fresse* in 6-70.

Auch bei der Äußerung 6-71 geht es einzig darum, eine Person zu entwürdigen, indem die Behaarung im Intimbereich als hervorstechendes Merkmal erwähnt und dadurch negativ evaluiert wird. Die Beschimpfungen signalisieren ein hohes Interesse an Konflikt-Generierung und Konflikt-Eskalation, konstruktive Kritik ist zu keinem Zeitpunkt angestrebt. Konstruktive Kritik könnte bewirken, dass die vCMbP ihr Verhalten ändert. Das würde jedoch eine Gefährdung des Konflikts bedeuten, dieser ist jedoch unabdingbar für den im Cybermobbing etablierten Diskurs.

6-68   ich hab grad voll den lachflash HAHAHAHHAHA :D zu geil .. aber ehrlich gesagt mich unterhält er allein schon mit seinem aussehen :> (fb, nnfbwnb07, 2013)

6-69   fakt is was ihr ässlicher schmächtiger körper an der einen stelle zuviel hat (talent mit brustschwimmen un so) fehlt ihr an anderer stelle (im kopf z.b. habn keenen bock allet aufzuzählen würd auch zu lange dauern) (svz, nnsvmre09, 2007-06-15, 20:25)

6-70   ahaha wir wolln nicht deine hässliche fresse sehn deswegen sagt dirs keiner ins gesicht (isg, g_1_b_wr, 2011-01-14, 22:41:34)

6-71   der hatn urwald am sack (isg, g_1_b_wr, 2011-01-14, 18:25:36)

In 6-72 wird die Diskursfigur mit einer Krankheit in Verbindung gebracht, die durch ungeschützten Geschlechtsverkehr übertragen wird. Der/die Verfasser_in deklariert das zwar als Gerücht (*hbae gehört*). Anstatt es jedoch zu dementieren oder zumindest in Zweifel zu ziehen, wird die Wahrscheinlichkeit des Kolportierten um eine inhaltliche Komponente (*gestank*) erweitert und quasi-validiert (*kann ich mir gut vorstellen*).

6-72   diese dumme [VdbP] habe ich neulich alleine getroffen, dann hält sie ihre fresse, nur mit ihren hässligen porwer ranger freunden fühlt sie sich ganz toll. hbae gehört die hat einen vagina herpes...das kann ich mir gut vorstellen bei dem gestank... (isg, g_1_ffm_bs, 2011-01-17, 17:23:31)

Das Lexem *behindert* (6-1, 6-106) wird als Schimpfwort dafür verwendet, das vermeintlich normabweichende Verhalten der vCMbP festzustellen und abzustrafen (vgl. Sties 2013: 217 und Schmuhl 2010 zur generellen diskursiven Etablierung des Schimpfworts *behindert*).

Mit der Anspielung auf die Comicfigur Homer Simpson (6-73) sollen dessen mangelnde kognitive Fähigkeiten mit dem Reflexionsvermögen der fokalen Diskursfigur assoziiert werden. Die Beiträge werden mit Illustrationen ausgestaltet, um den Unterhaltungswert des Diskurses zu erhöhen und kollektives Amüsement zu garantieren.

6-73   [...] ÜBRIGENS... Eine Idee zum Thema: Ich bin Dumm und das is gut so... (svz, nnsvmte12, 2007-05-23, 22:36)

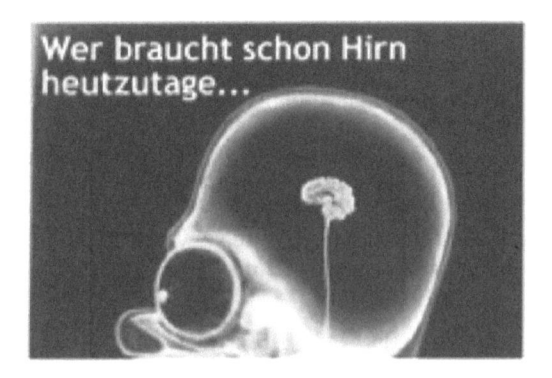

> Wer braucht schon Hirn heutzutage...

Wenn es den am Cybermobbing Beteiligten darum geht, die Diskursfigur als geistig derangiert darzustellen, greifen die Techniken der Dehumanisierung und Diminuierung ineinander, das zeigen die Belege (6-48, 6-53, *Dummbatz* in 6-38, *doof wie stulle* in 6-65) und begründet sich daraus, dass der Mensch als intelligenteste Spezies konzeptualisiert wird. Jede andere Kreatur und natürlich jedes Artefakt steht somit hinter der kognitiven Kapazität des Menschen zurück, die jeweils als Vergleichsfolie herangezogen wird.

Durch die Darstellung von sexuellen Phantasien, in denen insbesondere Frauen (aber auch homosexuelle Männer) lediglich eine Objektrolle zugewiesen wird (**Sexuelle Erniedrigung**) soll die eigene Macht demonstriert werden: *ich hab ... gefickt* (6-75), *ich will die ... ficken* (6-78, Z.1), *will ich mein ding reinlunzen* (6-78, Z.13). Die Initiator_inn/en[176] präsentieren sich selbst als sexuell aktiv und erfahren (6-74 bis 6-76). Dabei berufen sie sich auf besonders prestigeträchtige Sexu-

---

[176] Es ist anzunehmen, dass diese Belege vornehmlich von männlichen Schreibern verfasst worden sind, vgl. aber die Misogynie-Studien von Bartlett et al. (2014) und Krasodomski-Jones/Dale (2016), die ergaben, dass sexistische Beiträge auf Twitter auch von Frauen verfasst werden. Zu bedenken ist jedoch, dass das Geschlecht der Twitter-Nutzer_innen nicht einzig anhand von deren Angaben im Twitter-Profil bestimmt werden darf. Bahlo (2012: 56) beschreibt, wie sich auch Mädchen als sexuell aktiv inszenieren und sich dabei klassischer Männerrollen bedienen, was mit den Ergebnissen von Bartlett et al. (2014) und Krasodomski-Jones/Dale (2016) vereinbar scheint.

alpraktiken,[177] wie Oral- (6-74, 6-76) und Analverkehr (6-75, 6-77 auch 6-19 *[NndbP] brauchts in den arsch*). Ihre (potenziellen) Sexualpartner_inn/en werden hingegen als promiskuitiv (*Schlampe* 6-74, 6-75, *Nutte* 6-76, *obernutte* 6-78, Z.11, *hure* 6-78, Z.1) abgewertet.

6-74 [NdbP] läst mal die Mega-Schul-Schlampe! Sie bläst alles was ihr in den Mund kommt und dann freut sie sich, wenns ihr ins Face oder ins Maul spritzt! Aber geile Ische. Doch! Die geht klar. War auf jeden n geiler Fick man! An alle die auch mal ran konnten, also alle! :P (isg, g_1_b_MvA, 2011-04-11, 02:58:45)

6-75 Ich hab die Schlampe XYZ schon 10 mal gefickt und jedes mal wollte die meine Wichse ins Gesicht gespritzt bekommen. Sie steh auf Arschficken (isg, is_1_b_fbo, 2011-04-17, 11:43:22)[178]

6-76 Die Nutte muss erst mal blasen lernen (isg, is_1_b_fbo, 2011-04-17, 11:44:19)

6-77 anal total in [VdbP]s arschkanal (isg, ggs_1_b_jfk, 2011-04-18, 18:13:52)

In 6-78 begeben sich die Interagierenden dabei in eine Verbal-Duelling-Situation (auch: Battle), in der sie sich – angelehnt an Muster des Pornoraps[179] – in die textuelle Inszenierung einer Massenvergewaltigung hineinmanövrieren (6-78), vgl. zur Dynamik solcher Interaktionen auch die Sequenz (6-111).

6-78 ahaha du meinst ihr erst austreiben mit [Name] zu reden und dann ficken einer nachm andren (isg, g_1_b_wr, 2011-01-17, 15:37:14, Z.9)
01 14:38:17 ich will die hure aber ficken wenn se geil is
02 14:38:40 ja lass ihn doch suchen beim ficken bin ich auch dabei höhö
03 15:26:27 vorher soller noch sagen wer die kleine nutte is die will ich haben
04 15:26:38 eeh das is meine wennse echt geil is
05 15:26:51 digga das is ne nutte die gehört uns allen XDXD
06 15:28:34 der erste der sie findet darf sie haben haaahaa

---

177 „Wenn ein Mann mit einer Frau Analsex hat, dann gilt das innerhalb der Gruppe als besonders anerkennenswert (Eigenaussage der Jungen)." (Bahlo 2012: 54)
178 Die Beispiele 6-19, 6-75, 6-76 wurden auch in Marx (2013b) als Belege für Sexismus diskutiert.
179 Siehe Kautny/Erwe (2011), Bahlo (2012), Herschelmann (2009), Sokol (2004), zur Kunstform des Battle Raps Hess-Lüttich (2009).

07	15:29:01	jaaaaaaaaaaaa als erster und dannsind die andren dran
08	15:36:48	man mach ma bei der muss ein exohrzissmus gemacht werden
09	15:37:14	ahaha du meinst ihr erst austreiben mit [männl. Vorname] zu reden und
10		dann ficken einer nachm andren
11	15:56:15	zwei davon sind unsre schule die eine kenn ich aba ich trau der nich zu
12		sich mit [...][männl. Vorname] abzugeben die andre [weibl. Vorname] sieht
13		aus wie ne obernutte die is es bestimmt
14	15:56:43	ahaha ok lass die fertig machen die fotze
15	15:56:56	bei der will ich mein ding reinlunzen
16	15:58:03	selbst wenn [Name] vorher sein stinkestecken drin hatte??

Das typischerweise von männlichen Adoleszenten skizzierte Bild der weiblichen Trophäe (Bahlo 2012: 55), das zwar die Unterlegenheit der weiblichen Person beinhaltet, jedoch ein Element des Erstrebenswerten transportiert, um das man werben und sich bemühen muss, kann hier nicht aufrecht erhalten werden. Vielmehr werden Mädchen und Frauen als BAR JEDER SELBSTBESTIMMUNG (Z.4-6) und JEDERZEIT VERFÜG- UND GREIFBAR konzeptualisiert, vgl. auch die Technik der Reduktion und 6-74 sowie 6-75.

Die hinsichtlich der sexuellen Gewalt grenzüberschreitende Eskalation (siehe auch 6-77 bis 6-79) bewirkt eine erhebliche Steigerung des Aggressions- und Beleidigungspotenzials. Gerade wenn besonders die hyperbolischen Obszönitäten aus einem kompetitiven Schlagabtausch heraus zu erklären sind, lassen sich mögliche Handlungsfolgen kaum antizipieren.[180]

6-79   Na klar das weiß doch jeder du Schlampe. Ich verkehre mit deiner scheiß Mutter jeden Tag und dein Vater guckt dabei zu wie ich deine Nuttenmutter in den Hals pisse. (isg, is_1_b_fbo, 2011-04-17, 14:48:49)

Das Beispiel 6-80 ist ein Facebook-Post, der an die bekannte deutsche Unternehmerin Sina Trinkwalder gerichtet wurde. Der Schreiber droht ihr hier Gewalt an, die über einen Implikaturenprozess zu rekonstruieren ist. So ergibt sich aus der Interaktion klar, dass BvJ$_m$ der Adressatin feindselig gegenübersteht. Er bezichtigt sie der *Hetze* (Z.5) und bezeichnet sie zunächst als *Miststück* (Z.9). In der Annahme des Griceschen Kooperationsprinzips (Grice 1989) ist also davon

---

180 Anhand der u. a. in 6-79 inszenierten Fiktion lässt sich rekonstruieren, dass Heranwachsende mit den pornographischen Inhalten, zu denen sie Zugang erlangen, wahrscheinlich überfordert sind (vgl. auch Wanielik 2009, Siggelkow/Büscher ³2008, Gernert 2010, BPjM 2008). Umso wichtiger sind frühzeitige Aufklärungsangebote durch die erziehungsberechtigten Personen und durch Pädagog_inn/en, in denen die Unterschiede zwischen Sexualität und Pornographie thematisiert werden.

auszugehen, dass der Schreiber ein großes Interesse daran hat, sich der Adressatin so verständlich zu machen, dass sie ihn als Widersacher einordnen kann. Später (in Z. 16) wählt er aber ein in einer Antonym-Relation zu *Mistsstück* stehendes, Vertraulichkeit (aber gleichzeitig auch durch die Diminutivendung –i Herabsetzung) signalisierendes *Schatzi* als Anrede und transferiert sich damit unerlaubt in das persönliche Umfeld der Adressatin. Demonstrativ missachtet er ihre Integrität, um eine Machtposition als Ausgangsposition für eine Drohgebärde zu etablieren. Die Phrase *ich will dich unbedingt kennenlernen*, die in Kontexten von (Online-)Kontaktbörsen gebräuchlich ist (u. a. Marx 2012b), steht offensichtlich im Gegensatz zu seiner vorher artikulierten feindseligen Einstellung gegenüber der Adressatin. Die Maxime der Qualität ist also scheinbar verletzt, die Aussage kann entsprechend als Drohung (primäre Illokution im Sinne Searles 1982) umgedeutet werden, die über die Aussage *wenn du das nächstemal den Mund voll hast denk an mich* als Androhung von (sexueller) Gewalt spezifiziert werden kann.

6-80 Erstmal heißt das für dich Herr von [Nachname]. Schatzi ich bin Unkündbar und ich will dich unbedingt kennenlernen. Und wenn du das nächstemal den Mund voll hast denk an mich (fb, evj, 2016-03-16, 14:16, Z.13 ff.)

01		ST$_w$	Ich mag soziale Netzwerke. Was ich nicht mag: Soziale Hetzwerke.
02			Schämt ihr euch langsam nicht mehr? Müsst ihr euch alles herausnehmen?
03			
			Eingebetteter Screenshot:
04	10:38	BvJ$_m$	Du nennst mich Arschloch? Du läufst uns nicht weg, auch wenn es noch
05			dauert wirst du für deine Hetze rechenschaft ablegen. Und wenn ich
06			dich auf meine Kosten selber suche und vor Gericht stelle. Persönlich
07			denke ich, das Leute wie du, enteignet gehören aber leider steht die
08			AFD da noch nicht für. Deshalb werde ich wegen Leuten wie dir nur
09			noch NPD wählen. Wir sehen uns du Miststück.
10	14:09	ST$_w$	Lieber [Vorname],
11			ob Du ein „Arschloch" bist, obliegt deiner Entscheidung. Ich werde
12			deine Mail an deinen Arbeitgeber weiterleiten, weil ich es sehr befremd-
13			lich finde, derartige Zeilen zu verfassen. Ich persönlich lege keinen
14			Wert darauf, dich persönlich zu sehen, und bitte Dich darum, dies zu
15			respektieren.
16	14:16	BvJ$_m$	Erstmal heißt das für dich Herr von [Nachname]. Schatzi ich bin Un-
17			kündbar und ich will dich unbedingt kennenlernen. Und wenn du das
18			nächstemal den Mund voll hast denk an mich
19	14:16	ST$_w$	Und wenn Du das nächste Mal das Hirn einschaltest, lese diese Zeilen,
20			und geh dich schämen.

Drohgebärden und Inszenierungen sexueller Gewalt zur Veranschaulichung der Ungleichheit zwischen Männern und Frauen, wobei „der Mann [die menschliche Norm] repräsentiert und erfüllt" (Frank 1992: 124, vgl. auch Cameron 1977 und Samel ²2000) und zwangsläufig die Bestimmer-Rolle übernimmt, werden nicht nur dazu eingesetzt, (Text)-Referentinnen zu erniedrigen. Gerade über die Anspielung auf und explizite Darstellung von Homosexualität werden auch männliche Adoleszenten denunziert. Diese sind geprägt von der Angst vor der Gefährdung der eigenen machtvollen Männlichkeit, der Angst vor dem Unterliegen und der damit verbundenen Angst Opfer zu werden, die mit dem Konzept der gleichgeschlechtlichen Liebe unter Männern eng assoziiert werden (Bahlo 2012 54 f., dazu auch Marx 2013b: 11).

> Praktiziert [...] ein Mann mit einem Mann diese Art von Verkehr [Analverkehr], muss einer von den beiden die Frau sein. ‚Schwul ist nur der, der gefickt wird', sagt einer der interviewten Jungs. Wer sich einem anderen Mann hingibt, hat es offenbar bei Frauen nicht geschafft. (Bahlo 2012: 54 f.)

Homophobie drückt sich im Cybermobbing-Diskurs nicht in der direkten Anfeindung oder Verbreitung von Stereotypen, die typisch für fundamentalistische Diskurse sind (vgl. kreuznet.de),[181] aus. Mit Anspielungen auf Analverkehr (*Vibrator im Arsch* in 6-81) im Hinblick auf männliche Diskursfiguren, werden vorrangig Unterlegenheit und Schwäche hervorgehoben, die in 6-82 als vererbbar kategorisiert werden (siehe auch die nachfolgenden Ausführungen zum Opferstatus-Postulat). Für diese Herabwürdigung setzen die Initiator_inn/en sogar ihre eigene (temporäre) Selbstdenunziation funktional ein, nicht ohne jedoch ihre Dominanz einzubüßen (6-83).[182]

6-81 Oder wie er beim Klavierspielen immer die Zunge raushängen lässt wie ein Mongo und dabei mit dem Kopf wackelt, als hätt er nen Vibrator im Arsch. (fb, nnfbmar02, 2013-11-14)

6-82 so wie dein vater ich hatte mal was mit deinb vater aber deine fette mutter hat uns erficht deswegewn bist du auch jetzt schwul hast von dein vater geährbt.gez. [Name] (isg, os_1_b_rüo, 2011-04-19, 16:00:02)

---

181 Unterstellung von Kindesmissbrauch und Generalverdacht auf HIV-Infektion
182 Im Beispiel 6-83 werden Eigenschaften und Handlungen, wie Neigung zu starkem Alkoholkonsum, Misshandlung von Frauen, kriminelles Handeln (Z.15 bis 17) an die russische Nationalität gekoppelt. Vergleichbare diskriminierende Sprechakte sind weder im dieser Arbeit zugrundeliegenden sprachlichen Material eine Ausnahme noch in der Kommunikation unter Jugendlichen generell (siehe u. a. Schad 1996).

6-83   Ey, Bitch, [NdbP] ist schwul! Er hat erst letzte Woche mein Ding steif geblasen und dann habe ich ihm die Latte in seinen Knackarsch versemmelt...! Vergiss' [NdbP]! (isg, os_1_b_rvi, 2011-04-17, 01:02:47, Z.18 ff.)

		2011-04-15
01	18:18:35	[Jungenname, wird im Diskursverlauf zu vCMbP] ist der geilste Junge auf
02		der schule !
03		mann ich liebe ihn aber ich traue mir es nicht zu sagen,
04		kann ihn jemand dass sagen bitte ?
05		[Jungenname, wird zu vCMbP] wenn du das ließt dann weißt du es <3
06	18:20:01	Jaaa man er ist voll süüüß
		bis 23:20:35 19 Pro-Beiträge von insgesamt 30
		2011-04-16
07	01:42:33	Liebe auf den ersten Blick
08	17:27:38	welcher [Jungenname, wird im Diskursverlauf zu vCMbP] es gibt viele !
09	22:30:05	ich glaube er geht 8/11 er ist übeeer süß
10	22:41:15	der hässliche RUSSE!
11	22:41:49	Behält das BLUT REIN!
12	23:16:32	Russen empfinde ich als nette Menschen,der Akzent ist Cool,warum nur
13		hat Stalin Euch so zahlreich in den Gulag gebracht? Ich mag Euch.
		2011-04-17
14	00:00:08	also der [NdbP, so verändert, dass er homophon mit *slut* ist] hier umme
15		ecke hat erst gestern besoffen wieder seine frau verdroschen&danach den
16		bullen ihre arbeitsplatzbeschreibung näher gebracht.sein lallen klang zwar
17		fast russisch-war aber weniger niedlich und süß-zuviel rotz war dabei.
18		sagt mal mädels? seid ihr nur noch votzengesteuert???
19	01:02:47	Ey, Bitch, [NdbP] ist schwul!
20		Er hat erst letzte Woche mein Ding steif geblasen und dann habe ich ihm
21		die Latte in seinen Knackarsch versemmelt...!
22		Vergiss' [NdbP]!

Auch an der Verwendung des Lexems *schwul*, mit dem pejorativ auf eine sexuelle Neigung Bezug genommen wird, kann abgelesen werden, wie zentral die Vorgehensweise ist, die eigene Stärke an der Schwäche des anderen zu illustrieren. Es wird in den Beispielen 6-84, 6-85 und 6-86 als Schimpfwort gebraucht, um die Negativbewertung auf den Referenzbereich SCHWÄCHE zu übertragen. So wird in 6-84 die Harmlosigkeit, Feigheit und Ungefährlichkeit der vCMbP ausgedrückt, in 6-85 werden die *lange[n] Haare* als Zeichen von Verwei(ch)blichung abgewertet und mit der damit assoziierten Schwäche verknüpft. Letztlich zeigt 6-86, dass die sexuelle Orientierung zweitrangig ist, hier wird schwul auf das äußere Erscheinungsbild eines heterosexuellen Jungen bezogen, der sich nicht zwischen zwei Mädchen entscheiden kann (dazu auch Marx 2013b).

6-84 [NdbP] tut dir nix, der ist total schwul (isg, os, 1_b_rüo, 2011-04-19, 15:45:53)

6-85 ich gebe dir voll rech , ich hasse diese schwulen jung die mharre haben wir mädchen , immer schön kämmen und bürsten , ihasse sowas -.- vorallem die aus der 9klasse ,die immer im kreise stehen und rumlabern-die haben alle lange haare-.-[...] (isg, g_1_b_af, 2011-04-05, 21:40:30)

6-86 [VdbP] ist voll schwul guck in an man wie er rumläuft und soo und ja hab auch gehört er macht schluss, weile r doch sone [Mädchenname] noch liebt oder soo hat mir [Mädchenname] erzählt ^^ (isg, os_1_b_fr, 2011-04-06, 21:40:43)

Das Opferstatus-Postulat
Im Sinne der Degradierung ist nun auch zu sehen, dass die Diskursfiguren als Opferkonstrukt im Textweltmodell etabliert werden. Das geschieht dadurch, dass sie explizit als *Opfer* (6-87) benannt werden (siehe auch das Beispiel im Titel des Kapitels). Es zeigt sich hier, dass das Lexem *Opfer* zur deutlichen Abgrenzung dient (dazu auch Vasiljevič 2016: 330), auch wenn es in die vertrauensvolle Peer-to-Peer-Kommunikation Einzug gehalten hat und z. B. als spaßige Begrüßung unter Freunden verwendet wird (Balsliemke 2016: 169).

Zur Unterscheidung, ob eine freundschaftliche oder feindselige Art der Verwendung vorliegt, können spezifizierende Elemente wie das Adjektiv-Attribut *dreckiges* (6-87) herangezogen werden. Das determinierende Erstglied *Mode* im Kompositum Modeopfer (6-88) reicht hingegen nicht aus, um auf die Beziehungsqualität der Interagierenden zu schließen. Hier müssten weitere Äußerungen der Person in die Betrachtung integriert werden. Die völlige Anonymität auf der ISG-Plattform verhindert jedoch, dass Äußerungen Profilidentitäten zugeordnet werden können (siehe Kap. 7).

Die Referenzialisierung mit dem Lexem *Opfer* allein kreiert dabei nicht notwendigerweise eine strikte Kontraposition, sodass die eigentlichen Täter_innen (die Initiator_inn/en, siehe zur Rollenbezeichnung Kap. 7) den Opferstatus zuweisen können, ohne sich selbst als Täter_innen zu identifizieren.

6-87 maul halten hier er is ein dreckiges opfer (isg, g_1_b_wr, 2011-01-14, 00:20:59)

6-88 Modeopfer (isg, g_1_ffm_gg, 2011-18-01, 15:10:08)

In 6-89 wird ein Merkmal von ‚Opfer' (in der Lesart „jmd., der eine Missetat, etw. Schlimmes erdulden musste", http://www.dwds.de/?qu=Opfer) herausgegriffen (*sich mobben lässt*), um die mentale Aktivierung des Konzepts OPFER zu evozieren.

6-89   Soziales engagement ist so zu werten, dass er sich mobben lässt, damit andere verschont werden. (fb, nnfbmor01, 2012-11-14)

Der Opferstatus wird aber auch mittels einer Stellvertreter-Technik installiert, die hier in Anlehnung an sogenannte Mudder-Sprüche, die in den 60er Jahren der afroamerikanischen Hip-Hop-Kultur entstanden sind (Androutsopoulos 2003c), „Deine-Mudda-Technik"[183] genannt werden soll. Mudder-Sprüche haben eine Entwicklung von intendierten Beleidigungen zu Konstituenten ritualisierter Wettkämpfe, in denen sich die miteinander Konkurrierenden wortgewandt und kreativ an Absurdität übertreffen wollen, durchlaufen (Labov 1972b, 1978, dazu auch Marx 2013b). Das Prinzip der Mudder-Sprüche basiert auf stellvertretenden Ehrverletzungen, d. h. dass die Adressat_inn/en nicht die direkt Beleidigten sind. Daraus ergibt sich für den/die jeweiligen Adressat_in/en ein gravierender Konflikt, denn er/sie muss das eigene durch die indirekte Beleidigung gefährdete Gesicht verteidigen (Goffman 1955), kann aber auf die Ehrverletzung nicht adäquat reagieren, weil dies dem/der Beleidigten obliegt (vgl. Meier 2007: 103).[184] Der/die Beleidigte ist jedoch typischerweise in der Interaktionssituation nicht präsent, weshalb ihm die Verteidigungsgelegenheit verwehrt wird. Daraus resultiert wiederum ein Handlungszwang für den/die Adressat_in/en.

Im Cybermobbing-Diskurs werden die Mudder-Sprüche adaptiert und ausgeweitet. In den Beispielen 6-45, 6-46 und 6-47 wird z. B. die Dehumanisierung stellvertretend für die Diskursfigur auf die gesamte Familie oder (potenzielle) Familienmitglieder (*Familie* in 6-46, *vater* in 6-45, *könnte die tochter von frau ... sein* 6-47) projiziert. In 6-90 wird der gesamten Familie *blödheit* zugeschrieben.

---

183 Mit *Technik* beziehe ich mich hier auf eine spontane sprachliche Äußerung, mit der an bekannte Textmuster intertextuell angeknüpft wird und die so die Vorhersagbarkeit einer (sprachlich artikulierten) Folgereaktion erleichtert.

184 Bei Meier (2007: 103) wird am literarischen Beispiel (Dostojewskij, *Die Brüder Karamasow*) eine vergleichbare Situation beschrieben, in die Iljuscha, der Sohn des Hauptmanns Snegirjow, gerät, nachdem sein Vater vor einem Publikum beleidigt worden war. Er wird von seinen Mitschülern wegen des Vorfalls gehänselt und drängt seinen Vater dazu, seine Ehre zu verteidigen.

6-90 [...] was können wir denn für fam. d.'s blödheit? (svz, nnsvmcs01, 2007-05-09, 21:06)

Mit der Erniedrigung der Familienmitglieder wird also die fokale Diskursfigur automatisch mit erniedrigt, mehr noch: Ihr wird die Unausweichlichkeit des niedrigen Status vor Augen geführt, die als VERERBT und IN DEN GENEN ANGELEGT (6-91) konzeptualisiert wird. Der Opferstatus wird also als naturgegeben postuliert und weitergegeben (vgl. auch Beispiel 6-26 und 6-82). Anhand des imitierten Nachrichtenstils in 6-91 soll Allgemeingültigkeit suggeriert werden.

6-91 Forscher konnten noch nich entschlüsseln ob das [NndbP]-Gen nur vererbt oder auch über Blut und Speichel übertragen werden kann, die betroffenen Personen nehmen sofort den Namen [NndP] an un haben einen Vornamen der mit 'J' beginnt, desweiteren sterben auf der Stelle 87,54% der Hirnzellen dieser Schaden ist irreversibel!!!!!! (svz, nnsvmre09, 2007-06-21, 17:01)

6.4 Simulation einer Urteilsverkündung

Sippenhaftung

Auch für das Urteil, das konsequenterweise einer Anklage folgt, wird die Deine-Mudda-Technik verwendet. Das heißt, dass das Strafmaß ebenfalls an einer mit der vom Cybermobbing betroffenen verwandten (*mutter* in 6-92, *mama* 6-93, *schwester* 6-94, *vater* 6-92, 6-96, *onkel* 6-92, *bruda* 6-92, *alle* 6-97) oder ihr nahestehenden Person (*freundin* 6-98 und 6-95) vollzogen werden soll, denen quasi Sippenhaft aufoktroyiert wurde. Sippenhaftung war eine Repressionsmaßnahme gegen die Angehörigen von Regimegegnern der Nationalsozialisten (Schmitz-Berning 2000, Salzig 2015), sie ist mit der rechtstaatlichen Grundordnung der Bundesrepublik Deutschland nicht vereinbar. Analog zu den irrationalen Anklagen sind auch die Strafformen jenseits eines verfassungskonformen Rechtssystems.

6-92 halli hallöchen, ich fick dich du hreunsohn mach keien faxxen ich fick dich deine mutter dein bruda dein onkel kirget stich in in bauch ru dein vater den kicke ich auch (isg, g_1_b_sco, 2011-01-21, 23:46:05)

6-93 und türken sollen deine mama bumsen (isg, gs+g_1_hl_bs, 2011-04-17, 15:00:57)

6-94   araber sollen deine schwester ficken (isg, gs+g_1_hl_bs, 2011-04-17, 15:01:27)

6-95   albaner sollen deine freundin vergewaltigen (isg, gs+g_1_hl_bs, 2011-04-17, 15:01:41)

6-96   russen sollen dein vater sein schwanz abschneiden (isg, gs+g_1_hl_bs, 2011-04-17, 15:02:08)

6-97   ey stckt einfach alle [Familienname der betroffenen Person[en]] in einen sack!!! nimm dir en knüppel und schlag drauf, triffst immer den richtigen!!!!! (svz, nnsvmre09, 2007-06-06, 9:58)

6-98   duu hundebengel duu ich schneide dein schwanz ab und dann ich steck in dein mund duu hund duuu bastard tuuh nichtauf husler fick dich duu bist immer noch ein bastartd ! waas man das ist ein pott und colougn dein freundin siee kann mir ein blown - von [Name] (isg, g_1_b_sco, 2011-01-21, 23:49:03)

Fiktive Drohungen und Bestrafungsszenarien
Neben Strafen, die den Familienmitgliedern und Freund_inn/en stellvertretend auferlegt werden, finden sich im Korpus Belege für sehr subtile Drohungen, etwa 6-99 und 6-100, die sich zweifelsohne im Bereich des Fiktiven befinden.

In 6-99 wird nicht nur über die Grabinschrift der Familie der vCMbP spekuliert, sondern ein konkreter abermals diskreditierender Vorschlag unterbreitet, mit dem der/die Initiator_in demonstriert, dass die Abneigung selbst nach dem Ableben der Familie anhalten wird und konserviert werden soll. Mit dem Vorschlag wird der Wunsch artikuliert, die Eltern der vCMbP mögen zu Tode kommen, die Drohung liegt nun in der potenziellen Ankündigung, diese Zustandsveränderung zu forcieren.

Auch die Frage 6-100 kann als Androhung gelesen werden, zwei Unfälle herbeiführen zu wollen. Als verstärkendes Element wirkt hier das Bild, das zwar einen absurden Vorfall veranschaulicht, die Artifizialität der Situation jedoch ist ein Hinweis auf die Schadensintensität (die offensichtlich weit über einer Reparaturbedürftigkeit liegt) und geht mit der Formulierung *zu Grunde* einher.

6-99   Ach übrigens... NEUES THEMA IM THEMA: Wie soll [NdbP] Grabstein aussehen? Meine Idee... (nnsvmte12, 2007-05-23, 22:37)

[Foto eines Grabsteins mit Aufschrift "DUMM", MOTHER EMMA L. 1869–1929, FATHER WILLIAM J. 1871–1939]

6-100 Warum gehen in innerhalb von einer Woche zwei Autos von dem Pack zu Grunde????? [plus Foto von Auto, das in eine Mauer gefahren ist] (nnsvmte12, 2007-06-11, 19:33)

Eine zweite Deutung der Frage 6-100 wäre hingegen, dass der Initiator hier auf die Unfähigkeit der jeweiligen Fahrzeugführer_innen anspielen und sie dadurch denunzieren will.

Als sprichwörtlich virtuelle Strafe gilt der Profilraub (siehe auch Kap. 6.1), der in (6-101) geplant wird.

6-101 dann mach ma (isg, g_1_b_wr, 2011-01-14, 22:31:09, Z.6)
01	22:30:35	könnt ihr facebook hacken?
02	22:30:41	nein mann
03	22:30:53	ich kanns ich kann sein account hackn
04	22:30:58	laber nich
05	22:31:04	doooch
06	22:31:09	dann mach ma

Der/die Schreiber_in in (6-102) konstatiert zwar die Notwendigkeit einer Bestrafung durch die Anwendung körperlicher Gewalt, hält aber die Ausführung für unmöglich, weil die Auswirkungen zu drastisch wären (*würde sie nciht mehr leben*). Diese drastische Folge zeigt zugleich an, wie intensiv der ausgedrückte Hass empfunden wird. Ironisiert wird diese Aussage durch die Smileys, die parallel zur verbalisierten Steigerung auch im Lachausdruck von ‚normal' zu ‚breit Grinsen' expandieren.

6-102 ...sie hätte es verdient jeder der sie hasst soll ihr einmal in die fresse schlagen :) aber danach würde sie ncith mehr leben! :D (isg, ps_1_hg_sta, 2011-01-21, 22:59:38)

Indem die am Cybermobbing Beteiligten Strafprozesse – und Bestrafungsrituale in der längst vergangenen Epoche des Mittelalters situieren (6-103 bis 6-105), markieren sie diese als rhetorisch. Auf diese Weise werden Bilder von martialischen aber auch feierlichen Ritualen kreiert (vgl. Van Dülmen ⁵2010: 97 f., Heinemann 1986) (*Fackeln mit zur Schule* 6-105), in denen sich der Cybermobbing-Diskurs selbst spiegelt: Die Gewalt wird zelebriert, sie generiert sich als Anlass für kollektives Amüsement und wird genährt, um die allgemeine Belustigung nicht zu gefährden. Anhand der nach wie vor populären – wenn auch von Expert_inn/en (siehe Rummel/Voltmer 2008) der historischen Hexenforschung widerlegten – Annahme, im Zuge der Hexenverbrennung seien weise Frauen vernichtet worden, lässt sich eine Spur zur Motivation für Cybermobbing nachzeichnen.

Die dieser Arbeit zugrundeliegenden vollständig dokumentierten Cybermobbing-Prozesse zeigen eines auf: Alle betroffenen Personen zeichnen sich durch eine hohe Kompetenz in einem spezifischen Fachgebiet aus. Der in den sprachlichen Daten vielfach verbalisierte Neid (siehe Kap. 8.4) kommt als Auslöser in Frage. Geschieht die Denunziation also mit dem Ziel, Konkurrent_inn/en – zumindest diskursiv – auszuschalten, weil sich die Initiator_inn/en – und hier kommen wir zu einem zweiten Aspekt, der in der Hexenforschung relevant gesetzt wird, der zeitgenössischen Hexenangst (Groß 2008) – existenziell bedroht fühlen? Ich greife diese Überlegung in Kap. 8 wieder auf.

6-103 [...] MAN SOLLTE HEXENVERBRENNUNG WIEDER EINFÜHREN!!! (svz, nnsvmte12, 2007-06-19, 20:41)

6-104 dann versuch ma [NdbP] an nem pfahl festzubinden die entwischt dir die is einfach zu dünn [...] (svz, nnsvmre09, 2007-06-20, 10:22)

6-105 Bringt morgen jemand ein paar Mistgabeln und Fackeln mit zur Schule ??? (fb, nnfbmar02, 2013)

Am Beispiel 6-106 lässt sich rekonstruieren, wie sich die Wut der/des Initiator_in/s im Schreibprozess ins geradezu Unermessliche steigert. Ausgehend von der superlativen Feststellung, die namentlich und durch Satzzeichen begrenzt isoliert instanziierte Diskursfigur sei das *absolut behindertste Mädchen*, manifestiert sich der nächste Eskalationsschritt in der Benennung und Expansion des Gültigkeitsbereichs dieser Feststellung (*der ganzen Schule und der ganzen WElt*). Im Anschluss wird die Evaluierung vom kognitiv-physischen auf den ästhetischen Referenzbereich gelenkt.

Die Diskursfigur wird als hässlich bezeichnet und mittels der Zuordnung einer *Affenfresse* dehumanisiert, die Beleidigung auf den *Vater* ausgeweitet. Mit dem Vergleich *wie ein ganzer Sattelschlepper* wird das Hässlichkeitspostulat elaboriert und spezifiziert. Als logische Folge für das vermeintliche Vergehen (hässlich zu sein) wird nun eine sodomisierende Vergewaltigung (*fetten Kotkoffer, von einem Bullen*) formuliert, damit scheint die ultimative Eskalationsstufe erreicht. Im Text jedoch wird das Hässlichkeitspostulat wiederholt, um das drakonische Bestrafungsszenario durch die auf die „Endlösung" referierende Vergasung (*„duschen", damit du dabei tiefeinatmest*) noch einmal zu potenzieren. In der anschließenden Drohung wird das irreale Szenario als umsetzbar deklariert (*irgendwann bist du sowas von wie fällig*).

6-106 [NdbP]. Sie ist das absolut behindertste Mädchen der ganzen Schule und der ganzen WElt. Mädchen du bist so hässlich mit deiner Affenfresse, dein Vater hätte lieber hinter den Ofen wixxen sollen. Dein Arsch ist so fett wie ein ganzer Sattelschlepper. Du gehörst eigentlich nur mal so richtig in deinen fetten Kotkoffer von einem Bullen gebumst. Wie hässlich kann man denn nur sein. Irgendjemand hat echt vergessen dich "duschen" zu schicken und damit du dabei tiefeinatmest. Mädchen irgendwann bist du sowas von wie fällig. Du verficktes Drogenopfer. Du bist das armutszeugnis in Person. [...] (isg, g_1_j_osg, 2011-03-28, 20:08:31)

Konkrete Drohungen und Gewaltverabredungen
Bei den umsetzbaren Drohungen ist zwischen Handlungsankündigungen zu unterscheiden, die sich direkt an den/die Adressat_in/en richten und solchen, die in deren Unkenntnis (etwa in Hassgruppen, zu denen die vCMbP keinen Zugang hat oder in anonymen Umgebungen) für die gemeinschaftliche Konkretisierung durch die am Cybermobbing Beteiligten vorskizziert werden. Direkt an die Adressat_inn/en gerichtete umsetzbare Drohungen kommen ausschließlich im Cybermobbing-Verteidigungsdiskurs vor (siehe Kap. 7).

In 6-107 behauptet der/die Verfasser_in, bereits über eine Waffe (*schmuckstücke für meine faust*, vermutlich ein (imaginärer) Schlagring) für die Ausübung der angekündigten Gewalt zu verfügen. Gerahmt wird diese Drohung allerdings mit drei Smileys, darunter zwei, die für breites (hämisches?) Grinsen stehen. Sie bieten Anlass, die Ernsthaftigkeit der Drohung in Zweifel zu ziehen. Vielmehr scheint diese in Anerkennung und Zustimmung von den anderen Diskursteilnehmer_inne/n heischender Absicht verfasst worden zu sein.

6-107 hahahaha von 22:53[185] :D wer bist du man hahaha dann verdient sich unsere kleine halt demnächst nicht mehr nur diese imaginären cyber schläge in ihre hässliche fresse sondern auch noch mal richtige :D passende schmuckstücke für meine faust sind schon besorgt :) (isg, ps_1_hg_sta, 2011-01-21, 22:57:20)

Eine indirekte Handlungsankündigung (*weh tun*) leitet der/die Verfasser_in von 6-108 aus der Beobachtung ab, dass sich die vCMbP *mit seinem linieal selbst geschlagen* hat. Der kommissive Sprechakt (primäre Illokution: ‚Wir sollten ihn schlagen') ergibt sich aus der Umdeutung der Feststellung *der merkt wohl auch langsam das man ihm weh tun sollte* (sekundäre Illokution: ‚Er möchte geschlagen werden'). Die drei Ausrufezeichen können dabei als intensitätsverstärkende Elemente betrachtet werden, die Handlungsabsicht gerät dadurch in den Fokus.

6-108 dieser kleine freak [NdbP] hat sich heut im unterricht mit seinem linieal selbst geschlagen.. ^^ der merkt wohl auch langsam das man ihm weh tun sollte!!! (svz, nnsvmrn02, 2007-05-31, 20:00)

Eine sehr konkrete Ankündigung formuliert der Schreiber in 6-109, der die für alle zugängliche Schwimmbahn 1 offenbar für ausgewählte Personen reserviert. Besonders brisant ist dabei natürlich, dass die vCMbP nicht von diesen Plänen erfahren kann und ihr somit die Chance genommen wird, sich vor dem Tritt ins Gesicht (*hat [...] meine füße in der fresse hängen!*) zu schützen.

6-109 [...], sie soll sich nochmal auf bahn 1 trauen dann hat sie meine füße in der fresse hängen! (svz, nnsvmre02, 2007-05-09, 20:10)

Die Interaktion in 6-111 triggert die brutale Schlägerei unter Schüler_inne/n in Berlin, die u. a. eine öffentliche Debatte über die Seite IShareGossip angestoßen hat (siehe Kap. 3.5). Es ist denkbar, dass sich die Interagierenden hier tatsächlich zu einer konkreten Gewaltserie verabreden. Denkbar ist aber auch, dass es sich um eine Sequenz handelt, in der die Beteiligten spielerisch-kollaborativ

---

185 Die Referenz auf die Uhrzeit ist hier als Praktik der Adressierung zu verstehen, die die anonym Interagierenden auf IShareGossip anwendeten.

Gewaltphantasien entwerfen (vergleichbar zum von Tholander/Aronsson (2002) und Evaldsson (2005) beschriebenen collaborative staging) und diese auch als solche begreifen. Zieht man beispielsweise prototypische Offline-Verabredungen als Vergleich heran (6-110), fällt vor allem auf, dass diese kurz, präzise und verbindlich ausfallen (vgl. Imo 2013: 284 f.).

6-110 Interaktionssequenzen #1165 (1) und #1094 (2) aus der MoCoDa.

1

Hallo NAME. Wollen wir morgen Mittag in die Aseemensa gehen? Ich würde dich einfach nach dem Unterricht in der ORT abholen. Alles Liebe
Nachricht #1 - 14.08.2011 - 15:11

HI NAME, ja, lass uns das machen! :) Bin aber wahrscheinlich doch nicht arbeiten, so dass wir uns direkt an der Mensa treffen können. Wann? :) Liebe Grüße
Nachricht #2 - 14.08.2011 - 21:34

Prima. Sagen wir 13 Uhr vor der Mensa. Freu mich :)
Nachricht #3 - 14.08.2011 - 21:37

Super! Ich freu mich auch! :) Gute Nacht u. guten Start in die Woche! LG
Nachricht #4 - 14.08.2011 - 21:38

2

Mein lieber, wann treffen wir uns heut abend - um 8? Bock was Geiles zu essen und dann am see zu kümmeln? Love.
Nachricht #1 - 01.01.2011 - 14:05:05

Hoi,joa B ist gut.wo willste was speisen?
Nachricht #2 - 06.06.2011 - 14:05:05

Perfekt...ist mir latte - aber keinen salat. Meinetwegen auch die mensa,ansonsten vielleicht ricks - oder kuhviertel? Freu mich!
Nachricht #3 - 01.01.2011 - 14:05:05

Ja,von mir aus auch mensa,muss eh noch was beim bafög-amt einwerfen.also um 8 anner mensa.freu mich auch.
Nachricht #4 - 01.01.2011 - 14:05:05

Die Kürze der Verabredungssequenzen in 6-110 lässt die Entschlossenheit der Beteiligten erkennen.[186] In 6-111 hingegen wird allein schon das Ziel der Verabredung immer wieder neu thematisiert, es wird quasi „umkreist"[187]: *gesemmelt* Z.2, *aufschlagen, zuschlagen nachschlagen* (mit Duden-Vergleich), Z.7, *aufs maul gehaun* Z.8, *kriegt [...] welche inne maul* Z.22, *gehauen* Z. 26, *welche gegeben* Z.28, *hau ihm in die fresse, trittst ihm in die eier* Z.31, *ich fick die nutte* Z.32, *bam in sein gesicht* Z.34, *morgen alle ihn ficken er soll bluten* Z.35 f., *fängter sich nen paar schellen* Z.41, *Operation [NdbP]* Z.42 und 44, *fängt sich schellen* Z.45, *gibts schellen* Z.46, *die wird gefickt* Z.48, *ficken und schellen* Z.50, *wird meine russischen eier kennen lernen* Z.52.

Die Interagierenden können sich nicht gänzlich sicher sein, mit wem sie kommunizieren (siehe auch Kap. 7), Anknüpfungspunkte für sogenannte „next-turn-proof-procedures" (Sacks/Schegloff/Jefferson 1974: 729) sind einzig die

---

[186] Der konkrete Inhalt ist hier unerheblich, es geht hier vor allem darum zu zeigen, welchen Umfang Verabredungssequenzen eher haben.
[187] Diesen Ausdruck übernehme ich von Simon Meier (TU Berlin), dem ich wertvolle Hinweise zu dieser Interaktionssequenz verdanke.

Nachfolgeturns. Diese entstehen wiederum aufgrund von Vorannahmen, die aus Vorgängerturns abgeleitet werden müssen. Auf diese Weise entwickelt sich, geleitet durch interaktive Zugzwänge, eine Eigendynamik, aus der ein Gewaltentwurf resultiert, der höchstwahrscheinlich mit den ursprünglichen Intentionen jedes/r einzelnen Interaktant_in/en kaum kompatibel ist, als Spiel aber sichtlich Vergnügen bereitet. So wird der Entwurf gewalttätiger Einzelaktionen in regelmäßigen Abständen anhand von durch Buchstabeniterationen gekennzeichneten anerkennenden Kommentaren und Positiv-Evaluierungen, wie *geeeeeeeiieeeeeeellllllloooooooooooooooooo* (Z.9), *du bist geil gut gemacht dikka* (Z.14), *nächste mal will ich gucken haha* (Z.26), *jaaaaaaaaa geil* (Z.30), *ahahaha* (Z.32), *haha* (Z.39,34,37), *jjaaaaaaaaaaaaaaaaaa lass machen* (Z.40), *joooouuuu* (Z.43), *geillll* (Z.44), *sabbasabba* (Z.49), ratifiziert. Die Gewaltserie wird darüber hinaus als *Operation [NdbP]* (Z.42,44) wie eine (geheime) Mission, ja ein Level in einem Computerspiel kontextualisiert, das in *Team[s]* (Z.44) zu erreichen ist und zu geradezu ineinander greifendem gemeinschaftlichen Skandieren der aktuellen Herausforderung führt (Z.42 bis Ende).

Selbst die konkrete Tatbeschreibung in Z.8 wird durch die Beschreibung der als notwendig erachteten Vorkehrungen (*handschuh, klopapier*) ins Lächerliche gezogen und aufgehoben. So scheint einzig die Frage *biste inner schule?* (Z.19) an einen realen Handlungskontext angeschlossen zu sein. Die Vermutung, die adressierte Person befände sich noch in der Schule, wird aus der Aufforderung *schreib ma größer ick bin hier mit handy online* (Z.18) abgeleitet. Allerdings wird die Frage nicht durch explizite Handlungsanweisungen (zum Übergriff etwa) gerahmt, zumal die adressierte Person gar nicht weiß, ob die vCMbP noch vor Ort ist (Z.22). Lediglich der/die Initiator_in stellt in Aussicht *wenn ja kriegt er von mir auch welche inne maul* (Z.22), was jedoch keinerlei Ansporn der anderen Interagierenden hervorruft. Stattdessen wird seine Ankündigung metasprachlich evaluiert (*aufs maul heißt das*, Z.24) und damit aus der potenziellen Umsetzbarkeit transferiert.

Dieser Deutungsansatz – das möchte ich betonen – muss nicht der präferierte sein. Es ist durchaus plausibel, dass die Interagierenden einander in vergleichbaren Kommentarsträngen gegenseitig so aufwiegeln, dass die Hemmschwelle, die textuell inszenierte Gewalt in die Realität umzusetzen, drastisch sinkt, auch, weil ein Gewöhnungseffekt auf einem hohen Aggressionsniveau einsetzt.

> Wenn wir zu allen Stunden grausige Geschehnisse mitansehen und mitanhören müssen, so verlieren wir schließlich, selbst die von Natur Zartesten unter uns, durch die ständige

Folge der quälenden Eindrücke, jegliches Empfinden für Menschlichkeit. (Marcus Tullius Cicero)[188]

Der Umgang mit dem Material gestaltet sich deshalb so diffizil, weil innerhalb des Theorien- und Methodenrahmens der Ethnomethodologie nicht zu rekonstruieren ist, ob die kurzfristige kollaborative Eskalation zu einem temporären, virtuellen Aggressionsabbau (vergleichbar mit dem Zeigarnik-Effekt, siehe Zeigarnik 1927, Häfner/Denzler/Förster 2013: 316) oder aber zur Aggressionssteigerung führt und in realer Gewalt mündet(e).

6-111 isg, g_1_b_wr, 2011-01-14, 18:57:45 bis 2011-01-17, 16:23:43

2011-01-14

01	18:57:45	soll er mir ma so persönlich kommen dann fängt er sich eine
02	18:58:31	hat einer von euch ihm schonma so richtig eine gesemmelt?
03	18:58:40	nee
04	18:58:50	leider net
05	18:58:55	nöö
06	18:59:02	ich würd gern ma
07	19:01:33	der is wien duden aufschlagen zuschlagen und imma wieda nachschlagen
		244 Kommentare zu anderen Themen
		2011-01-17
08	13:59:34	ich hab ihn heute aufs maul gehaun
09	13:59:48	geeeeeeeeiieeeeeeellllllooooooooooooooooo
10	14:01:04	richtig feste?
11	14:01:47	hab mir vorher handschuh angezogen und klopapier drumgewickelt
12		damit ich den net anfassen muss und mir net die hände dreckig mache
13	14:02:00	ahaha wann hast das gemacht?
14	14:02:22	du bist geil gut gemacht dikka
15	14:03:27	ich hab dem gesagt er soll ma zähne putzen gehn weil morgen pferderen-
16		nen is
17	14:03:39	häääää
18	14:03:57	schreib ma größer ick bin hier mit handy online
19	14:04:07	biste inner schule?
20	14:04:12	jo
21	14:04:22	is [NdbP] auch noch da?
22	14:05:34	weiß ick nich wenn ja kriegt er von mir auch welche inne maul
24	14:06:55	aufs maul heißt das
25	14:08:25	ja oda aufs maul halt ahaha
26	14:40:15	ey wann habt ihr ihn gehauen nächste mal will ich gucken haha!
27	14:41:39	ich hab dem heute vor der schule kurz nacher pause als alle drin warn
28		voll welche gegeben

---

188 Marcus Tullius Cicero (106 bis 43 v. Chr.), 1986. Vom Schlechten des Guten. München: Piper.

29	14:44:02	los morgen der nächste haha jeden tag ein anderer!
30	14:44:29	jaaaaaaaaa geil wer macht morgen???
31	14:44:59	ich hau ihm in die fresse und trittst ihm in die eier
32	14:45:26	und ich fick die nutte ahahaha
33	14:52:52	ok ey ich glaub er hat morgen 5. freistunde ich würd sagen dann bam in
34		sein gesicht haha
35	16:03:50	ok das reicht morgen wirst du leiden los morgen alle ihn ficken er soll
36		bluten!!!!!
37	16:13:02	ok morgen alle beobachten mit wem [NdbP] was zu tun hat haha alle
38		undercover wir sind überall
39	16:14:32	als ob die geil is
40	16:15:52	jjaaaaaaaaaaaaaaaaaaa lass machn aba nich wegen ner ollen das isdoch
41		ööööde wir gucken wanner alleine is dann fängter sich nen paar schellen
42	16:16:39	ok das auch hahaha operation [NdbP]
43	16:17:04	joooouuuu
44	16:17:35	ja man operation [NdbP] vom team fresse [NdbP] geilllll
45	16:17:51	[NdbP] fängt sich schellen
46	16:18:56	morgen gibts schellen
47	16:19:13	auch für [Mädchenname]
48	16:19:31	nee die wird gefickt
49	16:20:37	sabbasabba
50	16:22:22	morgen gibts ficken und schellen
51	16:23:26	der hurensohn wird sehen
52	16:23:43	er wird meine russischen eier kennen lernen

Aufforderung zum Suizid

Bleibt man nun im Bild der Urteilsverkündung handelt es sich bei den Belegen 6-112 bis 6-114 um Aufforderungen, die verhängte Strafe selbst zu vollziehen. Die Methode wird in (6-112) und (6-114) vorgegeben. Aufforderungen, wie in 6-112, haben laut Medienberichten – im Kontext eines Martyriums – dazu geführt, dass sich Teenager (sogar auf die in den Texten vorgegebene Weise) suizidierten, vgl. auch den Fall Amanda Todd Abb. 6-1.

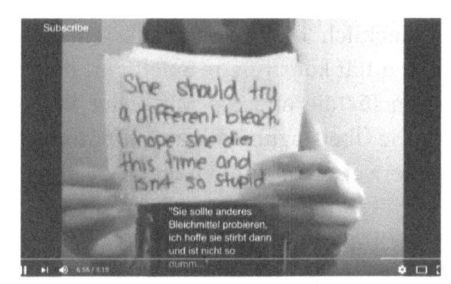

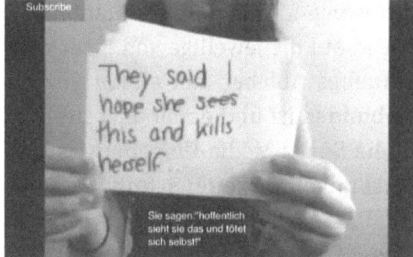

Abb. 6.1: Online-Kommentare von Mitschüler_inn/en, die Amanda Todd in ihrem Abschiedsvideo zitiert.

6-112 hahahahaha soller ma macdhen und sich dann ne strick nehmen und sich aufhängen gehen (isg, g_1_b_wr, 2011-01-17, 15:26:11)

6-113 wie gesagt ich frag mich nicht mehr wenn [VdbP] morgen irgendwas sagt und alle im chor rufen [VdbP] geh einfach sterben... (fb, nnfbwui18, 2012-11-14)

Die Aufforderung zum Suizid wirft Fragen aus zweierlei Perspektiven auf. Was treibt Heranwachsende dazu, anderen den Tod zu wünschen? Verschwimmen die Grenzen zwischen Fiktion und Realität so stark, dass sich beide Seiten nicht bewusst darüber werden, wie endgültig die Entscheidung ist, freiwillig aus dem Leben zu gehen – wieviel Leid und Trauer damit verbunden sind? Ist es ihnen wirklich gleichgültig?

Verfangen sich die Interagierenden nicht vielmehr in einer diskursiven Spirale, in der es nur noch darum geht, sich gegenseitig in seinem Hass zu bestärken und an Drastik zu übertreffen, vgl. auch Infante/Wigleys (1986) Beobachtung, dass das Aggressionsniveau im Verlauf einer Auseinandersetzung steigt. Die vCMbP werden dabei zu Projektionsflächen, ohne sich selbst als solche identifizieren zu können. (Für sie ist die Bedrohung real, sind die Beschimpfungen wirklich verletzend).

Vor dem Hintergrund dieser Fragen ist auch die jugendsprachlich in der Bedeutung von ‚lass mich/uns in Ruhe' gebräuchliche Phrase *geh sterben* gegenüber eher unbeliebten Personen zu reflektieren (vgl. 6-113). Ist der Wunsch nach Abgrenzung so groß, dass nur ein Konzept, das ein ultimatives Ende integriert und deshalb keine Steigerung mehr zulässt, als adäquat empfunden wird? Ein Deutungsversuch ist aus der Verquickung virtueller Welten und Social Media in Rahmen 4 abzuleiten (Kap. 5.2). Die Phrase *Stirb* ist insbesondere in gemeinsamen Online-Spielsituationen gebräuchlich und bezieht sich entsprechend auf die jeweilige von einer realen Identität konstruierte Spielfigur, deren virtuelles Ableben mit einem Punktgewinn für die anderen Mitspieler_innen verbunden ist und damit angestrebt wird. Die Übertragung dieser Aufforderung in die Social-Media-Umgebung ist möglicherweise ein unreflektierter, weil äußerst unkomplizierter Schritt.

Im Facebook-Kommentar 6-114 lässt sich diese Steigerung als Element in einem Prozess nicht einmal mehr rekonstruieren. Es handelt sich hier um den einzigen Kommentar dieses Verfassers unter einer Statusmeldung, in der die Profilidentität denjenigen mit Anzeige droht, die auf Facebook gegen Flüchtlinge hetzen.

6-114 „behalte mir vor Strafanzeige zu stellen" - he, eine Frage ? : Haste Dir eventuell zu viel Koks durch die Nase gezogen, wenn Du hier drohst, dann besser halte Dir ne Knarre an den Kopf und drücke ab ! Ist nur eine Empfehlung - keine Drohung - dann fange mal an !!! (fb, ef_an_aß, 2015-09-06, 0 Likes)

Im Kommentar nun wird die Profilidentität zur Drogen konsumierenden Diskursfigur degradiert. Die dezidierte Aufforderung, sich zu suizidieren wird in drei Elemente unterteilt, in denen der Druck (auch durch den frequenten Gebrauch von Ausrufezeichen) jeweils erhöht wird (*halte Dir ne Knarre an den Kopf* (1), *drücke ab* (2), *dann fange mal an* (3)). Nach (2) wird diese Aufforderung zwar als *Empfehlung* deklariert, aber nur um dem Verdacht, es handle sich um eine Drohung, zuvorzukommen und die Aufforderung mit (3) wieder zu erhärten. Eine Drohung aus sprechakttheoretischer wie aus juristischer Sicht (BGHSt, 31, 195, 201; 16, 386) involviert jedoch die zumindest vorstellbare Umsetzung der durch den Drohenden angekündigten Handlung, bei der Aufforderung zum Selbstmord ist diese Umsetzbarkeit gar nicht gegeben. Dennoch entsteht hier der Eindruck, der Kommentator versuche sich paradoxerweise durch die Rücknahme einer nicht ausgesprochenen Drohung vor einer Anzeige zu schützen, seine perfide Aufforderung jedoch erhält er aufrecht.

6.5 Vermeintliche Handlungs- und Rollen-Reflexion

Während in den bisherigen Ausführungen dieses Kapitels der Fokus darauf lag, wie Initiator_inn/en bei der Konfiguration einer Diskursfigur verschiedene Instanzen durchlaufen, die an einen Gerichtsprozess erinnern, sollen in diesem Unterkapitel Beobachtungen zusammengefasst werden, die sich darauf beziehen, wie Initiator_inn/en ihr Handeln und ihre Rolle als Initiator_inn/en reflektieren oder vielmehr zu rechtfertigen versuchen. Dabei offenbart sich durchaus eine Sensibilität dafür, dass das eigene Tun normenwidrig sein könnte, gleichzeitig wird es vom Vergnügen überlagert, dass ihnen ihr Verhalten bereitet.

„und nun weiter lästern :)" – Kontinuitätsbestrebungen
Die Beispiele 6-115 bis 6-128 zeigen, wie die Interagierenden ihr Interesse an der Diskurskontinuität artikulieren. Als besonders gelungen empfundene Sequenzen werden mit Szenenapplaus honoriert (6-115 bis 6-117), sie artikulieren die Freude und den Genuss, den sie sich dabei bereiten, zum einen verbal (*amüsant* in 6-118, *lasst es uns noch genießen* 6-119), zum anderen aber auch durch den hochfrequenten Einsatz von Emoticons, des Akronyms *LOL* (z. B. 6-128, Z.15) und anhand von Buchstabeniterationen.

6-115 ich hab grad voll den lachflash HAHAHAHHAHA :D zu geil [...] (fb, nnfbwnb07, 2012-14-11)

6-116 aaaaaaaaaaaaaahahahahahha geieeeeel (isg, g_1_b_wr, 2011-01-14, 18:55:42)

6-117 geeeeeeeeiieeeeeeelllllllooooooooooooooooo (isg, g_1_b_wr, 2011-01-17, 13:59:48)

6-118 Naa..lass die..das amüsant..:) (isg, g_1_ffm_bs, 2011-01-17, 20:08:13)

6-119 [...] mfg an alle [NdbP]hasser :-) ps lasst es uns noch genießen bis sie weg is den es wird und doch etwas fehlen ;-) (svz, nnsvmpi06, 2007-06-16, 21:19)

Mit spielerischen Elementen, wie Quasi-Zitaten von Zeitungsschlagzeilen (6-120) oder Umfragen (6-121) sollen möglichst viele potenzielle Diskursteilnehmer/innen zum Mitmachen und alle bereits Beteiligten zur Fortsetzung (6-122) motiviert werden.

6-120 [...] Also wieder zu den [NdbPen] EXTRABLATT NEUES VON DEN [NdbPen] SIE SIND NASS!!! (svz, nnsvmte12, 2007-06-19, 20:41)

6-121 [...] wie wärs mit ner umfrage: wer is für dich der/die schlimmste [NdbPen]? ich würd ja ma 33,3,% auf alle 3 tippen ;) oder wie sehr ihr das? habt ihr nen lieblings[NdbPen]? (svz, nnsvmdw01, 2007-05-09, 21:28)

6-122 [...] und nun weiter lästern :)(svz, nnsvmrg04, 2007-06-15, 16:41)

Durch die dezidierte Instanziierung immer neuer Themen (*warum schwimm ich eig mit fullskin ein* in 6-123, *Wie soll [NdbP] Grabstein aussehen?* in 6-99, *Warum gehen in innerhalb von einer Woche zwei Autos von dem Pack zu Grunde?????* n 6-100 etc.) versuchen die Interagierenden den Diskurs aktiv zu elaborieren. Auslassungspünktchen, wie beispielsweise in 6-124, markieren die Unabgeschlossenheit des Diskurses, in dem jeder einzelne zusätzliche Beitrag als Kontinuitätssignal interpretiert werden kann.[189]

6-123 [...] aber hier war ja anderes thema glaub ich??? warum schwimm ich eig mit fullskin ein?! wie [modifizierter NdbP][190] muss man eig sein??? ^^ (svz, nnsvmcs01, 2007-05-22, 20:26)

6-124 johhhhhhhhhhhhhhhh....und der trainer wird sich freuen..... (svz, nnsvmpi07, 2007-06-25, 19:36)

Darüberhinaus werden Maßnahmen ergriffen, den Diskurs zu expandieren, etwa auf andere Plattformen (Facebook-Gruppe in 6-125), indem mehr Leute eingeladen werden (6-126), durch die Einbindung anderer Schulen (6-127) und die Gruppenneugründung unter einem neuen Thema, wie z. B. der „Fond zur Unterstützung der Auswanderung der [NdbP]", indem Cybermobbing als wohltätig deklariert wird.

Vor diesem Hintergrund wird das Szenario einer groß angelegten Spendenaktion simuliert, in der Geld für die Ausreise der vCMbP gesammelt (6-128) werden soll. Zudem werden Vorschläge für ein möglichst abgelegenes Ziel der Auswanderung (*Die insel Ivornar*, Z.2) unterbreitet. Anhand der geringen Beitragshöhe (*5ct*, Z.3, *10ct*, Z.4, *1€*, Z.9, Z.17, *2 euro*, Z.18) lässt sich jedoch ablesen, dass das Ziel, die Abneigung gegen die vCMbP (und ihre Familie) auszudrücken, dieses Szenario überlagert: die Höhe der Geldbeträge symbolisiert dabei die geringe Wertschätzung. Dass der Grad der Abneigung nicht proportional zur

---
189 Vgl. zur Interpretation von Auslassungspünktchen auch Androutsopoulos (2017)
190 verballhornter Nachname der betroffenen Person, sodass er ein semantisch mit *blöd* verwandtes Wort enthält

steigenden Höhe der gebotenen Geldbeträge ermittelt werden kann, ist schon an den absoluten Geldwerten ersichtlich und zeigt an, dass sich alle bewusst in einem Spielszenario bewegen. In diesem Rahmen kann das vermeintliche Ziel der Gruppe (die *Auswanderung*) nicht erreicht werden. Anderenfalls hätten hier andere Summen verhandelt werden müssen.

6-125 Die offizielle Facebook-Gruppe ist da! [Link] (isg, g_1_b_wr, 2011-01-17, 13:10:02)

6-126 eeeh geil wie sie hier grad alle lästern ladet mal noch par leute ein (isg, g_1_b_wr, 2011-01-13, 22:54:39)

6-127 jaaaaaaaaaaaaaaaaaaa jetzt kommt es auch an die [Schulname] !!!!!!!!! geile sache verbreitet das mal dort dann wissen auch da alle dass der [NdbP] nen spast is und die fresse halten soll (isg, g_1_b_hw, 2011-01-14, 16:54:52)

6-128 Fond zur Unterstützung der Auswanderung der [NdbP] (svz)

			2007-06-25
01	21:00	A	ja ich bitte schon mal um spenden für die zigeuner [NNdbPen]
02			damit sie ihren frieden finden können (Die Insel Ivornar)
03	21:01	B	also jeder cent zählt!!! von mir gibt's schonmal 5ct
04	21:24	C	ich spende 10 cent!
05			kann man das absetzten??
06			Is ja fürn guten zweck!oda!
			2007-06-26
07	14:46	D	ja mopser kannste von ner steuer absetzen, als spende
08			da es für en guten zweck is soll man ja net geizig sein
09			1€ von mir ^^
10	15:46	E	ich glaube so wird das nichts, wenn wir diese kranke familie
11			loswerden wollen,
12			müssen wir alle mehr spenden. je mehr wir spenden desto schnel-
13			ler sind wir sie los!
14			ist doch für einen guten zweck: "ein leben ohne die [NdbP]. Fasst
15			euch ans herz und spendet mehr. LOL
16	19:18	F	Und du???
17			1 Euro!!!(also ich)
			2007-06-27
18	11:27	G	ich spende 2 euro

Alles nur Spaß? Verharmlosung als Legitimierung

Der missglückte Versuch des Kommentators in 6-114, sich selbst von Schuld freizusprechen, führt uns zur nächsten prominenten Technik bei der Konstruktion einer Opferfigur: der Verharmlosung. So berufen sich die am Cybermobbing Beteiligten (ISG) auf den Zweck der Mobbing-Plattform und stellen sich als lediglich einer (wenn auch kurzen) Diskurstradition verpflichtete Agierende dar (*dazu is die seite hier da* in 6-129, *diese Komplette seite besteht aus gerüchten also.!* in 6-130), die sich situativ angemessen verhalten, vgl. dazu Luginbühl (1999: 66), der die Frage diskutiert, ob es Textmuster gibt, „die verbale Gewalt beinhalten oder provozieren."

Die Bedenken und Einwände der anderen Diskursteilnehmer_innen (dazu auch Kap. 7) werden als *psychogelaber* (6-129) deklassifiziert. In 6-131 wird deutlich, dass die fehlende unmittelbare Rückkopplung (vgl. Sacks/Schegloff/Jefferson 1974) eine wichtige Bedingung für eine Cybermobbing-Handlung ist. Der/die Verfasser_in beschreibt hier, dass die offenbar zeitlich verzögerte, aber für alle wahrnehmbare emotionale Reaktion der vCMbP nicht nachvollziehbar ist (*wieso heult dieser kleine depp*) und als Spaß verderbend (*wenn der weint machts kein spaß*) empfunden wird.

6-129 aah was fürn psychogelaber wir sagen nur was wir denken da hat mein vorredner recht und wenn es ihn stört soll ers nicht lesen dazu is die seite hier da (isg, g_1_b_wr, 2011-01-14, 00:16:42)

6-130 haha genau! aber ganz ehrlcih diese Komplette seite besteht aus gerüchten also.! wie sich manche einfach drüber aufregen herrlich.. (isg, 1_he_arc, 2011-01-17, 20:49:40)

6-131 ganz ehrlich man kann [NdbP] auslachen aber wenn der weint machts kein spaß außerdem wieso heult dieser kleine depp ich meine diese seite macht doch nur fertig wenn kümmerts was andere sagen aber [NdbP] heult einfach in der schule PEINLICHER GEHTS NICHT AN DIESEn Tag wird man noch oft denken \"_\" (isg, g_1_ffm_bs, 2011-01-18, 18:14:02)

Cybermobbing wird als eine Kombination von SPAß, AUSLACHEN und FERTIGMACHEN konzeptualisiert, das aber nicht ernst genommen werden soll, siehe auch 6-132: *lol wird das ein spaß*.

6-132 [...] hab aber bock sie in nächster zeit mal so richtig runter zumachen, sodass sie gar net mehr kann, lol wird das ein spaß (svz, nnsvmre02, 2007-05-12, 21:15)

Deutlich wird dies auch in 6-133. Der/die Verfasser_in artikuliert hier, dass er/sie Zweifel am propositionalen Gehalt des Beitrags (Z.1 bis Z.4) hat und mutmaßt, dass das Gesagte nur als *mobbing* relevant zu setzen ist. Demnach beinhaltet *mobbing* per se die Verbreitung von Unwahrheiten, von *gerüchten* (6-130).

6-133 echt jetzt? oder nur so mobbing (isg, g_1_p_bbf, 2011-03-31, 18:40:08, Z.5)
```
01    18:35:08      [NdbP], sie denkt sie ist sauber, aber ich schwöre auf ihre mutter, bei
02                  ihr unten ist urwald gibiet, und unter ihre axeln brasuchen wir erst
03                  gar nicht anfangen. und, anna hat mir mal gesagt das ihre eltern
04                  sie eigentlich abtreiben wollten, weil kondom geplatzt ist, deshalbn
05                  nennt man sie auch: Anna die geplatzte. LG: der Fuchs
07                  echt jetzt? oder nur so mobbing
```

Dabei spielt der Stil eine konstitutive Rolle, wie die Initiator_inn/en selbst reflektieren (6-134).

6-134 [...]ohh hab vergessen das ich das hier ja gar net diplomatisch halten muss =DDD (svz, nnsvmre09, 2007-06-15, 20:25)

Wenn sich vCMbPen also verletzt fühlen, ist das – in der Auffassung der Initiator_inn/en – auf mangelnde Text- und Diskurskompetenz zurückzuführen. Damit sprechen sie sich selbst von Schuld frei.

6.6 Gibt es eine Tätersprache?

Insbesondere (aber nicht ausschließlich) für die technologisch unterstützte Prävention von digitaler Gewalt (unter Zuhilfenahme automatisierter Programme, siehe Eliaz/Rozinger) drängt sich nun die Frage auf, ob es eine Tätersprache gibt?

In diesem Kapitel wurde beschrieben, dass die Opferfigur-Konstruktion nach dem Gerichtbarkeitsprinzip funktioniert: Personen werden angeklagt, ihre vermeintlichen Vergehen werden öffentlich gemacht, eine Strafe wird ausgehandelt. Gerahmt wird dieses gemeinschaftliche Vorgehen als spielerisches Ritual, vgl. Labov (1972).

Wir haben aber gesehen, dass es Verfahren gibt, in denen die Betrugs- und Diskreditierungsabsicht verschleiert wird. Gerade in dem Fall, in dem Initiator_inn/en versuchen, ihr Vorgehen weitestgehend unauffällig zu gestalten, ist eine automatisierte Suche nach vergleichbaren Cybermobbing-Fällen ausgeschlossen. Merkmale an der sprachlichen Oberfläche müssen teilweise sehr aufwändig und im Idealfall in enger Kooperation mit der vCMbP detektiert werden.

Wir haben aber auch gesehen, dass in der Tat ein großes Repertoire an sprachlichen Gestaltungsmitteln (Reime, pejorative Lexik, Vergleiche, rhetorische Fragen, dehumanisierende Metaphern, Personifizierung von Körperteilen) zum Einsatz kommt, um vCMbPen zu beschimpfen, zu verleumden, zu diskreditieren. Im gegenseitigen Schlagabtausch erweist sich das gegenseitige Sich-Übertrumpfen als nahezu obligatorisch. Meier (i. Dr.) stellt fest, dass die „figurenorientierte Beleidigungsrhetorik [...] hier reiches Anschauungsmaterial fände."

Der Umkehrschluss, es handle sich in jedem Fall um Cybermobbing, wenn solche und vergleichbare sprachliche Formen in einer Kommunikation auf Sozialen-Netzwerk-Seiten vorkommen, wäre jedoch übereilt, vgl. auch Schlobinski (2017: 34), der deutlich herausstellt:

> Mit der Metapher des *Wortes als Waffe* – insbesondere in populärwissenschaftlichen Darstellungen – ist eine Sicht verbunden, als sei die Sprache selbst mächtig, man spricht von der *Macht der Sprache*, und eben auch gewalttätig. [...] all dies greift zu kurz und blendet pragmatische und soziale Aspekte aus. (Kursivierung im Original)

In der folgenden WhatsApp-Peer-Kommunikation (6-135) wird nahezu das gesamte Repertoire an sprachlichen Ausdrücken (*WTF [What the fuck]* Z.9, *sei geficket* Z.10, *Du bist voll eklig du sau* Z.24, *C du stricher!* Z.26, *noob*[191] Z.29, *HURENSOHN* Z.30, *spast* Z.31, *opfer* Z.33,47, *kackkind* Z.34, *Stirb* Z.56, *schwul* Z.63, *Deine Mudda* Z.64) (vgl. u. a. Spreckels 2016 die ähnliche Zuschreibungen unter Mädchengruppen beobachtet hat), Realisierungsformen (Großschreibung, Einbindung von Bildmaterial) und Mustern (des Opfer-Postulats, *opfer* Z.33, der Aufforderung zum Suizid, *Stirb* Z.56, der Sippenhaftung, *Deine Mudda* Z.64, der sexuellen Erniedrigung, *besorg mir nen heißes weib* Z.11, der Gruppenausschlussverfahren, *Kann seine Mitgliedschaft vergessen, NEUWAHLEN!* Z.35, vgl. Kap. 7) gespiegelt, das oben für Cybermobbing-Prozesse herausgearbeitet worden ist.

---

191 Das Lexem *noob* steht für *newbie*. Es wird in der Sprache der Online-Spieler für unerwünschte Anfänger gebraucht, die renitent auftreten. *Newbie* wurde zu *newb* verkürzt. Weil *ew* im Englischen etwa gleichlautend mit *oo* [uː] realisiert werden kann und sich *oo* auf der Tastatur schneller eingeben lässt, entstand *noob*. Suchfilter wurden dann mit der Umstellung *boon* aber auch dadurch umgangen, dass die beiden *oo* durch Nullen ersetzt wurden, wodurch zusätzlich auf das Merkmal ‚eine Null sein/eine doppelte Null sein' angespielt werden konnte (siehe Marx/Weidacher 2014: 102).

6-135 WA, kaiWi_ref_hb_2014-03-24

01	10:36:35	A	Deine Äußerungen sind sehr verstörend mein Sohn
02	10:36:54	B	Höre auef!
03	10:37:23	B	Nachher glaubt man noch, du bist mit mir verwandt!
04	10:37:55	A	Oha das wäre ja ne blamage für mich. danke für die erinnerung
05	10:38:38	B	Jaja, für dich... Als ob
06	10:39:14	A	Ja für wen denn sonst kollege
07	11:13:34	B	Für mich du vollhorst!
08	11:33:22	A	Als ob
09	11:33:35	A	WTF MITTEN IN DER DEUTSCHSTUNDE SCHREIBEN JA?
10	11:36:35	B	Sei geficket, interessiert mich nicht
11	11:37:21	A	Ja besorg mir nen heißes weib und ich sei "geficket"
12	11:38:08	B	Nimm Ö
13	11:38:20	B	Reicht für dich
14	11:38:30	A	ne xD
15	11:38:32	A	sichaah net brudah
16	11:38:51	B	SichaH wohl, nix brudaH
17	11:39:06	A	<Bild ausgelassen>
18	11:39:25	A	Ey du labast voll Müllhalde ja
19	11:39:26	B	Da kamen grad zwei heiße weiber
20	11:39:38	A	ne schluss mit dem türkischen slang
21	11:39:59	B	Wasch füa slengg?
22	11:40:01	A	<Bild ausgelassen>
23	11:40:18	A	<Bild ausgelassen>
24	11:40:23	B	Du bist voll eklig du sau
			[Bilder werden hin und her geschickt]
25	11:44:13	B	Oh mann!
26	11:44:52	B	C du stricher!
27	11:44:53	A	ist doch witzig
28			C hat verlassen
29	11:44:59	A	noob
30	11:45:02	A	HURENSOHN
31	11:45:04	A	spast ey
32	11:45:07	A	leavt einfavh
33	11:45:08	A	opfer
34	11:45:16	A	kackkind
35	11:45:31	B	Kann seine Mitgliedschaft vergessen, NEUWAHLEN!
36	11:46:01	A	auf jeden
37	11:46:09	A	ich schließe ihn demokratisch aus
38	11:46:34	B	Du hast nicht mal einen sitz im Vorstand?
39	11:46:40	B	Kloppi
40	11:47:02	A	jaund
41	11:51:12	B	Ich schließ dich gleich auch aus
42	11:52:02	B	Hat der sein dummes Handy weggepackt...
43	11:52:41	B	Boah, Ü ist ja megacool
44	11:52:46	B	Nicht

45	11:57:53	A	lulz
46	11:58:04	A	baum
47	11:59:06	B	Opfer, langsam nervts
48	12:01:03	B	D, füg mal C wieder hinzu. Und mach mich zum Admin [traditionelles Smiley]
49	12:36:00	A	Ohara was er hier für anforderungen stellt
50	12:36:13	A	Als ob er denkt, dass er was besonderes ist
51	12:40:37	B	Ich bin der erste Vorsitzende
52	12:41:08	B	Ich bin gleicher als ihr, der erste unter gleichen
53	13:30:42	A	Achso ja träum weiter
54	13:38:45	B	Pffft
55	14:24:53	A	gesundheit
56	14:40:08	B	Stirb
57	16:00:54	A	langsam
58	16:09:48	B	Reicht
59	16:32:55	A	lol
60			K ist beigetreten
61	18:09:30	A	wb
62	18:19:00	B	Geht doch, C, ohne dich ist es nicht das gleiche
63	23:40:46	A	schwul
64	23:53:21	B	Deine Mudda

Die singuläre (isolierte) Betrachtung sogenannter Schlüsselwörter oder -phrasen[192] und das automatische Löschen würden also einen großen Teil der Netz-Kommunikation unter Heranwachsenden (u. a.) verbannen. „Direktheit oder sogar ‚Unhöflichkeit' in der Kommunikation unter Jugendlichen [in der Öffentlichkeit]" sind jedoch konstitutive und scheinbar ostentative Merkmale, weil sie „immer wieder betont bzw. bemängelt" werden (Androutsopoulos 2003b: 46, vgl. Kleinberger/Spiegel (2010). Dittmar/Bahlo (2008, vgl. auch Schlobinski/Kohl/Ludewigt 1993) beschreiben die Grenzen zwischen Vulgär- und Umgangssprache in der Jugendsprache als fließend, Hartung (2001:10) bemerkt, dass bereits „kleinere Vergehen [...] mit sehr derben Schimpfworten geahndet" werden und Schmidt (2004: 246) stellt fest, dass

> die Kommunikation der Jugendlichen gegen so ziemlich alles zu verstoßen [scheint], was sowohl als ontogenetische wie auch als kulturgeschichtliche Errungenschaft von ‚Umgangsformen' gelten kann. Insbesondere fällt ins Auge, dass besonders dasjenige, was im

---

192 Vgl. auch Krämers (2005: 15) am Gebrauch des Lexems *Nigger* expliziter Rückschluss, Sprache sei nicht nur ein Reservoir von Gewalt, sie stelle zugleich die Mittel bereit, diese Gewalt auch zu bannen. Sie stellt dar, wie das Lexem durch seine Verwendung im Hip-Hop quasi ent-negativiert worden ist und blendet dabei aus, dass diese Tatsache nichts daran ändert, dass dessen Beleidigungspotenzial nach wie vor nur kontextabhängig bestimmt werden kann.

abendländischen ‚Prozess der Zivilisation' zu unterdrücken und zu kontrollieren gelernt wurde, ganz unbefangen, ja teils sogar demonstrativ zur Schau gestellt und gezielt angesteuert wird: Der Ausdruck von Körperfunktionen, die Veröffentlichung des Privaten, die Überschreitung der Grenzen von Tabu und Scham und die Missachtung der Identität und des Besitzes des anderen.

Der direkte Bezug auf Sexualität und der hochfrequente Gebrauch von Vulgarismen sind Phänomene, die in der Literatur als markante Eigenschaften für Jugendsprache beschrieben worden sind (siehe u. a. Bahlo 2011, 2012, vgl. aber auch Müller 1996). Sie werden als sprachliche Manifestierung der pubertären Entwicklungsphase gedeutet, wobei der „biologische Trieb […] durch das Internet angeheizt wird" (Bahlo 2011, 2). In einem biologisch aufgeladenen Reifeprozess (Dittmar/Bahlo 2008: 267) wird die Verunsicherung, die im Zusammenhang mit der Herausbildung der sexuellen Identität entsteht, in drastisch überzogenen Diskursen überspielt. Gerade beim sogenannten Dissen bewegen sich Jugendliche systematisch jenseits von Tabugrenzen und thematisieren Ausscheidung, Drogengebrauch, Rassismus und Sexualität (Deppermann/Schmidt 2001a: 91, Deppermann/Schmidt 2001b, Deppermann/Neumann-Braun/Schmidt 2002, siehe auch Ziegler/Lenzhofer 2016), wobei insbesondere sexuelle Phantasien, sexuelle Praktiken, wie Oral- und Analverkehr (vgl. Gernerts (2010) differenzierte Diskussion zur Generation Porno) und Homosexualität zum zentralen Gegenstand der Gespräche avancieren (siehe Zick/Küpper/Höverman 2011: 47, Ruthner 2010 und Lambert 2013).

Wie Balsliemke (2016: 168 f.) betont, bedeutet das jedoch keinesfalls, dass Jugendliche nicht über ein Sprachbewusstsein verfügen, vgl. auch den metasprachlichen Verweis *schluss mit dem türkischen slang* in 6-135, Z.20.[193] Rituelle Beleidigungen sind funktional, sie dienen der Aushandlung von Status und Angemessenheit innerhalb der Gruppe. Ihre Interaktivität wird in allen Studien[194] als elementar hervorgehoben, denn der rituelle, spaßhafte Charakter muss von allen Interaktant_inn/en ratifiziert werden. Ausprägungen dessen reichen von demonstrativer Gegenwehr über gespielte Verärgerung bis hin zu Heiterkeit. Grenzüberschreitungen werden hingegen durch den/die Adres-

---

193 Der Aussage „Schimpfwörter gehören bei Jugendlichen zum Alltag, egal, ob online oder offline" stimmten 77% der Teilnehmer_innen an der Befragung im Rahmen der Sensibilisierungsworkshops zu.
194 Siehe dazu Deppermann/Schmidt (2001a,b), Günthner (1996), Labov (1972), Haugh/Bousfield (2012), Marx (2015a), vgl. auch die kodifizierte Höflichkeit bei Haferland/Paul (1996).

sat_in/en markiert, indem er sich zurückzieht, schmollt oder das Gesagte abstreitet (siehe für eine Zusammenfassung Meier i. Dr.).

Wenn Schmid (2005: 23) aus psychologischer Perspektive argumentiert, dass „[v]erbale Gewalt [...] schwerer einzugrenzen [sei], und mögliche Täter [...] sich häufig damit rechtfertigen [können], dass eine Beleidigung eigentlich scherzhaft gemeint gewesen sei – bei einem Schlag oder Tritt ist die Um-Interpretation weniger leicht," wird die Reaktion der/des Betroffenen marginalisiert. In interaktionslinguistische Analysen wird diese hingegen routiniert mit einbezogen, um Beleidigungen zu identifizieren. Wie ich im folgenden Kapitel zeigen werde, sind die Voraussetzungen für oben beschriebene Aushandlungssituationen beim Cybermobbing nicht immer gegeben.

Das Kapitel in fünf Sätzen

1. Der Kreationsprozess von Diskursfiguren beim Cybermobbing weist das Muster eines gerichtlichen Verfahrens auf, das die Anzeige respektive Anklage, die Verurteilung und – damit verbunden – die Aushandlung des Strafmaßes involviert.
2. Die Instanziierung eines Textreferenten/ einer Textreferentin kann hierbei verdeckt geschehen: Dazu wird auf technische Mittel zur Profilfälschung und sprachliche Imitation zurückgegriffen.
3. Der Versuch, eine Identität verleumderisch zu dekonstruieren, kann aber auch sehr ostentativ unternommen werden, indem das gesamte Repertoire diskreditierender sprachlicher Mittel ausgeschöpft wird.
4. Typisch sind ebenfalls die Rahmung der Interaktion als Spaß und das hohe Kontinuitätsinteresse.
5. Von der Existenz einer Tätersprache ist dennoch nicht auszugehen.

7 Sozialität als Bestimmungsstück für digitale Gewalt: „macht ihr euch denn keine Sorgen um die Gruppe [...]"[195]

> In the end we will remember
> not the words of our enemies,
> but the silence of our friends.
>
> Martin Luther King Jr

Vorbemerkungen
Kleinke (2007), die Mobbing in Internetforen als einen Sonderfall der verbalen Gewalt begreift, hebt als definitorisches Merkmal die gruppendynamische Erniedrigung und Ausgrenzung eines „Opfers" (dort so bezeichnet) hervor, macht jedoch die spezifische Dynamik recht vage an „außergewöhnlich viele[n] Beiträgen [fest, die sich] auf Eigenschaften ein und derselben Person beziehen" (Kleinke 2007: 329). Vor diesem Hintergrund wirken die von Lenke/Schmitz (1995: 123 ff.) eingebrachten Bedenken der „fehlenden sozialen Kontrolle" und des „fehlenden Gruppendruck[s]" geradezu widersprüchlich, kongruieren aber mit Kleinkes zweiter, wichtiger Beobachtung „Anonymität [stelle] eine Gefahr für ein freundliches Diskursklima" dar (Kleinke 2007: 331). Ein Zusammenhang zwischen beiden Komponenten wird nicht aufgezeigt.

Halten wir aber die beiden wesentlichen anscheinend gegensätzlichen Aspekte fest: 1. die Gruppendynamik, 2. Anonymität, die mit fehlendem Gruppendruck und fehlender Kontrolle assoziiert wird.

Wie ich in diesem Kapitel zeigen werde, haben beide Feststellungen im Kontext von Cybermobbing ihre Berechtigung. Es bedarf jedoch einer Präzisierung hinsichtlich der Bedingungen für die Entstehung von Gruppendynamik in Konstellationen, die hier anhand des Parameters Bekanntheit einerseits und über die Variable sozialer Interrelation andererseits bestimmt werden.

Für die Untersuchung von sprachlicher Gewalt in Internetforen erachte ich ebenso wie Kleinke (2007: 316) nun die folgende Definition Luginbühls als „besonders fruchtbringend":

---

[195] Siehe Beispiel 7-4

> Ein Akt verbaler Gewalt liegt dann vor, wenn eine Person eine Sprechhandlung vollzieht, die, sei es intentional und feindlich oder nicht, eine am Gespräch teilnehmende Person in deren durch die Textsorte gewährtem konversationellem Spielraum in einer dramatischen Weise einschränkt und so diese Person in ihrer Integrität, ihren Einflussmöglichkeiten und ihrer sprachlichen ‚Funktionsfähigkeit' schädigt, einschränkt oder gefährdet, wobei eine Gefährdung infolge der trialogischen Kommunikationsform relevant sein dürfte. (Luginbühl 1999: 83)

Eine wesentliche Parallele zwischen Internetdiskussionen und Fernsehdiskussionen sieht Kleinke (2007: 316) in der trialogischen Kommunikationssituation, in der die klassischen Rollen Diskursteilnehmer_in, Zuschauer_in und Moderator_in ebenfalls besetzt sind.

Für die Kommunikation im heutigen Social Web sind feststehende Moderator_inn/en eher untypisch. Die Rolle kann jedoch temporär von Diskursteilnehmer_inne/n übernommen werden. Ich spreche in solchen Fällen von Kommentator_inn/en. Kommentator_inn/en sind also (nur) eine Teilmenge der Diskursteilnehmer_innen. Die Diskursteilnehmer_innen-Rolle sollte entsprechend weiter untergliedert werden. Für Cybermobbing leite ich zusätzlich die Rollenspezifikationen Initiator_inn/en und Gegner_innen ab (Kap. 7.2). Die Lurker_innen als passive Beobachter_innen nehmen die vierte Rolle ein.

In Kap. 6 habe ich gezeigt, dass die vom Cybermobbing betroffenen Personen als Diskursfiguren respektive Diskursthema fungieren. In der resultierenden pentalogischen Konfiguration bilden sie das Zentrum, auf das das Handeln aller anderen Rollen ausgerichtet ist. Diskursteilnehmer_innen und Lurker_innen bilden zugleich das Publikum, die vCMbP stellt keine obligatorische Publikumskonstituente dar, kann diesem aber angehören.

Mit Referenz auf Bourdieus (1976: 25) „Tribunal der öffentlichen Meinung", die Realität und Schweregrad einer Beleidigung bestimme (siehe auch Meier 2007: 102), erachte ich die auf diese Weise hergestellte Öffentlichkeit als konstitutiv für Cybermobbing-Prozesse. Es lässt sich hier ein Bogen zu Luginbühls (1999: 83) Begründung für eine mögliche Gefährdung schlagen: das Publikum als Gradmesser für Zustimmung zu oder Ablehnung einer Person.

Eine eindrucksvolle Illustration solcher Mechanismen zeigt sich im Beispiel des Bauern Johan Bock aus dem 17. Jahrhundert, das Meier (2007: 103, zitiert aus Walz 1992: 233) anführt. Johans Mutter war als Hexe hingerichtet worden, weshalb er vom Bauerrichter als *Hexenkind* beschimpft wurde. Daraufhin retournierte Johan diesen Vorwurf schlicht, was der Bauerrichter nicht ignorieren konnte, weil das Publikum in Unkenntnis der Hintergründe die Hexereibeschimpfung als wahr erachtete und den Richter zu meiden begann. Meier (i. Dr.) resümiert vollkommen zutreffend, „dass der verletzende Gehalt maßgeblich von der öffentlichen Kenntnisnahme und potentiellen Übernahme des in der Beleidigung beschlossenen Urteils abhängt, [...]".

Ich nehme nun an, dass im vorliegenden Beispiel vornehmlich die Personen (Vertreter_inne/n einer Öffentlichkeit), die Johans Reaktion nicht als Retourkutsche erkennen (möglicherweise, weil sie nicht Zeuge der (gesamten) Kommunikationssituation waren), Gefahr laufen, der eigentlichen Verleumdung Glauben zu schenken. In der Konsequenz wäre das eine massive(re) Facebedrohung für den Bauerrichter.

Ähnliche Prozesse lassen sich auch beim Cybermobbing beobachten, das deshalb – wie Mobbing (siehe Schmid 2005: 24) – als relationale Gewalt/Aggression kategorisiert wird. Relationale Aggression ist darauf ausgerichtet, die sozialen Beziehungen einer Person zu schädigen (vgl. Crick/Grotpeter, 1995, Scheithauer 2003, 2005).

> Das Wesentliche an relationaler Aggression ist, dass die weiteren Beteiligten eine wichtige Rolle spielen, sie bleiben vielleicht während der konkreten Aggressionshandlung passiv, aber im späteren Verlauf sind sie es, die durch ihr verändertes Sozialverhalten gegenüber dem abgewerteten Opfer zu dem Schaden führen. (Schmid 2005: 24)

Im hier beschriebenen Beispiel zeigt sich das veränderte Sozialverhalten darin, dass die Menschen beginnen, dem Richter auszuweichen. Nun hat Johan mit der Reaktion auf eine Titulierung seitens des Bauerrichters kein Mobbing betrieben. Er hat aber in einer öffentlichen Situation etwas Falsches konstatiert, das potenziell wahr sein könnte und damit eine Verhaltensänderung bei den Menschen/beim Publikum ausgelöst. Hätte er den Bauerrichter als *Hundsfott* o. ä. eindeutig beschimpft, wäre die Beleidigung als solche identifizierbar gewesen. Der Auffassung, der Bauerrichter sei ein Hundsfott, können sich natürlich dennoch Personen anschließen. Die Frage ist nur, wie groß die Menge derer ist, die diese Meinung neu übernehmen. Wenn sie diese als Beleidigung (aufgrund des klar als Beleidigung zu identifizierenden verwendeten Ausdrucks) erkennen, haben sie vielmehr auch die Möglichkeit, den Diffamierungsversuch zu verurteilen und sich zu distanzieren.

Wenn wir diese Situation nun aber in das technologische Zeitalter projizieren, finden wir vergleichbare Teilnehmer_innenkategorien: Personen, die sich beschimpfen, beleidigen und verleumden, und ein Publikum, das sich mehr oder weniger spontan formiert und das aus Personen besteht, die über mehr oder weniger Wissen im Hinblick auf die diskreditierte Person verfügen und deren Urteil von diesem Wissensgrad einerseits oder von der Form der Beleidigung bestimmt wird.

In diesem Kapitel geht es nun darum, dieses „mehr oder weniger" zu präzisieren. Ich werde vier Konstellationen vorstellen (Kap. 7.1), bevor ich die Rollen der Diskursteilnehmer_innen noch einmal gesondert betrachte (Kap. 7.2).

7.1 Zur Bestimmung gruppenkonstitutiver Parameter

Sprachliche Oberflächenmerkmale von Cybermobbing finden sich – so haben wir in Kap. 6 gesehen – auch in vermeintlich gesichtsbedrohenden Kommunikationsmustern wie Dissen oder Frotzeln. Es sind gerade die gruppenkonstitutiven Parameter, die eine Differenz zwischen Cybermobbing/digitaler Gewalt auf der einen und dissen oder frotzeln auf der anderen Seite markieren. Die maßgeblichen Charakteristika dieser auch als Ethnokategorien bezeichneten Kommunikationsmuster bilden also den Ausgangspunkt für meine Überlegungen, Variablen für die Gruppenkonstellation beim Cybermobbing zu operationalisieren.

Cybermobbing ist im Gegensatz zu Dissen (Deppermann/Schmidt 2000, 2001) oder Frotzeln (Günthner 1996, 2000) aber auch dem im Kontext dieser Ethnokategorien vielfach diskutierten Klatsch (Bergmann 1987, Keppler 1987 und Schubert 2009), dem Lästern (Schubert 2009: 83, Branner 2003: 208, Walther 2014, 2016), dem Hetzen (Schwitalla 1986) oder Spott (Schmidt 2004) keine genuine Form der In-Group-Kommunikation.[196]

Bei den oben genannten Ethnokategorien (Dissen, Frotzeln, Klatsch, Lästern) sind die Produzent_inn/en-, Rezipient_inn/en- und Objekt- respektive Diskursfigur-Rollen üblicherweise von Freunden oder Bekannten besetzt, lediglich beim Hetzen wird die Objekt-Rolle ad hoc und zufällig bestimmt, indem man sich als Gruppe zum pejorativen Kommentieren und Typisieren von unbekannten Passant_inn/en an öffentliche Plätze begibt (Schwitalla 1986). Solche Interaktionssituationen werden also sprichwörtlich arrangiert, sie finden – anders als Klatsch und Lästern – nicht eingebettet in laufende Interaktionen zum Zwecke der eigenen Unterhaltung statt und dienen dazu, eine Überlegenheitsillusion einzelner Gruppenmitglieder gegenüber Fremden zu kreieren (vgl. Schwitalla 1986: 271). In Hetzsituationen sind die Personen, die zum Thema der Interaktion werden, zwar temporär anwesend, werden aber nicht eingebunden, sodass sie keinerlei Kenntnis von den Gesprächen über sie erhalten.

---

[196] Vgl. auch die von Corsaro/Eder (1990) beschriebenen, für Peer-Gruppen typischen Kommunikationspraktiken insulting, teasing, story telling und gossip.

Sowohl für den Klatsch als auch das Lästern ist die Abwesenheit der sogenannten Klatsch- (oder auch Läster-)Objekte[197] (oder besser: der Diskursreferent_inn/en) obligatorisch. Schmidt (2004: 112) führt als eindeutigen Differenzierungsparameter den Gruppenstatus des Klatsch- respektive Lästerobjekts an. Entsprechend wäre Klatsch das abwertende Sprechen über abwesende Gruppenmitglieder, gelästert würde hingegen über abwesende gruppenfremde Personen (Schmidt 2004: 112, ganz im Gegensatz zu Schubert 2009).

Diese Unterscheidung ist gerade im Hinblick auf Cybermobbing gewinnbringend. Die Schwierigkeit beim Cybermobbing aber besteht darin, den Gruppenmitgliedsstatus der vCMbP zu bestimmen (Kap. 7.2). Wie ich zeigen werde, ruft diese Gruppen-Instabilität nicht nur Unsicherheit hervor, sondern birgt auch Gewaltpotenzial.

Beim Spotten hingegen wird „eine fokale anwesende Person über längeren Interaktionsraum hinweg in lateraler Adressierung scherzhaft ab[ge]wertet" (Schmidt 2004: 112), spottende und verspottete Person sind also kopräsent. Eine vergleichbare Situation liegt beim Frotzeln (Günthner 1996, 2000) und Dissen (Deppermann/Schmidt 2001, 2000) vor. Dissen findet ausschließlich unter Peers und nicht vor Gruppenfremden statt, es setzt „friendship and intimacy" (Deppermann/Schmidt 2000: 157) voraus.

In verbalen Duellen setzen sich jugendliche Opponenten vor einem In-Group-Publikum gegenseitig spielerisch herab (Deppermann/Schmidt 2001: 79) und verhandeln somit über Status, Charakter und Gruppenmitgliedschaft (Deppermann/Schmidt 2000, 2001, vgl. auch die Banter-Funktion[198] Leech 1983, Alexander et al. 2012, Grainger 2004, Marx 2015a, aber auch die „gemischte Interaktionsmodalität" bei Luginbühl 2003: 78 ff.).

Auch Frotzeleien richten sich allein gegen In-Group-Member (Familien bei Tischgesprächen etwa), die Höflichkeitsnormen in vornehmlich ungezwungenen Kontexten auf der Basis gefestigter sozialer Beziehungen außer Kraft setzen können (Günthner 1996, 2000, Schubert 2009). Die Distinktion der Gruppe und auch die Regelung gruppeninterner Belange gehören ebenso zu den sozialen

---

197 Der Terminus *Objekt* wird in der Forschungsliteratur zu Klatsch und Tratsch verwendet und hier lediglich zitiert.

198 Vgl. auch die Dysphemismen (von Bonacchi 2014 der „obliquen Kommunikation" zugeordnet) oder als „cutting, woofing, signifying, sounding" oder „dozens" bezeichnete rituelle gegenseitige Herabsetzungen innerhalb (farbiger und weißer) englischsprachiger Peergroups (Labov 1972: 297, Dollard 1939, Ayoub/Barnett 1965, Abrahams 1990), dazu auch Marx 2016: 287 f.).

Kontrollfunktionen beim Klatsch und Lästern (Bergmann 1987, Schubert 2009: 297, Martin/Schubert/Watzlawik 2007: 115 f.).[199]

Tab. 7.1: Zuweisung gruppenbezogener Parameter zu bislang in der Forschungsliteratur beschriebenen Ethnokategorien

Ethnokategorie	In-Group-Kommunikation	Einbettung in laufende Interaktion	Kopräsenz der/des Referent_in/en (Diskursfigur)	Gruppenmitgliedschaft der/des Referent_in/en (Diskursfigur)
Klatsch	+	+	–	+
Lästern	+	+	–	+
Hetzen	+	–	+/–	–
Spott	+	+	+	+
Dissen	+	+	+	+
Frotzeln	+	+	+	+

Zusammenfassend lässt sich sagen, dass alle beschriebenen Kommunikationsmuster (Klatsch, Lästern, Hetzen, Spott, Frotzeln und Dissen, vgl. Tab. 7.1) eng an die Interaktion in einer bestehenden Gruppe mit symmetrischen sozialen Rollen gebunden sind. Die sprachlich und inhaltlich potenziell imagebedrohende Kommunikation (vgl. Goffman 1971, Holly 1979, Brown/Levinson 1987)[200] findet gruppenintern entweder in Abwesenheit des „Objekts" statt

---

199 „Klatschgeschichten handeln meist davon, wie man sich benehmen, bzw. wie man sich nicht benehmen soll. Fragen der Schicklichkeit, des Anstands, der Moral und ‚guten Sitten' sind ebenso ihr Thema wie soziale und vor allem sexuelle Regelverletzungen" (Keppler 1987: 295), was sie in eine enge Verbindung mit Cybermobbing setzt. Nicht zufällig hieß die bislang größte bekannteste Cybermobbing-Plattform „Ich teile Klatsch" (I share gossip).
200 Die Idee des Face (oftmals auch als *Image* paraphrasiert) geht auf Goffman zurück und wird in der Höflichkeitstheorie von Brown/Levinson (1987) aufgegriffen, die einen sorgsamen Umgang mit dem Face („public self-image that every member wants to claim for himself" Brown/Levinson 1987: 61) der Interaktionspartner_innen voraussetzt: Unterschieden wird zwischen einem positiven und einem negativen Face. Das positive Face bezieht sich auf das Bedürfnis des/der Sprecher_in/s nach Anerkennung und Akzeptanz in der Gemeinschaft. Das negative Face beschreibt das Bedürfnis von Menschen, nicht eingeschränkt zu werden. Unhöfliche Situationen können entstehen, wenn das Face durch sogenannte „face-threatening acts" (FTAs) bedroht wird.

(Klatsch, Lästern, Hetzen) oder in dessen Anwesenheit, solange „soziale Gleichheit und ein[...] gewisse[r] Grad von Vertrautheit und sozialer Nähe" gegeben sind (Deppermann/Schmidt 2001: 92), siehe auch Tab. 7.1.

Die Frage ist nun: Gehören die Interaktant_inn/en im Cybermobbing-Kontext auch sozialen Gruppen an? Dagegen spricht, dass es die technischen Bedingungen in den Sozialen Medien prinzipiell allen Interaktionsteilnehmer_innen erlauben, miteinander in Verbindung zu treten. Cybermobbing kann sowohl angebunden als auch losgelöst von offline bestehenden Gruppenstrukturen stattfinden. Eine auf Vertrauen, Vertrautheit und einem breiten Spektrum an Offline-Interaktion basierende Personenkonstellation ist für Cybermobbing entsprechend zwar kein Ausschlusskriterium, aber auch keine Voraussetzung.

Im Korpus finden sich Belege für Cybermobbing unter ehemals eng vertrauten Liebespartner_inne/n, Mitgliedern einer Trainingsgruppe, (ehemaligen) Schüler_inne/n einer Schule, Arbeitskolleg_inn/en, zwischen anonymen Personen, die vermutlich eine Schule besuchen (auf IShareGossip), zwischen Personen, bei denen der Bekanntheitsgrad nicht zu ermitteln ist (z. B. bei verdecktem Cybermobbing, dazu Kap. 6.) und zwischen einander fremden oder einseitig durch die Medien (etwa bei Shitstorms) bekannten Personen. Die hier aufgezählten zwischenmenschlichen Konstellationen weisen einen unterschiedlichen Grad an emotionaler und sozialer Nähe auf, der sich auch auf ihr Erfahrungsrepertoire in Bezug auf die vCMbP auswirkt.

Besteht durch die frühere Einbindung in eine enge zwischenmenschliche Beziehung (Freundschaft oder Liebe) oder die frühere oder gegenwärtige Zugehörigkeit zu einer institutionellen (formellen) Gruppe (Sportverein oder Schule) beispielsweise eine hohe soziale Nähe, verfügen die an Cybermobbing Partizipierenden über Exklusivwissen oder exklusiven Zugang zu Informationen, die sie in Cybermobbing-Prozessen verwerten (können).

Notwendig ist soziale Nähe für die Initiierung eines Cybermobbing-Prozesses allerdings nicht, für das Verbreiten von Gerüchten, Beleidigungen und Diskreditierungen bedarf es schließlich keiner fundierten Insider-Kenntnisse. Gerade auch an Shitstorms wird deutlich, dass Bekannt- oder gar Vertrautheit zwischen den am Cybermobbing Beteiligten keine notwendigen Bedingungen für die gemeinschaftliche Ausübung verbaler Gewalt sind.[201] Die

---

[201] Es ist überflüssig zu erwähnen, dass eine positive emotionale Nähe innerhalb einer zwischenmenschlichen Beziehung keinerlei fruchtbaren Boden für medial vermittelte verbale Gewalt darstellt. Gehen Menschen, die einander (eigentlich) nahe stehen, dazu über, beziehungsinterne Konflikte in Form verbaler Gewalt einer Öffentlichkeit im Web 2.0 zur Schau zu stellen, dokumentieren sie damit den Modifikationsprozess ihrer Beziehungsqualität.

Offline-Personenkonstellation, aus der ein Cybermobbingprozess erwachsen kann, gestaltet sich also höchst variabel. In diesem Kapitel wird der Versuch unternommen, die Variabilität anhand des Parameters ‚Bekanntheitsgrad' zu strukturieren und mögliche gruppendynamische Prozesse abzuleiten.

Der Parameter Bekanntheitsgrad

Mit dem Parameter ‚Bekanntheitsgrad' werden die Kategorien ‚Anonymität vs. Identitätspreisgabe' erfasst. Interaktionsteilnehmer_innen sind dann anonym, wenn sich ihre Offline-Identität nicht oder nur unter Zuhilfenahme von IP-Adressen-Ermittlung feststellen lässt. Den Kontrapunkt dazu setzen Personen, die eine Profilidentität unter ihrem bürgerlichen Namen anlegen (Identitätspreisgabe) und auch darunter agieren.

Wie ich in Kap. 2.1 ausgeführt habe, wird der Parameter Bekanntheit in der Ausprägung Anonymität des/der Täter_in/s in der sozial-psychologischen Cybermobbing-Forschung als messbare Größe für deren/dessen Machtpotenzial diskutiert (Gradinger 2010:13). Das Machtungleichgewicht zwischen Täter_in (Initiator_in) und Opfer (vom Cybermobbing betroffene Person) wiederum gilt gemeinhin als Definitionskriterium für Cybermobbing. Digitale Gewalt wird auch in der linguistischen Literatur häufig mit der durch Anonymität bedingten Enthemmung von Sprachproduzent_inn/en erklärt, siehe Schütte (2013), Reid-Steere (2000) u. a.

Anonymität ist jedoch keinesfalls konstitutiv für Cybermobbing. Es sind durchaus Fälle dokumentiert, in denen die vom Cybermobbing betroffenen Personen wussten, wer der/die Urheber_in der anonymen Beiträge ist.[202] In den dieser Arbeit zugrundeliegenden Daten gibt es Cybermobbing-Fälle, in deren Rahmen die am Cybermobbing beteiligten Personen ungehemmt unter ihrem Klarnamen agierten, in Shitstorms ist das sogar mehrheitlich der Fall. Es zeigt sich, dass Anonymität und Identitätspreisgabe nur die oppositiven Extrema sind, wenn es darum geht, den Parameter Bekanntheit auszubuchstabieren, als interrelierende Variablen werden deshalb ‚real-soziale Nähe' vs. ‚real-soziale Distanz' bestimmt.

Eine Konstante, an die hier vorweg noch einmal erinnert werden soll, ist: Die vCMbP ist allen Diskursteilnehmer_innen bekannt. Ungeachtet dessen, ob die am Cybermobbing beteiligte(n) Person(en) ihre Identität offen legen oder nicht, wird der Name der vCMbP entweder als Vorname, Vorname mit Initial des Nachnamens oder sogar vollständig als Thema im Diskurs instanziiert (7-1).

---

[202] Siehe Kowalski/Limber (2007), Wolak/Mitchell/Finkelhor (2007), Veenstra (2011), Fenaughty/Harré 2013, vgl. die Prävalenzsynopsis in Pfetsch/Schäfer (2014: 163) und Kap. 2.1.

7-1 [VNdbP] aus der 10 a ist der grösste fotzenkind den ich kenne und issa auch .....issa du hundesohn macht hier jeden fertig aber wenn man mal selber fertig gemacht wird rastest du aus oder was in was fürna opfawelt lebst du du mistgestalt den ich kenne eine klatsche du fehler körperbau duuu !!!! [VNdbP] du affenfresse !!!! gezzz : deine mutterrr ! (isg, rs_1_b_zms, 2011-03-29, 13:01:23)

Das bedeutet jedoch keinesfalls, dass die vCMbP jeweils auch Diskursteilnehmer_in ist. Diese für die Bestimmung eines Gewaltbegriffs relevante Problematik wird in den Konstellationen, die hier herausgearbeitet werden, berücksichtigt.

Eine Evaluierung und Beschimpfung, wie sie im Beispiel 7-1 ersichtlich wird, ist ebenfalls nicht obligatorisch. Wir haben in Kap. 6 gesehen, dass sich bei verschleiernden Verfahren keinerlei Oberflächenmerkmale verbaler Gewalt finden lassen.

Konstellation 1: Cybermobbing auf real-sozialem Fundament
In sogenannten Hassgruppen wird die exklusive Gesprächssituation simuliert, die bei prototypischen Klatsch- und Lästerereignissen die Abwesenheit des Objekts voraussetzt. Hass-Gruppen sind planvoll angelegte virtuelle Kommunikationsräume für Cybermobbing-Handlungen, es handelt sich hierbei um geschlossene Gruppen innerhalb eines Sozialen Netzwerks. Den Zugang zur Kommunikation innerhalb dieser Gruppen erhält nur, wer vom/von der Gruppengründer_in eingeladen wird oder wem „Einlass" auf Anfrage gewährt wird.[203] Der erste Cybermobbing-Akt in solchen Fällen ist also die explizite – durch eine technische Funktion gestützte – Ausgrenzung der vom Cybermobbing betroffenen Person (siehe auch 7-2). Der Mobbingzweck lässt sich bereits an der Gruppenbezeichnung (typischerweise „XYZ-Hassgruppe", „XYZ-Lästergruppe", siehe u. a. Strauf (2013), aber auch „Fresse [VNdbP]" auf der ISG-Plattform) ablesen.

---

[203] Unter Zugänglichkeitsbeschränkung fasse ich die notwendige Einladung oder die explizite Zulassung durch einen/eine Administrator/in. Auch Social-Media-Freundschaften sind grundsätzlich zulassungsbeschränkt, weil der/die Profilinhaber/in in einer Liste über die Aufnahme in diese Liste entscheidet. Eine Anmeldung auf einer Sozialen-Netzwerk-Seite zähle ich hingegen nicht zu den Zulassungsbeschränkungen, weil sie prinzipiell jedem/jeder freisteht (siehe auch Siever 2015: 22).

Durch Ausgrenzung, so argumentieren Butler (1998) und Waldenfels (2000), kann einer Person der Status eines sprechenden Subjekts abgesprochen werden. Dieser jedoch stelle einen existenziellen Wesenszug von Menschen dar: „Als sprachliche Wesen sind wir in unserem Sein und für unser soziales Überleben auf die Anerkennung durch andere angewiesen", referiert Posselt mit Bezug auf Butler (2006: 9 f.).

> Sprachliche Gewalt bestände dann folglich darin, anderen diese Anerkennung zu verwehren, ihnen einen niedrigen sozialen Status zuzuweisen oder sie in ihrem sozialen Sein ganz zu beschädigen und sie damit in einem spezifischen Sinne sprach- und/oder stimmlos zu machen. In diesem Sinne wirkt sprachliche Gewalt niemals nur ‚direkt', sondern immer auch – und vielleicht vor allem – durch Indifferenz, Abwesenheit und Unterlassung. (Posselt 2011: 97)

Frappant an Hass-Gruppen ist nun, dass hier das Hinter-dem-Rücken-Reden 2.0 protokolliert und somit potenziell für die vCMbP rezipierbar gemacht wird. Es kann sich also über einen längeren Zeitraum ein Hetz- und Läster-Konglomerat konstituieren, das mit jedem neuen Beitrag das Verletzungspotenzial intensiviert. Seine Wirkmächtigkeit resultiert aus dem geballten Diskreditierungskonzentrat, mit dem sich die vCMbP früher oder später konfrontiert sieht. Der Schockmoment, in dem sich offenbart, wer, wie und wie lange am Cybermobbing-Prozess beteiligt war, dokumentiert keinen momentanen Zustand, sondern einen sich in der Retrospektive entschlüsselnden andauernden Vertrauensbruch und Vertrauensmissbrauch, der die Vergangenheit fragwürdig erscheinen lässt und der vCMbP die eigene Ohnmacht vor Augen führt. Das kann massive Auswirkungen auf die Gegenwart und die Einstellung der vCMbP zur Zukunft haben.

Als Beispiel sei hier eine SchülerVZ-Gruppe genannt, die unter dem Namen „[ViNdbP] Geschichten" in der Kategorie „Gemeinsame Interessen" vom Trainer einer Sportgruppe gegründet worden ist. Mit der Beschreibung 7-2 diktiert und paradoxerweise repliziert er quasi den Anlass (social occasion) für eine online avisierte und offline in gewisser Weise bereits existente Zusammenkunft (gathering im Goffmanschen (1971) Sinne).

7-2 Ob [VNdbP], [VNdbP], oder [VNdbP], sie sind doch immer für ne überraschung im negativen gut... man staunt immer wieder was da so abgeht.
(svz, nnsvmrk12i, 2007-05-09)

Indem der Gruppengründer die Namen von drei Familienmitgliedern nennt, steckt er den Referenzrahmen für alle avisierten Handlungen innerhalb der Gruppe genau ab. Dabei wird die Qualität der hier ironisch als *überraschung* bezeichneten Handlungen der betroffenen Personen auf negativ festgelegt. In der Formulierung *gut sein für etwas* ist die zweite Abwertung angelegt, die alle drei Personen als gegenständlich degradiert, die allenfalls zu minderwertigen, *negativen* Handlungen zu gebrauchen sind. Die Abgrenzung zu den drei betroffenen Personen wird graphisch durch drei Pünktchen markiert und bündelt sich sprachlich in dem Indefinitpronomen *man*, mit dem der Gruppengründer zwar auf sich selbst referiert, das sich aber aufgrund seiner offenen Bedeutungsstruktur ebenso auf ein potenzielle Gruppenmitglieder einschließendes *wir* beziehen lässt.[204] Mit der Anspielung auf Ereignisse (*was da so abgeht*), die nicht weiter ausgeführt werden (müssen), weil sie Bestandteil einer gemeinsamen Erfahrungswelt sind, revitalisiert der Produzent auch die kollektiven Gefühle, die das wiederholte (*immer wieder*) Beiwohnen befremdlicher und dennoch erheiternder Szenen ausgelöst haben mag (assoziiert durch das Verb *staunen*).

Die der Semantik des Verbs *staunen* inhärente Passivität fungiert gleichzeitig als Mittel dazu, die Distanz zu den namentlich genannten Protagonisten dieser Szenen hervorzuheben und die Out-Group zu konturieren. Mit dem ersten Beitrag (7-3) in der Gruppe „[ViNdbP] Geschichten" wird der erwünschte Inhalt skizziert. Zweck der Gruppe ist die ungehemmte Dokumentation, Archivierung und Präsentation der bereits antizipierten (*mal wieder*) Ereignisse (*tolle Sachen*), die zu kollektiver Belustigung führen (*was zum lachen*). Die klare Richtungsvorgabe wird mit einem Zwinkersmiley abgerundet, der als typisches Merkmal internetbasierter Kommunikation anstelle eines Satzendzeichens den soeben geschaffenen geschützten Raum für exklusive Beiträge öffnet und gleichzeitig die Möglichkeit, einen solchen geschützten Bereich zu generieren, honoriert. In der Zwinkergeste bündeln sich zusätzlich Vorfreude auf die erhofften Beiträge und die damit einhergehende gefühlt-geheime Verbrüderung mit anderen Gruppenmitgliedern.

7-3   gibt sicher immer wieder tolle sachen zu berichten, also wer mal wieder was zum lachen hat, einfach drauf losschreiben ;-) (svz, nnsvmrk10, 2007-05-09, 18:51)

Die Gruppe war an allen Schulen sichtbar und hatte 40 Mitglieder, davon beteiligten sich 23 aktiv am Cybermobbing. Diese Personen nutzten die Kommunikationsraumerweiterung zur Elaboration genau eines spezifischen Themas: die

---

204 Vgl. zum integrativen Wir-Bewusstsein König (1983), Popitz (1980), Keppler (1994).

Abneigung gegen eine Person innerhalb der Trainingsgruppe und deren Familie, so wie es in der Auftaktsequenz vom Trainer vorgegeben wird. Es handelt sich hier offenbar um ein Thema, über das offline nicht ungehemmt kommuniziert werden kann, deshalb wird es in einen separaten und geschützten Bereich verlagert, der den Mitgliedern der Gruppe zudem die Möglichkeit zur kreativen (multimodalen) Ausdrucksvielfalt bietet.

Der Zweck der Gruppe ist für alle Mitglieder bindend, sodass die Zugehörigkeit zur Offline-In-Group allein noch nicht zur Teilnahme qualifiziert. Das wird an einer Sequenz (Bsp. 7-4 nachfolgend angeführt) deutlich, in der eine Diskursteilnehmerin (A) aus der Gruppe exkludiert wird, obgleich sie offensichtlich Mitglied der Offline-In-Group[205] ist. Die Gruppe besteht zum Zeitpunkt, als A sich zum ersten Mal zu Wort meldet (7-4, Z.1 bis 4), bereits seit über sechs Wochen.

A sieht in den unmittelbar zuvor thematisierten Umzugsplänen der vCMbP eine Bedrohung für die Gruppe und attestiert ihr die bevorstehende Zwecklosigkeit. Darauf reagiert B mit dem Vorschlag eine neue Gruppe mit dem Titel „[A]-She's wayne but it's fun to diss her" zu gründen und streicht dabei noch einmal die Ziele einer solchen Gruppe heraus: *lästern* (Z.5) und *diss[en]* (Z.6, siehe auch D in Z.14). Damit ermahnt er A einerseits, diesen Zielen zu entsprechen und entzieht ihr gleichzeitig die Legitimation für eine kritische Stellungnahme, indem er sie als neues potenzielles Opfer avisiert. Diesen spielerischen Angriff versucht A abzuwehren und mit einer allerdings indirekten Drohung („Ich finde eine Menge Leute, mit denen ich eine Gruppe über Dich [B] gründen kann') rückzukoppeln, die durch den Gebrauch des Konjunktivs (*fänden*, Z.9), relativierender Gesprächspartikel (*naja*, Z.9) und dem Heckenausdruck *eigentlich* (Z.10) aber abgeschwächt wird. Damit zieht sich A selbst in eine Defensivposition zurück.

Das Quasi-Zitat eines gemeinsamen Lehrers dient dazu, ein für alle geltendes Bewertungsmuster (die Benotung) zu re-installieren, wobei A stellvertretend von der Autorität zu profitieren versucht, um ihren Rang zurückzuerobern. Dass der Beitrag geändert wurde, deutet darauf hin, dass er mit einer gewissen Sorgfalt und Reflexion verfasst worden ist. Im Beitrag von D wird das gegenseitige (nicht gegen die vCMbP gerichtete) Dissen hinterfragt und damit an den notwendigen Zusammenhalt der Gruppe appelliert. Um das Thema im Diskurs

---

[205] Das zeigt sich zum Beispiel an der Vertraulichkeit der Ansprache und daran, dass in Z.24 des Beispiels 7-4 auf gemeinsame Trainingseinheiten referiert wird (*öfter und länger in der schwimmhalle als du*).

zu re-stabilisieren, wird es von D inhaltlich um einen vorher im Diskurs nicht erwähnten Aspekt erweitert: die Angst vor der vCMbP (Z.16).

B greift Ds Appell zwar auf, indem er das A-Thema für beendet erklärt, nicht jedoch bevor er A noch einmal als *nass* (intensitätsverstärkend durch drei Ausrufezeichen, Z.17) beschimpft hat. Damit weist er sich selbst die Kontrollposition zu und unterstreicht seine Wirkmächtigkeit, die er zuvor durch die insgesamt höchste Anzahl an Beiträgen demonstriert hat. A versucht, diese Position noch einmal zu gefährden, indem sie noch einen weiteren Beitrag veröffentlicht und damit Bildschirmoberfläche für sich beansprucht, der aber bestehend aus einer resignierenden Floskel (Z.19), keinen Respekt bei den anderen erzeugt. Stattdessen wendet sich nun E direkt an A und missdeutet ihre Beiträge als Wunsch, zur Diskursfigur einer Hass-Gruppe zu avancieren (Z.20, 21). Mit dieser Umdeutung tadelt E, dass A sich bislang nicht adäquat, d. h. gruppenzweckmäßig verhalten hat. Er schlägt vor, für einen Gruppennamen B zu befragen (Z.22, 23), der bereits einen Gruppennamen vorgeschlagen hat (Z.6). Er ratifiziert damit Bs Status und solidarisiert sich gleichzeitig mit ihm. Durch die diminuitive Anrede in Kombination mit dem zwar Vertraulichkeit indizierenden, aber ironisch gebrauchten Lexem *lieblingsfreundin* (Z.20) wird A erneut degradiert. Des Weiteren wird ihr die Kompetenz, etwas brauchbares zur Gruppe beitragen zu können, explizit in Abrede gestellt (*hier werden über dinge geredet von denen du tatsächlich ma keine ahnung hast*, Z.25-26). Daraus folgt unweigerlich der unmissverständlich artikulierte Gruppenverweis: *Du solltestz die gruppe verlassen* (Z.25). In Klammern fügt D einen selbstgefälligen Kommentar ein, mit dem er sich sowohl den erfolgreichen Diss' als auch den wirksamen Gruppenverweis bescheinigt (*zwei fliegen mit einer klappe*, Z.28). A wird fortan geradezu ostentativ ausgeblendet. D adressiert nun B direkt (indiziert mit einem hier versehentlich als *q* realisierten @, das auf der Windowstastatur dieselbe Taste belegt) und bestärkt diesen inhaltlich. Diese Bestärkung wird durch das iterierte *o* in *sooooooooooooooooo* (Z.29) auch formal an der sprachlichen Oberfläche sichtbar und durch die partielle Rekurrenz (Z.30), die eine Steigerung von *nass* (Z.17) zu *obänass* (Z.30) markiert, sogar verstärkt. D honoriert Bs Vorgehen ausdrücklich, geht aber zweifach darüber hinaus, indem er den Gruppenverweis expliziert und die von B in den Diskurs eingeführte Attribuierung für A steigert. Dennoch gefährdet er Bs Status nicht, weil er ihn als Experten in seinen Beitrag integriert (Z.22), im Einvernehmen mit ihm handelt und ihm schließlich direkt beipflichtet. A veröffentlicht im weiteren Verlauf keinen Beitrag mehr.

7-4 svz, nnsv, 2007-06-18, 22:02 bis 2007-06-19, 18:25, Z.12
                 2007-06-18
01   20:22   A   macht ihr euch denn keine Sorgen um die Gruppe, wenn es keine neuen

02			geschichten mehr gibt, dann ist die Gruppe auch sinnlos... Schon mal dran
03			gedacht? Obwohl die Freude wahrscheinlich überwiegt... Naja... greetz an
04			euch alle
05	22:05	B	Dann machen wir eine über dich, da gibt's auch genug zu lästern...
05			Die heißt dann...
06			[A]-She`s wayne but it`s fun to diss her!!!
07	22:26	C	die gruppe wird nicht zugemacht, denn der [NNdbP]-clan zieht ja nicht
08			weg... sonder will ja nur zu empor wechseln^^
			2007-06-19
09	06:23	A	Naja [B] bei einer Gruppe über dich fänden sich sicher auch ne Menge Leu-
10			te... und eigentlich geht es hier auch nicht um mich als Herr schmidt würde
11			jetzt sagen: Thema verfehlt, 0 Punkte
12			**zuletzt geändert am 19.6.2007 um 6:23 Uhr**
13	13:14	D	wayne was labbert ihr eigentlich
14			warum disst ihr euch eigentlich gegenseitig wenn es um [Initialen dbP] geht
15			naja [VNdbP] sitzt grade ganz dich bei mir in der bibo und ich habe angst
16			!!!!!!!!!! hoffe es geht bald vorbei der unterricht ist vollschlimm
17	13:37	B	[A] du bist nass!!!
18			So das solls zu dem Thema gewesen sein!
19	16:54	A	Hauptsache du hast das letzte Wort...
20	18:25	E	hey [Kosename A] meine lieblingsfreundin willst du dich mal wieder in den
21			mittelpunkt stellen warte wir gründen schnell ne gruppe für dich. doch wie
22			soll sie heißen? Frag [B] der hat bestimmt gute ideen was den gruppenna-
23			men angeht. Kennst du die [NNdbP] überhaupt [Kosename A]? Sie sind zwar
24			öfter und länger in der schwimmhalle als du aba hey. Du solltest die grup-
25			pe verlassen hier werden über dinge geredet von denen du tatsächlich ma
26			keine ahnung hast auch wenn du sonst natürlich alles weißt.
27			(zwei fliegen mit einer klappe würd ich sagen)
28			q [B] du hast ja soooooooooooooooo recht wie hast du so schön geschrieben
29			obänass, trifft hier völlig zu

Eine Regel, die für die Interaktion in Hassgruppen gilt, wäre entsprechend die rege Teilnahme an der Diskreditierung. Damit soll ein kohärenter und vor allen Dingen konsensualer Verlauf sichergestellt werden. Die Hassgruppe ist damit als erweiterter Interaktionsraum auf ein Thema festgelegt, von dem nicht abgewichen werden darf, vgl. hingegen Kleinke (2007: 332), die in der gewaltgeladenen Forenkommunikation keine direkten Mechanismen der Themenkontrolle feststellen kann.

Eine themenoffene In-Group-Kommunikation ist in Hassgruppen nicht vorgesehen und wird durch Exklusion geahndet. Statusverhandlungen setzen erst dann ein, wenn sich Interagierende nicht an diese Regel halten. Das heißt, dass die Gefahr sozialer Isolation nicht – wie Kleinke (2007: 332) es formuliert – besteht, wenn Personen aktiv und offen an der gemeinschaftlichen Diskreditierung partizipieren, sondern gerade dann, wenn sie sich dem verweigern. Es erfolgt also eine kontinuierliche Rückbesinnung auf den Gruppenzweck, die notfalls eine Abgrenzung von der real-sozialen Peergroup notwendig macht. Gleichzeitig werden aber auch Personen zugelassen, die nicht (mehr) Mitglied der Peer-Group sind.

In einem anderen Cybermobbing-Fall thematisiert die kommentierende Person, dass sie offline zumindest institutionell nicht (mehr) an die Gruppe angebunden ist, weil sie eine Schule an einem anderen Ort besucht und entsprechend auch nicht Zeuge des Auslöser-Ereignisses sein konnte (7-5). In den Cybermobbing-Prozess kann sie sich jedoch ohne Probleme einbinden und aktiv (mit sieben Kommentaren) zur Gruppenkommunikation beitragen.

7-5 Oo ooooh goooott hahahhaahhahhahaahahahahhaaaaaaaaaaaaaaaaaaaaaaaaaaaaaa :D schade dass ich nicht mehr bei euch bin, ich hätte mir das nur zu gerne angeguckt :D (fb, nnfbwnb07, 2013)

Hassgruppen versinnbildlichen den sogenannten Echokammern-Mechanismus, der das Web2.0 durchzieht (Sunstein 2001) und für Interessensgruppen stabilisierend wirkt – im Positiven wie im Negativen (vgl. zu Prozessen der Emotionsverbreitung in Sozialen Netzwerken Hill et al. 2010 und Kap. 8). Die Etablierung der Echokammern (auch als „Filterblase" (Brodnig 2016: 222) oder „Digitale Abschottung" (Brodnig 2016: 21) bezeichnet) basiert auf Prinzipien, die in der Kognitionspsychologie seit den 1960er Jahren als „preserverance of beliefs, hypothesis preservation and confirmation bias" (Klayman 1995: 385) in Entscheidungsfindungsprozessen diskutiert werden. An Entfreundungstaktiken, wie in 7-6 erörtert, lässt sich nachvollziehen, dass Nutzer_innen aktiv von der Möglichkeit Gebrauch machen, einen digitalen Wohlfühlraum für sich zu kreieren, der klar im Kontrast zur realen Welt steht, in der die Diversität der Überzeugungen ausgehalten werden muss und der dennoch Menschen integriert, die real existieren. Dabei scheint der Anspruch an das Harmonielevel innerhalb dieses Raums nicht auf die politische Einstellung beschränkt zu sein, siehe *Nein, es war nicht einmal eine politische Meinung* (Z.16) und vgl. das für die Netzwerkbildung zentrale soziologische Phänomen der Homophilie (Lazarsfeld/Merton 1954).

7-6 fb, str, 2015-05-24, 23:52 bis 2015-05-25, 6:14
      2015-05-24
01 23:52 eon Mich hat gestern jemand auf Facebook entfreundet und auf   110L 2T
02   Twitter entfolgt, direkt nachdem ich woanders in einer
03   Diskussion nicht ihrer Meinung gewesen war. Ich habe es
04   nur zufällig gesehen. Ich stellte mir daraufhin vor, wie es

05			ist, nur noch Kontakte zu haben, mit denen man immer	
06			einer Meinung ist. Wahrscheinlich wäre es sehr harmo-	
07			nisch. Und sehr still. Mit den beiden.	
08	23:54	eol	Manche Leute hören in ihrer Echokammer gerne das unver-	1L
09			fälschte eigene Echo, andere haben keine solchen Vogel	
10			„smile"-	
11	23:58	eez	Kommt immer drauf an, oder? Ich hab auch schon Leute	7L
12			entfreundet, mit denen ich nicht einer Meinung war. Aber	
13			eher, weil ich solche Meinung wie deren nicht in meinem	
14			Umfeld haben will... So schlimm wirst du aber nicht sein,	
15			schätze ich [Zwinker-E.]	
16	23:59	eon	Nein, es war nicht einmal eine politische Meinung.	2L
			2015-05-25	
17	00:00	eon	Eez, du weißt doch: Ich bin immer voll nett und politisch	3L
18			total korrekt. Höhö.	
19	00:04	ucr	Tja. Manche können selber extrem gut austeilen - aber nix	5L
20			einstecken. Nicht mal eine abweichende Meinung. [Zwin-	
			ker-E.]	
21	00:14	eon	Ucr tja	
22	00:31	hru	Früher konntest Du mit Freunden unterschiedlicher Mei-	2L
23			nung sein. Jetzt musst Du Dich entscheiden. Gleiche Mei-	
24			nung oder Feind.	
25	00:55	uof	Das ist das Schicksal derer, die nicht nur eine Meinung	2L
26			haben, sondern auch fähig sind, sie auszudrücken. [Smile-Emoticon]	
27	06:14	arr	Ich bin gestern "entfolgt" worden, weil ich in einem Post	3L
28			jemand falsches verlinkt (und kritisch kommentiert) habe.	
29			Das hat man mir dann noch mit einem einseitigen offenen	
30			Brief erklärt. Zitat: "Du hast X verlinkt und ich folge nie-	
31			mandem auf sozialen Medien, der X verlinkt." Das Internet	
32			ist voller Wunder [Smile-Emoticon]	

Diese Strategie ist nun auf die Akzeptanz von vermittelten Inhalten, insbesondere von Falschmeldungen und Gerüchten, übertragbar, wie DelVicario et al. (2015: 559) in einer quantitativen Analyse von Facebook-Seiten nachweisen konnten:

> users mostly tend to select and share content related to a specific narrative and to ignore the rest. In particular, we show that social homogeneity is the primary driver of content diffusion, and one frequent result is the formation of homogeneous, polarized clusters. Most of the times the information is taken by a friend having the same profile (polarization)–i.e., belonging to the same echo chamber.

In Hassgruppen machen sich Initiator_inn/en diesen Effekt zunutze, um Lügen zu kolportieren und in reiterativer Praxis zu verifizieren.

Eine existenzielle Gefährdung für die Gruppe ergibt sich in dem Moment, in dem die vCMbP versucht, die Zulassungsbeschränkung zu überwinden (Bsp. 7-7, Z.2 und Z.12,13). In der Schlusssequenz der Hassgruppen-Interaktion werden die Gruppenmitglieder von J (intensiviert durch fünf Ausrufezeichen) darüber in Kenntnis gesetzt, dass sich die vCMbP auf der Sozialen-Netzwerk-Seite registriert hat. Diese Information ist für den Gruppengründer C nicht neu, er erzählt, dass er bereits eine Anfrage von der vCMbP erhalten hat, zu der Gruppe zugelassen zu werden und – feixend *(*sfg*, Z.3)*[206] – abgelehnt hat.

In dieser konkreten Situation hat er die Macht, die er sich selbst durch die Gruppengründung zugewiesen hat, aktiv ausgespielt. Er dokumentiert diesen Vorgang nun – die Feststellung von J zum Anlass nehmend –, um allen Gruppenmitgliedern ein Gefühl der Sicherheit zu vermitteln und signalisiert damit, dass er die Verantwortung, die er als Initiator der Gruppe übernommen hat, auch ernst nimmt. Dennoch wird die mögliche Gefährdung der Gruppe weiter thematisiert, so überlegt K, die ihren ersten Beitrag in der Gruppe postet, wer eine Einladung ausgesprochen haben könnte. L (die sich ebenfalls zum ersten Mal überhaupt zu Wort meldet) antwortet K direkt (@ Z.5) und leitet ihr Eingeständnis mit einer Entschuldigung ein. Sie bezieht sich hierbei allerdings nicht auf eine Einladung in die Gruppe, sondern auf eine Einladung in das Netzwerk SVZ, zu dem man nur Zugang erhielt, wenn man eingeladen wurde. Ihr Handeln wird durch die Angabe von zwei Gründen (*Das is aber schon ewig her*; *da gabs diese gruppe noch nich* Z.7) als nicht gruppengefährdend gerahmt. Zusätzlich hebt sie (zwar reduktionistisch und deshalb über eine Implikatur zu erschließen) das Motiv für die Einladung noch einmal hervor: Das SVZ sollte belebt werden. L demonstriert ihre Loyalität gegenüber der Gruppe also dreifach: 1. Indem sie ehrlich zugibt, dass sie – wahrscheinlich im Zuge einer ganzen Reihe von Einladungen – auch eine Einladung an die vCMbP geschickt haben könnte, 2. durch die Angabe von zwei Fakten, an denen sich klar ablesen lässt, dass sie die Gruppe nicht gefährdet haben konnte, 3. durch die Verbalisierung eines nachvollziehbaren Handlungsmotivs.

In einem zweiten Schritt nun antizipiert sie eine Sanktion durch die Gruppenmitglieder, indem sie sich präventiv selbst extra-positioniert und das zugleich ironisiert – markiert durch Grinsen symbolisierende Augenbrauen am Satzende: *So, und wer mich jetz deswegen runtermachen will, kann das meinetwegen tun* (Z.9). Gleichzeitig signalisiert sie mit diesem Schritt Zweifel an der Loyalität der anderen Gruppenmitglieder. Diese wird jedoch durch die salopp-

---

[206] **sfg** steht für „sehr frech grins[end]"

vertrauliche in Banter-Funktion verwendete Negativ-Evaluation *man du bist ja nass* (Z.10) des sehr aktiven Gruppenmitglieds D ratifiziert, der direkt im Anschluss das Gruppenthema wieder aufruft: *und [VNdbP] is einfach nur krank* (Z.11).

Eine Re-Installation des Themas gelingt ihm jedoch nicht, weil im darauf folgenden Beitrag nun auch der Gruppengründer C zur Vorsicht mahnt und möglichen Verräter_inne/n Konsequenzen androht, wobei er hierfür einen laxen Stil wählt (*gibbet beule*, Z.13) und die Drohung dadurch und durch die Grinsen symbolisierenden Augenbrauen entschärft.

Ironischerweise werden im finalen Beitrag der Gruppe nicht nur Maulwurfgrabgeräusche (Eingrabgeräusche) imitiert (durch den Inflektiv *grab*, Z.15), sondern die Gruppe wird auch durch das homophone und letztlich auch homographisch realisierte *Grab* (Z.15) sprichwörtlich begraben oder besser: zu Grabe getragen. Zu diesem Zeitpunkt war die Neugründung einer anderen Gruppe bereits erfolgt.

7-7 svz, nnsv, 2007-06-26, 19:12 bis 2007-06-27, 18:56
                2007-06-26
01   19:12 J   [VNdbP] is jetz auch hier im VZ!!!!!
02   21:13 C   jop, und er wollte doch glatt in die gruppe eintreten, hmm... schade ich
03   musste ich leider ablehnen *sfg*
                2007-06-27
04   16:38 K   mich intressiert wer ihn eingeladen hat
05   17:41 L   @[K]
06   es tut mir ja leid, aber ich glaub das kann ich gewesen sein...
07   Das is aber schon ewig her, da gabs diese gruppe noch nich und da hatte
08   das svz gerade ma 70 mitglieder... So, und wer mich jetz deswegen runter-
09   machen will, kann das meinetwegen tun^^
10   18:38 D   man du bist ja nass
11   und[VNdbP] is einfach nur krank
12   18:51 C   vorsicht [NNdbP]wollen rausbekomen was hier in der gruppe so abgeht,
13   also wenn ich hier ein maulwurf erwische gibbet beule ^^
14   18:56 M   ahmmmmmmmmmmm
15   grab... Grab....^^

Konstellation 2: Cybermobbing in hypothetisch real-sozialer Relation (ISG)
Auf der Plattform IShareGossip, auf der alle Teilnehmer_innen anonym agierten, lassen sich Beispiele finden, anhand derer die Kommunikationsteilnehmer_innen Rückschlüsse auf die Offline-Identität einzelner Teilnehmer_innen und die real-soziale Beziehung der jeweiligen Interaktant_inn/en zur vom Cybermobbing betroffenen Person (vCMbP) ziehen können. In (7-8) etwa wird die vCMbP als *gute freundin* bezeichnet, in (7-9) vertraulich mit dem Kosenamen

maus angeredet. Damit soll nicht nur die Nähe zur vom Cybermobbing betroffenen Person signalisiert werden, die dem liebevollen Kosenamen inhärente Aufwertung wird dabei auch dem pejorativen Schlampen-Vorwurf entgegengesetzt, um zumindest eine Neutralisierung in den Bewertungskategorien zu erreichen.

7-8 man ihr habt alle keinen ahnung ihr scheiß kinder
ihr wisst gar nicht was [VNdbP] für eine gute freundin ist also haltet alle eure fresse. das geht euch alle sowieso nichts an was sie macht also schnauze (isg, g_1_b_sco, 2011-01-21, 20:49:13)

7-9 lass dich doch nicht prvozieren man , maus die hälte der leute die dich als schampe bezeichnen haben vlt 3 worte mit dir gewechselt . [...] (isg, g_1_b_sco, 2011-01-22, 11:03:06)

In 7-10 wird die Beziehung zur vCMbP als *nicht krass dicke* charakterisiert, gleichzeitig wird der Person in direkter Adressierung aufmunternd eine breites Grinsen und ein Herz-Emoticon gewidmet, sodass auch hier davon auszugehen ist, dass eine Offline-Bekanntschaft besteht.

7-10 ich bin nicht krass dicke mit [VNdbP] aber ich finde es gibt definitv andere Leute die als schlampe bezeichnet werden sollten (also, nicht das man das machen sollte) also, pst jetzt! [VNdbP], to ja :D ♥ (isg, g_1_b_sco, 2011-01-23, 11:42:38)

Insgesamt ist für die Plattform IShareGossip zu vermuten, dass die Interaktant_inn/en jeweils der erweiterten Peergroup angehörten und auch in dieser Annahme miteinander kommunizierten. Strukturell war die Plattform so angelegt, dass der innerschulische Austausch fokussiert werden konnte. Somit musste die Bezeichnung des kommunikativen Raums (Ort und Name der Schule), in dem sie sich bewegten, als einzig verlässliche Angabe gelten. Die an der Interaktion Beteiligten agierten also in der Annahme, sich in einem erweiterten Kommunikationsraum ihrer Schule zu befinden (vgl. Kap. 3.5). Damit wurde der Raum möglicher am Diskurs partizipierender Personen zumindest konzeptuell eingegrenzt,[207] blieb aber dennoch diffus, weil die Teilnehmenden einander

---

[207] Durch die Struktur der Seite wurde der innerschulische Austausch fokussiert, dennoch waren alle Schulen in verschiedenen Städten frei anwählbar. In den Daten finden sich Teildiskurse, in denen zwei Schulen aus einer Stadt gegeneinander agierten, und Belege dafür, dass das Geschehen auf anderen Schulseiten registriert und kommentiert wurde.

nicht identifizieren konnten (es sei denn, sie waren bei der Eingabe am Rechner oder Mobiltelefon kopräsent) und somit die Basis einer stabilen In-Group fehlte (vgl. Lenke/Schmitz 1995, Schütte 2002b). Die real-sozialen Beziehungen waren selbst für die Teilnehmer_inn/en nicht hinreichend zu ermitteln. Es ergab sich also ein Spannungsfeld hinsichtlich bestehender Offline-Gruppen und der sich konstituierenden Online-Koalitionen. Für die Kommunikationsteilnehmer_innen war beispielsweise nicht klar, ob sie möglicherweise gerade gegen ein Mitglied der eigenen Peergroup agierten.

Asymmetrie bestand nicht nur zwischen der als Diskursthema instanziierten vCMbP (Diskursfigur, dazu Kap. 6), für die es eine Entsprechung in der realen Lebenswelt gab, und den in der Diskurswelt Interagierenden, für die eine Entsprechung in der realen Lebenswelt anzunehmen, aber kaum zu bestimmen war. Aufgrund der fehlenden Identifikationsparameter gestaltete sich darüberhinaus auch die gesamte Kommunikationssituation als asymmetrisch (dazu auch Marx 2015b: 126). In Anlehnung an Luginbühl (1999: 88 f.) kann hier von einer Ausprägung formal-verbaler Gewalt[208] gesprochen werden, die sich a) darin zeigt, dass die Interaktionsmöglichkeiten für alle Interagierenden beschnitten werden (besonders natürlich auch in Konstellation 1), was vehement eingeklagt wird (siehe dazu den unmittelbar folgenden Abschnitt), und b) darin, dass diese Gegebenheit von Initiator_inn/en konsequent ausgespielt wird, indem sie – sich auf den Schutz der Anonymität berufend – aktiv gegen Höflichkeitsregeln verstoßen und die Kontrolle über die Interaktion beanspruchen.

Im Unterschied zur Konstellation 1 ist diese Konstellation also weniger geschlossen. Dabei steht die Anonymität der Ausbildung von Echokammern entgegen.

Thematisierung des Bekanntheitsgrads
Die asymmetrische Interaktionssituation wird von den Teilnehmer_inne/n vielfach thematisiert, was hier als Ausdruck dafür gewertet wird, dass sie sich unsicher sind und in ihrer Diskursfähigkeit eingeschränkt sehen und bemüht sind, eine symmetrische Kommunikationssituation herzustellen. Der Frage, wer mit

---

208 Luginbühl (1999: 88 f.) fasst unter ‚formale Gewalt' die Einschränkung der Redezeit, aber auch das Überschreien und Nachäffen, ‚inhaltliche Gewalt' hingegen stellen Äußerungen dar, die das „Opfer durch den semantischen Gehalt von Äusserungen in bezug auf Themenwahl, Selbstdarstellung etc." einschränken. Es ist leicht nachvollziehbar, dass es für Unterbrechungen kein Äquivalent in der internetbasierten Kommunikation gibt. Andere Ausprägungen formaler Gewalt werden aber auch online umgesetzt, wie ich in diesem Kapitel zeige.

wem interagiert, wird mit unterschiedlicher Intensität und skalarer Vehemenz nachgegangen.

Die Diskursteilnehmer_innen **formulieren** ganz offen **Fragen** (7-11) und **stellen Vermutungen** darüber **an**, wer die Autor_inn/en der Beiträge sind (7-12 und 7-13) und welche Motive zur Veröffentlichung geführt haben (7-14).

7-11   ey wer ist das mit der taschenlampke[209] (isg, ses_1_b_ksf, 2011-01-19, 19:42:24)

7-12   kanns sein das die letzten kommentare hauptsächlich von mädchen geschrieben wurden (isg, ses_1_b_ksf, 2011-01-19, 17:37:54)

7-13   kann es sein das nur die schüler aus den 9ten so hobby los sind und hier was reinschreiben??? :D (isg, ses_1_b_ksf, 2011-01-19, 20:34:34)

7-14   hahaha.. bestimmt einer der sie nicht bekommen hat :D (isg, st0_1_hg_00, 2011-01-17, 20:47:47)

Ein Ansatz ist, mit gutem Beispiel voranzugehen und die **eigene Identität offenzulegen**, wie das in 7-15 geschieht. Die mutmaßliche[210] Diskursteilnehmerin sieht sich dazu jedoch veranlasst, weil sie den Verdacht, einen anderen Beitrag verfasst zu haben, von sich zu weisen versucht. In den Beispielen 7-16 und 7-18 wird zwar mit der Identitätspreisgabe kokettiert, das jeweilige deiktische ich wird jedoch nicht referenziell aufgefüllt.

7-15   Mädchen, es gibt so viele Kinder auf dieser Welt, die das geschrieben haben könnte, also müsst ihr mir das nicht unterstellen... Ihr seid so Kindergarten, warum sollte ich mir die Mühe machen, so lange was für euch

---

[209] Eine oder mehrere Personen verwiesen in diesem Cybermobbingdiskurs mehrfach auf eine Taschenlampe, was humorvoll anerkennend (19:18:24 *TASCHENLAMPE RULES !!!*, 19:42:16: *hahaha taschenlampe ist geil :P*) und kritisch (19:55:19: *a ok kauf dir ne taschenlampe und fertig langsam stresst es wirklich <3<3<3*) kommentiert und im Diskurs elaboriert wurde (19:25:32: *HAHAHAHAHAHAHAHAHA ! naja taschenlampen sind schon cool*, 19:44:54: *TASCHENLAMPE FOR PRESIDENT !!!!!!!!!!!!!!!!!!!!!!!!!!*, 20:03:14: *meine TASCHENKLAMPE HAT NEN GEILENM ARSCH*).
[210] Hier wurde zwar mit einem weiblichen Vornamen unterzeichnet. Dass die Textreferentin mit der real-existierenden Referentin identisch ist, bleibt aber aufgrund der Anonymität der Seite hypothetisch.

zu schreiben ? Pff -.- Gez : [Vorname]! (isg_g_1_ffm_bs, 2011-01-17, 17:44:20)

7-16 nein das mit dem mädchen hab ich geschrieben ich will nicht mit so einem verwechselt werden! (isg, g_1_b_wr, 2011-01-17, 15:09:10)

Das Beispiel 7-17 zeigt eine mono-thematische Folge direkter **Aufforderungen** zur Identitätspreisgabe, wobei die Interagierenden die Schuldigkeit bei/m/der jeweils anderen Diskursteilnehmer_in sehen, diese Analogie wird durch die quotative Wiederaufnahme der Aufforderung postuliert (*verrat uns doch deinen namen* in Z.1 und *verrat du doch deinen namen* in Z.4 und partiell rekurrierend *sag du uns doch deinen namen* in Z.7). Mit Beschimpfungen wie *Spasten* (Z.12), *bastarde, hurensohn* (7-20), *BEFICKTE SCHEISS KINDER* (Z.5) sowie *WICHTIGTUERISCHE PENNER* (Z.6) wird eine Rekalibrierung der Hierarchien angestrebt. Indem sie sich das Recht zur Denunziation nehmen, erhöhen die Diskursteilnehmer_innen ihre Diskursposition gegenüber anderen Interagierenden. Die Expressivität der Beiträge – in Z. 5,6 und 12,13 durch den Gebrauch von Majuskeln[211] sogar noch verstärkt – gibt aber auch einen Hinweis darauf, wie hilflos sich die Interagierenden in der Kommunikationssituation fühlen.

7-17 isg, g_1_b_sco, 2011-01-21, 20:28:09 bis 20:43:46

01	20:28:09	verrat uns doch deinen namen du doch so gute freundin von [NdbP] die
02		es fürs normalste verhalten hält in unterwäsche oder weniger vor der
03		cam zu stehen
04	20:30:35	verrat du doch deinen namen, wär diese gerüchte unterstützt?!
05	20:34:31	MAN IHR BEFICKTEN SCHEISS KINDER SCHREIBT EURE NAMEN UNTER
06		EURE POSTS IHR WICHTIGTUERISCHEN PENNER
07	20:36:36	ja man, sag du uns doch deinen namen wenn dus besser weißt
08		gehst du im schwimmband mit ganzkörperanzug?
09	20:36:38	wer fühlt sich dnen da jetz angegriffen? :)
10	20:36:52	hahaha
11	20:41:14	oh wer schweigt denn da jetzt
12	20:43:46	Sagt mal eure Namen ihr Spasten ...IHR HABT ECHT KEEEEIN LEEBEEE-
13		EEN!

Indem sich die Urheberin als einzige heraushebt, *diie siich traut ihren namen zu sagen* (7-18), unternimmt sie den indirekten Versuch, all diejenigen, die ihren

---

[211] Großbuchstabierungen werden in der internetbasierten Kommunikation mit dem Ausdruck von WUT und ÄRGER (Marx/Weidacher 2014: 147) aber auch mit deutlich erhöhter Lautstärke assoziiert (Hess-Lüttich/Wilde 2003).

Namen nicht nennen, **als feige** zu **kategorisieren**. Die Verfasserin in diesem Beitrag belässt es allerdings hier bei der bloßen Ankündigung der Identitätspreisgabe, statuiert also selbst nur ein Exempel für den Anlass ihrer Anklage. Die Konzeptualisierung ANONYMITÄT ALS FEIGHEIT findet sich aber sprachlich verschiedentlich realisiert in jedem ISG-Verlauf. So wird die Preisgabe der Identität konditional an die Eigenschaft Mut angebunden (*wenn ihr eier habt*, 7-19). In 7-20 wird das anonyme Agieren gar mit dem Konzept der EHRLOSIGKEIT (*ehrenlos*) verknüpft und damit als Verstoß gegen ein Gebot zwischenmenschlicher Kommunikation (dazu Meier 2007: 32) kritisiert.

7-18   lol ich finds witzig das ich die einzige bin diie siich traut ihren namen zu sagen. Wenn ihr habt doch alle nur so lang ne große klappe so lang hr anonym bleibt.. (isg_g_1_ffm_gg, 2011-01-17, 21:36:31)

7-19   wenn ihr eier habt sagt ihr [VNdbP] persönlich wenn ihr was gegen sie habt.. nicht so anonym alta! :@ (isg, ses_1_b_ksf, 2011-01-19, 20:22:23)

7-20   ich fick euch sagt doch vor meine fresse ihr bastarde ehrenlos wallah wenn ich weiß wer du bit dann bist du gefickt aber ritchg du hurensohn gez [VNdbP] (dein Vater) (isg, rs_1_b_zms, 2011-03-29, 14:51:44)

Die Belege 7-21 und 7-22 zeigen, dass die Interaktant_inn/en die Aufforderungen zur Identitätspreisgabe nicht einfach ignorieren, stattdessen verweisen sie auf die Konzeption des Interaktionsraums (*wäre nicht der sinn der anonymität der seite :D* 7-21). In 7-22 wird durch die sarkastische, scheinbare Zustimmung (*haha klar*) und den überzogenen Vorschlag, Posts mit Widmungen zu versehen, Bewusstsein für die Brisanz des ISG-Diskurses signalisiert und die Forderung nach der Identitätspreisgabe als absurd evaluiert, vgl. auch Kap. 6 und Balsliemke (2016) zum metasprachlichen Reflexionsvermögen Jugendlicher. Belletristische und wissenschaftliche Werke, die Anlass zu Widmungen als Ausdruck persönlicher Zuneigung bieten, werden damit den heiklen auf ISG veröffentlichten Beiträgen diametral entgegengesetzt. Mit der Erkenntnis *dann wärs ja noch schöner!* wird die potenzierte Demütigung antizipiert, die durch eine (scheinbar) wertschätzende Mitteilung in Verbindung mit einer Degradierung einherginge. Abzulesen ist hier auch, dass der/die Verfasser_in die Auswirkungen erahnt, die eine Identitätspreisgabe für die Offline-Gruppenkonstellation hätte, etwa die Bedrohung real-sozialer Beziehungen.

7-21 doch hab ich aber wenn ich den sage weißt du ja gleich wer ich bin & das wäre nicht der sinn der anonymität der seite :D (isg_g+rs_1_ks_sta, 2011-01-21, 23:43:27)

7-22 haha klar..vielleicht sollten auch alle die was posten ne widmung drunter schreiben! dann wärs ja noch schöner! [...] (isg, st0_1_hg_00, 2011-01-17, 20:45:48)

In der Strategie, der Aufforderung nach Identitätspreisgabe scheinbar zu entsprechen, zeigt sich ein neuer Ansatzpunkt für Verleumdungen nämlich dann, wenn Interaktant_inn/en Fremdzuschreibungen vornehmen, wie in 7-23. Dass es sich tatsächlich um eine Fremdzuschreibung handelt, kann innerhalb des Diskursverlaufs gar nicht eruiert werden, selbst wenn sich die beiden Mädchen in einem anderen Beitrag deutlich konträr positionieren. Das vorliegende Muster AUTOR_INN/EN-IDENTIFIKATION + BELEIDIGUNG ist allerdings gerade für den auf Anonymität basierenden ISG-Diskurs ungewöhnlich und lässt den Beitrag daher unglaubwürdig erscheinen. Dies wird im hier vorliegenden Beispiel von einer offenbar dritten Person in einem Folgebeitrag aufgegriffen, indem sie den durch die Äußerung 7-23 generierten Verdacht – optisch durch Majuskeln hervorgehoben – relativiert (*BSTIMMT [N]ICHT*) (7-24).

7-23 wir sind [Vorname eines Mädchens] und [Vorname eines Mädchens], [VNdbP] IST NE SAU. (isg, ses_1_b_ksf, 2011-01-19, 20:24:17)

7-24 EY HETZT MAL NICH DAS HABEN [Vorname eines Mädchens] UND [Vorname eines Mädchens] BSTIMMT ICHT GESCHRIEBEN (isg, ses_1_b_ksf, 2011-01-19, 20:25:38)

An Beleg 7-25 ist nachzuvollziehen, dass die Interagierenden es als große Belastung empfanden, sich und andere nicht authentifizieren zu können. Um die Verunsicherung abzubauen, schlägt diese/r Diskursteilnehmer_in vor, den auf ISG geposteten Beitrag auch auf Facebook zu veröffentlichen. Andere Diskursteilnehmer_innen wichen auf Instant Messenger aus.

7-25 woher will man glauben dass hier [Vorname, Nachname] geschrieben hat? Naja, eogentlich hast du ja recht, man kann sich da nicht sicher sein. Weißt du, ich poste einfach bei FB in meinem Status dass ich es war, ich glaube besser kann man es nicht beweisen ;) (isg, g_1_b_sco, 2011-01-19, 21:47:59)

Konstellation 3: Cybermobbing in medial-sozialer Nähe und Distanz
Der Diskurs auf der anonymen Cybermobbing-Plattform richtete sich nicht ausschließlich unidirektional gegen eine Person, das zeigten schon die oben zitierten Beispiele 7-8 bis 7-10. Weil die real-soziale Beziehungsebene für die Interagierenden kaum zu rekonstruieren war, orientierten sie sich einzig an Textankern[212], um sich inhaltlich zu positionieren.

Bei Shitstorms (z. B. auf Facebook), bei denen weitestgehend Profilidentitäten interagieren, deren Urheber_innen ihre bürgerliche Identität oder einen anderen auffindbaren Namen offenlegen, geben die jeweiligen Freundeslisten Auskunft darüber, ob eine Online-Verbindung zwischen den Interagierenden besteht.[213]

Exemplarisch sei hier ein Shitstorm gegen die Kabarettistin Carolin Kebekus (CK) in Reaktion auf ihren Auftritt mit einer Parodie des Helene-Fischer-Schlagers „Atemlos" bei der Verleihung des Deutschen Comedy-Preises 2014 betrachtet, siehe auch Marx (i. Dr.). Von insgesamt 827 Kommentaren auf Kebekus' Facebook-Profil-Seite zum Thema waren 219 Kommentare Empfehlungen an in den jeweiligen Freundeslisten gespeicherte Profilidentitäten. Diese wurden schlicht durch das unkommentierte Verlinken mit dem Namen einer auf der Freundesliste stehenden Person realisiert. In weiteren 15 Kommentaren wurde die Videoaufzeichnung des Auftritts über die technische Funktion der Adressierung hinaus explizit verbalisiert empfohlen, so wie beispielsweise ban an tar (7-26):

7-26   ban tar, guck mal, wieder watt für Dir (fb, ban, 2014-10-27, 1Like)

Der inhaltliche „Austausch" (und damit potenziell auch verbale Gewalt oder auch: inhaltlich-verbale Gewalt im Luginbühlschen (1999) Sinne) erfolgt jedoch im Rahmen von Shitstorms zwischen Profilidentitäten, die nicht auf den gegenseitigen Freundeslisten erscheinen.

---

212 Nur sehr vereinzelt wurden diese mit Bildern erweitert.
213 Ob diese Verbindung eine real-soziale Basis hat oder zustande gekommen ist, weil beide Profilidentitäten eine Übereinstimmung ideeller Werte festgestellt und sich deshalb in einem Sozialen Online-Netzwerk angefreundet haben, ist Gegenstand umfangreicher digital-ethnographischer Untersuchungen (dazu Kap. 3.4).

Konstellation 4: Cybermobbing in Anonymität
Für anonyme Interaktionsteilnehmer_innen kann die real-soziale Beziehung zu anderen Interaktionsteilnehmer_innen gar nicht oder nur auf Basis seiner/ihrer veröffentlichten Beiträge bestimmt werden.

Beim Identitätsraub fälschen die am Cybermobbing beteiligte(n) Person(en) das Profil einer vCMbP in der Absicht, deren Reputation zu schädigen oder die Reputationsschädigung im Betrugsfall ggf. billigend in Kauf zu nehmen. Dabei versuchen sie ihr Vorgehen möglichst zu verschleiern, um den Cybermobbing-Akt als solchen zu tarnen (siehe dazu ausführlich die Beschreibung der technisch vermittelten und komplexen Namenszuweisung in Kap. 6). Wesentlich für diese Form von Cybermobbing ist also nicht die sprachlich eindeutig kodierte Diffamierung oder das offensichtlich gemeinschaftliche Vorgehen gegen eine spezifische Person. (Obgleich natürlich nicht auszuschließen ist, dass ganze Gemeinschaften am Identitätsmissbrauch beteiligt sind.) Vielmehr versucht der/die Initiator_in gar nicht als Agens in Erscheinung zu treten. Für die betroffene Person ist es entsprechend deutlich schwerer, sich direkt zu wehren und/oder die Motivation des/der Initiator_in/s nachzuvollziehen, siehe Bsp. 7-27, indem eine betroffene Person sich in dem Forum, in dem Cybermobbing stattgefunden hat, an den/die Initiator_in wendet.

7-27 [...] Ich weiß nicht wer du bist und warum du so was machst. [...] (frs, 2011-09-18, 23:46)

Auf der Textoberfläche gibt es keinerlei Hinweise auf die Identität des/der am Cybermobbing beteiligten Person, auf etwaige Solidarisierungsprozesse oder Verbindungen mit anderen Beteiligten. Die grundlegende Problematik von vollständiger Anonymität illustriert Hangaker (2013: 59) am Platonschen Gleichnis „Der Ring des Gyges":[214]

> Nehmen wir einmal an, es gäbe zwei von diesen Ringen, einen, der von einer moralisch guten Person, und einen anderen von einer moralisch schlechten Person getragen wird. Dann wären beide Personen unsichtbar und niemand könnte die moralisch gute Person von der moralisch schlechten Person unterscheiden. Dann würde keiner so gut sein und auf dem moralischen Pfad bleiben, vom Hab und Gut anderer Leute ablassen. Wenn er doch stehlen könnte, ohne sich der Gefahr auszusetzen, erwischt zu werden, würde er doch nicht auf dem moralischen Pfad bleiben.
> Ebenso wenig wenn er in Häuser anderer Leute einbrechen könnte, ohne dass es irgend jemand bemerken würde, und alle möglichen andere Dinge tun könnte, die eine Person

---

[214] Bei Hangaker (2013: 59) wird ein kürzeres Zitat in englischer Sprache angeführt.

zu einem Gott unter Menschen macht. Die Handlungen der ehemals guten Person wären doch nicht anders als die der moralisch schlechten Person; beide würden den selben Weg gehen. Dies ist ein Beweis dafür, dass niemand wirklich moralisch gut sein will; diejenigen unter uns, die moralisch gute Dinge tun, handeln nur so, um von anderen gepriesen zu werden und um sich keine Sorgen machen zu müssen, von anderen auf frischer Tat ertappt zu werden. (Plato, Politeia II, 359c-360c)

Als besonders verunsichernd, gar beängstigend ist letztlich für die vCMbP, dass jede Person als Initiator_in in Frage kommt, auch Personen, denen die vCMbP freundschaftlich verbunden ist.

Koalitionsbildung
Auffällig in den Daten ist nun, dass es auch dort, wo im Rahmen von (verbaler) Online-Gewalt Personen anonym miteinander agieren oder wo trotz offengelegter Identität keine real-soziale oder Online-Beziehung besteht, zur Ausbildung von Koalitionen kommt. Wie wir gesehen haben, wird die Kooperation in Konstellationen real-sozialer Beziehungsfundamente vorausgesetzt.

Die erwähnte Beschneidung der Interaktionsmöglichkeiten durch Anonymität zeigt sich vor allem in der Unmöglichkeit, ein jeweiliges Recipient Design zu entwerfen. In Kap. 4.1 habe ich die dem Produktionsprozess einer Online-Nachricht inhärente additive Kontrollkomponente beschrieben. Während „[m]ündliche Sprachproduktion [...] von vorn-herein mit interaktiver Offenheit rechnen [muss (und darf)]" (Auer 2000:43), ist der/die Produzent_in eines für das WWW bestimmten Kommunikationsbeitrages angehalten, diese Kontrollkomponente bewusst vor der Übertragung und ohne Rückkopplung der Kommunikationspartner_innen zu nutzen. Das bedingt jedoch die Kreation eines komplexen Recipient Designs (vgl. dazu Sacks/Schegloff/Jefferson 1974: 727, Deppermann 2015b, Deppermann/Schmitt 2009), das zu einem erheblichen Teil auf spekulativen Vorannahmen beruht und die Charakteristika des jeweiligen Kommunikationsraums und des Empfangsgeräts (siehe Kap. 5.3) integrieren muss.

Diese anspruchsvolle Aufgabe kann schon nicht lückenlos erfüllt werden, wenn die Identität der Interagierenden bekannt ist. In der Anonymität oder Semi-Anonymität (Konstellation 3) verstärkt sich der Kontrollverlust nun durch die Verunsicherung darüber, wer sich hinter den Schreiber_inne/n verbirgt. Um die Ausgangsbasis für die Interaktion zu optimieren, suchen die Interagierenden also nach Indizien auf der sprachlichen Oberfläche und in Konstellation 3 darüber hinaus in den Profilinformationen. Diese Strategien bleiben insbesondere in Konstellation 2 approximativ.

Gemeinsame Interaktionsgeschichten (Deppermann 2015b) können dann nur anhand von inhaltlichen Übereinstimmungen etabliert werden. In der aktiven Bildung von Koalitionen zeigt sich eine Möglichkeit, die Perspektivübernahme transparent zu machen.

Koalitionen entstehen spontan und dort, wo Beiträge korrespondieren und frei zugänglich sind. Sie sind als Kategorien zu begreifen, über die gemeinschaftlich ausgerichtete Diskursaktionen erfasst werden können.[215] Dass die Interagierenden gegenseitig explizit aufeinander Bezug nehmen (durch rekurrente Aufnahmen, Likes oder Adressierungen), ist möglich, aber keine notwendige Bedingung für die Koalitionsbildung. Koalitionen konstituieren sich jeweils nur im aktuellen Diskursverlauf und gelten daher als labil, sie entbehren eines real-sozialen Fundaments und sind mit spontanen Netzwerken vergleichbar.[216] Die freie Zugänglichkeit ermöglicht es Betroffenen, die Zeuge ihrer Verunglimpfung werden, selbst in das Diskursgeschehen einzugreifen und auch von dem Beistand der Profilidentitäten zu profitieren, die die Gegner_innenrolle besetzen.

7.2 Diskursrollen

Die Interagierenden füllen vier Diskursrollen aktiv aus:[217] die Rolle der Initiator_inn/en, die Rolle der Verteidiger_innen, die Rolle der/des Betroffenen und quer dazu die Rolle der Kommentator_inn/en. Alle Rollen werden im Kontext von Cybermobbing (Shitstorms inkludiert) mehrfach besetzt. Die Rolle der/des Betroffenen ist nicht notwendigerweise aktiv. Die fünfte Rolle (Lurker_innen) ist inaktiv, sie kann nur in Hassgruppen genau beziffert werden, weil sie aus der Gesamtmitgliederzahl rechnerisch ermittelt werden kann, wenn die Anzahl der

---

215 Vgl. auch Neuland/Schlobinski (2017: 15) zur „flashmobartig[en]" Ausbildung von Online-Gruppen.
216 Netzwerke sind „*hybride Sozialsysteme*, die weder regelmäßige Anwesenheit noch thematische Offenheit (Diffusität) erfordern und bei zunehmender Größe entscheidende Bedingungen zur Entstehung einer sozialen Gruppe (Unmittelbarkeit der Kommunikation, Lokalisierbarkeit, Zustand der Bekanntheit zwischen allen Angehörigen) verunmöglichen." (Schmidt 2004: 27, Kursivierung im Original, vgl. auch Tegethoff 1999 und Neigungsgruppen bei Simmel 1995).
217 Diskursrollen werden hier zwar als Positionsrollen im Sinne von Gerhardt (1971) und Adamzik (2002, 2004, 2008) verstanden, diese sind jedoch in der Erweiterung von Müller (2015: 37) so zu sehen, dass sie „immer nur zum untersuchten Diskurs Geltung haben." Einschränkend muss hier eingeräumt werden, dass die rollenbezogenen Zuordnungen zu Akteursgruppen nicht von den Diskursteilnehmenden selbst vorgenommen wurden, sondern als nachträgliche Analysekategorie fungieren.

aktiven Mitglieder subtrahiert wird. Die jeweilige Diskurspräsenz der Lurker_innen ist jedoch nicht rekonstruierbar.

Initiator_inn/en
Initiator_inn/en sind diejenigen, die den Diskurs eröffnen und damit die Entwicklung des Diskurses vorskizzieren. In der Regel instanziieren und elaborieren sie das Diskursthema und versuchen ihre Position über den Interaktionsverlauf hinweg in Form von stetiger Eskalation zu behaupten. Das Vorgehen der Initiator_inn/en habe ich in Kap. 6 aufgezeigt. Ich möchte hier zusätzlich einen Koalitionsprozess anhand eines IShareGossip-Verlaufs nachzeichnen. Die insgesamt 220 Kommentare können hier nicht zitiert werden. Daher werden die Beiträge abgebildet, die zeigen, wie mehrere Initiator_innen kooperativ das Diskursthema explizieren, indem sie Angebote für die Ausbuchstabierung der Initialen der Diskursfigur unterbreiten (Kommentar 1, Z.1; K.2, Z.2; K.7, Z.4; K.9, Z.7; K.10, Z.8, K.17, Z.12). Die Initialen sind Teil der in 7-28 zitierten Auftaktsequenz. Die angegebenen Nummern in der dritten Tabellenspalte zeigen die Beitragsnummern an. Die Tabelle ist also nicht als sequenzielle Einheit zu lesen, sondern als Auswahl von Kommentaren. So folgen die Beiträge in Zeile 8 und 9 nicht aufeinander, sondern bilden den 10. und den 14. Beitrag des Kommentarstrangs ab.

7-28 L.S. ist eine Schlampe! (isg, g_1_b_sco, 2011-01-19, 19:54:31)

		Nr.	2011-01-19
01	20:30:23	1	[NdbP$_1$][218]
02	20:34:49	2	[VNidbP$_2$]...
03	21:04:27	3	und du bist ein *****sohn
			2011-01-20
04	18:12:49	7	beide geil
05	18:13:27	8	wenn man eine person noch nicht mal genau kennt, sollte man sie
06			auch nicht schlampe nennen !!

---

218 Da es hier um die variable Besetzung der Betroffenenrolle geht, die Namen aber aus Opferschutzgründen anonymisiert sind, gebe ich hier Beispiele für Namen, die in den Diskursverlauf eingesetzt werden können, um ihn nachvollziehbar zu machen. Nehmen wir also an, die Initialen L.S. stehen für den von mir frei erfundenen Namen *Lena Schuster*. Dann steht in Kommentar 1 [NdbP$_1$] für *Lena Schuster*, in Kommentar 9 [NNdbP$_1$] für *schuster* und [NidbP$_2$] für *st*, in Kommentar 10 [VNidP$_2$] für *Lena St*, in Kommentar 14 [NdbP$_{2a}$] für *Lena Steier* (Name ist frei erfunden), in Kommentar 17 [NdbP$_{2b}$] für *Lena Sterner* (Name ist frei erfunden) und [NNdbP$_{2a}$] für *Steier*. Zur Erinnerung: Das Kürzel „dbP" steht für *die betroffene Person*, „VN" für *Vorname*, „N" für *Name*, „NN" für *Nachname*, das „i" zeigt jeweils an, dass nur ein Initial realisiert wurde.

07	18:13:56	9	wer ist denn jetzt gemeint [NNdbP$_1$] oder [NidbP$_2$]?
08	19:14:19	10	es gibt 2 [VNidP$_2$]'s
09	21:28:33	14	[NdbP$_{2a}$] die bitch ht sich vor der webcam ausgezogen
10	22:09:12	15	schreib deinen namen du hundesohn damit die bitch dir zeigen kann
11			was sie sonst noch kann
			2011-01-21
12	16:11:31	17	fresse. [NdbP$_{2b}$] ist keine schlampe! Und [NNdbP$_{2a}$] auch nicht!
13			Schnauzen halten!
14	16:19:21	18	Die hatte doch schon jeden man, miese Schlampe
15	16:52:36	21	MAN ABER SIE IST SCHON GEIL UND FICKEN WILL MAN SIE DOCH
16			AUCH
17	17:25:11	25	kinder

In der sozial-psychologischen Forschungsliteratur wird auf die Initiator_inn/en-Rolle mit dem Terminus *Täter* Bezug genommen, dadurch kommt es zu einer unwillkürlichen Verknüpfung mit der juristischen Kategorie.[219] Ich erachte diese Bezeichnung jedoch als problematisch, weil sie zu einer prekären Verquickung von diskursgenerierten und weltlichen Kategorien führt. Die vom Cybermobbing betroffene Person, die juristisch als *Opfer* zu begreifen ist, wird nämlich von den Initiator_inn/en als Täter_in in der Textwelt etabliert, siehe dazu Kap. 6 und als weiteres Beispiel Kommentar 14 (7-28, Z.9), in dem unter Bezugnahme auf eine negativ zu evaluierende Handlung die fokale Diskursfigur festgelegt wird, während diese und das damit etablierte Thema in den Kommentaren 18 (Z.13) und 21 (Z.14 f.) ratifiziert und weiter elaboriert wird. Uneindeutig ist die Bezeichnung *Täter* auch, weil sie sich in der linguistischen Forschungsliteratur (u. a. bei Luginbühl 1999: 79) nicht notwendigerweise auf intentional Handelnde bezieht, sondern auf „zunächst nur die Person, die eine Handlung ausübt" und damit im Kontrast zur juristischen Auffassung steht.

Verteidiger_innen
Der Fokus der psychologischen Cybermobbingforschung hat sich in den letzten Jahren weg von sogenannten *Opfern* und sogenannten *Täter_inn/en* hin zu den sogenannten *Bystander_innen* verschoben (siehe dazu Kap. 2.3), in Marx (2015b)[220] spreche ich von „virtuellen Zaungästen". Sie gelten als konstitutiv für

---

219 „Nach § 25 Abs. 1 1. Alt. StGB ist Täter einer Straftat, wer die Straftat selbst begeht und die Tat als eigene will, also mit Täterwillen (*animus auctoris*) handelt." http://www.juraforum.de/lexikon/taeter
220 Die Verteidigungsstrategien Dementi, Anzweifeln der Informationsquelle, Rekonstruktion eines Motivs, Topikwechsel/Kontrastierung/Sozialisierung, Gegenangriff und Thematisierung

Cybermobbingakte, weil sie das Publikum bilden, für das die Inszenierung stattfindet. Die intensive Wirkung der Faceangriffe begünstigen sie allein dadurch, dass sie potenzielle Rezipient_inn/en sind. Es werden unterschiedliche Formen des Bystander_innen-Verhaltens diskutiert (Shultz/Heilman/Hart 2014 und für einen Überblick Pfetsch 2016: 130): passive Bystander_innen, Bystander_innen, die die Initiator_inn/en unterstützen und Bystander_innen, die die Betroffenen unterstützen, indem sie sich z. B. online oder offline an die Initiator_inn/en wenden, den Betroffenen online oder offline Ratschläge erteilen, das Geschehen dem Provider melden, Freunde oder Erwachsene informieren, die Initiator_inn/en einschüchtern oder sogar physisch angreifen (Desmet et al. 2014; Shultz et al. 2014).[221]

Aus meiner Sicht ist die Rollenbezeichnung zu weit, wenn sie Personen integriert, die am Cybermobbingprozess und damit an der Etablierung der fokalen Diskursfigur auch mitwirken können. Diese zählen in meiner Kategorisierung zu den Initiator_inn/en. In den Daten finden sich sogar Beispiele, die belegen, dass Initiator_inn/en ihre Rolle zunächst nicht offenlegen und einen Verteidigungsakt vortäuschen, um den Cybermobbingprozess im nächsten Schritt mit einer degradierenden Äußerung zu beleben (*das die definition \"schlampe\" leider stimmt*, 7-29; *REDET ÜBER DIE RICHTIGEN HUREN HIER*, 7-30; *ICH HASSE LATEX LEGGINS!* 7-31).

7-29   Auch wenn ich eine sehr gute Freundin von [VNdbP] bin..ich muss zugeben dass sie schon mit sehr vielen jung rumgemacht hat die sie kein bisschen kannte und wodurch auch keine Beziehung entstanden ist also denke ich schon , das die definition \"schlampe\" leider stimmt... (isg, g_1_b_sco, 2011-01-11, 10:14:36)

Als besonders brisant erweist sich, dass sich der/die Autor_in in 7-29 als eine sehr gute Freundin selbst legitimiert, glaubwürdige Aussagen über die vCMbP machen zu können – eine elaborierte persuasive Strategie (im negativsten Sinne); wenn der/die Autor_in nicht zum Freundeskreis der vCMbP gehört; ein massiver Vertrauensbruch, falls es tatsächlich eine sehr gute Freundin war, die den Beitrag 7-29 verfasst hat.

---

der kommunikativen Asymmetrie habe ich in Marx (2015b) an einer ausgewählten ISG-Sequenz erläutert, die in der vorliegenden Arbeit nicht analysiert wird.
221 Begrüßenswert ist, dass Bystander_innen inzwischen aktiv in die Präventionsarbeit integriert werden, etwa im Peer-to-Peer-Coaching oder wenn Schüler_innen mit Lehrer_innen zusammen arbeiten (Menesini et al. 2003, Rigby/Bagshaw 2003).

7-30   JA GENAAAAAUUUUU SO IST GUT REDET ÜBER DIE RICHTIGEN HUREN HIER :D ABER NICHT ÜBER [VNdbP] NOCH EIN WORT UND WIRKLICH ICH FICKE EUCH ALLE BIS IHR KEIN BOCK MEHR AUF LEBEN HABT !!! -.- (isg, igs_1_ffm_nd, 2011-01-19, 14:31:54)

Eröffnung und Elaboration von 7-31 erwecken den Eindruck ehrlicher Kritik am Cybermobbinggeschehen. Umso drastischer ist der Bruch, der anhand der Postskriptum-Zeile erzeugt wird. Geradezu nahtlos wird hier das Cybermobbing-Hauptthema, die Kleidung der vCMbP, wieder aufgegriffen und in die Negativevaluierung eingestimmt. Wir finden hier einen Hinweis auf sozio-emotives Ankerverhalten, das ich in diesem Kapitel expliziere.

7-31   Oh man ..Wenn man was gegen die hat, dann ist\'s doch egal oder?! Ich sag nicht, dass ich die mag, aber ich disst die hier grad voll runter, falls euch das bewusst ist. [Vorname] PS: Aber ich muss ehrlich sagen: ICH HASSE LATEX LEGGINS! (So, jetzt ist es raus ;D) (isg, g_1_ffm_bs, 2011-01-17, 20:27:27)

Ein zweiter Grund, warum ich nicht mit der Bezeichnung *Bystander_in* arbeite, ist, dass sich im sprachlichen Material auch Stellungnahmen befinden, die aus einer Metaperspektive heraus entstanden sind. Der Verteidigungszweck scheint mir hier hinter der primären Kritikfunktion zurückzutreten (siehe 3.4), eine Ausdifferenzierung, die so in der Forschung noch keine Erwähnung gefunden hat.

Die Rolle der Verteidiger_innen – wie ich sie verstehe – ist dadurch gekennzeichnet, dass die Etablierung der Diskursfigur verhindert (oder zumindest der ostentative Versuch unternommen) und eine Verteidigungshaltung für die „angeklagte" Person eingenommen wird. Die Techniken, die Verteidiger_innen hierbei anwenden, sind nachfolgend dargestellt.[222]

An Beispiel 7-32 – aus dem Shitstorm gegen Renate Künast[223] – lässt sich zeigen, wie fragil die Verteidiger_innen-Rolle ist. In Cybermobbingprozessen (siehe

---

[222] Die Reaktionen decken sich zum Teil mit den Reaktionen, die Luginbühl (2003: 84) für Streitsituationen im Chat festgestellt hat: Aufforderung, still zu sein; negative Bewertung des Kommunikationsverhaltens; Entsolidarisierung; Verweigerung, jemanden als Kommunikationspartner anzuerkennen; Beschimpfungen, Spott und Verweis auf Chatiquette.

[223] Den Anlass für diesen Shitstorm gegen Renate Künast bildete eine Facebook-Statusmeldung mit einem Bild, das Renate Künast vor dem Lincoln-Memorial in Washington D.C. zeigte mit dem erläuternden Kommentar: „Washington in Washington. Und ich." (siehe dazu Kap. 4.2)

Bsp. 7-60) und Shitstorms können Verteidiger_innen im Verlauf der Kontroverse in die temporäre Betroffenenrolle geraten.

7-32 Ich kenn euch ja alle nicht, die soviel Häme über Renate Künast ausschütten,deshalb erlaube ich mir auch kein Urteil über euch. Ich finde Frau Künast toll, die ist in meinen Augen eine aufrichtige Grüne ! (Kommentar 118, fb, ei, 2015-10-27, 1 Like)

		Antwortsequenz zu Kommentar 118	
01	ee	DAS nenne ich mal eine subtile Beleidigung! Chapeau!	18L
02	rc	Hahaha, Frau [NNdbP]@ Damit möchten Sie sagen, dass es auch unauf-	6 L
03		richtige Grüne gibt!! Genialer Post. Danke für den tollen Lacher. Deshalb	
04		gibts von mir ein Like	
05	ür	Dann finden Sie mit Sicherheit auch Fr. Roth toll. Aaahahahaha	2 L
06	iu	Frau [NNdbP][224] aufrichtig hin aufrichtig her. Das ist schon eher mangeln-	0 L
07		de Allgemeinbildung	
08	oo	Ich finde sie auch gut. Und wie sie da mit Abraham Washington posed.	5 L
09		Toll	
10	aö	Die Verwendung von "aufrichtig" und "grüne" in einem Satz ergeben	2 L
11		keinen Sinn!	
12	re	[grin-Emoticon] ich schmeiß mich wech...	8 L
13	au	Fr. [NNdbP], bitte spotten Sie nicht. Das arme Ding hat es schwer genug im	3 L
14		Leben...	
15	iu	Fr. [NNdbP], Sie können einem wirklich leid tun!	3 L

Die Initiator_inn/en versuchen die Verfasserin von Kommentar 118 in die Initiator_inn/en-Rolle zu drängen, indem sie die Präsupposition [Wenn es eine aufrichtige Grüne gibt, muss es auch unaufrichtige Grüne geben] und damit eine wahrscheinlich unbeabsichtigte Lesart der Phrase *eine aufrichtige Grüne* fokussieren und ihr die damit vollzogene Beleidigung unterstellen.

Einschüchterung durch Gegenangriff und Drohungen
Der Gegenangriff ist ein Verfahren, das in Cybermobbingdiskursen und Shitstorms dazu angewendet wird, einen Rollentausch zu simulieren. Die Initiator_inn/en-Rolle wird dabei diskursiv zur Betroffenen-Rolle verkehrt. Zu diesem Zweck spiegeln die Verteidiger_innen die unmittelbaren Techniken der Opferfigur-Konstruktion, insbesondere von Gewalt als Bestrafung (siehe auch Kap. 6). Drohungen können aber auch anhand von Einschüchterungsversuchen und mit Verweis auf Autoritäten von Kommentator_inn/en umgesetzt werden. An den

---

[224] Der Name wurde fehlerhaft zitiert.

folgenden Beispielen wird deutlich, dass Verteidigungsversuchen keinesfalls auch eine De-Eskalationsintention inhärent sein muss.

In 7-33 wird die Mutter des/der Initiator_in/s stellvertretend beleidigt (reduziert auf die pejorative Bezeichnung *Fotze*), in 7-40 wird avisiert, die Bestrafung für die auf ISG verübten Verstöße stellvertretend an der Mutter zu vollziehen, vgl. auch Deine-Mudda-Technik. In 7-34 und 7-35 wird mit der Enttarnung durch (vermeintliches) Insiderwissen (*steht hier morgen um 18 Uhr mit wem du Sex hattest*) und technische Automatismen (*weil des hier MiT FACEBOOK VERNETZT iST*) gedroht.

Die drastischen **Gewaltszenarien** (*zusammenschlagen* in 7-36, *Schraubenziehergriff in den Arsch stecken* in 7-37, *bläst du mir ein/ komm bück dich* in 7-38, *ich bring diesen jungen um/ ich reis ihn auseinander* in 7-39, *deine mutter töten kann nachdem ich sie gefickt habe!* in 7-40) tragen ebenso zur Verstetigung und Eskalation des ohnehin hohen Aggressionsniveaus innerhalb des Cybermobbing-Diskurses bei wie grobe und vulgäre Beschimpfungen (dehumanisierend: *Schwein*, 7-34, *hure, hurensohn*, 7-35, *bastard* 7-36), die direkt-degradierende Ansprache (*halt die fresse*, 7-33, *[Initiator/in] wenn du deine Fresse nicht hälst*, 7-34, *an eurer stelle* 7-35, *junge sag mir wie du heist*, 7-38, *wenn du jetzt eier in der hose hast sagst du wer du bist*, 7-40), die repetitiv geradezu auf engstem Raum skandiert werden (7-38[225] und 7-39).

7-33 halt die fresse, deine mutter war anscheinend eine besoffene fotze würdest du das mädchen kennen, wüsstest du wie wunderbar sie ist (isg, g_1_wi_gbs, 2011-01-20, 19:46:02)

7-34 [Initiator] wenn du deine Fresse nicht hälst und nicht morgen frisch geduscht ausm Haus gehst, dann steht hier morgen um 18 Uhr mit wem du Sex hattest. (isg_g_1_ffm_gg, 2011-01-17, 21:27:11)

7-35 Und an eurer stelle würde ich aufpassen,schon nach 2 tagen erscheinen die Namen der leute die hier schreiben weil des hier MiT FACEBOOK VERNETZT iST ! (isg, igs_1_wi_hls, 2011-01-21, 18:07:46)

7-36 nö nicht unwichtig wer was geschrieben hat, wir wollen es wissen und die dann zusammenschlagen weil wir lügner nicht ausstehen können. (isg, g_1_b_sco, 2011-01-21, 21:12:21)

---

225 In 7-38 zeigt sich in der gereimten Phrase *du bist ein penis lecke denn du findest pennis lecka* auch ein Battle-Charakter, vgl. Kap. 6.

7-37 Nächste Woche beim Sportunterricht werde ich dem Schwein der immer [VNdbP] fertig macht einen Schraubenziehergriff in den Arsch stecken und was auf die Fresse hauen. G.M. (isg, rs_1_ed_ht, 2011-04-25, 17:48:34)

7-38 junge sag mir wie du heist du schreib st hier ohne namen sie bläst dir ein was mit dior komm sag wer du bist komm vor hdo denn bläst du mir ein du kleiner hurensohn ich fick dein leben du hure komm bück dich denn beglück mich fdu hure du bist ein penis lecke denn du findest pennis lecka du hurensohn komm sag wer bist du? sag mir dein anmen (isg, is_1_b_hdo, 2011-03-16, 18:33:49)

7-39 altha wenn ich herraus finde wer sowas schreibt über [VNdbP] ich schwöre auf koran ich bring diesen jungen um ich schwöre ich reis ihn auseinander er wir nich mehr aus der schule raus kommen er wird da hingehen und da sterben dieser bastard komm sagt eure namen die was gegen [VNdbP] ahben kommt (isg, is_1_b_hdo, 2011-03-16, 19:12:17)

7-40 && wenn du jetzt eier in der hose hast sagst du wer du bist, das ich deine mutter töten kann nachdem ich sie gefickt habe! (isg, rs_1_rüd_hgs, 2011-04-10, 13:23:01)

Verunsicherung
Der/ die Verteidiger_in, die in 7-41 diskursbestimmend agiert, suggeriert anderen Diskursteilnehmer_inne/n IT-Kompetenz (*vlt bin ich ja auch ein internetspezialist und ermittle grade eure ip-adressen?!*, Z.1; *tja ist schon gut, wenn man über die große weite welt im internet weiß*, Z. 11; *eben. und wenn man sich ein bisschen auskennt geht sowas ganz einfach :)*, Z.28) einerseits und exklusives Wissen andererseits (*ich bin eine person, die ihr jeden tag in der schule seht*, Z.15; *naja [NdbP] wird sich freuen wenn ich ihm erzähle wer hier alles über ihn herzieht :D*, Z.39) und extrapositioniert sich als moralische Instanz mit Entscheidungsbefugnis: *die der meinung ist jetzt ist schluss hier mit dem kindergarten*, Z.15,16; *ich schreibe so lange bis ihr mit diesem kindergartenmist aufhört, weil ich finde es geht zu weit*, Z.55,56. Der Eindruck von Sicherheit und Macht festigt sich, wenn diese Person jeden zweifelnden Einwand souverän ausräumt (*ja leute man kann die ip rausfinden. ich hab den beweis gefunden, dass ips geloggt werden*, Z.25,26;) und am Ende einen Teil seines Wissens offenlegt (Z.95 ff.). Die Überlegenheit wird auch in den geradezu gelassen wirkenden Reaktionen auf die Angriffe der

Diskursteilnehmer/innen deutlich: *ihr wollts drauf ankommen lassen? auch gut. umso lustiger wirds für mich :D*, Z.19; *ach kollege ich schätze bei dir kann man nciht mehr viel kaputt machen xD*, Z.34; *ooh sind deine ganzen spielfreunde weg? :)*, Z.66; *meine güte wie tragisch!*, Z.68). Die Drohungen der anderen werden als belustigend entschärft, wütende Diskursteilnehmer_innen ironisch als *kollege* tituliert und durch offensichtlich vorgetäuschtes Mitleid (*wie tragisch*) provoziert.

Der Erfolg der „Aufräumaktion" wird in Z.87 konstatiert: *ja laber mal weiter, hört dir eh keiner mehr zu :D*. Vorher wurde er mehrfach ratifiziert: Zum einen von Initiator_inn/en (*ich hab kein bock auf bullen ich geh* Z.27; *eeeeh so macht das kein spaß mehr ick hör auch uff*, Z.46; *ahaha ich such mir wen anders zum lästern gibt ja genug vollwichser auf der schule ahaha* Z.47; *aaaaah FICK DICH DU HURENBASTARD FICK DICH DU HAST HIER ALLES VERDORBEN ICH HASSE HASSE HASSE HASSE DICH DAS WAR SO GEIL UND WEGEN DIR MACHT KEINER MEHR MIT DAS KRIEGSTE ZURÜCK*, Z.78-81) zum anderen von möglichen Verteidiger_inne/n: *heey respekt, wer auch imemr du bist das haste gut gemacht*, Z.90; *er/sie hat dem kindergarten hier ein ende gesetzt. find ick jut*, Z.91, die ihre Anerkennung explizit verbalisieren und durch die Wiederaufnahme der KINDERGARTEN-Konzeptualisierung Solidarität signalisieren. Deren Aufforderung zur Authentifizierung jedoch (*sag mal wer du bist =)*, Z.92) lässt Zweifel an deren Aufrichtigkeit aufkeimen. Hat die Person, die voller Wut und Trauer auf den Verlust des „Spielplatzes" reagiert (*eh du pisser du machst mir alles hier kaputt du hurensohn!!!!!!!!!!!!!!*, Z.31, *du bistn widerlicher spielverderber hör auf zu schreiben hurensohn*, Z.50) nur ihre Strategie geändert? Das lässt sich nicht feststellen, weil der/die Verteidiger_in der Bitte nicht nachkommt (*hmm lass mal das ist hier eine anonyme seite und das sollte es auch bleiben ;)*, Z.93).

7-41   isg, g_1_b_wr, 2011-01-14, 19:09:03 bis 19:44:40

01	19:09:03	vlt bin ich ja auch ein internetspezialist und ermittle grade eure ip-
02		adressen?! also schreibt mal schön weiter :D
03	19:09:32	alta der blufft
04	19:09:56	meinst du m...?
05	19:10:30	FRESSE [VNdbP]!!!!!!!!!!!!!!
06	19:10:48	ich bin nicht [VNdbP]... ^^
07	19:10:58	dann fresse missgeburt!!!!!!!!!!!!!
08	19:11:24	kann man hier echt die ipadressen rauskriegen?????
09	19:11:31	kp
10	19:11:36	der blufft
11	19:12:32	tja ist schon gut, wenn man über die große weite welt im internet weiß,
12		von denen ihr keine ahnung habt :)
13	19:12:45	*dinge

14	19:13:26	was bistn du fürn freak alta?
15	19:14:34	ich bin eine person, die ihr jeden tag in der schule seht und die der mei-
16		nung ist jetzt ist schluss hier mit dem kindergarten.
17	19:14:43	häääääää?
18	19:14:49	maul halten!!!!!!!!!!!
19	19:15:13	ihr wollts drauf ankommen lassen? auch gut. umso lustiger wirds für
20		mich :D
21	19:15:21	ey wer isn das?
22	19:15:30	irgendson spast
23	19:15:47	was is das mit der ip`?
24	19:15:59	kpp
25	19:16:12	ja leute man kann die ip rausfinden. ich hab den beweis gefunden, dass
26		ips geloggt werden.
27	19:16:51	ich hab kein bock auf bullen ich geh
28	19:17:20	eben. und wenn man sich ein bisschen auskennt geht sowas ganz ein-
29		fach :)
30	19:17:43	...ich würd an deiner stelle auch gehen, eine kluge entscheidung
31	19:18:31	eh du pisser du machst mir alles hier kaputt du hurensohn!!!!!!!!!!!!!
32	19:18:34	IP Adressen können nicht zu Posts und/oder Kommentaren zugeordnet
33		werden, siehe unten in der Leiste den Punkt \"Datenschutz\"
34	19:18:49	ach kollege ich schätze bei dir kann man nciht mehr viel kaputt machen
35		xD
36	19:19:15	aaaaaaaaaaaahahahahahahahahahah da hörste es du wichser
37	19:19:36	man sagt auch msn kann nicht gehackt werden und doch passiert es
38		immer wieder ;)
39	19:20:11	naja [NdbP] wird sich freuen wenn ich ihm erzähle wer hier alles über
40		ihn herzieht :D
41	19:20:20	IPs können auch garnicht zugeordnet werden weil sie garnicht erst ge-
42		speichert werden.
43	19:20:31	alta mach das nich sonst wirste fertig gemacht!!!!!!!!!!!!!
44	19:20:57	ahahahahaha danke also hör auf zu bluffen spast
45	19:21:35	ihr werdet sehen.
46	19:21:51	eeeeh so macht das kein spaß mehr ick hör auch uff
47	19:22:23	ahaha ich such mir wen anders zum lästern gibt ja genug vollwichser auf
48		der schule ahaha
49	19:23:18	tu was du nicht lassen kannst
50	19:23:38	du bistn widerlicher spielverderber hör auf zu schreiben hurensohn
51	19:23:41	achso und dazu kommt auch noch das noch nie eine Anfrage (die wir eh
52		nicht beantworten könnten) über IPs hineingekommen ist und selbst
53		wenn die Seite gehackt wird kommen keine Benutzerdaten wie
54		IPs/Emails zum vorschein
55	19:24:27	ich schreibe so lange bis ihr mit diesem kindergartenmist aufhört, weil
56		ich finde es geht zu weit. und ich hab den ganzen abend zeit, also...
57	19:24:59	wenn du meinst
58	19:25:15	schnauzeeee [NdbPmit iteriertem letzten Buchstaben]
59	19:25:25	also die meinung davor
60	19:25:32	ich bin nciht [NdbP]

61	19:26:34	IHR SEID DUMM UND TUT HIER DIE GANZE ZEIT SO ALS WÄRT IHR
62		IWELCHE COOLEN LEUTE. ABER ICH WEIß DA EINIGES ÜBER EUCH
63		HAHA UND DAS IST NAJA NICHT SOO GEIL HAHAHAHAHA WENN IHR
64		WÜSSTET
65	19:26:43	hallo wo is team fresse [NdbP]??????????
66	19:27:13	ooh sind deine ganzen spielfreunde weg? :)
67	19:27:34	altaaa fresse jetzz!!!!!!!!!!!!!
68	19:27:54	meine güte wie tragisch!
69	19:28:14	fresse [NdbP] wo ist team fresse [NdbP]?????
70	19:28:19	ihr hässlichen versager. krasse stecher seid ihr? haha wen habt ihr denn
71		shon mal abbekommen haha ihr looser. ich geh jetzt feiern und ihr? hm
72		wies aussieht gammelt ihr noch ein weilchen hier.. bei gossipbla hahah-
73		hahahahah ihr krassen looser
74	19:28:48	scheint so als wärst du der letzte der hier rumschreit. da fragt man sich
75		wer jetzt das opfer ist...
76	19:29:28	genau looser seid ihr und sonst nichts
77	19:30:14	wer bist du sag wer du bist mistwichser!!!!!!!!!!!!!
78	19:31:01	aaaaah FICK DICH DU HURENBASTARD FICK DICH DU HAST HIER AL-
79		LES VERDORBEN ICH HASSE HASSE HASSE HASSE DICH DAS WAR SO
80		GEIL UND WEGEN DIR MACHT KEINER MEHR MIT DAS KRIEGSTE ZU-
81		RÜCK
82	19:31:09	oho ich bin gespannt!
83	19:31:16	FICK DICH INS KNIE
84	19:31:47	ah ok. auch wenn ich nicht auf eurer schule bin? hmm. ok. geht klar.
85		hahaha
86	19:31:59	IHR SEID DUMM
87	19:32:51	ja laber mal weiter, hört dir eh keiner mehr zu :D
88		und lukas: lass dir nichts erzählen von denen :)
89		schönes wochenende allerseits ^^
90	19:34:23	heey respekt, wer auch imemr du bist das haste gut gemacht
91	19:38:18	er/sie hat dem kindergarten hier ein ende gesetzt. find ick jut.
92	19:40:31	sag mal wer du bist =)
93	19:41:10	hmm lass mal das ist hier eine anonyme seite und das sollte es auch
94		bleiben ;)
95	19:44:16	teil1: die ips werden gespeichert. für 5€ verrate ich auch wie.
96		seit gewarnt, wer es drauf ankommen lassen will (polizei) findet euch.
97		und NATÜRLICH können die posts den ips zugeordnet werden.
98	19:44:28	teil2:
99		was im datenschutz auf der seite steht ist schnuppe, schonmal das im-
100		pressum gesucht ?
101		ihr habt ja so garkeine ahnung von IT etc...
102	19:44:40	teil3:
103		achja für alle die nciht wissen was eine ip ist, mit einer ip kann man
104		deine genaue adresse inkl. telefonnumer etc. herausfinden. :)
105		also wundere dich nicht, wenn morgen früh bzw. montag früh um 6 2
106		nette herren in grün vor deiner haustür stehen ;)

7.2 Diskursrollen — 267

Ablenkung durch Themenshift
Über den Themenshift wird eine Umfokussierung im Cybermobbingdiskurs angestrebt. Er wird in drei Ausprägungen realisiert: der Rekonstruktion eines Motivs, des Transfers auf die metasprachliche Ebene und den abrupten Themenwechsel beim SPAMming (siehe zur letztgenannten Ausprägung den Unterpunkt „Kommentator_innen").

Die Interagierenden stellen Mutmaßungen darüber an, **warum** sich der Diskurs gegen spezifische Personen richtet. Neid (Missgunst) (7-46 bis 7-50), Eifersucht (7-42 bis 7-45) und Angst, jemandem etwas ins Gesicht zu sagen (7-42, 7-52, siehe auch Kap. 6), sind dabei sehr häufige Erklärungsgründe. Interessanterweise wurde keines dieser Motive in der Selbsteinschätzungsstudie Schneider/Katzer/Leest (2013: 100, siehe Kap. 2.1) abgefragt. Die im Diskurs vielfach konstatierte *hobbylos*[igkeit] (auch: Langeweile) (7-54, 7-55) wird in dieser Studie als eines der häufigsten Gründe für Cybermobbing benannt. Weitere von den Verteidiger_inne/n vermutete Motive sind verletzte Eitelkeit (*Korb bekommen*, 7-50, 7-51), Frust und Wut (*sauer auf die*) (7-53).

7-42 und ich kann mir denken warum jemand so etwas postet 1. Eifersucht und 2. Angst wenn du ein Problem mit ihr hast dann sag es ihr poste es aber nciht auf irgendeiner beschissenen Seite .. (isg, ps_1_hg_sta, 2011-01-21, 16:15:18)

7-43 Also eigentlich müsst ihr doch wirklich, wirklich sehr, eifersüchtig sein um sich so über eine person auf zu regen die ihr ncihtmal persönlich kennt hm ? Schon traurig das ihr nicht den körper habt um euch selbst vor der cam in unterwäsche zu präsentieren oder doch eher enttäuscht das ihr nciht selbst vor der cam wart um es zu sehen (isg, g_1_b_sco, 2011-01-21, 22:39:42)

7-44 weil ihr nicht mit einem so umwerfenden menschen befreundet sein dürft? Ooh eine Runde mitleid für die looser der schule die eigentlich nur eifersüchtig sind fett fett eifersüchtig nicht so schön und beliebt zu sein wie [NdbP] .. hahah und wannabe fame ja? (isg, g_1_b_sco, 2011-01-21, 22:40:02)

7-45 halt dein Fresse du wichser oder du dummes mädchen rede mal anständich über [VNdbP] nur,weil sie huebscher aussieht als du musst du hier nich ablästern bist ja nur eifersüchtig ! ;) (isg_ses_1_b_ksf, 2011-01-19, 16:28:02)

7-46   ignorieren, ich kenn dich zwar nicht, aber das sind nur so kleine pisser, die einfach neidisch sind und irgendwelche dummen sachen labbern um einen runter zu machen . (isg, ps_1_hg_sta, 2011-01-21, 17:05:31)

7-47   ey ihr seid so spaßten lasst [VNdbP] und so ma in ruhe ihr seid nicht cool ne erlich alles nur neider ohne hirn im kopf ganz erlich nennt mir einen grund warum ihr es ihr nicht ins gesicht sagt es gibt nur einen ihr seid NEIDISCH!!!! eure fressen sind wetten wir voller akne und so [VNdbP] ist ein hübsches mädchen (isg, g_1_ffm_bs, 2011-01-17, 22:11:07)

7-48   .. nur solche neider sind hier unterwegs!! wenn ihr nichts besseres zu tun habt als den ganzen tag auf dieser möchtegern GG seite abzuhängen, kaaaaaaackt halt ab . kümmert euch lieber um eure schule und werdet was anständiges, denn \"ishare\" schreibt euch nicht das abi ;-) XX (Vorname, Nachnamensinitial) (isg, g_1_ffm_bs, 2011-01-17, 21:43:27)

7-49   ihr seit doch alle behinderte opfers die nichts verstehen vom leben ich wette das war so ein hässliger 7.klässler der sie beneidet.. lasst sie einfach mal in ruhe!!!!! (isg, g_1_b_sco, 2011-01-22, 22:47:58)

7-50   Ich würd sagen, da ist jemand neidisch, weil sie ihn nicht genauso lieben..Korb bekommen?! ;) (isg, 1_he_arc, 2011-01-18, 14:43:30)

7-51   Lasst mal [VNdbP] aus dem Spiel, jeder der hier was negatives raushaut hat ein Korb bekommen oder kann ncihts mit ihr haben sie ist ein hübsches Mädchen und ist sehr sehr nett außerdem hat sie ihren Spaß ! :) (isg, g_1_b_sco, 2011-01-22, 00:43:38)

7-52   Seid nicht so arm ! sich auf dieser shit plattform zu äußern zeigt nur, dass ihr schiss habt, euch das direkt in gesicht zu sagen ! (isg, g_1_ffm_bs, 2011-01-18, 23:16:57)

7-53   ok leute nur weil ihr vllt totalen frust habt und wahrscheinlcih auch total sauer auf die leute seid...denkt doch mal daran das das was ihr hier schreibt die auch verletzen kann!!! (isg, g_1_ffm_bs, 2011-01-18, 20:04:30)

7-54 hahaha das ist so hobbylos ‚kommt ej mavht doch im internet in einem blog keine diss-aktion wenn ihr was gegen jemanden habt dann sagt es den in die fresse aber ej das hat kein style :(grüße (Vorname) (isg, g_1_ffm_bs, 2011-01-17, 22:16:54)

7-55 Wie lustig einfach, wie ihr euch in diese internetseite reinsteigert.. Habt ihr keine Hobbys ? Ihr müsst echt gelangweilt sein ! (isg, g_1_ffm_bs, 2011-01-18, 19:04:35)

Indem die Verteidiger_innen den Fokus auf die Beweggründe der Initiator_inn/en richten, gerät der Inhalt der CM-Beiträge nicht nur in den Hintergrund, sondern wird relativiert, weil diese als unlauter klassifiziert werden können (dazu auch Marx 2015b: 133). Diese Technik wird auch von Kommentator_inn/en angewendet, die hier verlaufende Grenze ist unscharf, lässt sich aber m. E. dort ziehen, wo nicht auf einzelne vCMbPen eingegangen, sondern das Publikum allgemein adressiert wird, etwa in 7-46, 7-48, 7-50, 7-52 bis 7-55.

Insbesondere im ISG-Diskurs wird **metasprachliche Kritik** regulierend eingesetzt.[226] Die metasprachliche Kritik bezieht sich dabei auf den Autor_inn/en der Cybermobbing-Beiträge zugeschriebene mangelnde Kenntnisse in Orthographie und Grammatik (7-56 bis 7-61). Deren Fähigkeiten werden also mit den Kenntnissen über systemlinguistische Normen, über die die Verteidiger_innen verfügen, abgeglichen, negativ evaluiert und zur Selbsterhöhung eingesetzt (siehe auch Kap. 1).

In 7-56 interferieren zwei Aufforderungen (‚jemandem etwas ins Gesicht sagen' und ‚auf korrekte Rechtschreibung achten') in einer nicht realisierbaren Aufforderung (‚jmd. etwas ohne Rechtschreibfehler ins Gesicht zu sagen'), was als Indikator für eine hohes Involvement der/des Schreibenden angesehen werden kann.

7-56 Meine Fresse. Wenn du schon wen beleidigen musst dann mach es ins Gesicht und wenn möglich ohne Rechtschreibfehler. Das ist unter aller Sau was du hier abziehst. (isg, g_1_fr_dh, 2011-03-28, 08:10:48)

---

226 Vgl. aber auch Hellberg (2014), die Sprachideologie und Sprachreflexion bei schülerVZ untersucht hat, Gerlach (2014) mit Ergebnissen zur Seite spox.com oder Arendt/Kiesendahl (2014, 2015) zu sprachkritischen Kommentaren in Forenkommunikation.

7-57 oder ne wünsch dir geld und kauf dir ein duden (isg, g_1_f_lg, 2011-01-19, 16:54:00)

7-58 LERN DEUTSCH! an den der [NdbP] und so beleidigt hat! (isg, g_1_ffm_bs, 2011-01-17, 21:36:34)

7-59 "Axel" Wird mit ch geschrieben, Held;) (isg, g_1_p_bbf, 2011-04-01, 16:00:06)

7-60 isg, 1_he_arc, 2011-01-17, 18:49:04 bis 18:55:23
01 18:49:04 das ist ne hesslige fotze
02 18:51:44 wenn schon beleidigen, dann wenigstens grammatikalisch richtig ;)
03   \'hässlich\'
04 18:55:23 weil das ja auch die grammatik ist schmock

7-61 isg, g_1_b_sco, 2011-01-21, 23:08:33 bis 23:22:53
01 23:08:33 was für immigrant du ntigrant lan ich fick dich in null koma nix nmit
02   einem tiwx ich komm mit bix und du klebst dein kopf mit pattafix
03 23:09:53 was ist denn ein tiwx?
04 23:10:35 nur weil [VNdbP] ihr leben nicht bei fb ausbreitet und ihr von da nicht
05   alles genau wisst müsst ihr euch nichts dazu dichente.
06 23:10:49 twixxx man twixxx is dein ersnt was isst dudenn du hund mach ma jtz
07   kein strß und komm wilmi raus
08 23:10:56 und intelligenzqouote schon wieder viel zu stark ab
09 23:11:37 ich kann mit deinem deutsch nichts anfangen; genauso wenig wie mit
10   dir.
11 23:11:53 dzu hurrensohn komm raus jtz lan sag deinen namen du weißt genau
12   wer wir sind also komm raus jtz wilmersdrofer oder sag wop du wohnst
             iwr kommen

Am Beispiel 7-61 (siehe auch das Eingangsbeispiel Bushido-Norbert) lässt sich ein interessanter Prozess nachvollziehen, der den Shift auf eine metasprachliche Ebene häufig begleitet: das gleichzeitige Marginalisieren des aktuellen Gesprächsgegenstandes (in Z.5 noch präsent), der im Idealfall dann nicht weiter elaboriert wird, was gleichbedeutend damit ist, dass das Cybermobbing eingestellt wird. Mangelhafte Rechtschreibung kann als Indikator dafür anerkannt werden, dass auch die Beurteilungs- und Evaluierungskompetenz der jeweiligen Verfasser_innen (Initiator_inn/en) in moralischen Angelegenheiten in Zweifel gezogen werden darf (dazu auch Marx 2013b). Das lässt sich u. a. an ironischen Äußerungen wie *Held [Zwinkersmiley]* (6-59) ablesen. Gleichzeitig gelingt es häufig mit dem metasprachlichen Bezug, ein neues Diskursthema (die Rechtschreibung) zu etablieren, das entweder parallel oder exklusiv behandelt wird. In der Folge kann das aggressive Potenzial des Diskurses abnehmen, vCMbPen geraten aus dem Fokus (siehe auch Marx 2013b).

Sprachkritische Reflexionen (und sei es nur im Hinblick auf orthographische Regeln) sind insofern diskursfunktionell relevant, als dass sie schlichtend wirken können, insbesondere in Diskurswelten, in denen sich das Aggressionspotenzial unkontrollierbar zu potenzieren droht. In den hier dargestellten Beispielen geraten die Initiator_inn/en dabei in die Betroffenen-Rolle, was die Schlichtungsfunktion gefährdet. In 7-60 (Z.4) und 7-61 (Z.11 f.) zeichnet sich z. B. ab, dass die Kritik an sprachlichen Kompetenzen (obgleich der Einwand in 7-60, Z.4 sachlich korrekt und daher berechtigt ist) eine Serie neuer verbaler Attacken auslösen kann.

Dementi

Verteidiger_innen (aber auch vCMbPen, siehe 6) nutzen Dementi, um den propositionalen Gehalt der Anschuldigungen, die mit der Instanziierung der fokalen Diskursfigur (der vCMbP) einhergehen, zu entkräften. In 7-62 suggeriert der/die Verfasser_in, über exklusives Wissen zu verfügen (siehe auch 7-66), das ihn/sie zu einer Gegendarstellung legitimiert. Diese wird stilistisch an die Kommentare der Initiator_inn/en angepasst (*gefickt!!!!!!!!*), möglicherweise in dem Bestreben, sie dadurch besser zu erreichen und überzeugen zu können. Mit rhetorischen Fragen und in diesem Sinne redundanten Antworten, die er/sie jeweils selbst expressiv vorgibt (*Nein!*), versucht der/die Verteidiger_in in 7-63 den Verdacht, der diskursiv auf die vCMbP projiziert wurde, abzuwenden und bindet das an eine generelle Kritik an dem Geschehen auf der Seite. Über die Einschränkung *Ich mag sie zwar auch nicht gerade* wird eine Verbindung zu den Initiator_inn/en aufgebaut, die deren Offenheit für den anschließenden Einwand vorbereiten kann, ein Beispiel für sozio-emotives Ankerverhalten, das ich noch ausführlicher diskutiere.

7-62 wer du auch immer bist halt einfach deine fresse okay! [VNdbP] hat nicht mit [Name] gefickt!!!!!!!! (isg, igs_1_ffm_nd, 2011-01-19, 14:31:54)

7-63 Das kann doch wohl nicht wahr sein! Ich nehme als Beispiel jetzt mal [VNdbP], die wird hier als Hure und Schlampe beleidigt, aber hat [VNdbP] ürgendjemanden gefickt, Nein! Sieht sie schlampig aus, Nein! Ich mag sie zwar auch nicht gerade, aber trotzdem ist sie keine Hure. Hier werden sogar 7ner Mädchen beleidigt! (isg, igs_1_ffm_nd, 2011-01-21, 23:21:50)

Eher pauschal gestaltet sich der Widerspruch in 7-64 und 7-65, dabei wird die Forderung nach einem Diskursabbruch, den vorherrschenden Stil wahrend, formuliert (*Halt\'s maul, FRESSE*) und an Gegenbeschimpfungen gekoppelt (*Hässliche Arschgeburt, IHR BEHINDERTEN SPASTEN, IHR KLEINEN PUSSIS*). In Beispiel 7-67 wird eine weitere von Initiator_inn/en angewendete Technik gespiegelt, die Aufforderung zum Suizid (siehe auch Kap. 6). Gleichzeitig wird der Versuch unternommen, über die Entlastung einer Diskursfigur eine neue zu etablieren: *sie ist definitiv KEINE schlampe im gegensatz zu [NdbP]*, siehe auch die Beispiele in der Einleitung dieses Kapitels.

7-64 Halt\'s maul wer auch immer du bist wenn du sie wirklich kennen würdest würd du nicht so ne scheiße reden. Hässliche Arschgeburt. (isg, g_1_wi_gbs, 2011-01-20, 20:05:43)

7-65 FRESSE IHR BEHINDERTEN SPASTEN ODER HABT IHR KEINE EIER IN DER HOSE DIE MÄDELS HABEN ES NICHT NÖTIG SICH ANS JUNGS RANZUMACHEN ABER IHR KLEINEN PUSSIS HABT GAR KEINE AHNUNG (isg, 1_he_arc, 2011-01-20, 19:00:43)

7-66 ganz ehrlich ihr seid einfach alle nur minderbermittelt und dumm,denkt ihr wüsstet alles besser als die leute die sie kennen,ich zum beispiel weiß das sie keine schlampe ist sondern ein total hübsches mädchen,und ich glaube eher das ihr neidisch seid und sowas euch ausdenkt was nicht der wahrheit entspricht also einfach schön die FRESSE halten (isg, g_1_b_sco, 2011-01-21, 19:12:49)

7-67 wer geschrieben hat [NdbP] ist eine biatch soll sich mal aufhaengen gehen. sie ist definitiv KEINE schlampe im gegensatz zu [NdbP]. (isg, g_1_b_sco, 2011-01-21, 20:18:25)

Dementi sind nicht notwendigerweise an ein hohes Emotionspotenzial gekoppelt, wie sich in 7-68 und in Beispiel 7-69 zeigt. Beispiel 7-68 stellt die Auftaktsequenz eines Shitstorms mit 2172 Kommentaren dar. Die Verteidiger_innen setzen den Verbalattacken hier Allaussagen (Z.4) und sachliche Korrekturen (Z.11) entgegen.

7-68 fb, 2015-10-27, Auftaktsequenz Künast-Shitstorm
01 rr Erstens ist das Abraham Lincoln und zweitens bist du nicht in Washing- 198 L
02 ton, sondern in Washington D.C... Gott, bitte, füttere Künast mit Bil-
03 dung...

04	ic	Was Bildung betrifft braucht Frau Künast sich wohl nicht zu verstecken	3 L
05	da	Was verlangst du von einer grünen Politikerin	26 L
06	oe	für so viel Dummheit gibt es kein "Versteck"	12 L
07	ie	Ist ja nicht das erste Mal, dass Frau Künast öffentlich mit peinlichen	22 L
08		Bildungslücken geglänzt hat.	
09	iu	Gut, dass Statuen nicht kotzen können. Würde Lincoln heute leben,	35 L
10		würden die Grünen ihn als rechtspopulistischen Waffennarren verteufeln.	
11	hi	"Washington" für DC ist schon in Ordnung.	7 L
12	or	Um ihr - nennen wir es mal "Gehirn" - zu füttern, müsste noch freie Kapa-	2 L
13		zität vorhanden sein, was ich arg bezweifle.	
14	oi	Hauptsache ist doch, sie hat Arbeit, ist glücklich und kifft nicht	1 L
15		[wink-Emoticon] [Bild mit Hanfparade]	
16		http://www.tagesspiegel.de/.../gruener.../4460862.html	
17		na meine güte, hier sind aber auch aussagen bei... die gleichen beleidi-	0 L
18		gungen, die man benutzt hat als ich 14 war. könnt ihr nicht wenigstens	
19		intellektuellere dinge schreiben anstatt "nennen wir es mal gehirn" oder	
20		'' für soviel dummheit gibt es kein versteck ''	

Sozio-emotives Ankern

In einem höflichen Appell wendet sich der/die Verteidiger_in des folgenden Beitrags (7-69) an eine/n Initiator_in. Zunächst zeigt er/sie sich empathisch, indem er/sie der/dem Initiator_in eine mögliche Antipathie gegenüber der vCMbP zugesteht und dieses Gefühl als legitim evaluiert. Eine konkrete Unterlassungsaufforderung wird damit begründet, dass das aggressive Verhalten die Gefühle der jeweiligen vCMbP verletzt.

Damit wird zum einen die Verbindung zur Gefühlswelt der/des Initiator_in/s aufrechterhalten, die am Anfang etabliert wurde, zum anderen wird sie über die Parallele *du würdest es auch nicht wollen* gefestigt. Der/die Verteidiger_in unterstellt das jedoch nicht einfach, sondern schränkt die Aussage dadurch ein, dass sie diese als Vermutung deklariert (*ich glaube*) und damit Respekt vor der Integrität der/des Initiator_in/s signalisiert. Der Beitrag schließt mit der zwischenmenschlich verbindlichen Formel *LG* für Liebe Grüße.

7-69 Es mag ja seien, dass du sie nicht magst. Das ist ja nicht schlimm. Aber behalte das doch bitte für dich und poste es nicht hier. Denn das ist verletzend und ich glaube du würdest es auch nicht wollen, wenn jemand über dich hier schlecht schreiben würde. LG (isg, 1_he_arc, 2011-01-18, 15:46:27)

So wird in 7-69 der Versuch unternommen, über empathisches Verhalten einen sozio-emotiven Anker zu etablieren. Was verstehe ich darunter?

Ich knüpfe die Idee des sozio-emotiven Ankers an den von Kahnemann (2012) beschriebenen Anker-Effekt. Dieser tritt in wirtschaftlich-relevanten Situationen (etwa in Verhandlungssituationen) auf, wie Kahnemann an etlichen Beispielen[227] expliziert. Er kommt aber auch zum Tragen, wenn z. B. durch einen Bildschirmschoner „auf einem belanglosen Computer [...] unsere Bereitschaft, Fremden zu helfen, beeinfluss[t]" wird (Kahnemann 2012: 163). Der Anker-Effekt basiert im Wesentlichen darauf, dass eine Vorgabe (das Elizitationselement) die Anpassung an diese Vorgabe evoziert (vgl. Epley/Gilovic 2001, vgl. auch das sogenannte Priming).[228] Das Ergebnis ist ein Abruf selektiver Gedächtnisinhalte. Der Effekt soll hier nun auf eine empathiegeleitete kommunikative Strategie zur Verteidigung appliziert werden.

Als erfolgreiche Verteidigungstechnik im Cybermobbing-Diskurs hat sich also herauskristallisiert, ein inhaltsbasiertes Elizitationselement als Anker zu etablieren.

7-70   Also ich finde [VNdbP] hat den verdient, ich finds zwar auch total doof das kein zwölftklässler den bekommen hat aba ich find [VNdbP] is schon durchaus angagiert an unserer schule ... (fb, icyfb01, 2012-11-14)

Dabei kann es sich um einen Teilaspekt des Diskurses handeln, mit dem sich der/die Autor_in zweifelsohne identifizieren kann, wie z. B. die Einschränkung *ich finds zwar auch total doof das kein zwölftklässler den bekommen hat* in 7-70. Damit kann der/die Verteidiger_in des Beitrags einen thematischen Nebenstrang

---

227 Zur Veranschaulichung nenne ich hier das Beispiel der fiktionalen Spendenaktion für 50.000 durch Ölteppiche in Not geratene Seevögel an der Pazifikküste. Die Proband_inn/en wurden nach der Höhe ihres möglichen Spendenbetrags gefragt. In Bedingung 1 wurde der Betrag von 5 Dollar in die Fragestellung eingebunden; die Proband_inn/en waren im Durchschnitt bereit 20 Dollar zu zahlen. In Bedingung 2 wurde der Betrag von 400 Dollar in die Fragestellung eingebunden; die Proband_inn/en waren im Durchschnitt bereit 143 Dollar zu zahlen. In Bedingung 3 wurde kein Anker vorgegeben, die durchschnittliche Spendenbetragshöhe belief sich auf 64 Dollar (Exploratorium-Studie beschrieben bei Kahnemann 2012: 158).
228 Kahnemann erwähnt den Versuch von Mussweiler/Strack (2000), in dem Proband_inn/en Ankerfragen über die Temperatur gestellt wurden: Darin wurde der Vergleichswert der Jahresdurchschnittstemperatur für Deutschland einmal mit 5 Grad und einmal mit 20 Grad Celsius vorgegeben. Im Anschluss wurde die Reaktionszeit gemessen, in der Personen Wörter mit Bezug zum Sommer respektive Wörter mit Bezug zum Winter erkennen sollten. Die Personen, die die Ankerfrage mit dem niedrigen Temperaturvergleichswert erhalten hatten, erkannten Wörter mit Bezug zum Winter schneller, die Personen, die die Ankerfragen mit dem hohen Temperaturvergleichswert erhalten hatten, erkannten Wörter mit Bezug zum Sommer schneller.

glaubwürdig konsensual bedienen und einen Kooperation signalisierenden sozio-emotiven Anker setzen (vgl. Mussweiler/Strack (2000) Terminus der assoziativen Kohärenz).

Den Diskursteilnehmer_inne/n wird damit gezeigt, dass die hervorgebrachten Einwände zur Kenntnis genommen und teilweise ratifiziert werden können, dem Eindruck, der/die Verteidiger_in passe sich nur scheinbar an, kann so vorgebeugt werden. Er/sie verortet sich klar im Diskursgeschehen, anstatt sich moralisch über die Initiator_inn/en zu erheben, was einer intendierten Auto-Exklusion gleichkäme. Diese würde eine konsequente Abwehrhaltung der Initiator_inn/en primen, die mit demonstrativen Ignoranztechniken oder Häme einherginge (vgl. *psychogelaber* in 6-129). Der sozio-emotive Anker aber verhindert die Generierung einer solch abrupten Abwehrhaltung, er impliziert eine kooperative und gruppenorientierte Grundhaltung, von der aus ein kontrastiver Aspekt konturiert werden kann. Das geschieht in 7-70 dennoch recht ostentativ, der Beitrag wird klar erkennbar als Kontraposition zu dem bisherigen Cybermobbing-Diskursgeschehen eröffnet und beendet. Er ist der letzte Beitrag zum Diskurs.

Das Deeskalationspotenzial sozio-emotiven Ankerns ist in den dieser Arbeit zugrundeliegenden Daten nur für Cybermobbing-Prozesse auf real-sozialem Fundament belegt.

Möglicherweise korrespondiert mit diesem Erfolg die Beobachtung, dass in den meisten Fällen etwa zeitgleich auch ein Offline-Meta-Diskurs initiiert wurde, der recht rasch von Interventionen der Schulleitung begleitet wurde. Ursache und Folge-Relationen lassen sich hierbei nicht klar definieren: Ob durch die sozio-emotive Anker-Technik ein Meta-Diskurs initiiert oder durch sie lediglich ein Signal auf den sich parallel konstituierenden Meta-Diskurs in den Online-Diskurs transportiert wurde, lässt sich leider nicht eindeutig feststellen.

Betroffene

Die Betroffenenrolle ist von der jeweiligen fokalen Diskursfigur besetzt. Die Diskursfigur bildet die Referenz für die diskursive Koalitionsbildung. Diese ergibt sich aus der individuellen Einstellung der Interaktant_inn/en zu der Person, die als Diskursfigur textuell instanziiert wird. Dabei ist nicht in allen Konstellationen von einer dauerhaft konsistenten Rollenbesetzung auszugehen. So werden in den ISG-Verläufen stetig neue Diskursfiguren etabliert oder auch mehrere gleichzeitig, auch in Shitstorms werden häufig periphere Kommunikationsstränge etabliert, die eine/n Teilnehmer_in des aktuellen Diskurses als temporäre Diskursfigur etablieren (vgl. u. a. Bsp. 7-32).

In Kap. 5 habe ich digitale Gewalt als von der Ratifizierung durch die Betroffenen zunächst losgelöstes Phänomen eingestuft, weil Betroffene nicht notwendigerweise digital kopräsent sind, ja sogar aktiv aus der Kommunikation ausgegrenzt werden, wie beispielsweise in Konstellation 1. Selbst wenn sie Zeuge des Geschehens werden (und damit Teil des Publikums), können sie sich trotzdem passiv verhalten. Meier (2007) fasst die Reaktionsmöglichkeiten, die eine „in ihrer Ehre verletzte" Person hat, folgendermaßen zusammen:

> Der Betroffene kann die Beleidigung ignorieren in der Hoffnung, sie falle so auf den Beleidiger zurück, er kann sich der Abwertung fügen, was ihn erst wirklich entehrt, oder aber er kann sich wehren und seine Ehre wiederherstellen. (Meier 2007: 79)

Die ersten beiden Wege lassen sich in der Onlinekommunikation nicht eruieren. Betroffene stehen vor einer besonderen Herausforderung. Ihr Diskursbeitrag wird provoziert, ist also nicht frei gewählt, ihr Handeln geschieht mit dem Ziel, das massiv bedrohte Face (nicht nur einer Profilidentität) wiederherzustellen, die Betroffenen agieren, um ihre Integrität zu re-stabilisieren. Ich stelle nachfolgend die Wege dar, die Betroffene wählten, um sich gegen Cybermobbing zu wehren, und sich aus der strategisch nachteiligen Verteidigungsposition heraus zu manövrieren.

Demonstration von Überlegenheit

Wer angegriffen wird, wird unweigerlich in eine Verteidigungsposition gedrängt, aus der heraus er/sie auf vorgegebene Themen zu reagieren genötigt wird. Wer beispielsweise in einer öffentlichen Situation als Lügner_in tituliert wird, muss auf diesen Vorwurf reagieren. Ein entschiedener Verweis auf die eigene Integrität (oder soziale Rolle), ohne den konkreten Vorwurf explizit aufzugreifen, kann hierbei eine Strategie sein. Auf ähnliche Weise versuchen vCMbPen ihre Diskursposition zu erneuern.

In Beispiel 7-71 reagiert der/die Betroffene[229] beispielsweise auf den Verbalangriff *deine mudda is ne fette hure* (2011-04-11, 15:53:20) mit *sorgen*. Wer sich Sorgen macht, erhebt sich über die Person, die die Sorgen auslöst. Sorgen indizieren Misstrauen, und Misstrauen wiederum kann aus einer (auch begründeten) Angst um eine Person entstehen. Diese Angst resultiert daraus, dass der/die sich Sorgende die Kompetenzen einer Person, um die er sich sorgt, als defizitär einschätzt.

---

[229] Im ISG-Teilkorpus konnte die Teilnehmerkategorie Betroffene/r nur aus der Interaktionssituation rekonstruiert werden.

Stolz (7-72) beruht auf einem vergleichbaren Mechanismus. Auch mit dem expliziten Ausdruck von Stolz kann eine Person die Person abwerten, die das Gefühl ausgelöst hat. Es ist ein Gefühl, das nicht ausschließlich durch Mitfreude geprägt wird. Die stolze Person überträgt damit (z. T. sogar berechtigterweise) die von anderen erbrachte Leistung auf sich selbst, um einen Anteil am Erfolg zu signalisieren (vgl. Roos 2009: 651) und gleichzeitig darauf zu verweisen, dass die Person, der dieser Stolz gilt, allein unfähig gewesen wäre, die Stolz auslösende Leistung zu vollbringen.

Sorgen und Stolz sind typischerweise elterliche Gefühle, die ein hierarchisches Gefälle zwischen sich und ihren Kindern oder ihnen anvertrauten Personen als gegeben betrachten und künstlich konservieren. Diese Gefühle werden integritätsverletzend als Handlungsmotivationen in die sogenannte Erziehung eingebunden. Der erwartete Stolz der Eltern und nicht die Freude an einer Sache sowie die befürchtete Sorge der Eltern und nicht die eigene Einsicht an der Unsinnigkeit einer Sache werden somit zum größten Antrieb. Das sind Motivationsfaktoren, die das Handeln der Kinder an die Eltern binden und ihr Recht auf freie Entwicklung einschränken.

In den Beispielen 7-71 und 7-72 machen sich die Betroffenen dieses Prinzip zunutze, um ihre eigene verletzte Integrität zu reparieren und ihre Diskursposition zu behaupten.

7-71 ach du schon wieder, allmählich mach ich mir ja so richtig sorgen um dich! Wie heißt und wo wohnst du, vielleicht kann ich dir ja helfen. (isg, rs_1_b_ns, 2011-04-11, 16:04:31)

7-72 Ich bin stolz auf euch! :)Diese Diskusion hier über mich hat knapp 250 Kommentare, soviel wie keine andere auf isharegossip. Man, muss Ich ein interessanter Typ sein dass ihr nichts anderes im Kopf habt hahaha Aber ins Gesicht sagt mir das irgendwie keiner, da trauen sie sich dann doch nichtmehr... :(-VNdbP (isg, g_1_b_wr, 2011-01-14, 15:10:50)

In 7-73 demonstriert der/die Betroffene die Kontrolle über das eigene Profil, indem er/sie ankündigt die Äußerungen zu *lösch*[en] und im Falle eines weiteren Angriffs *Personen von* [der] *Kontaktliste* zu *blocken*. Die als *bekloppt* evaluierten Kommentare werden als Signal für den *Neid* und die *Missgunst* von Menschen konzeptualisiert, die *professionelle Hilfe* brauchen. Die vCMbP geht in diesem Beitrag in keiner Weise inhaltlich auf die Angriffe ein, sondern klassifiziert sie aus einer überlegenen Position heraus als *[E]rbrochen[es] und lehrreiche[s] Anschauungsmaterial[...] wie Mensch bestenfalls nie werden möchte.* Diese

Erkenntnis bildet die Klimax einer sehr dichten, Entschlossenheit transportierenden Hypotaxe, zu der die Derangiertheit unterstellende Aufforderung *Kommt mal klar!* kontrastiv positioniert und pointiert wird. Im Anschluss wirkt der Stil geradezu versöhnlich und verbindlich (*Kann ja nu nich so schwer sein*) und erweckt den Anschein von Mitleid mit den Initiator_inne/n, die dadurch zusätzlich abgewertet werden.

7-73 So die bekloppten Kommentare, welche so trefflich zum Ausdruck bringen, dass ihre Verfasserinnen wohl so schwer an ihrer Existenz zu tragen haben müssen, dass sie nur Neid und Missgunst als scheinbar allerhöchstes ihrer Gefühlswelten in ihren Äußerungen zu erbrechen in der Lage sind, lösch ich dann jetzt mal trotz des lehrreichen Anschauungsmaterials wie Mensch bestenfalls nie werden möchte. Seh ich hier sowas nochmal werden betreffende Personen von meiner Kontaktliste geblockt – brauch ich einfach nicht. Kommt mal klar! Kann ja nu nich so schwer sein und wenn doch gibts für sowas auch professionelle Hilfe. Meine Wall ist definitiv die falsche Adresse und wird Euch nicht in geeigneter Weise helfen können. (fb, ti, 2015-12-17, 00:17, bearbeitet, 1L)

Ein Beleg für einen Gegenangriff, indem mehrere Techniken der Opferfigurkonstruktion und Verteidigung durch Dritte zusammenlaufen, ist 7-74. So wird als Motivationsgrund für den Face-Angriff das *langweilige[...] Leben* der Initiator_inn/en erwogen. Der übliche Referenzbereich der Deine-Mudda-Technik wird in Form eines geäußerten Verdachts auf die Väter ausgeweitet und damit verschärft. Mit dem Emotionsausdruck *widerlich* wird Ekel ausgedrückt, der sich in dem Wunsch akkumuliert, sich übergeben zu wollen (und damit die Angriffe und Angreifer_innen sinnbildlich loszuwerden). Gleichzeitig wird mit dieser Beschreibung die von Izard (1972) beschriebene Reaktionsrichtung – ekelinduzierende Stimuli führen zu Anstieg von Verachtung und Ärger (vgl. auch Henning 2009: 648) – umgekehrt, um den Grund für den Ärger zu betonen und auszudifferenzieren.

7-74 Ihr müsst ja so ein langweiliges Leben haben dass ihr meine ganzen Freunde durchstalked hahaha. Und müssen eure Mütter schlecht im Bett sein dass sie nur Männer abkriegen die sowas wie euch zustande bringen. Widerlich, Ich kann garnicht soviel essen wie ich kotzen könnte. (isg, g_1_b_wr, 2011-01-17, 15:58:11)

Dementi

In Dementi greifen die vCMbPen die über sie verbreiteten Inhalte auf, klassifizieren sie als unwahr und formulieren eine Gegendarstellung. So stellt die vCMbP in 7-75 in einem extra neu angelegten Profil (neuer Profilname: DER_[Username]) graphisch durch Großbuchstaben expressiv hervorgehoben richtig, dass er/sie der/die Urheber_in von Software-Objekten ist, die der/die Initiator_in als eigene Entwicklungen ausgegeben hatte.

Im Anschluss wird der Betrug für die Forenmitglieder aufgeklärt, wobei jeder Satz nachdrücklich mit einem Ausrufezeichen beendet wird. Im zweiten Absatz adressiert die vCMbP den/die Angreifer_in direkt und expliziert das Vergehen für alle Forenmitglieder sichtbar noch einmal. Glaubwürdigkeit wird auch dadurch erreicht, dass die bereits unternommenen Schritte (*beim Administrator der Seite gemeldet*) dokumentiert und das Bestreben *diese Sache* aufzuklären als *[V]ersprechen* deutlich artikuliert und angedroht werden. Um eine Drohung handelt es sich, weil die Einleitungsbedingung, der/die Adressat_in würde die Ausführung der Handlung gegenüber einer Unterlassung präferieren (Searle 1969), für ein Versprechen nicht erfüllt ist. Sie wird mit der Ankündigung einer *privaten Nachricht* verstärkt, deren Inhalt für die Forenmitglieder nicht einsehbar ist und damit unwillkürlich als brisant markiert wird.

7-75   PR_Reihenhaus_02 und andere Objekte sind MEINE OBJEKTE, die von einem richtigen [Username klein geschrieben] (und nicht [Username groß geschrieben]) erstellt wurden! Der [„Username"] hier ist ein Betrüger und jemand, der sich als mich ausgibt! Ich weiß nicht wer du bist und warum so was machst. Du benuzt illegal meine eigenen Worte und eines von meinen Facebook-Fotos. Ich habe es schon beim Administrator der Seite gemeldet und ich lasse diese Sache nicht. Das kann ich dir versprechen P.S. Eine private Nachricht von mir wartet auch dich. (2011-09-18, 23:46, geändert: 2011-09-19, 00:09)

In 7-76 stellt die vCMbP parallel zur Negierung des im Diskurs kolportierten Sachverhalts einer tätlichen Auseinandersetzung deren tatsächliche Umsetzung in Aussicht und demonstriert damit die Überzeugung, dieser Konfrontation standhalten zu können.

7-76   Und dann hier profilieren mit \"ich hab ihm aufs maul gehauen\" haha in deinen träumen vielleicht. Na los wer will kann morgen kommen 5. stunde oder große pause ich bin da. Ihr seid echt das allerletzte! –VNdbP (isg, g_1_b_wr, 2011-01-17, 15:58:17)

Auf der Seite IShareGossip gehen vCMbPen auch auf intimste Unterstellungen ein und stellen diese richtig: *[Jungenname] HAB ÍCH KEINEN GEBLASEN!!!!!!* in 7-77, *und ganz erlich wir sind auch keine schwanzlutscherinen* in 7-78. Die Beiträge weisen jeweils ein hohes Emotionspotenzial auf: extensive Verwendung von Großbuchstaben, Ausrufezeichen, Auslassungspünktchen einerseits; Tippfehler in 7-78, die Involvement in der Eingabesituation indizieren, andererseits.

7-77   BOA EY?! DAS GEHT EUCH N SCHEISSDRECK AN WEN ICH EIN BLASE UND WEN NICHT UND [Jungenname] HAB ÍCH KEINEN GEBLASEN!!!!!! LG [NdbP] (isg, g_1_ffm_bs, 2011-01-23, 14:41:36)

7-78   und ganz erlich wir sind auch keine schwanzlutscherinen .. und wer so ein scheiss schreibt ist warscheinlich selbst so einenr .. einfach irgend eoin gerücht in die welt setzen einfahc nur armselig!! lasst dein scheiss einfach ! lg [vermutlich NdbP] (isg, igs_1_ffm_nd, 2011-01-23, 14:49:24)

Beispiel 7-79 zeigt eine sprichwörtliche Explosion, die die vCMbP mit *Jetzt reicht es* einleitet und damit signalisiert, dass dem Produktionszeitpunkt eine Phase der beobachtenden und möglicherweise auch schockähnlichen Inaktivität vorausging, siehe auch Z.2 und Z.22 f. und vgl. Schlobinski/Tewes (2007: 8), die für verbale Gewalt feststellen:

> Und durch Sprache kann der Kommunikationspartner nicht nur ausgegrenzt, sondern ‚mundtot' gemacht werden. Sprache ist dann nicht ein Mittel zur Verständigung, sondern mutiert zu ihrem Gegenteil: Sprache wird zum Mittel, den Sprecher am Sprechen zu hindern.

In mehreren unmittelbar aufeinander folgenden Beiträgen wehrt sich der/die Betroffene nun gegen die Anschuldigungen und macht sich dabei das SPAM-Prinzip zunutze, ich greife dieses Prinzip im Verlauf dieses Kapitels noch einmal auf. Sie füllt die temporär aktuelle Oberfläche kontinuierlich mit ihren eigenen Beiträgen, reduziert damit die Partizipationschancen für die anderen Diskursteilnehmer_innen und spiegelt gleichzeitig die Epidemie (Z.7), die Gegenstand ihrer Stellungnahme ist. Dabei nimmt sie – jeweils markiert durch Klammern – explizit auf die formalen Beschränkungen der Plattform Bezug (*die maximale wortanzahl ist ständig überschritten*, Z.16 f., *so langsam habe ich das gefühl die streichen mir von post zu post die maximale Zeichenanzahl...*, Z.43 f.). Nachdem sie ihrem Entsetzen durch Fluchen (*verdammt nochmal*, Z.8), Ad Absurdum-Führen der Inhalte des Cybermobbing (Z.5 f., Z.20, Z.28 f., Z.27, Z.29, Z.30, Z.37, Z.41 f.) und Abwertung der Initiator_inn/en (Z.4, Z.10, Z.47) Ausdruck verliehen hat, beschreibt sie erst am Ende (Z.53 f.) – als Rechtfertigung für einen impulsiven Kommentar, der in Z.49 f. von einem/einer anderem/n Diskursteilnehmer_in zitiert wird – welche emotionale und körperliche Reaktion das Cybermobbing ausgelöst haben: *Als ich das hier gelesen habe habe ich paar mal ins Kissen geschrieen und hatte dann nicht mehr das Bedürfnis jemanden zu Beleidigen.* Dieses steht im Gegensatz zur in Z.23 behaupteten Haltung: *find ich echt lustig*, mit der emotionale Distanz und Überlegenheit suggeriert werden. Die Formulierung *wie gesagt* könnte den Eindruck vermitteln, diese Haltung wäre von Beginn an diskurspräsent und überlagere die Wut und Enttäuschung, tatsächlich hat der/die Betroffene vorher die *[L]ustig[keit]* der Sache nicht erwähnt. Die Beiträge der vCMbP sind von Appellen durchsetzt (*Sucht euch gefälligst alle ein eigenes Leben*, Z.3 f.; *Lasst doch eure Mitmenschen einfach leben kinder und hört auf zu haten*, Z.13 f.; *Lasst mich doch einfach machen*, Z.26). Auch nach der Verabschiedungsformel wird noch ein weiterer Appell formuliert: *tut mir den gefallen und lasst doch einfach diesen verletzenden scheiß weg den ihr hier schreibt*, Z.58 f.). Während die ersten drei Appelle vor allem darauf ausgerichtet sind, Distanz zu schaffen, liegt der Fokus im letzten Appell dagegen auf der verletzenden Wirkung der Nachrichten, die als Begründung für die Unterlassungsaufforderung angeführt wird.

7-79   isg, g_1_b_sco, 2011-01-21

01	21:24:20	Jetzt reicht es.
02		Ich habe noch nichts geschrieben auf dieser verfickten Seite, aber jetzt
03		reicht es echt. Sucht euch gefälligst alle ein eigenes Leben ihr kleinen
04		Pisser!
05		Ich WILL im Mittelpunkt stehen ja. Ihr seid alle so süß. Ihr seid doch
06		diejenigen die mich in den Mittelpunkt schieben.
07	21:25:35	Was habe ich denn hier gemacht dass hier sone Epidemie über mich
08		ausgebrochen ist? Das erbärmlichste von allem ist aber, dass ihr verdammt nochmal nicht die Eier in der Hose habt mir das alles ins Gesicht
09		
10		zu sagen. Ihr seid sone kleinen hässlichen hinterfotzigen Kinder die kein
11		eigenes Leben haben und unglücklich sind.
12	21:27:00	WAS WOLLT IHR VON MIR? Wnb Fame ja. hahaha. anscheinend sehr
13		Fame wenn ihr so viel über mich \"wisst\". Lasst doch eure Mitmenschen
14		einfach leben kinder und hört auf zu haten.
15	21:28:27	(ich würde euch ja einen einheitlichen wunderschönen stilvollen text
16		schreiben aber die maximale wortanzahl ist ständig überschritten.)
17		Sagt mir doch eure Namen Kinder, dann können wir das bei nem schönen
18		Kaffee Und Kuchen besprechen und ihr könnt mir alles was ihr loswerden
19		wollt ins Gesicht sagen, na wie wär das?
20	21:29:55	ich bin eine Schlame Hure etc. Ahja. Ich bin hübsch, bin es nicht, oder
21		doch? Wer weiß das schon, Schönheit liegt im Auge des Betrachters, also
22		bringt es rein gar nichts jetzt darüber zu diskutieren mh?!

23	21:32:20	Also wie gesagt find ich echt lustig mit diesem wnb fame und ich will
24		mich in den Mittelpunkt stellen und so. Ihr schreibt doch alle über mich,
25		bis jetzt habe ich kein einziges wort gesagt.
26		Lasst mich doch einfach machen. Ihr habt doch eh keine Ahnung. Seht
27		ihr? der nächste hat gehört ich geh auf keine Partys. Na also.
28	21:33:32	ich geh gar nicht auf partys leute, seht ihr nicht was da steht?
29		ich hatte was mit Steven (Hahahaha) hey, ihr glaubt doch eh alles was
30		hier steht, das auch?Viele leute sagen ich bin ne Schlampe, dann muss es
31		stimmen mh?
32	21:35:16	Nur weil ich viel mit Jungs zu tun habe, ja ich versteh mich nunmal bes-
33		ser mit Jungs als mit Mädchen, die sind halt Zickiger. (außer steviechen,
34		der ist ne ausnahme ;D)
35	21:36:04	Aber wer von euch weiß denn schon was wirklich zwischen mir und all
36		den Typen läuft mh?
37		ich bin ja auch bekannt dafür einige nur zu verarschen. Haha. Tja, wel-
38		ches Mädchen macht es nicht? Es macht spaß und wenn man die mög-
39		lichkeiten dazu hat dann, wieso nicht?
40	21:36:15	solange man nicht mit jedem schläft ist es doch ok. Schlafe ich denn mit
41		jedem? Mh, das müsstet ihr wohl besser wissen als ich, ihr wisst doch eh
42		alles besser so wie ich das hier grade alles mitverfolgt habe.
43	21:36:37	(so langsam habe ich das gefühl die streichen mir von post zu post die
44		maximale Zeichenanzahl...)
45	21:37:28	Also ich denke ich bin alles mehr oder weniger losgeworden was ich
46		loswerden wollte. Ich wollte mich nur noch bei meinen süßen freunden
47		bedanken, ich liebe euch aber ihr hättet euch mit diesen dummen Kin-
48		dern hier nicht so rumstreiten müssen.
49	21:37:30	Warst du nicht diejeniege die irgendwo da oben geschrieen hat \"die
50		bitch zeigt dir gleich was kann..\" oder so aehnlich ? Haha.
51		Der eine hat geschrieben wenn u geht\'s dann gehst du heimlich was du
52		auch machst anders darfst du ja nicht.
53	21:39:07	Als ich das hier gelesen habe habe ich paar mal ins Kissen geschrieen
54		und hatte dann nicht mehr das Bedürfnis jemanden zu Beleidigen.
55		So. Ich wünsche euch allen, ob ihr mich mögt oder nicht, noch einen
56		schönen Abend.
57	21:39:34	Schließlich muss mich ja nicht jeder mögen, ich mag ja auch nicht jeden,
58		aber tut mir den gefallen und lasst doch einfach diesen verletzenden
59		scheiß weg den ihr hier schreibt.
60	21:40:50	nein das war ich nicht oder steht da mein name drunter?
61	21:43:16	woher will man glauben was hier [NdbP] geschrieben hat?
62	21:44:31	LAURA WE LOVE YOU!!
63	21:47:36	not.
64	21:47:59	woher will man glauben dass hier [NdbP] geschrieben hat?
65		Naja, eogentlich hast du ja recht, man kann sich da nicht sicher sein.
66		Weißt du, ich poste einfach bei FB in meinem Status dass ich es war, ich
67		glaube besser kann man es nicht beweisen ;)

Die verletzende Wirkung wird auch in einem Facebook-Post von Dunja Hayali zentral gesetzt (7-80). Die Fernsehjournalistin ist in den letzten Jahren massiven Angriffen ausgesetzt.

Veröffentlichung
Den Anfeindungen, denen insbesondere in der Öffentlichkeit stehende Frauen ausgesetzt sind, begegneten z. B. Dunja Hayali (7-80) oder Sina Trinkwalder (7-81) mit der Veröffentlichung der teilweise privat an sie gerichteten Zuschriften und Kommentare, siehe auch das Projekt[230] des Frauenmagazins „Wienerin", in dessen Rahmen Journalistinnen und Autorinnen Hetz-Kommentare vorgelesen haben (vgl. auch Kap. 3.3).

An die Veröffentlichung des Zitats schließt Dunja Hayali beispielsweise eine Stellungnahme zum Inhalt des diskreditierenden Kommentars an (7-80). Sie wählt für ihre Ausführungen einen Titel, der die verletzende Wirkung der Hetzkommentare in einem Wort zusammenfasst, und hebt diesen in Großbuchstaben hervor. Damit korrespondiert die lautmalerische Formulierung *Bäng* (Z.4), mit der die Nachricht als SCHLAG klassifiziert wird und der damit verbundene Schmerz ins Bewusstsein rückt.

Ein weiterer Verteidigungsschritt ist hier, den Namen des Initiators öffentlich zu machen. Damit kritisiert die Journalistin die Vorgehensweise des Initiators, der ihr zwar eine persönliche Nachricht unter Angabe seines Namens schreibt (Z.9), aber mit einem offenbar leeren Profil keinerlei Anhaltspunkt für die Generierung eines Recipient Designs zulässt (*Und wenn ich Ihr Profil aufrufe, dann sehe ich NICHTS. Alles leer. Zeigen Sie mir Ihr Gesicht! Ich will Sie sehen. Ich will wissen, wer mich angreift*, Z.9 f.). Die auf diese Weise vom Initiator erzeugte Asymmetrie verhindert eine faire Diskussion, als Konsequenz äußert die Journalistin ihre Replik auf der Pinnwand ihrer Facebook-Seite (vgl. zu solchen Ver-Aneignungs- und Positionierungsverfahren Marx 2017).

7-80 fb, Dunja Hayali, 2016-01-05, 23:15
01   VERWUNDBARKEIT
02   „schade das sie nicht eine der frauen von köln in der silvesternacht waren, vielleicht
03   hätte Ihnen das augen geöffnet."
04   Bäng. Wieder so eine Nachricht. In meinem persönlichen Postfach. Um mir WAS zu
05   sagen, David Riesberger? Dass Sie sich wünschen, ich wäre begrapscht, verhöhnt und
06   beklaut worden? Schönen Dank auch. Gewalt gegen Frauen ist Alltag. Männer tun das
07   Frauen ständig an. Auf jede erdenkliche Art. Sind Sie anders? Wie diese Männer in

---

230 http://wienerin.at/home/jetzt/4926887/Gewalt-gegen-Frauen-im-Internet_Video_ Journalistinnen-lesen

08	Köln, die das Dunkel ausnutzen, um Frauen zu belästigen, zu erniedrigen und zu
09	beschmutzen, schreiben Sie mir einfach so, einfach so einen Satz in mein ganz persön-
10	liches Postfach. Und wenn ich Ihr Profil aufrufe, dann sehe ich NICHTS. Alles leer.
11	Zeigen Sie mir Ihr Gesicht! Ich will Sie sehen. Ich will wissen, wer mich angreift. Sind
12	Sie ein weißer, deutscher Mann? Selbst wenn, aber auch wenn nicht, mir ist es näm-
13	lich egal, ob sie schwarz, weiß, Christ, Muslim oder buntgestreift sind, denn es macht
14	keinen Unterschied. Also wer gibt Ihnen das Recht, einer Frau Angst einzujagen?
15	Gewalt gegen Frauen bleibt Gewalt gegen Frauen. Ob Sie das machen, Herr Riesberger,
16	oder irgendein anderer Mann. Oder glauben Sie, Sie dienen einer höheren Sache?
17	Deutsche Frauen beschützen? Oder gleich unser ganzes Land beschützen? Beschützen
18	Sie mich auch? Das tun Sie nicht. Kann ich ja lesen. Diese Doppelmoral ist unerträg-
19	lich. Warum tun Sie mir das an? Weil ich universelle Werte verteidige? Oder weil ich
20	eine Frau bin, deren Eltern zufällig nicht in Deutschland geboren sind? Das kann ich
21	mir jetzt wohl aussuchen. Beides ist erschreckend.
22	Die Vorgänge in Köln, Hamburg, Stuttgart sind kein Auswuchs einer speziellen Kultur.
23	Die Vorgänge sind ein Fall für die Polizei und die Staatsanwaltschaft. Das, was pas-
24	siert ist, ist unerträglich und gehört vor Gericht. Egal welche Männer. Egal welche
25	Frauen. Egal ob diese Frauen einen Minirock oder einen Schleier tragen. Egal ob auf
26	dem Münchner Oktoberfest, in der U-Bahn oder auf dem Bahnhofsvorplatz in Köln.
27	Gewalt gegen Frauen ist so normal, ist so alltäglich, dass nur noch selten echte Empö-
28	rung aufkommt. Nun ist sie da. Aber vor allem, weil diese Gewalt eine neue Dimension
29	und damit einen Neuigkeitswert erreicht hat. Und es ist in der Tat beängstigend: Män-
30	ner schließen sich in Horden zusammen, organisiert oder nicht, um gemeinsam auf
31	die Jagd zu gehen. Da muss man keine Frau sein. Die Angst kann jeder nachfühlen, ob
32	Frau, Mann, jung, alt, schwul oder sonst was. Und ich darf wie jede andere Bürgerin
33	und jeder andere Bürger dieses Landes erwarten, dass ich vor solchen Übergriffen
34	geschützt werde. Ebenso dürfen Schutz Suchende, die sich hier völlig legal aufhalten,
35	von diesem Land erwarten, dass sie nicht von Waffenträgern, Feuerlegern oder ande-
36	ren Gewalttätigen bedroht werden. Worte können auch schwer verletzen. Das ist kein
37	Kavaliersdelikt. Wir sind alle gleich. Verwundbar. Wer beschützt uns vor Ihnen, Herr
38	Riesberger?

Die Unternehmerin Sina Trinkwalder veröffentlicht in einem Beitrag an sie gerichtete Hetz-Kommentare sarkastisch als *Best of* (Z.3), siehe Bsp. 7-81. In dieser Verdichtung scheint sich die kaum steigerbare Negativwirkung noch einmal zu potenzieren.

7-81 fb, Sina Trinkwalder, 2016-02-19, 572 L, 81 T, 118 Kom
01	Alter Falter. Da laufen heute mindestens zwei Windräder, um den Strom zu erzeugen
02	für die Mails besorgter Bürger an mich.
03	Das Best of (Das beste aus mehreren Mails sprachlich niveauvoll zusammengestückelt)
04	kriegt ihr doch mal:
05	Die Asylantenfotze, die mit ihren Millionen die Merkel schmiert, gleichzeitig natürlich
06	sich die Linientreue zur Flüchtlingskanzlerin auf einem Schweizer Konto honorieren
07	lässt, und alle Flüchtlinge als 1-Eurojobber ausbeutet, die festgehalten wird und in

08	jedes Loch einen Negerschwanz bekommt, bis sie erstickt, wird an ihrem noch Sozial-
09	geschwafel krepieren. Und wenn nicht, ist sich einer besonders sicher: Gutmenschen
10	überleben in Deutschland nicht. Dafür wird man Sorgen.
11	Was ich mir dabei denke? Für solch einen unterirdischen Schwachsinn haben manche
12	Menschen in unserer Gesellschaft Zeit. Keine Zeit aber haben sie fürs Ärmel hoch-
13	krempeln und mit anpacken, um Herausforderungen zu meistern.
14	Warum eigentlich? Ich würde das wirklich gerne verstehen.

In Veröffentlichungen und Beiträgen der vCMbPen wird jeweils immer auch das Unverständnis gegenüber dem Handeln der Initiator_inn/en ausgedrückt und die Suche nach Gründen, die dieses Verhalten erklären könnten (*Warum tun Sie mir das an?* Z.19, 7-80; *Warum eigentlich? Ich würde das wirklich gerne verstehen*, Z.14, 7-81; *ich meine was dennkt ihr euch so was zu sagen* in 7-82).

7-82   okay leute ich sag euch ma was ich bin [VNdbP] und ich finde das echt krass was ihr hir bringt ihr seit so was von todes arm nur weil ihr keinen abbekommt macht ihr hir andere leute fertig denkt ihr mich bockt es was ihr über mich denkt.? ihr seit nur auf dn kopf gefallen. ich meine was dennkt ihr euch so was zu sagen ihr gennt mich wetten nicht mal richtig (isg, igs_1_ffm_nd, 2011-01-19, 19:22:05 und 19:22:53)

Antworten darauf sind innerhalb des digitalen Gewaltdiskurses kaum zu erwarten. Gerade in den durch Asymmetrie gekennzeichneten Kommunikationssituationen wird der Diskurs fortgeführt. So gibt es zwar Reaktionen (vgl. 7-79), die an der Oberfläche sogar wie ein Zuspruch anmuten (Z.62), sich aber schnell als Fortführung der Face-Angriffe entpuppen (Z.63). Was hier lediglich als Indikator dafür kategorisiert werden kann, wie unbeirrt die Initiator_inn/en ihr Ziel weiterverfolgen, wird im Verlauf des weiteren Diskurses als Wiederaufnahme-Signal für das Cybermobbing verifiziert, 7-83 folgt im Diskurs unmittelbar an das in 7-79 diskutierte Beispiel.

7-83   sogar ihre freundinnnen finden es daneben ;D wir lieben dich nicht freu dich nciht [VNdbP] (isg, g_1_b_sco, 2011-01-21, 21:48:32)

Beispiel 7-84 stellt eine Folgesequenz für einen Selbstverteidigungsversuch der vCMbP (siehe 7-76) dar, an der ebenfalls ablesbar ist, dass die Initiator_inn/en den Beitrag der vCMbP zum Anlass nehmen, das Cybermobbing fortzuführen, vgl. auch Sina Trinkwalders Fazit 7-85 zur Erfolglosigkeit von Selbstverteidigungsversuchen im Netz.

7-84 isg, g_1_b_wr, 2011-01-14, 21:42:06 bis 22:24:53
01   21:42:06   fresse [VNdbP]
02   21:43:40   todes [VNdbP]!
03   22:01:22   Alles penisköpfe hier. Getta life outa Internet.
04   22:21:13   eins muss man ihm lassen er hat überdicke eier weil er jedn tag inne
05   schule kommt wo alle ihn eklig finden
06   22:12:15   jo eier aus bodenhaltung wa
07   22:21:27   höhöhöh bäh
08   22:24:26   ey ihr habt echt recht is n überwichser
09   22:24:53   neu hier ahaha?

7-85 Übrigens hat das wirklich was gebracht, in den sozialen Netzwerken mal ein paar rechte Idioten und Hatespeech-Männlein an den öffentlichen Eiern aufzuhängen. Die sind jetzt viel netter: "Für Frauen wie dich wurde der Herd erfunden!" Ja, du Schmalhirn, ich kann kochen. Wie siehts bei dir aus? (fb, Sina Trinkwalder, 2016-03-30, 6 Wow, 51 Lachsmileys, 236 Likes, 5T, 18 Kom)

Kommentator_inn/en
Die Kommentator_inn/en empfehlen oder bewerten das Diskursgeschehen aus einer relativ distanzierten Haltung heraus metaperspektivisch. Kommentator_inn/en sind also (zumindest) nicht erkennbar in spezifische Mobbingfälle involviert, nehmen jedoch trotzdem Stellung.

Metasprachliche Verweise
Diese Stellungnahme lässt nicht notwendigerweise den Schluss zu, dass sich der/die Kommentator_in gegen Mobber_innen oder Shitstormer_innen positioniert. In Beispiel 7-68, Z.20 versucht der/die Kommentator_in zwar anhand eines Vergleichs *die man benutzt hat als ich 14 war* eine abwertende Analogie zum Reifegrad der am Diskurs Beteiligten aufzuzeigen. Die Wertung wird in dem Komparativ *intellektuellere* kontinuiert. Dieser Kommentar scheint dennoch nicht vordergründig in Dementierungs- oder gar Verteidigungsabsicht verfasst worden zu sein, wie die wörtlichen Zitate zeigen, die die Angriffe auf die Diskursfigur aktualisieren (*nennen wir es mal gehirn* oder für *soviel dummheit gibt es kein versteck*). Sie werden zu keinem Zeitpunkt inhaltlich angezweifelt, der/die Kommentator_in wünscht sich lediglich eine angemessenere Präsentationsform der „Argumente".

Kritik an der Veröffentlichungsplattform
Typische Kommentator_inn/en-Beiträge auf der ISG-Seite sind negative Evaluierungen der Kommunikationsplattform (*zu hard* in 7-86, *fickfrosch seite* in 7-87,

scheiße in 7-89), die auch als Abwertung derjenigen verstanden werden darf, die sich auf diesen Seiten despektierlich äußern, in 7-88 intensiviert durch Rekkurenz (*Was sind das für Vollärsche, ein Haufen verantwortungsloser Ärsche !!!!!!!!!*).

7-86   diese seite ist zu hard !! (isg, ses_1_b_ksf, 2011-01-19, 20:59:24)

7-87   so eine fickfrosch seite (isg, igs_1_wi_hls, 2011-01-22, 21:35:18)

Diese Evaluierungen gehen mit Sanktionsforderungen einher: *Ich hoffe, die Seite wird gesperrt* in 7-89. In 7-90 wendet sich der/die Kommentator_in mit einer aufklärerischen Warnung direkt an die Diskursteilnehmer_innen.

7-88   Was sind das für Vollärsche die hier kleinen Idioten eine Läster und Mobbingplattform zur Verfügung stellen, das Ding hier gehört sofort von Netz genommen, das sind keine Gossips sondern Diskriminierungen und Beleidigungen gegen Leute die sich dagegen nicht wehren können. Die Betreiber sind ein Haufen verantwortungsloser Ärsche !!!!!!!! (isg, g_1_ffm_bs, 2011-01-17, 22:08:11)

7-89   Was ist das hier für eine Scheiße? Diese Seite hetzt uns aufeinander, schafft Konflikte, wo keine sind. Eine Seite zum "anonymen Lästern" birgt Agressivität und kann nicht funktionieren. Übelste Beleidigungen sind noch das Harmlose. Hunderte Amok-Drohungen, tausende Aufrufe zu Gewalttaten - und ISG ist gerade erst am Wachsen. Ich hoffe, die Seite wird gesperrt, bevor es zu spät ist. Unterstützt nicht diese Massenhetze! (isg, g_1_b_en, 2011-03-31, 16:03:23)

7-90   hey, ihr werdet hier übelst verarscht von den betreibern der seite, die auf eure kosten schnell kohle machen wollen und ihr verfleischt euch gegenseitig, jeder kann irgendetwas über jemanden behaupten kein problem und das werdet ihr so schnell nicht mehr los (isg, igs_1_ffm_nd, 2011-01-21, 16:12:41)

Aufklärung soll auch dadurch bewirkt werden, dass die zweifelhaften Aktivitäten der Moderator_inn/en aufgedeckt werden, wie in 7-91 und 7-92.

7-91   Komisch... Harmlose beiträge löscht der Mod, aber dislikes gegen ihn lässt er...???? (isg, g_1_b_fvS, 2011-03-30, 19:58:31)

7-92 und schon hat der mod den großen post gegen sich gelöscht...wie unauffällig... (isg, g_1_b_fvS, 2011-03-30, 20:11:30)

Verweis auf Autoritäten und rechtliche Grundlagen
Ein in der Argumentationstheorie geradezu klassischer Topos ist die Berufung auf Autoritäten (Aristoteles 1980, II.20-26), siehe auch die Diskussion des Autoritätsarguments in Deppermann (2005: 98) oder Kienpointner (1992: 393 ff.). In den Beispielen 7-93 bis 7-95 werden für die Schüler_innen unmittelbare Einflussgrößen auf der weltlichen Ebene, wie Lehrer_innen aus der jeweiligen Schule (7-93, 7-94), die *Schulleitung* und die *Deutschlehrer* (7-95) aufgerufen, die die Taten nicht nur bezeugen und professionell beurteilen, sondern auch – und hierin liegt die Drohung (oder auch Warnung) – Konsequenzen einleiten können. Eine ethisch-moralische Komponente stellt die Referenz auf metaphysische Instanzen wie *Gott* in 7-95 dar.

7-93 frau [Name einer Lehrerin] wird euch alle hinrichten, ihr pisser ! (isg, g_1_b_bas, 2011-04-24, 19:22:50)

7-94 Ich sage nur fr. [Name einer Lehrerin] liest bald alles mit von daher seid lieber still.^^ (isg, is_1_b_hso, 2011-02-14, 18:43:10)

7-95 Euch ist hoffentlich klar, dass die Schulleitung diese Seite kennt und dass aus eurem Sprachgebrauch auch klar wird wer hier was schreibt! Gott und die Deutschlehrer sehen alles! (isg, is_1_b_hso, 2011-02-26, 00:08:10)

Mit Verweisen darauf, dass sich die Interagierenden strafbar machen, soll der Diskurs gestoppt werden. Dabei wird das zu erwartende konkrete Strafmaß ausdifferenziert (*bis zu zwei jahren* in 7-96). Das im Diskurs häufigste und die Teilnehmer_innen in Sicherheit wiegende Argument der absoluten Anonymität wird aufgegriffen und widerlegt (*man kann ihre anonymen kommentare ganz leicht hacken* in 7-97).

7-96 nur so beleidung ist in deutschland ne straftat kann mit bis zu zwei jahren verrurteilt werden. über die ip adresse die adresse des autors rauszufinden mag zwar für ein laien nicht so einfach sein jedoch istves für die polizei ein kinderspiel zumal jede internetseite verpflichtet ist die ips für eine bestimmte zeit zu speichern...(isg, g_1_ffm_bs, 2011-01-20, 22:17:30)

7-97   es ist echt schlimm was hier abgeht, kann nur allen raten, die hier gemobbt werden zur Polizei zu gehen und diese miesen typen anzuzeigen, man kann ihre anonymen kommentare ganz leicht hacken und dann sind sie dran wegen und kriegen strafanzeigen, los macht euch die arbeit (isg, igs_1_ffm_nd, 2011-01-21, 11:52:36)

SPAMming
Eine Technik der Kommentator_inn/en ist die aktive Generierung von Inkohärenz durch abrupte Themenwechsel (7-98 bis 7-101) und flächendeckenden Nonsense (7-102). Die Kommentare wurden dazu teilweise hundertfach aneinandergereiht. Dieser SPAM ist mit potenziellen (über Suchbefehle detektierbaren) Schlüsselmorphemen des ISG-Diskurses durchsetzt ({schwanz} in *Schwalbenschwanz* oder {sterb} in *Sterbeklasse*).

7-98   ICH GLAUBE ICH HABE EINE FRIKADELLE IM SCHUH !!! (isg, ps_1_hg_sta, 2011-01-22, 17:16:52)

7-99   also ich esse am liebsten pizza ! (isg, g_1_ffm_bs, 2011-01-17, 20:13:13)

7-100 hat wer bock japanische liga tippen zu gehen aller? hab gehört man kann dick schnapp machen (isg, 1_he_arc, 2011-01-17, 22:21:46)

7-101 Hab mir gerade den Wetterbericht angeschaut: Es soll wieder Kalt werden... :(Ich will jetzt Sommer geht es euch genau so? (isg, 1_he_arc, 2011-01-18, 16:10:41)

7-102 isg, igs_1_wi_hls, 2011-01-23, 01:06:36 bis 01:09:31

01	01:06:36	Zuender grausigen parteilichen Akkumulation elastischerer aechtendem
02		Tiran Kombination Sportstudios Ausstellungsgegenstaende eindaem-
03		mendes Cattenon aehnelten aberntendem gestapft nistetet uebertoelpel-
04		test knieten Schwalbenschwanzes Bestuhlung Schulschlusses.
05	01:08:23	kloentet Wasserdaempfen Ertragsverbesserungen urgeschichtliche Pla-
06		nungsabteilungen Unfallstellen Areal Nordostvertreter Charakterzuege
07		ueberfaellst vorgenannten umfuellende Telefonapparate angetrauten
08		suendhafter ungangbare Weissbuchs.
09	01:08:37	veruebter Verdunkelungsgefahr Ruderer Sterbekasse Alarmen Bistums-
10		grenzen suggeriere gemeine deponierte begrenzend herziehenden Ver-
11		fuegungstellung zimperlicheren dahingehende Hobelbank verfassender
12		beigetragen unaufdringlichen zuruecktreten unvollstaendige.
13	01:09:31	Aktstudien notgelandeter Weltbilder hinziehende p

Themenwechsel wurden auch durch das Posten von unzähligen Schulwitzen, durch umfangreiche aus Wikipedia kopierte Texte zu Themen wie Islandponys und Gemüsezucht, Kartoffelabbildungen oder beliebigen Nachrichtentexten realisiert. Die sprichwörtliche Überflutung mit neutralen und/oder harmlosen Text- und Bildbeiträgen diente dazu, dass Prinzip der Seite gegen diese selbst zu wenden und sie dadurch ungefährlich zu machen (das digitale Schlagen mit den eigenen Waffen). Die Kommentator_inn/en (vermutlich Schüler_innen) demonstrierten damit wirksam, dass sie die Idee und die sprachlichen Handlungen der ISG-Plattform missbilligten. Sie versuchten aktiv, andere Schüler_innen anderer Schulen zur Beteiligung an der Aktion zu motivieren.

Das Kapitel in fünf Sätzen

1. Die für digitale Gewalt konstitutive Rolle der Öffentlichkeit, des Publikums ist unumstritten, war bislang aber unzureichend spezifiziert.
2. Über den Parameter Bekanntheitsgrad und die interrelierenden Variablen „real-soziale Nähe" und „real-soziale Distanz" wurden vier Cybermobbing-Konstellationen ermittelt.
3. Ein auffälliger sozialer Prozess in Cybermobbing-Akten ist die (spontane) Koalitionsbildung.
4. Sie bildete den Ausgangspunkt für die Identifizierung von vier aktiven und einer passiven Diskursrolle(n): Initiator_inn/en, Verteidiger_innen, Betroffene, Kommentator_inn/en und Lurker_innen.
5. Bei den Verteidigungsstrategien zeigte sich eine hohe Diversität, wobei gewaltsame Realisierungen einen Pol der Skala besetzen und humoristische SPAM-Aktivitäten den entgegengesetzten Pol, während sich das sozioemotive Ankern auf real-sozialem Fundament als besonders erfolgreich (im Sinne von deeskalierend) herausstellte.

8 Epistemizität: Muster digitaler Gewalt und Deutungsversuche: „und dann stellen wir das ins Netz"[231]

Unsere Kinder wachsen in einer Welt auf,
in der sie sich vernetzen,
eine Ahnung davon bekommen,
was es heißt, Weltbürger zu sein,
über Grenzen zu gehen und zu teilen.
Im Kontext Schule erfahren unsere Kinder
das Gegenteil,
nämlich Selektion und Konkurrenzgeist.

Rasfeld/Breidenbach (2014: 44)

Vorbemerkungen
Wenn ich die Ausführungen in diesem Kapitel unter die Überschrift „Epistemizität" stelle, erachte ich die analytische Position als integrative Komponente des Cybermobbing-Arrangements. Es handelt sich hierbei um ein gedankliches Konstrukt, in dem der/die beobachtende Forscher_in ebenso als Teil der Interaktion konzeptualisiert wird, wie andere „Lurker_innen", die Zeuge des Geschehens werden oder wie Personen, die sich an der Interaktion beteiligen. Ich setze diese Annahme hier voraus, um über die umfassende Analyse, die über die sprachliche Oberfläche hinausgehend eruierte Kontextfaktoren integriert, Anhaltspunkte für ein Recipient Design der Initiator_inn/en aufspüren zu können. Im Besonderen geht es mir hier um deren Motivation. Was können wir über die Schüler_innen, die Mitschüler_innen denunzieren, aus den Daten herauslesen. Finden sich Indizien für ihre Beweggründe?

Es geht also um die Etablierung von Wissen über mögliche Ursachen der [digitalen] Gewalt.[232] Dieses Wissen kann nicht notwendigerweise als gemeinsames Wissen zwischen Initiator_inn/en und der Person, die die Analyse durchführt, deklariert werden, weil keine nachweisliche Interaktion stattfindet, son-

---

231 Mehrfach belegtes Gedächtnisprotokoll aus Sensibilisierungsworkshops in Grundschulen.
232 Vgl. auch Fraas/Meier/Pentzold 2013a: 12: „Online-Diskurse sind sowohl Ausdruck wie Konstitutionsbedingung des Sozialen, was heißt, sie werden im praktischen Vollzug real und durch sie werden kollektives Wissen und symbolische Ordnungen hergestellt, indem Themen als Deutungs- und Handlungsprobleme konstituiert werden", vgl. Keller (2005), Keller et al. (2005).

dern die Rezeption – im Fall der mir vorliegenden Daten – jeweils zeitversetzt erfolgt.[233] Folglich konnten die Analyse-Resultate von den Initiator_inn/en nicht ratifiziert werden. Dafür gibt es zum einen praktische Gründe, weil die Initiator_inn/en zum Analyse-Zeitpunkt nicht erreichbar waren. Zum anderen wäre eine Ratifikation aus psychologischen Gründen vielleicht auch unwahrscheinlich. So ist schwer einzuschätzen, inwieweit die Initiator_inn/en eine analytische Kontemplation ihres Handelns durchlaufen haben. Der Schwerpunkt liegt in diesem Kapitel also explizit nicht auf der Rekonstruktion gemeinsamer Interaktionsgeschichten der Diskursteilnehmer_innen und deren interaktiver Etablierung von Wissen, sondern auf dem Wissen, das sich aus der Rückschau auf die jeweilige Interaktion erschließen lässt.

Den Ausgangspunkt bilden Cybermobbingfälle, für die ein vollständiges schriftliches Protokoll vorliegt und bei denen bis zu einem gewissen Grad auch Hintergründe recherchiert werden konnten. Ich versuche nun – getreu einer mentalistischen Sprachauffassung (vgl. auch den Ansatz der kritischen Kognitionslinguistik), anhand derer Sprache als Medium aufgefasst werden kann, das etwas innenliegendes nach außen befördert und dadurch sichtbar macht[234] – die Erkenntnisse, die ich aus diesen Daten ziehe, mit bisherigen Ergebnissen der Gewaltforschung zu verknüpfen.

Das Ergebnis sind Annahmen für Gewaltursachen, die im Umfang eines knapp 30-seitigen Kapitels nur schematisch und modellhaft – und vermeintlich polarisierend – ausfallen können. Mir ist das bewusst. Gewalt ist ein hochkomplexes Phänomen, das seit vielen Jahrzehnten erforscht wird, ich kann hier nur Erklärungsangebote machen, die sich aus den Cybermobbing-Daten herleiten lassen. Ich möchte betonen, dass es mir fern liegt, Pauschalurteile über Kinder, Eltern oder Lehrer_innen zu treffen.

Ich möchte meine Überlegungen ebenfalls nicht insofern auf das Handeln erwachsener Gewalttäter_innen übertragen wissen, dass eine Historie der Gewalt (Kap. 8.3) ihr Vorgehen entschuldbar macht. Ganz im Gegenteil, grausame Kindheitserfahrungen rechtfertigen in keiner Weise Gewalttaten, die im Er-

---

233 Selbstredend würde die simultane Rezeption von Cybermobbingprozessen eine unmittelbare Intervention notwendig machen.
234 Posselt (2011: 91), vgl. auch Edelmann (1976), Schwarz-Friesel/Reinharz (2013: 44, 46), die von einem „Fenster zum Geist" sprechen und sprachliche Äußerungen als „Spuren der mentalen Aktivität derjenigen [betrachten], die sie produziert haben."

wachsenenalter geschehen, bieten m. E. aber einen Ansatz für Erklärungen (vgl. auch Miller 2007).

Nur wenn wir uns diesen möglichen Erklärungen zuwenden (Kap. 8.3 bis 8.6), können wir auch Aussagen über Präventionsmaßnahmen ableiten. Alles andere wäre ein von blinder Fassungslosigkeit begleitetes Kratzen auf der Oberfläche, eine Symptombekämpfung, die nur zu vermeintlicher, zu temporärer Konversion führte.

So steht das Handeln von Kindern und Jugendlichen, die [digitale] Gewalt ausgeübt haben, klar im Fokus dieses Kapitels. Die Zeugnisse ihres Verhaltens werden hier für Erklärungsversuche herangezogen. Ziel ist es, Rückschlüsse auf mögliche gewaltbegünstigende Bedingungen in sozialen Konstellationen (Kap. 7) zu ziehen, um zu deren Reflexion und Tilgung anzuregen. Ziel ist es aber auch, die Entwicklung und schulische Implementierung alternativer Wege der Aggressions- und Konfliktbewältigung für junge Persönlichkeiten zu inspirieren.

8.1 Gewaltforschung: Ein Feld voller Herausforderungen

Wer Gewalt erforscht, sieht sich einem multifaktoriellen Forschungsgegenstand gegenüber, der kaum greifbar erscheint. Was ist Gewalt? Wie wirkt sie sich aus? Wo liegen ihre Ursachen? Wie entsteht sie und wie können wir Gewalt verhindern?

Gewaltforscher_innen, Therapeut_inn/en, Politiker_innen befinden sich im Dilemma der retrospektiven Praxis. Gewaltforschung wird immer dann eingefordert und unterstützt, wenn Gewalt schon geschehen ist, wenn sich das zu untersuchende prozedurale Phänomen also in einem aktuell-eruptiven Stadium unmittelbar gezeigt hat.

Bereits wenige Wochen nach einem gewalttätigen Vorfall flachen Empörung und Interesse daran, ein vergleichbares Ereignis zu verhindern, wieder ab.[235] Die Notwendigkeit, langfristig eine Atmosphäre des friedlichen Miteinanders zu etablieren, wird oftmals als effektive Maßnahme gar nicht mit dem Gewalt-Ereignis assoziiert. In akuten Fällen können nur schnelle Reaktionen

---

235 So berichtete Jürgen Rüstow, der Leiter des Berliner Teams des bundesweiten Wir-stärken-Dich-Gewaltpräventionsprogramms (WSD), in einem Telefonat von einem Vorfall mit tödlichem Ausgang an einer Schule, der unmittelbar im Anschluss verständlicherweise viel Aufsehen erregte. Prävention wurde unmittelbar eingefordert. Nur vier Wochen nach dem Ereignis nahm jedoch nur noch ein Bruchteil der Elternschaft an einer Informationsveranstaltung zur Gewalt-Prävention teil.

(Sanktionen) dem Erwartungsdruck der Elternschaft und ggf. des gesellschaftlichen Umfeldes gerecht werden. In solchen Situationen werden auch Interventionen angefordert und implementiert (vgl. Kap. 3.4), die Bereitschaft, diese in den Schulalltag zu integrieren, ist nicht immer im gesamten Lehrer_innen-Kollegium gegeben (Kallestad/Olweus 2003) und auch bei den Schüler_innen können Vorbehalte bestehen (Rigby/Bagshaw 2003). Eine dritte Hürde stellen Interventionsevaluationen dar. Nur sie ermöglichen eine Optimierung der Präventionsmaßnahmen, können in Schulen aber nur mühsam durchgesetzt werden (Schmid 2005: 27, siehe auch Jimerson/Swearer/Espelage 2010).

Gleichzeitig richtet sich die Gesellschaft mit dem Anspruch an die Wissenschaft, schnelle und vor allen Dingen überschaubare Erklärungen bereitzuhalten. „Jugendgewalt ist [jedoch] ein viel zu komplexes Phänomen, als dass es ausschließlich auf Gewalt verherrlichende Computerspiele, das Versagen der Eltern oder soziale Probleme zurückgeführt werden könnte." (Sachs/Schmidt 2014: 11).

Als gewaltauslösende Parameter werden biologische (personale Faktoren bei Zumkley 2009, Mummendey 1997) und soziale Faktoren diskutiert. Zu den biologischen Faktoren gehört die angenommene Vererbung von Aggressionsbereitschaft (Miles/Carey 1997), die sich bei näherer Betrachtung nicht isoliert von sozialen Aspekten diskutieren lässt. So stellen Sachs/Schmidt (2014: 21) heraus, dass zwar gewaltbereitschaftsbegünstigende Persönlichkeitsmerkmale, wie intellektuelle Defizite, Impulsivität, Kaltherzigkeit oder Verantwortungslosigkeit, vererbt werden können, das Kind aber exakt in ein Umfeld hineingeboren wird, in dem es mit Menschen konfrontiert ist, die über diese Eigenschaften verfügen und die die Entwicklung des Kindes prägen (Gen-Umwelt-Kovariation, siehe auch Zumkley 2009, Krahé/Greve 2002). Als biologische Einflussgröße gelten auch hormonelle Veränderungen in der Pubertät (Schmid 2005: 26, Sachs/Schmidt 2014: 14 ff.).

Die soziale Lerngeschichte des Kindes integriert die emotionale Bindung zwischen Kind und Eltern,[236] die Erziehung[237] und die Erfahrungen, die ein Kind im Laufe seiner Entwicklung macht (vgl. den sozial-lerntheoretischen Ansatz von Bandura (1978),[238] wobei dem Einfluss der Medien eine besondere Bedeu-

---

[236] Siehe u. a. Ainsworth et al. (1978), Fonagy (1998), Greenberg/Speltz/Deklyen (1993)
[237] Siehe Miller (2001, 2007 u. a.), Conger et al. (2003), Juul (2009, ^{2}2104 u. a.), Prekop/Hüther (2006), Hüther/Hauser (^{4}2012)
[238] auch in Bandura (1979, 1986, 1989)

tung zugemessen wird.[239] Zumkley (2009: 244 f.) nennt mit Verweis auf Mummendey (1997) und Nolting (2005) interne und externe Faktoren sowie Faktoren der Interaktion als Einflussgrößen für die Entstehung von Gewalt.[240]

Während biologische Variablen (in der Pubertät) u. a. durch Messungen des Serotonin- oder Testosteronspiegels (vgl. Felger 2005: 25 ff.) und auch bildgebende Verfahren der Hirnforschung (u. a. Jäncke 2015) präzisiert werden, stellt sich für die Ermittlung sozialer Einflussgrößen die schier unlösbare Aufgabe der zwingenden Operationalisierung. Konsequenterweise gliche das optimale Untersuchungsdesign einem um die Unwissenheit aller Angehörigen perfektionierten und um Manipulationen bereinigten Truman-Szenario, das ethisch nicht zu verantworten und logistisch nicht umzusetzen wäre[241] und zudem nur der Dokumentation eines und damit per se nicht-repräsentativen Mikrokosmos dienen würde.

Die größtmögliche Approximation stellen Longitudinalstudien dar, obgleich auch hier lange Zeitspannen unbeobachtet bleiben[242] oder auf Selbsteinschätzungen zurückgegriffen wird[243], zumal Longitudinalstudien für viele Forscher_innen(gruppen) nicht zu organisieren sind, weil die finanziellen Mittel gerade für hochinnovative, ergebnisunsichere Forschungsprojekte nur schwer einzuwerben sind. Diese werden aber für die aufwendige Proband_inn/en-Akquise ebenso benötigt wie für die Sicherung personeller Ressourcen über die üblicherweise befristeten Kurzzeitverträge von wissenschaftlichen Mitarbei-

---

239 Siehe u. a. Paik/Comstock (1994), Savage (2004), Bushman/Huesmann (2006), Bryant (³2008), Anderson et al. (2010), Denzler/Häfner/Förster (2011)
240 Unter „interne Faktoren" fallen Emotionen, Wahrnehmung, Motivation und Informationsverarbeitung, unter „externe Faktoren" Ereignisse, Erlebnisse, Drogenkonsum (siehe auch Phil/Peterson 1995), Temperaturen, körperliche Befindlichkeiten, z. B. Schmerzen.
241 Im Film „Truman-Show" (1998) wird die Geschichte von Truman Burbank erzählt, der als Baby von einer Filmproduktionsfirma adoptiert wurde und seither unwissentlich die Hauptrolle in einer Fernsehserie spielt, die sein Leben in einer eigens für ihn kreierten Kunstwelt dokumentiert. Alle weiteren Protagonist_inn/en (Eltern, Familie, Freunde) sind Filmschauspieler_innen.
242 Vgl. die Generationenstudie von Conger et al. (2003), in deren Rahmen elf Jahre lang einmal jährlich ein Interview mit den Teilnehmer_inne/n geführt wurde, oder die Fernsehstudie von Huesmann et al. (2003), die auf Tests und Interviews mit Erst-und Zweitklässlern, respektive Dritt-und Viertklässlern in den Jahren 1977/1978 und auf Follow-Up-Samples basiert, die 1991 bis 1995 erhoben wurden, vgl. auch Vaillancourt et al. (2003).
243 Vgl. die schwedische Zwillingsstudie von Forsman et al. (2010), in der die Eltern und Kinder zu vier Zeitpunkten 1994 (im Alter von 8–9), 1999, 2002 und 2005 Fragebögen ausfüllten.

ter_inne/n in Drittmittelprojekten und universitären Anstellungen (im akademischen Mittelbau) hinaus.

Die Aggressionsforschung steht also vor methodischen, administrativen und auch finanziellen Herausforderungen, was dazu führen kann, dass Forschung dann betrieben wird, wenn sie möglich ist, ggf. auch ohne fundiertes theoretisches Gerüst (siehe die Kritik von Schmid 2005 und Krampen/Schui 2006) und methodisch kompromissbereit, etwa beim Ausschluss korrelierender Variablen in komplexen sozialen Gefügen (siehe Schmid 2005: 22).

Das Spektrum der Erhebungsmethoden reicht(e) von der Lorenzschen Verhaltensforschung, über Tierversuche,[244] Fallstudien, der Auswertung von Biographien von Diktatoren, Straftätern, Drogenopfern (Miller 1983), auf Selbsteinschätzungen basierenden Befragungen, bis hin zu Experimenten mit Menschen. Im Laufe des letzten Jahrhunderts nahm die Brutalität solcher Erhebungen ab.[245] Experimentanordnungen stellen jedoch immer Reduktionen dar, deren Vor- und Nachteile Deppermann (2015a) für die experimentelle Pragmatik zusammenfasst und die sich auch auf sozialpsychologische Experimente übertragen lassen:

> Da die Versuchsteilnehmer eine eng umschriebene Interaktionsaufgabe mit einem sehr beschränkten Spektrum an Reaktionsmöglichkeiten bearbeiten, kann der Einfluss einzelner Faktoren auf das Interaktionshandeln gezielt getestet werden. Aufgrund der Standardisierung des Settings variieren nur die Bedingungsfaktoren, welche als Operationalisierung der zu prüfenden, theoretisch abgeleiteten Hypothesen gelten. Alles andere wird konstant gehalten. Dies macht die interne Validität des Experiments aus.
> Genau diese Vorteile beschränken aber die ökologische Validität und die Aussagekraft der Experimente für alltagsweltliche pragmatische Prozesse erheblich. (Deppermann 2015a: 343)

Bei der Fülle an Forschung(sergebnissen) in unterschiedlich reduzierten Settings ist die Überlegung nicht abwegig, dass sich vermeintlich gegensätzliche Befunde bei theoretischer Ausdifferenzierung von z. B. proaktiver und reaktiver,

---

[244] Mit Schmerzreizen, siehe Dollard et al. (1939), siehe für einen Überblick Bauer (2011) oder irreversibler Amygdalektomie respektive Ablation präfrontaler Rinde bei Rhesusaffen, siehe dazu den Überblick bei Angst (1980: 80)

[245] Um es etwas genauer zu sagen: Das Spektrum reicht von Elektroschocks in Erhebungen bei Buss (1963), Milgram (1974), Corradi-Dell'Acqua et al. (2016 in einer Studie zum Mitgefühl), Simulationen wie im Stanford Prison-Experiment von Zimbardo (1971), über Bestrafung mit Lärm (Taylor 1967, Kernspintomographie), bis hin zum Spielzeugexperiment von Barker/Dembo/Lewin (1941) aber auch der Katharsis-Studie von Zumkley (1978), fMRI-Studien (z. B. Sewing 2007) und Spielen (etwa das Teilen-Experiment „Eschaton" von Arlt/ Bückle 2014).

von kalter (instrumenteller) und heißer (feindselig/emotionaler), direkter und indirekter Aggression[246] und der Konkretisierung auslösender, verursachender Faktoren und Funktionen[247] von Gewalt (dazu Schmid 2005, Nolting 2005, Kornadt 1982) mit dem Ziel, präventive Maßnahmen zu entwickeln, sogar zusammenführen lassen.

Vor diesem Hintergrund weisen selbst die so kategorisch voneinander getrennten Erklärungsansätze für Aggressionen und Gewalt (Trieb- und Instinkttheorien vs. Frustrations-Aggressions-Theorie vs. soziale Lerntheorien vs. motivationspsychologische Ansätze, vgl. Zumkley 2009: 241) Schnittstellen auf. Schließlich ist es das Hauptanliegen von Gewalt- und Aggressionsforschung, Gewalt vorzubeugen. Die Frage nach deren Ursachen ist deshalb richtungsweisend.

Bislang, so stellt Schmid (2005: 23) fest, gibt es „keinen Anlass [...] anzunehmen, dass bei der verbalen Aggression andere Prozesse im Täter ablaufen als bei der physischen Aggression", siehe auch Schauer (1993), der sprachliche Gewalt im Hinblick auf die Intensität des Erlebens, die Dauer und Präventionsmöglichkeiten als ebenso schwerwiegend betrachtet wie physische Gewalt (auch Kleinke 2007). Verbale Gewalt sollte entsprechend Aufschluss geben können über Prozesse, die zu Aggression und Gewalt führen.

Digitale (verbale) Gewalt ist ein Untersuchungsgegenstand, der in Reinform archiviert der Analyse zugänglich ist. Mit der Auto-Dokumentation ihrer Hand-

---

246 Proaktive Gewalt ist an erlernte Muster geknüpft, die den Erfolg aggressiven Vorgehens vorzeichnen, und wird entsprechend planvoll eingesetzt. Ganz im Gegensatz dazu stellt reaktive Gewalt eine „Reaktion" auf Provokation(en) dar. Um kalte Aggression zu verhindern, müsste Prävention beispielsweise an der Modifikation des Kosten-Nutzen-Kalküls ansetzen, bei emotionaler Aggression sollten die Strategien erarbeitet werden, die den Täter_inne/n helfen, ihren Ärger zu kontrollieren (siehe dazu Schmid 2005, Schippell et al. 2003). Indirekte Aggression setzt die Abwesenheit des Opfers voraus, kann aber auch Gewalt bezeichnen, die stellvertretend ausgeübt wird (der/die Täter_in wird also nicht selbst aktiv), Schmid (2005: 25). Bei Vaillancourt et al. (2003) wird indirekte Gewalt in Kontraposition zu physischer Gewalt gesetzt.
247 Alle Faktoren korrelieren mit der Aggression, wenn sie zeitgleich erhoben werden. Für die Prävention ist die Unterscheidung aber von Bedeutung. Schmid (2005: 24) nennt das Beispiel einer gewalttätigen Person, die genetisch vorbelastet ist und über ein nur geringes Selbstwertgefühl verfügt (potenzielle Ursache von Gewalt), die z. B. Kritik als Provokation auffasst (Auslöser von Gewalt) und nach dem reaktiven Gewaltakt die Anerkennung seiner Peergroup erhält (Funktion der Gewalt). „Eine Prävention könnte sich zum einen darauf konzentrieren, eine realistische, nicht negative Selbstwerteinschätzung aufzubauen (Verursachung), ein Training zum besseren Verständnis mehrdeutiger Situationen durchzuführen (Auslöser) und andere statussichernde Qualitäten aufzubauen bzw. sozial verträgliche, in der Clique anerkannte Verhaltensweisen zu vermitteln (Funktion)" (Schmid 2005: 24).

lungen bahnen die Interagierenden unwissentlich einen Weg heraus aus der methodischen Zwickmühle, in der „Schmerz zufügende, störende, Ärger erregende und beleidigende Verhaltensweisen [...] der direkten Verhaltensbeobachtung schwerer zugänglich sind" (Selg 1968: 22, wieder in Selg/Mees/Berg ²1997:4). Diesen Weg möchte ich im Folgenden begehen und in den Daten nach Spuren möglicher Gründe/ Ursachen für Cybermobbing suchen.

Einige Beobachtungen vorab

In Kap. 4.4 habe ich die besondere Rolle der Initialsequenzen für Cybermobbing benannt. Sie dienen in der Regel dazu, potenzielle Diskursteilnehmer_innen zum gemeinschaftlichen, auf spezifische Personen gerichteten Abwertungsritual zu animieren (oder einzuladen). Überraschend für mich waren jedoch drei Beobachtungen:

1. Cybermobbing-Muster werden auch reproduziert, wenn in Auftaktsequenzen klar positive Attribute fokussiert werden, etwa die mit Attraktivität assoziierten Eigenschaften *heissester* (4-7) oder *Schönste* (4-8), siehe auch Kap. 4;[248]
2. Cybermobbing-Muster werden auch reproduziert, wenn in Auftaktsequenzen keine direkte Aufforderung zum Mobbing formuliert wird, sondern z. B. nur die kritische Bewertung eines Ereignisses (6-5, Z.1 f.)[249] und
3. Cybermobbing-Muster werden auch von Personen reproduziert, die sich nachweislich gemeinnützig engagieren, die also für Ausgrenzungsprozesse sensibilisiert sein und ein Interesse daran haben sollten, diese eher zu vermeiden als aktiv mitzuwirken.

Ein Grund kann sein, dass die Betreiber_innen der Seite IShareGossip diejenigen bezahlten, die Kontroversen initiierten (siehe Kap. 3.5). Auf Facebook, Twitter oder im SchuelerVZ gibt (gab) es diese pekuniären Belohnungssysteme jedoch nicht, der diskreditierende Schlagabtausch generiert(e) sich dennoch.

Es entsteht also die große Frage nach dem Warum, die uns zu der oben bereits gestellten weitaus größeren Frage führt: Offenbart Cybermobbing, wie

---

248 Die in Kap. 4 und 6 zitierten Beispiele werden hier noch einmal aufgeführt, um den Lesefluss nicht durch notwendiges Umblättern zu beeinträchtigen: 4-6: hässlichstes mädchen ???? (isg, g_1_wi_ls, 2011-01-21, 15:25:51), 4-7: Heissester Junge der WRO? (isg, g_1_b_wr, 2011-01-13, 21:26:27)

249 „Diese veranstaltung war ja mal sowas unnötig.. Da fragt man sich doch wozu man sich wirklich den ganzen scheiß an tut.. wozu sor, [Name der Schule] times tv, frühlingskonzert usw..."

möglicherweise andere Gewaltformen auch, dass gegenseitige Abwertung und Boshaftigkeit doch in der menschlichen Natur liegen? Sind sozial-darwinistische Rivalität und Konkurrenz notwendige Antriebsmotoren der Evolution, denen wir wehrlos unterliegen?

Entwicklungspsycholog_inn/en und Neurowissenschaftler_innen haben in den letzten Jahren Ergebnisse vorgelegt, die diese Annahme widerlegen. Kinder im Alter von 18 Monaten zeigen beispielsweise spontanes hilfsbereites Verhalten (Warneken 2013). Bereits sechs Monate alte Kinder fällen moralische Urteile: Wenn sie zwischen einem Kuscheltier, das sich zuvor in einer Puppentheatervorstellung hilfsbereit verhalten hat, und einem Kuscheltier wählen müssen, das sich destruktiv verhalten hat, entscheiden sie sich für das hilfsbereite Kuscheltier. Blickbewegungsanalysen offenbarten, dass sogar drei Monate alte Kinder Präferenzen für das hilfsbereite Kuscheltier zeigen (Hamlin/Wyss/Bloom 2010), vgl. auch die Erkenntnisse zur Kooperationsbereitschaft bei Erwachsenen von Nowak (2012) und Nowak/Highfield (2011) und zum Zusammenhang zwischen Glücksempfinden und Spendenbereitschaft von Dunn/Aknin/Norton (2014).

> Es kann heute gar kein Zweifel darüber bestehen, daß das Böse existiert und daß Menschen zur extremen Destruktivität fähig sind. Doch diese Feststellung bestätigt keineswegs die verbreitete Behauptung, daß es Menschen gibt, die böse auf die Welt kommen. Ganz im Gegenteil, alles hängt davon ab, wie diese Menschen bei der Geburt empfangen und später behandelt werden. (Miller 2007: 55)

Der Schlüssel zum tieferen Verständnis von Gewaltbereitschaft liegt Miller (2007) zufolge in der Art und Weise der Sozialisierung. Aus entwicklungspsychologischen Studien ist nun ebenfalls bekannt, dass bereits Babys eine starke Präferenz für Individuen zeigen, die Gemeinsamkeiten mit ihnen aufweisen, etwa das Kuscheltier, das mit der gleichen Vorliebe für eine spezifische Speise vorgestellt wurde. In diesen Fällen sind die moralischen Urteile sekundär, d. h. selbst wenn sich dieses Kuscheltier als Bösewicht entpuppt, entscheiden sich die Babys dafür (Hamlin/Wyss/Bloom 2010, Bloom 2013).

Ist das ein Hinweis darauf, dass die (angestrebte) Vergemeinschaftung (und gleichzeitige Abgrenzung) moralisches Denken überlagert? Bliebe ein klares Zugehörigkeitsgefühl damit auch unbeeinträchtigt, wenn die dem Kind naturgemäß ähnlichen Eltern/Familienmitglieder Handlungen vollziehen, die das

Kind intuitiv als unmoralisch bewertet? Ist die Imitation unmoralischer Handlungen folglich ein notwendiges Zeichen ihrer Loyalität?[250]

8.2 Tradierte Gewaltmuster als Orientierungsschemata

> Bullying is not a child-driven problem,
> it's an adult-driven problem.
> Kids learn to be bullies from their
> bully mother and bully father.
> Their bully teachers.
> Their friends' bully parents.
>
> Geary (2014)

Wie sich die Sozialisierung im individuellen Fall gestaltet, kann natürlich nicht nachvollzogen werden, es schließt sich hier der Kreis des oben beschriebenen methodischen Dilemmas. Folglich können die synoptischen Ausführungen in diesem Teilkapitel nur Denkanregung sein und sind keinesfalls als abschließende Erklärung zu verstehen.

Indizien, wie das Datum des Gesetzes zur Ächtung von Gewalt in der Erziehung (zu Beginn dieses Buches zitiert), können uns jedoch zu Hypothesen führen und sollten daher nicht unberücksichtigt bleiben. Erst im Jahre 2000 wurde in Deutschland gesetzlich geregelt, dass „körperliche Bestrafungen, seelische Verletzungen und andere entwürdigende Maßnahmen" in der Erziehung „unzulässig" sind (§1631 BGB (2)), „von 192 Mitgliedern der UNO sind es lediglich 17 Staaten", in denen Gewalt gegen Kinder gesetzlich untersagt ist (Miller 2007:

---

[250] Der Mechanismus wird von Elias/Scotson (1990: 176) am Beispiel eines als Winston Parva bezeichneten englischen Vororts beschrieben „Kinder übernahmen die summarische Ablehnung der ‚Siedlung' von ihren Eltern und gebrauchten sie, da sie in solchen Dingen offener und rücksichtsloser waren, als eine Waffe gegen Schulkameraden von dort. Ablehnender Klatsch und Diskriminierung, die vielleicht zunächst auf Erwachsene beschränkt waren, verhärteten sich im Fortgang der Generationen, weil die Jüngeren die abschätzigen Haltungen und Glaubensaxiome schon früh im Leben lernten. Das relative ‚Alter' der Tradition: daß von Eltern an Kinder und von diesen, wenn sie erwachsen waren, an ihre Kinder weitergereicht wurde, verstärkte und vertiefte die Auswirkung der Gruppenbezogenheit auf Schimpfklatsch, Diskriminierung, Vorurteile und die Glaubensvorstellungen, die in alledem verkörpert waren; es erhöhte ihre axiomatische Starrheit und ihre Unzulänglichkeit für Tatsachenargumente."

108), in den USA „ist die Korrektur von Kindern durch körperliche Bestrafung in nicht weniger als 22 Bundesstaaten erlaubt" (Miller 2007: 259).[251]

Zweifelsohne zeigt sich daran der geringe Stellenwert, den der Kinderschutz in modernen Gesellschaften einnimmt, und die „Unfähigkeit, sich über das Schlagen der Kinder zu empören" (Miller 2007: 109). Diese Beobachtung wird z. B. auch durch eine Begebenheit im Zusammenhang mit Astrid Lindgrens berühmter Dankesrede „Niemals Gewalt!" zur Entgegennahme des Friedenspreises des Deutschen Buchhandels (1978) gestützt: Nach deren Vorab-Prüfung wurde die Schriftstellerin gebeten, den Preis ohne Rede entgegenzunehmen (Strömstedt ⁵2001), vgl. auch Rauwald (2013a: 184), die von einer „immer wieder wirksame[n] Tabuisierung des Leids" spricht.[252] Für diese Vogel-Strauß-Mentalität hat Miller (2007: 108) die Erklärung, dass die

> meisten von uns mißhandelte Kinder [waren], [die] gezwungen [waren] zu glauben, daß wir zu ‚unserem Besten' gedemütigt wurden. Wenn unser Gehirn diese irreführenden Informationen sehr früh gespeichert hat, dann bleiben sie ein Leben lang wirksam, das heißt, sie bilden dauerhafte Denkblockaden.

Ähnlich argumentiert Juul (²2104: 29), wenn er „die Tradition, aggressive physische und verbale Züchtigung zu empfehlen [...] für den erbärmlichen Zustand vieler Erwachsener über 50" verantwortlich macht. Hanson et al. (2015) konnten zeigen, dass Amygdala und Hippocampus – die zentralen Bestandteile des limbischen Systems – bei Kindern, die Early Life Stress (ELS)-Situationen, wie etwa physischen Misshandlungen, Vernachlässigung oder extremer Armut ausgesetzt waren, geringer ausgeprägt waren als bei Vergleichsproband_inn/en. Schließt man nun von der räumlichen Ausdehnung im Gehirn auf die Funktionalität, wie das die Autor_inn/en – hier sehr vereinfacht zusammengefasst – tun, bedeutet dieser Befund eine durch Sozialisierungsfaktoren hervorgerufene physische Disposition für mangelnde sozio-emotive Intelligenz. Soziale Pathologie schlägt sich also in messbaren körperlichen Merkmalen nieder. Es ist heute ein offenes Geheimnis, dass Gewalt, die an Kindern ausgeübt wird, irgendwann auf die Gesellschaft zurückschlägt (Miller 2001).

---

[251] Siehe dazu auch die Ausführungen in dem 2016 im Handelsblatt erschienenen Artikel: http://www.handelsblatt.com/politik/international/schulen-in-den-usa-schlaege-statt-strafarbeit/14467880.html Hier wird von 19 Bundesstaaten gesprochen, in denen die Prügelstrafe in Schulen legal ist und von den Eltern sogar unterstützt wird.
[252] Einen psychogenetisch-historischen Zugang wählt u. a. deMause (¹⁴2015: 12), der seine Ausführungen folgendermaßen einleitet: „Die Geschichte der Kindheit ist ein Alptraum, aus dem wir gerade erst erwachen. [...]."

Geht man von einer durchschnittlichen Generationenlänge von etwa 20 Jahren aus, gibt es bis dato keine vollständige Generation, die gesetzlich geschützt gewaltfrei aufgewachsen ist, einmal abgesehen davon, dass die Einhaltung dieser Vorgaben kaum zu überprüfen ist. Das bedeutet nicht zwangsläufig, dass alle Kinder physische und psychische Gewalt erfahren haben. Es besteht jedoch eine hohe Wahrscheinlichkeit, dass diese „Erziehungsmethoden" bis in die Elterngeneration heutiger Schulkinder hinein zur alltäglichen Praxis gehörten.[253]

Ein Kind, dem Gewalt angetan wird, befindet sich in einer höchst ambivalenten Situation: Das Konzept von elterlicher Liebe und Fürsorge wird gezeichnet durch Machtausübung, Grenzüberschreitung und Gefährdung der Integrität des Kindes. Diese seelischen und körperlichen Schmerz verursachenden Handlungen muss das Kind mit Wohlwollen assoziieren, es lernt – grob formuliert – dass Liebe bedeutet, einer anderen Person Leid anzutun. Das wiederum widerspricht gänzlich seiner Intuition und sorgt für einen inneren Konflikt, der zu schwelen beginnt.

Als natürliche Reaktion unterdrückt und leugnet es seine Intuition, das Bedürfnis nach „Respekt, Schutz, Fürsorge, Liebe und Ehrlichkeit" (Miller 2007: 243) und die durch den Schmerz hervorgerufenen Gefühle, um nicht mehr Anlass für Gewalt zu geben. Jedes wehrhafte Verhalten, das ein Kind aus der ohnehin nachweislich schwächeren Position heraus zeigt, ruft nur weitere Gewalt hervor.[254] Bedingt durch wachsende Angst versucht es Konflikte zu vermeiden und beginnt sich anzupassen, zu funktionieren – ein Zeichen, das von Eltern als Erziehungserfolg gewertet wird, ein Mechanismus, der unzählige folgsame Menschen hervorbrachte und bringt, die Gewalt nicht (mehr) hinterfrag(t)en, deren Ungerechtigkeitsempfinden gegenüber der eigenen Behandlung jedoch

---

[253] Bis in die 70er Jahre war die Prügelstrafe in Schulen in Deutschland nicht vollständig abgeschafft. In einem Spiegelbericht vom 10. März 1969 werden Lehrer_innen zitiert, die offen zugaben, Schüler_innen geohrfeigt, sie mit Schlüsselbünden oder abgebrochenen Stuhlbeinen geschlagen oder verbal diskreditiert zu haben. Einzig in den Bundesländern Hessen (seit 1946), Berlin und Saarland (seit 1948) waren Prügelstrafen schon verboten, in allen anderen Bundesländern gab es äußerst vage Dienstanweisungen, in denen die Prügelstrafe grundsätzlich nicht ausgeschlossen wurde. http://www.spiegel.de/spiegel/print/d-45849755.html

[254] Erzählungen wie die folgende sind keine Seltenheit: „Ein Schulkamerad wurde fast täglich geschlagen. Oft bekam er wegen Kleinigkeiten Stockhiebe auf das Hinterteil. Der Junge stammte aus einer wenig angesehenen kinderreichen Familie, und er hatte einmal den Fehler gemacht, sich zu wehren: Als er vom Lehrer übers Knie gelegt wurde, biss er ihn kräftig in die Wade. Der Pauker hatte aufgeschrien und einen hohen Sprung vollführt, was die Klasse bestens amüsierte" (Woll 2009).

nicht erstickt, sondern in einem Arsenal aus Wut, Hass und Angst gespeichert wird.

Das verwehrt ihnen erstens den Weg zum persönlichen Glücksempfinden und den Zugang zu ihren eigenen Bedürfnissen, genau daraus resultiert aber zweitens die Unfähigkeit, Strategien zu entwickeln, die Bedürfnisse der eigenen oder ihnen anvertrauten Kinder zu erkennen und zu achten.

Im schlimmsten Fall wird auf die bekannten gewalttätigen Verfahren zurückgegriffen und die über die Jahre aufgestaute Wut an den eigenen Kindern ausgelassen. Aber auch dem Kleinkind in „einem süßen, sanften oder pädagogisch korrekten Ton" vermittelte kritische, moralisierende und negative Zurechtweisungen sind Juul (22014: 46) zufolge aggressive Verletzungen der kindlichen Integrität. „Zudem verwirrt die mündliche Botschaft das Kind, weil es nicht weiß, was Gültigkeit hat – der liebliche Ton oder der harsche Inhalt". In dieser double-bind-Situation (Bateson 1969) spiegelt sich der elterliche oder großelterliche Konflikt zwischen der beteuerten Liebe einerseits und den gewalttätigen Handlungen andererseits, in nur vermeintlich abgeschwächter, verbaler Form.

> Die Terminologie hat sich zwar der politischen Korrektheit angepasst, die dem Phänomen innewohnende Logik ist aber die gleiche geblieben: Wenn du meine Regeln nicht beachtest, werde ich entweder deine Integrität verletzen oder dir die Zugehörigkeit zu mir verweigern. Das ist Aggression in Reinform! Und weil Kinder kooperieren, indem sie das Verhalten der Eltern nachahmen, führt dies sehr bald (oder zehn bis zwanzig Jahre später) zu destruktiver Aggression oder selbstdestruktivem Verhalten. (Juul ²2014: 52)[255]

Frühkindliche Traumatisierungen, die durch häusliche Gewalt, Misshandlung, Kriegserfahrungen hervorgerufen wurden, können die Eltern-Kind-Beziehung über mehrere Generationen hinweg beeinträchtigen (Rauwald/Quindeau 2013, Barwinski 2013), selbst wenn Eltern heutiger Schulkinder keine körperliche oder seelische Gewalt angetan worden ist, kann mit hoher Sicherheit davon ausgegangen werden, dass deren Eltern mit Gewalterfahrungen aufgewachsen sind.

Wagen wir einen – zugegeben sehr oberflächlichen – Blick zurück: Die Urgroßelterngeneration heutiger Schulkinder hat die Schrecken des Zweiten Weltkriegs durchlebt, die Großelterngeneration wuchs in der durch Entbehrungen

---

255 Vgl. auch Gandhi (¹¹2013: 1) „Wir sehen unsere eigene Gewalttätigkeit oft nicht, weil wir sie ignorieren. Wir halten uns nicht für gewalttätig, weil wir uns unter Gewalt einen Kampf, einen Mord, eine Schlägerei und Kriege vorstellen – alles Dinge, die ‚normale' Menschen ‚normalerweise' nicht tun."

gekennzeichneten Nachkriegszeit auf, sie und die Elterngeneration ist Zeuge des Kalten Krieges und der zwanghaften Spaltung von Familien sowie der Internierung eines gesamten Volkes in der DDR-Diktatur. Gewalt ist ein wesentlicher Teil unserer jüngeren Geschichte, sie galt bis vor kurzem offiziell als probates Mittel der Erziehung in Familie und Schule.

Das Muster von Fehlverhalten und (schmerzhafter) Bestrafung ist tief in unserem kollektiven Bewusstsein verankert. Im emotionalen Gedächtnis agglomerierte Angst und Wut können sich auch noch auf das Erziehungsverhalten heutiger Eltern und Pädagog_inn/en auswirken, die Muster werden entsprechend tradiert. So erachte ich es als bezeichnend, dass sich sogar die Schüler_innen in den von mir durchgeführten Sensibilisierungsworkshops (vgl. Kap. 3.4), die die Aufgabe hatten, im Rollenspielszenario einer Elternkonferenz das weitere Vorgehen nach einem fiktiven Cybermobbingfall zu diskutieren, stets darüber einig waren, dass der/die Initiator_in hart zu bestrafen sei – wahlweise mit Computerverbot, Handy-Entzug, Versetzung in eine andere Klasse oder Schulverweis. Der Sinn dieser Strafen wurde nicht in Frage gestellt, Alternativen wurden nicht in Betracht gezogen. Auf Nachfrage wurde aber in einer Klasse die Idee geäußert, der/dem Initiator_in und der vCMbP die Möglichkeit einzuräumen, sich während eines Wochenendausflugs miteinander auszusprechen.

8.3 Umkehrung von Wettbewerbs- und Bewertungsschemata

Kinder und Heranwachsende sind gemäß der traditionell hierarchischen Muster in ihrer Entwicklung den Maßregelungen und Evaluierungen der Erwachsenen ausgesetzt, verfügen aber kaum über die Möglichkeit, eigene Einschätzungen oder Rückmeldungen zu geben. Die Erfahrung, nicht gehört zu werden, respektive keine Rückmeldungen geben zu können, machen Kinder Hüther/Hauser (^{4}2012: 126) zufolge schon sehr früh in der Familie:

> Erwachsene können gehen, wenn sie mit jemandem zusammenleben sollen, der sie nicht mag oder nur für irgendetwas benutzt. [...] Sie müssen auch nicht bei Leuten wohnen, die sich ständig streiten und angiften. Sie können denen auch mal die Meinung sagen. Aber Kinder können das alles nicht. Sie müssen diese ganze Lieblosigkeit, die Ermahnungen und klugen Ratschläge, die unausgesprochenen Erwartungen und beleidigten Reaktionen von Menschen, mit denen sie sich eng verbunden fühlen, aushalten

und sie setzen sich in Bildungseinrichtungen fort, was die Autoren zu diesen Fragen führt:

> Was wird aus einem Kind, das immer wieder erleben muss, dass es sich nicht frei bewegen kann, dass es immer nur funktionieren und keinen Ärger machen soll? Dem ständig gesagt wird, was es zu tun und zu lassen hat? Nicht nur zu Hause und in der Nachbarschaft, sondern auch im Kindergarten und später in der Schule? [...] Es ist kein Naturgesetz, dass die meisten Kinder, sobald sie ein, zwei Jahre in der Schule sind, ihre angeborene Lust am Lernen verlieren. Das liegt nicht an ihnen und auch nicht an ihrem Gehirn, sondern am Unterricht. (Hüther/Hauser [4]2012: 133 f.)

Dieses Nicht-Gesehen- und in der Integrität-Begrenzt-Werden fügt sich in das Muster der oben angesprochenen Bedürfnisunterdrückung, das die Entwicklung heutiger Erwachsener überschattet. Wir befinden uns also einerseits in der Situation transgenerationaler Tradierung von Gewaltschemata, die menschliche Autonomie-, Integritäts- und Interdependenz-Bedürfnisse ausblendet und mit der Evokation von Angst einhergeht.

Andererseits gilt es – und das ist ein weiterer, wichtiger Aspekt –, sich dem Konkurrenzkampf als immanentem Prinzip unserer Gesellschaft zu unterwerfen, obgleich die Verdrängungswettbewerbe auslösende Ressourcenknappheit im Europa 2017 nicht als dringlichstes Problem einzustufen ist. Konkurrenz-Schemata sind als Erklärungsansatz für (verbale) Gewalt und Aggression vielfach diskutiert worden.[256] Die Vorstellung, Fortschritt bedinge Konkurrenz, die Abgrenzungsbestrebungen klar einschließt, beeinflusst jedoch nach wie vor unsere Ansprüche an Bildung und wird in Bildungseinrichtungen umgesetzt.

Spätestens mit dem Schuleintritt werden Heranwachsende offensiv damit konfrontiert, (teilweise unfreiwillige)[257] Wettkampfteilnehmer_innen und Objekte von Bewertungsverfahren zu sein.[258]

> Plötzlich weht der eisige Wind der Selektion. Nun geht es nicht mehr um Kinder, sondern um Notendurchschnitte, um Zehntelpunkte wie bei einem Wettkampf. Bewertung statt Bestärkung. [...] Kinder weinen, wenn sie eine Drei schreiben. Oft sehen sie sich dann als Versager. Kinder machen unter Druck anderen Kindern Druck. Wer eine schlechte Note

---

256 Vgl. u. a. Schumann (1990: 260), Bay-Hinitz/Peterson/Quilitch (1994), Anderson/Morrow (1995), Schmid/Watermann (2010: 88 ff.), Kammler (2013: 113).
257 Precht (2015: 277) weist darauf hin, dass es durchaus Kinder gibt, die den Wettbewerb suchen und brauchen. Es sei aber wichtig, dass Kinder nur dort in einen Wettbewerb miteinander treten, wo sie es auch wollen. „Was dagegen der Vergangenheit angehören sollte, ist der Zwangswettbewerb, dem die Kinder heute im Klassenzimmermodell mit Ziffern-Zensuren ausgesetzt sind."
258 Auch wenn in vielen Grundschulen eine Modifikation der Lernkultur angestrebt und auch umgesetzt wird, zwingt der Wechsel in die weiterführenden Schulen alle dazu, sich in das starre System zurückzugliedern. Rasfeld/Breidenbach (2014: 45) sprechen von einem „eklatanten Bruch in der Lernkultur".

hat, wird als Loser verlacht. Lehrer unter Druck, Eltern unter Druck, Kinder unter Druck – das kann nicht gesund sein. Und was machen wir in unserem Bewertungs- und Sortierwahn mit Kinderseelen? Die Atmosphäre des Besserseins bzw. Besserseinmüssens vergiftet oft das soziale Miteinander. Kinder werden in ihrer individuellen Anstrengungsbereitschaft kaum gesehen, stattdessen müssen sie als Leistungslieferanten funktionieren. Seelische Verletzungen, psychosomatische Probleme und Angst sind die Folgen. (Rasfeld/Breidenbach 2014: 45)

Cybermobbing kann eine drastische Reaktion auf derart kompetitive Umstände darstellen, es richtet sich gegen die Personen, die den Wettbewerb fordern, fördern und (an-)leiten, und es richtet sich gegen die, die Teilnehmer_innen dieses Wettbewerbs sind. Ironischerweise gehören zur zweiten Gruppe auch die Personen, die sich am Cybermobbing beteiligen. Die hier als Ursache für diese spezifische Form des Cybermobbings angenommene Kritik an system(at)ischen Gruppendestruktionsverfahren artikuliert sich indirekt als Racheakt an Protagonist_inn/en, die in eine tragische Stellvertreterposition gezwungen werden (siehe Kap. 6).

Wettbewerbs-Schemata
So wirken durch Fragen, wie die in Kap. 4 zitierten (4-6 bis 4-12), initiierte Abstimmungsszenarien wie eine zynische Karikatur der Wettkämpfe gegeneinander, denen sich Schüler_innen in ihrem Schulalltag kontinuierlich stellen müssen. Deshalb ist die Semantik der Initialfrage auf IShareGossip auch zweitrangig (Beobachtung 1), es ist also gar nicht relevant, ob nun eine *Schlampe* oder *das hübscheste Mädchen aus der 9* gesucht werden. Solche Auftaktsequenzen fungieren schlicht wie ein vom Inhalt losgelöstes Trigger-Element für kompetitive Muster. Beim Cybermobbing, das vornehmlich auf Negativ-Bewertungen basiert, verkehrt sich m. E. die gesellschaftliche/soziale Praktik, Menschen aufgrund besonderer Fähigkeiten und Leistungen von anderen abzuheben. Damit sind nicht vordergründig die Ehrungen von beispielsweise Sportler_innen gemeint, die aufgrund nachvollziehbar disziplinierten Trainings Erfolge erringen, welche damit 1. als logische Ursache-Folge-Sequenz wahrgenommen und honoriert werden, und die 2. in der einen oder anderen Form als potenziell nachahmbar und deshalb für ein Publikum als mit gleichwertigem Einsatz prinzipiell ERREICHBAR konzeptualisiert werden können.

Mir geht es eher um „Wahlen zum/zur beliebtesten, schönsten, nettesten Mitschüler_in", wie sie etwa an amerikanischen High Schools üblich sind (vgl.

auch die vielen verschiedenen Arten, den sogenannten „Homecoming Court"[259] zu besetzen), denn vergleichbare Szenarien werden auch hier mehr und mehr implementiert. Auch fakultative Auswahlprozesse, die von in formellen Gruppen hierarchisch höher gestellten Personen zur temporären Kür eines/r „Mitarbeiter_in/s des Monats" führen, sind hier mitzudenken. Selbst die Auszeichnung von Jahrgangsbesten, Sieger_inne/n in schulinternen Wettbewerben usw. basieren letztendlich auf subjektiven Einschätzungen (etwa in Form von Benotungen) einzelner Personen (Lehrer_inne/n), denen aufgrund ihrer herausgestellten Position in der Gruppe (asymmetrisch hinsichtlich der sozialen Rolle, vgl. Henne/Rehbock ⁴2001) eine besondere Funktion und damit auch Macht zufällt (vgl. auch den in 8.4 erwähnten Cybermobbingprozess anlässlich der Vergabe eines Schulpreises).

Diese wegen intransparenter Evaluierungsmechanismen artifiziellen Wettkampfszenarien führen zwar zur (wenn auch kurzfristigen) Leistungssteigerung der jeweils ausgezeichneten Personen (Neckermann/Cueni/Frey 2009). Bei allen anderen Gruppenmitgliedern wird jedoch das Gefühl erzeugt, nicht gut genug gewesen zu sein. Dieser Effekt tritt auch ein, wenn es eine individuelle Leistungssteigerung gegeben hat, die – nach Auffassung der Juror_inne/n – aber nicht das Leistungsniveau des/der Preisträger_in/s erreichte oder gar nicht erst registriert wird. Indem eine besondere Leistung hervorgehoben wird, werden die Leistungen aller anderen herabgewürdigt und gruppeninterne Dysbalancen provoziert.

Demotivation, Frustration, Unmut, Neid und Missgunst können die Folge sein (Brown 2011, Skonnard 2014). Der resultierende Ärger kann also Notfallreaktion (Stemmler 2004) auf die als ungerecht empfundene Bewertung sein (Smith/Lazarus 1993). Die hier geschilderte Situation darf durchaus als typische Ärger auslösende Situation, die als „frustrierend oder provozierend erlebt" wird (Averill 1979, Hodapp/Bongard 2009: 615), aufgefasst werden, vgl. Bongard/Wilke (2008), die in ihren Versuchen zeigten, dass Ärger durch unberech-

---

259 Der Homecoming Court wird im Zusammenhang mit dem letzten Saison-Heimspiel der schuleigenen Football-Mannschaft besetzt. In amerikanischen High Schools wird die Wahl dieses Courts unterschiedlich gehandhabt. Es gibt Schulen, in denen alle Schüler_innen abstimmen dürfen, es gibt Schulen, in denen die Entscheidung einzig von einem Gremium getroffen wird. Auch der Court ist von Schule zu Schule unterschiedlich besetzt, er kann aus Repräsentat_inn/en aller Klassen bestehen. In manchen Schulen wird nur eine Homecoming Queen gekürt, in manchen nur ein Homecoming King ernannt, der gemeinsam mit seinem männlichen Gefolge die Prinzessinnen selbst bestimmt. In manchen Schulen wird bereits auf das gesamte Prozedere verzichtet, um Neid und Missgunst unter den Schüler_innen nicht weiter zu schüren.

tigte Kritik und herablassendes Verhalten der Versuchsleiter_innen elizitiert werden kann.

Schemata schulischer Bewertungsverfahren
Bewertung erfolgt innerhalb der schulischen hierarchischen Ordnung in genau eine Richtung von oben nach unten. Precht (2015: 249) führt beispielsweise an, wie undenkbar eine Randnotiz auf einem Zeugnis wäre, in der die Fünf in Chemie auf mangelnde Aufmerksamkeit zurückgeführt würde, die mit einer unangenehmen Atmosphäre in der Klasse und damit begründet würde, „dass Herr Schmidt schlecht erklären kann." Nicht zufälligerweise hat Precht für dieses Beispiel eine Negativbewertung gewählt, denn für positive Rückmeldungen gibt es sogar überregionale Initiativen, wie z. B. den Deutschen Lehrerpreis.

Genau aber wie ein/e Schüler_in, die Leistungsdefizite hat, konstruktives Feedback braucht (und keine letztlich relativ zur Kompetenz der Lehrkraft, zum Zeitpunkt der Leistungsabfrage und dem Leistungsniveau in der Klasse ermittelte Notenbewertung, die zudem der Gaußschen Normalverteilung genügen muss, vgl. Czerny 2010), scheint es auch Raumbedarf für sanktionsfreie Rückmeldungen an Lehrkräfte zu geben, auch und insbesondere für diejenigen, deren Unterricht aus verschiedenen Gründen weniger lehrreich ist.

Einen solchen Rahmen vermissen einige Schüler_innen offenbar offline, auch wenn es in Schulen Vertrauenslehrer_innen gibt, an die sie sich theoretisch jederzeit wenden könnten. Vermutlich geht es Schüler_innen jedoch gar nicht darum, dass sie in Problemfällen keine/n Ansprechpartner_in hätten.[260] Vielmehr scheinen Portale wie spickmich.de[261] oder das nach wie vor existierende englisch-sprachige Pendant ratemyteacher.com (vgl. auch meinprof.de) dazu genutzt zu werden, die Hierarchiestrukturen innerhalb der Gruppe zu nivellieren und ein System symbolisch ad absurdum zu führen.

Schüler_innen wird hier das Recht zugestanden, ihre Lehrer_innen zu benoten, wobei die Kriterien (u. a. sexy, cool und witzig, menschlich, gelassen)[262] jedoch erheblich von denen abweichen, denen sie selbst genügen sollten, aber

---

[260] Dass Schüler_innen oftmals wissen, mit wem sie über negative Erfahrungen reden können, lässt sich z. B. auch an den Antworten zur Aussage „Wenn man online gemobbt wird, weiß man doch an wen man sich wenden kann" ablesen. Dieser Aussage stimmen 63% der Teilnehmer_innen an den durchgeführten Sensibilisierungsworkshops (beschrieben in Kap. 3.4) zu, siehe auch den Überblick zu den Ergebnissen der Befragung im Anhang.
[261] Inzwischen ist dieses Portal eingestellt, es wird jedoch an einem neuen Format gearbeitet.
[262] Nachzulesen z. B. auf fudder.de oder basicthinking.de

natürlich im Rahmen dessen liegen, was Schüler_innen aus ihrer Perspektive zu evaluieren gewillt und in der Lage sind.

So wird eine Situation simuliert, in der den Mitgliedern einer formellen Gruppe (einer Gruppe also, in der zumindest einige Rollen festgelegt sind) die Rollenfindungsprozesse zugestanden werden, die in einer informellen Gruppe stattfinden. Eine solche Maßnahme kann – eingebunden in eine Face-to-Face-Situation in einem grundsätzlich vertrauensvollen Verhältnis – durchaus fruchtbar sein, vgl. dazu anekdotisch den Kommentar einer/s Schüler_in/s zu einer vergleichbaren Situation (8-1).

8-1 [...] Wir haben unserem Englischlehrer auch mal alles vor den Latz geknallt, was uns tierisch genervt hat, weil er zwar nett und ein guter Lehrer war, aber einfach sau unfair. Der war total fertig, weil ihm das selbst nicht klar war. Die zwei Jahre danach liefen einwandfrei. (fudder.de, a-j, 2007-11-09, 10:25)

Auf Sozialen-Netzwerk-Seiten oder Bewertungsforen wird der Rollentausch jedoch einseitig und teilweise anonym initiiert, die Schüler_innen müssen also keine Sanktionen befürchten. Das führt aber dazu, dass der ersatzweise genutzte virtuelle Raum als sogenannter „Sagbarkeitsraum" vollkommen überstrapaziert wird. Hier hat eine Stimme, wer sich diese selbst zuweisen kann und das Urteil fällt vernichtend aus. Schüler_innen können hier frei über ein Rede- oder besser: Schreibrecht verfügen und nutzen dieses zum Teil hemmungslos aus. Es wird ein Forum kreiert, in dem Lehrer_innen unter den intransparenten und als subjektiv empfundenen Bedingungen „bewertet" werden, die eigentlich Auslöser der „Kritik"[263] sind, vgl. die unkonstruktiven Kritikpunkte *My grades have dropped drastically* (ratemyteacher.com), *She makes us shake her hand at the door* (ratemyteacher.com), *Wirklich arroganter Typ* (pf, SoSe06), *Er [...] ähnelt dem „Maulwurf" von den Simpsons* (pf, WS05/06), *Er ist eine selbstgefällige Persönlichkeit, dieser Herr [NndbB], mit einem leichten Hang zum Chauvinismus...* (pf, WS08/09), siehe aber auch die massiven Verleumdungen und Beleidigungen in 4-10 in Kap. 4.4 oder 6-20 in Kap. 6.[264] Die Schüler_innen (aber auch Stu-

---

[263] Eine Grenze zwischen Kritik und Beleidigung ist dort zu ziehen, wo nicht Verhalten kritisiert wird, das eine Person ändern kann, sondern persönlichkeitskonstituierende Charakteristika zum Gegenstand erhoben werden (vgl. aber auch Schwarz-Friesel/Marx/Damisch 2012).

[264] Die Beispiele lauten: 4-10: Frau [Name einer Lehrerin] sie sind einfach eine Schlampe. Sie sind eine Crack Hure die immer in Discos durch gevoegelt wird. ALTER SIE SIND SO EINE SCHLAMPE! Ich bin soooo froh sie nicht zu haben. PS: Ficken SIE sich ! (isg, g_1_fr_dh, 2011-

dierenden) replizieren die moralischen Urteile, die über sie gefällt werden (und wurden) und richten ihre Aufmerksamkeit dezidiert auf die Ebenen des Fehlverhaltens, vgl. zu einer solch problematischen Fremdzuschreibung von Konfliktursachen Rosenberg (^{11}2013: 35). Letztlich spiegeln die Schüler_innen hier mit ihrem Verhalten die Ungerechtigkeit, gegen die sie eigentlich rebellieren.

In der Dynamik der Netzkommunikation (dazu Kap. 1, 4 und 5) generiert sich die Bühne eines Dramas mit verbaliter verkehrten Rollen und Inhalten. Die thematisierten Lehrer_innen werden nicht konstruktiv eingebunden, in vielen Fällen erfahren sie gar nicht, dass Online-Bewertungen über sie vorliegen. Eine Ausbalancierung der intra-gruppalen Rollen kann damit nicht bewirkt werden. Anstatt einen Artikulationsraum für alle zu generieren, wird das Gruppengeschehen auf zwei Kommunikationsräume (on- und offline) aufgespalten, wobei entscheidende Rollenträger_innen (die Lehrer_innen) explizit aus dem Online-Raum exkludiert werden, während hier die Evaluierung des Offline-Geschehens stattfindet. Die Situation könnte in etwa gespiegelt werden an Elterngesprächen in Abwesenheit des Kindes, wie sie häufig an Schulen praktiziert werden.

Erschwerend hinzu kommt, dass es Lehrer_innen gibt, die sich dem Online-Kommunikationsraum bewusst gänzlich verschließen und diese Einstellung auch entschieden äußern. In selbsterfüllender-Prophezeiungs-Manier resultiert ihre Skepsis gegenüber den „neuen Medien" auch aus gefilterten Informationen, die sie Sekundärquellen entnehmen und die genau die (verbalen) Entgleisungen aufdecken, zu denen es in einer gesunden schulinternen Konfliktkultur gar nicht hätte kommen müssen. In diesem Zusammenhang sei zumindest die Vermutung erlaubt, dass die kategorische Abwehrhaltung, die manche Pädagog_inn/en gegenüber der Internetkommunikation einnehmen, auch ein Indikator dafür sein kann, dass es ihnen generell schwer fällt, einen Zugang zur Lebenswelt ihrer Schüler_innen zu finden. Damit ist nicht gemeint, dass sie notwendigerweise selbst aktiv an Sozialen Medien partizipieren müssen, um den Kontakt zu ihren Schüler_innen aufrecht zu erhalten. Schüler_innen könnten es jedoch als Zeichen von Desinteresse deuten, wenn sich Lehrer_innen ihrem Haupt-Kommunikationsraum[265] vehement verschließen.

03-27, 20:04:48) und 6-20: warum erwähnt keiner frau [Name einer Lehrerin] (kp wie sie geschrieben wird) sie ist doch die größte hure der ganzen welt. tut auf jung mit ihren engen shirts, in denen man ihre fetten bacuhrollen sieht diese hässliche hamsterbacke!! ich hasse sie. [Name einer Lehrerin], brauchts in den arsch! (isg_ses_1_b_th, 2011-04-23, 20:17:18)

265 Vgl. die JIM-Studien 2012 bis 2016 und die Ergebnisse meiner Befragung. So verfügen 91% der Befragten über ein Smartphone (Anhang 2.6, Tab. A1) und fast alle Teilnehmer_innen gaben an, mindestens mehrmals täglich WhatsApp zu nutzen (Anhang A2).

Symptomatisch für die oftmals große emotionale Kluft und damit verhärteten Fronten zwischen Schüler_innen und Lehrer_innen ist z. B., dass ein Lehrer einer Düsseldorfer Förderschule einen strafrechtlichen Prozess gegen seine 14-jährige Schülerin veranlasst hat, weil sie sein Foto mit dem Kommentar *Behinderter Lehrer ever* online gestellt hatte. Ein zivilrechtliches Vorgehen wäre in diesem Fall durchaus möglich gewesen (und hätte z. B. die Löschung des Beitrags und eine Entschädigungszahlung beinhaltet).[266] Dass der Lehrer durch die Tat der Schülerin verletzt und in seiner Integrität eingeschränkt wurde, steht außer Frage, aber die Gründe, die zu der Abwertung durch die Schülerin geführt haben, lassen sich durch eine Anzeige nur schwer eruieren.

Gleichermaßen bedenklich ist es jedoch auch, wenn Lehrer_innen sich einen Zugang (ipsis litteris) zum Online-Kommunikationsraum unter falschem Namen verschaffen, indem sie sich in Kontrollabsicht mit einem Pseudonym auf einer Sozialen-Netzwerk-Seite registrieren und Freundschaftsanfragen an ihre Schüler_innen versenden. Eine Lehrerin, die ich im Rahmen meiner Sensibilisierungsworkshops kennenlernte, erzählte mir, dass sie diese Maßnahme ergriffen hatte. Abgesehen davon, dass ein solches Vorgehen Assoziationen zu verschleiernden Verfahren (Komplexe Namensgebung, Kap. 6) weckt, zeigt es doch auch einen massiven Vertrauensbruch an, der wiederum nur dann seinen Namen verdient, wenn es vorher eine vertrauensvolle Beziehung gegeben hat. Dann wären jedoch auch solche Kontrollmaßnahmen obsolet.

8.4 Neid als Ursache für Cybermobbing?

Neben verkehrt-simulierten (schulischen) Wettbewerbs- und Bewertungsverfahren gibt es ein weiteres prägnantes Merkmal für digitale Gewalt, das insbesondere von Verteidiger_inne/n immer wieder supponiert wird: Neid und in einigen Belegen auch Eifersucht (Kap. 7). Damit greifen sie „übereinstimmend in Alltagsinteraktionen zur Erklärung oder Entschuldigung oft spektakulärer, sozial problematischer Verhaltensweisen herangezogen[e]" (Mummendey/Schreiber 1983b: 195) Phänomene auf. Wie ich zeigen werde, ist Neid konzeptuell unmittelbar mit den oben angesprochenen kompetitiven Mustern verknüpft, an der Emotion lässt sich jedoch auch die oben skizzierte Bedürfnisunterdrückung nachzeichnen.

---

[266] Spiegelbericht 2016-05-27, http://www.spiegel.de/schulspiegel/beleidigung-auf-facebook-lehrer-bringt-schue lerin-vor-gericht-a-1094438.html

Bei Neid handelt es sich um eine soziale Emotion (und nicht nur einen inneren Zustand, vgl. die Kritik bei Silver/Sabini 1978), die beim Verlangen nach etwas entsteht, das andere besitzen (Foster 1972: 168, East/Watts 1999).[267] Eine neidische Person schneidet im subjektiven Vergleich mit einer anderen Person schlechter ab und strebt laut Heider (1958) eine Veränderung seiner Beziehung zu der beneideten Person in Richtung Gleichheit an, obzwar ich hier davon ausgehe, dass Gleichheit nur das Minimalziel ist. Die Neid-Etikettierung geht mit einer moralisch-normativen Beurteilung einher, die negativ ausfällt. (siehe auch Mummendey/Schreiber 1983b: 196 und Silver/Sabini 1978). Foster (1972: 165) kategorisiert Neid als die „most shameful and reprehensible of all emotions." U. a. aus diesem Grund wird Neid als Handlungsmotiv schlicht nicht eingestanden, wenn Proband_inn/en danach gefragt werden.

> We can admit to feelings of guilt, shame, false pride, and even momentary greed without necessarily damaging our egos. We can even safely confess to occasional overpowering anger, and although we recognize the destructive nature of great anger, our self-image does not suffer as long as we can justify that anger. But to admit to envy is enormously difficult for the average American; unlike anger, there is no socially acceptable justification that permits us to confess to strong envy. (Foster 1972: 165)

In der empirischen Forschung fällt das untrennbar mit dem methodisch relevanten Problem der sozialen Erwünschtheit zusammen (Mummendey/Schreiber 1983b: 195). Anders als in Befragungen, in denen die Gründe für ein Antwortverhalten nicht dargelegt werden, lässt sich an sprachlichen Belegen (wie in 8-2) der theoretisch angenommene Stellenwert der Emotion Neid nachvollziehen. Unter diesen Voraussetzungen können durchaus Diskussionsbeiträge zur Frage, ob Neid als tatsächliche Ursache für digitale Gewalt benannt werden kann, entstehen.

Wie ich oben bereits erwähnt habe, würden Initiator_inn/en selbst Neid als Handlungsmotiv abstreiten, und so überrascht es nicht, dass der/die Initiator_in in der von der Schulleitung eingeforderten und auf Facebook veröffentlichten Entschuldigung Neid als Begründung für den Cybermobbing-Akt einerseits ausschließt und andererseits aber pro-aktiv als potentiellen Beweggrund explizit thematisiert (*Es ist nicht so das ich [VdbP] die Verleihung nicht gönne*, Z.3 f.; *Wer jetzt der Meinung ist, dass es der Neid war der aus mir sprach der liegt vollkommen falsch*, Z.7 f.).

---

[267] Im Gegensatz dazu bedeutet Eifersucht die Angst, etwas zu verlieren, was man bereits besitzt (Hupka/Otto 2009), wobei die Konzeptualisierung von Menschen – um die es vornehmlich geht – als EIGENTUM natürlich fragwürdig ist.

8-2   fb, nnfbaee18, 2012-11-15
01   Hiermit bitte ich um Entschuldigung für die Aussagen und den Verlauf meines letzten
02   Statuses. Trotzdem möchte ich meine Meinung deshalb nicht ändern. Es ist nicht so
03   das Ich [VdbP] die Verleihung nicht gönne, jedoch möchte ich meine Meinung nicht
04   verfälschen, sondern meine das es andere Schüler gegeben hätte, die es zumindest in
05   diesem Jahr ebenso verdient hätten, denn [VdbP] hätte noch zwei Jahre Zeit gehabt.
06   Jedoch hat er dies auch mehrfach in seiner Rede benannt was ich nicht beachtet habe.
07   Wer jetzt der Meinung ist, dass es der Neid war der aus mir sprach der liegt vollkom-
08   men falsch. Ich bin nie danach ausgegangen alle Dinge die ich für unsere Schule
09   mache nur zu machen, um den [Name der Schule]-Preis zu bekommen. Ich mache dies
10   weil es mir Spaß macht und ich für viele Dinge auch selbst stehe trotz des vielen
11   Stresses der damit verbunden ist. Ich bitte aber auch die anderen die sich teilweise
12   etwas sehr ausfallend darüber geäußert haben (wobei ich mich nicht ausnehme) ihre
13   Aussagen noch einmal zu überdenken. Denn danach können wir uns alle beschweren.
14   Doch was verändern können wir nur wenn wir uns vorher einsetzen. Alle Schüler
15   dieser Schule hatten die Möglichkeit jemanden vorzuschlagen, was auch ich nicht
16   getan habe. Abschließend lässt sich sagen: [VdbP] hat sich diesen Preis nicht selbst
17   vergeben, trotzdem können wir es akzeptieren.

Die Entschuldigungsabsicht wird als Anlass für den Beitrag gekennzeichnet, der Post wird explizit als Entschuldigung eingeleitet (*Hiermit bitte ich um Entschuldigung*, Z.1). Das Fehlverhalten wird jedoch nur sehr pauschal skizziert: *die Aussagen und den Verlauf meines letzten Statuses* (Z.1 f.). Es entsteht der Eindruck, der/die Verfasser_in übernehme damit auch die Verantwortung für das Fehlverhalten aller am Cybermobbing-Akt Beteiligten, obgleich sich diese jeweils separat entschuldigen müssten. Die Aufforderung dazu erfolgt im weiteren Verlauf des Beitrags (*Ich bitte aber auch die anderen* [...], Z.11). Erst an dieser Stelle wird auch das eigentliche Fehlverhalten – zwar ausgeklammert und mit Fokus auf den anderen – ausbuchstabiert: *die sich teilweise etwas sehr ausfallend darüber geäußert haben (wobei ich mich nicht ausnehme*, Z.11 f.). Abtönungspartikel wie *etwas sehr* und die Einschränkung *teilweise* könnten den Schluss zulassen, der/die Verfasser_in sei nicht gänzlich davon überzeugt, sich falsch verhalten zu haben und lasse es an Reue fehlen (vgl. Bedingung D für eine gelingende Entschuldigung bei Sander (2003: 24), siehe auch Gold/Weiner (2000) und die drei Wirksamkeitsfaktoren einer Entschuldigung bei Exline/Dashea/Holeman (2007)). Dabei darf jedoch nicht außer Acht gelassen werden, dass die/der Verfasser_in sich (auch) an Adressat_inn/en wendet, mit denen sie sich stärker verbunden fühlt als mit der vCMbP. Die Abschwächung des gemeinsamen Fehlverhaltens könnte also u. a. als Indikator für hier aktiv betriebenes Beziehungsmanagement gewertet werden, vgl. die in Kap. 7.2 explizierte Ankertechnik im Verteidigungsverhalten, die hier für die Selbstverteidigung eingesetzt wird und der Sicherung des sozialen Fundaments dient.

Mit dem zweiten Satz des Beitrags, in dem die Kategorisierung des Fehlverhaltens durch *trotzdem* und die unzweideutige Aussage *möchte ich meine Meinung deshalb nicht ändern* (Z.2) in Frage gestellt wird, scheint eine weitere für den expressiven Sprechakt der Entschuldigung formulierte Bedingung (C: Das Urteil, etwas Falsches getan zu haben) unterlaufen, siehe Sander (2003:24), vgl. auch Exline et al. (2008). Auch das für Entschuldigungen als typisch erachtete Wiedergutmachungsangebot fehlt hier völlig (Schmitt et al. 2004).

Vielmehr verwendet der/die Verfasser_in zwei Absätze darauf, das hier nur antizipierte Postulat, er/sie sei neidisch, mit Gegenargumenten zu untermauern.

Für einen Neid-Vorwurf ist das Kriterium der Unangemessenheit einer Handlung ausschlaggebend (Silver/Sabini 1978), er wurde im vorliegenden Fall offenbar nicht an den/die Verfasser_in persönlich herangetragen oder sogar gar nicht geäußert (?) (*Wer jetzt der Meinung ist*, Z.7), wird aber in dem Bewusstsein antizipiert, sich unangemessen verhalten zu haben.

Neid zuzugeben bedeutet, sich selbst im Selbstverständnis einer garantierten Verurteilung anzuklagen und ein unangemessenes Verhalten zuzugeben. Was als angemessen gilt, muss jedoch diskursiv ausgehandelt werden, siehe Schiewe (2007), der das Kriterium der Angemessenheit (aptum) als sprachkritisches Ideal einstuft, das nicht auf kontradiktorischen als-richtig- oder als-falsch-Bewertungen basiert, sondern funktional ausgerichtet ist und Abstufungen zulässt (siehe auch Arendt/Schäfer 2015: 98). Sich angemessen zu äußern ist ein wichtiger Aspekt der pragmatischen Kompetenz (u. a. Arendt/Schäfer 2015), ein Neid-Vorwurf bedeutet also auch, dass der Person implizit Gesprächskompetenz (und damit die Kompetenz sich sprachlich angemessen zu verhalten) abgesprochen wird, psychologische und diskursive (auch: kommunikative) Ebene werden also miteinander verschränkt. Vor diesem Hintergrund ist sowohl nachvollziehbar, warum Menschen (Initiator_inn/en wie in 8-2) einen Neid-Vorwurf von sich weisen, aber auch, dass Verteidiger_innen explizit einen Neid-Vorwurf formulieren. Damit wird die Unangemessenheit des Verhaltens nicht nur festgestellt (sprachlich ausgedrückt), sondern schon in der Begründung abgewertet.

Darüber hinaus ginge das Eingeständnis auch mit dem Eingeständnis niederer Handlungsmotive und damit einem Gesichtsverlust einher. Eine in einer Neid-Situation befindliche Person hat zunächst nur ein Ansinnen, sie muss ihr Selbstwertgefühl verteidigen (Silver/Sabini 1978), das durch das Neid auslösende Ereignis bedroht wird. Neid zuzugeben bedeutet also auch, einen persönlichen Aushandlungsprozess für andere zugänglich und sich selbst höchst angreifbar zu machen.

Es ist vorauszusehen, dass die Bewertungsmechanismen bei der Relativierung des Auslöser-Ereignisses ansetzen, in dem Sinne, dass die eigene Tat A mit anderen Taten B,C anderer Personen B,C vergleichbar, ihre extern zugewiesene Exklusivität also überzogen ist und sie deshalb auch keinen Anlass für einen Neid-Vorwurf bietet. Das Handlungsmotiv einer in diesem Sinne normalen Tat würde schließlich niemand hinterfragen und demzufolge auch keinen Neid vermuten. Diesen Relativierungsprozess durchläuft die (angeblich) neidische Person solange, bis die Tat/das Ereignis mindestens als neutral bewertet werden kann. Er lässt sich auch in 8-2 nachvollziehen, der/die Verfasser_in ringt hier förmlich um eine Revision seiner/ihrer Emotionen: Einerseits sieht er/sie die Notwendigkeit einer Entschuldigung, andererseits geht es ihr/ihm darum, einen Standpunkt beizubehalten, was in der Repetition (*möchte ich meine Meinung deshalb nicht ändern* (Z.2), *jedoch möchte ich meine Meinung nicht verfälschen*, Z.3 f.) deutlich den vorgegebenen Entschuldigungsanlass überlagert. Die Überzeugung der/des Verfasser_in/s speist sich hier aus einer empfundenen Ungerechtigkeit, die im Anschluss zum Ausdruck gebracht wird und in drei Kritikpunkten zusammengefasst werden kann:

1. Es hätte andere Schüler_innen gegeben, die diesen Preis verdient hätten.
2. Diese Schüler_innen wären „an der Reihe"[268] gewesen.
3. Der/die aktuelle Preisträger_in ist nicht „an der Reihe" gewesen.

Die Prämisse für 2) und 3) liegt in der hier nicht explizierten, aber den involvierten Rezipient_inn/en bekannten bislang praktizierten Vergabemodalität für den Schulpreis: Dieser wurde in den Vorjahren jeweils an ein/e Vertreter_in des Abiturjahrgangs vergeben. Da die vCMbP zum Zeitpunkt der Preisvergabe die zehnte Klasse besuchte, schert sie aus dem prototypischen Altersspektrum der Preisträger_innen aus. Die Zugehörigkeit zum Abiturjahrgang wird hier also als Bedingung vorausgesetzt, vor deren Hintergrund die Preisvergabe in diesem Jahr als Regelverstoß deklariert werden kann, vgl. den Beitrag einer/eines weiteren Initiator_in/s in 8-3.

8-3 Es war immer sek 2, nur anscheinend haben sie dieses jahr keinen gefunden und wenns niemandem gibt, dann soll man den preis nicht an den vollspasten der schule verschwenden. Außerdem hätte es mit sicherheit jemanden gegeben! (fb, nnfbabh08, 2012-11-14)

---

[268] mit Blick auf die Schulpreisvergabemodalitäten

Der vermeintliche Regelverstoß bei der Auswahl der Preisträger_innen wurde zwar nicht von der vCMbP initiiert, dennoch bleibt unterschwellig der Vorwurf bestehen, er/sie trage Verantwortung dafür. Es wird durchaus auch eingeräumt, dass die vCMbP die Tradition offenbar mehrfach in seiner/ihrer Dankesrede erwähnt habe (*Jedoch hat er dies auch mehrfach in seiner Rede benannt was ich nicht beachtet habe*, Z.6); dass sie in keiner Form am Vergabeprozess beteiligt gewesen sein konnte, wird am Ende jedoch in einer konzessiven Satzverbindung als fragwürdig markiert (*[VdbP] hat sich diesen Preis nicht selbst vergeben, trotzdem können wir es akzeptieren*, Z.19). Es handelt sich um eine Tatsache, dass die vCMbP nicht in die Entscheidung über den/die Preisträger_in involviert war. Das wird hier abschließend noch einmal erwähnt und scheint als Begründung für ein Wiedergutmachungsangebot (zumindest aber als eine Versicherung, eine vergleichbare Transgression[269] in Zukunft zu verhindern) zu fungieren. Der anschließende Nebensatz wird dann aber durch das Gegensatz implizierende *trotzdem* eingeleitet. Das kann zwar auch unbeabsichtigt sein. Beim Lesen aber wird der Gegensatz automatisch durch eine additive Negation elaboriert: *trotzdem können wir es* [nicht] *akzeptieren*.

Der als Entschuldigung gerahmte Text enthält also kaum Elemente, die zur emotionalen Entlastung der vCMbP beitragen könnten. Scheler (2013) fand heraus, dass Entschuldigungen von geschädigten Personen dann als glaubwürdiger wahrgenommen wurden und sich das Ausmaß an Verärgerung und Enttäuschung im Vergleich zu Entschuldigungen nach Exline et al. (2007) deutlich reduzierte, wenn die Beweggründe der schädigenden Person für das Vergehen als Rosenbergsches Entschuldigungselement formuliert wurden.

Im folgenden Abschnitt versuche ich entsprechend die Entschuldigung des/der Initiator_in in Bezug auf das möglicherweise missachtete Bedürfnis auszudeuten, dessen Artikulation in einen auch für die vCMbP authentischen Entschuldigungsversuch hätte einfließen können.

8.5 Missachtung von Bedürfnissen als potenzieller Wut-Auslöser

Mit dem in 8.4 genannten Kritikpunkt 1) setzt der/die Verfasser_in eine Quasi-Prämisse relevant, sie beinhaltet die subjektive Einschätzung, andere hätten mehr für die Schule geleistet. In dieser Menge „anderer" stellt er/sie selbst eine Teilmenge dar, was einerseits an der Aufzählung in der Initialsequenz 6-5, Z.1 f.

---

[269] Vgl. zur Transgression Kozielecki (1981), Majewski (²2008:194).

(*sor, [Name der Schule] times tv, frühlingskonzert* usw...) und andererseits im Entschuldigungstext 8-2 (*alle Dinge die ich für unsere Schule mache*, Z.8) deutlich wird. Durch die aktuelle Vergabe des Preises wird aber noch eine weitere Option offenbar: Der/die Verfasser_in wäre als Zehntklässler_in selbst ein/e potenzielle/r Kandidat_in für diesen Schulpreis gewesen, weil sich die Zugehörigkeit zum Abiturjahrgang durch die aktuelle Vergabe als fakultative Kondition herausgestellt hat. Darüberhinaus stellt er/sie im Verlauf des Cybermobbing-Diskurses heraus, dass eine Initiative, der er/sie selbst angehört, ebenfalls nominiert war (*sor gruppe*, 8-4).

8-4 das ist ja das geile unter anderem stand noch die sor gruppe zur auswahl.. (fb, nnfbaee18, 2012-11-14)

Der Preis ging aber an eine andere Person, eine Person, die ungeachtet der offenbar inoffiziellen Altersregel für den Preis vorgeschlagen wurde. Im Umkehrschluss bedeutet das für den/die Verfasser_in, dass er/sie persönlich nicht (einmal) vorgeschlagen und die Initiative, in der er/sie aktiv ist, nicht für die Auszeichnung ausgewählt worden ist. Dies zu erkennen, ist ein möglicherweise schmerzhafter Prozess der Bewusstwerdung – vor allem vor dem Hintergrund, dass die gemeinnützigen Aktivitäten mit *viel[...] Stress[...]* verbunden sind (Z.10 f.) – und führt zur resignierenden Abwertung des eigenen Engagements als *scheiß, den man sich [...] an tut* 6-5, Z.1 f.). Die Wut richtet der/die Verfasser_in also zunächst auch gegen sich selbst, macht die Frustration aber zusätzlich auf der Facebook-Seite publik. In der Entschuldigung 8-2 hingegen werden die *Dinge die ich für unsere Schule mache* (Z.8) (wieder) als etwas klassifiziert, das *Spaß macht* (Z.10) und als Bekenntnis der eigenen Identität fungiert (*ich für viele Dinge auch selbst stehe*, Z.10) – als Tätigkeiten also, aus der der/die Verfasser_in auch eine Befriedigung ziehen kann. Einen Schulpreis als Belohnung zu erhalten, war zwar nicht die primäre Antriebskraft (*Ich bin nie danach ausgegangen alle Dinge die ich für unsere Schule mache nur zu machen, um den [Name der Schule]-Preis zu bekommen*, Z.8 f.), dennoch scheint der/die Verfasser_in Anerkennung zu entbehren.

Dieses so legitime und zutiefst menschliche Interdependenz-Bedürfnis nach Wertschätzung kann jedoch nicht eingestanden werden. Dafür gibt es zwei mögliche Begründungen: 1. Das Bedürfnis ist der/dem Autor_in gar nicht bewusst und er/sie kann es deshalb auch nicht formulieren; 2. Das Bedürfnis wird als sozial unverträglich/ nicht erwünscht betrachtet und deshalb nicht ausgedrückt.

Beide Annahmen führen uns zurück zum wohl prominentesten Auslöser für Wut und Aggression, der Unterdrückung von „Bedürfnisse[n] an den Wurzeln unserer Gefühle" (Rosenberg [11]2013: 73 f.).

Die Beweggründe für den Cybermobbing auslösenden Facebook-Eintrag und die Beteiligung am Cybermobbing-Prozess werden weder in der Initialsequenz, noch in den Beiträgen im Cybermobbing-Prozess noch in der Entschuldigung (8-2) expliziert. Was der/die Initiator_in stattdessen ausdrückt, ist Wut in der Initialsequenz, die sich diskursiv in der Interaktion mit den anderen Diskursteilnehmer_inne/n verstärkt und zu insgesamt 18 Beiträgen führt, diese richtet der/die Initiator_in zunächst gegen sich selbst und im Cybermobbingprozess gegen eine Ersatzperson (vCMbP),[270] die den Gefühlsstatus nicht verursacht hat. Im Entschuldigungspost liegt der Fokus vor allem darauf, den Neid-Verdacht abzuwenden.

Dieser konnte entstehen, weil auch den Verteidiger_innen der wertschätzende Blick auf die gemeinnützigen Aktivitäten des/der Initiator_in/s/en verwehrt bleibt. Sie reagieren einzig auf Symptome, erkennen die Ursachen dafür aber nicht.

Selbst die dem/der Initiator_in zugewandten, am Cybermobbingprozess beteiligten Personen können das Bedürfnis nach Anerkennung nicht aus der Initialsequenz herauslesen, über die der/die Initiator_in (wahrscheinlich unbewusst) das Bedürfnis nach Zuspruch und Anerkennung zu kompensieren versucht.

Sie greifen vielmehr die Animation zum Hetzen auf, die sich offensichtlich passgenau in über viele Jahre ausgeprägte Konkurrenz-Schemata fügt und diskurstraditionelles Handeln evoziert. Folgerichtig bilden Überlegungen dazu, wer den Preis eher verdient hätte (8-5 bis 8-7), neben Beiträgen, die die Leistung der/des aktuellen Preisträger_in/s abwerten (8-8 bis 8-10), einen bedeutsamen Teil des Cybermobbing.

8-5   Da haben wir ja mehr geleistet, immerhin verteilen wir Würstchen, die aufm Parkplatz gegrillt wurden >_> (fb, nnfbmor01, 2012-11-14)

8-6   was war mit [Name einer Schülerin] ?! - sie hätte den verdient :) .. (fb, nnfbinl01, 2012-11-14)

---

270 vgl. Miller (2007: 62), die zwischen latentem, verschobenen Hass, der „sich nicht auf die Person richtet, die ihn verursacht hat, sondern auf Ersatzpersonen" und bewusstem, reaktiven Hass, „der wie jedes Gefühl abklingen kann, wenn es durchlebt wurde" unterscheidet.

8.5 Missachtung von Bedürfnissen als potenzieller Wut-Auslöser — 319

8-7   oder den Sprtlern die seit der siebten in jedem möglichen Wettbewerb die schule (immer) gut präsentiert haben... (fb, nnfbuug03, 2012-11-14)

8-8   :D Na ganz tolle arbeit geleistet ej...der hat den sowas von nich verdient ej (fb, nnfbaar02, 2012-11-14)

8-9   ich krig mich nicht mehr ein HAHAHAHAHHA wofür krigt der denn bitte sonen preis HAHAHAHAHHA :D (fb, nnfbnao07, 2012-11-14)

8-10 Soziales engagement ist so zu werten, dass er sich mobben lässt, damit andere verschont werden. (fb, nnfbort01, 2012-11-14, auch: 6-89)

Bemerkenswert dabei ist, dass unter den Initiator_inn/en Schüler_innen sind, die sich offenbar aktiv in die gemeinnützige Arbeit einbringen (z. B. in einer bekannten Anti-Diskriminierungsinitiative), die folglich sensibel gegenüber Ausgrenzungsprozessen sein sollten, was hier als Hinweis dafür gedeutet wird, dass es sich bei den Initiator_inne/en nicht um ignorante Unruhestifter (oder gar Trolle[271], siehe dazu Donath 1998, Hardaker 2013, Brodnig 2016: 40 ff.) handelt.

Auch aus Beispiel 8-11 lässt sich die Nicht-Erfüllung eines Interdependenz-Bedürfnisses erschließen. Der/die Verfasser_in reiht hier alle Satzglieder ohne Leerzeichen aneinander, es entsteht der Eindruck eines überdurchschnittlich langen Wortes, das innerhalb des Diskurses optisch hervorsticht. Das Ergebnis lässt eine sehr emotionale (wütende?) Eingabesituation zumindest vermuten. Lexeme wie *nerve*, *scheißegal*, *eckelhaftes* oder *dreckskind* verstärken den negativen Emotionsausdruck. Das Augenmerk möchte ich jedoch auf die Phrase *scheißegalegalwieesanderenleutenbeimeineranwesenheitgeht* richten, in der der/die Verfasser_in die vCMbP quasi-zitiert und ihr damit Ignoranz gegenüber anderen Personen unterstellt. Zu diesen Personen gehört möglicherweise auch

---

271 „A troller is a CMC user who constructs the pseudo-identity of sincerely wishing to be part of the group in question, including professing, or conveying ostensibly sincere intentions, but whose real intention(s) is/are to cause disruption and/or to trigger or exacerbate conflict for its own sake. Trolling can be:
(1) *frustrated* if users interpret trolling intent, but are not provoked into responding, (2) *thwarted* if users interpret trolling intent, but curtail or neutralise its success, (3) *failed* if users do not interpret trolling intent to troll *and* are not provoked, or (4) *successful* if users are provoked into responding sincerely. Finally, users can *mock troll*. That is, they may undertake behaviour that appears to be trolling, but that actually aims to enhance or increase affect, or group cohesion." Hardaker (2010: 237 f., Kursivierungen im Original)

der/die Initiator_in, dessen/deren Bedürfnis nach Rücksichtnahme, Respekt und Geborgenheit (vgl. Rosenberg [11]2013: 75) unerfüllt bleibt.

8-11 supäcotraineregalwoichhingehhauptsacheichnervalleundesistmirscheißegalegalwiees anderenleutenbeimeineranwesenheitgehtweilichbineineckelhaftes[NdbP]dreckskind 4 LIFE!!! (svz, nnsvmte14, 2007-06-25, 21:57)

8.6 Implikationen für die Prävention

Ich habe oben drei Gründe für [digitale] Gewalt skizziert:
1. tradierte transgenerationale Gewaltmuster,
2. die damit eng verbundene Unzugänglichkeit von Bedürfnissen und
3. das gesellschaftsimmanente Wettbewerbsprinzip.

Es lassen sich also Indizien auf Ursachen von Gewalt aus den Daten ableiten, die die seit Jahren in der Gewaltforschung diskutierten Schwerpunkte bestätigen. Es zeigt sich eine spiralförmige Wirkung tradierter Gewaltmuster, die in einem konkurrenzbasierten System den Boden für die Entstehung von Gewalt fruchtbar erhält. Tatsächlich scheint es so zu sein, dass friedvolle Gesellschaften nur dort entstehen, wo gänzlich auf Wettbewerb verzichtet wird (Bonta 1997).[272] Wie ist nun mit diesen Erkenntnissen umzugehen?

Eine lange Gewalthistorie kann nicht rückgängig gemacht, aber reflektiert werden. Es ist notwendig, sich das mit Gewalt einhergehende Unrecht bewusst zu machen. Das funktioniert im Hinblick auf durch Krieg und Folter ausgelöstes Leid. Die Gewalt, die Kindern (auch heute, hier und anderen Orten) widerfährt (Alltagsgewalt), ruft jedoch zu wenig Empörung hervor. Was sich hinter verschlossenen Türen abspielt, kann nicht kontrolliert werden. Lebensbedrohliche Vernachlässigung und Misshandlung geraten dann an die Öffentlichkeit, wenn es zu spät ist. Weder vermag jemand einzuschätzen, wie verbreitet der berühmtberüchtigte „Klaps" noch ist, noch wie weit dessen Realisierung ausgelegt wird.

Die Situation gestaltet sich in dieser Hinsicht zweifelsohne schwierig, auch weil Kindern Bestrafungen als Konsequenz ihres Handelns präsentiert und damit eine Kausalkette vorgeschützt wird, die es ihnen verwehrt, Gewalt als Gewalt zu identifizieren (vgl. Schmid 2005) und die wahren Konsequenzen ihres

---

[272] Für einige friedvolle Gesellschaften sind jedoch kompetitive Elemente dokumentiert, die im Rahmen von Festivitäten zum Einsatz kamen (Bonta 1997: 312).

Handelns zu eruieren. Das Familienklima ist von außen kaum zu kontrollieren (allenfalls ist es Sache der Jugendämter), das Klima in der Schule jedoch schon. Wenn Voelchert (2016)[273] kritisiert, dass unser

> schulischer Umgang mit Kindern [nur] zeigt, dass wir noch ganz am Anfang einer demokratisch, gleichwürdigen Gesellschaft stehen. [...] Denn unsere Schulen sind Ausleseinstitutionen, die zu viele schwächen und zu wenige stark machen, die sich dafür verantwortlich fühlen, dass Inhalte präsentiert werden, nicht, dass diese Inhalte verstanden werden von den Kindern. Denn dafür bräuchte es eine neue Beziehungskultur, auf die noch keiner vorbereitet ist,

erwähnt er mit BEZIEHUNGSKULTUR ein m. E. wichtiges Schlüsselkonzept in der Gewaltprävention. Dass darauf noch niemand vorbereitet ist, kann so pauschal nicht behauptet werden. Diese Beziehungskultur wird in einigen Schulen durchaus bereits umgesetzt, vgl. etwa die der Initiative „Schule im Aufbruch" angeschlossenen Schulen (dazu auch Zárate/Tressel/Ehrenschneider 2014 und Rasfeld/Breidenbach 2014), die Schulpreisträger_innen der letzten Jahre oder die Konzepte von Lehrer_innen wie Rauh (2015) oder Czerni (2010).

Ein Verbindungselement in einer möglichen Beziehungskultur sind universelle menschliche Bedürfnisse der Autonomie,[274] der Integrität,[275] der Interdependenz,[276] des Nährens der physischen Existenz,[277] des Spiels,[278] des Feierns[279] und der Spirituellen Verbundenheit[280] (Rosenberg [11]2013: 74 f.). Gemäß dem Ansatz gewaltfreier Kommunikation (Rosenberg [11]2013) müssen die nicht erfüllten Bedürfnisse, die zu Diskrepanzen oder einem Wutausbruch geführt haben, ergründet werden. Eine Voraussetzung dazu ist Rosenberg zufolge der Zugang zu den eigenen Gefühlen und entsprechend der Zugang zu den eigenen Bedürf-

---

[273] Der Leiter des familiylab beantwortete u. a. damit die Frage „Wie reagiere ich auf ein schlechtes Zeugnis?" auf der Seite http://www.lernenplus-wedemark.de/wie-reagiere-ich-auf-ein-schlechtes-zeugnis/
[274] Träume/Ziele/Werte wählen und Pläne für die Erfüllung der eigenen Träume/Ziele/Werte entwickeln
[275] Authentizität, Kreativität, Sinn, Selbstwert
[276] Akzeptanz, Wertschätzung, Nähe, Gemeinschaft, Rücksichtnahme, Beitrag zur Bereicherung des Lebens, emotionale Sicherheit, Empathie, Ehrlichkeit, Liebe, Geborgenheit, Respekt, Unterstützung, Vertrauen, Verständnis, Zugehörigkeit
[277] Luft, Nahrung, Bewegung, Körpertraining, Schutz vor lebensbedrohenden Lebensformen, Ruhe, Sexualleben, Unterkunft, Körperkontakt, Wasser
[278] Freude, Lachen
[279] die Entstehung des Lebens und die Erfüllung von Träumen, Verluste feierlich begehen
[280] Schönheit, Harmonie, Inspiration, Ordnung, Frieden (die Erläuterungen in den Fußnoten 274 bis 280 sind übertragen aus Rosenberg [11]2013: 74 f.)

nissen. Darüber hinaus muss gelernt werden, diese zu benennen – eine aufwendige aber lohnenswerte Aufgabe (vgl. dazu Hart/Hodson 2010).
Die in diesem Kapitel diskutieren Cybermobbing-Beispiele zeigen nun m. E. eine vor diesem Hintergrund wichtige Entwicklung auf. Denn die Schüler_innen gehen hier einen Schritt über das stumme Speichern von Wut und Aggression hinaus und zeigen ihre Frustration in einem potenziell für alle einsehbaren Kommunikationsraum. Schüler_innen sehen im WWW offenbar eine Zwischenebene für die Artikulation von Wut und gestatten anderen Schüler_inne/n, Lehrer_inne/n und Eltern damit einen Einblick in ihre Gefühlswelt. Sie veröffentlichen dort Inhalte, die in einer Face-to-Face-Situation nicht so einfach geäußert werden können, dessen sind sich die Schüler_innen offenbar bewusst. Gleichzeitig verharren sie nicht in einer ihnen Unbehagen verschaffenden Situation der Sprachlosigkeit, sondern schreiben ihren Unmut heraus.

Die für Heranwachsende vielfach dokumentierten gruppeninternen Normverhandlungen (siehe für einen Überblick Schmidt 2004) werden damit zumindest indirekt nach außen geöffnet, auch weil der Kommunikationsraum erst durch die Social-Media-Komponente als komplettiert wahrgenommen zu werden scheint (vgl. „Und dann stelln wir das ins Netz"). Erst mit der dortigen Veröffentlichung scheint die Wahrnehmung des kommunikativen Ereignisses gesichert und in diesem Sicherungsbestreben sehe ich auch den Wunsch, wahrgenommen zu werden.

Zwar mit Vorsicht, aber auch unter der Prämisse eines notwendigen wertneutralen Zugangs, lässt sich in diesem Vorgehen ein Resilienz-Verfahren erkennen, das einen Ansatzpunkt für die präventive Arbeit bildet.[281] Verstärkt wird dieser Eindruck auch dadurch, dass die Interagierenden Amüsement (und damit emotionale Entlastung) als Ziel ihrer Handlungen formulieren, siehe etwa Bsp. 7-3,[282] wobei Normverstöße „grundlegende Bausteine fast jeder Form von Spaß" darstellen (Schmidt 2004: 251) und entsprechend geradezu als notwendig erachtet zu werden scheinen.

Ich lese Cybermobbing also nicht als Signal der Ohnmacht, sondern als aktiven Versuch, einen Konflikt offenzulegen und das transgenerational transportierte Relikt der verdrängten Bedürfnisse zu überwinden (vgl. zur Ventilfunktion von Gewalt Beebe 1995 und Kleinke 2007:333). Das Social Web wird dabei als

---

[281] Vgl. zur Idee der Resilienzfähigkeit Bohn (2006), Hagendorff (2016), Znoj (2009), Wustmann (2004), zu Anger-Out vs. Anger-In-Verfahren Hodapp/Bongard/Heiligtag (1992) und zu konstruktivem Ärger Davidson et al. (2000), Weber/Titzmann (2003).
[282] 7-3: „gibt sicher immer wieder tolle sachen zu berichten, also wer mal wieder was zum lachen hat, einfach drauf losschreiben ;-)"

Versuchsraum genutzt, in dem die Formulierung der eigenen Gefühle, aber auch die Reaktion auf deren Äußerung getestet werden kann.[283]

Ein Effekt dessen ist, dass allen potenziellen Rezipient_inn/en damit der Spiegel einer Gewalt tolerierenden Gesellschaft vorgehalten wird, der auch die öffentliche Aufmerksamkeit bindet. Zu erkennen ist aber auch, dass die Schüler_innen (noch) nicht über konstruktive Konfliktstrategien verfügen. Zwar können sie ihrem Ärger Ausdruck geben, dass das jedoch nicht auf Kosten von Mitschüler_inne/n und Lehrer_inne/n – von Mitmenschen insgesamt (letztlich Stellvertreter_inne/n), denen dadurch schwere seelische Verletzungen zugefügt werden – geschehen darf, steht außer Frage. Der Interimsschritt des Sichtbarmachens oftmals schockierender Aggression motiviert zu Präventionsmaßnahmen, die nun, da der Aggressionsausdruck mitlesbar präsentiert wird, an den Ursachen dieser Aggression ansetzen.

Prävention ist eine interdisziplinäre, ganzheitliche Aufgabe, die sich keinesfalls im Aufzeigen potenzieller Strafmaßnahmen für die im Rahmen von polizeilichen Präventionsprogrammen ausdifferenzierten strafbaren Handlungen erschöpft. Dass es sich hier um einen eher unpraktikablen Ansatz handelt, zeigt auch die Tatsache, dass polizeiliche Gewaltpräventionsseminare frühestens in der fünften Klassenstufe durchgeführt werden können, denn die jüngeren Grundschüler_innen sollen nicht verschreckt werden. Der moralisch erhobene Zeigefinger scheint Initiator_inn/en zumindest online ebenfalls kaum zu tangieren, wie die Ausführungen in Kap. 7 gezeigt haben.

Aufklärungsarbeit leisten z. B. die Redakteure eines Online-Spiele-Magazins, die ihre jungen Leser_innen dazu einluden, in einem Test herauszufinden, welcher Minecraft-Typ sie als ein/e Spieler_in sind. Ein Kind, das im

---

[283] Ein vergleichbares Vorgehen beschreibt der Poetry-Slammer, Christian Ritter, kritisch in einem Facebook-Eintrag vom 12. Juli 2016 (44 Likes): „Es ist eine große zivilisatorische Leistung, anstatt zu irgendeinem Fremden in der S-Bahn ‚Tschuldige, deine Musik ist ein wenig laut' oder ‚Setz dich doch nicht so breitbeinig hin, du zerquetschst ja die Frau neben dir' zu sagen, man instinktiv das Telefon rausholt, um weiteren Fremden im Internet sofort mitzuteilen, dass ‚einer neben mir' zu laut Musik hört oder breitbeinig dasitzt. Das dachte ich mir eben, in der S-Bahn sitzend, als ich von einer jungen Dame auffallend offensiv begutachtet wurde, bevor sie kopfschüttelnd etwas in ihr Telefon tippte. Was hab ich falsch gemacht??" Dass er Anlass für Beschwerden gab, wird hier vom Autor nur vermutet, dennoch: Sollte sein Verhalten bei einem/einer Mitfahrer_in wirklich Ärger ausgelöst haben, den der/diejenige aber nicht konstruktiv zu äußern in der Lage ist, eröffnet das Ausweichen auf die Online-Ebene eine Möglichkeit zur emotionalen Entlastung. Eine potenzielle Vielfalt der Reaktionen auf die online gestellte und damit zur Verhandlung freigegebene Beschwerde könnte im Idealfall gar zu einer (fast) neutralen Bewertung der Situation oder konkreten Handlungsanweisungen (z. B. *Bitte ihn doch die Musik leiser zu stellen*) führen.

Test mit dem Ergebnis „Griefer" (siehe Kap. 2.5) abschneidet, erhält die Rückmeldung:

> Hey, das ist gar nicht gut! Ein Griefer kümmert sich immer nur um sich selbst, zerstört die Bauten anderer und kann sich nicht benehmen. Du magst fiese Fallen, sprengst anderer Leute Gebäude in die Luft und bist gemein zu anderen. Manchmal ist solches Verhalten vielleicht witzig, aber es ist niemals lustig oder gar cool, andere traurig zu machen. Du solltest deinen Spielstil schleunigst ändern! (ROBOT Minecraft 4/2016: 31)[284]

Präventionskonzeptionen, wie „Medienhelden" (Schultze-Krumbholz et al. 2012b), die von der Schülerin, Trisha Prabhu, entwickelte App „ReThink" oder Social Marketing-Maßnahmen, wie die australische Kampagne „Safe and Well online" (Spears et al. 2015a,b)[285] setzen prinzipiell darauf, die möglichen Gefühle des Gegenübers in die Handlungsplanung zu integrieren. Das kann dann gut funktionieren, wenn bei den Schüler_innen eine grundsätzliche Fähigkeit und/oder Bereitschaft zur Empathie besteht.

Sensibilisierung kann z. B. durch Sprachreflexion im Deutschunterricht stattfinden, indem der Zusammenhang zwischen Sprache und Emotion (und insbesondere den mitausgedrückten Bedürfnissen) zum Gegenstand gemacht wird (vgl. zur Sprachkritik in der Schule Schiewe 2009). Die Funktionsweise des Social Web sollte in das Kerncurriculum des Informatikunterrichts aufgenommen werden. Verfahren von selektiven Gruppenbildungsprozessen sind ein Thema für den Biologie-Unterricht, kollektive Meinungsbildung kann in Politischer Weltkunde diskutiert werden. Im Ethik- und Religionsunterricht könnte der Unterschied zwischen moralischen Urteilen und Beobachtungen menschlichen Verhaltens erarbeitet werden.

Darüber hinaus gibt es – überraschenderweise – auch sehr konkrete Methoden, die affektive Resonanz zu schulen. So konnten Flook et al. (2015) zeigen, dass Kinder, die eine Anleitung zur Selbstregulierung durch Meditation erhalten hatten, bereits nach zwölf Wochen ihre soziale Kompetenz verbessert hatten, was sich auch positiv auf ihre schulischen Leistungen auswirkte (vgl. auch das von Tania Singer geleitete ReSource-Projekt, https://www.resource-

---

[284] Zur Erinnerung: In Kap. 5.2 hatte ich den Einfluss des für Online-Spiele typischen Kommunikationsverhaltens auf den Umgang im gesamten Social Web thematisiert. Online-Spiele bilden für Kinder gemeinhin den Einstieg ins WWW (Rüdiger 2016). Es ist daher sinnvoll, Sensibilisierungsmaßnahmen möglichst früh und möglichst dort zu platzieren, wo es die Kinder auch wahrnehmen.

[285] Vgl. zu Präventionsansätzen auch Cross/Walker 2012, Cross et al. 2012, Englander 2006, Leff et al. 2003, Müller/Pfetsch/Ittel 2014a, Dombrowski et al. 2004, Gradinger et al. 2016

project.org/team/projektleitung.html). In Brennpunktschulen in Baltimore im US-Bundesstaat Maryland wurde das Programm „Mindful Moment" erfolgreich zur Dezimierung posttraumatischer Belastungsstörungen von Grundschüler/innen[286] eingesetzt. Es basiert auf meditativen Atemübungen, die 15 Minuten vor Unterrichtsbeginn und 15 Minuten nach Schulende durchgeführt werden.

In einem „Schulklima des Helfens" (Katzer 2014: 59, vgl. auch Beale/Kimberly 2007) und wertschätzenden Miteinanders gibt es nachweislich weniger Probleme mit Mobbing und Cybermobbing. Der Ansatz, die soziale Kompetenz zu stärken (anstelle von Ordnungsmaßnahmen) scheint vielversprechend. Emotionen, das zeigten Hill et al. (2010), verhalten sich in sozialen Netzwerken wie ansteckende Krankheiten, das gilt für negative wie positive Emotionen gleichermaßen. Eine gesellschaftliche Aufgabe ist es nun, sogenannte Kaskaden der Freundlichkeit anzustoßen und damit Kettenreaktionen zu initiieren. Das Social Web, das sich nur über Vernetzung – also Vergemeinschaftung – zu dem entwickeln konnte, was es heute ist, kann zur Metapher einer Positivierungsmaschinerie avancieren, wenn durch positive Trigger gesteuerte Prozesse der Emotionsausbreitung für Präventionszwecke genutzt werden und die Negativ-Ausreißer registriert und ernsthaft hinterfragt werden. Eine Vision, für deren Umsetzung es bereits erste Anzeichen gibt, etwa tausendfache Sympathiebekenntnisse auf Facebook und Twitter, sogenannte Candystorms (z. B. für Volker Beck[287] unter dem Hashtag #Ehefueralle oder für eine Frau, die älteren Nachbar_innen während der Hitzewelle 2015 anbot, Lebensmitteleinkäufe für sie zu übernehmen), der Hashtag #solidaritystorm, Fundraising für in Not geratene Menschen etc. Auf diese Weise kann das Social Web auch positiv auf das Miteinander in einer Gesellschaft zurückwirken (Hindrichs 2016).

Das Kapitel in fünf Sätzen

1. Die Gewaltforschung ist ein Feld voller Herausforderungen, die einerseits in ihrem hochkomplexen Gegenstand begründet liegen, der eine langfristige,

---

[286] Baltimore gilt als „gefährlichste Stadt der USA". Einer der Gründer des Programms, Ali Smith, fasst die Situation der Kinder so zusammen: „A lot of kids are desensitized to it [daily violence], they see people get murdered, they see violence, they see all types of things and it is all kind of building up inside them never actually had a way to kind of be aware of it and release it, so we are kind of giving them the tools to be aware of it and let it go."
[287] Dem Grünenpolitiker wird die Erfindung des Candystorms nachgesagt, im Jahr 2017 wurde er selbst zum Thema eines solchen Diskursereignisses.

vollumfängliche Beobachtung notwendig macht und die gleichzeitig in eine Ad-hoc-Erklärungsbringschuld gedrängt wird, wenn ein akuter Vorfall die öffentliche Aufmerksamkeit erregt.
2. Gewalt ist jedoch keine punktuell aufscheinende Ausnahme, sondern musterhaft in unserer Gesellschaft verankert und wird in einer gemeinhin geförderten Atmosphäre mangelnder Kooperation offenbar.
3. Diese Muster spiegeln sich in Daten digitaler Gewalt, was tradierte Verdrängungsmechanismen unmöglich macht.
4. Cybermobbing macht Aggressionen sicht- und nachvollziehbar und zwingt dazu, die Scheuklappen abzuwerfen und die Ursachen zu ergründen.
5. Im Ausbau einer Beziehungskultur, die die Förderung sozialer Kompetenz durch die Sensibilisierung auf menschliche Grundbedürfnisse integriert, wird ein vielversprechender Präventionsansatz gesehen.

9 Schlusswort

> Viele Menschen glauben lieber, daß unser Hang zur Gewalt
> und zur atomaren Auseinandersetzung auf
> biologische Faktoren zurückzuführen ist,
> die sich unserer Kontrolle entziehen,
> als daß sie die Augen aufmachen und erkennen,
> daß die von uns selbst verursachten sozialen,
> politischen und ökonomischen Umstände daran schuld sind.

Fromm (1974: 33)

Die vorliegende Arbeit zeigt, dass Cybermobbing kein isoliertes Phänomen ist. Vielmehr sehen wir uns einem Abbildungsprozess (verbaler) Gewalt gegenüber, der sich durch die Dynamik der elektronischen Vernetzung akkumuliert und potenziert und dadurch deutlich sichtbar wird. Mit dem Social Web liegt also eine Oberfläche vor, auf der sich Gewaltprozesse einerseits spiegeln, andererseits verselbstständigen, aber zugleich unter Beobachtung stehen (können) und die öffentliche Aufmerksamkeit und Reflexion einfordern.

Digitale Gewalt ist omnipräsent und motiviert eine rege Partizipation, für die Generierung einer Datengrundlage mit dem Fokus auf der qualitativen Analyse von Cybermobbing-Prozessen ist sie dennoch schwer zu fassen. Ich habe daher einen Weg gewählt, der traditionelle Feldforschungsmethoden mit Feldforschungsmethoden 2.0 verbindet und der als methodische Anregung, ja Empfehlung für die junge Disziplin Internetlinguistik verstanden werden soll.

Der wissenschaftliche Mehrwert dieser Untersuchung liegt zudem in der konzentrierten Zuwendung zur Phänomenologie von Cybermobbing, damit bildet sie einen elementaren Beitrag zur bisherigen (sozial)-psychologischen und medienwissenschaftlichen Cybermobbing- und Aggressionsforschung.

Ein internetlinguistischer Zugang, der u. a. interaktions- und kognitionslinguistische Analysen integriert, erwies sich aus meiner Sicht als hervorragend geeignet, um der Komplexität des Untersuchungsgegenstandes gerecht zu werden. Für einen phänomenologischen Zugang habe ich die pragmatischen Bestimmungsstücke der Zeitlichkeit, der Leiblichkeit, der Sozialität und der Epistemizität (die Deppermann 2015a subsumiert hat) als Beschreibungsrahmen definiert, wobei der Parameter Technizität jeweils berücksichtigt wurde. Um die Kommunikationssituation auszudifferenzieren, wurden sowohl Zeitlichkeits- als auch Leiblichkeitsaspekte als konstituierende Parameter diskutiert. Dem bereits vielfach thematisierten Kontrollverlust über die eigenen Daten, der hier als deren Modifikation, Rekontextualisierung und Expansion präzisiert worden ist, wurde eine zweite wichtige Beobachtung hinzugefügt: die erweiterte Kontrolloption während des Datenerstellungsprozesses. Ich habe hieraus den Wunsch der Produzent_innen abgeleitet, einen potenziell öffentlichen Wahrnehmungsraum aktiv in die Kommunikation einzubinden.

Als typisch stellte sich dabei die quasi-automatische Rückkopplung inzwischen diskurstraditioneller Muster heraus, die durch Initialsequenzen hervorgerufen und als kalkulierbare Skalierbarkeit bezeichnet wurden. Mit dem Modell konvergierender Rahmen wurde die Vielschichtigkeit heutiger Kommunikation in vier Sphären beschrieben, von einer strikten bilateralen Trennung zwischen On- und Offline-Ebene bin ich hier also dezidiert zugunsten eines Kommunikationskontinuums abgewichen. Dieses eröffnet ein Experimentierfeld für Identitätsbildung und Körpererfahrung(en), wobei jugendliche Protagonist_inn/en aus dem Blick verlieren (können), dass die Privatheit der Produktionssituation auf dem Übertragungsweg in die (scheinbar) private Rezeptionssituation verloren geht. Eine vergleichbare Tendenz zeigt sich, wenn virtuelle Identitäten ihre Userpraxis aus Spielumgebungen in die Sozialen Medien transportieren, das raue Klima also in die Sozialen Netzwerke ausstrahlt.

Des Weiteren wurde das Augenmerk darauf gerichtet, dass die Oberflächen Sozialer-Netzwerk-Seiten zwar Impulselemente für Bewertungsprozesse enthalten, die Funktionen zum Melden oder Blockieren von Nutzer_innen jedoch aktiv erschlossen werden müssen. Eine Eigenschaft, die sich vor dem Hintergrund, dass Kinder und Jugendliche Netzinhalte sehr intuitiv erkunden, als kontraproduktiv erweist. In diesem Sinne ist es ebenfalls kontraproduktiv, dass Kinder mit internetfähigen Geräten ausgestattet werden, eine Anleitung zu deren sozial verträglichem Gebrauch aber weder in Elternhäusern noch in Schulen obligatorisch ist. Ebenso zu kurz kommt im Unterricht, und hier insbesondere im Deutschunterricht, die Reflexion unseres Sprachgebrauchs.

Sprache wurde in der vorliegenden Untersuchung als elementarer Modus für Cybermobbing identifiziert. So tritt in Diskursfigurkonstruktionsverfahren ein breites Spektrum gewalthaltiger Sprachhandlungen zutage. Es reicht von Verleumdungen über Beleidigungen bis hin zu Drohungen und wird in Form von pejorativer Lexik, dehumanisierenden Metaphern, Vergleichen, sexuellen Anspielungen und Text-Bildcollagen realisiert. Als musterhaft erweist sich dabei die Inszenierung eines unredlichen Gerichtsprozesses, denn dessen Ausgang steht von Beginn an fest.

Dass es eine Tätersprache gibt, wurde hier nie ernsthaft angenommen. Entwickler_innen von Filterprogrammen geben sich zuweilen jedoch dieser Illusion hin. Nicht zuletzt die SPAMming-Technik von Verteidiger_innen auf IShareGossip, mittels derer vermeintliche Cybermobbing-Schlüsselwörter in

Nonsense-Texte integriert wurden, lässt jedoch jeden Versuch der automatisierten Cybermobbing-Detektion aussichtslos erscheinen. Auch die verdeckten Verfahren der Profilfälschung und Imitation lassen sich keinesfalls maschinell entschleiern.

Entscheidend für die Analyse einer Interaktionssituation ist, in welcher Konstellation die Interagierenden zueinander stehen. Unter dem Aspekt der Sozialität wurde dieser Frage nachgegangen und die bislang in der Forschung als prominente Voraussetzung für digitale Gewalt hervorgehobene Anonymität relativiert. Es wurde zudem gezeigt, dass Cybermobbing ein diskursives Phänomen ist, an dem nicht nur Initiator_inn/en beteiligt sind, sondern auch empathische und aggressive Verteidiger_innen, kritische Kommentator_inn/en und u. U. auch die Betroffenen selbst. Diese Beobachtungen können auch auf Shitstorms gegen Personen übertragen werden, die hier als Epiphänomen von Cybermobbing punktuell mitbetrachtet wurden.

Der Parameter der Epistemizität wurde hier insofern weit ausgelegt, als dass das aus den Daten rekrutierbare, dabei aber nicht durch die Interaktionsteilnehmer_innen ratifizierte Wissen im Zentrum stand – ein Ansatz, der sich an der kritischen Kognitionslinguistik (u. a. Schwarz 2008) orientiert. Dabei lag der Fokus klar auf belegten, von Schüler_inne/n produzierten Daten, die als zynische Karikatur eines Wettbewerbs- und Bewertungssystems, in das sie spätestens mit dem Schulbeginn gezwungen werden, gelesen wurden. Die auf Konkurrenz basierenden Prinzipien, die charakteristisch für unsere Gesellschaft sind, lassen sich möglicherweise aus einer langen Geschichte der Gewalt rekonstruieren, die so bis in die Gegenwart hineinwirkt, aber gern tabuisiert wird. Im Cybermobbing sehe ich nun auch den Versuch der Schüler_innen, Konflikte einsehbar und damit zugänglich zu machen. Dies geschieht auf eine für die Betroffenen unermesslich schmerzhafte Weise. Als unerlässliche Aufgabe für die Prävention erachte ich es demzufolge, Kindern und Heranwachsenden Konfliktbewältigungsstrategien an die Hand zu geben. Eine wichtige Voraussetzung dabei ist jedoch, dass die Augen vor Konflikten und deren Repräsentationsebenen nicht verschlossen werden.

Ein persönliches Abschlusswort sei mir an dieser Stelle gestattet: Das mit diesem Buch vorgelegte Plädoyer gegen jedwede Gewalt kann nur ein Schlaglicht auf dieses vielschichtige, im wörtlichen Sinne schwer fassbare soziale Phänomen werfen. Vielleicht kann dieses aber einen Weg heraus aus der Hilflosigkeit aufzeigen, in der sich Eltern und Lehrkräfte sehen, wenn sie mit den Taten ihrer Kinder konfrontiert werden. Gewalt unter und gegenüber Kindern und Heranwachsenden muss weder toleriert, noch ertragen und darf schon gar nicht ignoriert werden (wie es oftmals geschieht). Ich möchte dazu ermuntern, sich allen Kindern mit großer Offenheit und ehrlichem Interesse an ihren Befindlichkeiten und mit Respekt für ihre Integrität und Bedürfnisse zuzuwenden:

http://www.huffingtonpost.de/2016/08/19/gesten-die-kinder-unglucklich-machen_n_11603470.html

Was uns alle vereint ist unsere Verletzlichkeit, ist es da nicht naheliegend, einfach gegenseitig ein bisschen besser aufeinander aufzupassen? Eine ähnliche Formulierung habe ich in einem Tweet vom 22. April 2016 selbst veröffentlicht. Er brachte mir bei mageren 235 Followern 20 Retweets und 73 Favorisierungen ein – vielleicht nur ein Echokammern-Phänomen, vielleicht aber auch ein Hoffnungsschimmer.

> Jenen aber, die jetzt so vernehmlich nach härterer Zucht und strafferen Zügeln rufen, möchte ich das erzählen, was mir einmal eine alte Dame berichtet hat. Sie war eine junge Mutter zu der Zeit, als man noch an diesen Bibelspruch glaubte, dieses ‚Wer die Rute schont, verdirbt den Knaben'
> Im Grunde ihres Herzens glaubte sie wohl gar nicht daran, aber eines Tages hatte ihr kleiner Sohn etwas getan, wofür er ihrer Meinung nach eine Tracht Prügel verdient hatte, die erste in seinem Leben. Sie trug ihm auf, in den Garten zu gehen und selber nach einem Stock zu suchen, den er ihr dann bringen sollte. Der kleine Junge ging und blieb lange fort. Schließlich kam er weinend zurück und sagte: ‚Ich habe keinen Stock finden können, aber hier hast du einen Stein, den kannst du ja nach mir werfen.'
> Da aber fing auch die Mutter an zu weinen, denn plötzlich sah sie alles mit den Augen des Kindes. Das Kind musste gedacht haben, ‚Meine Mutter will mir wirklich weh tun, und das kann sie ja auch mit einem Stein.'
> Sie nahm ihren kleinen Sohn in die Arme, und beide weinten eine Weile gemeinsam. Dann legte sie den Stein auf ein Bord in der Küche, und dort blieb er liegen als ständige Mahnung an das Versprechen, das sie sich in dieser Stunde selber gegeben hatte: NIEMALS GEWALT!
> (aus Astrid Lindgrens Ansprache anlässlich der Verleihung des Friedenspreises des Deutschen Buchhandels, 1978)

Literaturverzeichnis

Abbott, Martin L./Fisher, Michael T., 2009. The art of scalability: scalable web architecture, processes, and organizations for the modern enterprise. Boston: Addison-Wesley.

Abrahams, Roger D., 1990. Playing the dozens. In: Dundes, Alan (ed.), 1990. Mother wit from the laughing barrel. Jackson: University Press of Mississippi, p. 295–309.

Adamzik, Kirsten, 2002. Interaktionsrollen. Die Textwelt und ihre Akteure. In: Adamzik, Kirsten (Hrsg.), 2002. Texte, Diskurse, Interaktionsrollen. Analysen zur Kommunikation im öffentlichen Raum. Tübingen: Stauffenburg, S. 211–255.

Adamzik, Kirsten, 2008. Textsorten und ihre Beschreibung. In: Janich, Nina (Hrsg.), 2008, S. 145–175.

Adorno, Theodor W., 1966. Negative Dialektik. Frankfurt/Main: Suhrkamp.

Aftab, Parry, 2008. Cyberbullying by proxy. http://www.stopcyberbullying.org/how_it_works/cyberbullying_by_proxy.html

Agatston, Patricia W./Kowalski, Robin/Limber, Susan, 2007. Students' perspectives on cyberbullying. In: Journal of Adolescent Health 41, p. 59–60.

Ainsworth, Mary D. Salter/Blehar, Mary C./Waters, Everett/Wall, Stephen N., 1978. Patterns of attachment: A psychological study of the strange situation. Hillsdale: Erlbaum.

Akdeniz, Yaman, 2000. Sex on the Net: The dilemma of policing cyberspace. United Kingdom: South Street Press.

Albert, Georg, 2013. Innovative Schriftlichkeit in digitalen Texten. Berlin: Akademie-Verlag.

Albert, Georg, 2015. Semiotik und Syntax von Emoticons. In: Zeitschrift für angewandte Linguistik 62, 1, S. 3–22.

Albury, Kath/Crawford, Kate, 2012. Sexting, consent and young people's ethics: Beyond Megan's Story. In: Continuum: Journal of Media & Cultural Studies 26, 3, p. 463–473.

Alexander, Matthew/Maclaren, Andrew/O'Gorman, Kevin/Taheri, Babak/Bourkel, Tom, 2012: "He just didn't seem to understand the banter": Bullying or simply establishing social cohesion? In: Tourism Management 33, p. 1245–1255.

Altmann, Andrew, 1993. Liberalism and Campus Hate Speech: A Philosophical Examination. In: Ethics 103, p. 302–317.

Anastasiadis, Mario/Thimm, Caja (Hrsg.), 2011a. Social Media. Theorie und Praxis digitaler Sozialität. Frankfurt/Main [u. a.]: Lang.

Anastasiadis, Mario/Thimm, Caja, 2011b. Social Media – Wandelprozesse sozialer Kommunikation. In: Anastasiadis, Mario/Thimm, Caja (Hrsg.), 2011a, S. 9–19.

Anderson, Craig A./Morrow, Melissa, 1995. Competitive aggression without interaction: Effects of competitive versus cooperative instructions on aggressive behavior in video games. In: Personality and Social Psychology Bulletin 21, p. 1020–1030.

Anderson, Craig A./Ihori, Nami/Bushman, Brad J./Rothstein, Hannah R./Shibuya, Akiko/Swing, Edward L./Sakamoto, Atsuhiko/Saleem, Muniba, 2010. Violent Video Game Effects on Aggression, Empathy and Prosocial Behavior in Eastern and Western Countries: A Meta-Analytic Review. In: Psychological Bulletin 136, 2, p. 151–173.

Androutsopoulos, Jannis, 2003a. Online-Gemeinschaften und Sprachvariation: Soziolinguistische Perspektiven auf Sprache im Internet. In: Zeitschrift für germanistische Linguistik 31, 2, S. 173–197.

Androutsopoulos, Jannis, 2003b. „bitte klein und höflich". Höflichkeit im Internet zwischen Netikette, Chatikette und Gruppennormen. In: Praxis Deutsch 178, S. 42–46.

Androutsopoulos, Jannis (Hrsg.), 2003c. HipHop: Globale Kultur – lokale Praktiken. Bielefeld: Transcript.
Androutsopoulos, Jannis, 2006a. Introduction: Sociolinguistics and computer-mediated communication. In: Journal of Sociolinguistics 10, 4, p. 419–438.
Androutsopoulos, Jannis, 2006b. Jugendsprachen als kommunikative soziale Stile. Schnittstellen zwischen Mannheimer Soziostilistik und Jugendsprachenforschung. In: Deutsche Sprache 34, S. 106–121 (Themenheft Festschrift Werner Kallmeyer).
Androutsopoulos, Jannis, 2008. Potentials and limitations of discourse-centered online ethnography. In: Language@Internet, 5, article 8.
Androutsopoulos, Jannis, 2010. Multimodal – intertextuell – heteroglossisch: Sprach-Gestalten in „Web 2.0"-Umgebungen. In: Deppermann, Arnulf/Linke, Angelika (Hrsg.), 2010. Sprache intermedial. Stimme und Schrift, Bild und Ton. Berlin/New York: de Gruyter, S. 419–445.
Androutsopoulos, Jannis, 2013a. Code-switching in computer-mediated communication. In: Herring, Susan/Stein, Dieter/Virtanen, Tuija (eds.), 2013a, p. 667–694.
Androutsopoulos, Jannis, 2013b. Online data collection. In: Mallinson, Christine/Childs, Becky/Herk, Gerard Van (eds.), 2013. Data Collection in Sociolinguistics: Methods and Applications. London/New York: Routledge, p. 236–250.
Androutsopoulos, Jannis, 2014. Mediatization and sociolinguistic change. Key concepts, research traditions and open issues. In: Androutsopoulos, Jannis (ed.), 2014. Mediatization and sociolinguistic change. Berlin/New York: de Gruyter, p. 3–48.
Androutsopoulos, Jannis, 2016. Beitrag zur Podiumsdiskussion Fakten, Glaubwürdigkeit, Inszenierung – Kommunikation und Medienkompetenz im digitalen Zeitalter. Bremen, 6. Juli 2016.
Androutsopoulos, Jannis, 2017. Interpunktion im vernetzten Schreiben: <…> bei griechischen Gymnasiast/innen. Vortrag auf dem Symposium „Register des Digitalen Schreibens". Hamburg, 1.-2. Juni 2017.
Androutsopoulos, Jannis/Beißwenger, Michael, 2008. Introduction. Data and Methods in Computer-Mediated Discourse Analysis. In: Language@Internet 5, http://www.languageat inter-net.org/articles/2008/1609
Androutsopoulos, Jannis/Runkehl, Jens/Schlobinski, Peter/Siever, Torsten (Hrsg.), 2006. Neuere Entwicklungen in der linguistischen Internetforschung. Hildesheim: Olms.
Androutsopoulos, Jannis/Ziegler, Evelyn, 2003. Sprachvariation und Internet: Regionalismen in einer Chat-Gemeinschaft. In: Androutsopoulos, Jannis/Ziegler, Evelyn (Hrsg.), 2003. ‚Standardfragen'. Soziolinguistische Perspektiven auf Sprachgeschichte, Sprachkontakt und Sprachvariation. Frankfurt/Main [u. a.]: Lang, S. 251–279.
Ang, Rebecca P./Goh, Dion H., 2010. Cyberbullying among adolescents: The role of affective and cognitive empathy and gender. In: Child Psychiatry and Human development 41, p. 387–397.
Angst, Walter, 1980. Aggression bei Affen und Menschen. Heidelberg [u. a.]: Springer.
Ankenbrand, Katrin, 2013. Höflichkeit im Wandel. Entwicklungen und Tendenzen in der Höflichkeitspraxis und dem laienlinguistischen Höflichkeitsverständnis der bundesdeutschen Sprachgemeinschaft innerhalb der letzten fünfzig Jahre. Dissertation, Universität Heidelberg. http://archiv.ub.uni-heidelberg.de/volltextserver/14676/1/HÖFLICHKEIT%20IM%20WANDEL.pdf

Antos, Gerd, 1996. Laien-Linguistik. Studien zu Sprach- und Kommunikationsproblemen im Alltag. Am Beispiel von Sprachratgebern und Kommunikationstrainings. (RGL; 249). Tübingen: Niemeyer.

Antos, Gerd/ Opilowski, Roman, 2014. Auf dem Weg zur Bildlinguistik. Perspektiven für eine neue linguistische Subdisziplin aus deutsch-polnischer Sicht. In: Antos, Gerd/ Jarosz, Józef/ Opilowski, Roman (Hrsg.), Sprache und Bild im massenmedialen Text. Formen, Funktionen und Perspektiven im deutschen und polnischen Kommunikationsraum, Band 1 der Reihe: Breslauer Studien zur Medienlinguistik, Dresden: Atut & Neisse Verlag, S. 19-41.

Apeltauer, Ernst, 1977. Drohen. In: Sprengel, Konrad/Bald, Wolf-Dietrich/Viethen, Hans-Werner (Hrsg.), 1977. Semantik und Pragmatik. Akten des 11. Linguistischen Kolloquiums Aachen 1976. Tübingen: Niemeyer, S. 187–198.

ARD/ZDF-Online-Studie 2015. http://www.ard-zdf-onlinestudie.de/fileadmin/Onlinestudie_2015/0915_Statistik.pdf

ARD/ZDF-Online-Studie 2016. http://www.ard-zdf-onlinestudie.de/index.php?id=568

Arendt, Birte/Kiesendahl, Jana, 2014. Sprachkritische Äußerungen in Kommentarforen – Entwurf des Forschungsfeldes „Kritiklinguistik". In: Horn, Alexander/Niehr, Thomas (Hrsg.), 2014. Sprachwissenschaft und Sprachkritik. Perspektiven ihrer Vermittlung. Zeitschrift für Rezensionen zur germanistischen Sprachwissenschaft, S. 101–130.

Arendt, Birte/Kiesendahl, Jana, 2015. Sprachkritische Kommentare in der Forenkommunikation. Form, Funktion und Wirkung. In: Bücker, Jörg/Diedrichsen, Elke/Spieß, Constanze (Hrsg.), 2015. Perspektiven linguistischer Sprachkritik. Stuttgart: ibidem, S. 159–198.

Arendt, Birte/Schäfer, Pavla (Hrsg.), 2015. Aptum: Themenheft Angemessenheit. Bremen: Hempen.

Arens, Katja/Nösler, Nadine, 2014. Jaaaa :) alles klar!! bis morgen hdl :-*. Der Ausdruck von Emotionen in SMS. In: Berg, Frieda/Mende, Yvonne (Hrsg.), 2014. Verstehen und Verständigung in der Interaktion. Analysen von Online-Foren, SMS, Instant-Messaging, Video-Clips und Lehrer-Eltern-Gesprächen. Mannheim: Verlag für Gesprächsforschung, S. 46–60.

Aricak, Tolga/Siyahhan, Sinem/Uzunhasanoglu, Aysegul/Saribeyoglu, Sevda/Ciplak, Songul/Yilmaz, Nesrin, 2008. Cyberbullying among Turkish adolescents. In: CyberPsychology & Behavior 11, p. 253–261.

Aristoteles, 1980. Rhetorik. (hrsg. und übersetzt von Gernot Krapinger). Leipzig: Reclam.

Arlt, Fabian/Bückle, Andreas, 2014. Eschaton. Vortrag auf dem Science Slam anlässlich der Langen Nacht der Wissenschaften. Berlin, 10. Mai 2014.

Arseneault, Louise/Walsh, Elaine/Trzesniewski, Kali H./Newcombe, Rhiannon/Caspi, Avshalom/Moffitt, Terrie E., 2006. Bullying victimization uniquely contributes to adjustment problems in young children: A nationally representative cohort study. In: Pediatrics 118, p. 130–138.

Auer, Peter, 2000. On line-Syntax – oder: was es bedeuten könnte, die Zeitlichkeit der mündlichen Sprache ernst zu nehmen. In: Sprache und Literatur 85, S. 43–56.

Auer, Peter, 2005. Projection in interaction and projection in grammar. In: Text 25, 1, p. 7–36.

Auer, Peter, 2015. The temporality of language in interaction: Projection and latency. In: Deppermann, Arnulf/Günthner, Susanne (eds.), 2015, p. 27–56.

Auer, Peter (ed.), 2007. Style and social identities: alternative approaches to linguistic heterogeneity. Berlin/New York: de Gruyter, p. 279–317.

Austin, John Langshaw, 1958. Performative und konstatierende Äußerung. In: Hoffmann, Ludger (Hrsg.), ³2010, S. 163–173.
Averill, James R., 1979. Anger. In: Howe, Herbert E./Dienstbier, Richard A. (eds.), 1979. Nebraska Symposium on Motivation. Lincoln: University of Nebraska Press, p. 1–80.
Ayoub, Millicent R./Barnett, Stephen A., 1965. Ritualized Verbal Insult in White High School Culture. In: The Journal of American Folklore 78, 310, p. 337-344.
Bahlo, Nils, 2011. „Gangbang, Blowjob, MILF": Sexualisierte Sprache und Lebenswelt von Jugendlichen. Vortrag auf der Tagung „Pornografie und Jugendsexualität", Hannover, 15.2.2011.
Bahlo, Nils, 2012. Let's talk about sex – Vulgärer und sexualisierter Sprachgebrauch Jugendlicher als Thema im Projektunterricht. In: Aptum. Zeitschrift für Sprachkritik und Sprachkultur 8, 1, S. 48–60.
Balsliemke, Petra, 2016. Verbesserung des Sprachbewusstseins durch die Reflexion über Jugendsprache? – Umfrageergebnisse, Lehrwerkanalyse und Unterrichtsbeispiele. In: Spiegel, Carmen/Gysin, Daniel (Hrsg.), 2016, S. 165–178.
Bandura, Albert, 1978. Social learning theory of aggression. In: Journal of Communication 28, p. 12-29.
Bandura, Albert, 1979. Sozial-kognitive Lerntheorie. Stuttgart: Klett-Cotta.
Bandura, Albert, 1986. Social foundations of thought and action: A social cognitive theory. Englewood Cliffs, NJ: Prentice-Hall.
Bandura, Albert, 1989. Human agency in social cognitive theory. In: American Psychologist 44, p. 1175–1184.
Bański, Piotr/Bingel, Joachim/Diewald, Nils/Frick, Elena/Hanl, Michael/Kupietz, Marc/ Pęzik, Piotr/Schnober, Carsten/Witt, Andreas, 2013. KorAP: the new corpus analysis platform at IDS Mannheim. In: Vetulani, Zygmunt/Uszkoreit, Hans (eds.), 2013. Human Language Technologies as a Challenge for Computer Science and Linguistics. Proceedings of the 6th Language and Technology Conference. Poznán: Fundacja Uniwersytetu, p. 586–587.
Barbaresi, Adrien/Würzner, Kay-Michael, 2014. For a fistful of blogs: Discovery and comparative benchmarking of republishable German content. In: Proceedings of KONVENS 2014. Hildesheim, p. 2–10.
Barker, Roger G./Dembo, Tamara/Lewin, Kurt, 1941. Frustration and Regression. An Experiment with Young Children. Studies in Topological and Vector Psychology II. Iowa: University of Iowa Press, p. 216–219.
Barlińska, Julia/Szuster, Anna/Winiewski, Mikołaj, 2013. Cyberbullying among adolescent bystanders: Role of the communication medium, form of violence, and empathy. In: Journal of Community & Applied Social Psychology 23, 1, p. 37–51. DOI: 10.1002/casp. 2137
Barlińska, Julia/Szuster, Anna/Winiewski, Mikołaj, 2015. The Role of Short- and Long-Term Cognitive Empathy Activation in Preventing Cyberbystander Reinforcing Cyberbullying Behavior. In: Cyberpsychology, Behavior, and Social Networking 18, 4, p. 241–244. DOI:10.1089/cyber.2014.0412
Baroni, Marco/Bernardini, Silvia/Ferrasresi, Adriano/Zanchetta, Eros, 2009. The WaCky Wide Web: A Collection of Very Large Linguistically Processed Web-Crawled Corpora. In: Language Resources and Evaluation 43, 3, p. 209–226.
Bartlett, Jaimie/Norrie, Richard/Patel, Sofia/Rumpel, Rebekka/Wibberley, Simon, 2014. Misogyny on Twitter. Centre for Analysis of Social media. http://www.demos.co.uk/project/misogyny-on-twitter/

Barton, David/Lee, Carmen, 2013. Language Online. Investigating Digital Texts and Practices. London/New York: Routledge.
Bartz, Thomas/Beißwenger, Michael/Pölitz, Christian/Radtke, Nadja/Storrer, Angelika, 2014. Neue Möglichkeiten der Arbeit mit strukturierten Sprachressourcen in den Digital Humanities mithilfe von Data-Mining. In: Online Proceedings of the Digital Humanities 2014 annual international conference of the Alliance of Digital Humanities Organizations, Universität Lausanne, 10. Juli 2014.
Bartz, Thomas/Beißwenger, Michael/Storrer, Angelika, 2014. Optimierung des Stuttgart-Tübingen-Tagset für die linguistische Annotation von Korpora zur internetbasierten Kommunikation: Phänomene, Herausforderungen, Erweiterungsvorschläge. In: Journal for Language Technology and Computational Linguistics, S. 157–198.
Bartz, Thomas/Beißwenger, Michael/Storrer, Angelika, 2015. Using Data Mining and the CLARIN Infrastructure to Extend Corpus-based Linguistic Research. In: Odijk, Jan (ed.), 2015. Selected Papers from the CLARIN 2014 Conference, October 24-25, 2014, Soesterberg, The Netherlands. Linköping: Linköping University Press, p. 1–13.
Baruch, Yehuda, 2005. Bullying on the net: Adverse behavior on e-mail and ist impact. In: Information & Management 42, p. 361–371.
Barwinski, Rosmarie, 2013. Ich-Spaltung bei der transgenerationalen Übertragung von Traumata. In: Rauwald, Marianne (Hrsg.), 2013b, S. 109–117.
Bastiaensens, Sara/Vandebosch, Heidi/Poels, Karolien/Van Cleemput, Katrien/DeSmet, Ann/De Bourdeaudhuij, Ilse, 2014. Cyberbullying on social network sites. An experimental study into bystanders' behavioural intentions to help the victim or reinforce the bully. In: Computers in Human Behavior 31, p. 259–271.
Basu, Subhajit /Jones, Richard, 2007. Regulating cyberstalking. In: Journal of Information, Law, and Technology. http://www2.warwick.ac.uk/fac/soc/law/elj/jilt/2007_2/basu_jones.
Bateson, Gregory, 1969. Double bind. In: Bateson, Gregory, 1972. Steps to an ecology of the mind: A revolutionary approach to man's understanding of himself. Chicago: University of Chicago Press, p. 271–278.
Bauer, Joachim, 2011. Schmerzgrenze. Vom Ursprung alltäglicher und globaler Gewalt. München: Blessing.
Bay-Hinitz, April K./Peterson, Robert F./Quilitch, H. Robert, 1994. Cooperative games: A way to modify aggressive and cooperative behaviors in young children. In: Journal of Applied Behavior Analysis 27, p. 435–446.
Bazo, Alexander/Burghardt, Manuel/Wolff, Christian, 2013. TWORPUS – An Easy-to-Use Tool for the Creation of Tailored Twitter Corpora. In: Gurevych, Iryna/Biemann, Chris/Zesch, Torsten (eds.), 2013. Language Processing and Knowledge in the Web. Berlin/Heidelberg: Springer, p. 23–34.
Beale, Andrew V./Hall, Kimberly R., 2007. Cyberbullying: What School Administrators (and Parents) Can Do. In: The Clearing House: A Journal of Educational Strategies, Issues and Ideas, 81, 1, p. 8–12.
Beebe, Leslie M., 1995. Polite Fictions: Instrumental Rudeness as Pragmatic Competence. In: Alatis, James E. (ed.), 1995. Georgetown University Round Table of Language and Linguistics 1995: Linguistics and the Education of Language Teachers: Ethnolinguistic, Psycholinguistic and Sociolinguistic Aspects. Washington: Georgetown University Press, p. 154–168.

Beißwenger, Michael, 2001. Chat-Kommunikation. Sprache, Interaktion, Sozialität & Identität in synchroner computervermittelter Kommunikation. Perspektiven auf ein interdisziplinäres Forschungsfeld. Stuttgart: ibidem.

Beißwenger, Michael, 2002b. Getippte Gespräche und ihre trägermediale Bedingtheit. Zum Einfluß technischer und prozeduraler Faktoren auf die kommunikative Grundhaltung beim Chatten. In: Schröder, Ingo W./Voell, Stéphane (Hrsg.), 2002. Moderne Oralität. Ethnologische Perspektiven auf die plurimediale Gegenwart. Marburg: Curupira, S. 265–299.

Beißwenger, Michael, 2010b. Chattern unter die Finger geschaut: Formulieren und Revidieren bei der schriftlichen Verbalisierung in synchroner internetbasierter Kommunikation. In: Ágel, Vilmos/Henning, Mathilde (Hrsg.), 2010. Nähe und Distanz im Kontext variationslinguistischer Forschung. Berlin/New York: de Gruyter, S. 247–294.

Beißwenger, Michael, 2012. Forschungsnotiz: Das Wissenschaftliche Netzwerk „Empirische Erforschung internetbasierter Kommunikation" (Empirikom). In: Zeitschrift für germanistische Linguistik 40, 3, S. 459–461.

Beißwenger, Michael, 2013a. Das Dortmunder Chat-Korpus: ein annotiertes Korpus zur Sprachverwendung und sprachlichen Variation in der deutschsprachigen Chat-Kommunikation. http://www.linse.uni-due.de/tl_files/PDFs/Publikationen-Rezensionen/Chatkor-pus_Beisswenger_2013.pdf

Beißwenger, Michael/Ermakowa, Maria/Geyken, Alexander/Lemnitzer, Lothar/Storrer, Angelika, 2012a. A TEI Schema for the Representation of Computer-mediated Communication. In: Journal of the Text Encoding Initiative 3. http://jtei.revues.org/476

Beißwenger, Michael/Ermakova, Maria/Geyken, Alexander/Lemnitzer, Lothar/Storrer, Angelika, 2012b. DeRiK: A German Reference Corpus of Computer-Mediated Communication. In: Proceedings of Digital Humanities 2012.

Beißwenger, Michael/Ermakova, Maria/Geyken, Alexander/Lemnitzer, Lothar/Storrer, Angelika, 2013. DeRiK: A German Reference Corpus of Computer-Mediated Communication. In: Literary & Linguistic Computing 28, 4, p. 531–537. DOI: 10.1093/llc/fqt038

Beißwenger, Michael/Hoffmann, Ludger/Storrer, Angelika (Hrsg.), 2004. Internetbasierte Kommunikation. Themenheft der Osnabrücker Beiträge zur Sprachtheorie OBST 68, 2.

Beißwenger, Michael/Storrer, Angelika, 2008. Corpora of Computer-Mediated Communication. In: Lüdeling, Anke/Kytö, Merja (eds.), 2008. Corpus Linguistics. An International Handbook. Berlin/New York: de Gruyter, p. 292–308.

Beißwenger, Michael/Storrer, Angelika, 2010. Kollaborative Hypertextproduktion mit Wiki-Technologie. Beispiele und Erfahrungen im Bereich Schule und Hochschule. In: Jakobs, Eva-Maria/Lehnen, Katrin/Schindler, Kirsten (Hrsg.), 2010. Schreiben und Medien. Schule, Hochschule, Beruf. Frankfurt/Main [u. a.]: Lang, S. 13–36.

Bellmore, Amy/Ma, Ting-Lan/You, Ji-In/Hughes, Maria, 2012. A two-method investigation of early adolescents' responses upon witnessing peer victimization in school. In: Journal of Adolescence 35, 5, p. 1265–1276. DOI: 10.1016/j.adolescence.2012.04.012.

Beran, Tanya/Li, Qing, 2007. The relationship between cyberbullying and school bullying. In: Journal of Student Wellbeing 1, p. 15–33.

Bergen, Emilia/Ahto, Anna/Schulz, Anja/Imhoff, Roland/Antfolk, Jan, 2014. Adult-Adult and Adult Child/Adolescent Online Sexual Interactions: An Exploratory Self-Report Study on the Role of Situational Factors. In: The Journal of Sex Research, p. 1–11.

Berger, Peter, 1970. On the obsolecence of the concept of honor. In: European Journal of Sociology 11, 2, p. 338–347.

Bergmann, Jörg R., 1987. Klatsch. Zur Sozialform der diskreten Indiskretion. Berlin/New York: de Gruyter.
Bering, Dietz, 1987. Der Name als Stigma. Antisemitismus im deutschen Alltag 1812–1933. Stuttgart: Klett-Cotta.
Berk, Emily/Devlin, Joseph (eds.), 1991. Hypertext/Hypermedia Handbook. New York: McGraw Hill.
Bernardini, Silvia/Baroni, Marco/Evert, Stefan, 2006. A WaCky introduction. In: Baroni, Marco/Bernardini, Silvia (eds.), 2006. Wacky! Working papers on the Web as Corpus. Bologna: Gedit, p. 9–40.
Berners-Lee, Timothy J., 1989. Information Management: A Proposal. http://www.w3.org/History/1989/proposal.html
Bethke, Inge, 1990. Der, die, das als Pronomen (Studien Deutsch, Band 11). München: Judicium Verlag.
Bhat, Christine Suniti, 2008. Cyberbullying: Overview and strategies for school counsellors, guidance officers, and all school personnel. Australian In: Journal of Guidance and Counseling 18, p. 53–66.
Bick, Eckhard, 2010. Degrees of Orality in Speech-like Corpora: Comparative Annotation of Chat and Email Corpora. In: Otoguro, Ryo/Ishikawa. Kiyoshi/Umemoto, Hiroshi/Yoshimoto, Kei/Harada, Yasunari (eds.), 2010. Proceedings of the 24th Pacific Asia Conference on Language (PACLIC24). Institute for Digital Enhancement of Cognitive Development, Waseda University, p. 721–729.
Bickel, Hans, 2006. Das Internet als linguistisches Korpus. In: Linguistik online 28, 3, http://www.linguistik-online.de/28_06/bickel.pdf
Bieber, Christoph/Eifert, Martin/Groß, Thomas/Lamla, Jörn (Hrsg.), 2009. Soziale Netzwerke in der digitalen Welt. Das Internet zwischen egalitärer Teilhabe und ökonomischer Macht. Frankfurt/Main: Campus.
Bieber, Christoph/Leggewie, Claus (Hrsg.), 2004. Interaktivität. Ein transdisziplinärer Schlüsselbegriff. Frankfurt/Main: Campus. http://www.gbv.de/dms/hebis-darmstadt/toc/122292693.pdf
Bierhoff, Hans-Werner, ^{6}2006. Sozialpsychologie. Ein Lehrbuch. 6. überarbeitete und erweiterte Auflage. Stuttgart: Kohlhammer.
Bieswanger, Markus, 2013. Micro-linguistic structural features of computer-mediated communication. In: Herring, Susan/Stein, Dieter/Virtanen, Tuija, 2013a, p. 463–485.
Bischoff, Doerte, 2003. Einführung: Repräsentation. In: Bischoff, Doerte/Wagner-Egelhaff, Martina (Hrsg.), 2003. Weibliche Rede – Rhetorik der Weiblichkeit. Studien zum Verhältnis von Rhetorik und Geschlechterdifferenz. Freiburg: Rombach, S. 353–364.
Bloom, Paul, 2013. Just Babies: The origins of good and evil. New York: Crown.
Blumler, Jay G./Katz, Elihu (eds.), 1974. The uses of mass communications. Beverly Hills, CA: Sage.
Bohn, Caroline, 2006. Einsamkeit im Spiegel der sozialwissenschaftlichen Forschung. Dissertation, Universität Dortmund. https://eldorado.tu-dortmund.de/bitstream/2003/23001/2/Diss.Bohn.pdf
Bonacchi, Silvia, 2014. Scheinbeleidigungen und perfide Komplimente: kulturologische Bemerkungen zur obliquen Kommunikation in interkultureller Perspektive. In: Katarzyna, Lukas/ Olszewska, Izabela (Hrsg.), 2014. Deutsch im Kontakt und im Kontrast. Festschrift für Andrzej Kątny zum 65. Geburtstag. Frankfurt/Main [u. a.]: Lang, S. 341–356.

Bongard, Stephan/Wilke, Britta, 2008. Methoden der kontrollierten Ärgerinduktion. In: Janke, Wilhelm/Debus, Günter/Schmidt-Daffy, Martin (Hrsg.), 2008. Experimentelle Emotionspsychologie. Lengerich: Pabst, S. 334–346.

Bonta, Bruce D., 1997. Cooperation and competition in peaceful societies. In: Psychological Bulletin 121, p. 299–320.

Bosworth, Kris/Espelage, Dorothy L./Simon, Thomas R., 1999. Factors associated with bullying behavior among early adolescents. In: Journal of Early Adolescence 19, p. 341–362.

Böttger, Katharina, 2008. Die häufigsten Fehler russischer Deutschlerner. Ein Handbuch für Lehrende. München: Waxmann.

Boulton, Michael J./Underwood, Kerry, 1992. Bully/victim problems among middle school children. In: British Journal of Educational Psychology 62, p. 73–87.

Boyd, Danah, 2008a. How Can Qualitative Internet Researchers Define the Boundaries of Their Projects: A Response to Christine Hine. In: Markham, Annette N./ Baym, Nancy K. (eds.), 2008. Internet Inquiry: Conversations About Method. Los Angeles: Sage, p. 26–32.

Boyd, Danah, 2008b. Facebook's Privacy Trainwreck: Exposure, Invasion, and Social Convergence. In: Convergence 14, 1. http://www.danah.org/papers/FacebookPrivacyTrain wreck.pdf

Boyd, Danah, 2008c. None of this is Real. In: Karaganis, Joe (ed.), 2008. Structures of Participation in Digital Culture. New York: Social Science Research Council, p. 132–157.

BPjM (Hrsg.), 2008. Hip-Hop-Musik in der Spruchpraxis der Bundesprüfstelle für jugendgefährdende Medien (BPjM) – Rechtliche Bewertung und medienpädagogischer Umgang. Bonn. http://www.bundespruefstelle.de/RedaktionBMFSFJ/RedaktionBPjM/PDFs/bpjm-thema-hiphop,property=pdf,bereich=bpjm,sprache=de,rwb=true.pdf

Brandstätter, Veronika/Otto, Jürgen H. (Hrsg.), 2009. Handbuch der Allgemeinen Psychologie – Motivation und Emotion. Göttingen [u. a.]: Hogrefe.

Branner, Rebecca, 2003. Scherzkommunikation unter Mädchen. Eine ethnographisch-gesprächsanalytische Untersuchung. Frankfurt/Main [u. a.]: Lang.

Braunegger, Emanuel, 2010. „Happy slapping" als neue Form der Jugend(banden)kriminalität? Eine strafrechtliche, kriminologische und informationsrechtliche Betrachtung. Saarbrücken: VDM Verlag Dr. Müller.

Bräuer, Gottfried, 1988. Grundschuldidaktik im Übergang - Probleme und Perspektiven. In: Schneider, Gerhard (Hrsg.), 1988. Ästhetische Erziehung in der Grundschule. Argumente für ein fächerübergreifendes Unterrichtsprinzip. Weinheim: Beltz, S. 31–47.

Braun, Friederike/Oelkers, Susanne/Rogalski, Karin/Bosak, Janine/Sczesny, Sabine, 2007. ‚Aus Gründen der Verständlichkeit ...' Der Einfluss generisch maskuliner und alternativer Personenbezeichnungen auf die kognitive Verarbeitung von Texten. In: Psychologische Rundschau 58, 3, S. 183–189.

Brenner, Andreas/Zirfas, Jörg, 2002. Lexikon der Lebenskunst. Leipzig: Reclam.

Brodnig, Ingrid, 2016. Hass im Netz. Was wir gegen Hetze, Mobbing und Lügen tun können. Wien: Brandstätter.

Brown, Penelope/Levinson, Stephen C., 1987. Politeness: Some Universals in Language Usage. Cambridge: Cambridge University Press.

Bryant, Jennings (ed.), ³2008. Media Effects: Advances in Theory and Research. Hillsdale: Erlbaum.

Bubenhofer, Noah, 2009. Sprachgebrauchsmuster. Korpuslinguistik als Methode der Diskurs- und Kulturanalyse. Berlin/New York: de Gruyter.

Bubenhofer, Noah, 2011. Einführung in die Korpuslinguistik: Praktische Grundlagen und Werkzeuge. http://www.bubenhofer.com/korpuslinguistik/kurs (online seit 2006).

Bubenhofer, Noah/Scharloth, Joachim, 2015. Maschinelle Textanalyse im Zeichen von Big Data und Data-driven Turn – Überblick und Desiderate. In: Zeitschrift für germanistische Linguistik 43, 1, S. 1–26. DOI: 10.1515/zgl-2015-0001

Bubintschek, Günther/Wegel. Melanie, 2013. Chancen lokaler Netzwerke: Wie kann eine sinnvolle Kooperation aller Akteure aussehen? Vortrag auf dem 1. Internationalen Cybermobbing-Kongress Berlin, 11.09.2013.

Bucher, Hans-Jürgen, 2000. Publizistische Qualität im Internet. Rezeptionsforschung für die Praxis. In: Altmeppen, Klaus-Dieter/Bucher, Hans-Jürgen/ Löffelholz, Martin (Hrsg.), 2000. Online-Journalismus. Perspektive für Wissenschaft und Praxis. Wiesbaden: Westdeutscher Verlag, S. 153–172.

Bucher, Hans-Jürgen, 2011. Multimodales Verstehen oder Rezeption als Interaktion. Theoretische und empirische Grundlagen einer systematischen Analyse der Multimodalität. In: Diekmannshenke, Hajo/Klemm, Michael/Stöckl, Hartmut (Hrsg.), 2011, S. 123–156.

Bucher, Hans-Jürgen, 2013. Online-Diskurse als multimodale Netzwerk-Kommunikation. Plädoyer für eine Paradigmenerweiterung. In: Fraas, Claudia/Meier, Stefan/Pentzold, Christian (Hrsg.), 2013, 57–101.

Bucher, Hans-Jürgen/Erlhofer, Sebastian/Kallass, Kerstin/Liebert, Wolf-Andreas, 2008. Netzwerkkommunikation und Internet-Diskurse: Grundlagen eines netzwerkorientierten Kommunikationsbegriffs In: Zerfaß, Ansgar/Welker, Martin/Schmidt, Jan (Hrsg.), 2008, S. 41–60.

Burghardt, Manuel, 2015. Introduction to tools and methods for the Analysis of Twitter Data. In: 10Plus1 Journal. Special Issue on "Media Linguistics" 1, 1, p. 74–91.

Burger, Harald, 1995. Verbale Gewalt in Radio- und Fernsehdialogen. In: Hugger, Paul/Stadler Ulrich/Bonfadelli, Heinz (Hrsg.), 1995. Gewalt – Kulturelle Formen in Geschichte und Gegenwart. Zürich: Unionsverlag, S. 100–125.

Burger, Harald/Luginbühl, Martin, ^{4}2014. Mediensprache. Eine Einführung in Sprache und Kommunikationsformen der Massenmedien. Berlin/New York: de Gruyter.

Burkart, Roland, 2003. Kommunikationstheorien. In: Bentele, Günter/Brosius, Hans-Bernd/Jarren, Otfried (Hrsg.), 2003. Öffentliche Kommunikation. Handbuch Kommunikations- und Medienwissenschaft. Wiesbaden: Westdeutscher Verlag, S. 169–192.

Burkart, Roland/Hömberg, Walter, 82015. Kommunikationstheorien. Ein Textbuch zur Einführung. Wien: Braumüller.

Bushman, Brad J./Huesmann, Rowell L., 2006. Short-term and long-term effects of violent media on aggression in children and adults. In: Archives of Pediatrics & Adolescent Medicine 160, p. 348–352.

Buss, Arnold H., 1961. The psychology of aggression. New York: Wiley.

Buss, Arnold H., 1963. Physical aggression in relation to differential frustrations. In: Journal of Aggression and Social Psychology 67, p. 1–7.

Bußmann, Hadumod, 32002: Lexikon der Sprachwissenschaft. Stuttgart: Kröner.

Butler, Judith, 1998. Haß spricht. Zur Politik des Performativen. Berlin: Berlin Verlag. (auch: 2006 in Frankfurt/Main bei Suhrkamp)

Campbell, Marylin, 2005. Cyber bullying: An old problem in a new guise? In: Australian Journal of Guidance and Counselling 15, 1, 68–76.

Campbell, Marilyn/Spears, Barbara/Slee, Phillip/ Butler, Des/Kift, Sally, 2012. Victims' perceptions of traditional and cyberbullying, and the psychosocial correlates of their victimisation. In: Emotional and Behavioural Difficulties 17, 3–4, p. 389–401.
Caysa, Volker, 2007. Der Hass – eine große Stimmung. In: Haubl, Rolf/Caysa, Volker (Hrsg.), 2007. Hass und Gewaltbereitschaft. Göttingen: Vandenhoeck & Ruprecht, S. 69–108.
Chalfen, Richard, 2009. It's only a picture: sexting, 'smutty' snapshots and felony charges. In: Visual Studies 24, 3, p. 258–268.
Calvete, Esther/Orue, Izaskun/Estévez, Ana/Villardón, Lourdes/Padilla, Patricia, 2010. Cyberbullying in adolescents: Modalities and aggressors' profile. In: Computers in Human Behavior 26, 5, p. 1128–1135.
Clark, Herbert H./Marshall, Catherine R., 1981. Definite reference and mutual knowledge. In: Webber, Bruce H./Sag, Ivan A. (eds.), 1981. Elements of discourse understanding. Cambridge: Cambridge University Press, p. 10–63.
Coffey, C. Edward/Brumback, Roger A./Rosenberg, David/Voeller, Kytjak S. (eds.), 2006. Pediatric Neuropsychiatry. Philadelphia [u. a.]: Lippincott Williams & Wilkins.
Cohen, Sheldon/Wills, Thomas A., 1985. Stress, social support, and the buffering hypothesis. In: Psychological Bulletin 98, p. 310–357.
Conger, Rand D./Neppl, Tricia/Kim, Kee Jeong/Scaramella, Laura, 2003. Angry and aggressive behaviour across three generations: A prospective, longitudinal study of parents and children. In: Journal of Abnormal Child Psychology 31, p. 143–160.
Connor, Daniel F./Steingard, Ronald J./Anderson, Jennifer J./Melloni, Richard H., 2003. Gender differences in reactive and proactive aggression. In: Child Psychiatry & Human Development 33, p. 279–294.
Consten, Manfred, 2004. Anaphorisch oder deiktisch? Zu einem integrativen Modell domänengebundener Referenz. Tübingen: Niemeyer.
Consten, Manfred, 2014. Weiche Variablen – Form-Funktionsbeziehungen in Korpusstudien. In: Mitteilungen des Deutschen Germanistenverbandes 61, 1, S. 31–44.
Corbineau-Hoffmann, Angelika/Nicklas, Pascal (Hrsg.), 2000. Gewalt der Sprache – Sprache der Gewalt. Beispiele aus philologischer Sicht. Hildesheim/Zürich: Olms.
Corradi-Dell'Acqua, Corrado/Tusche, Anita/Vuilleumier, Patrik/Singer, Tania, 2016. Crossmodal representations of first-hand and vicarious pain, disgust and fairness in insular and cingulate cortex. In: Nature Communications. http://www.nature.com/ncomms/2016/160318/ncomms10904/full/ncomms10904.html
Corsaro, William A./Eder, Donna, 1990. Children's Peer Cultures. In: Annual Review of Sociology 16, p. 197–220.
Costanza, Christina/Ernst, Christina (Hrsg.), 2012. Personen im Web 2.0. Kommunikationswissenschaftliche, ethische und anthropologische Zugänge zu einer Theologie der Social Media. Göttingen: Edition Ruprecht.
Crick, Nicki R./Grotepeter, Jennifer K, 1995. Relational Aggression, Gender, and Social-Psychological Adjustment. In: Child Development 66, 3, p. 710–722.
Cross, Emma-Jane/Richardson, Ben/Douglas, Thaddaeus/Vonkaenel-Flatt, Jessica, 2009. Virtual Violence: Protecting children from cyberbullying. http://www.beatbullying.org/pdfs/Virtual%20Violence%20%20Protecting%20Children%20from%20Cyberbullying.pdf
Cross, Donna/Walker, Jenny, 2012. Using research to inform cyberbullying prevention and intervention. In: Bauman, Sheri/Cross, Donna/Walker, Jenny (eds.), 2012. Principles of Cyberbullying Research: Definition, Methods and Measures. London: Routledge.

Cross, Donna/Li, Qing/Smith, Peter/Monks, Helen, 2012. Understanding and Preventing cyberbullying: Where have we been and where should we be going? In: Li, Qing/Cross, Donna/Smith, Peter K. (eds.), 2012. Cyberbullying in the Global Playground: Research from International Perspectives. Chichester: Wiley-Blackwell Publishing.
Crystal, David, 2001. Language and the Internet. Cambridge: Cambridge University Press.
Crystal, David, 2011. Internet Linguistics. London/New York: Routledge.
Culpeter, Jonathan, 1996. Towards an Anatomy of Politeness. In: Journal of Pragmatics 25, p. 349–367.
Culpeter, Jonathan/Bousfield, Derek/Wichmann, Anne, 2003. Impoliteness revisited: with special reference to dynamic and prosodic aspects. In: Journal of Pragmatics 35, p. 1545–1579.
Czerny, Sabine, 2010. Was wir unseren Kindern in der Schule antun ... und wie wir das ändern können. München: Südwest Verlag.
Dake, Joseph A./Price, James H./Maziarz, Lauren/Ward, Britney, 2012. Prevalence and Correlates of Sexting Behavior in Adolescents. In: American Journal of Sexuality Education 7, 1, p. 1–15.
Dang-Anh, Mark/Einspänner, Jessica/Thimm, Caja, 2013. Mediatisierung und Medialität in Social Media: Das Diskurssystem »Twitter«. In: Marx, Konstanze/Schwarz-Friesel, Monika (Hrsg.), 2013, S. 68–91.
Daschmann, Gregor, 2007. Der Preis der Prominenz. Medienpsychologische Überlegungen zu den Wirkungen von Medienberichterstattung auf die dargestellten Akteure. In: Schierl, Thomas (Hrsg.), 2007. Zur Genese und Verwertung von Prominenten in Sport, Wirtschaft und Kultur. Köln: Halem, S. 184–211.
Davidson, Karina/MacGregor, Michael/Stuhr, Judith/Dixon, Kim/MacLean, David, 2000. Constructive anger verbal behavior predicts blood pressure in a population-based sample. In: Health Psychology 19, p. 55–64.
Dawir, Ralph, 2012. Riskante Jahre. Überlebenswichtige Anmerkungen zur Kindheit. Weinheim: Beltz.
Dawir, Ralph/Moll, Gunther, 2011. Endlich in der Pubertät! Vom Sinn der wilden Jahre. Weinheim: Beltz.
Dehue, Francine/Bolman, Catherine/Völlink, Trijntje, 2008. Cyberbullying: Youngsters' experiences and parental perception. In: CyberPsychology & Behavior 11, p. 217–223.
Delhom, Pascal, 2007. Die geraubte Stimme. In: Herrmann, Steffen Kitty/Krämer, Sybille/Kuch, Hannes (Hrsg.), 2007, S. 229–247.
Del Vicario, Michela/Bessi, Alessandro/Zollo, Fabiana/Petroni, Fabio/Scala, Antonio/Caldarelli, Guido/Stanley, Eugene/Quattrochiocci, Walter, 2015. The spreading of misinformation online. In: Proceedings of the National Academy of Sciences of the United States of America 113, 3, p. 554–559. DOI: 10.1073/pnas.1517441113
DeMause, Lloyd, [14]2015. Evolution der Kindheit. In: DeMause, Lloyd (Hrsg.), [14]2015. Hört ihr die Kinder weinen. Eine psychogenetische Geschichte der Kindheit. Frankfurt/Main: Suhrkamp.
Denzler, Markus/Häfner, Michael/Förster, Jens, 2011. He just wants to play: How goals determine the influence of violent computer games on aggression. In: Personality and Social Psychology Bulletin 37, p. 1644–1654.
Deppermann, Arnulf, 2005. Glaubwürdigkeit im Konflikt. Rhetorische Techniken in Streitgesprächen. Prozessanalysen von Schlichtungsgesprächen. Radolfzell: Verlag für Gesprächsforschung.

Deppermann, Arnulf, 2015a. Pragmatik revisited. In: Eichinger, Ludwig (Hrsg.), 2015. Sprachwissenschaft im Fokus. Positionsbestimmungen und Perspektiven. Berlin/New York: de Gruyter, p. 323–352.

Deppermann, Arnulf, 2015b. When recipient design fails: Egocentric turn-design of instructions in driving school lessons leading to breakdowns of intersubjectivity. In: Gesprächsforschung 16, p. 63–101.

Deppermann, Arnulf/Feilke, Helmuth/Linke, Angelika (Hrsg.), 2016. Sprachliche und Kommunikative Praktiken. Berlin/New York: de Gruyter.

Deppermann, Arnulf/Günthner, Susanne (eds.), 2015. Temporality in interaction. Amsterdam: Benjamins.

Deppermann, Arnulf/Hartung, Martin (Hrsg.), 2003. Argumentieren in Gesprächen - Gesprächsanalytische Studien. Tübingen: Stauffenburg.

Deppermann, Arnulf/Neumann-Braun, Klaus/Schmidt, Axel, 2002. Identitätswettbewerbe und unernste Konflikte: Interaktionspraktiken in Peer-Groups. In: Merkens, Hans/Zinnecker, Jürgen (Hrsg.), 2002. Jahrbuch Jugendforschung 2/2002. Opladen: Leske und Budrich, S. 241–264.

Deppermann, Arnulf/Schmidt, Axel, 2000. Disrespecting: A conversational practice for the negotiation of status in juvenile peer-groups. In: Németh, Enikö (ed.), 2000. Pragmatics in 2000: Selected papers from the 7th International Pragmatics Conference. Vol. 2. International Pragmatics Association, p. 156–164.

Deppermann, Arnulf/Schmidt, Axel, 2001a. Dissen: Eine interaktive Praktik zur Verhandlung von Charakter und Status in Peer-Groups männlicher Jugendlicher. In: Osnabrücker Beiträge zur Sprachtheorie, Themenheft Sprech-Alter 62, S. 79–98.

Deppermann, Arnulf/Schmidt, Axel, 2001b. Hauptsache Spaß – Zur Eigenart der Unterhaltungskultur Jugendlicher. In: Der Deutschunterricht 6, 01, S. 27–37.

Deppermann, Arnulf/Schmitt, Reinhold, 2009. „damit sie mich verstehen": Genese, Verfahren und recipient design einer narrativen Performance. In: Buss, Mareike/Habscheid, Stephan/Jautz, Sabine/Liedke, Frank/Schneider, Jan Georg (Hrsg.), 2009. Theatralität des sprachlichen Handelns. München: Fink, S. 79–112.

Derrida, Jacques, 1976. Gewalt und Metaphysik. Essay über das Denken Emmanuel Levinas. In: Derrida, Jacques (Hrsg.), 1976. Die Schrift und die Differenz. Frankfurt/Main: Suhrkamp, S. 121–235.

DeSmet, Ann/Bastiaensens, Sara/Van Cleemput, Katrien/Poels, Karolien/Vandebosch, Heidi/De Bour-Deau Dhuij, Ilse, 2012. Mobilizing by-standers of cyberbullying: an exploratory study into behavioural determinants of defending the victim. In: Annual review of cybertherapy and telemedicine, p. 58-63.

Desmet, Ann/Veldeman, Charlene/Poels, Karolien/Bastiaensens, Sara/Van Cleemput, Katrien/Vandebosch, Heidi/De Bourdeaudhuij, Ilse, 2014. Determinants of Self- Reported Bystander Behavior in Cyberbullying Incidents Amongst Adolescents. In: Cyberpsychology, Behavior, and Social Networking 17, 4, p. 207–215. DOI:10.1089/cyber.2013.0027.

Dibbel, Julian, 2009. Mutilated Furries, Flying Phalluses: Put the Blame on Griefers, the Sociopaths of the Virtual World. In: Johnson, Steven (ed.), 2009. The best technological writing. New Haven/London: Yale University Press, p. 9–19.

Didden, Robert/Scholte, Ron H. J./Korzilus, Hubert/De Moor, Jan M. H./Vermeulen, Anne/O'Reilly, Mark, 2009. Cyberbullying among students with intellectual and developmental disability in special education settings. In: Developmental Neurorehabilitation 12, p. 146–151.

Diekmannshenke, Hajo/Klemm, Michael/Stöckl, Hartmut (Hrsg.), 2011. Bildlinguistik: Theorien, Methoden, Fallbeispiele. Berlin: Erich Schmidt.

Dittmar, Norbert/Bahlo, Nils, 2008. Jugendsprache. In: Anderlik, Heidemarie/Kaiser, Katja (Hrsg.), 2008. Die Sprache Deutsch. Dresden: Sandstein, S. 264-268.

Dollard, John, 1939. The dozens: Dialectic of insult. In: American Imago 1, p. 3-25.

Dollard, John/Miller, Neal/Doob, Leonard W./Mowrer, Orval Hobert/Sears, Robert, 1939. Frustration and Aggression. New Haven, CT: Yale University Press.

Dombrowski, Stefan C./LeMasney, John W./Ahia, C. Emmanuel/Dickson, Shannon, 2004. Protecting children from online sexual predators: Technological, psychoeducational, and legal considerations. In: Profes-sional Psychology, Research and Practice 35, p. 65-73.

Donath, Judith S., 1998. Identity and Deception in the virtual Community. In: Kollock, Peter/Smith, Marc (eds.), 1998. Communities in Cyberspace. London: Routledge, p. 29-55.

Dooley, Julian/Pyzalski, Jacek/Cross, Donna, 2009. Cyberbullying versus face-to-face bullying. A theoretical and conceptual review. In: Zeitschrift für Psychologie/Journal of Psychology 217, p. 182-188.

Dooley, Julian/Shaw, Therese/Cross, Donna, 2012. The association between the mental health and behavioural problems of students and their reactions to cyber-victimization. In: European Journal of Developmental Psychology 9, 2, S. 275-289.

Dönhoff, Marion, 1997. Zivilisiert den Kapitalismus. München: Droemer Knaur.

Döring, Nicola, 2000. Identität + Internet = Virtuelle Identität? In: Forum Medienethik 2, S. 36-47.

Döring, Nicola, 2002a. Studying Online Love and Cyber Romance. In: Batinic, Bernad/Reips, Ulf-Dietrich/Bosnjak, Michael (eds.), 2002. Online Social Sciences. Seattle: Hogrefe, p. 333-356.

Döring, Nicola, 2002b. Personal Home Pages on the Web: A Review of research. In: Journal of Computer-Mediated Communication 7, 3. DOI: 10.1111/j.1083-6101.2002.tb00152.x

Döring, Nicola, ²2003. Sozialpsychologie des Internets. Göttingen [u. a.]: Hogrefe.

Döring, Nicola, 2003. Internet-Liebe: Zur technischen Mediatisierung intimer Kommunikation. In: Höflich, Joachim R./Gebhardt, Julian (Hrsg.), 2003. Vermittlungskulturen im Wandel: Brief–Email–SMS. Frankfurt/Main [u. a.]: Lang, S. 233-264.

Döring, Nicola, 2011. Pornographie im Internet. Fakten und Fiktionen. In: tv diskurs 57, 15, S. 32-37.

Döring, Nicola, 2013. C 5 Modelle der Computervermittelten Kommunikation. In: Kuhlen, Rainer/Semar, Wolfgang/Strauch, Dietmar (Hrsg.), 2013. Grundlagen der praktischen Information und Dokumentation. 6. Ausgabe. Berlin/New York: de Gruyter, S. 424-430.

Döring, Nicola, 2015. Sexting. Aktueller Forschungsstand und Schlussfolgerungen für die Praxis. In: Hillebrandt, Ingrid (Hrsg.), 2015. Gewalt im Netz. Sexting, Cybermobbing & Co. Berlin: Bundesarbeitsgemeinschaft für Kinder- und Jugendschutz, S. 15-43.

Döring, Nicola/Bortz, Jürgen (unter Mitarbeit von Pöschl, Sandra), ⁵2016. Forschungsmethoden und Evaluation in den Sozial- und Humanwissenschaften (5., vollständig überarbeitete, aktualisierte und erweiterte Auflage). Heidelberg: Springer.

Draper, Nora, 2012. Is Your Teen at Risk? Discourses of adolescent sexting in United States television news. In: Journal of Children and Media 6, 2, p. 221-236.

Dreer, Fabian/Saller, Eduard/Elsässer, Patrick/Zhekova, Desislava, 2014. Tweetdict: Identification of Topically Related Twitter Hashtags. In: Workshop Proceedings of the 12th Konvens, p. 53-57.

Dülmen, Richard van, ⁵2010. Theater des Schreckens: Gerichtspraxis und Strafrituale in der frühen Neuzeit. München: Beck.
Dunn, Elisabeth W./Aknin, Lara B./Norton, Michael I., 2014. Prosocial Spending and Happiness: Using Money to Benefit Others Pays Off. In: Current Directions in Psychological Science 23, 1, p. 41–47.
Dürscheid, Christa, 2005a. Medien, Kommunikationsformen, kommunikative Gattungen. In: Linguistik online 22, 1. http://www.linguistik-online.de/22_05/ duerscheid.html.
Dürscheid, Christa, 2005b. Normabweichendes Schreiben als Mittel zum Zweck. In: Muttersprache 115, 1, S. 40–53.
Dürscheid, Christa, 2007. Private, nicht-öffentliche und öffentliche Kommunikation im Internet. In: Neue Beiträge zur Germanistik 6, 4, S. 22–41.
Dürscheid, Christa/Brommer, Sarah, 2013. Ist ein Freund noch ein Freund? Facebook und Sprachwandel. In: Der Deutschunterricht 2, S. 28–40.
Dürscheid, Christa/Frick, Karina, 2016. Schreiben digital. Wie das Internet unsere Alltagskommunikation verändert. Stuttgart: Alfred Kröner.
East, Martin P./Watts, Frazer N., 1999. Jealousy and Envy. In: Dalgleish, Tim/Power, Mick (eds.), 1999. Handbook of Cognition and Emotion. New York: John Wiley & Sons, p. 568–588.
Ebersbach, Anja/Glaser, Markus/Heigl, Richard, ²2011. Social Web. 2., völlig überarb. Aufl. Konstanz: UVK.
Edelmann, Murray, 1976. Politik als Ritual. Die symbolische Funktion staatlicher Institutionen und politischen Handelns. Frankfurt/Main: Campus.
Eifert, Martin, 2009. Freie Persönlichkeitsentfaltung in sozialen Netzen – Rechtlicher Schutz von Voraussetzungen und gegen Gefährdungen der Persönlichkeitsentfaltung im Web 2.0. In: Bieber, Christoph/Eifert, Martin/Groß, Thomas/Lamla, Jörn (Hrsg.), 2009, S. 253–269.
Eisenlauer, Volker, 2013. A Critical Hypertext Analysis of Social Media: The True Colours of Facebook. London u.a.: Bloomsbury Academic.
Elias, Norbert/Scotson, John L., 1990. Etablierte und Außenseiter. Frankfurt/Main: Suhrkamp.
Eliaz, Noam/Rozinger, Antje, 2013. Einsichten in die Kunst der Filterumgehungen – Eine Feldstudie. In: Marx, Konstanze/Schwarz-Friesel, Monika (Hrsg.), 2013, S. 267–278.
Elliott, Megan, 2002. Bullies and victim. In: Elliott, Megan (ed.), 2002. Bullying. A practical guide to coping for schools. London: Pearson Education, p. 1–12.
Ellwein, Carsten/Noller, Benedikt, 2015. Social Media Mining - Impact of the Business Model and Privacy Settings. In: SIdEWayS '15 Proceedings of the 1st ACM Workshop on Social Media World Sensors, Nordzypern, p. 3–8.
Enfield, Nicholas J., 2012. The Anatomy of Meaning: Speech, Gesture, and Composite Utterances. Cambridge: Cambridge University Press.
Englander, Elizabeth K., 2006. Spare the bully and spoil the school. Paper presented at meeting of the National Trends in violence prevention, Topsfield, MA, May 2006.
Englander, Elizabeth K./Muldowney, Amy M., 2007. Just turn the darn thing off: Understanding cyberbullying. In: White, D.L./Glenn, B.C./Wimes, A. (eds.), 2007. Proceedings of Persistently Safe Schools: The 2007 National Conference on Safe Schools. Washington, DC: Hamilton Fish Institute, The George Washington University, p. 83–92. https://www.ncjrs.gov/pdffiles1/ojjdp/grants/226233.pdf
Epley, Nicholas/Gilovich, Thomas, 2001. Putting Adjustment back in the Anchoring and Adjustment Heuristic: Differential Processing of Self-Generated and Experimenter-Provided Anchors. In: Psychological Science 12, p. 391–396.

Erdur-Baker, Ozgur/Kavsut, Fatma, 2007. A new face of peer bullying: Cyberbullying. In: Journal of Euroasian Educational Research 27, p. 31–42.

Ernst, Christina, 2012. Sichtbar entzogen. Medienwissenschaftliche und theologische Deutung von Selbstdarstellungspraktiken auf facebook. In: Costanza, Christina/Ernst, Christina (Hrsg.), 2012, S. 32–47.

Erzgräber, Ursula/Hirsch, Alfred (Hrsg.), 2001. Sprache und Gewalt. Berlin: Wissenschaftsverlag.

Evaldsson, Ann-Carita, 2005. Staging insults and mobilizing categorizations in a multiethnic peer group. In: Discourse & Society 16, 6, p. 763–786.

Exline, Julie Juola/Deshea, Lise/Holeman, Virginia Todd, 2007. Is Apology Worth the Risk? Predictors, Outcomes, and Ways to Avoid Regret. In: Journal of Social and Clinical Psychology 26, p. 479–504.

Exline, Julie Juola/Baumeister, Roy F./Zell, Anne L./Kraft, Amy J./Witvliet, Charlotte, 2008. Not so innocent: Does seeing one's own capability for wrongdoing predict forgiveness? In: Journal of Personality and Social Psychology 94, p. 495–515.

Fanti, Kostas A. /Demetriou, Andreas G./Hawa, Veronika V., 2012. A longitudinal study of cyberbullying: Examining riskand protective factors. In: European Journal of Developmental Psychology 9, 2, p. 168–181.

Farley, Samuel, 2013. Cyberbullying in the workplace. Working paper. University of Sheffield.

Faulstich, Werner, 2002. Einführung in die Medienwissenschaft. Probleme, Methoden, Domänen. München: Fink.

Fawzi, Nayla, 2009a. Cyber-Mobbing. Ursachen und Auswirkungen von Mobbing im Internet. Baden-Baden: Nomos.

Fawzi, Nayla, 2009b. „Und jeder bekommt es mit…" Cyber-Mobbing – die Veränderungen gegenüber traditionellem Mobbing. In: Blickpunkt 8, S. 1–10.

Fawzi, Nayla/Goodwin, Bernhard, 2011. Witnesses of the Offense. What Influences the Behavior of Bystanders of Cyberbullying. Unpublished Manuscript. Munich: Ludwig-Maximilians-University Munich.

Feldweg, Helmut/Kibiger, Ralf/Thielen, Christine, 1995. Zum Sprachgebrauch in deutschen Newsgruppen. In: Schmitz, Ulrich (Hrsg.), 1995, S. 143–154.

Felger, Kristina, 2005. Physiologische Reaktionen auf Aggressionsinduktion und serotonerge Stimulation in Relation zur Psychotizismusneigung. Dissertation, Universität Giessen. http://geb.uni-giessen.de/geb/volltexte/2005/2505/pdf/FelgerKristina-2005-07-27.pdf

Fenaughty, John/Harré, Niki, 2013. Factors associated with young people's successful resolution of distressing electronic harassment. In: Computers & Education 61, p. 242–250. DOI:10.1016/j.compedu.2012.08.004

Festl, Ruth, 2015. Täter im Internet: Eine Analyse individueller und struktureller Erklärungsfaktoren von Cybermobbing im Schulkontext. Wiesbaden: VS Verlag für Sozialwissenschaften. DOI: 10.1007/978-3-658-09239-9.

Festl, Ruth, 2016. Perpetrators on the internet: Analyzing individual and structural explanation factors of cyberbullying in school context. In: Computers in Human Behavior, 59, p. 237–248. DOI: 10.1016/j.chb.2016.02.017.

Fidancheva, Iva, 2013. Die verletzende Macht der Höflichkeit. Paderborn: Ferdinand Schöningh.

Finkelhor, David/Mitchell, Kimberly J./Wolak, Janis, 2000. Online victimization: A report on the nation's youth (6-00-020). Alexandria, VA: National Center for Missing and Exploited Children.

Finn, Jerry, 2004. A survey of online harassment at a university campus. In: Journal of Interpersonal Violence 19, 4, p. 468–483.
Fix, Ulla, 2011. Fraktale Narrration. Eine semiotisch-textlinguistische Analyse. In: Schneider, Jan Georg/Stöckl, Hartmut (Hrsg.), 2011. Medientheorien und Multimedialität. Ein TV-Werbespot – Sieben methodische Beschreibungsansätze. Köln: Halem, S. 70–87.
Fix, Ulla/Wellmann, Hans (Hrsg.), 2000. Bild im Text – Text und Bild. Heidelberg: Winter.
Fletcher, William H., 2012. Corpus analysis of the world wide web. In: Chapelle, Carol A. (ed.), 2012. Encyclopedia of Applied Linguistics. New Jersey: Wiley-Blackwell.
Flook, Lisa/Goldberg, Simon B./Pinger, Laura/Davidson, Richard J., 2015. Promoting prosocial behavior and self-regulatory skills in preschool children through a mindfulness-based kindness curriculum. In: Developmental Psychology, 51, 1, p. 44–51.
Fobbe, Eilika, 2011. Forensische Linguistik: eine Einführung. Tübingen: Narr.
Fonagy, Peter, 1998. Frühe Bindung und die Bereitschaft zu Gewaltverbrechen. In: Streeck-Fischer, Annette (Hrsg.), 1998. Adoleszenz und Trauma. Göttingen: Vandenhoeck & Ruprecht, S. 91–127.
Forsman, Mats/Lichtenstein, Paul/Andersheld, Henrik/Larsson, Henrik, 2010. A longitudinal twin study of the direction of effects between psychopathic personality and antisocial behaviour. In: Journal of Child Psychology and Psychiatry 51, 1, p. 39–47. DOI:10.1111/j.1469-7610.2009.02141.x
Förster, Julia, 2013. Cybermobbing am Arbeitsplatz. Präventive und intervenierende Maßnahmen für Führungskräfte. Hamburg: Diplomica.
Foster, George M., 1972. The anatomy of envy: A study in symbolic behavior. In: Current Anthropology 13, 2, p. 165–202.
Fraas, Claudia/Barczok, Achim, 2006. Intermedialität – Transmedialität. Weblogs im öffentlichen Diskurs. In: Androutsopoulos, Jannis/Runkehl, Jens/Schlobinski, Peter/Siever, Torsten (Hrsg.), 2006, S. 132–160.
Fraas, Claudia/Meier, Stefan/Pentzold, Christian, 2012. Online-Kommunikation. Grundlagen, Praxisfelder und Methoden. München: Oldenbourg.
Fraas, Claudia/Meier, Stefan/Pentzold, Christian (Hrsg.), 2013a. Online-Diskurse. Theorien und Methoden transmedialer Online-Diskursforschung. Magdeburg: Herbert von Halem Verlag.
Fraas, Claudia/Meier, Stefan/Pentzold, Christian, 2013b. Zur Einführung: Perspektiven einer interdisziplinären transmedialen Diskursforschung. In: Fraas, Claudia/Meier, Stefan/Pentzold, Christian (Hrsg.), 2013a, S. 7–34.
Fraas, Claudia/Meier, Stefan/Pentzold, Christian/Sommer, Vivien, 2013. Diskursmuster–Diskurspraktiken. Ein Methodeninstrumentarium qualitativer Diskursforschung. In: Fraas, Claudia/Meier, Stefan/Pentzold, Christian (Hrsg.), 2013a, S. 102–135.
Frank, Karsta, 1992. Sprachgewalt: Die sprachliche Reproduktion der Geschlechterhierarchie. Elemente einer feministischen Linguistik im Kontext sozial-wissenschaftlicher Frauenforschung. Tübingen: Niemeyer.
Frank-Job, Barbara/Mehler, Alexander/Sutter, Tilmann (Hrsg.), 2013. Die Dynamik sozialer und sprachlicher Netzwerke. Konzepte, Methoden und empirische Untersuchungen an Beispielen des WWW. Wiesbaden: Springer.
Freisler, Stefan, 1994. Hypertext - eine Begriffsbestimmung. In: Deutsche Sprache 1, S. 19–50.
Fromm, Erich, 1974. Anatomie der menschlichen Destruktivität. Stuttgart: Deutsche Verlags-Anstalt.

Fuchs, Thomas, 2006. Gibt es eine leibliche Persönlichkeitsstruktur? Ein phänomenologisch-psychodynamischer Ansatz. In: Psychodynamische Psychotherapie 5, S. 109–117.

Fuchs, Thomas, 2007. Verkörperte Subjektivität. In: Fuchs, Thomas/Vogeley, Kai/Heinze, Martin (Hrsg.), 2007. Subjektivität und Gehirn. Lengerich: Pabst, S. 29–62.

Fuchs, Thomas, 2008. Leib und Lebenswelt. Neue philosophisch-psychiatrische Essays. Kusterdingen: Die Graue Edition.

Galliker, Mark/Wagner, Franc, 1995. Ein Kategoriensystem zur Wahrnehmung und Kodierung sprachlicher Diskriminierung. In: Journal für Psychologie 3, 3, S. 33–43.

Galtung, Johan, 1975. Strukturelle Gewalt. Beiträge zur Friedens- und Konfliktforschung. Reinbek bei Hamburg: Rowohlt.

Gandhi, Arun, 112013. Vorwort zur amerikanischen Neuauflage. In: Rosenberg, Marshall B., 2013, S. 1–3.

Garfinkel, Harold, 1956. Conditions of Successful Degradation Ceremonies. In: The American Journal of Sociology, 61, 5, p. 420–424.

Gatto, Maristella, 2014. Web as Corpus. Theory and Practice. London: Bloomsbury.

Geary, Kevin, 2014. Without a fight. The 5 Pillars of Ending the Struggle for Power and Leading Children Authentically. Kindle Edition.

Gehres, Jessica, 2015. Euer Hass hat kein Gesicht - Mein Leben im Schatten des Cyber-Mobbing. Würzburg: Arena Verlag.

Gehring, Paul, 2007. Über die Körperschaft von Sprache. Herrmann, Steffen/Krämer, Sybille/Kuch, Hannes (Hrsg.), 2007, S. 211–228.

Gendolla, Peter, 2001. Zur Interaktion von Raum und Zeit. In: Gendolla, Peter/Schmitz, Norbert M./ Schneider, Irmela/Spangenberg, Peter M. (Hrsg.), 2001. Formen interaktiver Medienkunst. Geschichte, Tendenzen, Utopien. Frankfurt/Main: Suhrkamp, S. 19–38.

Gerhardt, Uta, 1971. Rollenanalyse als kritische Soziologie. Ein konzeptueller Rahmen zur empirischen und methodologischen Begründung einer Theorie der Vergesellschaftung. Neuwied: Luchterhand.

Gerlach, Julian, 2014. „Du findest doch nicht mal das Apostroph auf Deiner Tastatur." Laien-Sprachkritik im Web 2.0 und die daraus resultierenden Folgen für Kritiker und Kritisierte. Analyse der sprachkritischen Äußerungen im Kommentarbereich der Sportseite www.spox.com. Hausarbeit an der Technischen Universität Berlin.

Gernert, Johannes, 2010. Generation Porno. Jugend, Sex, Internet. Köln: Fackelträger Verlag.

Geyken, Alexander/Haaf, Susanne/Jurish, Bryan/Schulz, Matthias/Thomas, Christian/Wiegand, Frank, 2012. TEI und Textkorpora. Fehlerklassifikation und Qualitätskontrolle vor, während und nach der Texterfassung im Deutschen Textarchiv. In: Jahrbuch für Computerphilologie, Jg. 9. http://computerphilologie.digital-humanities.de/jg 09/geykenetal.pdf

Geyken, Alexander/Jurish, Bryan/Würzner, Kay-Michael, 2016. KobRA-Integration in die Rechercheumgebung am Zentrum Sprache der BBAW. Technischer Bericht, BBAW.

Glew, Gwen M./Fan, Ming-Yu/Katon, Wayne/Rivara, Frederick P./Kernic, Mary A., 2005. Bullying, psychosocial adjustment, and academic performance in elementary school. In: Archives of Pediatrics and Adolescent Medicine 159, p. 1026–1031.

Glotz, Peter/Bertschl, Stefan/Locke, Chris (eds.), 2005. Thumb Culture. The Meaning of Mobile Phones for Society. Bielefeld: transcript.

Goffman, Erving, 1955. On face-work: an analysis of ritual elements of social interaction. In: Psychiatry: Journal for the Study of Interpersonal Processes 18,3, p. 213–231.

Goffman, Erving, 1971a. Verhalten in sozialen Situationen. Strukturen und Regeln der Interaktion im öffentlichen Raum. Gütersloh: Bertelsmann.

Goffman, Erving, 1971b/1996. Interaktionsrituale. Über Verhalten in direkter Kommunikation. Frankfurt/Main: Suhrkamp.

Gold, Gregg J./Weiner, Bernard, 2000. Remorse, Confession, Group Identity, and Expectancies About Repeating a Transgression. In: Basic and Applied Social Psychology 22, p. 291–300.

Goodwin, Bernhard/Fawzi, Nayla, 2012. Cyberbullying-Related Behaviour and Third-Person Effect. In: Walrave, Michel/Heirman, Wannes/Mels, Sara/Timmermann, Christiane/Vandebosch, Heidi (eds.), 2012. eYouth. Balancing between Opportunities and Risks. Brüssel: Peter Lang, p. 163–180.

Goodwin, Charles/Goodwin, Marjorie Harness, 2004. Particpation. In: Duranti, Alessandro (ed.), 2004. A companion to linguistic anthropology. Malden, MA u.a.: Blackwell, p. 222–244.

Görzig, Anke/Ólafsson, Kjartan, 2013. What Makes a Bully a Cyberbully? Unravelling the Characteristics of Cyberbullies across Twenty-Five European Countries. In: Journal of Children and Media 7, 1, p. 9–27.

Gradinger, Petra, 2010. Cyberbullying: Mobbing mit neuen Medien. Dissertation, Universität Wien.

Gradinger, Petra/Strohmeier, Dagmar/Spiel, Christiane, 2009. Traditional Bullying and Cyberbullying: identification of Risk Groups for Adjustment Problems. In: Zeitschrift für Psychologie

Gradinger, Petra/Strohmeier, Dagmar/Schiller, Eva-Maria/Stefanek, Elisabeth/Spiel, Christiane, 2012. Cybervictimization and popularity in early adolescence: Stability and predictive associations. In: European Journal of Developmental Psychology 9, Issue 2, p. 228–243.

Gradinger, Petra/Yanagida, Takuya/Strohmeier, Dagmar/Spiel, Christiane, 2016. Effectiveness and sustainability oft he ViSC Social Comptetence Program to prevent cyberbullying and cyber-victimization: Class and individual level moderators. In: Agressive Behavior 42, 2, 181–193.

Grainger, Karen, 2004. Verbal play on the hospital ward: solidarity or power? In: Multilingua 23, p. 39–59.

Graumann, Carl F., 1998. Verbal discrimination: a new chapter in the social psychology of aggression. In: Journal for the Theory of Social Behavior 28, 1, p. 41–61.

Graumann, Carl-Friedrich/Wintermantel, Margret, 2007. Diskriminierende Sprechakte. Ein funktionaler Ansatz. In: Herrmann, Steffen/Krämer, Sybille/Kuch, Hannes (Hrsg.), 2007, S. 147–178.

Greenberg, Mark T./Speltz, Matthew L./Deklyen, Michelle, 1993. The role of attachement in the early development of disruptive behavior problems. In: Development and Psychopathology 5, p. 191–213.

Grice, Paul H., 1989. Logic and Conversation. In: Grice, Paul H., 1989. Studies in the Way of Words. Cambridge, MA: Harvard University Press, p. 22–40.

Grimm, Petra/Rhein, Stefanie/Clausen-Muradian, Elisabeth, 2008. Gewalt im Web 2.0: Der Umgang Jugendlicher mit gewalthaltigen Inhalten und Cyber-Mobbing sowie die rechtliche Einordnung der Problematik. Berlin: Vistas.

Groß, Barbara, 2008. Rezension: Walter Rummel/ Rita Voltmer: Hexen und Hexenverfolgung in der Frühen Neuzeit. In: sehepunkte. Rezensionsjournal für die Geschichtswissenschaften 7/8. http://www.sehepunkte.de/2008/07/14368.html

Günthner, Susanne, 2000. Vorwurfsaktivitäten in der Alltagsinteraktion: Grammatische, prosodische, rhetorisch-stilistische und interaktive Verfahren bei der Konstitution kommunikativer Muster und Gattungen. Berlin/New York: de Gruyter.

Günthner, Susanne, 1996. Zwischen Scherz und Schmerz – Frotzelaktivitäten in Alltagsinteraktionen. In: Kotthoff, Helga (Hrsg.), 1996. Scherzkommunikation: Beiträge aus der Empirischen Gesprächsforschung. Opladen: Verlag für Sozialwissenschaften, S. 81–108.

Gysin, Daniel, 2014. Höflichkeit und Konfliktbewältigung in der Onlinekommunikation Jugendlicher. Ausblick auf Online-Kommunikationskompetenz im Deutschunterricht. Dissertation, PH Karlsruhe.

Habscheid, Stephan, 2000. ›Medium‹ in der Pragmatik. Eine kritische Bestandsaufnahme. In: Deutsche Sprache 28, S. 126–143.

Haeusler, Tanja/Haeusler, Johnny, 32012. Netzgemüse. Aufzucht und Pflege der Generation Internet. München: Goldmann.

Haferland, Harald/Paul, Ingwer, 1996. Eine Theorie der Höflichkeit. In: Osnabrücker Beiträge zur Sprachtheorie, Themenheft Höflichkeit 52, S. 7–69.

Häfner, Michael/Denzler, Markus/Förster, Jens, 2013. Die Wirkung aggressiver (Online-)-Computerspiele auf die Verfügbarkeit aggressiver Gedanken. In: Marx, Konstanze/Schwarz-Friesel, Monika (Hrsg.), 2013, S. 312–321.

Hagendorff, Thilo, 2016. Resilienz und Mediennutzungsstrategien angesichts des informationellen Kontrollverlusts. Vortrag auf der Tagung „Diskurs der Daten", Leipzig, 8. Februar 2016.

Hall, Stuart, 2004. Das Spektakel des ‚Anderen'. Differenz, Rassisierung, Inszenierung, Stereotypisierung und Gegenstrategien. In: Koivisto, Juha/Merkens, Andreas, Hall, S. (Hrsg.), 2004. Ideologie, Identität, Repräsentation. Ausgewählte Schriften 4. Hamburg: Argument, S. 108–166.

Hamlin, J. Kiley/Wynn, Karen/Bloom, Paul, 2010. Three-month-old infants show a negativity bias in social evaluation. In: Developmental Science 13, p. 923–929.

Handler, Peter, 2002. E-mail zwischen Stil und Lifestyle. In: Ziegler, Arne/Dürscheid, Christa (Hrsg.), 2002. Kommunikationsform E-Mail. Tübingen: Stauffenburg, S. 143–168.

Hansen, Derek/Shneiderman, Ben/Smith, Marc A., 2011. Analysing Social Media Networks with NodeXL: Insights from a Connected World. Burlington: Morgan Kaufmann.

Hanson, Jamie L./Nacewicz, Brendon M./Sutterer, Matthew J./Cayo, Amelia A./Schaefer, Stacey M./Rudolph, Karen D./Shirtcliff, Elisabeth A./Pollak, Seth D./Davidson, Richard J., 2015. Behavior problems after early life stress: Contributions of the hippocampus and amygdala. In: Biological Psychiatry 77, 4, p. 314–323.

Hardaker, Claire, 2010. Trolling in Asynchronous Computer-Mediated Communication: From User Discussions to Academic Definitions. In: Journal of Politeness Research. Language, Behaviour, Culture 6, 2, p. 215–242.

Hardaker, Claire, 2013. „Uh.... not to be nitpicky,,,,,but...the past tense of drag is dragged, not drug." An overview of trolling strategies. In: Journal of Language Aggression and Conflict 1,1, p. 58–86.

Hark, Sabine, 2005. Queer Studies. In: Braun, Christina von/Stephan, Inge Stephan (Hrsg.), 2005. Gender@Wissen. Ein Handbuch der Gender-Theorien. Köln: Böhlau, S. 285–303.

Hart, Sura/Hodson, Victoria, 2010. Das respektvolle Klassenzimmer. Werkzeuge zur Konfliktlösung und Förderung der Beziehungskompetenz. Paderborn: Junfermann.

Hartung, Martin, 2001. Höflichkeit und das Kommunikationsverhalten Jugendlicher. In: Lüger, Heinz-Helmut (Hrsg.), 2001. Höflichkeitsstile. Frankfurt/Main [u. a.]: Lang, S. 213–232.

Hauben, Michael/Hauben, Ronda, 1996. Netizens: On the history and impact of Usenet and the internet. Los Alamitos: Wiley-IEEE Computer Society Press. http://www.columbia.edu/~hauben/netbbok/

Haubl, Rolf, 2007. Gattungsschicksal Hass. In: Haubl, Rolf/Caysa, Volker (Hrsg.), 2007. Hass und Gewaltbereitschaft. Göttingen: Vandenhoeck & Ruprecht, S. 7–68.

Haugh, Michael/Bousfield, Derek, 2012. Mock impoliteness, jocular mockery and jocular abuse in Australian and British English. In: Journal of Pragmatics 44, p. 1099–1114.

Hauser, Stefan/Luginbühl, Martin (Hrsg.), 2015. Hybridisierung und Ausdifferenzierung. Kontrastive Perspektiven linguistischer Medienanalyse. Frankfurt/Main [u. a.]: Lang, S. 7–30.

Havryliv, Oksana, 2003a. Pejorative Lexik. Untersuchungen zu ihrem semantischen und kommunikativ-pragmatischen Aspekt am Beispiel moderner deutschsprachiger, besonders österreichischer Literatur. Frankfurt/Main [u. a.]: Lang.

Havryliv, Oksana, 2003b. Sprechakt „Fiktive Beschimpfung". In: Grazer Linguistische Studien 59, S. 59–66.

Havryliv, Oksana, 2009. Verbale Aggression. Formen und Funktionen am Beispiel des Wienerischen. Frankfurt/Main [u. a.]: Lang.

Heckmann, Dirk, 2013. Cybermobbing und die Grenzen des Rechts. Ein Plädoyer für Freiheit und Fairness im Internet. Vortrag auf dem 1. Internationalen Cybermobbing-Kongress. Berlin, 11. September 2013.

Heider, Fritz, 1958. The psychology of interpersonal relations. New York: Wiley.

Heidolph, Karl Erich/Flämig, Walter/Motsch, Wolfgang, 1981. Grundzüge einer deutschen Grammatik. Berlin: Akademie-Verlag.

Heinemann, Evelyn, 1986. Hexen und Hexenglauben - Eine historisch- sozialpsychologische Studie über den europäischen Hexenwahn des 16. und 17. Jahrhunderts. Frankfurt/Main: Campus.

Heise, Elke, 2000. Sind Frauen mitgemeint? Eine empirische Untersuchung zum Verständnis des generischen Maskulinums und seiner Alternativen. In: Sprache und Kognition – Zeitschrift für Sprach- und Kognitionspsychologie und ihre Grenzgebiete 19, ½, S. 3–13.

Hellberg, Aisha, 2014. „Ich jage Dich mit dem Duden durchs Ghetto" Sprachideologie und Sprachreflexion in schülerVZ-Gruppen. In: Kotthoff, Helga/Mertzlufft, Christine (Hrsg.), 2014. Jugendsprachen. Stilisierungen, Identitäten, mediale Ressourcen. Frankfurt/Main [u. a.]: Lang, S. 189–214.

Henne, Helmut/Rehbock, Helmut, ⁴2001. Einführung in die Gesprächsanalyse. Berlin/New York: de Gruyter.

Henning, Jürgen, 2009. Ekel und Verachtung. In: Brandstätter, Veronika/Otto, Jürgen (Hrsg.), 2009, S. 644–649.

Herbst, Barbara, 2012. Happy Slapping. Zur Nutzung und Wahrnehmung gewalthaltiger Filme auf Handys durch Jugendliche. Saarbrücken: AV Akademikerverlag.

Herring, Susan, 1996a. Posting in a different voice: Gender and ethics in computer-mediated communication. In: Ess, Charles (ed.), 1996. Philosophical approaches to computer-mediated communication. Albany: Suny Press, p. 115–145.

Herring, Susan (ed.), 1996b. Computer-mediated communication: Linguistic, social and crosscultural perspectives. Amsterdam: John Benjamins.

Herring, Susan, 1998. Die rhetorische Dynamik geschlechtsbezogener Belästigungen in Online-Kommunikation. In: Deutscher Germanisten-Verband 45, 3, S. 236–281.

Herring, Susan, 2004a. Slouching toward the ordinary: Current trends in computer-mediated communication. In: New Media & Society, 6, 1, p. 26–36.

Herring, Susan, 2004b. Computer-mediated discourse analysis: An approach to researching online communities. In: Barab, Sasha/Kling, Rob/Gray, James H. (eds.), 2004. Designing for virtual communities in the service of learn-ing. Cambridge: Cambridge University Press, p. 338–376.
Herring, Susan/Stein, Dieter/Virtanen, Tuija (eds.), 2013a. Pragmatics of Computer-Mediated Communication. Berlin/New York: de Gruyter.
Herring, Susan/Stein, Dieter/Virtanen, Tuija, 2013b. Introduction to the pragmatics of computer-mediated communication. In: Herring, Susan/Stein, Dieter/Virtanen, Tuija (eds.), 2013a, p. 3–32.
Herrmann, Steffen/Krämer, Sybille/Kuch, Hannes (Hrsg.), 2007. Verletzende Worte. Die Grammatik sprachlicher Missachtung. Bielefeld: Transcript.
Herrmann, Steffen/Kuch, Hannes, 2007. Verletzende Worte. Eine Einleitung. In: Herrmann, Steffen/Krämer, Sybille/Kuch, Hannes (Hrsg.), 2007, S. 7–30.
Herschelmann, Michael, 2009. Jungen und deutscher (Gangsta)Rap – Sinnrealisation in (stereotypen) Bedeutungen. In: Pech, Detlef (Hrsg.), 2009. Jungen und Jungenarbeit. Eine Bestandsaufnahme des Forschungs- und Diskussionsstandes. Baltmannsweiler: Schneider Hohengehren, S. 171–187.
Hess-Lüttich, Ernest, 2009. Rap-Rhetorik. Eine semiolinguistische Analyse schweizerischer rap-lyrics. In: KODIKAS/CODE. Ars Semeiotica 32, 1–2, S. 109–122.
Hess-Lüttich, Ernest (Hrsg.), i. Dr. Handbuch der Gesprächsrhetorik. Berlin/New York: de Gruyter.
Hess-Lüttich, Ernest/Wilde, Eva, 2003. Der Chat als Textsorte und/oder Dialogsorte. In: Kleinberger-Günther, Ulla/Wagner, Franc (Hrsg.), 2003. Neue Medien – Neue Kompetenzen? Texte produzieren und rezipieren im Zeitalter digitaler Medien. Frankfurt/Main [u. a.]: Lang, S. 49–70.
Hilgers, Judith, 2010a. Warum üben Jugendliche Gewalt aus und dokumentieren dies? In: Landesstelle Jugendschutz Niedersachsen (Hrsg.), 2010, Cybermobbing – Medienkompetenz trifft Gewaltprävention. Hannover: LJN.
Hilgers, Judith, 2010b. Eine empirische Betrachtung der Lebenswelten und Motive von jugendlichen „Happy Slapping"-Tätern. In: Landesstelle Jugendschutz Niedersachsen (Hrsg.), 2010, S. 41–54.
Hilgers, Judith, 2011. Inszenierte und dokumentierte Gewalt Jugendlicher. Eine qualitative Untersuchung von ‚Happy-slapping'-Phänomenen. Wiesbaden: VS Verlag für Sozialwissenschaften.
Hill, Alison L./Rand, David G./Nowak, Martin A./Christakis, Nicholas A., 2010. Emotions as infectious diseases in a large social network: the SISa model. In: Proceedings of the Royal Society B 277, 1701, p. 3827–3835. DOI: 10.1098/rspb.2010.1217
Hinchcliffe, Dion, 2006. The state of Web2.0. Weblog, 2006-04-02. http://web2.social computingjournal.com/state_of_the_web20.htm
Hindrichs, Jan, 2016. Wirkung bedeutet Veränderungen. Auch für das Fundraising?! 2016-07-20, sozialmarketing.de.
Hinduja, Sameer/Patchin, Justin W., 2007. Offline Consequences of Online Victimization. In: Journal of School Violence 6, p. 89–112.
Hinduja, Sameer/Patchin, Justin W., 2008. Cyberbullying: An exploratory analysis of factors related to offending and victimization. In: Deviant Behavior 29, p. 129–156.

Hinduja, Sameer/Patchin, Justin W., 2009. Cyberbullying: emotional and psychological consequences. Cyberbullying Research Center. Research Summary: http://cyberbullying.org/cyberbullying_emotional_consequences.pdf

Hinduja, Sameer/Patchin, Justin W., 2010. Bullying, Cyberbullying, and Suicide. In: Archives of Suicide Research, 14, 3, p. 206–221.

Hine, Christine, 2000. Virtual Ethnography. London: Sage.

Hines, Denise A./Saudino, Kimberly J., 2003. Gender differences in psychological, physical, and sexual aggression among college students using the Revised Conflict Tactics Scales. In: Violence & Victims 18, p. 197–217.

Hinrichs, Gisela, 1997. Gesprächsanalyse Chatten. In: Networx 2. https://www.medienspra che.net/de/networx/networx-2.aspx

Hodapp, Volker/Bongard, Stephan, 2009. Ärger. In: Brandstätter, Veronika/Otto, Jürgen (Hrsg.), 2009. Handbuch der Allgemeinen Psychologie – Motivation und Emotion. Göttingen: Hogrefe, S. 612–622.

Hodapp, Volker/Bongard, Stephan/Heiligtag, Ulrich, 1992. Active coping, expression of anger, and cardiovascular reactivity. Personality and Individual Differences 13, 10, p. 1069–1076.

Hoff, Dianne L./Mitchell, Sidney N., 2010. Gender and cyberbullying. How do we know what we know? In: Shariff, Shaheen/Churchill, Andrew H. (eds.), 2010, p. 52–64.

Hoffmann, Ludger, ³2010. Sprachwissenschaft. Ein Reader. Berlin/New York: de Gruyter.

Holly, Werner, 1979. Imagearbeit in Gesprächen. Zur linguistischen Beschreibung des Beziehungsaspekts. Tübingen: Niemeyer.

Holly, Werner, 2011. Kommunikationsformen, Textsortenfamilien. In: Habscheid, Stephan (Hrsg), 2011. Textsorten, Handlungsmuster, Oberflächen. Linguistische Typologien der Kommunikation. Berlin/New York: de Gruyter, S. 144–163.

Holly, Werner/Jäger, Ludwig, 2011. Transkriptionstheoretische Medienanalyse. Vom Anderslesbar-Machen durch intermediale Bezugnahmepraktiken. In: Schneider, Jan Georg/Stöckl, Hartmut (Hrsg.), 2011a, S. 151–168.

Holod, Oxana, 1997. Die Rolle des Zuhörers im Sprechakt „Beschimpfung". In: Grazer Linguistische Studien 48, S. 7–9.

Holod, Oxana, 1998. Einige Besonderheiten des Sprechaktes „Beschimpfung". In: Grazer Linguistische Studien 49, S. 29–35.

Honrscheindt, Lann, (Hrsg.), 2011. Schimpfwörter – Beschimpfungen – Pejorisierungen. Wie in Sprache Macht und Identitäten verhandelt werden. Frankfurt/Main: Brandes & Apsel.

Horvath, Cary/Anderson, Carolyn/Martin, Matthew, 1996. Feelings about verbal aggression. Justifications for sending and hurt from receiving verbally aggressive messages. In: Communication Research Reports 13, p. 19–26.

Huber, Melanie, ²2010. Kommunikation im Web 2.0. Twitter, Facebook & Co. Konstanz: UVK.

Huber, Melanie, ³2013. Kommunikation und Social Media. Konstanz: UVK.

Huber, Oliver, 2002. Hyper-Text-Linguistik. TAH: Ein textlinguistisches Analysemodell für Hypertexte. Theoretisch und praktisch exemplifiziert am Problemfeld der typisierten Links von Hypertexten im WWW. Dissertation, Universität München. https://edoc.ub.uni-muenchen.de/921/1/Huber_Oliver.pdf

Huesmann, Rowell/Moise-Titus, Jessica/Podolski, Cheryl-Lynn/Eron, Leonard, 2003. Longitudinal relations between children's exposure to TV violence and their aggressive and violent behavior in young adulthood: 1977-1992. In: Developmental Psychology 39, 2, p. 201–221.

Hundsnurscher, Franz, 1997. Streitspezifische Sprechakte. Vorwerfen, Insistieren, Beschimpfen. In: Preyer, Gerhard/Ulkan, Maria/Ulfig, Alexander (Hrsg.), 1997. Intention – Bedeutung – Kommunikation. Zur kognitiven und handlungstheoretischen Grundlage der Sprachtheorie. Opladen: Westdeutscher Verlag, S. 363–375.

Hupka, Ralph/Otto, Jürgen, 2009. Eifersucht. In: Brandstätter, Veronika/Otto, Jürgen (Hrsg.), 2009, S. 605–611.

Hüther, Gerald/Hauser, Uli, 42012. Jedes Kind ist hoch begabt. Die angeborenen Talente unserer Kinder und was wir aus ihnen machen. München: Knaus.

Imo, Wolfgang, 2013. Sprache in Interaktion: Analysemethoden und Untersuchungsfelder. Berlin/New York: de Gruyter.

Imo, Wolfgang, 2015a. Vom ikonischen über einen indexikalischen zu einem symbolischen Ausdruck? Eine konstruktionsgrammatische Analyse des Emoticons :-). In: Bücker, Jörg/Günthner, Susanne/Imo, Wolfgang (Hrsg.), 2015. Konstruktionsgrammatik V: Konstruktionen im Spannungsfeld aus sequenziellen Mustern, kommunikativen Gattungen und Textsorten. Tübingen: Stauffenburg, S. 133–162.

Imo, Wolfgang, 2015b. Vom Happen zum Häppchen... Die Präferenz für inkrementelle Äußerungsproduktion in internetbasierten Messengerdiensten. In: Networx 69, S. 1–35. www.mediensprache.net/de/networx/networx-69.aspx.

Infante, Dominic/Wigley, Charles, 1986. Verbal Aggressiveness: An Interpersonal Model and Measure. In: Communications Monographs 53, p. 61–69.

Ittel, Angela/Azmitia, Margarita/Pfetsch, Jan S./Müller, Christin R., 2014. Teasing, threats and texts. Gender and the 'dark side' of cyber-communication. In: Leman, Patrick J./Tenenbaum, Harriet R. (eds.), 2014. Gender and development. Hove: Psychology Press, p. 43–62.

Ittel, Angela/Salisch von, Maria (Hrsg.), 2005. Lügen, Lästern, Leiden lassen. Aggressives Verhalten von Kindern und Jugendlichen. Stuttgart: Kohlhammer.

Izard, Carroll, 1972. Patterns of emotions: A new analysis of anxiety and depression. London: Academic Press.

Jakobs, Eva-Maria, 2011a. Hypertextuelle Kommunikate. In: Moraldo, Sandro M. (Hrsg.), 2011. Internet.kom. Neue Sprach- und Kommunikationsformen im WorldWideWeb. Band 2: Medialität, Hypertext, digitale Literatur. Rom: Aracne, S. 57–79.

Jakobs, Eva-Maria, 2011b. Dynamische Textwelten. Forschungsfelder angewandter Textwissenschaft. In: Bonner, Withold/Reuter, Ewald (Hrsg.), 2011. Umbrüche in der Germanistik. Ausgewählte Beiträge der finnischen Germanistentagung 2009. Frankfurt/Main [u. a.]: Lang, S. 77–94.

Jakobs, Eva-Maria, 2013. Kommunikative Usability. In: Marx, Konstanze/Schwarz-Friesel, Monika (Hrsg.), 2013, S. 119–142.

Jäncke, Lutz, 2015. Das plastische Hirn. In: Lernen und Lernstörungen 3, S. 227–235. DOI: 10.10 24/2235-0977/a000080

Janich, Nina (Hrsg.), 2008. Textlinguistik. 15 Einführungen. Tübingen: Narr.

Januschek, Franz/Gloy, Klaus (Hrsg.), 1998. Sprache und/oder Gewalt? Themenheft der Osnabrücker Beiträge zur Sprachtheorie OBST 57.

Jimerson, Shane R./Swearer, Susan M./Espelage, Dorothy L. (eds.), 2010. Handbook of Bullying in Schools. An International Perspective. London: Routledge.

Johnson-Laird, Philip N., 1983. Mental Models. Towards a Cognitive Science of Language, Inference, and Consciousness. Cambridge: Harvard University Press.

Jones, Rodney H., 2004. The problem of context in computer-mediated communication. In: LeVine, Philip/Scollon, Ron (eds.), 2004. Discourse and technology: Multimodal discourse analysis. Washington, DC: Georgetown University Press, p. 20–33.

Jörg (o. Nachname), 2011. Internet der 90er: Von der Wissenschaft zum Kommerz. http://www.picolor.com/internet-der-90er-von-der-wissenschaft-zum-kommerz/

Jucker, Andreas H./Dürscheid, Christa, 2012. The Linguistics of Keyboard- to-screen Communication. A New Terminological Framework. In: Linguistik online 6, p. 39–64. http://www.linguistik-online.de/56_12/juckerDuerscheid.pdf

Juul, Jesper, 2009. Dein kompetentes Kind. Auf dem Weg zu einer neuen Wertgrundlage für die ganze Familie. Reinbek: Rowohlt.

Juul, Jesper, ²2104. Aggression. Warum sie für uns und unsere Kinder notwendig ist. Frankfurt/Main: Fischer.

Juvoven, Jaana/Gross, Elisheva F., 2008. Bullying experiences in cyberspace. In: The Journal of School Health 78, p. 496–505.

Kahnemann, Daniel, 2012. Schnelles Denken, Langsames Denken. München: Pantheon.

Kallestad, Jan Helge/Olweus, Dan, 2003. Predicting teachers' and schools' implementation of the Olweus Bullying Prevention Program: A multilevel study. In: Prevention & Treatment 6, 1, 21.

Kallmeyer, Werner/Schwitalla, Johannes, 2014. Ethnografische Dialoganalyse. In: Staffeldt, Sven/Hagemann, Jörg (Hrsg.), 2014, S. 83–103.

Kammler, Tilmann, 2013. Anerkennung und Gewalt an Schulen. Eine evidenzbasierte und theoriegeleitete Interventionsstudie im Praxistest. Wiesbaden: Springer VS.

Katzer, Catharina, 2005. Aggressionen in Chatrooms. Vortrag auf der 10. Tagung der Fachgruppe Sozialpsychologie. Jena, 25.-28. September 2005.

Katzer, Catharina, 2007a. Tatort Chatroom: Aggression, Psychoterror und sexuelle Belästigung im Internet. In: Innocence in Danger, Deutsche Sektion e.V. und Bundesverein zur Prävention von sexuellem Missbrauch an Mädchen und Jungen e.V. (Hrsg.), 2007. Mit einem Klick zum nächsten Kick. Aggression und sexuelle Gewalt im Cyberspace. Köln: mebes & noack, S. 11–27.

Katzer, Catharina, 2007b. Gefahr aus dem Netz – Der Internet-Chatroom als neuer Tatort für Bullying und sexuelle Viktimisierung von Kindern und Jugendlichen. Dissertation, Universität Köln.

Katzer, Catharina, 2009. Cyberbullying in Germany – What has been done and what is going on. In: Journal of Psychology/Zeitschrift für Psychologie 217, 4, p. 222–223.

Katzer, Catharina, 2012. Die Widersprüche des Internets: Tatort für Cybermobbing & Co. Und gleichzeitig eine sozialer Raum. Vortrag auf der Tagung „Die Kraft des Sozialen", Landesverband der bayerischen Schulpsychologen (LBSP), Freising, 22.6.2012.

Katzer, Catharina, 2014. Cybermobbing. Wenn das Internet zur W@ffe wird. Berlin, Heidelberg: Springer.

Katzer, Catharina/Fetchenhauer, Detlef, 2007. Cyberbullying: Aggression und sexuelle Viktimisierung in Chatrooms. In: Gollwitzer, Mario/Pfetsch, Jan/Schneider, Vera/Schulz, André/Steffke, Tabea/ Ulrich, Christiane (Hrsg.), 2007. Gewaltprävention bei Kindern und Jugendlichen. Band I: Grundlagen zu Aggression und Gewalt in Kindheit und Jugend. Göttingen: Hogrefe, S. 123–138.

Katzer, Catharina/Fetchenhauer, Detlef/Belschak, Frank, 2009a. Cyberbullying: Who are the victims? A comparison of victimization in Internet chatrooms and victimization in school. In: Journal of Media Psychology p. 21, 25–36.

Katzer, Catharina/Fetchenhauer, Detlef/Belschak, Frank, 2009b. Cyberbullying in Internet-Chatrooms. – Wer sind die Täter?: Ein Vergleich von Bullying in Internet-Chatrooms mit Bullying in der Schule aus der Täterperspektive. In: Zeitschrift für Entwicklungspsychologie und Pädagogische Psychologie 41, 1, S. 33–44.

Katzer, Catharina/Heinrichs, D., 2012. Cyberlife und Gewaltprävention. Konzept für die Multiplikatorenausbildung: Schüler, Lehrer, Eltern.

Kautny, Oliver/Erwe, Hans-Joachim, 2011. Gangsta- und Porno-Rap im Spannungsfeld von Jugendkultur und Pädagogik. In: Baurmann, Jürgen/Neuland, Eva (Hrsg.), 2011. Jugendliche als Akteure. Sprachliche und kulturelle Aneignungs- und Ausdrucksformen von Kindern und Jugendlichen. Frankfurt/Main [u. a.]: Lang, S. 161–176.

Keller, Reiner, 2005. Wissenssoziologische Diskursanalyse. Grundlegung eines Forschungsprogramms. Wiesbaden: VS.

Keller, Reiner/Hirseland, Andreas/Schneider, Werner/Viehöver, Willy (Hrsg.), 2005. Die diskursive Konstruktion von Wirklichkeit. Zum Verhältnis von Wissenssoziologie und Diskursforschung. Konstanz: UVK.

Kelter, Stephanie, 2003. Mentale Modelle. In: Rickheit, Gert/Herrmann, Theo/Deutsch, Werner (Hrsg.), 2003. Psycholinguistik. Ein internationales Handbuch. Berlin/NewYork: de Gruyter.

Keppler, Angela, 1987. Der Verlauf von Klatschgesprächen. In: Zeitschrift für Soziologie 16, 4, S. 288–302.

Keppler, Angela, 1994. Tischgespräche. Über Formen kommunikativer Vergemeinschaftung am Beispiel der Konversation in Familien. Frankfurt/Main: Suhrkamp.

Kepplinger, Hans, 2007. Reciprocal Effects. Towards a Theory of Mass Media Effects on Decision Makers. In: The Harvard International Journal of Press/Politics 12, 2, p. 3–23.

Kepplinger, Hans/Glaab, Sonja, 2007. Reciprocal Effects of Negative Press Reports. In: European Journal of Communication 22, p. 337–354.

Kiener, Franz, 1983. Das Wort als Waffe. Zur Psychologie der verbalen Aggression. Göttingen: Vandenhoeck & Ruprecht.

Kienpointner, Manfred, 1992. Alltagslogik. Struktur und Funktion von Argumentationsmustern. Stuttgart: frommann-holzboog.

Kienpointner, Manfred, 1997. Varieties of Rudeness. In: Functions of Language 2, 4, p. 251–287.

Kiesendahl, Jana, 2011. Status und Kommunikation. Ein Vergleich von Sprechhandlungen in universitären E-Mails und Sprechstundengesprächen. Berlin: Erich Schmidt.

Kilgarriff, Adam/Grefenstette, Gregory, 2003. Introduction to the Special Issue on the Web as Corpus. In: Computational Linguistics 29, p. 333–347.

Kilian, Jörg, 2001. T@stentöne. geschrieben Umgangssprache in computervermittelter Kommunikation. Historisch-kritische Ergänzungen zu einem neuen Feld der linguistischen Forschung. In: Beißwenger, Michael (Hrsg.), 2001, S. 55-78.

King, Brian, 2009. Building and Analysing Corpora of Computer-Mediated Communication. In: Baker, Paul (ed.), 2009. Contemporary corpus linguistics. London: Continuum, p. 301–320.

Klayman, Joshua, 1995. Varieties of Confirmation Bias. In: Busemeyer, Jerome/Medin, Douglas/Hastie, Reid (eds.), 1995. Decision Making from a Cognitive Perspective. San Diego: Academic Press, p. 385–418.

Kleinberger, Ulla/Spiegel, Carmen, 2010. Höfliche Jugendliche im Netz? In: Joergensen, J. Normann (Hrsg.), 2010. Gurkensalat 4U & me! Current Perspectives in the Study of Youth Language. Frankfurt/Main [u. a.]: Lang, S. 207–227.

Kleinke, Sonja, 2003. Geschlechtsrelevante Aspekte sprachlicher Unhöflichkeit im Internet. In: Hilbig, Antje/Kajatin, Claudia/Miethe, Ingrid (Hrsg.), 2003. Frauen und Gewalt: Interdisziplinäre Untersuchungen zu geschlechtsgebundener Gewalt in Theorie und Praxis. Würzburg: Königshausen & Neumann, S. 197–213.

Kleinke, Sonja, 2007. Sprachliche Strategien verbaler Ablehnung in öffentlichen Diskussionsforen im Internet. In: Herrmann, Steffen/Krämer, Sybille/Kuch, Hannes (Hrsg.), 2007, S. 311–336.

Kluba, Markus, 2000. Der Mensch im Netz. Auswirkungen und Stellenwert computervermittelter Kommunikation. In: Networx 17. http://www.mediensprache.net/networx/networx-17/ CMC_home.html

Klug, Nina-Maria/Stöckl, Hartmut (Hrsg.), 2016. Handbuch Sprache im multimodalen Kontext. Berlin/New York: de Gruyter.

Knoblauch, Hubert, 1999. Religionssoziologie. Berlin/New York: de Gruyter.

Knop, Karin/Hefner, Dorothée/Schmitt, Stefanie/Vorderer, Peter, 2015. Mediatisierung mobil. Handy- und Internetnutzung von Kindern und Jugendlichen. Leipzig: Vistas.

Koch, Sabine C., 2009. Embodiment: Leib-Sein als Brücke zwischen Kognitionswissenschaft und künstlerischen Therapien. In: Zeitschrift für Theater und Dramatherapie 1, S. 46–64.

Köhler, Reinhard, 2005. Korpuslinguistik. In: LDV-Forum 20, 2, S. 1–16.

Kolmer, Petra, 2012. Zeitlichkeit. In: Rehfus, Wulff D. (Hrsg.), 2012, http://www.philosophie-woerterbuch.de

König, René, 1983. Die analytisch-praktische Doppelbedeutung des Gruppentheorems. In: Neidhardt, Friedhelm (Hrsg.), 1983. Gruppensoziologie. Opladen: Verlag für Sozialwissenschaften, S. 36–64.

König, Katharina/Hector, Tim Moritz, 2017. Zur Dialogizität von WhatsApp-Sprachnachrichten. Vortrag auf der 20. Arbeitstagung zur Gesprächsforschung. Mannheim, 29. bis 31. März 2017.

Kopperschmidt, Josef, 1998. Zwischen ‚Zauber des Wortes' und ‚Wort als Waffe'. Versuch über die ‚Macht des Wortes' zu reden. In: Januschek, Franz/Gloy, Klaus (Hrsg.), 1998, S. 13–30.

Kornadt, Hans-Joachim, 1982. Aggressions-Motiv und Aggressions-Hemmung Band 1. Bern: Huber.

Kotthoff, Helga, 1988. Das Gelächter der Geschlechter. Humor und Macht in Gesprächen von Männern und Frauen. Frankfurt/Main: Fischer.

Kowalski, Robin M./Limber, Susan P., 2007. Electronic Bullying Among Middle School Students. In: Journal of Adolescent Health 41, p. 22–30.

Kowalski, Robin M. /Limber, Susan P./Agatston, Patricia W., 2008. Cyberbullying: Bullying in the digital age. Oxford, UK: Blackwell.

Kozielecki, Józef, 1981. Psychological decision theory. Dordrecht: Reidel.

Krämer, Sybille, 2005. Gewalt der Sprache – Sprache der Gewalt. http://www.bmfsfj.de/RedaktionBMFSFJ/ Broschuerenstelle/Pdf-Anlagen/Gewalt-der-Sprache-Sprache-der-Gewalt, proper-ty=pdf,bereich=bmfsfj,sprache=de,rwb=true.pdf

Krämer, Sybille, 2007. Sprache als Gewalt: oder warum verletzen Worte? In: Herrmann, Steffen/Krämer, Sybille/Kuch, Hannes (Hrsg.), 2007, S. 31–48.

Krämer, Sybille/Koch, Elke (Hrsg.), 2010. Gewalt in der Sprache. Rhetoriken verletzenden Sprechens. München: Fink.

Krampen, Günter/Schui, Gabriel, 2006. Entwicklungslinien der Aggressionsforschung im letzten Viertel des 20. Jahrhunderts. Komparative bibliometrische Analysen für die psychologische Forschung im deutschsprachigen und angloamerikanischen Bereich. In: Zeitschrift für Sozialpsychologie 37, 2, S. 113–123.

Krasodomski-Jones, Alex/Dale, Alex J., 2016. The use of misogynistic terms on Twitter. Centre for the Analysis of Social Media. http://www.demos.co.uk/wp-content/uploads/2016/05/Misogyny-online.pdf

Kress, Gunther, 2009. What is mode? In: Jewitt, Carey (ed.), 2009. The Routledge Handbook of Multimodal Analysis. London/New York: Routledge, p. 54–67.

Kress, Gunther, 2010. Multimodality. A social semiotic approach to contemporary communication. London/New York: Routledge.

Kress, Gunther/Leeuwen, Theo van, ²2006. Reading images. The grammar of visual design. London: Taylor & Francis.

Kretzenbacher, Heinz, 1994. Über den semantisch-emanzipatorischen Gebrauch pejorativer Epitheta. Oder: ‚Die Frage ist, wer hier der Boss ist. Und sonst gar nichts!'. In: Deutsch als Fremdsprache 31, 1, S. 53–54.

Krieg, Henning, 2010. Twitter und Recht. In: Kommunikation & Recht 2,1, S. 73–76.

Kruse, Lenelis, 1974. Räumliche Umwelt: Die Phänomenologie des räumlichen Verhaltens als Beitrag zu einer psychologischen Umwelttheorie. Berlin/New York: de Gruyter.

Kuch, Hannes/Herrmann, Steffen (Hrsg.), 2010. Philosophien sprachlicher Gewalt. Weilerswist: Velbrück Wissenschaft.

Kupietz, Marc, 2014. Der Programmbereich Korpuslinguistik am IDS: Gegenwart und Zukunft. In: Institut für Deutsche Sprache (Hrsg.), 2014. Ansichten und Einsichten. 50 Jahre Institut für Deutsche Sprache. Mannheim: Institut für Deutsche Sprache, S. 320–328.

Kupietz, Marc/Frick, Elena, 2013. Korpusanalyseplattform der nächsten Generation. In: Kratochvílová, Iva/Wolf, Norbert Richard (Hrsg.), 2013. Grundlagen einer sprachwissenschaftlichen Quellenkunde. Tübingen: Narr, S. 27–36.

Kupietz, Marc/Schmidt, Thomas, 2015. Schriftliche und mündliche Korpora am IDS als Grundlage für die empirische Forschung. In: Eichinger, Ludwig (Hrsg.), 2015. Sprachwissenschaft im Fokus. Positionsbestimmungen und Perspektiven. Berlin/New York: de Gruyter, S. 297–322.

Kupke, Christian (Hrsg.), 2000. Zeit und Zeitlichkeit. Würzburg: Königshausen & Neumann.

Labov, William, 1972a. Language in the inner city. Studies in black English vernacular. Philadelphia: University of Pennsylvania Press.

Labov, William, 1972b. Rules for Ritual Insults. In: Labov, William (ed.), 1972. Language in the Inner City. Studies in Black English Vernacular, Philadelphia: University of Pennsylvania Press, p. 297–353.

Labov, William, 1978. Regeln für rituelle Beschimpfungen. In: Labov, William (ed.), 1978. Sprache im sozialen Kontext. Band 1. Kronberg: Scriptor, S. 2–57.

Labov, William, 1980. Einige Prinzipien linguistischer Methodologie. In: Labov, William/Dittmar, Norbert/ Rieck, Bert-Olaf (eds.), 1980. Sprache im sozialen Kontext. Eine Auswahl von Aufsätzen. Königstein/Ts.: Scriptor, S. 1–24.

Lagerspetz, Kristi M. J./Björkqvist, Kai/Berts, M./King, Elisabeth, 1982. Group aggression among school children in three schools. In: Scandinavian Journal of Psychology 23, p. 45–52.

Lambert, Sandra, 2013. Sprachwahl und Sprachwechsel bei mehrsprachigen Jugendlichen in einem Spielsetting im Rahmen des Unterrichts. Universität Wien. Diplomarbeit.

Landesstelle Jugendschutz Niedersachsen (Hrsg.), 2010. Cybermobbing: Medienkompetenz trifft Gewaltprävention. Handlungsanleitungen für Intervention und Prävention. Hannover: LJS - Landesstelle Jugendschutz Niedersachsen.

Langos, Colette, 2012. Cyberbullying: The challenge to define. In: Cyberpsychology, Behavior, and Social Networking 15, 6, p. 285-289.

Lazardsfeld, Paul F./Merton, Robert K., 1954. Friendship as a social Process. In: Berger, Morroe/Abel, Theodore/Page, Charles H. (eds.), 1954. Freedom and Control in Modern Society. Toronto: Van Nostrand, p. 18-66.

Lea, Martin/O'Shea, Tim/Fung, Pat/Spears, Russell, 1992. Flaming in computer-mediated communication: Observations, explanations and implications. In: Lea, Martin (ed.), Contexts of computer-mediated communication. London: Harvester-Wheatsheaf, p. 89-112.

Lecercle, Jean-Jacques, 1990. The Violence of Language. London: Routledge.

Leech, Geoffrey N., 1983. Principles of Pragmatics. London/New York: Longman.

Leech, Geoffrey N., 2007. New resources, or just better old ones? The Holy Grail of representativeness. In: Hundt, Marianne/Nesselhauf, Nadja/Biewer, Carolin (eds.), 2007. Corpus Linguistics and the Web. Amsterdam et al.: Editons Rodopi B.V., p. 133-149.

Leff, Stephen/Power, Thomas J./Costigan, Tracy E./Manz, Patricia H., 2003. Assessing the Climate of the playground and lunchroom: Implications for bullying prevention programming. In: School Psychology Review 32, p. 418-430.

Lehmann, Marco, 2009. Ars Simia – Ästhetische und anthropologische Reflexion im Zeichen des Affen. Zum Fortleben mittelalterlicher Bildprogramme in der Romantik, bei Raabe und Kafka. In: Obermaier, Sabine (Hrsg.), 2009, S. 309-338.

Lehnert, Gertrud (Hrsg.), 2011. Raum und Gefühl. Der Spatial Turn und die neue Emotionsforschung. Bielefeld. Transcript.

Lemnitzer, Lothar/Zinsmeister, Heike, 2006. Korpuslinguistik. Eine Einführung. Tübingen: Narr.

Lenke, Nils/Schmitz, Peter, 1995. Geschwätz im globalen Dorf – Kommunikation im Internet. In: Schmitz, Ulrich (Hrsg.), 1995, S. 117-141.

Levelt, Willem JM., 1983. Monitoring and self-repair in speech. In: Cognition, 14, p. 41-104.

Levelt, Willem JM., 1989. Speaking. From intention to articulation. Cambridge: MIT Press.

Levelt, Willem JM., 1993. Accessing words in speech production: Stages, processes and re-presentations. In: Levelt, Willem JM. (ed.), 1993. Lexical access in speech production. Cambridge, MA: Blackwell Publishers, p. 1-22.

Levinson, Stephen C., ³2000. Pragmatik. Neu übersetzt von Martina Wiese. Tübingen: Niemeyer.

Li, Qing, 2005. Cyberbullying in schools: Nature and extent of Canadian adolescents' experience. Paper presented at the meeting of the American Educational Research Association, Montreal, Canada.

Li, Qing, 2006. Cyberbullying in schools: A research of gender differences. In: Social Psychology International 27, p. 157-170.

Li, Qing, 2007a. Bullying in the new playground: Research into cyberbullying and cyber victimization. In: Australasian Journal of Educational Technology 23, p. 435-454.

Li, Qing, 2007b. New bottle but old wine: A research of cyberbullying in schools. In: Computers in Human Behavior 23, p. 1777-1791.

Li, Qing, 2008. A cross-cultural comparison of adolescents' experience related to cyberbullying. In: Educational Research 50, 3, p. 223-234.

Li, Qing, 2010. Cyberbullying in High Schools: A Study of Students' Behaviors and Beliefs about This New Phenomenon. In: Journal of Aggression, Maltreatment & Trauma 19, 4, p. 372–392.

Liebsch, Burkhard, 2007. Nach dem angeblichen Ende der ‚Sprachvergessenheit': Vorläufige Fragen zur Unvermeidlichkeit der Verletzung Anderer in und mit Worten. In: Herrmann, Steffen/Krämer, Sybille/Kuch, Hannes (Hrsg.), 2007, S. 249–274.

Lin, Hoiin/Sun, Chuen-Tsai, 2007. White-Eyed and Griefer Player Culture: Deviance Construction in MMORPGs. In: De Castell, Suzanne/Jenson, Jennifer (eds.), 2007. Worlds in Play: International Perspectives on Digital Games Research. Frankfurt/Main [u. a.]: Lang, p. 103–114.

Linke, Angelika/Nussbaumer, Markus/Portmann, Paul R., ²1994. Studienbuch Linguistik. Tübingen: Niemeyer.

Lippman, Julia R./Campbell, Scott W., 2014. Damned If You Do, Damned If You Don't…If You're a Girl: Relational and Normative Contexts of Adolescent Sexting in the United States. In: Journal of Children and Media 8, 4, p. 371–386.

Livingstone, Sonia/Bovill, Moira (eds.), 2001. Children and their changing media environment: A European comparative study. Mahwah, NJ: Lawrence Erlbaum.

Lofgren-Mårtenson, Lotta/Månsson, Sven-Axel, 2010. Lust, Love, and Live: A qualitative study of Swedish adolescents' perceptions and experiences with pornography. In: Journal of Sex Research 47, 6, p. 568–579.

Lotze, Netaya, 2012. „Determinierte Dialoge?" Chatbots auf dem Web ins Web 3.0. In: Siever, Torsten/Schlobinski, Peter (Hrsg.), 2012. Entwicklungen im Web 2.0. Ergebnisse des III. Workshops zur linguistischen Internetforschung. Frankfurt/Main [u. a.]: Lang, S. 24–47.

Löw, Martina, 2001. Raumsoziologie. Frankfurt/Main: Suhrkamp.

Lück, Anne-Kathrin, 2012. „Ich hab nichts zu verbergen!" Pesönlich-Sein und Person-Sein im Web 2.0. In: Costanza, Christina/Ernst, Christina (Hrsg.), 2012, S. 94–107.

Luginbühl, Martin, 1999. Gewalt im Gespräch. Verbale Gewalt in politischen Fernsehdiskussionen am Beispiel der ‚Arena'. Frankfurt/Main [u. a.]: Lang.

Luginbühl, Martin, 2003. Streiten im Chat. In: Linguistik online, 15, 3, S. 71–87.

Lyons, John, 1977. Semantics, Volumes 1 and 2. Cambridge: Cambridge University Press.

Lyons, John, 1982. Semantik. München: Beck.

Macháčková, Hana/Dedkova, Lenka/Mezulanikova, Katerina, 2015. The Bystander effect in cyberbullying incidents. In: Journal of Adolescence 43, p. 96–99. DOI:10.1016/j.adolescence.2015. 05.010.

Maher, Damian, 2008. Cyberbullying: An ethnographic case study of one Australian upper primary school class. In: Youth Studies Australia 27, p. 50–57.

Maiorani, Arianna, 2010. Hyper-discourse and Commercial Strategies: The Matrix Website Example. In: Swain, Elizabeth (ed.), 2010. Thresholds and Potentialities of systemic Functional Linguistics: Applications to Other Disciplines, Specialised Discourses and Languages Other than English. Trieste: Edizioni Universitarie, p. 206–226.

Majewski, Andrzej, 2008. Fördern und Heilen durch Bewegung. Berlin: LIT-Verlag.

Maresch, Rudolf/Rötzer, Florian (Hrsg.), 2001. Cyberhypes. Möglichkeiten und Grenzen des Internet. Frankfurt/Main: Suhrkamp.

Martin, Stephan/Schubert, Daniel/Watzlawik, Sonja, 2007. „Das soll jetzt keine Lästerstunde werden." Lästern über Mitschüler – ein jugendsprachliches Phänomen. In: Neuland, Eva (Hrsg.), ²2007. Jugendsprache – Jugendliteratur – Jugendkultur. Interdisziplinäre Beiträge zu sprachkulturellen Ausdrucksformen Jugendlicher. Frankfurt/Main [u. a.]: Lang, S. 113–130.

Marx, Konstanze, 2011. Die Verarbeitung von Komplex-Anaphern. Neurolinguistische Untersuchungen zur kognitiven Textverstehenstheorie. Berlin: TU-Verlag.

Marx, Konstanze, 2012a. „Wer ich bin? Dein schlimmster Albtraum, Baby!" Cybermobbing – Ein Thema für den Deutschunterricht. In: Der Deutschunterricht 6, S. 77–81.

Marx, Konstanze, 2012b. Liebesbetrug 2.0 – Wie emotionale Illusionen sprachlich kreiert werden. In: Iakushevich, Marina/Arning, Astrid (Hrsg.), 2012. Strategien persuasiver Kommunikation. Hamburg: Dr. Kovac, S. 147–165.

Marx, Konstanze, 2013a. Virtueller Rufmord - offene Fragen aus linguistischer Perspektive. In: Marx, Konstanze/Schwarz-Friesel, Monika (Hrsg.), 2013, S. 237–266.

Marx, Konstanze, 2013b. Denn sie wissen nicht, was sie da reden? Diskriminierung im Cybermobbing-Diskurs als Impuls für eine sprachkritische Diskussion. In: Aptum. Zeitschrift für Sprachkritik und Sprachkultur 2, S. 103–122.

Marx, Konstanze, 2014a. Diskreditierung im Internet als persuasive Strategie - Fallbeispiele. In: Knipf-Komlosi, Elisabeth/Öhl, Peter/Péteri, Attila/Rada, Roberta V. (Hrsg.), 2014. Dynamik der Sprache(n) und Disziplinen. Budapest: ELTE, S. 387–394.

Marx, Konstanze, 2014b. Power eliciting elements at the semantic pragmatic interface - Data from Cyberbullying and Virtual Character Assassination attempts. In: Pishwa, Hanna/Schulze, Rainer (eds.), 2014. Expression of Inequality in Interaction: Power, Dominance, and Status. Amsterdam: Benjamins, p. 143–162.

Marx, Konstanze, 2015a. Killers Mutter auf der Teamspeak-Bühne: Ein explorativer Diskussionsbeitrag zur Angemessenheit von Unhöflichkeit. In: Aptum 02, S. 151–160.

Marx, Konstanze, 2015b „kümmert euch doch um euren Dreck" – Verteidigungsstrategien im Cybermobbing dargestellt an einem Beispiel der Plattform Isharegossip.com. In: Tuomarla, Ulla/Härmä, Juhani/Tiittula, Liisa/Sairio, Anni/Paloheimo, Maria/Isosävi, Johanna (eds.), 2015. Misskommunikation und Gewalt. Mémoires de la Société Néophilologique de Helsinki. Vantaa: Hansaprint Oy, S. 125–138.

Marx, Konstanze, 2016. „Kaum [...] da, wird' ich gedisst!" Funktionale Aspekte des Banter-Prinzips auf dem Online-Prüfstand. In: Spiegel, Carmen/Gysin, Daniel (Hrsg.), 2016, S. 287–300.

Marx, Konstanze, 2017. Rekontextualisierung von Hate Speech als Aneignungs- und Positionierungsverfahren in Sozialen Medien. In: Aptum 02, 17.

Marx, Konstanze, i.Dr.a. Das Dialogpotenzial von Shitstorms. In: Hess-Lüttich, Ernest W. (Hrsg.). i. Dr.

Marx, Konstanze, i. Dr.b. Gefällt mir – Eine Facebookfloskel goes kognitiv. Hypothesen zur (Null)-Anaphern-Resolution innerhalb eines multimodalen Kommunikats. In: Marx, Konstanze/Meier, S. (Hrsg.), i.Dr. Sprachliches Handeln und Kognition – Empirische Analysen. Berlin/NewYork: de Gruyter.

Marx, Konstanze/Schwarz-Friesel, Monika (Hrsg.), 2013. Sprache und Kommunikation im technischen Zeitalter. Wieviel Internet (v)erträgt unsere Gesellschaft? Berlin/New York: de Gruyter.

Marx, Konstanze/Weidacher, Georg, 2014. Internetlinguistik. Ein Lehr- und Arbeitsbuch. Tübingen: Narr.

Maye, Harun/Sepp, Hans, 2005. Zu diesem Band. In: Maye, Harun/Sepp, Hans (Hrsg.), 2005. Phänomenologie und Gewalt. Würzburg: Königshausen & Neumann, S. 9–20.

McEnery, Tony/Hardie, Andrew, 2012. Corpus Linguistics: Theory, Method, and Practice. Cambridge: Cambridge University Press.

McMillan, Sally, 2002. A four-part model of cyber-interactivity: Some cyberplaces are more interactive than others. In: New Media Society 4, 2, p. 271–291. http://nms.sagepub.com/cgi/content/abstract/4/2/271

Medienpädagogischer Forschungsverbund Südwest (Hrsg.), 2012. JIM-Studie 2012. Jugend, Information, (Multi-)Media. Basisuntersuchung zum Medienumgang 12- bis 19-Jähriger. Stuttgart. http://www.mpfs.de/fileadmin/JIM-pdf12/JIM2012_Endversion.pdf.

Medienpädagogischer Forschungsverbund Südwest (Hrsg.), 2013. JIM-Studie 2013. Jugend, Information, (Multi-)Media. Basisuntersuchung zum Medienumgang 12- bis 19-Jähriger. Stuttgart. http://www.mpfs.de/fileadmin/JIM-pdf12/JIM2013_Endversion.pdf

Medienpädagogischer Forschungsverbund Südwest (Hrsg.), 2014. JIM-Studie 2014. Jugend, Information, (Multi-)Media. Basisuntersuchung zum Medienumgang 12- bis 19-Jähriger. Stuttgart. http://www.mpfs.de/fileadmin/JIM-pdf12/JIM2014_Endversion.pdf

Medienpädagogischer Forschungsverbund Südwest (Hrsg.), 2015. JIM-Studie 2015. Jugend, Information, (Multi-)Media. Basisuntersuchung zum Medienumgang 12- bis 19-Jähriger. Stuttgart. http://www.mpfs.de/fileadmin/JIM-pdf12/JIM2015_Endversion.pdf

Medienpädagogischer Forschungsverbund Südwest (Hrsg.), 2016. JIM-Studie 2016. Jugend, Information, (Multi-)Media. Basisuntersuchung zum Medienumgang 12- bis 19-Jähriger. https://www.mpfs.de/fileadmin/files/Studien/JIM/2016/JIM_Studie_2016.pdf

Meerkerk, Gert-Jan/Van Den Eijnden, Regina JJM/Garretsen, Henk FL, 2006. Predicting compulsive Internet use: it's all about sex! In: CyberPsychology & Behavior 9, 1, p. 95–103.

Meibauer, Jörg (Hrsg.), 2013. Hassrede/Hate Speech. Interdisziplinäre Beiträge zu einer aktuellen Diskussion. Gießener Elektronische Bibliothek 2013 (= Linguistische Unter¬suchungen) http://geb.uni-giessen.de/geb/volltexte/2013/9251/pdf/Hassrede Meibauer_ 2013.pdf

Meier, Simon, 2007. Beleidigungen. Eine Untersuchung über Ehre und Ehrverletzung in der Alltagskommunikation. Aachen: Skaker.

Meier, Simon, 2010. Zur Aushandlung von Identität in Beleidigungssequenzen. In: Palander-Collin, Minna/Lenk, Hartmut/Nevala, Minna/Sihvonen, Päivi/Vesalainen, Marjo (eds.), 2010. Constructing Identity in Interpersonal Communication/Construction identitaire dans la communication inter-personnelle/Identitätskonstruktion in der interpersonalen Kommunikation. Helsinki: Société Néophilologique, S. 111–122.

Meier, Simon, i. Dr. Beleidigungen in der Gesprächsrhetorik. In: Hess-Lüttich, Ernest W.. (Hrsg.), i. Dr.

Meier, Stefan, 2008. Von der Sichtbarkeit im Diskurs – Zur Methode diskursanalytischer Untersuchung multimodaler Kommunikation. In: Warnke, Ingo/Spitzmüller, Jürgen (Hrsg.), 2008, S. 263–286.

Menesini, Ersilia, 2012. Cyberbullying: The right value of the phenomenon. Comments on the paper "Cyberbullying: An overrated phenomenon?" In: European Journal of Developmental Psychology 9, 5, p. 544–552.

Menesini, Ersilia/Codecasa, Elena/Benelli, Beatrice/Cowie, Helen, 2003. Enhancing children's responsibility to take action against bullying: Evaluation of a befriending intervention in Italian middle schools. In: Aggressive Behavior 29, p. 1–14.

Menesini, Ersilia/Nocentini, Annalaura/Calussi, Pamela, 2011. The measurement of cyberbullying: dimensional structure and relative item severity and discrimination. In: Cyberpsychology, Behavior, and Social Networking 14, 5, 267–274.

Menesini, Ersilia/Spiel, Christiane, 2012. Introduction: Cyberbullying: Development, consequences, risk and protective factors. In: European Journal of Developmental Psychology, 9, 2, p. 163–167.

Merleau-Ponty, Maurice, 1966a. Phänomenologie der Wahrnehmung. Berlin/New York: de Gruyter.

Merleau-Ponty, Maurice, 1966b. Das Sichtbare und das Unsichtbare. In: Lefort, Claude (Hrsg.), 2011. Maurice Merleau-Ponty. Das Sichtbare und das Unsichtbare. München: Fink.

Merz, Ferdinand, 1965. Aggression und Aggressionstrieb. In: Thomae, Hans (Hrsg.), 1965. Handbuch der Psychologie, Bd. 2/II: Motivation. Göttingen: Hogrefe, S. 569–601.

Meyer-Drawe, Käte, 21987. Leiblichkeit und Sozialität. Phänomenologische Beiträge zu einer pädagogischen Theorie der Inter-Subjektivität. München: Fink.

Michalak, Johannes/Burg, Jan/Heidenreich, Thomas, 2012. Don't forget your body: Mindfulness, embodiment, and the treatment of depression. In: Mindfulness 3, p. 190–199.

Miles, Donna R./Carey, Gregory, 1997. Genetic and environmental architecture of human aggression. In: Journal of Personality and Social Psychology 72, p. 207–217.

Milgram, Stanley, 1974. Das Milgram-Experiment: Zur Gehorsamkeitsbereitschaft gegenüber Autorität. Reinbek: Rowohlt.

Miller, Alice, 1983. Am Anfang war Erziehung. Berlin: Suhrkamp.

Miller, Alice, 2001. Evas Erwachen – Über die Auflösung emotionaler Blindheit. Berlin: Suhrkamp.

Miller, Alice, 2007. Dein gerettetes Leben. Berlin: Suhrkamp.

Miller, Hannah/Thebault-Spieker, Jacob/Chang, Shuo/Johnson, Isaac/Terveen, Loren/Hecht, Brent, 2016. "Blissfully happy" or "ready to fight": Varying Interpretations of Emoji. GroupLens Research, University of Minnesota. http://www-users.cs.umn.edu/~bhecht/publications/ ICWSM2016_emoji.pdf

Milner, Ryan M, 2011. The study of cultures online: Some methodological and ethical tensions. In: Graduate Journal of Social Science 8, 3, p. 14–35.

Mishna, Faye/Khoury-Kassabri, Mona/Gadalla, Tahany/Daciuk, Joanne, 2012. Risk factors for involvement in cyberbullying: Victims, bullies and bully-victims. In: Children and Youth Services Review, 34,1, p. 63–70.

Mishna, Faye/Saini, Michael/Solomon, Steven, 2009. Ongoing and online: Children and youth's perceptions of cyberbullying. In: Children and Youth Services Review 31, p. 1222–1228.

Mitchell, Kimberly J./Wolak, Janis/Finkelhor, David, 2007. Trends in youth reports of sexual solicitations, harassment, and unwanted exposure to pornography on the Internet. In: Journal of Adolescent Health 40, p. 116–126.

Morstatter, Fred/Kumar, Shamant/Liu, Huan/Maciejewski, Ross, 2013. Understanding Twitter data with TweetXplorer. In: Proceedings of the 19th ACM SIGKDD International Conference on Knowledge Discovery and Data Mining – KDD'13. New York: ACM Press, p. 1482–1485.

Müller, Cornelia/Bohle, Ulrike, 2007. Das Fundament fokussierter Interaktion: Zur Vorbereitung und Herstellung von Interaktionsräumen durch körperliche Koordination. In: Schmitt, Reinhold (Hrsg.), 2007. Multimodale Kommunikation: Koordination aus multimodaler Perspektive. Tübingen: Narr, S. 129–166.

Müller, Christin R./Pfetsch, Jan/Ittel, Angela, 2014a. Ethical Media Competence as a Protective Factor Against Cyberbullying and Cybervictimization Among German School Students. In: Cyberpsychology, Behavior, and Social Networking 17, 10, p. 644–651. DOI: 10.1089/ cyber.2014.0168

Müller, Christin R./Pfetsch, Jan/Ittel, Angela, 2014b. Cyberbullying und die Nutzung digitaler Medien im Kindheits- und Jugendalter. In: merz | medien + erziehung. Zeitschrift für Medienpädagogik, 58, 3.

Müller, Marcus, 2015: Sprachliches Rollenverhalten: Korpuspragmatische Studien zu divergenten Kontextualisierungen in Mündlichkeit und Schriftlichkeit. Berlin/New York: de Gruyter.

Müller, Wolfgang, 1996. Sexualität in der Sprache. Wort und zeitgeschichtliche Betrachtungen. In: Kluge, Norbert (Hrsg.), 1996. Jugendliche Sexualsprache – eine gesellschaftliche Provokation. Landau: Knecht, S. 137–171.

Mummendey, Amélie (Hrsg.), 1984. Social Psychology of Aggression. From individual behavior to social interaction. Berlin: Springer.

Mummendey, Amélie, 1997. Aggressives Verhalten. In: Stroebe, Wolfgang/Hewstone, Miles/Codol, Jean-Paul/Stephenson, Geoffrey (Hrsg.), 1997. Sozialpsychologie. Berlin: Springer, S. 421–452.

Mummendey, Amélie/Schreiber, Hans-Joachim, 1983a. Better or different? Positive social identity by discrimination against or by differentiation from out-groups. In: European Journal of Social Psychology 13, p. 389–397.

Mummendey, Amélie/Schreiber, Hans-Joachim, 1983b. Neid und Eifersucht. In: Euler, Harald A./Mandl, Heinz (Hrsg.), 1983. Emotionspsychologie. Ein Handbuch in Schlüsselbegriffen. München: Urban & Schwarzenberg, S. 195–200.

Münker, Stefan/Roesler, Alexander (Hrsg.), 1997. Mythos Internet. Frankfurt/Main: Suhrkamp.

Mussweiler, Thomas/Strack, Fritz, 2000. The Use of Category and Exemplar Knowledge in the Solution of Anchoring Tasks. In: Journal of Personality and Social Psychology 78, p. 1038–1052.

Nansel, Tonja R./Overpeck, Mary/Pilla, Ramani S./Ruan, W. June/Simons-Morton, Bruce/Scheidt, Peter, 2001. Bullying behaviors among US youth: prevalence and association with psychosocial adjustment. In: Journal of the American Medical Association 285, p. 2094–2100.

Nansel, T.R./Craig, W./Overpeck, M.D./Saluja, G./Ruan, W.J./The Health Behavior in School-Aged Children Bullying Analyses Working Group, 2004. Crossnational consistency in the relationship between bullying behaviors and psychosocial adjustment. In: Archives of Pediatrics and Adolescent Medicine 158, p. 730–736.

Naruskov, Karin/Luik, Piret/Nocentini, Annalaura/Menesini, Ersilia, 2012. Estonian Students' Perception and Definition of Cyberbullying. In: Trames 16, p. 323–343.

Naumann, Bernd, 1997. IRCs - schriftliche Sonderformen von Mehrpersonengesprächen. In: Weigand, Edda (Hrsg.), 1997. Dialogue Analysis: Units, relations and strategies beyond the sentence. Tübingen: Niemeyer, p. 161–178.

Neckermann, Susanne/Cueni, Reto/Frey, Bruno S., 2009. What is an Award worth? An Econometric Assessment of the Impact of Awards on Employee Performance. In: CESifo Working Paper Series 2657. http://ssrn.com/abstract=1407003

Nejdl, Wolfgang/Risse, Thomas, 2015. Herausforderungen für die nationale, regionale und thematische Webarchivierung und deren Nutzung. In: Zeitschrift für Bibliothekswesen und Bibliographie 62, 3–4, S. 160–171.

Nelson, Theodor H., 1972. As we will think. Reprint in: Nyce, James M./Kahn, Paul (eds.), 1991. From Memex to Hypertext. Vannebar Bush and the mind's machine. Boston: Academic Press, p. 245–259.

Neuberger, Christoph, 2007. Interaktivität, Interaktion, Internet. Eine Begriffsanalyse. In: Publizistik 52, 1, S. 33–50.
Neuland, Eva, 1987. Spiegelungen und Gegenspiegelungen. Anregungen für eine zukünftige Jugendsprachforschung. In: Zeitschrift für Germanistische Linguistik 15, S. 58–82.
Neuland, Eva, 1994. Jugendsprache und Standardsprache. Zum Wechselverhältnis von Stilwandel und Sprachwandel. In: Zeitschrift für Germanistik 1, S. 78–98.
Neuland, Eva/Schlobinski, Peter, 2017. Sprachgebrauch in sozialen Gruppen. In: Neuland, Eva/Schlobinski, Peter (Hrsg.), 2017 (i. Dr.). Handbuch Sprache in sozialen Gruppen. Berlin/New York: de Gruyter.
Neuland, Eva/Volmert, Johannes, 2009. Jugendsprachen als Objekt und als Mittel von Sprachkritik. In: Aptum. Zeitschrift für Sprachkritik und Sprachkultur 5, 2, S. 149–167.
Nocentini, Annalaura/Calmaestra, Juan/Schultze-Krumbholz, Anja/Scheithauer, Herbert/Ortega, Rosario/Menesini, Ersilia, 2010. Cyberbullying: labels, behaviours and definition in three European countries. In: Australian Journal of Guidance and Counselling 20, p. 129–142.
Nolting, Hans-Peter, 2005. Lernfall Aggression. Reinbek: Rowohlt.
Nonnecke, Blair/Preece, Jenny, 2000. Lurker demographics: Counting the silent. In: CHI Letters 2, 1, p. 73–80.
Nowak, Martin A., 2012. Evolving cooperation. In: Journal of Theoretical Biology 299, p. 1–8.
Nowak, Martin A./Highfield, Roger, 2011. SuperCooperators: Why We Need Each Other to Succeed. New York: Simon & Schuster.
Obermaier, Magdalena/Fawzi, Nayla/Koch, Thomas, 2014. Bystanding or standing by? How the number of bystanders affects the intention to intervene in cyberbullying. In: New Media & Society, p. 1–17. DOI: 10.1177/1461444814563519.
Obermaier, Sabine, 2009. Tiere und Fabelwesen im Mittelalter. Einführung und Überblick. In: Obermaier, Sabine, (Hrsg.), 2009, S. 1–25.
Obermaier, Sabine, (Hrsg.), 2009. Tiere und Fabelwesen im Mittelalter. Berlin/New York: de Gruyter.
Olenik-Shemesh, Dorit/Heiman, Tali/ Eden, Sigal, 2012. Cyberbullying victimisation in adolescence: relationships with loneliness and depressive mood. In: Emotional and Behavioural Difficulties 17, 3–4, p. 361–374. DOI:10.1080/13632752.2012.704227.
Olenik-Shemesh, Dorit/Heiman, Tali, 2013. Youth cybervictimization: Correlates with socioemotional variables and teachers perceptions and coping.
Olweus, Dan, 1996. The revised Olweus bully/victim questionnaire. Mimeo. Bergen, Norway: University of Bergen, Research Center for Health Promoti-on.
Olweus, Dan, 1997. Täter-Opfer-Probleme in der Schule. Erkenntnisstand und Interventionsprogramm. In: Holtappels, Heinz-Günther/Heitmeyer, Wilhelm/Melzer, Wolfgang/Tillmann, Klaus-Jürgen (Hrsg.), ⁵2008. Forschung und Gewalt an Schulen. Erscheinungsformen und Ursachen, Konzepte und Prävention. Weinheim/München: Beltz Juventa, S. 281–298.
Olweus, Dan, 2003. A profile of bullying at school. In: Educational Leadership 60, S. 12–19.
Olweus, Dan, ⁴2006. Gewalt in der Schule. Was Lehrer und Eltern wissen sollten – und tun können. Bern: Huber.
Olweus, Dan, 2012. Cyberbullying: An overrated phenomenon? In: European Journal of Developmental Psychology 9, 5, p. 520–538.
O'Moore, Astrid Mona, 2012. Cyberbullying: The Situation in Ireland. In: Pastoral Care in Education 30, p. 209–223.

O'Moore, Astrid Mona/Hillery, Brendan, 1989. Bullying in Dublin schools. In: Irish Journal of Psychology 10, p. 426–441.
O'Reilly, Tim, 2007. What is Web 2.0: Design Patterns and Business Media for the Next Generation Software. In: MPRA Papers, 4578. http//mpra.ub.uni-muenchen.de/4578/
Ortega, Rosario/Elipe, Paz/Mora-Metchan, Joaquín A./Calmaestra, Juan/Vega, Esther, 2009. The emotional impact on victims of traditional bullying and cyberbullying – A study of Spanish adolescence. In: Zeitschrift für Psychologie/Journal of Psychology 217, p. 197–204.
Osterheider, Michael/Banse, Rainer/Briken, Peer/Goldbeck, Lutz/Hoyer, Jürgen/Santtila, Pekka/Eisenbarth, Hedwig, 2012. Häufigkeit, Erklärungsmodelle und Folgen sexueller Gewalt an Kindern und Jugendlichen: Zielsetzungen des deutschlandweiten MiKADO-Projekts. In: Zeitschrift für Sexualforschung 25, 03, S. 286–292.
Paik, Haejung/Comstock, George, 1994. The effects of television violence on antisocial behavior: A meta-analysis. In: Communication Research 21, 4, p. 516–546.
Pasierbsky, Fritz, 1983. Krieg und Frieden in der Sprache: Textanalysen. Frankfurt/Main: Fischer.
Patchin, Justin W./Hinduja, Sameer, 2006. Bullies move beyond the schoolyard: A preliminary look at cyberbullying. In: Youth Violence and Juvenile Justice 4, p. 148–169.
Pechmann, Thomas, 1994. Sprachproduktion. Opladen: Westdeutscher Verlag.
Pechmann, Thomas/Zerbst, Dieter, 1994. Zur allmählichen Verfertigung komplexer Nominalphrasen beim Reden. In: Felix, Sascha W./Habel, Christopher/Rickheit, Gert (Hrsg.), 1994. Kognitive Linguistik: Repräsentation und Prozesse. Opladen: Westdeutscher Verlag.
Pentzold, Christian/Fraas, Claudia/Meier, Stefan, 2013. Online-mediale Texte: Kommunikationsformen, Affordanzen, Interfaces. In: Zeitschrift für germanistische Linguistik 41, 1, S. 81–101.
Perkuhn, Rainer/Belica, Cyril, 2006. Korpuslinguistik – das unbekannte Wesen. Oder Mythen über Korpora und Korpuslinguistik. In: Sprachreport 1, S. 2–8.
Perkuhn, Rainer/Keibel, Holger/Kupietz, Marc, 2012. Korpuslinguistik. Paderborn: Fink.
Perren, Sonja/Dooley, Julian/Shaw, Thérèse/ Cross, Donna, 2010. Bullying in school and cyberspace: Associations with depressive symptoms in Swiss and Australian adolescents. In: Child and Adolescent Psychiatry and Men-tal Health 4, 28. DOI:10.1186/1753-2000-4-28
Perren, Sonja/Gutzwiller-Helfenfinger, Eveline, 2012. Cyberbullying and traditional bullying in adolescence: Differential roles of moral disengagement, moral emotions, and moral values. In: European Journal of Developmental Psychology 9, 2, p. 195–209.
Petrovic, Sasa/ Osborne, Miles/Lavrenko, Victor, 2010. Edinburgh Twitter corpus. In: Workshop on Social Media, NAACL 2010.
Pfeiffer, Herbert, ²1997. Das große Schimpfwörterbuch. Über 10.000 Schimpf-, Spott- und Neckwörter zur Bezeichnung von Personen. Frankfurt/Main: Eichborn.
Pfetsch, Jan, 2016. Who ist who in Cyberbullying? Conceptual and empirical perspectives on bystanders in cyberbullying. In: Wright, Michelle F. (ed.), 2016. A Social-Ecological Approach to Cyberbullying. Hauppauge: Nova Publishing, p. 121–150.
Pfetsch, Jan/Mohr, Sonja/Ittel, Angela, 2014. Prävention und Intervention von Online-Aggressionen: Wie wirksam sind Maßnahmen, die sich spezifisch gegen Cybermobbing richten? In: Pieschl, Stephanie/Porsch, Torsten (Hrsg.), 2014. Neue Medien und deren Schatten. Mit neuen Medien kompetent umgehen. Göttingen: Hogrefe, S. 277–299.

Pfetsch, Jan/Müller, Christin R./Walk, Sebastian/Ittel, Angela, 2014. Bewältigung von Cyberviktimisierung im Jugendalter – Emotionale und verhaltensbezogene Reaktionen auf Cyberbullying. In: Praxis Kinderpsychologie und Kinderpsychiatrie 63, S. 343–360.

Pfetsch, Jan/Schäfer, Galina, 2014. Cybermobbing – anonyme Bedrohung oder fiese Schikane unter Freunden? In: Unsere Jugend. Zeitschrift für Studium und Praxis der Sozialpädagogik, 66, 4, S. 159–170.

Pfetsch, Jan/Mohr, Sonja/Ittel, Angela, 2012. Cyber-Mobbing – Formen, Funktionen und Auswirkung im Leben Jugendlicher. In: ajs Informationen 48, 2, S. 4–7.

Pfetsch, Jan/Steffgen, Georges/Gollwitzer, Mario/Ittel, Angela, 2011. Prevention of aggression in schools through a Bystander Intervention Training. In: International Journal of Developmental Science 5, 1–2, p. 139–149.

Pfetsch, Jan/Müller, Christin R./Ittel, Angela, 2014. Cyberbullying und Empathie – Affektive, kognitive und medienbasierte Empathie im Kontext von Cyberbullying im Kindes- und Jugendalter. In: Diskurs Kindheits- und Jugendforschung, 1, S. 23–37.

Pfetsch, Jan/Schultze-Krumbholz, Anja/Ittel, Angela, 2014. Editorial. Schwerpunktheft Cyberbullying. In: Diskurs Kindheits- und Jugendforschung, 1, S. 3–6.

Pfetsch, Jan/Steffgen, Georges/Gollwitzer, Mario, 2010. Examining the role of empathy in helping and aggressive behavior. In: Zukauskiene, Rita (ed.), 2010. Proceedings of the XIV European Conference on Developmental Psychology ECDP. Vilnius, Lithuania, August 18-22. Pianoro: Medimond, p. 221–226.

Platt, Kristin (Hrsg.), 2002. Reden von Gewalt. München: Wilhelm Fink.

Phil, Robert O./Peterson, Jordan, 1995. Drugs and aggression: correlations, crime and human manipulative studies and some proposed mechanisms. In: Journal of Psychiatry & Neuroscience 20, 2, p. 141–149.

Pieschl, Stephanie/Porsch, Torsten, 2012. Schluss mit Cybermobbing! Das Trainings- und Präventionsprogramm „Surf-Fair" (mit Film und Materialien auf DVD). Weinheim: Beltz.

Pieschl, Stephanie/Kuhlmann, Christina/Porsch, Torsten, 2015. Beware of Publicity! Perceived Distress of Negative Cyber Incidents and Implications for Defining Cyberbullying. In: Journal of School Violence 14, 1, p. 111–132. DOI: 10.1080/15388220.2014.971363.

Pieschl, Stephanie/Porsch, Torsten/Kahl, Tobias/Klockenbusch, Rahel, 2013. Relevant dimensions of cyberbullying – Results from two experimental studies. In: Journal of Applied Developmental Psychology 34, 5, p. 241–252. DOI: 10.1016/j.appdev.2013.04.002

Plessner, Helmuth, 1975. Die Stufen des Organischen und der Mensch. Einleitung in die philosophische Anthropologie. Berlin/New York: de Gruyter.

Popitz, Heinrich, 1980. Die normative Konstruktion von Gesellschaft. Tübingen: Mohr Siebeck.

Posselt, Gerald, 2011. Sprachliche Gewalt und Verletzbarkeit. Überlegungen zum aporetischen Verhältnis von Sprache und Gewalt. In: Schäfer, Alfred/Thompson, Christiane (Hrsg.), 2011. Gewalt. Paderborn: Schöningh, S. 89–127.

Posselt, Gerald, 2012. Die Gewalt der Repräsentation. Zum Verhältnis von Sprache und Fotografie. In: Dunshirn, Alfred u.a. (Hrsg.), 2012. Crossing Borders - Grenzen (über)denken - Thinking (across) Boundaries. Beiträge zum 9. Kongress der Österreichischen Gesellschaft für Philosophie. Wien: Universität Wien, S. 977–988.

Precht, Richard David, 2015. Anna, die Schule und der liebe Gott. Der Verrat des Bildungssystems an unseren Kindern. München: Goldmann.

Prekop, Jirina/Hüther, Gerald, 2006. Die Schätze unserer Kinder. München: Kösel Verlag.

Pscheida, Daniela/Trültzsch, Sascha, 2011. Aufmerksamkeit, Authentizität, Kommunikativität: Eine Studie zur Analyse veröffentlichter Privatheit im Bild. In: Neumann-Braun,

Klaus/Autenrieth, Ulla Patricia (Hrsg.), 2011. Freundschaft und Gemeinschaft im Social Web. Bildbezogenes Handeln und Peergroup-Kommunikation auf Facebook & Co. Baden-Baden: Nomos, S. 163–176.
Pusch, Luise F., 1984. Das Deutsche als Männersprache: Aufsätze und Glossen zur feministischen Linguistik. Frankfurt/Main: Suhrkamp.
Püschel, Melanie, 2014. Emotionen im Web. Die Verwendung von Emoticons, Interjektionen und emotiven Akronymen in schriftbasierten Webforen für Hörgeschädigte. Stuttgart: ibidem.
Quiring, Oliver/Schweiger, Wolfgang, 2006. Interaktivität – ten years after: Bestandsaufnahme und Analyserahmen. In: Medien & Kommunikationswissenschaft 4, p. 5–24.
Quirk, Roslynn/Campbell, Marilyn, 2014. On standby? A comparison of online and offline witnesses to bullying and their bystander behaviour. In: Educational Psychology: An International Journal of Experimental Educational Psychology 35, 4, p. 430–448. DOI: 10.1080/01443 410.2014.893556.
Qiu, Lin/Lin, Han/Ramsay, Jonathan/Yang, Fang, 2012. You are what you tweet: Personality expression and perception on Twitter. In: Journal of Research in Personality 46, S. 710–718.
Radcliffe-Brown, Alfred (ed.), 1965. Structure and function in primitive society. London: Cohen & West.
Rajewsky, Irina O., 2002. Intermedialität. Tübingen: Francke.
Rafaeli, Sheizaf, 1988. Interactivity. From new media to communication. In: Hawkins, Robert P. (ed.), 1988. Advancing communication science. Merging mass and interpersonal processes. Newbury Park: Sage.
Rapp, Andrea, 2009. Ir bîzzen was so zartlich, wîblich, fîn. Zur Deutung des Hundes in Hadlaubs Autorbild im Codex Manesse. In: Obermaier, Sabine, (Hrsg.), 2009, S. 207–233.
Rasfeld, Magret/Breidenbach, Stephan, 2014. Schulen im Aufbruch. Eine Anstiftung. München: Kösel.
Rau, Cornelia, 1994. Revisionen beim Schreiben. Zur Bedeutung von Veränderungen in Textproduktionsprozessen. Tübingen: Niemeyer.
Rauh, Robert, 2015. Schule, setzen, sechs. Von Lehrern und Eltern, die trotzdem nicht verzweifeln. München: Kösel.
Rauwald, Marianne, 2013a. Ausblick. In: Rauwald, Marianne (Hrsg.), 2013b, S. 183–186.
Rauwald, Marianne (Hrsg.), 2013b. Vererbte Wunden. Transgenerationale Weitergabe traumatischer Erfahrungen. Weinheim/Basel: Beltz.
Rauwald, Marianne/Quindeau, Ilka, 2013. Mechanismen der transgenerationalen Weitergabe elterlicher Traumatisierungen. In: Rauwald, Marianne (Hrsg.), 2013b, S. 66–76.
Reid-Steere, Elizabeth, 2000. Das Selbst und das Internet: Wandlungen der Illusion von einem Selbst. In: Thiedeke, Udo (Hrsg.), 2000. Virtuelle Gruppen. Charakteristika und Problemdimensionen. Wiesbaden: Springer.
Rehfus, Wulff D. (Hrsg.), 2012. Geschichte der Philosophie I-IV. Göttingen: Vandenhoek & Ruprecht.
Reinemann, Susanne/Remmertz, Frank, 2012. Urheberrechte an User-generated Content. In: Zeitschrift für Urheber- und Medienrecht 56, 3, p. 216–226.
Riebel, Julia/Jäger, Reinhold S./Fischer, Uwe C., 2009. Cyberbullying in Germany – an exploration of prevalence, overlapping with real life bullying and coping strategies. In: Psychology Science Quarterly 51, p. 298–314.

Rigby, Ken/Bagshaw, Dale, 2003. Prospects of adolescent students collaborating with teachers in addressing issues of bullying and conflict in schools. In: Educational Psychology 23, p. 535–546.

Risse, Thomas, 2015. Web Observatory: Chancen und Probleme bei der Web-Archivierung. Vortrag auf dem IV. Workshop zur linguistischen Internetforschung „Internetlinguistik und Korpusanalyse", Hannover, 1. Mai 2015.

Robertz, Frank J., 2010. Jugendgewalt 2.0: über Cyberbullying und Happy Slapping. In: Wickenhäuser, Ruben Philipp/Robertz, Frank J. (Hrsg.), 2010. Orte der Wirklichkeit. Über Gefahren in medialen Lebenswelten Jugendlicher; Killerspiele, Happy Slapping, Cyberbullying, Cyberstalking, Computerspielsucht, Medienkompetenz steigern. Berlin [u.a.]: Springer, S. 71–78.

Rocha-Dietz, Rocio, 2016. #MicroblogsRevisited. Eine Re/Evaluation der Twitter-Studie von Siever und Schlobinski (2012) unter dem Aspekt der Sprachökonomie. Bachelorarbeit, Humboldt-Universität Berlin.

Roos, Jeanette, 2009. Stolz, Scham, Peinlichkeit und Schuld. In: Brandstätter, Veronika/Otto, Jürgen (Hrsg.), 2009, S. 650–657.

Rosenbaum, Oliver, 1996. chat-Slang. Lexikon der Internetsprache: über 3000 Begriffe verstehen und anwenden. München: Hanser.

Rosenberg, Marshall ^{11}2013. Gewaltfreie Kommunikation. Eine Sprache des Lebens. Paderborn: Junfermann.

Roßnagel, Alexander, 2009. Persönlichkeitsentfaltung zwischen Eigenverantwortung, gesellschaftlicher Selbstregulierung und staatlicher Regulierung. In: Bieber, Christoph/Eifert, Martin/Groß, Thomas/Lamla, Jörn (Hrsg.), 2009, S. 271–285.

Rüdiger, Thomas-Gabriel, 2012. Cybergrooming in virtuellen Welten – Chancen für Sexualtäter? In: Deutsche Polizei, 2, S. 29–35.

Rüdiger, Thomas-Gabriel, 2013. Kriminogene Aspekte von virtuellen Welten - Eine Phänomendarstellung. In: Dölling, Dieter/Jehle, Jörg-Martin (Hrsg.), 2013. Täter – Taten – Opfer. Grundlagenfragen und aktuelle Probleme der Kriminalität und ihrer Kontrolle (Neue Kriminologische Schriftenreihe der Kriminologischen Gesellschaft e.V.; Band 114). Mönchengladbach: Forum Verlag Godesberg, S. 348–373.

Rüdiger, Thomas-Gabriel, 2015a. Der böse Onkel im digitalen Kinderzimmer. In: Hillebrandt, I. (Hrsg.), 2015. Gewalt im Netz – Sexting, Cybermobbing & Co. Berlin: Bundesarbeitsgemeinschaft Kinder- und Jugendschutz (BAJ), S. 104–123.

Rüdiger, Thomas-Gabriel, 2015b. Der böse Onkel im virtuellen Schlaraffenland – Wie Sexualtäter Onlinegames nutzen. In: Rüdiger, Thomas-Gabriel/Pfeiffer, Alexander (Hrsg.), 2015. Game!Crime? Frankfurt/Main: Verlag für Polizeiwissenschaft, S. 142–159.

Rüdiger, Thomas-Gabriel, 2016. #NoHate. München & Hatespeech in Onlinegames. Wir müssen mal reden! https://www.linkedin.com/pulse/münchen-hatespeech-onlinegames-wir-müssen-mal-reden-rüdiger

Rummel, Walter/Voltmer, Rita, 2008. Hexen und Hexenverfolgung in der Frühen Neuzeit. Darmstadt: Wissenschaftliche Buchgesellschaft.

Runkehl, Jens, 2012. Vom Web 1.0 zum Web 2.0. In: Der Deutschunterricht 6, S. 2–9.

Runkehl, Jens/Schlobinski, Peter/Siever, Torsten, 1998. Sprache und Kommunikation im Internet. Überblick und Analysen. Opladen: Westdeutscher Verlag.

Ruthner, Aandreea R., 2010. Jugendsprache als Provokation. In: Professional Communication and Translation Studies 3, 1–2, S. 53–57.

Sachs, Josef/Schmidt, Volker, 2014. Faszination Gewalt. Was Kinder zu Schlägern macht. Zürich: orell füssli.
Sacks, Harvey/Schegloff, Emanuel A./Jefferson, Gail, 1974. A Simplest Systematics for the Organization of Turn-Taking for Conversation. In: Language 50, 4, 1, p. 696–735.
Sabina, Chiara/Wolak, Janis/Finkelhor, David, 2008. The nature and dynamics of Internet pornography exposure for youth. In: CyberPsychology & Behavior 11, 6, p. 691–693.
Sager, Sven Frederik, 1988. Reflexionen zu einer linguistischen Ethologie. Hamburg: Edition Akademion.
Sager, Sven Frederik, 2000. Hypertext und Hypermedia: In: Brinker, Klaus/Antos, Gerd/Heinemann, Wolfgang/Sager, Sven Frederik (Hrsg.), 2000. Text- und Gesprächslinguistik. Ein internationales Handbuch zeitgenössischer Forschung. Berlin/New York: de Gruyter, S. 587–603.
Sager, Sven Frederik, 2001. Medienvielfalt und die Reichweite eines linguistischen Kommunikationsbegriffs. In: Möhn, Dieter/Roß, Dieter/Tjarks-Sobhani, Marita (Hrsg.), 2001. Mediensprache und Medienlinguistik. Festschrift für Jörg Hennig. Frankfurt/Main [u. a.]: Lang, S. 201–224.
Saferinternet.at, 2015. Sexting bei Jugendlichen. https://www.saferinternet.at/news/news-detail/article/aktuelle-studie-sexting-in-der-lebenswelt-von-jugendlichen-489/
Salzig, Johannes, 2015. Die Sippenhaft als Repressionsmaßnahme des nationalsozialistischen Regimes. Ideologische Grundlagen – Umsetzung – Wirkung. Augsburg: Wißner.
Samel, Ingrid, 22000. Einführung in die feministische Sprachwissenschaft. 2., überarb. und erw. Aufl. Berlin: Erich Schmidt.
Sandbothe, Mike, 1998. Theatrale Aspekte des Internet Prolegomena zu einer zeichentheoretischen Analyse theatraler Textualität. In: Willems, Herbert/Jurga, Martin (Hrsg.), 1998. Inszenierungsgesellschaft. Ein einführendes Handbuch. Opladen: Westdeutscher Verlag, S. 583–595. (auch in: Göttlich, Udo/Nieland, Jörg U./ Schatz, Heribert (Hrsg.), 1998. Kommunikation im Wandel. Zur Theatralität der Medien, Köln: Herbert von Halem Verlag, S. 209–227.)
Sander, Thorsten, 2003. Expressive (Rede-)Handlungen. In: Divinatio. Studia culturologica series 18, S. 7–34.
Savage, Joanne, 2004. Does viewing violent media really cause criminal violence? A methodological review. In: Aggression and Violent Behavior 10, 1, p. 99–128.
Schad, Ute, 1996. Verbale Gewalt bei Jugendlichen. Ein Praxisforschungsprojekt über ausgrenzendes und abwertendes Verhalten gegenüber Minderheiten. Weinheim: Juventa.
Schäfer, Roland/Bildhauer, Felix, 2012. Building Large Corpora from the Web Using a New Efficiant Tool Chain. In: Calzolari, N./Choukri, K./Declerck, T. et al. (eds.), 2012. Proceedings of the Eight International Conference on Language Resources and Evaluation (LREC'12). Istanbul: Istanbul Lüfti Kirdar Convention & Exhibition Centre, p. 486–493.
Schank, Roger C./Abelson Robin, 1977. Scripts, Plans, Goals, and Understanding. Hillsdale, N.J.: Erlbaum.
Scheffler, Tatjana, 2014. A German Twitter Snapshot. In: Proceedings of LRFC, Reykjavik, Iceland 2014. http://www.lrec-conf.org/proceedings/lrec2014/pdf/1146_Paper.pdf
Scheffler, Tatjana/Kyba, Christopher, 2016. Measuring Social Jetlag in Twitter Data. In: Proceedings of the Tenth International AAAI Conference on Web and Social Media (ICWSM 2016), AAAI, Köln.

Schegloff, Emanuel A., 2007. Sequence organization in interaction. Cambridge: Cambridge University Press.
Scheithauer, Herbert, 2003. Aggressives Verhalten von Jungen und Mädchen. Göttingen: Hogrefe.
Scheithauer, Herbert, 2005. Lästern, soziale Manipulation, Gerüchte verbreiten, Ausschließen – (geschlechtsspezifische) Formen aggressiven Verhaltens? In: Seiffge-Krenke, Inge (Hrsg.), 2005. Aggressionsentwicklung zwischen Normalität und Pathologie. Göttingen: Vandenoeck & Ruprecht, S. 66–87.
Scheithauer, Herbert/Mayer, Heidrun/Barquero, Beatriz/Heim, Petra/Koglin, U./Meir-Brenner, S./Mehren, F./Niebank, K./Petermann, F./Erhardt, H., 2005. Entwicklungsorientierte Prävention von Verhaltensproblemen und Förderung sozial-emotionaler Kompetenz: Papilio – eine Programmkonzeption. In: Ittel, Angela/Salisch von, Maria (Hrsg.), 2005, S. 259-275.
Scheler, S., 2013. Warum hast Du das getan? Artikulation von Bedürfnissen als Beweggründe für Transgression in deren Auswirkungen auf die Wirksamkeit von Entschuldigungen. Bachelorarbeit. Fernuniversität Hagen.
Schenk, Allison M./Fremouw, William J., 2012. Prevalence, Psychological Impact, and Coping of Cyberbully Victims Among College Students. In: Journal of School Violence, 11, 1, p. 21–37.
Schiewe, Jürgen, 2007. Angemessenheit, Prägnanz, Variation. Anmerkungen zum guten Deutsch aus sprachkritischer Sicht. In: Burkhardt, Armin (Hrsg.), 2007. Was ist gutes Deutsch? Studien und Meinungen zum gepflegten Sprachgebrauch. Mannheim/Leipzig/Wien/ Zürich: Duden, S. 369–380.
Schiewe, Jürgen, 2009. Sprachkritik in der Schule. Vorüberlegungen zu Möglichkeiten und Zielen eines sprachkritischen Unterrichts. In: Aptum. Zeitschrift für Sprachkritik und Sprachkultur 5, 2, S. 57–105.
Schippell, Pamela L./Vasey, Michael W./Cravens-Brown, Lisa M./Bretveld, Robert A., 2003. Suppressed attention to rejection, ridicule, and failure cues: A unique correlate of reactive but not proactive aggression in youth. In: Journal of Clinical Child & Adolescent Psychology 32, p. 40–55,
Schlobinski, Peter, 1996. Empirische Sprachwissenschaft. Opladen: Westdeutscher Verlag.
Schlobinski, Peter, 2001.*knuddel – zurueckknuddel – dich ganzdollknuddel*. Inflektive und Inflektivkonstruktionen im Deutschen. In: Zeitschrift für germanistische Linguistik 29, S. 192–218.
Schlobinski, Peter, 2005b. Mündlichkeit/Schriftlichkeit in den Neuen Medien. In: Eichinger, Ludwig/ Kallmeyer, Werner (Hrsg.), 2005. Standardvariation. Wie viel Variation verträgt die deutsche Sprache? Berlin/New York: de Gruyter, S. 126–142.
Schlobinski, Peter, 2011. Skript Grundfragen der Sprachwissenschaft. http://www. linguistic-corner.uni-hannover.de/fileadmin/deutsches_seminat/Schlobi169.pdf
Schlobinski, Peter, 2017. Grundzüge von Macht und Sprache. In: Networx 77, https://www.mediensprache.net/networx/networx-77.pdf
Schlobinski, Peter/Kohl, Gaby/Ludewigt, Irmgard, 1993. Jugendsprache. Fiktion und Wirklichkeit. Opladen: Westdeutscher Verlag.
Schlobinski, Peter/Tewes, Michael, 2007. Sprache und Gewalt. Einführung in das Themenheft. In: Der Deutschunterricht 5, S. 2–10.
Schmid, Christine/Watermann, Rainer, 2010. Schulische Prozessmerkmale und die Entwicklung ausländerfeindlicher Einstellungen bei Jugendlichen. In: Zeitschrift für Soziologie der Erziehung und Sozialisation 30, 1, S. 74–95.
Schmid, Hans-Jörg (Hrsg.), 2012. Cognitive pragmatics. Berlin/New York: de Gruyter.

Schmid, Jeanette, 2005. Die Zukunft der Aggressionsforschung – Probleme und hoffnungsvolle Ausblicke. In: Ittel, Angela/Salisch von, Maria (Hrsg.), 2005, S. 19–29.

Schmidt, Axel, 2004. Doing peer-group. Die interaktive Konstitution jugendlicher Gruppenpraxis. Frankfurt/Main [u. a.]: Lang.

Schmidt, Gerhart (Hrsg.), 1986. René Descartes Meditationes de Prima Philosophia / Meditationen über die Erste Philosophie. Leipzig: Reclam.

Schmidt, Jan, 2008. Was ist neu am Social Web? Soziologische und kommunikationswissenschaftliche Grundlagen. In: Zerfaß, Ansgar/ Martin/Schmidt, Jan (Hrsg.), 2008, S. 18–40.

Schmidt, Jan, ²2011. Das neue Netz. Merkmale, Praktiken und Folgen des Web 2.0. Konstanz: UVK.

Schmidt, Jan-Hinrik/Paus-Hasebrink, Ingrid/Hasebrink, Uwe (Hrsg.), 2009. Heranwachsen mit dem Social Web. Berlin: Vistas.

Schmidt-Denter, Ulrich, 1996. Soziale Entwicklung: Ein Lehrbuch über soziale Beziehungen. Weinheim: Psychologie Verlagsunion.

Schmitt, Reinhold (Hrsg.), 2007. Koordination. Analysen zur multimodalen Interaktion. Tübingen: Narr.

Schmitt, Manfred/Gollwitzer, Mario/Förster, Nicolai/Montada, Leo, 2004. Effects of Objective and Subjective Account Components on Forgiving. In: Journal of Social Psychology 144, p. 465–486.

Schmitz, Ulrich (Hrsg.), 1995. Neue Medien. Themenheft der Osnabrücker Beiträge zur Sprachtheorie OBST 50.

Schmitz, Ulrich, 2004. Sprache in modernen Medien. Einführung in Tatsachen und Theorien, Themen und Thesen. Berlin: Schmidt.

Schmitz-Berning, Cornelia, 2000. Vokabular des Nationalsozialismus. Berlin/New York: de Gruyter.

Schmuhl, Hans-Walter, 2010. Exklusion und Inklusion durch Sprache – Zur Ge-schichte des Begriffs Behinderung. IMEW Expertise 11. Berlin: Institut Mensch, Ethik und Wissenschaft gGmbH.

Schneider, Hans-Dieter, ²1985. Kleingruppenforschung. Stuttgart.

Schneider, Christoph/Katzer, Catharina/Leest, Uwe, 2013. Cyberlife – Spannungsfeld zwischen Faszination und Gefahr. Cybermobbing bei Schülerinnen und Schülern. Eine empirische Bestandsaufnahme bei Eltern, Lehrkräften und Schüler/innen in Deutschland. Karlsruhe: Bündnis gegen Cybermob-bing. www. buendnis-gegen-cybermobbing.de/ studie

Schneider, Christoph/Leest, Uwe/Katzer, Catharina/Jäger, Reinhold S., 2014. Mobbing und Cybermobbing bei Erwachsenen. Eine empirische Bestandsaufnahme in Deutschland. Karlsruhe: Bündnis gegen Cybermobbing. http://www.buendnis-gegen-cybermobbing.de/fileadmin/pdf/stu dien/studie_mobbing_cybermobbing_erwachsene.pdf

Schneider, Jan Georg/Stöckl, Hartmut, (Hrsg.), 2011a. Medientheorien und Multimodalität. Ein TV-Werbespot – Sieben methodische Beschreibungsansätze. Köln: Herbert von Halem.

Schneider, Jan Georg/Stöckl, Hartmut, 2011b. Medientheorien und Multimodalität: Zur Einführung. In: Schneider, Jan/Stöckl, Hartmut (Hrsg.), 2011, S. 10–38.

Schubert, Daniel, 2009. Lästern. Eine kommunikative Gattung des Alltags. Frankfurt/Main [u. a.]: Lang.

Schultheis, Klaudia, 1998. Leiblichkeit – Kultur – Erziehung. Zur Theorie der elementaren Erziehung. Weinheim: Deutscher Studien Verlag.

Schultze-Krumbholz, Anja/Scheithauer, Herbert, 2009. Social Behavioural Correlates of Cyberbullying in a German Student Sample. In: Zeitschrift für Psychologie/Journal of Psychology 217, p. 224–226.

Schultze-Krumbholz, Anja/Jäkel, Anne/Schultze, Martin/Scheithauer, Herbert, 2012a. Emotional and behavioural problems in the context of cyberbullying: A longitudinal study among German adolescents. In: Emotional & Behavioural Difficulties 17, 3/4, p. 329–345. DOI: 10.1080/13632752.2012.704317.

Schultze-Krumbholz, Anja/Zagorscak, Pavle/Siebenbrock, Anne/Scheithauer, Herbert, 2012b. Medienhelden. Unterrichtsmanual zur Förderung von Medienkompetenz und Prävention von Cybermobbing (mit Arbeitsblättern und Vorlagen auf CD-ROM). München: Ernst Reinhardt.

Schumann, Hanna Brigitte, 1990. Sprecherabsicht: Beschimpfung. In: Zeitschrift für Phonetik, Sprachwissenschaft und Kommunikationsforschung 43, 2, S. 259–281.

Schumann, Elke/Gülich, Elisabeth/Lucius-Hoene, Gabriele/Pfänder, Stefan (Hrsg.), 2015. Wiedererzählen. Formen und Funktionen einer kulturellen Praxis. Bielefeld: Transcript.

Schütte, Christian, 2013. Zur Funktion von Hass-Zuschreibungen in Online-Diskussionen: Argumentationsstrategien auf islamkritischen Websites. In: Meibauer, Jörg (Hrsg.), 2013, S. 121–141.

Schütte, Wilfried, 2002a. Diskursstrukturen in fachlichen Mailinglisten: zwischen Einwegkommunikation und Interaktion. In: Beißwenger, Michael/Hoffmann, Ludger/Storrer, Angelika (Hrsg.), 2002, S. 55–75.

Schütte, Wilfried, 2002b. Normen und Leitvorstellungen im Internet: Wie Teilnehmer/innen in Newsgroups und Mailinglisten den angemessenen Stil aushandeln. In: Keim, Inken/Schütte, Wilfried (Hrsg.), 2002. Soziale Welten und kommunikative Stile. Festschrift für Werner Kallmeyer zum 60. Geburtstag. Tübingen: Narr, S. 339–362.

Schwartmann, Rolf/Hentsch, Christian-Henner, 2012. Die verfassungsrechtlichen Grenzen der Urheberrechtsdebatte. In: Zeitschrift für Urheber- und Medienrecht 56, 10, S. 759–770.

Schwartmann, Rolf/Ohr, Sara, 2015. Recht der Sozialen Medien. Heidelberg: C.F.Müller.

Schwarz, Monika, 2000. Indirekte Anaphern in Texten. Studien zur domänengebundenen Kohärenz und Referenz im Deutschen. Tübingen: Niemeyer.

Schwarz, Monika, ³2008. Einführung in die Kognitive Linguistik. Tübingen: Francke.

Schwarz-Friesel, Monika, 2008. Sprache, Kognition und Emotion. Neue Wege in der Kognitionswissenschaft. In: Kämper, Heidrun/Eichinger, Ludwig (Hrsg.), 2008. Sprache–Kognition– Kultur. Sprache zwischen mentaler Struktur und kultureller Prägung. Berlin/New York: de Gruyter, S. 277–301.

Schwarz-Friesel, Monika, 2010. Expressive Bedeutung und E-Implikaturen – Zur Relevanz konzeptueller Bewertungen bei indirekten Sprechakten: Das Streichbarkeitskriterium und seine kognitive Realität. In: Rudnitzky, William (Hrsg.), 2010. Kultura kak tekst (Kultur als Text). Moskau: SGT, S. 12–27.

Schwarz-Friesel, Monika, ²2013. Sprache und Emotion. Tübingen/Basel: Francke.

Schwarz-Friesel, Monika, 2013. „Dies ist kein Hassbrief – sondern meine eigene Meinung über Euch!" – Zur kognitiven und emotionalen Basis der aktuellen antisemitischen Hassrede. In: Meibauer, Jörg (Hrsg.), 2013, S. 143–164.

Schwarz-Friesel, Monika/Consten, Manfred, 2014. Einführung in die Textlinguistik. Darmstadt: Wissenschaftliche Buchgesellschaft.

Schwarz-Friesel, Monika/Kromminga, Jan-Henning (Hrsg.), 2014. Metaphern der Gewalt. Konzeptualisierungen von Terrorismus in den Medien vor und nach 9/11. Tübingen: Francke.

Schwarz-Friesel, Monika/Marx, Konstanze/Damisch, Sally, 2012. Persuasive Strategien der affektiven Verunsicherung im aktuellen Diskurs: Ironisieren, kritisieren und beleidigen in öffentlichen Streitgesprächen. In: Pohl, Inge/ Ehrhardt, Horst (Hrsg.), 2012. Sprache und Emotion in öffentlicher Kommunikation. Frankfurt/Main [u. a.]: Lang, S. 227–254.

Schwarz-Friesel/Monika/Reinharz, Jehuda, 2013. Die Sprache der Judenfeindschaft im 21. Jahrhundert. Berlin/New York: de Gruyter.

Schwitalla, Johannes, 1986. Jugendliche „hetzen" über Passanten. Drei Thesen zur ethnographischen Gesprächsanalyse. In: Hartung, Wolfgang (Hrsg.), 1986. Untersuchungen zur Kommunikation – Ergebnisse und Perspektiven. Berlin: Zentralinstitut für Sprachwissenschaft, S. 248–261.

Schwitalla, Johannes, 2001. Konflikte und Verfahren ihrer Bearbeitung. In: Brinker, Klaus/Antos, Gerd/Heinemann, Wolfgang/Sager, Sven Frederik (Hrsg.), 2001. Text- und Gesprächslinguistik: Ein internationales Handbuch zeitgenössischer Forschung. Handbücher zur Sprach und Kommunikationswissenschaft. Band 16(2). Berlin/New York: de Gruyter, S. 1374–1382.

Searle, John R., 1969. Speech acts: An essay in the philosophy of language. Cambridge: Cambridge University Press.

Searle, John R., 1982. Indirekte Sprechakte. In: Searle, J. (Hrsg.), 1982. Ausdruck und Bedeutung. Frankfurt/Main: Suhrkamp, S. 17–50.

Segrin, Chris, 2003. Age moderates the relationship between social support and psychosocial problems. In: Human Communication Research 29, p. 317–342.

Selg, Herbert, 1968. Diagnostik der Aggressivität. Göttingen: Verlag für Psycho-gie.

Selg, Herbert/Mees, Ulrich/Berg, Detlef, ²1997. Psychologie der Aggressivität. Göttingen: Hogrefe.

Sewing, Sven, 2007. Die Wirkung experimentell induzierter Aggression auf Gehirn und Verhalten. Eine fMRI-Studie zur Darstellung Täter- und Empathie-assoziierter Areale bei kriminellen Psychopathen. Dissertation, Universität Tübingen. https://publikationen.uni-tuebin-gen.de/xmlui/bitstream/handle/10900/45012/pdf/ Dissertation.pdf?sequence=1&isAllowed=y

Shariff, Shaheen/Churchill, Andrew H. (eds.), 2010. Truths and myths of cyberbullying. International perspectives on Stakeholder Responsibility and Children's safety. Frankfurt/Main [u. a.]: Lang.

Sharples, Mike/Graber, Rebecca/Harrison, Colin/Logan, Kit, 2009. E-safety and Web2.0 for children aged 11–16. In: Journal of Computer-Assisted Learning 25, p. 70–84.

Shultz, Emily/Heilman, Rebecca/Hart, Kathleen J., 2014. Cyberbullying: An exploration of bystander behavior and motivation. In: Cyberpsychology: Journal of Psychosocial Research on Cyberspace 8, 4, article 3. http://cyberpsychology.eu/view.php?cisloclanku=2014121701&article=3 DOI: 10.5817/CP2014-4-3

Siebenhaar, Beat, 2015a. WhatsApp und Probleme der Datenerhebung und -analyse. Vortrag auf dem IV. Workshop zur linguistischen Internetforschung „Internetlinguistik und Korpusanalyse", Hannover, 1. Mai 2015.

Siebenhaar, Beat, 2015b. What's up Deutschland? WhatsApp-Datensammlung, Datenbasis und erste Analysen. Vortrag auf der 3. GAL-Sektionentagung, Frankfurt (Oder), 24. September 2015.

Siever, Christina Margit, 2015. Multimodale Kommunikation im Social Web. Forschungsansätze und Analysen zu Text-Bild-Relationen. Frankfurt/Main [u. a.]: Lang.

Siever, Torsten, 2005. Von MfG bis cu l8er. Sprachliche und kommunikative Aspekte von Chat, E-Mail und SMS. In: Der Sprachdienst 5–6, S. 137–147.
Siever, Torsten, 2011. Texte i. d. Enge. Sprachökonomische Reduktion in stark raumbegrenzten Textsorten. Frankfurt/Main [u. a.]: Lang.
Siever, Torsten, 2012. Die Zukunft gehört der gesprochenen Sprache. In: Lackner, E. (Hrsg.), 2012. Neue Medien in Kultur und Wirtschaft. Innsbruck: Studien Verlag, S. 63–65.
Siever, Torsten/Schlobinski, Peter (Hrsg.), 2012. Entwicklungen im Web 2.0. Ergebnisse des III. Workshops zur linguistischen Internetforschung. Frankfurt/Main [u. a.]: Lang.
Siever, Torsten/Schlobinski, Peter/Runkehl, Jens (Hrsg.), 2005. Websprache.net. Sprache und Kommunikation im Internet. Berlin/New York: de Gruyter.
Siggelkow, Bernd/Büscher, Wolfgang, [3]2008. Deutschlands sexuelle Tragödie: Wenn Kinder nicht mehr lernen, was Liebe ist. Asslar: Goldmann.
Silver, M. Aßlar/Sabini, John, 1978. The perception of envy. In: Social Psychological Quarterly 41, p. 105–111.
Sitzer, Peter/ Marth, Julia/Kocik, Caroline/Müller, Kay Nina, 2012. Ergebnisbericht der Online-Studie. Cyberbullying bei Schülerinnen und Schülern. Institut für Interdisziplinäre Konflikt- und Gewaltforschung Bielefeld. http://www.uni-bielefeld.de/cyberbullying/ downloads/ Ergebnisbericht-Cyberbullying.pdf
Skonnard, Aaron, 2014. Why you should kill your employee of the month program. http://www.inc.com/aaron-skonnard/why-you-should-kill-your-employee-of-the-month-program.html
Slee, Phillip T., 1995. Peer victimization and its relationship to depression among Australian primary school students. In: Personality and Individual Differences 18, p. 57–62.
Slonje, Robert/Smith, Peter K., 2007. Cyberbullying: Another main type of bullying? In: Scandinavian Journal of Psychology 49, p. 147–154.
Slonje, Robert/Smith, Peter/Frisén, Ann, 2012. Processes of cyberbullying, and feelings of remorse by bullies: A pilot study. In: European Journal of Developmental Psychology, 9, 2, p. 244–259.
Smith, Craig A./Lazarus, Richard S., 1993. Appraisal components, core relational themes, and the emotions. In: Cognition and Emotion 7, p. 233–269.
Smith, Peter/Mahdavi, Jess/Carvalho, Manuel/Fisher, Sonja/Russell, Shanette/Tippett, Neil, 2008. Cyberbullying: Its nature and impact in secondary school pupils. In: Journal of Child Psychology and Psychiatry 49, p. 376–385.
Smith, Peter/Mahdavi, Jess/Carvalho, Manuel/Tippet, Neil, 2006. An investigation into cyberbullying, its forms, awareness and impact, and the relationship between age and gender in cyber bullying. A report to the Anti-Bullying Alliance. London. http://www.anti-bullying alliance.org
Sokol, Monika, 2004. Verbal Duelling: Ein universeller Sprachspieltypus und seine Metamorphosen im US-amerikanischen, französischen und deutschen Rap. In: Kimminich, Eva (Hrsg.), 2004. Rap: More than Words. Frankfurt/Main [u. a.]: Lang, S. 113–160.
Solberg, Mona E./Olweus, Dan, 2003. Prevalence estimation of school bullying with the Olweus Bully/Victim Questionnaire. In: Aggressive Behavior 29, p. 239–268.
Solmecke, Christian, 2012. Social Media. In: Hoeren, Thomas/Sieber, Ulrich/Holznagel, Bernd (Hrsg.), 2012. Handbuch Multimedia-Recht. Rechtsfragen des elektronischen Geschäftsverkehrs. München: Beck, 21.1, S. 1–30. https://www.wbs-law.de/wp-content/uploads/2012/11/Social-Media-und-Recht-WILDE-BEUGER-SOLMECKE.pdf
Sornig, Karl, 1975. Beschimpfungen. In: Grazer Linguistische Studien 1, S. 150–170.

Spanner, Sebastian/Burghardt, Manuel/Wolff, Christian, 2015. Twista – An Application for the Analysis and Visualization of Tailored Tweet Collections. In: Proceedings of the 14th International Symposium of Information Science (ISI 2015), p. 191–202.

Spears, Barbara/Taddeo, Carmel/Barnes, Alan/Collin, Phillipa/Swist, Teresa/Drennan, Judy/Scrimgeour, Margaret/Razzell, Mark, 2015a. 'Appreciate A Mate' Helping Others To Feel Good About Themselves. Safe And Well Online: A Report On The Development And Evaluation Of A Positive Messaging Social Marketing Campaign For Young People. Young and Well Cooperative Research Center, Melbourne. http://researchdirect.westernsydney.edu.au/ islando-ra/object/uws%3A30871/datastream/PDF/view

Spears, Barbara/Taddeo, Carmel/Barnes, Alan/Scrimgeour, Margaret/Collin, Phillipa/Drennan, Judy/Razzell, Mark, 2015b. Keep It Tame: Promoting Respect Online Safe And Well Online Pilot Study: Evaluating The Design, Engagement And Impact Of A Social Marketing Approach Aimed At 12 To 18 Year Olds. Young and Well Cooperative Research Center, Melbourne. http://www.unisa.edu.au/PageFiles/136485/Keep-It-Tame-Promoting-respect-online_WEB.pdf

Specht, Tamara, 2010. Vernetzt, verletzt? Cyberbullying unter Jugendlichen in Deutschland. Masterarbeit, Universität Augsburg. http://websquare.imb-uni-augsburg.de/files/ Masterarbeit_Tamara_Ranner.pdf

Spiegel, Carmen, 1995. Streit. Eine linguistische Untersuchung verbaler Interaktionen in alltäglichen Zusammenhängen. Tübingen: Narr. Neuauflage: ^{2}2011. Mannheim: Verlag für Gesprächsforschung. http://www.verlag-gespraechsforschung.de/2011/pdf/streit.pdf

Spiegel, Carmen/Gysin, Daniel (Hrsg.), 2016. Jugendsprache in Schule, Medien und Alltag. Frankfurt/Main [u. a.]: Lang.

Sties, Nora, 2013. Diskursive Produktion von Behinderung: Die marginalisierende Funktion von Personengruppenbezeichnungen. In: Meibauer, Jörg (Hrsg.), 2013, S. 194–222.

Strack, Fritz/Stepper, Sabine/Martin, Leonard L., 1988. Inhibiting and Facilitating Conditions of the Human Smile. A Nonobtrusive Test of the Facial Feedback Hypothesis. In: Journal of Personality and Social Psychology 54, 5, p. 768–777.

Spitulnik, Debra, 2009. The social circulation of media discourse and the mediation of communities. In: Duranti, Alessandro (ed.), 2009. Linguistic anthropology. A reader, Malden: Blackwell, p. 93–113

Spitzmüller, Jürgen/Warnke, Ingo, 2011. Diskurslinguistik. Eine Einführung in Theorien und Methoden der Transtextuellen Sprachanalyse. Berlin/New York: de Gruyter.

Spreckels, Janet, 2006. „Tussis, Schlampen, Britneys und wir" Fremd- und Selbstkategorisierungen in einer adoleszenten Mädchengruppe. In: Dürscheid, Christa/Spitzmüller, Jürgen (Hrsg.), 2006. Perspektiven der Jugendsprachforschung. Trends and Developments in Youth Language Research. Frankfurt/Main [u. a.]: Lang.

Staffeldt, Sven/Hagemann, Jörg (Hrsg.), 2014. Pragmatiktheorien. Tübingen: Stauffenberg.

Stahlberg, Dagmar/Sczesny, Sabine, 2001. Effekte des generischen Maskulinums und alternativer Sprachformen auf den gedanklichen Einbezug von Frauen. In: Psychologische Rundschau 52, 3, S. 131–140.

Staude-Müller, Frithjof, 2010. Cyberbullying – Opfererfahrungen im Web 2.0. In: Staude-Müller, Frithjof/Hansen, Britta/Voss, Melanie, 2012. How stressful is online victimization? Effects of victim's personality and properties of the incident. In: European Journal of Developmental Psychology 9, 2, p. 260–274.

Steffgen, Georges/König, Andreas/Pfetsch, Jan/Melzer, André, 2011. Are cyberbullies less empathic? Adolescents' cyberbullying behavior and empathic responsiveness. In: Cyberpsychology, Behavior, and Social Networking 14, 11, p. 643-648.
Steffgen, Georges/Pfetsch, Jan/König, Andreas/Melzer, André, 2010. Effects of traditional bullying and empathy on cyberbullying. In: Zukauskiene, Rita (ed.), 2010. Proceedings of the XIV European Conference on Developmental Psychology ECDP. Vilnius, Lithuania, August 18-22, 2009. Pianoro: Medimond, p. 475-480.
Stegbauer, Christian/Rausch, Alexander, 2001. Die schweigende Mehrheit – „Lurker" in internetbasierten Diskussionsforen. In: Zeitschrift für Soziologie 1, 30, S. 47-64.
Stemmler, Gerhard, 2004. Physiological processes during emotion. In: Philippot, Pierre/Feldman, Robert S. (eds.), 2004. The regulation of emotion. Mah-wah, NJ: Erlbaum, S. 33-70.
Stephenson, Pete/Smith, Dave, 1989. Bullying in the junior school. In: Tattum, Delwyn P./Lane, David A. (eds.), 1989. Bullying in schools. Hanley: Trentham Books, p. 45-57.
Sticca, Fabio/Perren, Sonja, 2013. Is cyberbullying worse than traditional bullying? Examining the differential roles of medium, publicity, and anonymity for the perceived severity of bullying. In: Journal of youth and adolescence 42, 5, p. 739-750.
Stöckl, Hartmut, 2004. Typographie: Gewand und Körper des Textes – Linguistische Überlegungen zu typographischer Gestaltung. In: Zeitschrift für An-gewandte Linguistik 41, S. 5-48.
Stöckl, Hartmut, 2011. Sprache-Bild-Texte lesen. Bausteine zur Methodik einer Grundkompetenz. In: Diekmannshenke, Hajo/Klemm, Michael/Stöckl, Hartmut (Hrsg.), 2011, S. 45-70.
Stodt, Benjamin/Wegmann, Elisa/Brand, Matthias, 2015. Geschickt geklickt?! Zum Zusammenhang von Internetnutzungskompetenzen, Internetsucht und Cybermobbing bei Jugendlichen und jungen Erwachsenen. Schriftenreihe Medienforschung der Landesanstalt für Medien Nordrhein-Westfalen (LfM), Band 78. Leipzig: Vistas.
Storrer, Angelika, 2000a. Was ist „hyper" am Hypertext? In: Kallmeyer, Werner (Hrsg.), 2000. Sprache und neue Medien. Berlin/New York: de Gruyter, S. 222-249.
Storrer, Angelika, 2000b. Schriftverkehr auf der Datenautobahn. Besonderheiten der schriftlichen Kommunikation im Internet. In: Voß, G. Günter/Holly, Werner/Boehnke, Klaus (Hrsg.), 2000. Neue Medien im Alltag: Begriffsbestimmungen eines interdisziplinären Forschungsfeldes. Opladen: Leske + Budrich, S. 153-177.
Storrer, Angelika, 2001a. Getippte Gespräche oder dialogische Texte? Zur kommunikationstheoretischen Einordnung der Chat-Kommunikation. In: Lehr, Andrea/Kammerer, Matthias/Konerding, Klaus-Peter/Storrer, Angelika/Thimm, Caja/Wolski, Werner (Hrsg.), 2001. Sprache im Alltag. Beiträge zu neuen Perspektiven der Linguistik. Berlin/New York: de Gruyter, S. 439-466.
Storrer, Angelika, 2001b. Sprachliche Besonderheiten getippter Gespräche. Sprecherwechsel und sprachliches Zeigen in der Chat-Kommunikation. In: Beißwenger, Michael (Hrsg.), 2001. Chat-Kommunikation. Sprache, Interaktion, Sozialität und Identität in synchroner computervermittelter Kommunikation. Stuttgart: ibidem, S. 3-24.
Storrer, Angelika, 2004a. Text-Bild-Bezüge und Nutzermetaphern im World Wide Web. In: Mitteilungen des Deutschen Germanistenverbandes 51, 1, S. 40-57.
Storrer, Angelika, 2004b. Hypertext und Texttechnologie. In: Knapp, Karlfried/Antos, Gerd/Becker-Mrotzek, Michael/Deppermann, Arnulf/Göpferich, Susanne/Grabowski, Joachim/Klemm, Michael/Villiger, Claudia (Hrsg.), 2004. Angewandte Linguistik. Tübingen: Francke, S. 207-228.

Storrer, Angelika, 2010. Rhetorisch-stilistische Eigenschaften der Sprache des Internets. In: Fix, Ulla/Gardt, Andreas/Knape, Joachim (Hrsg.), 2010: Rhetorik und Stilistik. Ein internationales Handbuch historischer und systematischer Forschung. Berlin/New York: de Gruyter, S. 2211–2226.

Storrer, Angelika, 2013. Sprachstil und Sprachvariation in sozialen Netzwerken. In: Frank-Job, Barbara/Mehler, Alexander/Sutter, Tilmann (Hrsg.), 2013, S. 331–366.

Storrer, Angelika/Waldenberger, Sandra, 1998. Zwischen Grice und Knigge: Die Netiketten im Internet. In: Strohner, Hans/Sichelschmidt, Lorenz/Hielscher, Martina (Hrsg.), 1998. Medium Sprache: Forum Angewandte Linguistik. Band 34. Frankfurt/Main [u. a.]: Lang, S. 63–77.

Strauf, Heinz, 2013. Medienkompetenz entwickeln: Cybermobbing. Gewalt im Netz verantwortungsbewusst begegnen. 5.–10. Klasse. Hamburg: Persen-Verlag.

Strauss, Anselm L./Corbin, Juliet M., ²1996. Grundlagen Qualitativer Sozialforschung. Datenanalyse und Theoriebildung in der empirischen soziologischen Forschung. Weinheim: Beltz.

Streeck, Jürgen/Goodwin, Charles/LeBaron, Curtis (eds.), 2011. Embodied Interaction: Language and body in the material world. New York: Cambridge University Press.

Strömstedt, Margareta, ⁵2001. Astrid Lindgren – Ein Lebensbild. Hamburg: Oetinger.

Sunstein, Cass, 2001. Echo Chambers. Bush vs. Gore. Impeachment, and Beyond. Princeton: Princeton University Press.

Taylor, Stuart P., 1967. Aggressive behavior and physical arousal as a function of provocation and the tendency to inhibit aggression. In: Journal of Personality 35, p. 297–310.

Teuber, Oliver, 1998. fasel beschreib erwähn – Der Inflektiv als Wortform des Deutschen. In: Germanistische Linguistik 141–142, S. 7–26.

Tholander, Michael/Aronsson Karin, 2002. Teasing as Serious Business. Collaborative Staging and Response work. In: Text 22, p. 559–595.

Thurlow, Crispin/Mroczek, Kristine (eds.), 2011. Digital Discourse. Language in the new Media. Oxford: Oxford University Press.

Tokunaga, Robert, 2010. Following you home from school: A critical review and synthesis of research on cyberbullying victimization. In: Computers in Human Behavior, 26, p. 277–287.

Topcu, Çiğdem/Erdur-Baker, Özgür/Capa-Aydin, Yeşim, 2008. Examination of cyberbullying experiences among Turkish students from different school types. In: CyberPsychology & Behavior 11, p. 643–648.

Trömel-Plötz, Senta, 1982. Frauensprache: Sprache der Veränderung. Frankfurt/Main: Fischer.

Trömel-Plötz, Senta (Hrsg.), 1984. Gewalt durch Sprache. Die Vergewaltigung von Frauen in Gesprächen. Frankfurt/Main: Fischer.

Turkle, Sherry, 1995. Life on the screen. Identity in the age of the Internet. New York [u. a.]: Simon & Schuster.

Ungern-Sternberg, Joachim v., 2009. Schlichte einseitige Einwilligung und treuwidrig widersprüchliches Verhalten des Urheberberechtigten bei Internetnutzungen. In: Gewerblicher Rechtsschutz und Urheberrecht 3, 4, S. 369–374.

Vaillancourt, Tracy/Brendgen, Mara/Boivin, Michel/Tremblay, Richard E., 2003. A longitudinal confirmatory factor analysis of indirect and physical aggression: Evidence of two factors over time? In: Child Development 74, p. 1628–1638.

Van Cleemput, Katrien/Vandebosch, Heidi/Pabian, Sara, 2014. Personal characteristics and contextual factors that determine "helping," "joining in," and "doing nothing" when witnessing cyberbullying. In: Aggressive behavior 40, p. 383–396. DOI: 10.1002/ab.21534.

Vandebosch, Heidi/Van Cleemput, Katrien, 2008. Defining cyberbullying: A qualitative research into the perceptions of youngsters. In: CyberPsychology & Behavior 11, p. 499–503.

Vannini, Phillip, 2008. Ethics and New Media. In: Given, Lisa (ed.), 2008. The SAGE encyclopedia of qualitative research methods. Los Angeles: SAGE, S. 277–279. http://www.stibama-lang.com/uploadbank/pustaka/RM/QUALITATIVE%20METHOD%20SAGE %20 ENCY.pdf

Vannucci, Manila/Nocentini, Annalaura/Mazzoni, Giulianna/Menesini, Ersilia, 2012. Recalling unpresented hostile words: False memories predictors of traditional and cyberbullying. In: European Journal of Developmental Psychology 9, 2, p. 182–194.

Varjas, Kris/Henrich, Christopher/Meyers, Joel, 2009. Urban middle school student's perceptions of bullying, cyberbullying, and school safety. In: Journal of School Violence 8, p. 159–176.

Vasiljević, Anja, 2016. Jugendsprache und Facebook – Youth language and Facebook. Spiegel, Carmen/Gysin, Daniel (Hrsg.), 2016, p. 327–336.

Vazsonyi, Alexander/Machackova, Hanna/Sevcikova, Anna/Smahel, David/Cerna, Alena, 2012. Cyberbullying in context: Direct and indirect effects by low self-control across 25 European countries. In: European Journal of Developmental Psychology 9, 2, p. 210–227.

Veenstra, Sander, 2011. Cyberbullying: an explanatory analysis. Thesis, Leicester. www.cyrenjeugd.nl/files/Veenstra,%20S.%20(2011)%20Cyberbullying%20-%20an%20explanato ry%20analysis.pdf, 9. 1. 2014

Voss, Cornela 1999. Textgestaltung und Verfahren der Emotionalisierung in der Bild-Zeitung. Frankfurt/Main [u. a.]: Lang.

Wachs, Sebastian, 2012. Moral disengagement and emotional and social difficulties in bullying and cyberbullying: differences by participant role. In: Emotional and behavioural difficulties 17, 3-4, p. 347–360. DOI: 10.1080/13632752. 2012.704318.

Wagner, Franc, 2001. Implizite sprachliche Diskriminierung als Sprechakt. Lexikalische Indikatoren impliziter Diskriminierung in Medientexten. Tübingen: Narr.

Wagner, Jörg, 2002: Mensch-Computer-Interaktion. Sprachwissenschaftliche Aspekte. Frankfurt/Main [u. a.]: Lang.

Waldenfels, Bernhard, 2000. Aporien der Gewalt. In: Dabag, Mihran/Kapust, Antje/Waldenfels, Bernhard (Hrsg.), 2000. Gewalt. Strukturen, Formen, Repräsentationen. München: Fink, S. 9–24.

Walther, Diana, 2014. Scherzkommunikation unter Jugendlichen. Lästern, Frotzeln und Blödeln in gemischtgeschlechtlichen Kleingruppen. Frankfurt/Main: Lang.

Walther, Diana, 2016. Lästern über Mitschüler/innen und Lehrer/innen – Zur sprachlichen Ausprägung und kommunikativen Funktion des Sprachhandlungsmusters Lästern im Kontext Schule. In: Spiegel, Carmen/Gysin, Daniel (Hrsg.), 2016, S. 225–238.

Walrave, Michel/Heirmann, Wannes, 2010. Towards understanding the potential triggering features of technology. In: Shariff, Shaheen/Churchill, Andrew H. (eds.), 2010, p. 28–49.

Walz, Rainer, 1992. Agonale Kommunikation im Dorf der Frühen Neuzeit. In: Westfälische Forschungen 42, p. 214–251.

Wang, Jing/Nansel, Tonja/Iannotti, Ronald, 2011. Cyber and Traditional Bullying: Differential Association With Depression. In: Journal of Adolescent Health 48, 4, p. 415–417.

Wanielik, Reiner, 2009. Medienkompetenz und Jugendschutz. Überlegungen zur sexualpädagogischen Arbeit mit Pornografie. In: BZgA Forum. Sexualaufklärung und Familienplanung (Hrsg.), 2009. Medien 1, S. 33–37.
Warneken, Felix, 2013. Die Grundlagen prosozialen Verhaltens in der frühen Kindheit. In: Leu, Hans/Behr von, Anna (Hrsg.), ²2013. Forschung und Praxis in der Frühpädagogik. Profiwissen für die Arbeit mit Kindern von 0–3 Jahren. München: Ernst Reinhardt Verlag, S. 74–92.
Warnke, Ingo/Spitzmüller, Jürgen (Hrsg.), 2008. Methoden der Diskurslinguistk. Sprachwissenschaftliche Zugänge zur transtextuellen Ebene. Berlin/New York: de Gruyter.
Weber, Hannelore/Titzmann, Peter, 2003. Ärgerbezogene Reaktionen und Ziele: Entwicklung eines neuen Fragebogens. In: Diagnostica 49, S. 97–109.
Wegel, Melanie/Kerner, Hans-Jürgen/ Stroezel, Holger, 2011. Resilienz und Opferwerdung bei Mobbing. In: Kriminalistik 8/9, S. 526–532.
Wegel, Melanie, 2012. Mobbing im Internet und Nutzung neuer Medien bei Jugendlichen. In: Bannenberg, Britta/Jehle, Jörg-Martin (Hrsg.), 2012. KrimG Tagungsband. Forum Verlag. Godesberg, Mönchengladbach. http://www.krimg.de/drupal/node/4.
Wehner, Josef, 2008. »Social Web« – Zu den Rezeptions- und Produktionsstrukturen im Internet. In: Jäckel, Michael/Mai, Manfred (Hrsg.), 2008. Medienmacht und Gesellschaft. Zum Wandel öffentlicher Kommunikation. Frankfurt/Main: Campus, S. 197–218.
Weller, Clemens, 2014. 1996-2000 World Wide Web – die Killerapplikation des Internet. http://www.weller.to/his/h16-1996-2000-internet-und-www.htm
Wenderoth, Anette 1998. „Hast du was ...?" – Die stille Gewalt der Schmollenden. Gedanken zu Tätern und Opfern. In: Januschek, Franz/Gloy, Klaus (Hrsg.), 1998, S. 137–152.
Willard, Nancy, 2007a. The authority and responsibility of school officials in responding to cyberbullying. In: Journal of Adolescent Health 41, p. 64–65.
Willard, Nancy, 2007b. Cyberbullying and Cyberthreats: Responding to the Challenge of Online Social Aggression, Threats, and Distress. Champaign, Ill: Research Press.
Williams, Kirk R./Guerra, Nancy G., 2007. Prevalence and predictors of Internet bullying. In: Journal of Adolescent Health 41, p. 14–21.
Witmer, Deirdre, 1997. Risky business: Why people feel safe in sexually explicit on-line communication. In: Journal of Computer-Mediated Communication 2, 4, Article 8. http://jcmc.indiana.edu/vol2/issue4/witmer2.html
Wolak, Janis/Mitchell, Kimberly/Finkelhor, David, 2007. Does online harassment constitute bullying? An exploration of online harassment by known peers and online-only contacts. In: Journal of Adolescent Health 41, p. 51–58.
Wright, Michelle., 2013. The relationship between young adults' beliefs about anonymity and subsequent cyber aggression. In: Cyberpsychology, Behavior, and Social Networking 16, p. 858–862.
Wustmann, Corina, 2004. Resilienz. Widerstandsfähigkeit von Kindern in Tageseinrichtungen fördern. Weinheim und Basel: Beltz.
Xiao, Bo Sophia/Wong, Yee Man, 2013. Cyber-Bullying Among University Students: An Empirical Investigation from the Social Cognitive Perspective. In: International Journal of Business and Information 8,1, p. 34–69.
Ybarra, Michele L., 2004. Linkages between depressive symptomatology and Internet harassment among young regular Internet users. In: CyberPsychology & Behavior 7, p. 247–257.

Ybarra, Michele L./ Mitchell, Kimberly J., 2004a. Youth engaging in online harassment: Associations with caregiver-child relationships, Internet use, and personal characteristics. In: Journal of adolescence 27, p. 319–336. DOI:10.1016/j.adolescence.2004.03.007

Ybarra, Michele. L./ Mitchell, Kimberly J., 2004b. Online aggressor/targets, aggressors and targets: A comparison of associated youth characteristics. In: Journal of Child Psychology and Psychiatry 45, p. 1308–1316.

Ybarra, Michele L./ Mitchell, Kimberly J., 2008. How risky are social networking sites? A comparison of places online where youth sexual solicitation and harassment occurs. In: Pediatrics 121, e350–e357.

Ybarra, Michele. L./Mitchell, Kimberly J./Wolak, Janis/Finkelhor, David, 2006. Examining characteristics and associated distress related to Internet harassment: Findings from the Second Youth Internet Safety Survey. In: Pediatrics 118, e1169–e1177.

Ybarra, Michele L./Diener-West, Marie/Leaf, Philip J., 2007. Examining the overlap in internet harassment and school bullying: Implications for school intervention. In: Journal of Adolescent Health 41, p. 42–50. DOI:10.1016/ j.jadohealth.2007.09.004

Zappavigna, Michele, 2012. Discourse of Twitter and social Media. How we use language to create affiliation on the web. London: Bloomsbury.

Zárate, Alma de/Tressel, Jamila/ Ehrenschneider, Lara-Luna, 2014. Wie wir Schule machen. Lernen, wie es uns gefällt. München: Knaus.

Zeigarnik, Bluma, 1927. Das Behalten erledigter und unerledigter Handlungen. In: Psychologische Forschung 9, S. 1-85.

Zerfaß, Ansgar/Welker, Martin/Schmidt, Jan (Hrsg.), 2008. Kommunikation, Partizipation und Wirkungen im Social Web. Band 1: Grundlagen und Methoden – Von der Gesellschaft zum Individuum. Köln: Herbert von Halem.

Zhang, Cheng/Chen, Si, 2016. News Feed FYI: Using Qualitative Feedback to Show Relevant Stories. https://media.fb.com/2016/02/01/news-feed-fyi-using-qualitative-feedback-to-show-relevant-stories/

Zichel, Jana, 2016. Sprache im Layout. Analyse von kohäsionsstiftenden Mitteln auf Websites aus internetlinguistischer Perspektive. Masterarbeit, Technische Universität Berlin.

Zick, Andreas/ Küpper, Beate/Hövermann, Andreas, 2011. Die Abwertung der Anderen: eine europäische Zustandsbeschreibung zu Intoleranz, Vorurteilen und Diskriminierung; eine Analyse im Auftrag der Friedrich-Ebert-Stiftung. Bonn: bub Bonner Universitäts-Buchdruckerei.

Ziegler, Arne/Lenzhofer, Melanie, 2016. Jugendsprache(n) in Österreich – Zur Interaktion von Dia- bzw.Regiolekt und alterspräferentiellem Sprachgebrauch. In: Spiegel, Carmen/Gysin, Daniel (Hrsg.), 2016, S. 367–382.

Ziem, Alexander, 2008. Frames und sprachliches Wissen. Kognitive Aspekte der semantischen Kompetenz. Berlin/New York: de Gruyter.

Ziem, Alexander, 2014. Frames of Understanding in Text and Discourse. Theoretical foundations and descriptive applications. Amsterdam: Benjamins.

Zillig, Werner, 1982a. Bewerten. Sprechakttypen der bewertenden Rede. Tübingen: Niemeyer.

Zillig, Werner, 1982b. Emotionen als perlokutionaere Effekte. In: Grazer Linguistische Studien 17/18, S. 317–349.

Zillmann, Doreen/ Schmitz, Andreas/Blossfeld, Hans-Peter, 2011. Lügner haben kurze Beine. Zum Zusammenhang unwahrer Selbstdarstellung und partnerschaftlicher Chancen im Online-Dating. In: Zeitschrift für Familienforschung 23, 3, S. 291–318.

Zimbardo, Philip., 1971. The psychological power and pathology of imprisonment. A statement prepared for the U.S. House of Representatives Commitee on the Judiciary, Subcommitee No. 3: Hearings on a prison reform. San Francisco, CA, http://pdf.prisonexp.org/congress.pdf

Zimbardo, Philip/Gerrig, Richard, 72003. Psychologie. Heidelberg: Springer.

Zimmermann, Rüdiger, 1996. Gewalt in der Sprache und durch Sprache. In: Diekmannshenke, Hajo/Klein, Josef (Hrsg.), 1996. Wörter in der Politik. Analysen zur Lexemverwendung in der politischen Kommunikation. Opladen: Westdeutscher Verlag, S. 103–122.

Znoj, Hans-Jörg, 2009. Trauer. In: Psychiatrie und Psychotherapie up2date 5, 3, S. 317–333. DOI: 10.1055/s-0029-1220361

Zumkley, Horst, 1978. Aggression und Katharsis. Göttingen: Hogrefe.

Zumkley, Horst, 2009. Aggression. In: Brandstätter, Veronika/Otto, Jürgen (Hrsg.), 2009, S. 239–251.

Zeitungsartikel

Iffert, Kristin, 2017. Die reale Angst vor einem fiktiven blauen Wal. In: Märkische Allgemeine, 2017-07-07. http://www.maz-online.de/Lokales/Potsdam-Mittelmark/Die-reale-Angst-vor-einem-fiktiven-blauen-Wal

Kuhn, Johannes, 2011. „Top oder Flop"-Spiel unter Mobbing-Verdacht. In: Süddeutsche Zeitung, 2011-12-12. http://www.sueddeutsche.de/digital/schuelervz-top-oder-flop-spiel-unter-mobbing-verdacht-1.1230072

Leithäuser, Johannes, 2017. Jugendschutz auch im Netz. In: Frankfurter Allgemeine Zeitung, 2017-07-18. http://www.faz.net/aktuell/gesellschaft/neues-fachgebiet-der-bpjm-jugendschutz-auch-im-internet-15111738.html

Lindenau, Jan, 2017. Hinter dem Hashtag #BlauerWal steckt eine verstörende Geschichte. In: Die Welt, 2017-05-18. https://www.welt.de/vermischtes/article164709981/Hinter-dem-Hashtag-BlauerWal-steckt-eine-verstoerende-Geschichte.html

Randow von, Gero, 2007. Leben im Netz. In: Zeit online, 2007-01-18. http://www.zeit.de/2007/04/01-Leben-im-Netz

Reinbold, Fabian, 2016. Hetze im Netz: Maas droht Facebook wegen Hasskommentaren. In: Spiegel online, 2016-07-17. http://www.spiegel.de/netzwelt/netzpolitik/heiko-maas-droht-facebook-wegen-hasskommentaren-a-1103167.html

Simon, Jana, 2014. Lauras Entblößung. In: Zeit online, 2014-06-18. http://www.zeit.de/2014/26/cybermobbing-pubertaet-erotikvideo

Pfähler, S., 2015. Gefahren von Cybermobbing. Beleidigungen werden viral. In: taz.de, 2015-10-26.

Woll, Ernst, 2009. Wenn der Lehrer Drakon heißt. In: Spiegel online, 2009-06-08. http://www.spiegel.de/einestages/pruegelstrafe-in-der-schule-a-949811.html

Anhang

Auswertung der Befragungsbögen (Sensibilisierungsworkshops):

Tab. A.1: Studienteilnehmer: Demographische Angaben und Angaben zum Besitz eines Smartphones

Alter	Teilnehmerzahl	Smartphone	In%	m	Smartphone	w	Smartphone
11	1	1	100	0	0	1	1
12	20	17	85	7	6	13	11
13	86	78	91	25	22	61	56
14	95	89	94	38	35	57	53
15	73	67	92	38	34	34	33
16	8	8	100	5	5	3	3
17	7	7	100	2	2	5	5
18	1	1	100	1	1	0	0
k.A.	2						
gesamt	293	268	91	116	105	174	162

Tab. A.2: Zugangsmöglichkeiten zum Internet (Mehrfachnennungen waren möglich)

Zugangsmedium	Anzahl	%
mein Smartphone	262	89
mein Rechner	227	77
Rechner meiner Eltern	106	36
kein Zugang	4	1

Tab. A.3: Offline-Kontakt zu Freunden (Mehrfachnennungen waren möglich; Wahlmöglichkeiten über die angegebenen hinaus: Sportverein, Treffen am Nachmittag, Treffen an Wochenenden

Offline-Kontakt zu Freund_innen	Anzahl	%
Wir quatschen in den Pausen	272	93
Da meine Freund_innen nicht an meiner Schule sind, treffen wir uns nachmittags	120	41
andere Antworten	43	15

Tab. A.4: Antworten auf die Frage „Weißt Du, was Cybermobbing ist?" (Mehrfachnennungen waren möglich.)

Antwortoption	Anzahl	%
nein	6	2
Das bedeutet „Streiten im Internet"	92	31
Da werden Gerüchte über Mitschüler_innen verbreitet.	205	70
Das sind Aktionen von Künstler_innen, die man auf YouTube sehen kann.	3	1
Das sind sexistische und fremdenfeindliche Kommentare in Foren.	109	37
Da werden peinliche Bilder von Mitschüler_innen und Freund_innen gepostet.	194	66
Das bedeutet „Datenbereinigung"	1	0,3
Da blödelt man so ein wenig im Netz herum und andere verstehen es falsch.	16	5
Da werden andere im Netz beleidigt und gedemütigt.	283	97
Da werden fiese E-Mails oder SMS geschickt.	180	61

Tab. A.5: Erfahrungen mit Cybermobbing (Mehrfachnennungen waren möglich.) Die Angaben zur persönlichen Betroffenheit wurden in die Spalte „Platz für eine andere Antwort" eingetragen. Es wurde im Fragebogen nicht direkt danach gefragt.

Antwortoption	Anzahl	%
Nein, ich persönlich nicht, aber eine Freundin/ein Freund/ein Familienmitglied ist schon einmal Opfer gewesen.	76	26
Nein, ich habe in dieser Hinsicht noch nichts erlebt.	169	57
Ja, ich habe das selbst schon mitgelesen, aber mich lieber herausgehalten. Ich kannte das "Opfer" ja auch gar nicht persönlich.	32	11
Ja, ich habe mich mal bei so etwas eingeklinkt und mitgemacht, das war einfach	5	2

Antwortoption	Anzahl	%
witzig. Aber hinterher war ich nicht besonders stolz drauf.		
Ja, ich habe das selbst schon mitbekommen, und auch einen Kommentar gepostet, wie uncool ich so etwas finde.	29	10
Ja, ich habe das selbst schon mitbekommen und fand es eigentlich ganz witzig. Das war ja auch nicht ernst gemeint.	10	3
Ich bin selbst CM-Opfer geworden.	13	4

Tab. A.6: Zahlenwerte zu den Einstellungen der Teilnehmer/innen zu den Aussagen in Spalte 1. Nicht jede Frage wurde von jede/r/m Teilnehmer/in beantwortet, sodass die Prozentzahlen nicht immer 100 ergeben.

Aussage	Ja, finde ich auch	wahrscheinlich schon	gesamt Zustimmung	%	eher nicht	nein, finde ich nicht	gesamt Ablehnung	%
Streiten ist im Netz viel leichter.	77	114	191	65	48	50	98	33
Wenn man mal „mobbt", wissen die anderen auch, dass es nur Spaß ist.	7	40	47	16	136	110	246	84
Fotos vom Klassenausflug o.ä. auf FB (o.ä.) zu posten, ist völlig normal.	110	120	230	78	28	37	65	22
Wenn man fiese Nachrichten bekommt, geht man einfach nicht mehr ins Netz.	8	40	48	16	122	119	241	82
Im Netz gerät man öfter in Auseinandersetzungen als sonst.	67	92	159	54	90	43	133	46
Man traut sich im Netz viel mehr.	139	95	234	80	29	22	51	17
Es nervt, wenn einen Leute anschreiben, mit denen man keinen Kontakt haben will.	173	82	255	87	29	7	36	12
Wenn man online gemobbt wird, muss man das nicht gleich jemandem erzählen, sonst glauben die Täter noch, die haben ihr Ziel erreicht.	24	49	73	25	91	121	212	72
Online-Entschuldigungen kann man doch nicht ernst nehmen.	80	105	185	63	82	26	108	37
Es tut weh, im Netz mit	119	93	212	73	33	43	76	26

Aussage	Ja, finde ich auch	wahr- schein- lich schon	gesamt Zustim- mung	%	eher nicht	nein, finde ich nicht	gesamt Ableh- nung	%
Schimpfwörtern betitelt zu werden.								
Freunde von Freunden verstehen einen im Netz oft falsch.	47	116	163	**56**	84	34	118	**40**
Wenn Eltern mitbekommen, dass man gemobbt wird, nehmen sie einem das Handy weg oder sperren den Internetzugang.	13	57	70	**24**	112	105	217	**74**
Irgendwie gerät man im Netz viel schneller ins Streiten.	70	101	171	**58**	92	27	119	**41**
Man benutzt im Netz viel schneller als sonst grobe Ausdrücke, das ist dann aber gar nicht so gemeint.	79	108	187	**64**	69	33	102	**35**
Ein Leben ohne Web 2.0 ist nicht vorstellbar.	99	79	178	**61**	45	48	93	**32**
Schimpfwörter gehören bei Jugendlichen zum Alltag, egal, ob online oder offline.	113	113	226	**77**	48	18	66	**23**
An lustigen Fotos von Mitschülern sollen sich auch andere erfreuen, dann ist es doch total effizient, sie direkt zu posten.	19	38	57	**20**	104	130	234	**80**
Über das Netz kann man viel leichter Kontakte knüpfen.	128	95	223	**76**	50	13	63	**22**
Im Netz benutzt man auch mal Schimpfwörter, die man sonst nicht benutzt.	56	83	139	**47**	93	59	152	**52**
Wenn man auf FB (o.ä.) streiten will, nutzt man hauptsächlich persönliche Nachrichten und postet das nicht auf der Startseite.	105	107	212	**73**	50	15	65	**23**
Häufig ist es so, dass ein ohne Erlaubnis gepostetes Foto Anlass für Stress ist.	128	19	247	**84**	29	9	38	**13**

Aussage	Ja, finde ich auch	wahr- schein- lich schon	gesamt Zustim- mung	%	eher nicht	nein, finde ich nicht	gesamt Ableh- nung	%
Wieder vertragen funktioniert online nicht, das muss man offline machen.	125	87	212	**73**	59	19	78	**27**
Im Urlaub kann man es auch gut ohne sein Smartphone aushalten.	121	67	188	**64**	61	43	104	**36**
Wenn man gemobbt wird, weiß man doch, an wen man sich wenden kann.	77	107	184	**63**	82	24	106	**37**

Anhang: Emojiliste

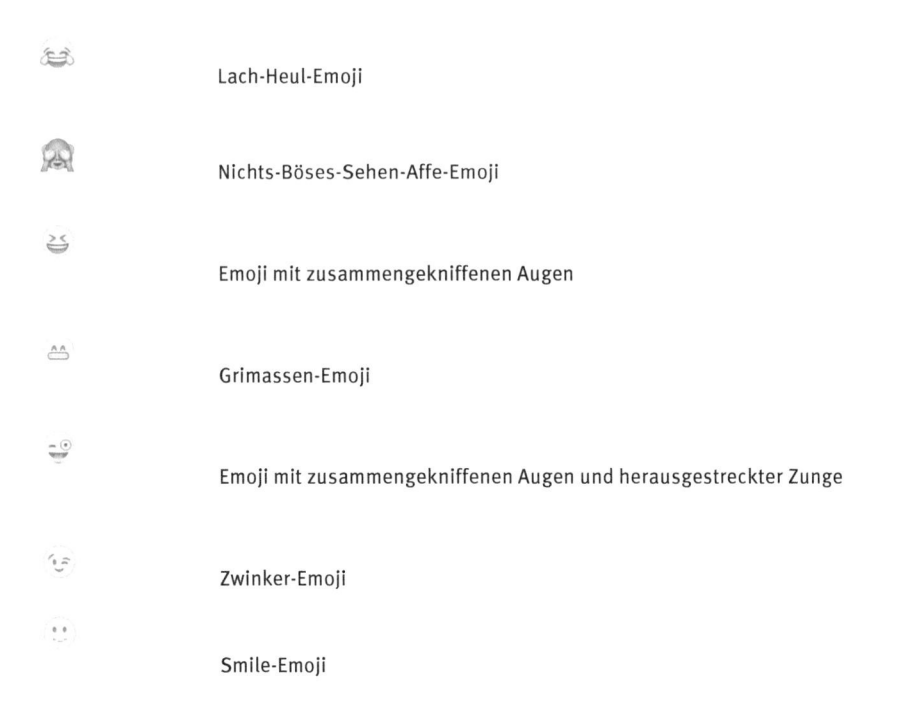

Lach-Heul-Emoji

Nichts-Böses-Sehen-Affe-Emoji

Emoji mit zusammengekniffenen Augen

Grimassen-Emoji

Emoji mit zusammengekniffenen Augen und herausgestreckter Zunge

Zwinker-Emoji

Smile-Emoji